安徽省志

Chorography of Anhui Province

公安志

public security

（1986—2005）

安徽省地方志编纂委员会办公室
Compilatory Commission of Anhui Chorography

方志出版社
Publishing House of Local Records

图书在版编目（CIP）数据

安徽省志·公安志：1986—2005 / 安徽省地方志编纂委员会办公室编.—北京：方志出版社，2017.10
ISBN 978-7-5144-2017-3

Ⅰ.①安…　Ⅱ.①安…　Ⅲ.①安徽省—地方志②公安工作—工作概况—安徽省—1986—2005 Ⅳ.①K295.4

中国版本图书馆CIP数据核字（2016）第148041号

安徽省志·公安志（1986—2005）

编　　者：安徽省地方志编纂委员会办公室
责任编辑：陈　效

出 版 人：冀祥德
出 版 者：方志出版社
地址　北京市朝阳区潘家园东里9号（国家方志馆4层）
邮编　100021
网址　http://www.fzph.org
发　　行：方志出版社发行中心
电话（010）67110500
经　　销：各地新华书店
印　　刷：安徽联众印刷有限公司

开　　本：889×1194　　1/16
印　　张：43.25印张
字　　数：785千字
版　　次：2017年10月第1版　　2017年10月第1次印刷
印　　数：0001-1500册

ISBN 978-7-5144-2017-3　　定价：420.00元

安徽省地方志编纂委员会

曾任安徽省地方志编纂委员会成员

王金山	李　斌	王　信	田唯谦	仲建成	吕振凡
孙亚军	朱文根	吴　行	张武扬	张岳峰	夏邦文
董介林	谢广祥	马新民	王　洵	王宇铭	王守亚
王佛生	王林建	王学银	王宜斌	方志华	邓顺华
叶如强	朱　宁	任兆祥	刘　泉	刘成典	刘志祥
刘战平	江刘伍	江明安	毕美家	孙永吉	李　明
李玉华	李抗美	李迎春	李明阳	李维勇	杨本清
杨绿章	肖桂兰	吴　浩	吴　静	吴韦人	吴世平
吴桂和	余　群	汪华东	汪建国	汪炳瑜	沈　毅
张　永	张少国	张正耀	张华建	陈　平	陈亚萍
陈运才	陈素伟	林　红	罗　宏	罗建国	罗曙生
金　燕	俞凤翔	周　庆	周建春	郑　宏	郎　涛
赵卫弘	胡　冰	施立业	洪治社	洪禹候	秦亚东
聂庆义	聂皖辉	莫　欣	夏育才	徐礼国	徐家声
郭　敏	郭本纯	高　莉	高俊文	高维岭	黄玉明
黄发友	黄红文	黄家华	曹承锋	崔海燕	董　庆
蒋传华	蒋福亮	楚建平	蔡建平	樊　勇	

《安徽省志》总编室

副主任： 刘成典　吴　静　王守亚　严　希　吴良琴　王　晖

成　员：（按姓氏笔画为序）

王富宏　计媛媛　史五一　朱海滨　孙　平　苏爱梅

杜中文　李宇涵　杨永成　余祖本　张　军　张　慧

周小平　胡　利　胡卫星　黄志军　章慧丽

《安徽省志·公安志（1986—2005）》审稿组

初　审： 吴良琴　李汉平

复　审： 吴　静　孟祥国

核　审： 许　刚　吴　静

审查验收

安徽省人民政府

《安徽省志·公安志（1986—2005）》编纂委员会

《安徽省志·公安志（1986—2005）》编辑室

主　编： 许　刚

副主编： 周　勇　赵　昂　黄　杰　高先木　张　青

李汉平（执行）

编　辑：（按姓氏笔画排列）

丁美章　马莺华　卞亮亮　牛　尧　王广德　王仁才

王仁柱　王　田　王　刚　王林涛　王树平　邓志怀

石　坚　乔俊良　刘　刚　刘　诚　刘　磊　孙秀彤

孙家政　孙　雷　孙　磊　朱　潢　何　晓　何　斌

吴英军　吴　荣　吴然喜　吴新兴　张　杨　张明辉

张　春　张晓敏　李　军　李伯喜　李培宣　杨志升

杨新杰　杨　德　汪成龙　汪　萍　邹久成　陈文波

陈　煜　单长青　郑旭东　修中建　柏培友　胡　弋

胡　博　贺道法　赵纪彬　赵德兵　夏　跃　徐怀安

徐　良　梅震洲　黄志明　龚跃华　鲁也生　鲍绍强

魏治宇　魏　昭

2000年1月，公安部部长贾春旺（左一）、副部长白景富（左二）为安徽省模范责任区刑警队颁奖授牌

1995年11月，公安部副部长田期玉（左四）在省公安厅厅长陈瑞鼎（左三）、副厅长孙建新（右一）的陪同下，视察合肥市公安局指挥中心

1998年5月，公安部副部长牟新生（右四）在省公安厅副厅长刘金照（右三）、马萍（右二）的陪同下，视察黄山市公安局甘棠派出所

2001年5月，公安部副部长赵永吉（右三）在安徽检查“严打整治”工作

2002年3月，公安部副部长刘京（右一）在省公安厅厅长崔亚东（右四）、副厅长孙建新（右三）的陪同下，检查指导安徽公安工作

2005年4月，公安部副部长罗锋（中）在安徽基层慰问

1996年8月，省委书记卢荣景（前排右三）视察合肥市公安局指挥中心

1999年7月，省委书记回良玉（右三），省委副书记、常务副省长汪洋（右二）在省公安厅科技处检查工作，听取汇报

2002年2月，省长王太华（中）专门召集省公安厅党委成员，听取厅党委关于全省公安工作情况的汇报

2005年2月，省委书记郭金龙（后排右二），省长王金山（后排右三），省委常委孙金龙（后排左一）、徐立全（后排左二）在省公安厅厅长崔亚东（后排右一）陪同下，检查指导公安工作

1996年2月，省人大常委会主任孟富林（右二），副主任邵明（右四）、卢声道（左二）在合肥市公安局常青派出所看望慰问公安民警，检查公安基层基础工作

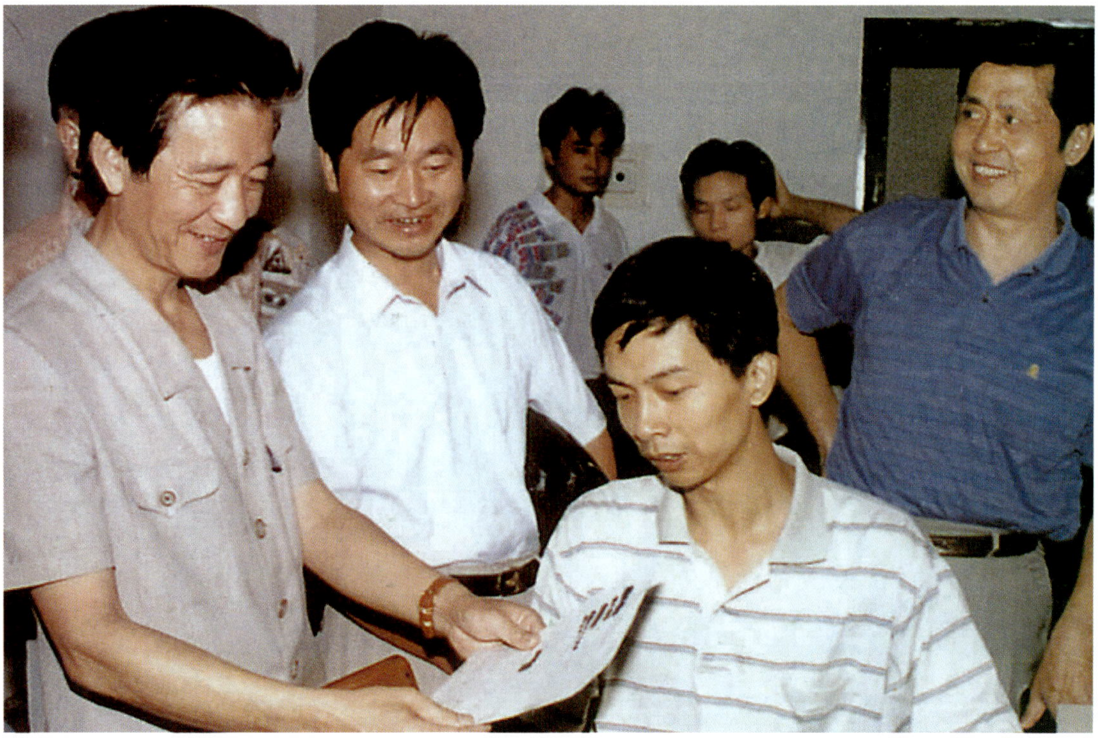

1995年8月，省政府副省长杨多良（左一）在省公安厅副厅长尹曙生（右一）的陪同下，检查省公安厅刑事科学技术工作

1996年8月，省委副书记方兆祥（左一）在省公安厅副厅长刘金照（左二）的陪同下，检查省公安厅刑事科学技术工作

2000年10月，省政府副省长田唯谦（右三）在省公安厅厅长赵正永（右二）的陪同下，检查省公安厅刑科所工作

2002年4月，省委常委、政法委书记任海深（左一）在宣城市检查公安工作

2003年2月，省政府副省长徐立全（左四）在省公安厅厅长崔亚东（左二），副厅长马萍（左五）、陈小平（左三）的陪同下，检查公安工作

1993年12月，合肥市公安局建成并投入使用的110指挥中心

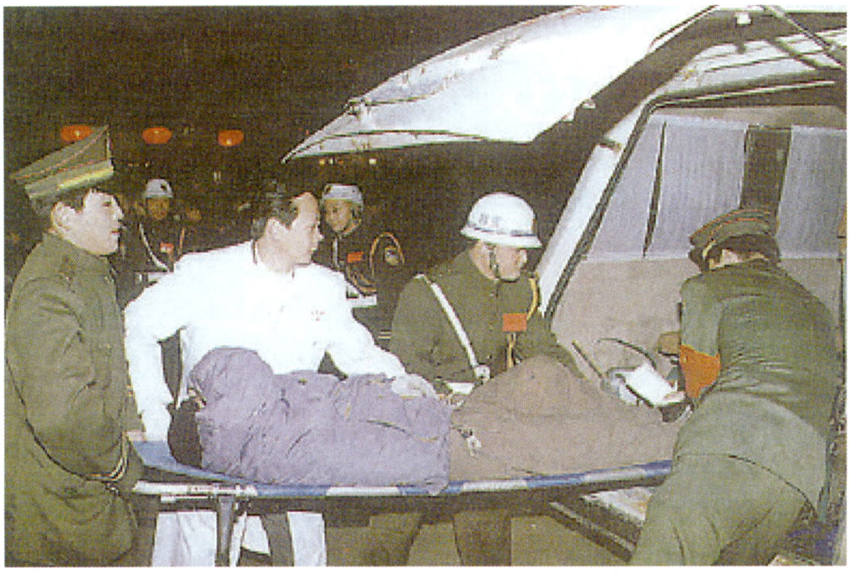

2003年10月，淮南市公安局110民警紧急救助受伤的人民群众

2004年12月，合肥市公安局110民警现场抓获犯罪嫌疑人

1986年6月，省公安厅厅长张锡（前排中）在全省公安处（局）长会议上，部署“严打”工作

1987年11月，合肥市公安机关收缴一批非法持有的枪支弹药和管制刀具

1996年8月，马鞍山市公安局抓获杀害5名女出租车司机的犯罪嫌疑人吴某

1997年7月，省公安厅刑警将杀人犯罪嫌疑人李某从泰国押解回国

1998年1月，合肥、滁州、上海等地警方联合行动，抓获抢夺枪支杀害民警的犯罪嫌疑人王某

2002年4月，马鞍山市公安机关破获一起古墓被盗案，追回180多件文物

1988年4月，枞阳县公安局民警在调查船民户口情况

2001年10月，合肥市公安局益民街派出所民警为群众办理户口登记

1996年12月，马鞍山市公安机关收缴的“毒鼠强”

1997年4月，淮南市公安局民警在销毁烟花爆竹

2002年6月，六安市公安局民警在销毁收缴的非法枪支弹药

2002年11月，马鞍山市公安局民警在销毁赌博游戏机

1988年7月，淮南市公安局检查整治危险物品

2002年3月，在公安机关组织指导下，明光市鲁山乡鲁南村组建打更队，开展日常巡逻工作

1997年8月，省公安厅召开全省改革和加强派出所、刑侦工作会议

1997年10月，淮北市公安局相山分局建立刑警大队驻所中队

1995年5月，临泉县公安局组织民警铲除罂粟

1997年6月26日，合肥市公安局民警在焚烧收缴的毒品

2004年6月26日，安徽省禁毒委员会在全省范围内组织开展“禁毒宣传江淮行”活动

1997年9月，全省16个地市公安局公路巡逻民警支队成立，提高了交通警察及时发现和疏导交通堵塞、处置道路交通事故的能力

1998年6月5日，淮北市公安局将城市巡逻警察、交通警察两警种及执勤任务“合二为一”，成立交通巡逻警察支队

2005年7月，芜湖县公安局交警大队民警护送小学生过马路

2005年11月，淮北市公安局交警支队三大队民警在交通事故现场开展交通宣传教育

1988年6月6日，武警公安消防官兵在扑救蚌埠市液化气站液化气罐爆炸火灾

1991年4月15日，武警合肥市公安消防支队召开火灾现场会（省交通厅俱乐部火灾现场），教育人民群众提高防火意识

1992年5月11日，合肥市物资回收公司义务消防队员在扑救火灾

1995年10月，省公安厅举办出入境管理知识竞赛

1995年11月，省公安厅召开纪念《中华人民共和国公民出境入境管理法》和《中华人民共和国外国人入境出境管理法》颁布十周年大会

1995年11月，省公安厅出入境管理部门走上街头开展法律宣传咨询活动，受到群众的欢迎和好评

2000年11月，省公安厅举行授予外国人永久居留资格仪式

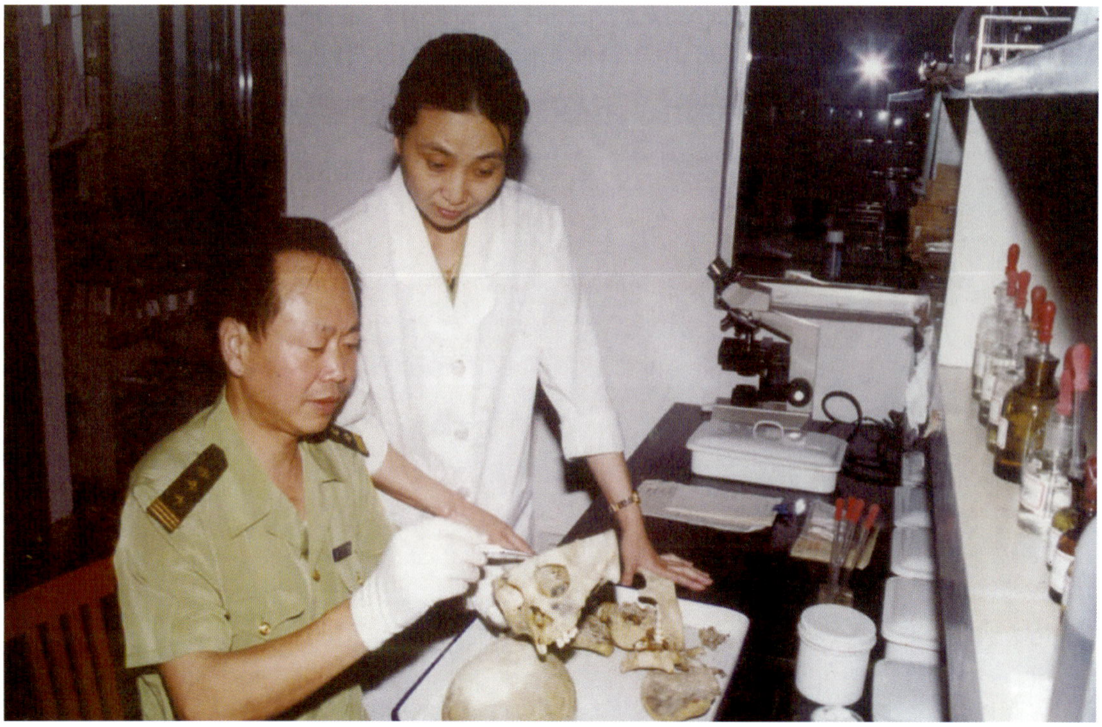

1987年5月，省公安厅刑事科学技术研究所技术专家在做比对鉴定

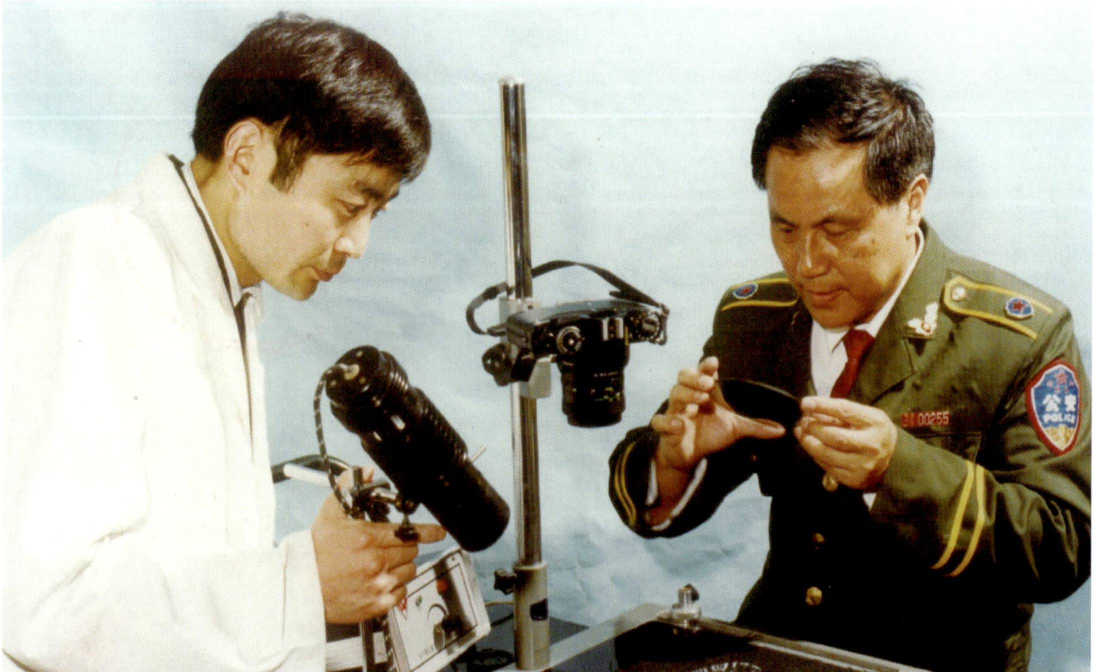

1990年12月，省公安厅刑事科学技术研究所发明的“运用偏振光拍照深色纺织品和粗糙客体上微弱痕迹的研究”荣获安徽省科学技术进步三等奖

2000年3月，省公安厅召开安徽省公安计算机三级网建设工作（现场）会，正式启动公安三级网建设

2005年9月，公安部在芜湖市召开全国公安信息化应用芜湖现场会，“芜湖经验”得到推广

1998年6月2日，省公安厅首次“厅长接待日”，赵正永厅长接待群众来访

2005年5月，省公安厅、合肥市公安局召开“公安开门大接访”工作汇报会

1991年6月，肥西县三河镇发生洪涝灾害，公安民警紧急转移人民群众和财产

1991年6月，安庆市公安局交通警察在洪水中指挥交通，被誉为“洪水中的路标”

1991年7月，霍邱县公安局民警为受灾群众送粮食

1988年4月，省人民警察学校学员在值勤

1988年10月，省人民警察学校学员在训练

1998年9月，省公安厅举办全省公安派出所所长任职资格培训班

2000年5月，省公安厅举行全省公安大阅警。图为警校女学员方队

1988年10月13日，省委常委、公安厅厅长王胜俊（右一）会见南斯拉夫联邦内务部访华代表团

1992年9月，“中法道路交通安全培训中心”开班。这是法国警方与安徽省公安机关首次合作项目

1992年10月23日，省公安厅厅长陈瑞鼎（左一）会见朝鲜社会安全友好访华团

1996年11月，美国加利福尼亚州多波段技术专家与安徽省警方技术专家开展交流

1999年6月，民航安徽省管理局公安处民警在机场巡逻

2000年2月，蚌埠铁路公安处民警在火车上抓获扒窃犯罪嫌疑人

2001年6月，长江航运公安局芜湖分局民警在巡逻

2002年4月，祁门县森林公安民警查获云豹皮

1992年12月30日，省公安厅隆重举行授衔仪式，省委书记卢荣景、省长傅锡寿等领导为首批授衔的公安民警授予警衔

1995年11月，合肥市公安系统举行《中华人民共和国人民警察法》知识竞赛

1997年6月，安庆市公安局督察支队民警在检查警容风纪，加强内部自我监督

1998年6月11日，省公安厅召开电话会议，部署全省公安队伍教育整顿工作，全省派出所所长以上民警收听了电话会议实况

1999年12月18日，省公安厅举行全省公安系统庆祝新中国成立50周年、迎接澳门回归文艺汇演

2005年8月，省公安厅代表队参加省暨合肥市全民健身跑活动

总 凡 例

一、《安徽省志（1986—2005）》以马克思列宁主义、毛泽东思想、邓小平理论、“三个代表”重要思想、科学发展观为指导，坚持辩证唯物主义和历史唯物主义，全面、客观、系统地记述1986—2005年间安徽省自然、政治、经济、文化、社会等方面的情况。

二、本志贯彻国务院《地方志工作条例》《安徽省地方志工作条例》，依法修志。

三、本志遵循中国地方志指导小组《地方志书质量规定》，力求存真求实、客观公正、全面系统，寓观点与记述之中。

四、本志各分志名称为《安徽省志·××志（1986—2005）》。

五、本志记述的地域范围为2005年的安徽省行政区域；时间上限为1986年，下限为2005年，少数分志的时限根据情况作适当上溯或下延，特色分志不设时限。

六、本志采用述、记、志、传、图、表、录等体裁，以志为主。各分志一般为篇章节条目体，部分为章节条目体，个别分志根据实际需要采用条目体。

七、入志人物坚持生不立传的原则。除人物志外，各分志坚持以事系人、人随事出的原则，不设人物录、人物简介。

八、本志采用规范书面语体文、记述体。表述力求严谨、朴实、简洁、流畅。语言文字、标点符号、计量单位等使用规范，按国家规定执行。

九、本志资料由各承编单位搜集整理，文中不注明出处。

十、本志采用省统计部门公布的法定数据，没有列入统计范围的，采用业务主管部门的统计数据。

十一、本志所涉组织、机构、法律法规、文件、会议等专有名称，第一次使用时用全称，简称括注于全称之后。各类译名以新华通讯社译文为准。

十二、本志所用地图均以安徽省测绘部门和有关部门绘制或审定的为准。

十三、本志设总凡例，各分志设凡例。

凡　　例

一、时间断限。本志上限为1986年1月1日，下限为2005年12月31日。为保存资料的完整性，弥补首轮《安徽省志·公安志》之不足，以下内容根据需要适当上溯或下延：中共安徽省公安厅党组织主要领导更迭表，各市公安局沿革，行业公安机构沿革，安徽前卫体育协会，革命烈士，拘留所，安康医院，警服。

二、记述范围。全面记述安徽省公安工作。以省级公安机关为主，兼及各市、县和铁路、民航、森林、海关、长江航运公安机关。原属公安机关管辖的国家安全工作，因在下限前不再由公安机关管辖，本志按照规定不予记述。国内安全保卫、技术侦查、反邪教等工作因涉及国家秘密，不予记述。

三、体例。本志采用章节条目体。志首设概述，作为全志和各章大纲。各章、节、目本着详今略古、详近略远、详独略同的原则，记述重点，处理相关章节目间的交叉重复。照片集中设置于志首与随文设置相结合，表格随文设置。

四、资料来源。本志的资料来源主要是省公安厅档案资料、访问资料以及各市公安局档案、文献资料。

五、本凡例未尽事宜，均在编纂始末中说明。

目　　录

Main Contents

概　　述

安徽省人民公安机关始建于20世纪20年代末30年代初的皖西革命根据地。抗日战争、解放战争时期安徽境内的根据地、解放区公安保卫工作有了很大发展。新中国成立后，安徽公安工作经历了胜利而又曲折的历程。安徽省人民公安机关自建立以来，始终坚持中国共产党领导下的专门机关和群众路线相结合的方针，为巩固和加强人民民主专政、保卫社会主义革命和建设事业做出了突出贡献。尤其是1986年至2005年，安徽省公安机关始终坚持以经济建设为中心，忠实履行职责，有力维护了政治稳定和社会治安大局的持续平稳。1993年、1994年，安徽省社会治安状况连续两年位居全国前10名。1993年至1997年，全省连续5年85%以上的城乡居民有安全感。

1986年至2005年，全省公安机关认真落实从严治警、严格管理的方针，逐步探索出一条适应社会主义市场经济发展需要、切合实际的强警兴警之路。全省公安民警整体素质不断提高，在各种考验面前表现出不怕流血牺牲和忘我的奉献精神。在抗洪救灾抢险的第一线，公安民警舍小家，保大家，用血肉之躯筑起了一道道生命线，用赤胆忠诚谱写了一曲曲英雄赞歌。在抗雪防冻救灾和抗震救灾工作中，全省公安民警用行动诠释了人民公安为人民的宗旨，用生命和鲜血践行了党中央关注民生、服务民生、保障民生的要求。为了社会的长治久安、人民群众的安居乐业，做出巨大的贡献和牺牲。20年间，全省公安机关250余名人民警察因公牺牲，3300余名人民警察因公负伤；全省公安机关有1062个集体822人次立功授奖（二等功以上），涌现出一大批先进集体和个人。

维护社会稳定

20年间，全省公安机关把维护社会政治稳定置于各项工作的首位，严密防范、严厉打击各种敌对势力、敌对分子、邪教组织的渗透捣乱破坏活动。全省公安机关成功摧毁“呼喊派”等10多种邪教在省内建立的组织体系，成功破获“被立王”“呼喊派”“常受教”及对社会有害气功组织等一大批专案，抓获并依法严惩一批邪教组织为首及重要骨干分子，教育转化一大批邪教信徒，切实增强广大基层干部和一般群众自觉抵制邪教活动的意识。

加强互联网安全监察和管理工作，维护网络信息安全。境内外各种敌对势力、敌对分子利用互联网进行渗透、煽动和破坏，网上犯罪率直线上升，网上斗争尖锐复杂，严重危及国家安全和社会稳定。全省各级公安网监部门成功侦破全国影响最大的“九九情色论坛”淫秽色情网站案等一大批案件，维护社会政治稳定。

依法积极稳妥地处置因人民内部矛盾引发的群体性事件，努力降低对社会稳定造成的负面影响。20年间，全省公安机关认真贯彻《中华人民共和国信访条例》及其实施细则，开展一系列信访专项治理活动，及时发现、消除一批影响稳定的不安定因素。2005年4月，安徽省公安机关在全国先行开展开门大接访工作，实现了省委提出的走在全国前列的要求，在全国起到先行和示范作用。

打击刑事犯罪

面对刑事犯罪总量不断增多、犯罪形态日益组织化、职业化、智能化、动态化的严峻形势，全省各级公安刑侦部门始终以改革创新的精神，深入开展刑侦工作改革，不断加强和改进刑侦工作，不断提高公安机关侦查破案能力和执法办案水平。各级公安刑侦部门始终坚持严打方针不动摇，充分发挥打击刑事犯罪的“尖刀”和拳头作用，严厉打击各种刑事犯罪活动，取得辉煌的战绩，为维护全省治安大局持续稳定，保障一方热土繁荣与安宁做出突出贡献。

针对改革开放后出现的四次刑事犯罪发案高峰，江淮大地先后开展4次“严打”统一行动。

1983年8月，安徽省公安机关在全省开展“三年为期、三个战役”的严厉打击严重刑事犯罪活动，破获各类案件7.5余万件，摧毁流氓、强奸、抢劫、盗窃等犯罪团伙5600余个，抓获各种严重违法犯罪分子10余万人。“严打”期间的刑事案件立案数，比严打前下降35.6%。沉重地打击了犯罪分子的嚣张气焰，有效地扭转了社会治安失控的局面，为改革开放和经济建设的深入发展创造了良好的社会环境。

1990年5月中旬至1991年2月，全省组织开展集中搜捕行动、“水网行动”“铁路行动”“追逃统一行动”以及淮北五地市“打击车匪路霸统一行动”等8次大规模的集中打击统一行动。全省破获各类刑事案件1.98万件，其中大案3593件；摧毁犯罪团伙3077个，瓦解成员1.23万人。

1996年4月至1997年2月，省委、省政府在全省范围内组织开展以“破大案、打团伙、追逃犯”以及对治安秩序不好的地方进行重点整治为主攻目标的“严打整治”工作。全省破获各类刑事案件3.87万件，其中大案1.33万件；打掉犯罪团伙5849个，瓦解成员2.96万人。

2001年4月至2003年4月，全省公安机关紧紧围绕“两年内社会治安取得新的明显进步”的目标，以“打黑除恶”专项斗争为龙头，在“治爆缉枪”、查禁“毒鼠强”，打击经济犯罪、整顿和规范市场经济秩序，以及社会治安综合治理等各条战线上，开展一场声势浩大的严打整治斗争。全省破获各类刑事案件14.76万件，查获犯罪集团4009个，破案3.65万件；抓获、处理违法犯罪嫌疑人11.27万人；查处治安案件18.88万件，处理违法人员28.18万人。经过持续不断地严打整治，基本遏制刑事犯罪高发的势头，有效维护全省社会治安的稳定，为安徽省改革开放和现代化建设事业创造良好的治安环境。

20年间，全省公安机关牢牢把握对敌斗争的主动权，本着什么问题突出就解决什么问题，哪里犯罪严重就在哪里开展集中打击的原则，突出重点，因地制宜，不间断地组织开展一系列专项斗争和重点整治，有效地解决一些类别、一些地区犯罪活动猖獗的问题，巩固和发展严打斗争的成果。全省公安机关持续不断地开展打击流窜犯罪、反盗窃、“车匪路霸”“江盗水贼”、拐卖妇女儿童、禁毒铲毒、盗抢机动车犯罪、整治农村社会治安、治理自行车被盗问题、维护校园及周边安全、治爆缉枪、打击盗窃破坏电力电信广播电视设施违法犯罪、整治铁路及火车站周边治安秩序等专项行动，特别是2000年后组织开展的“打黑除恶”、侦破命案、打击“两抢一盗”、网上追逃等专项行动，有效整治了社会治安突出问题，消除一大批治安隐患，有效遏制刑事案件快速上升势头，维护了社会治安持续稳定，促进全省经济又好又快发展。公安部组织的2003年至2004年“指纹破案会战”战果均位居全国第五；2003年“打黑除恶”专项斗争战果全国第五；2004年至2005年，侦破命案、追逃工作连续2年进入全国先进行列，全省刑侦工作绩效连续3年进入全国前10名。

针对经济领域的犯罪越来越突出的情况，1985年，全省公安机关刑事侦查部门负责打击诈骗、走私等违法犯罪活动，特别是1999年11月后，省公安厅及全省公安机关均设立经济犯罪案件侦查机构，在严厉打击各种经济违法犯罪活动，整顿和规范市场经济秩序工作中发挥着重要作用，先后与有关部门组织开展打击涉税犯罪、非法传销以及金融领域的伪造金融票证、制贩假币、地下钱庄，商贸领域的侵犯知识产权犯罪，卷烟打假、非法集资、制售假发票和非法代开发票、整治银行卡违法犯罪，商业贿赂犯罪等20余件专项斗争和集中统一行动，取得丰硕成果。

2000年至2005年，全省公安机关抓获各类经济犯罪嫌疑人1.35万人，涉案价值80亿元，挽回直接经济损失13亿元。省公安厅经侦部门直接侦破中国人民银行安徽省分行“12•22”专案、“1•23”滁州工商银行特大贷款诈骗案、省国元证券“3•15”案、“11•19”古井丰乐公司案、安徽信托投资公司深圳证券营业部近3亿元资金被挪用案等特大经济犯罪案件。

改革创新警务机制

1997 年 6 月，全省公安机关始终将派出所和刑侦工作改革作为事关公安工作全局的大事来抓，不断加强和改进派出所和刑侦工作，派出所、刑侦业务和队伍建设取得明显成绩。2002 年，全省各级公安机关以实施社区警务战略为依托，将实施社区警务战略与深化“两改”（派出所、刑侦工作改革）工作有机结合起来，进一步转变派出所职能，提高刑侦部门侦查破案能力，建立起“打防结合，预防为主”的社会治安新型防控机制，公安机关驾驭社会治安能力和水平有明显提高。截至 2005 年年底，全省建立的责任区刑警中队覆盖社会面达到 100%。全省建成城市社区警务室 2127 个，配备民警 2728 人；建农村警务室 1676 个，配备民警 1925 人。全省 1346 个派出所实现规范化管理。

加强情报信息工作机制建设，牢固树立情报信息主导警务理念。省公安厅实现对各地公安机关综合情报网上预警部署，全省公安机关综合情报体系初步建成。省、市、县（区）公安机关和警种、部门均设立综合情报机构或情报信息联络员。全省公安机关及时通过网络、报纸、电视等新闻媒体，收集社会各界对社会治安、公安工作和公安队伍建设的反映，拓宽情报信息研判的源头。省公安厅综合情报机构编发的一系列研判信息，为领导的科学决策提供服务。基层公安机关通过开展情报信息研判工作，增强实战能力，加大了打击违法犯罪的力度。

加强公安指挥体系建设，筹划“扁平化”指挥体系建设。1996 年，全省各地着力开展 110 报警服务系统建设工作。至 1999 年，全省各级公安机关均已开通 110 报警平台。110 的开通，受到社会各界和人民群众的高度赞扬，110 是公安机关的一面旗帜，是人民群众的保护神。2003 年 11 月，全国第二十次公安会议上明确提出，市、县公安机关要全面完成 110、122、119“三台合一”建设。2006 年 12 月 20 日，全省 17 个省辖市公安局和 64 个县（市、区）公安局全部完成 110、119、122“三台合一”工作。这标志着安徽省公安机关提前 2 年完成公安部提出的工作任务，也是安徽省在全国率先完成“三台合一”建设任务。合肥、芜湖、黄山及黄山风景区公安机关积极拓宽 110 报警服务范围，开通英语接报警、短信息接报警。蚌埠市公安局开展“110 进社区”活动。通过不懈努力，110 报警服务台成为各级公安机关处理重大紧急信息、协调处置紧急警务活动、及时接受群众报警求助的重要部门和主要渠道。构建“扁平化”勤务指挥体系、提高快速反应能力，是公安机关应对动态复杂治安形势的重要举措，也是现代警务机制改革的重要内容，特别是部分地区的先期探索为在全省全面推开这项工作积累了宝贵的经验。

加强处置突发事件应急力量建设，17个省辖市建设公安特警队方案全部得到批准，其中13个市公安特警队正式挂牌成立并投入实战。

建设治安防控体系

以街面巡逻防控网、社区防控网、单位内部防控网、阵地防控网、农村治安防控网、技术防控网为重点的治安防控网络体系建成，在打击防范工作中发挥了较好作用。

1984年，全省各市公安局建立以治安民警队和武警部队为骨干，由治安、交通、户籍民警和治安积极分子参加的，点线面结合，市公安局、公安分局、派出所三个层次管理的昼夜治安巡逻网。这是安徽省公安机关全面推行动态管理警务方式的初期尝试。20世纪90年代初，省公安厅认真总结全省治安巡逻工作经验，并向各市公安机关下达巡逻体制建设任务。至1997年年底，全省11个省辖市、57个县(市)相继组建了专职巡警队伍。其间，抓获违法犯罪嫌疑人近6万人，处置群体性紧急治安事件近万件，受理各类案件3余万件，抢险救灾近千次，调解纠纷近4万件，为群众办好事44万件。同时，全省内部单位坚持“谁主管、谁负责”的原则，加强内部单位防控网建设，全面推行安全保卫责任制，加强保卫队伍建设，提高内部单位自防、自治、自卫能力。逐步建立责任明确、监督有力、管理科学的新型保卫工作机制，较好地维护内部单位正常的工作、生活、生产秩序。

2005年年初，全省各级公安机关以城市报警与监控系统建设试点工程为契机，积极开展社会治安视频监控系统建设。其中马鞍山、合肥、铜陵等市公安局和19个县（区）公安（分）局分别被公安部和省公安厅确定为试点单位。截至2005年年底，全省安装使用的各类视频监控摄像头近10万个。全省利用各类视频监控系统直接或间接破案千余件，抓获现行违法犯罪嫌疑人千余人，为1300余件案件提供线索或证据。社会治安视频监控系统在维护社会治安稳定、预防和惩罚犯罪、强化社会管理方面发挥重要作用。

在加强社会面控制的同时，全省治安防控战略的范围向社区、内部单位和农村延伸，以创建安全社区、安全村镇、治安安全单位为龙头，落实人防、技防、物防措施，加强城乡治保会、治安联防组织建设，发展保安服务业，健全、完善群防群治网络，组织群众自防自治。全省公安机关按照省公安厅部署要求，全省17个省辖市市区及其周边地区社会治安防控体系框架初步形成，基本建成以社会面、社区和内部单位“三张网”为支撑的社会治安防控体系，并在治安防范中发挥了积极作用。

强化公安行政管理

全省公安机关认真贯彻《中华人民共和国行政许可法》，积极推进行政审批改革。省公安厅先后取消对废旧金属收购业、印刷刻字业特种行业许可证的审批发放，并将典当、拍卖业特行许可证发放工作下放到市级公安机关，及时取消民用爆炸物品储存许可证核发、临时存放爆破器材审批、烟花爆竹产品质量检测机构资格审批、爆破员作业证核发、爆破器材保管员作业证核发、爆破器材押运员作业证核发、爆破作业和爆破器材安全员作业证核发、爆破工程技术人员安全作业证核发8个项目的行政许可。

全面推进公安机关行政审批事项进政府政务服务中心工作。2002年，省公安厅直接受理审批的行政审批事项12项进入省政府政务服务中心。2005年，省公安厅大力推进窗口标准化建设，极大地方便了群众进行项目查询和申报。

公共复杂场所和特种行业管理。全省公安机关适时开展清理整顿行动，采取日常管理和突击整顿相结合，强化经常性检查监督，整顿治安秩序，打击取缔卖淫嫖娼、色情服务、赌博、吸毒贩毒、窝赃销赃等违法犯罪活动。建立健全各项管理规章和制度，会同有关部门把好经营审批发证关，与经营场所、行业业主签订治安责任状，建立行业治保组织，开展治安联防，堵塞违法犯罪嫌疑人藏身落脚和窝赃销赃的渠道，有效地预防和减少违法犯罪。

人口、户籍管理。积极推进户籍管理制度改革，制定出台《安徽省公安机关户政管理工作规范》，进一步放宽户籍管理政策，降低农民工等进入城市落户的门槛，仅以具有合法固定住所作为在大中小城市落户的条件。简化办理程序，规范相关操作程序、时限、审批权限，努力做到便民利民，前后出台8项便民利民措施；推行农村户口规范化管理，推动社会主义新农村建设；健全完善城乡户籍管理制度，推行农村户口规范化管理，做到“一人一表、一户一簿、一户一牌、一村一图”；为加快小城镇建设需要，实施小城镇户籍制度改革，促进全省人口有序流动，为实现劳动力资源合理配置发挥积极作用。加快“二代居民身份证”换发速度，提前完成公安部下达的制证任务。对暂住、流动人口建立健全管理组织，指导流动人口管理工作。落实管理责任制，实行综合治理，齐抓共管。对暂住人口较为集中的地区、场所进行清理整顿，认真审查，注意发现混迹其间的违法犯罪嫌疑人。在从严管理的同时，强化服务意识，依法保护暂住、流动人口的合法权益。对危险分子，及时查实列管。对刑满释放和解除劳教人员，在协助做好安置工作的同时，注重后续教育，逐人落实帮教措施，降低了重新犯罪率。

内部单位安全保卫管理。坚持“谁主管、谁负责”的原则，推行安全保卫责任制，落实企业及其法人代表的治安保卫责任，把安全保卫工作纳入企业管理之中，同职工的责、权、利结合起来；加强内部单位保卫队伍建设，提高内部单位自防、自治、自卫能力；改变以行政命令为主的工作方式，走依法检查、监督、指导的路子；适应建立现代企业制度的需要，逐步建立一种责任明确、监督有力、管理科学的新型保卫工作机制，较好地维护内部单位正常的工作、生活、生产秩序。

道路交通管理。全省道路交通管理工作规范化、法制化建设进程不断加快，执法制度日益健全完善；坚持管理与服务并重，依托科技进步，不断加强和改进车辆（驾驶人）管理、路面秩序管理、事故处理等工作；不断推出便民利民措施，服务经济社会发展、服务人民群众的水平不断提升。全省公路总里程由不足 0.3 万公里增加到 14.84 万公里；高速公路从无到有，2005 年通车里程近 2500 公里；机动车数量由 15.6 万辆增加到 699.5 万辆；机动车驾驶人由 15 万多人增加到 525.7 万人；全省公安交警总警力不断增加。2005 年，全省道路交通事故起数、死亡人数、万车死亡率连续下降。

消防管理。加强执勤训练，实行全员参训，积极组织开展跨地区、跨行业的大型灭火演练，提高了消防部队的实战能力；依法严格消防监督管理，强化防火设计审核和消防执法检查，督促整改火险隐患；开展多种形式的消防宣传，强化整个社会的消防安全意识；走社会办消防的路子，落实“谁主管，谁负责”的原则，把消防安全责任分解到具体单位和个人，促进消防工作的社会化管理。20 年间，全省消防部队扑救各类火灾 7 余万起，其中重特大火灾 1000 多起，为国家和人民群众挽回经济损失 70 多亿元，抢救群众 5000 多人。全省连续 24 年没有发生群死群伤火灾事故。全省火灾一直保持平稳态势，火灾损失始终处于全国最低省份之列。

出入境管理。全省公安出入境管理部门先后出台简化手续，下放权限，提高工作效率，缩短工作时限，改革管理办法，改进审批程序等一系列便民利民措施 30 余项，为申请人提供极大便利，为地方政府招商引资、企业“走出去”、富余劳动力境外就业等作出积极的贡献。通过改革和努力，公民因私出国出境人数始终保持强劲增长态势，2002 年至 2005 年年底，全省批准公民出国出境 86.91 万人次（其中公民出国 32.22 万人次，赴港澳 53.09 万人次，台湾 1.6 万人次）。出国出境人数由 2001 年年底的近 3 万人次上升到 2005 年年底的近 20 万人次。随着中国改革开放的不断深入，前来中国进行科技、文化、经济交流的境外人员也越来越多，2002 年至 2005 年，临时入境来安徽省的境外人员有 121 万人次，由 2001 年年底的 16 余万人次上升到 2005 年年底的 31 万人次。

建设及应用公安科技

经过 20 年的建设和发展，公安科技建设在实战中显现强大的战斗力，全省公安机关利用公安科技特别是信息化手段破获刑事案件数大幅上升，在公安工作的其他领域，科学技术也显示出巨大威力。

公安信息化建设和应用水平进一步提高。覆盖全省公安机关的信息通信网络全面建成，一级网带宽达155兆；全省各县区三级网全部开通，带宽均达到10兆/100兆；全省2716个基层所队均完成四级接入网建设，网络覆盖范围、传输容量和安全可靠性在全国处于先进行列。全省公安信息网上连接的各类办公设备4万多台，注册联网计算机4.3万台，百名民警拥有的计算机数为91台，位居全国第三。全省公安信息化安全保障体系初步建成，发放数字证书4.74万张，证书使用率达100%，位居全国第一。建立完善了全省公安信息网“一机两用”监控系统，全省4万多台计算机纳入监控管理；省、市两级公安机关信息中心技术系统初步建成，建立了多层架构应用系统运行平台和系统运行监控系统等相关技术系统，为业务信息应用提供可靠的运行环境。全省各市、县（区）公安局视频会议系统全面开通，各市、县政法委、检察院、法院、司法局等单位均配备视频会议终端，全网共有视频会议终端460多台。全省公安专网IP电话总容量3.38万多门，政法单位IP电话1万多门，全省政法系统内线电话4.9万门，开通率全国第一。全省17个省辖市、60个县公安局完成350兆无线通信系统建设，县级公安机关350兆开通率达93%，移动台配备1.8余万部，占全省一线民警47%。全省信息通信运行维护水平总体位居全国前列，从2001年开始连续7年荣获全国信息通信运行管理先进集体。

公安部确定的23个一类应用系统和省公安厅部署的5个重点应用系统建设全面完成，信息应用覆盖主要业务工作，全省范围内实现了信息化应用工作流程。公安信息资源实现了综合开发利用，各类数据库中存储的数据记录达4亿条。公安综合信息查询系统、数据交换平台、请求服务系统等综合信息应用工具陆续建成并投入应用，基本实现了跨地区、跨部门、跨警种的信息共享。通过基本法律考试、信息化应用宣讲团、信息化应用互助、基层信息化应用服务队、数据质量检查、信息访问量月排名通报等多种形式，民警的信息化应用技能显著提升，信息化应用的能力和水平大幅提升。

20年间，全省公安机关强力推进以“金盾工程”为核心的公安信息化建设，大力提升各级公安机关的公安信息化应用意识和水平，形成了有安徽特色的发展路子，以“芜湖经验”为代表的安徽公安信息化建设成为中西部地区乃至全国公安机关学习的典范，成为安徽省公安工作中最显著的亮点之一。

刑事技术不断发展，全省形成了以省公安厅二级技术中心为龙头，市级公安机关一、二级技术点为中坚，县、市、区公安机关三级技术点为基础的全方位、多层次的分级鉴定逐级复核的犯罪物证检验鉴定网络，指纹自动识别系统和DNA法医物证检验系统，PCR-DNA生物遗传技术、红外光谱等一批先进技术方法及仪器设备得到广泛应用。

安全防范技术、交通管理技术、消防技术呈现出快速发展的势头。全省安装报警装置2万台（套），已建和在建的技防系统工程260项，有效地保障了重点单位、要害部门的安全。全省主要城市的车辆管理、信息管理控制、交通通信实现了自动化、现代化，电视监控手段被应用于交通管理，38条机动车辆安全技术检测线投入使用。消防科技成果广泛应用到消防管理、消防部队装备和灭火战斗中，大大提高了消防部队的战斗力和全社会抵御火灾的综合技术能力。

治安信息系统建设。2002年，省公安厅逐步完成全省旅馆业治安管理信息系统建设推广应用工作。截至2005年年底，全省旅馆业系统总体覆盖率达到85.08%。其间，全省公安机关利用系统抓获各类违法犯罪人员百余人（其中网上逃犯50余人）。同时，以旅馆业信息系统省级建库为基础，启动囊括娱乐场所、典当业、生产性废旧金属收购、二手机、机动车修理、交易等行业场所信息管理的社会信息采集平台建设，实现全省公安机关行业场所阵地管理的全面信息化。

公安科研成果逐年增加。1991年至1997年，全省公安机关向公安部和地方科委申请立项117项，并全部完成攻关任务，其中2项科技成果获国家科技发明奖，17项分别获得部、省科技进步奖，一大批科技成果迅速转化为公安战斗力。2000年后，全省有49个公安科研项目在公安部、省科技厅立项，绝大多数获得省、部级成果鉴定或验收，其中有4项成果被公安部列为全国重点推广项目，16项成果获得省部级科技一、二、三等奖，包括3项获得安徽省科技进步一等奖。

科技强警示范建设成绩显著。按照“每个市要建成一个以上的科技强警示范县（市、区），每个县（市、区）要有一批科技强警示范所队，每个所队至少有一名科技管理员”的总体目标，全面开展科技强警示范建设工作，芜湖、合肥市先后获得“全国科技强警示范城市”称号；全省首批11个科技强警示范县（市、区）通过省公安厅、科技厅的验收，并于2006年获得省公安厅、科技厅命名；第二批20个科技强警示范县（市、区）建设工作进入尾声；全省400多个科技强警示范所队建设陆续开展进行。全省科技强警三级示范建设的局面初步形成，全警科技强警的意识逐年增强，科技强警的投入逐年加大，初步实现了科技强警的综合效益和规模效应。

推进公安法制建设

全省公安机关深化社会主义法治理念教育，组织开展“以案析理”大讨论活动，民警的法治理念和执法为民思想进一步确立。大力推进执法规范化建设，认真组织开展基本执法知识考试和基层执法质量服务队工作，民警的法律素质得到进一步提高。制定了一系列规章制度，公安执法制度不断健全。扎实开展规范性文件清理工作，清理各类公安执法文件及工作规范 1100 余件，进一步完善了公安执法依据。培养、创建 4 个全国县级公安机关执法示范单位和 15 个全省县级公安机关执法示范单位，进一步推进全省公安执法规范化建设，促进公安执法水平提高。

安徽省公安机关长期坚持不懈地把开展法制教育作为提高民警法律素质和执法水平的首要环节来抓，有计划、有重点地进行。按照“干什么学什么，缺什么补什么”的原则，将国家基本法律、与本职工作相关及新颁布的法律法规列为学习的重点，使领导干部和民警掌握必要的法律知识，具备工作所需的法律素质。省公安厅将县(市)公安局及城市公安分局新任领导普遍轮训了一遍，并培养了一批教学骨干，全省共举办不同警种、岗位的专业法律培训班 640 余期，受训民警 5.86 余万人次。在全省形成了任用领导干部必过法律培训关，招收新警先培训后上岗等制度。

20 年间，安徽省公安立法工作取得重大成果，省公安厅起草并协助省政府提请立法机关制定有关公安工作的地方法规和规章 26 件，不仅数量多，而且质量较高，一些项目走在全国地方立法的前列。如 1995 年 4 月经省人大常委会通过的中国第一部劳教方面的地方性法规《安徽省劳动教养实施条例》、1996 年 5 月省人大常委会通过的《安徽省治安联防队管理条例》。1998 年后，省公安厅起草并协助省政府提请立法机关制定了《安徽省实施〈消防法〉办法》《安徽省人民警察巡察条例》《安徽省计算机安全保护条例》《安徽省禁毒条例》《安徽省公安机关取保候审收取保证金实施办法》等。

1993年年初，省公安厅制定《安徽省公安机关执法监督工作暂行规定》（以下简称《暂行规定》），使全省公安机关内部执法监督工作逐步迈上制度化、规范化的道路。各级公安机关以《暂行规定》为依据，以实行执法责任制为核心，建立健全执法监督机制，充分运用案件审核、听证、复议应诉、执法检查等监督手段，从事前、事中、事后等不同环节实行多方面的监督，使监督工作贯穿于公安执法活动的全过程。从 1994 年起，全省公安机关进一步加大执法检查力度，省、市(地)、县公安机关分别以一年、半年和一季度为周期对执法情况开展检查并已形成制度。实行错案责任追究制度，明确办案人、审核人、审批人的各自责任。1997 年，逐步推行行政执法责任制，使行政执法出现权责结合的新面貌。2000 年至 2005 年，连续 6 年组织开展全省县级公安机关执法质量考评，建立推行基层执法单位季度执法评析通报制度，逐步建立完善执法质量考评体系。此外，为规范和约束执法行为，各地结合实际积极建立和不断完善各种规章制度，实行执法状况量化评比制度、重大案件集体研究制度、案件跟踪、查询、催办等制度，进一步完善执法监督机制，强化监督力度，为依法行政、依法办案提供制度保障。

第一章　组织机构

第一节　安徽省公安厅

1986年，省公安厅机关内设：中共安徽省公安厅党组纪律检查组、政治部、办公室、机关党委、政治保卫处（第一处）、经济文化保卫处（第二处）、治安行政管理处（第三处）、刑事侦察处（第四处）、预审处（第五处）、警卫处（第六处）、技术侦察处（第七处）、国家安全保卫处（第八处）、边防处、机要通信处、消防处、行政财务管理处、计划装备处、老干部管理处、审计室、咨询处。

1987年7月，根据国务院《关于改革道路交通管理体制的通知》和安徽省人民政府《关于改革我省道路交通管理体制的通知》精神，全省城乡各级道路交通监理机构、人员编制等成建制地划归公安部门管理，其工作人员转为人民警察。省交通厅将交通监理局移交给省公安厅，与省公安厅治安处（第三处）的交通科、车辆管理科合并成立安徽省公安厅交通警察总队，指导全省城乡道路交通管理工作。

1988年11月，设立省监察厅驻省公安厅监察室，与纪律检查组合署办公。12月，恢复法律政策研究室。同时，撤销咨询处。

1991年至1992年，根据国务院统一部署，安徽省公安机关进行了机构改革。省公安厅机关行政编制653名，事业编制45名，国家安全机关编制102名。内设19个职能处室：办公室、政治保卫处、经济文化保卫处、治安管理处、刑事侦察处、预审处、警卫处（武警编制）、技术侦察处、国家安全处、出入境管理处、消防局（武警编制）、边防处（武警编制）、机要通信处、交通管理处、宣传处、法制处、计划装备处、行政财务管理处、政治部。

1995年，按照省政府办公厅《关于印发安徽省公安厅职能配置、内设机构和人员编制方案的通知》文件规定，省公安厅内设机构重新进行调整。省公安厅机关（不含现役）行政编制680名（含纪检、监察、审计编制）。省公安厅机关内设22个职能机构（含3个属武警现役编制的局）和机关党委；保留政治部。22个职能机构是：办公室、政治保卫处、经济文化保卫处、治安管理处（对外称安徽省公安厅治安警察总队）、刑事侦查处（对外称安徽省公安厅刑事警察总队）、刑事技术处、预审处、技术侦查处（对外称安徽省公安厅技术侦查总队）、出入境管理处、交通管理局（对外称安徽省公安厅交通警察总队，其中高速公路直属支队机构设置、人员编制、领导职数等按皖编字〔1991〕124号文件执行）、行政财务管理处、计算机通信处、计划装备处、法制处（加挂安徽省劳动教养委员会审批办公室牌子）、边防局（武警现役编制）、消防局（武警现役编制）、警卫局（武警现役编制）、人事处、现役工作处、教育训练处、组织宣传处、老干部处、机关党委。

2000年，按照省政府办公厅《关于印发安徽省公安厅职能配置、内设机构和人员编制规定的通知》文件规定，省公安厅内设机构重新进行调整。厅机关行政编制533名（不含现役编制）。省公安厅机关内设21个职能机构（含3个武警现役编制的局）：警务督察处，办公室，政治部暨人事训练处、宣传处，装备财务处，国内安全保卫处（第一处），经济犯罪侦查处（第二处），治安管理处（第三处，对外称安徽省公安厅治安警察总队），刑事侦查处（第四处，对外称安徽省公安厅刑事警察总队），监所管理处（第五处），禁毒处，行动技术侦查处（第七处），法制处（第八处，加挂“安徽省劳动教养委员会审批办公室”牌子），出入境管理处（第九处），公共信息网络安全监察处，信息通信处（第十一处），交通管理局（第十二处，对外称安徽省公安厅交通警察总队），科技处（第二十一处），离退休工作处，边防局，消防局，警卫局，机关党委，纪检（监察）等机构。

另外，省森林公安局（公安厅第十六处）、蚌埠铁路公安处（公安厅第十七处）、省民航总局公安局（公安厅第十八处）、合九铁路公安处（公安厅第十九处）、合肥海关缉私局（公安厅第二十三处）等行业公安机构纳入省公安厅内设机构建制序列。

2001年6月，省公安厅设立“610”办公室。2004年4月，“610”办公室更名为反邪教工作处。10月，省公安厅设立安徽省看守所（副处级建制）。

2003年7月，省公安厅设立教育训练处。同时，人事训练处更名为人事处。设立国内安全保卫机动侦查队、“打黑除恶”专业队、治安行动队3个副处级实战机构。11月，省公安厅在厅纪委加挂“审计室”牌子。

2004年3月，省公安厅设立反恐怖处。省公安厅国内安全保卫处、经济犯罪侦查处、行动技术处、禁毒处分别加挂“国内安全保卫总队、经济犯罪侦查总队、行动技术总队、禁毒总队”牌子。7月，省公安厅办公室加挂“指挥中心”牌子；设立居民身份证制作中心，副处级建制。

2005年2月，省公安厅禁毒处加挂“安徽省禁毒委员会办公室”牌子。7月，安徽省人民警察学校正式组建为安徽公安职业学院。12月，省公安厅公共信息网络安全监察处加挂“公共信息网络安全总队”牌子。

2005年年底，省公安厅机关内设27个职能机构（含4个武警现役编制的单位）：

警务督察处，办公室（加挂“安徽省公安厅指挥中心”牌子），政治部暨人事处、教育训练处、宣传处、现役办，装备财务处，国内安全保卫处（第一处，对外称安徽省公安厅国内安全保卫总队），经济犯罪侦查处（第二处，对外称安徽省公安厅经济犯罪侦查总队），治安管理处（第三处，加挂“安徽省公安厅特警总队”牌子，对外称安徽省公安厅治安警察总队），刑事侦查处（第四处，对外称安徽省公安厅刑事侦查总队），监所管理处（第五处），禁毒处（第六处，加挂“安徽省禁毒委员会办公室”牌子，对外称安徽省公安厅禁毒总队），行动技术处（第七处，对外称安徽省公安厅行动技术总队），法制处（第八处，加挂“安徽省劳动教养委员会审批办公室”牌子），出入境管理处（第九处），公共信息网络安全监察处（第十处，对外称安徽省公安厅公共信息网络安全监察总队），信息通信处（第十一处），交通管理局（第十二处，对外称安徽省公安厅交通警察总队），科技处（第二十一处），反邪教处（第二十二处），反恐怖处（第二十四处，加挂“省反恐怖领导小组办公室”牌子），离退休工作处，边防局（对外称安徽省公安厅边防总队），消防局（对外称安徽省公安厅消防总队），警卫局。

6个直属机构：国内安全保卫机动侦察队、治安行动队、“打黑除恶”专业队、安徽省看守所、交警总队高速公路直属支队、居民身份证制作中心，以及机关党委办事机构，纪检（监察）机构。

另外，省森林公安局（公安厅第十六处）、蚌埠铁路公安处（公安厅第十七处）、省民航总局公安局（公安厅第十八处）、合九铁路公安处（公安厅第十九处）、合肥海关缉私局（公安厅第二十三处）等行业公安机构纳入省公安厅内设机构建制序列。

中共安徽省公安厅党组主要领导更迭表（1953 年 3 月—1967 年 4 月）

表 1-1

姓名	职务	籍贯	任职时间	备注
苏毅然	书记	四川省苍溪县	1953年3月—1954年5月	
彭宗珠	书记	河南省新县	1954年5月—1957年8月	
邢 浩	书记	江苏省高淳县	1957年8月—1962年7月	
马敬铮	书记	河南省安阳市	1963年2月—1967年4月	
桂俊亭	副书记	安徽省肥西县	1953年11月—1955年4月	
邢 浩	副书记	江苏省高淳县	1953年3月—1957年8月	
韩 融	副书记	安徽省全椒县	1957年8月—1967年4月	
伍 彤	副书记	辽宁省丹东市	1962年10月—1967年4月	
李士怀	副书记	河南省商城县	1962年12月—1967年4月	

中共安徽省公安局党的核心小组主要领导更迭表（1973 年 2 月—1978 年 3 月）

表 1–2

姓名	职务	籍贯	任职时间	备注
符益群	组长	湖南省桃江县	1973年2月—1975年2月	军代表
王翀	第一组长		1975年2月—1976年2月	军代表
吴从树	第一组长	安徽省无为县	1976年3月—1977年7月	
符益群	组长	湖南省桃江县	1975年2月—1975年7月	军代表
肖华	组长		1975年8月—1977年7月	
马敬铮	组长	河南省安阳市	1977年7月—1978年3月	
程光华	代理组长	河北省藁城市	1977年12月—1978年3月	
陶云龙	副组长	安徽省天长市	1973年2月—1978年3月	
何真理	副组长	江苏省淮阴县	1973年2月—1978年3月	
江晓华（女）	副组长	安徽省桐城市	1976年3月—1977年7月	
王增年	副组长		1976年5月—1977年7月	军代表

中共安徽省公安局党组主要领导更迭表（1978年3月—1980年1月）

表1–3

姓名	职务	籍贯	任职时间	备注
马敬铮	书记	河南省安阳市	1978年3月—1978年6月	
程光华	代理书记	河北省藁城市	1978年3月—1978年9月	
程光华	书记	河北省藁城市	1978年9月—1980年1月	
何真理	副书记	江苏省淮阴县	1978年3月—1980年1月	
韩融	副书记	安徽省全椒县	1978年3月—1980年1月	

中共安徽省公安厅党组主要领导更迭表（1980年1月—1992年4月）

表1–4

姓名	职 务	籍贯	任职时间	备注
程光华	书记	河北省藁城市	1980年1月—1983年5月	
张锡	书记	河北省深县	1983年5月—1988年3月	
王胜俊	书记	安徽省宿县	1988年11月—1992年4月	省委常委、政法委书记

续表1-4

姓名	职务	籍贯	任职时间	备注
何真理	副书记	江苏省淮阴县	1980年1月—1980年4月	
韩 融	副书记	安徽省全椒县	1980年1月—1983年5月	
赵保先	副书记	江苏省泗洪县	1980年1月—1983年5月	
徐晓东	副书记	江苏省宿迁市	1980年1月—1983年5月	
戚邦汉	副书记	安徽省泗县	1983年5月—1992年1月	
张思靖	副书记	河北省阜平县	1985年4月—1989年3月	
尹曙生	副书记	安徽省舒城县	1990年1月—1992年4月	
岳怀明	纪检组长	山东省高密县	1985年11月—1990年7月	

中共安徽省公安厅委员会主要领导更迭表（1992年4月—2005年12月）

表1-5

姓名	职务	籍贯	任职时间	备注
王胜俊	书记	安徽省宿县	1992年4月—1993年5月	省委常委、政法委书记
陈瑞鼎	书记	安徽省宿县	1993年5月—1998年5月	省委常委、政法委书记
赵正永	书记	安徽省马鞍山市	1998年4月—2001年7月	省委政法委书记
崔亚东	书记	河北省蠡县	2001年8月—	
尹曙生	副书记	安徽省舒城县	1992年4月—1998年5月	
陈瑞鼎	副书记	安徽省宿县	1992年1月—1993年5月	
王家山	副书记	北京市	1993年10月—1995年5月	
刘金照	副书记	安徽省凤台县	1995年7月—	
马萍（女）	副书记	辽宁省镇县	2002年4月—2004年3月	

安徽省公安厅主要领导更迭表（1986年1月—2005年12月）

表1-6

姓名	职务	籍贯	任职时间	备注
张锡	厅长	河北省深县	1983年5月—1988年2月	
王胜俊	厅长	安徽省宿县	1988年2月—1992年1月	
陈瑞鼎	厅长	安徽省宿县	1992年1月—1998年4月	

续表1-6

姓名	职 务	籍贯	任职时间	备注
赵正永	厅长	安徽省马鞍山市	1998年4月—2001年7月	
崔亚东	厅长	河北省蠡县	2001年7月—	
戚邦汉	副厅长	安徽省泗县	1980年1月—1992年2月	
张思靖	副厅长	河北省阜平县	1993年5月—1989年4月	
尹曙生	副厅长	安徽省舒城县	1983年5月—1998年1月	
王家山	副厅长	北京市	1983年8月—1995年5月	
刘金照	副厅长	安徽省凤台县	1989年4月—1996年4月	
刘金照	副厅长、巡视员	安徽省凤台县	1996年4月—1999年12月	
陈炎生	副厅长	安徽省贵池市	1989年4月—1996年7月	
吴劲松	纪委书记	安徽省庐江县	1992年9月—2004年1月	
马萍(女)	副厅长	辽宁省镇县	1993年5月—1994年10月	兼任政治部主任
马萍(女)	副厅长	辽宁省镇县	1994年10月—2004年3月	
马萍(女)	巡视员	辽宁省镇县	2004年3月—	
孙建新	副厅长	山东省蓬莱市	1995年6月—2003年2月	
崔亚东	副厅长	河北省蠡县	1997年5月—2001年7月	
宓建毅	副厅长	浙江省慈溪市	1997年5月—2006年2月	警卫局局长
范韶明	副厅长	安徽省宿县	1997年5月—	
李成聪	政治部主任	安徽省肥东县	2001年12月—	
王静	副厅长	安徽省临泉县	2002年2月—	
陈小平	副厅长	山东省胶南市	2002年2月—	
尤长庚	纪委书记	安徽省寿县	2004年2月—	
郑建新	副厅长	安徽省寿县	2004年3月—	

安徽省公安厅正师职以上主要领导更迭表（1986年1月—2005年12月）

表1-7

姓名	职务	籍贯	任职时间	备注
宓建毅	警卫局局长	浙江省慈溪市	1994年8月—1997年5月	
屠国华	省消防总队总队长	安徽省颍上县	1997年8月—	
董福存	省消防总队政委	安徽省砀山县	1997年8月—2004年8月	
陈传聪	现役办主任	安徽省五河县	2003年4月—	
董会田	省消防总队政委	天津市武清县	2005年6月—	

第二节　市、县（市、区）公安机构

1986 年，全省设立 8 个省辖市公安局，8 个行署公安处，1 个黄山公安局；35 个公安分局，8 个县级市公安局，66 个县公安局，九华山公安局。

1991 年，全省设立 9 个省辖市公安局，7 个行署公安处，下辖 38 个公安分局（含黄山风景区公安局），9 个县级市公安局，64 个县公安局（含九华山公安局）。

1996 年，全省机构改革，设立 11 个省辖市公安局，5 个行署公安处，下辖 42 个公安分局、黄山风景区公安局，10 个县级市公安局，58 个县公安局（含九华山公安局）；2111 个公安派出所。

2000 年，全省机构改革，设立 17 个省辖市公安局、73 个城市分局、61 个县（市）公安局；2166 个公安派出所。

2005 年，全省设立 17 个省辖市公安局、84 个城市分局、61 个县（市）公安局；1868 个公安派出所。

随着行政区划不断调整，全省各市公安局的隶属关系也随之进行调整，各市级公安局的隶属关系及变化情况如下：

合肥市公安局　1949 年 2 月，成立合肥市人民政府公安局。4 月，市公安局并入皖北行署公安局。对外仍称合肥市人民政府公安局。7 月 15 日，合肥市人民政府公安局与皖北行署公安局分设，恢复合肥市人民政府公安局建制。1955 年 9 月 14 日，改称合肥市公安局。1966 年 5 月，“文化大革命”开始，合肥市公安机关受到冲击，处于瘫痪状态。1967 年 4 月 17 日，中国人民解放军部队进驻市公安局，主持日常公安工作。1968 年 1 月 26 日，被中国人民解放军合肥市公检法军事管制委员会取代。1969 年 12 月 5 日，被合肥市革命委员会人民保卫组取代。1973 年 3 月，恢复公安机关建制，成立合肥市革命委员会公安局。1975 年 9 月 15 日，改称合肥市公安局。

1986 年，合肥市公安局下辖东市、中市、西市、郊区 4 个公安分局，肥东、肥西、长丰3个县公安局。2000年，合肥市公安局下辖庐阳、包河、蜀山、瑶海、新站、公交、高新区、经开区等8个城市分局，肥东、肥西、长丰3个县公安局。2005年，合肥市公安局下辖庐阳、包河、蜀山、瑶海、新站、公交、高新区、经开区、曙光等9个城市分局，肥东、肥西、长丰3个县公安局。

淮北市公安局　1960年4月，设立地级濉溪市。10月，成立濉溪市公安局。1967年1月，被中国人民解放军驻濉溪市部队公安局军事接管会取代。1968年8月，被濉溪市革命委员会人民保卫组取代。1971年5月，濉溪市改称淮北市。1973年3月，恢复公安机关建制，成立淮北市革命委员会公安局。1975年8月，改称淮北市公安局。

1986年，淮北市公安局下辖相山、烈山、杜集3个公安分局，濉溪县公安局。2000年，淮北市公安局下辖烈山、相山、杜集、开发区、淮海、淮东、皖北7个城市分局，濉溪县公安局。2005年，淮北市公安局下辖烈山、相山、杜集、开发区、直属、公交、皖北7个城市分局，濉溪县公安局。

亳州市公安局　1948年8月，设立亳州市（县级）公安局，辖城关及郊区。1949年2月，与亳县合并，恢复亳县建制，设立亳县公安局，隶属阜阳专署公安处。1986年，撤亳县建立亳州市，设立亳州市公安局，隶属阜阳行署公安处。1998年2月，亳州市公安局收归省直接管辖。2000年5月21日，设立地级亳州市，设立亳州市公安局。

2000年5月，亳州市公安局下辖谯城分局，利辛、涡阳、蒙城县公安局。

宿州市公安局　1949年3月，成立皖北区宿县专署公安局。1950年7月，改称皖北宿县专署公安处。1952年9月，改称宿县专署公安处。1956年3月，与滁县专署公安处合并成立蚌埠专署公安处。1961年4月，撤销蚌埠专署公安处。恢复成立宿县专署公安处。1967年9月，被中国人民解放军宿县公检法军管组取代。1973年4月，恢复公安机关建制，成立宿县地区革命委员会公安局。1977年2月，改称宿县地区公安局。1981年4月，改称宿县地区行政公署公安处。1995年，改称宿县地区行署公安局。1999年，改称宿州市公安局。

1986年，宿县行署公安处下辖宿州市（县级）公安局，泗县、灵璧、萧县、砀山、宿县5个县公安局。1996年，宿县行署公安处下辖宿州市（县级）公安局，泗县、灵璧、萧县、砀山4个县公安局。2000年，宿州市公安局下辖埇桥分局，萧县、灵璧、泗县、砀山4个县公安局。2005年，宿州市公安局下辖埇桥、开发区分局，萧县、灵璧、泗县、砀山4个县公安局。

蚌埠市公安局　1949年1月，成立蚌埠市公安局。9月，改称蚌埠市人民政府公安局。1955年4月，改称蚌埠市公安局。1959年1月，与蚌埠专署公安处合署办公；1959年10月，分开办公。1968年1月，被中国人民解放军蚌埠市公检法、淮河水上公安局军事管制委员会取代。1969年4月，蚌埠市公检法军管会与蚌埠市革命委员会人民保卫组合并办公，组成一个机构，挂两块牌子。1973 年 3 月，恢复公安机关建制，成立蚌埠市革命委员会公安局。1975 年 8 月，改称蚌埠市公安局。

1986 年，蚌埠市公安局下辖东区、中区、西区、郊区、水上 5 个公安分局和怀远、五河、固镇 3 个县公安局。2000 年，蚌埠市公安局下辖蚌山、禹会、淮上、龙子湖、水上 5 个城市分局，五河、固镇、怀远 3 个县公安局。2005 年，蚌埠市公安局下辖龙子湖、蚌山、禹会、淮上、水上、高新区、开发区 7 个城市分局和怀远、五河、固镇 3 个县公安局。

阜阳市公安局　1949 年 3 月，成立皖北区阜阳专员公署公安局。1951 年 6 月，改称阜阳专员公署公安处。1968 年 1 月，被中国人民解放军阜阳专区公检法军事管制小组取代。9 月，被阜阳地区革命委员会人民保卫组取代。1973 年 10 月，恢复公安机关建制，成立阜阳地区革命委员会公安局。1976 年 4 月，改称阜阳地区公安局。1980 年 10 月，改称阜阳地区行政公署公安处。1996 年 1 月，改称阜阳市公安局。

1986 年，阜阳行署公安处下辖阜阳（县级）、亳州市公安局，阜阳、利辛、蒙城、太和、临泉、界首、颍上、阜南、涡阳县公安局。1991 年，阜阳行署公安处下辖阜阳（县级）、亳州、界首市公安局，阜阳、利辛、蒙城、太和、临泉、颍上、阜南、涡阳县公安局。1996 年，阜阳市公安局下辖颍东、颍泉、颍州公安分局，亳州、界首（县级）市公安局，利辛、蒙城、太和、临泉、颍上、阜南、涡阳县公安局。2000 年，阜阳市公安局下辖颍泉、颍东、颍州分局，阜南、颍上、太和、临泉、界首县（市）公安局。2005 年，阜阳市公安局下辖颍泉、颍东、颍州、开发区分局，阜南、颍上、太和、临泉、界首县（市）公安局。

淮南市公安局　1949 年 5 月，成立淮南矿区公安局（县级）。1950 年 8 月，矿区公安局升格为地级市公安局。9 月，改称淮南市人民政府公安局，仍隶属于淮南矿区党委建制领导。1952 年 4 月，市公安局改属淮南市人民政府建制领导。1955 年 7 月，改称淮南市公安局。1967 年 6 月，被中国人民解放军淮南市公检法军事管制委员会取代。1968 年 3 月，被淮南市革命委员会人民保卫组取代。1973 年 5 月，恢复公安机关建制，成立淮南市革命委员会公安局。1975 年 8 月，改称淮南市公安局。

1986 年，淮南市公安局下辖田家庵、大通、谢家集、八公山、潘集分局，凤台县公安局。2000 年，淮南市公安局下辖田家庵、八公山、大通、谢家集、潘集、毛集、淮舜、开发区 8 个分局，凤台县公安局。2005 年，淮南市公安局下辖田家庵、八公山、大通、谢家集、潘集、毛集、淮舜、开发区、新集分局，凤台县公安局。

滁州市公安局　1949 年 6 月底，江淮第一专署公安局和江淮第四专署公安局合并成立皖北滁县专署公安局。1950 年 6 月，改称滁县专署公安处。1956 年 3 月，与宿县专署公安处合并成立蚌埠专署公安处。1961 年 4 月撤销，同时恢复成立滁县专署公安处。

1967 年 4 月，被中国人民解放军滁县专署公安处军事管制小组取代。1968 年 8 月，被中国人民解放军滁县专区公安机关军事管制委员会取代。1973 年 3 月，恢复公安机关建制，成立滁县地区革命委员会公安局。1975 年 7 月，改称滁县地区公安局。1980 年 10 月，改称滁县行署公安处。1993 年 2 月，改称滁州市公安局。

1986 年，滁县地区公安处下辖滁州市公安局（县级），凤阳、全椒、嘉山、来安、定远、天长县公安局。1996 年，滁州市公安局下辖南谯、琅琊公安分局，明光、天长（县级）市公安局，凤阳、全椒、来安、定远县公安局。2005 年，滁州市公安局下辖琅琊、南谯、开发区公安分局，定远县、全椒县、凤阳县、来安县、天长市、明光市公安局。

六安市公安局　1949 年 3 月，成立中国人民解放军皖西三分区公安局。4 月，改称六安专区公安局。1950 年 5 月，改称六安专署公安处。1967 年 12 月，被中国人民解放军六安专区公检法军事管制小组取代。1968 年 4 月，被六安专区革命委员会人民保卫部取代。1973 年 3 月，恢复公安机关建制，成立六安地区革命委员会公安局。1974 年 8 月，改称六安地区公安局。1980 年 9 月，改称六安行署公安处。2000 年 2 月，改称六安市公安局。

1986 年，六安行署公安处下辖六安市（县级）公安局，六安、寿县、霍邱、舒城、金寨、霍山县公安局。1996 年，六安行署公安处下辖六安市（县级）公安局，寿县、霍邱、舒城、金寨、霍山县公安局。2000 年，六安市公安局下辖金安区、裕安区、叶集改革发展实验区、经济技术开发区 4 个分局和寿县、霍山、霍邱、舒城、金寨县公安局。

马鞍山市公安局　1956 年 3 月，在马鞍山矿区设立当涂县公安局马鞍山分局。10 月，成立马鞍山市，在马鞍山分局的基础上成立马鞍山市公安局。1968 年 1 月，被中国人民解放军马鞍山市公安机关军事管制委员会取代。1973 年 3 月，恢复公安机关建制，成立马鞍山市公安局。

1986 年，马鞍山市公安局下辖花山、雨山、金家庄、向山、郊区公安分局，当涂县公安局。1991 年，马鞍山市公安局下辖花山、雨山、金家庄、向山公安分局，当涂县公安局。2000 年，马鞍山市公安局下辖花山、雨山、金家庄、水上、楚江城市分局，当涂县公安局。2005 年，马鞍山市公安局下辖花山、雨山、金家庄、水上、开发区、楚江城市分局，当涂县公安局。

巢湖市公安局　1949 年 4 月，成立巢湖专署公安处。1952 年 1 月撤销，与宣城专署公安处合并成立芜湖专署公安处。1965 年 8 月，恢复成立巢湖专署公安处。1967 年 2 月，被中国人民解放军巢湖专区公检法军事管制小组取代。1969 年 8 月，被巢湖专区革命委员会人民保卫组取代。1973 年 3 月，恢复公安机关建制，成立巢湖地区革命委员会公安局。1976 年 5 月，改称巢湖地区公安局。1980 年 12 月，改称巢湖行署公安处。1996 年 5 月，改称巢湖行署公安局。1999 年 8 月，改称巢湖市公安局。

1986年，巢湖行署公安处下辖巢湖市（县级）公安局，含山、庐江、和县、无为县公安局。2000年，巢湖市公安局下辖居巢、水上分局，无为、和县、庐江、含山县公安局。2005年，巢湖市公安局下辖居巢、开发区、水上分局，无为、和县、庐江、含山县公安局。

芜湖市公安局　1949年1月，在合肥成立接管芜湖干部大队下辖的公安中队，内称芜湖公安局。5月，改称芜湖市人民政府公安局。1955年5月，改称芜湖市公安局。1968年1月，被中国人民解放军芜湖市公检法军事管制小组取代。同年7月，改称中国人民解放军芜湖市公安机关军事管制委员会。1968年5月，被芜湖市革命委员会人民保卫组取代。1973年3月，恢复公安机关建制，成立芜湖市公安局。

1986年，芜湖市公安局下辖镜湖、新芜、马塘、郊区、裕溪口、水上分局，芜湖、南陵、繁昌、青阳县公安局，九华山公安局。1991年，芜湖市公安局下辖镜湖、新芜、马塘、郊区、水上分局，芜湖、南陵、繁昌县公安局。2000年，芜湖市公安局下辖新芜、镜湖、鸠江、马塘、水上、经济开发区分局，南陵、芜湖、繁昌县公安局。2005年，芜湖市公安局下辖镜湖、鸠江、弋江、三山、水上、经济开发区、大桥开发区分局，南陵、芜湖、繁昌县公安局。

宣城市公安局　1949年5月，成立皖南区宣城专署公安办事处。1950年5月，改称皖南区宣城专署公安处。1952年1月，与巢湖专署公安处合并成立芜湖专署公安处。1968年2月，被中国人民解放军芜湖专区公检法军事管制小组取代。5月，被芜湖专区革命委员会人民保卫组取代。1973年3月，恢复公安机关建制，成立芜湖地区革命委员会公安局。1975年9月，改称芜湖地区公安局。1979年5月，改称芜湖地区行政公署公安局。1980年2月，改称宣城地区行政公署公安局。9月，改称宣城行署公安处。1996年5月，改称宣城行署公安局。2001年1月，改称宣城市公安局。

1986年，宣城行署公安处下辖宣城、宁国、广德、泾县、郎溪县公安局。1991年，宣城行署公安处下辖宣州市（县级）公安局，宁国、广德、泾县、郎溪、旌德、绩溪县公安局。2000年，宣城市公安局下辖宣州、开发区分局，广德、绩溪、泾县、旌德、郎溪、宁国县（市）公安局。

铜陵市公安局　1956年11月，成立铜官山市公安局。1958年9月，随着铜陵县建制撤销，铜陵县公安局并入铜官山市公安局，改称铜陵市公安局。1959年4月，恢复铜陵县建制，市、县公安局分设。1964年7月，撤销铜官山有色金属公司，实行政企合一，铜陵市改为铜陵特区。12月，铜陵市公安局改称铜陵特区公安局。1968年2月，被中国人民解放军安徽省铜陵特区公检法军事管制委员会取代。3月，被铜陵特区革命委员会人民保卫组取代。1973年5月，恢复公安机关建制，成立铜陵市革命委员会公安局。1975年8月，改称铜陵市公安局。

1986年，铜陵市公安局下辖铜官山、狮子山、铜山、郊区分局，铜陵县公安局。2000年，铜陵市公安局下辖铜官山、狮子山、郊区、滨江、五松分局，铜陵县公安局。2005年，铜陵市公安局下辖铜官山、狮子山、郊区、开发区、普济圩分局，铜陵县公安局。

池州市公安局 1949年4月，成立皖南区池州专区公安办事处。1950年5月，改称皖南区池州专员公署公安处。1952年2月撤销。1965年7月，恢复成立池州专员公署公安处。1968年3月，被中国人民解放军池州专区公检法军事管制小组取代。9月，被池州专区革命委员会人民保卫组取代。1977年3月，恢复公安机关建制，成立池州地区革命委员会公安局。1975年8月，改称池州地区公安局。1980年5月撤销。1988年11月，恢复成立池州地区行政公署公安处。2000年6月，改称池州市公安局。

1991年，池州行署公安处下辖贵池市（县级）公安局，东至县、石台县、青阳县、九华山公安局。2000年，池州市公安局下辖贵池分局，九华山公安局，东至、青阳、石台县公安局。2005年，池州市公安局下辖贵池、水上、九华山风景区分局，东至、青阳、石台县公安局。

安庆市公安局 1949年3月，成立安庆市公安局。1950年5月，并入安庆专署公安局。10月，恢复成立安庆市人民政府公安局。1955年4月，改称安庆市公安局。1967年10月，被中国人民解放军安庆市公安机关军事管制委员会取代。1968年8月，被安庆市革命委员会人民保卫组取代。1973年3月，恢复公安机关建制，成立安庆市革命委员会公安局。1978年12月，改称安庆市公安局。

1986年，安庆市公安局下辖迎江、大观、郊区分局。1991年，安庆市公安局下辖迎江、大观、郊区、水上分局，桐城、望江、怀宁、潜山、宿松、枞阳、太湖、岳西县公安局。1996年，安庆市公安局下辖迎江、大观、郊区、水上分局，桐城市（县级）公安局，望江、怀宁、潜山、宿松、枞阳、太湖、岳西县公安局。2000年，安庆市公安局下辖大观、迎江、郊区、菱北（开发区）、华亭、水上、机场分局，潜山、枞阳、怀宁、太湖、岳西、宿松、望江、桐城县（市）公安局。2005年，安庆市公安局下辖大观、迎江、宜秀、菱北（开发区）、华亭、水上、公共交通分局，潜山、枞阳、怀宁、太湖、岳西、宿松、望江、桐城县（市）公安局。

黄山市公安局 1949年6月，成立徽州专署公安办事处。1950年6月，改称徽州专署公安处。1956年1月撤销，并入芜湖专署公安处。1961年4月，恢复成立徽州专署公安处。1967年3月，被中国人民解放军徽州专署公安处军事管制小组取代。1968年7月，被徽州专区革命委员会人民保卫组取代。1973年3月，恢复公安机关建制，成立徽州地区革命委员会公安局。1975年3月，改称徽州地区公安局。1980年10月，改称徽州行署公安处。1988年4月，改称黄山市公安局。

1986年，徽州行署公安处下辖屯溪市（县级）、黄山市（县级）公安局，歙县、绩溪、黟县、石台、休宁、祁门、旌德县公安局。1991 年，黄山市公安局下辖屯溪、黄山、徽州区分局，黄山风景区公安局，歙县、黟县、休宁、祁门县公安局。1996 年，黄山市公安局下辖屯溪、黄山、徽州区公安分局，黄山风景区公安局，歙县、黟县、休宁、祁门县公安局。2000 年，黄山市公安局下辖徽州区、黄山区、屯溪区分局，黄山风景区公安局，休宁、歙县、黟县、祁门县公安局。2005 年，黄山市公安局下辖徽州区、黄山区、屯溪区、经济开发区分局，黄山风景区公安局，休宁、歙县、黟县、祁门县公安局。

安庆行署公安处　1949 年 3 月，成立安庆分区公安局；7 月，改称安庆行政区公安局。1950 年 7 月，改称安庆区专员公署公安处。1955 年 5 月，改称安庆专员公署公安处。1968 年 8 月，被安庆地区革命委员会人民保卫组取代。1973 年 7 月，恢复公安机关建制，成立安庆地区革命委员会公安局。1975 年 8 月，改称安庆地区公安局。1980 年 10 月，改称安庆地区行署公安处。1988 年 11 月撤销。

1986 年，安庆行署公安处下辖桐城、望江、贵池、东至、怀宁、潜山、宿松、枞阳、太湖、岳西县公安局。

全省各市公安局主要领导更迭表（1986年1月—2005年12月）

表1-8

姓名	职务	籍贯	任职时间	备注
周礼明	合肥市公安局局长	安徽省肥东县	2004年1月—	
张峰	淮北市公安局局长	安徽省宿州市	2004年1月—	
祁述志	亳州市公安局局长	安徽省含山县	2004年9月—	
江利亚	宿州市公安局局长	安徽省亳州市	2004年1月—	
高孟杰	蚌埠市公安局局长	江苏省淮阴县	2004年1月—	
孟庆银	阜阳市公安局局长	安徽省岳西县	2002年8月—2004年10月	市委常委、政法委书记
刘金照	淮南市公安局局长	安徽省凤台县	1983年11月—1989年1月	市委常委
段志兴	淮南市公安局局长	安徽省淮南市	1989年12月—1995年4月	副市长
王玉成	淮南市公安局局长	安徽省淮南市	2003年1月—2005年7月	市委常委
龚英敏	淮南市公安局局长	安徽省肥东县	2003年6月—	
吴绍明	滁县行署公安处处长	安徽省明光市	1992年6月—1993年1月	滁县地委委员
	滁州市公安局局长	安徽省明光市	1993年1月—1993年9月	
	滁州市公安局党组书记	安徽省明光市	1993年9月—1997年5月	

续表1-8

姓名	职 务	籍贯	任职时间	备注
许刚	六安市公安局局长	安徽省泗县	2005年9月—	
程李明	马鞍山市公安局局长	安徽省宣城市	2004年1月—	
陈春宇	巢湖市公安局局长	安徽省贵池市	2004年1月—	
陈文明	芜湖市公安局局长	辽宁省鞍山市	2004年1月—	
陈开华	宣城市公安局局长	安徽省当涂县	2004年1月—	
王辉	铜陵市公安局局长	安徽省无为县	2004年1月—	
张东平	池州市公安局局长	安徽省无为县	2004年9月—2005年9月	
王迎春	池州市公安局局长	安徽省颍上县	2005年9月—	
许键	安庆市公安局局长	安徽省桐城市	1986年—1990年11月	副市级
李胜荣	安庆市公安局局长	安徽省巢湖市	2004年1月—	
鲍仕魁	黄山市公安局局长	安徽省芜湖市	2004年1月—	

说明：领导干部名录收录范围包括全省公安机关副厅级以上领导干部和现役部队正师职以上领导干部

第三节　公安现役部队机构

边防机构

安徽省公安边防总队　1983年9月，武警安徽省总队司令部设立安全检查处，副团级。1988年9月，根据公安部《关于改善和调整边防体制的通知》要求，武警安徽省总队安检处改为安徽省公安厅建制，成立安徽省公安厅航空安检处，与中国人民武装警察部队安徽省航空安检支队一个机构，两块牌子。1988年12月，安徽省公安厅航空安检处更名为安徽省公安厅边防处（又称中国人民武装警察部队安徽省边防支队），正团级建制，内设政秘、检查、后勤3个科室，均为正营级。1989年12月，增设技术通信科，为正营级。1993年7月，安徽省公安厅边防处更名为安徽省公安厅边防局（中国人民武装警察部队安徽省边防总队），副师级建制，内设办公室、业务处，均为正团级。2001年3月，安徽省公安厅边防局更名为安徽省公安边防总队，内设司令部、政治部、后勤部，均为正团级，接受公安部边防管理局和安徽省公安厅双重领导。边防总队的主要职能是：担负安徽口岸出入境边防检查任务，依法对出境、入境的人员及其携带的行李物品，交通运输工具及其载运的货物实施边防检查；按照国家有关规定对出境、入境的交通运输工具进行监护；依法对口岸的限定区域进行警戒，维护出境、入境秩序；执行主管机关赋予的和其他法律、行政法规规定的任务。截至2005年12月31日，安徽公安边防总队下辖5个正团级边防检查站（合肥、黄山、芜湖、铜陵、安庆），以及1个正营级轮训队和1个正营级招待所。

合肥边防检查站　1983年7月，成立武警安徽省总队合肥骆岗机场安全检查站，正营级。1984年10月，升格为副团级。1988年8月，改称中华人民共和国合肥边防检查站，正团级，内设办公室、安检科、边检科、监护科，均为正营级；12月，划归省公安厅边防处建制领导，属武警部队序列。1989年12月，增设技术通信科，正营级。1992年6月，合肥边防检查站内设机构重新调整为：办公室、政工科、边检科、调研科，均为正营级。1993年12月，设办公室、业务处，为副团级。2001年12月，内设机构调整为综合办公室、执勤业务一科、执勤业务二科、勤务排。2005年7月，增设机要查控科，勤务排同时改为勤务中队，正连级。

黄山边防检查站　1984年11月，设立武警安徽省总队屯溪机场安全检查站，正营级。1988年12月，划归省公安厅边防处建制领导，属武警部队序列，内设2个安检组和1个后勤组。1992年4月撤销；11月，组建中华人民共和国黄山边防检查站，正团级。1993年12月，内设办公室、业务处，为副团级。2001年12月，内设机构调整为综合办公室、执勤业务科、勤务排。

芜湖边防检查站　1992年6月，设立芜湖边防检查站，正团级，隶属省公安厅边防处建制领导，属武警部队序列。1993年12月，内设办公室、业务处，为副团级。业务处内设监护中队和船艇中队，为正连级。2001年12月，撤销办公室，改设司令部、政治处、后勤处，均为副团级；撤销业务处，改设执勤业务科，为正营级。

铜陵边防检查站　1993年12月，设立铜陵边防检查站，正团级，隶属省公安厅边防局建制领导，属武警部队序列。内设办公室、业务处，为副团级。业务处内设监护中队和船艇中队，为正连级。2001年12月，内设机构调整为综合办公室、执勤业务一科、执勤业务二科，撤销船艇中队。

安庆边防检查站　1997年4月，设立安庆边防检查站，正团级，隶属省公安厅边防局建制领导，属武警部队序列。2001年12月，内设机构确定为司令部、政治处、后勤处、执勤业务一科、执勤业务二科、监护中队。

消防组织机构

省级消防组织　1986年，省公安厅消防处内设内勤、防火、战训、后勤、警务、宣传、科研7个科和政治处，武警代为供给。1987年，总队组建教导大队，副团级。1988年1月，省公安厅消防处改称省公安厅消防局，亦称武警安徽省消防总队，副师级建制；秘书科改称办公室，其他职能科改称处，同时增设建审处。1991年，总队内设机构统一为司令部、政治处、后勤处、防火处，正团级。1993年，总队内设机构调整为司令部、政治部、后勤部、防火监督部，正团级。1994年，总队调为正师级，内设司令部、政治部、后勤部、防火监督部调为副师级。1996 年，公安部正式下发试行《公安消防部队总队以下单位编制方案》，总队机关增设直属消防产品检测站；司令部内设秘书、警务、战训、管理等 4 个处和警勤中队、微机室、汽车队、招待所、机关食堂 5 个直属单位；政治部内设组教、干部、纪检保卫 3 个处和文化工作站、俱乐部 2 个直属单位；后勤部内设财务、供给装备、生产管理、审计 4 个处和仓库、门诊部 2 个直属单位；防火监督部内设指导、法规、宣传、建审、技术 5 个处和刊物编辑部、新闻电视工作站 2 个直属单位。教导大队调为正团级。

地市县消防组织　1986 年，各地市设公安消防大队，亦称武警消防大队，副团级。内设政工、后勤、防火等职能股；县武警消防中队是公安局的消防科，正营级。1988 年，各城市公安分局设消防科，各县建立健全消防科 (股)，并逐步与消防中队分开办公，专门行使消防监督职权。1989 年至 1991 年，全省 17 个地、市消防大队先后改为支队，正团级；1991 年 5 月，各消防支队内设机构统一为办公室、战训科、警务科、政工科、后勤科、防火科；1991 年 8 月，内设机构统一为司令部、政治处、后勤处、防火监督处，副团级。1996 年，各县、区成立消防大队、消防科，正营级，黄山风景区大队为副团级；合肥市消防支队成立特勤中队，副营级。2000 年，合肥市消防支队主官高配副师级；增设亳州市消防支队，正团级；合肥市消防支队组建特勤大队，副团级；安庆、芜湖、蚌埠、淮南、铜陵组建特勤中队，副营级。

警卫机构　1984 年 12 月，全省公安警卫干部划归中国人民武装警察部队序列，转为现役武装警察，享受中国人民解放军陆军的同等待遇。警卫系统划归武警序列后，原各级警卫机构隶属关系不变，全省的警卫业务和干部管理工作改由省公安厅直接领导和考核管理。

1985 年 5 月，省武警总队设立警卫队，并于 1988 年 9 月调驻省公安厅机关，担负厅机关的内卫和警卫任务的执勤。

1993 年 7 月，公安部印发《关于调整公安厅、局警卫处和省（区）会市公安局警卫科（处）机构级别的通知》，各省、自治区、直辖市公安厅、局警卫处由副师建制升格为正师。

1993 年 9 月，公安部印发《关于调整部分地、市公安警卫现役机构的通知》，安徽省各地、市公安局警卫现役机构除合肥、芜湖、蚌埠、黄山和黄山风景区外，其余全部转为非现役建制，隶属于各地、市公安局。

1999 年 1 月 18 日，在原武警安徽省总队警卫队的基础上重新组建警卫队，为正团级建制，成立党委，编制 55 人，隶属于省公安厅警卫局。

2000 年 7 月 24 日，经省公安厅党委研究，同意省公安厅警卫局成立党委。

2001 年 11 月 21 日，公安部颁发《公安警卫部队省以下单位编制方案》(以下简称《方案》）命令。《方案》规定，各省、自治区、直辖市公安厅、局设立警卫局，称 xx 省（自治区、市）公安厅（局）警卫局，为正师级。局机关设办公室、政治处、后勤处，均为副师级；下辖若干勤务处，为正团级；根据警卫任务和编制员额等不同情况，各省、自治区、直辖市公安厅、局警卫局分三类设置，安徽省公安厅警卫局为二类局。

2002 年 2 月，公安部《关于按照新的文件规定统一调整公安警卫部队省以下单位相应领导职务称谓的通知》要求，各地统一将公安厅（局）警卫处现任的处长、副处长改称局长、副局长，将原警卫处内设科的科长、副科长和地级市警卫科的科长、副科长分别改称处长、副处长。2002 年 9 月，公安部下发《关于新增设市地级警卫机构的通知》，池州市公安局警卫处改为现役编制，为正团级。

2003 年 11 月 18 日，省公安厅下发《关于我省县级公安机关警卫职能归属治安部门的通知》，统一基层警卫工作的组织领导和业务管理，提升公安机关的警卫整体作战能力。

2004 年 7 月，省机构编制委员会办公室下发《关于规范全省市级公安机关公安警卫机构名称的通知》，通知规定：全省市级公安机关非现役警卫机构名称统一改为“XX 市公安局警卫处”，其机构级别不变，处长高配为副县级。

第四节　行业公安机构

蚌埠铁路公安处　1949 年 6 月，中国人民解放军华东荣军总校第五分校奉命改编为华东铁路警备司令部第四团。10 月，改称济南铁路管理局蚌埠公安分处。1958 年 1 月，改称上海铁路局公安处蚌埠分处。11 月，成立合肥铁路局公安处。1959 年 5 月，撤销蚌埠铁路公安分处。9 月，合肥铁路局公安处改称蚌埠铁路局公安处。12 月，迁址至蚌埠。1960 年 3 月，蚌埠铁路局公安处隶属铁道部公安局直接领导。1961 年 5 月，蚌埠铁路局公安处芜湖分处成立。1962 年 6 月，蚌埠铁路局公安处芜湖分处撤销。1963 年 3 月，撤销蚌埠铁路局公安处。4 月，恢复成立蚌埠铁路公安处，隶属上海铁路局公安处。1966 年 5 月，“文化大革命”运动开始，各派造反组织全面夺权。1967 年 1 月，公安分处被部分群众组织夺了权。2–3 月，公安分处和各基层公安保卫组织成立临时业务小组，取代公安分处及基层单位的职能作用。5 月，“支左小组”全面接管公安分处。9 月，公安分处被 6453 部队军事管制。1968 年 8 月，6408 部队军管小组代替 6453 部队军管小组对公安分处实行军管。1972 年 7 月，恢复公安分处对基层各所、股、队实行全面领导。1973 年 1 月，正式恢复成立上海铁路局蚌埠分局公安分处。1978 年 5 月，改称上海铁路局公安处蚌埠公安分处。1985 年 1 月，改称上海铁路公安局蚌埠公安分局。1990 年 8 月，改称上海铁路公安局蚌埠公安处（简称“蚌埠铁路公安处”），同时列为安徽省公安厅第十七处。

合九铁路公安处　1995 年 5 月 31 日，合九铁路（北起合肥枢纽，南至湖北黄梅县孔垄，与大京九铁路接轨，贯穿肥西、舒城、庐江、桐城、安庆、怀宁、潜山、太湖、宿松、黄梅）全线开通运营，其中，合肥铁路段全长 279.116 公里。为保证铁路的建设和运输安全，1994 年 5 月，设立合九铁路公安处筹备组。1995 年 5 月，首批 20 名民警到岗开展筹备工作。1996 年 1 月，正式设立上海铁路公安局合九铁路公安处，是上海铁路公安局派出机构。1997 年 11 月 28 日，合九铁路公安处挂牌成立，同时序列安徽省公安厅第十九处。合九铁路公安处内设：政治处、办公室、治安消防科、刑侦技术科、侦保警卫科、法制预审科，下辖合肥西客站、庐江、桐城、安庆、太湖、黄梅站等 6 个公安派出所。之后，设立安庆西站公安派出所、合九乘警大队。

民航安徽省管理局公安处　1956 年，民航安徽管理处设保卫干事。1959 年，民航安徽管理处改为民航安徽省管理局，省管理局政委办公室设专职保卫干事。1962 年 6 月，民航安徽省管理局设政治处保卫干事。业务上受省公安厅经济文化保卫处领导，任务是配合公安机关做好机场安全保卫，构筑空中安全防线，分析掌握飞行人员及地勤人员思想状态等工作。主要是针对当时国民党特务机关的“心战”和“策反”阴谋，认真做好空勤人员和安全保障人员的防特保密和遵纪守法教育，提高其政治警惕性和法纪观念；对重要敌情和重大案件加强调查研究和侦破；防止敌人混入我内部和我内部人员被敌人拉出去；也防止人民内部因矛盾激化而导致各种犯罪活动的发生。

1966 年 8 月，公安警卫部队撤出机场。民航安徽省管理局政治处根据机场实际情况，制定具体保卫方案。

20 世纪 70 年代，机场保卫工作的主要任务是：把好空中防线安全，预防政治事故。定期对飞行人员及地勤人员进行普遍政治审查，摸清飞行人员、地勤人员的现实思想情况，真正做到心中有数；严格执行防线工作的各项措施和规定，严格飞机警卫交接制度；做好油库的安全警卫工作。1971 年，根据《粉碎敌机偷袭，确保飞机场安全的预案》，制定了具体防范措施。1977 年，制定了《防劫持和破坏飞机，保证安全运输的具体措施》。

1981 年 10 月 1 日，经国务院批准，民航安徽省管理局成立公安分处，行使县公安局权限，工作人员 7 人。下设骆岗机场派出所，屯溪、阜阳航站各设 1 名公安特派员。公安分处的主要任务是：负责民航机场空中安全保卫，严防劫持、破坏航空器事件的发生；维护民航机场和售票处的治安秩序；负责专机、要害部位的安全保卫；预防和打击危害民航安全及旅客利益的各种刑事犯罪；参加机场发生的紧急事件的调查处理，领导民航机场的安全检查工作；负责民航系统的消防监督工作和机场内道路交通管理。

1981 年 11 月 5 日，省公安厅《关于民航安徽省管理局公安分处开展工作有关问题的通知》规定公安分处的领导关系、执法权限及工作任务。1989年11月10日，省高级人民法院、省检察院、省公安厅《关于办理民航系统刑事案件有关问题的规定》明确民航安徽省管理局公安分处立案、侦查、起诉等具体问题。

1984年，公安分处的主要职责是：依照省公安厅和民航总局公安局赋予的权限，管理机场治安，维护机场内的正常工作秩序，确保民航飞行和运输安全，预防和打击反革命分子和刑事犯罪分子的破坏活动。

1987年，公安分处工作人员增至17人。1988年，屯溪航站设立屯溪机场派出所。1990年5月，公安分处组建骆岗机场交警队。1991年2月6日，合肥骆岗机场交警队正式成立。

1992年4月，公安分处更名为公安处，正处级建制，编制35名。设公安处党委，下辖2个支部。6月1日，公安处下设：交警大队、刑警大队、办公室、治安消防科、预审法制科、空防警保科、政工科、派出所，屯溪航站设立公安分局。1993年3月，设立民航安徽省管理局公安处阜阳机场派出所。1998年5月，公安处首次实行警、探长制。2000年8月15日，设立骆岗机场出租车联合管理办公室，保障出租车正常营运秩序，维护机场窗口形象。2003年3月3日，原派出所管辖的看守跑道的联防队员移交修建场务队管辖。

森林公安局　1976年7月，安徽省农林局、公安局根据省革委会办公会议纪要精神，同意在滁县皇甫山、嘉山县三界、凤阳县石门山、定远县藕塘四个林区设立公安派出所，名称为：××县公安局××林区派出所，业务上分别接受滁县地区公安局和所属县公安局的双重领导，行政工作受总场党委领导。

1981年8月，根据林业部、公安部、司法部、最高人民检察院《关于在重点林区建立与健全林业公安、检察、法院组织机构的通知》精神，省人民政府决定在安徽省部分重点林区和国营林场设立林业公安派出所。此后，省政府又在全省其他地方陆续批建了林业公安派出所。

1983年12月，省林业厅林政处设立公安科。全省有林业公安机构90个，林业公安民警345人。

1986年12月，省政府决定在省林业厅设立林业公安处。同时，在徽州、宣城等地区和金寨、潜山、贵池等县林业局设立林业公安科。之后，省编委又陆续批准在部分地市县建立林业公安机构。1990年3月，林业公安机构列入公安序列，实行由林业和公安机关双重领导、以块为主的管理体制。1990年6月，省林业公安处列为省公安厅第十处。

2005年年底，省林业厅设立森林公安局。市和重点林区县设立森林公安分局；其他设立森林公安派出所。全省有森林公安民警1137人（其中派出所893人）；全省有森林公安机构266个，分别是：1个森林公安局、1个森林公安处、39个森林公安分局、4个森林公安科、1个森林公安股、219个森林派出所、1个省林业警察培训中心，形成基本覆盖全省、体系比较健全、集刑事司法和行政执法及林区治安管理于一身、战斗力较强的保护森林和野生动植物资源、维护林区社会治安的武装性质的执法队伍。

森林公安机关的职责任务是：（1）刑事案件管辖。1986年8月20日，林业部、公安部《关于森林案件管辖范围及森林刑事案件立案标准的暂行规定》规定，森林公安机关管辖盗伐、滥伐森林或者其他林木案；故意破坏林木、苗木案；盗窃木材案；抢夺木材案；以暴力、胁迫或用其他方法强行砍伐森林或者其他林木案；故意放火烧毁森林或者其他林木案；过失烧毁森林或者其他林木案；伪造倒卖林木采伐许可证和林木运输证的案件；倒卖国家统配木材、非法经营木材或国家保护的野生动物及其产品，情节严重的案件；违法狩猎案等11类案件。（2）治安案件管辖。1987年4月21日，公安部关于铁路、交通、民航、林业公安机关执行《中华人民共和国治安管理处罚条例》几个问题的通知规定：县一级林业公安局、公安处，可以行使警告、罚款、拘留处罚的裁决权；县公安局所属林业公安分局可以行使警告、罚款的裁决权；铁路、交通、民航、林业公安派出所、公安科可以行使警告、五十元以下罚款处罚的裁决权。（3）行政案件管辖。1998年6月以前，办理林业行政案件均由林业主管部门的委托授权并且以林业主管部门的名义办理行政案件。1998年4月，根据《中华人民共和国森林法》规定，森林公安机关代行森林法第39条、第42条、第43条、第44条规定的行政处罚权，负责查处盗伐、滥伐、买卖有关林业证件，非法收购、毁林等林业行政案件。

合肥海关缉私局 1999年5月，设立合肥海关走私犯罪侦查分局，副厅级建制。2000年1月，设立芜湖海关缉私分局，隶属合肥海关走私犯罪侦查分局。内设办公室、侦查科、查私科、法制科。2001年9月，合肥海关走私犯罪侦查分局列入安徽省公安厅机构序列，称“安徽省公安厅走私犯罪侦查局”，序列第二十三处。2003年1月，合肥海关走私犯罪侦查分局更名为合肥海关缉私局。内设办公室、政治处、督察处、侦查处、法制处、情报技术处等6个部门。

合肥海关缉私局主要职责：在合肥关区内（即安徽省行政区划内）依法查缉涉税走私犯罪案件和发生在海关监管区内的非涉税走私犯罪案件，依法查处走私、违规等行政违法案件；对走私犯罪案件和走私犯罪嫌疑人依法进行侦查、拘留、执行逮捕和预审工作，对侦查终结的走私犯罪案件移送检察机关审查起诉；对不构成走私犯罪的走私行为，构成走私犯罪但依法免予起诉或者免除刑罚的行为，以及违反海关监管规定的行为依法进行调查、审理和行政处罚的执行；接受和办理地方公安、工商行政管理和烟草专卖等行政执法机关查获移交的走私犯罪案件和走私、违规等行政违法案件；缉私警察在履行职务过程中，依照《中华人民共和国海关法》（以下简称《海关法》）

《中华人民共和国人民警察法》和《人民警察使用警械和武器条例》的规定，可以依法使用警械、武器；依法办理、参与和海关缉私部门有关的申诉、复议、诉讼、赔偿；受理检举、控告，对查办情况进行反馈，并依据有关规定实施奖励；负责制止在查办走私犯罪案件过程中发生的以暴力威胁方法抗拒缉私和危害缉私人员人身安全的违法犯罪行为。依法对妨害、阻碍海关执行公务或妨害、阻碍海关缉私警察执行公务的行为进行治安处罚。对构成其他刑事犯罪的，移交地方公安机关处理；承办国务院及海关总署、公安部交办的重大走私案件和其他事项；负责反走私社会综合治理工作以及反走私形势分析，对口联系各级党政打私主管部门、各行政管理部门、各行业主管部门、各经济主管部门、大型企业集团等有关社会各界。

合肥海关缉私局案件管辖范围：走私犯罪案件。根据《海关法》规定，海关缉私部门管辖《中华人民共和国刑法》规定的走私武器、弹药罪，走私核材料罪，走私假币罪，走私文物罪，走私贵重金属罪，走私珍贵动物、珍贵动物制品罪，走私国家禁止进出口的货物物品罪，走私淫秽物品罪，走私普通货物、物品罪，走私废物罪，走私毒品罪和走私制毒物品罪等案件的侦查、拘留、执行逮捕、预审；直接向走私人非法收购国家禁止进口物品，或者直接向走私人非法收购走私进口的其他货物、物品，数额较大的案件；在中华人民共和国内海、领海、界河、界湖运输、收购、贩卖国家禁止进出口物品，或者运输、收购、贩卖国家限制进出口货物、物品，数额较大、没有合法证明的案件；与走私罪犯通谋，为其提供贷款、资金、账号、发票、证明或者为其提供运输、保管、邮寄及其他方便的案件；海关其他部门、地方公安、工商行政管理和烟草专卖等行政执法部门查获移交的走私犯罪案件；武装掩护走私以及用暴力、威胁方法抗拒缉私的案件。走私、违规等行政违法案件。根据《海关法》相关规定，海关缉私部门对依法不构成走私罪的走私行为，违反海关规定的行为等案件进行调查和行政处罚；涉嫌走私犯罪但依法不予追究刑事责任，或者构成犯罪，但依法免予刑事处罚，或者构成犯罪，但依法不起诉，需要行政处罚的案件；地方公安、工商行政管理和烟草专卖等行政执法机关查获的需要移送海关处理的走私、违规等行政违法案件；法律、行政法规规定由海关予以行政处理的其他违法案件。治安管理处罚案件。抗拒、阻碍海关侦查走私犯罪公安机构依法执行职务的，由设在直属海关、隶属海关的海关侦查走私犯罪公安机构依照治安管理处罚的有关规定给予处罚。海关侦查走私犯罪公安机构办理治安管理处罚案件的程序依照《中华人民共和国治安管理处罚法》《公安机关办理行政案件程序规定》执行。

长江航运公安局芜湖分局　1965 年 4 月 1 日，设立长江航运公安局芜湖分局（以下简称“长航芜湖公安分局”）。1985 年，因长江港航企业管理体制改革，将港航企业一分为二，长航芜湖公安分局所辖的九江、安庆港派出所划出，成立九江、安庆港公安局；池州、铜陵、马鞍山港派出所暂属长航公安局直管，由长航芜湖公安分局代管。

1986 年，长航芜湖公安分局内设：政治处、办公室、政保科（第一科）、内保科（第二科）、治安科（第三科）、预审科（第四科）、消防科（第五科）、船保科（第六科）、行政装备科、刑警队、看守所、乘警中队（下辖江芜 129、130、131、132、133、134 轮乘警队）、船舶派出所、芜湖港派出所、芜湖客运派出所、裕溪口作业区派出所、朱家桥派出所。

1989 年，因长江港口企业管理体制改革，改为当地人民政府直管单位。长航芜湖公安分局所属的芜湖港派出所、芜湖客运派出所、裕溪口作业区派出所、朱家桥派出所划出，成立芜湖港公安局；长航芜湖公安分局代管的池州、铜陵、马鞍山港派出所，正式隶属长航公安局直管。同年 8 月，长航芜湖公安分局设立监察科。1991 年 8 月，长航芜湖公安分局设立第一、二、三、四、五、六、七乘警队（隶属乘警中队）。1992 年 7 月，长航芜湖公安分局设立法制科；同年 9 月，设立出入境管理科（与政保科合署办公）。1993 年 6 月，长航芜湖公安分局设立第八、九乘警队（隶属乘警中队）。1995 年 2 月，长航芜湖公安分局设立治安队（与内保科合署办公），刑警队更名为刑事警察支队。1996 年 8 月，长航芜湖公安分局设立航警大队。2000 年 2 月，长航芜湖公安分局设立警务督察队（与监察科合署办公）；同年 7 月，政保科更名为国内安全保卫科；同年 8 月，设立经济犯罪侦查支队（与刑事警察支队合署办公）。2001 年 1 月，长航芜湖公安分局设立刑事警察支队直属中队；同年 3 月，设立水上治安队（隶属治安科）。

2003 年 12 月，根据国务院、中编办、交通部、长江航务管理局批复、通知精神，长江港航公安管理体制改革，设立长航芜湖公安分局筹备组，原长航芜湖公安分局、芜湖港公安局、长航公安局铜陵、马鞍山港派出所隶属筹备组领导。

2004 年 1 月，长航公安局印发《关于长江航运公安局芜湖分局主要职责、机构设置和人员编制的通知》，设立新的长航芜湖公安分局（保留原名称，仍为正处级），局内设：办公室（指挥中心）、法制科、装备财务科、政治处、纪检监察科（警务督察队）、国内安全保卫支队（出入境管理科）、刑事侦查支队（经济犯罪侦查支队）、治安管理支队（水上巡逻警察支队）、水上消防支队（消防监督科）、铜陵派出所（水上巡逻警察队）、繁昌派出所（水上巡逻警察队）、芜湖派出所（水上巡逻警察队）、当涂派出所（水上巡逻警察队，2005 年 6 月更名为和县派出所）、马鞍山派出所（水上巡逻警察队）。

长航芜湖公安分局主要职责：贯彻执行上级有关公安保卫工作方针、政策、法规。负责实施辖区水域治安巡逻、接警、处警等治安行政管理工作，查处治安案件，负责辖区水域客运治安管理，维护客运治安秩序。负责侦破发生在辖区水域的各类刑事案件，预防、制止和打击各类刑事犯罪活动。负责辖区水域水上设施、船闸和客运、货运船舶治安保卫工作；负责反恐怖、反劫船等工作，处置突发性事件。负责辖区水域航行、停泊、作业的中外民用船舶、水上设施、趸船、码头的消防监督工作。负责辖区水域外籍船舶、船员、旅客等出入境管理工作，查处涉外案件。负责辖区水域的警卫工作。负责本单位党的建设和队伍建设。协助地方政府公安机关侦办、查处有关刑事、治安案件，与地方政府公安机关各司其职，互相配合，紧密协作，共同做好维护稳定工作。承办上级公安机关交办的其他工作。长航芜湖公安分局管辖范围：铜陵、芜湖、巢湖、马鞍山的长江干线水域。

长江航运公安局安庆分局　1962年4月，设立安庆市公安局港口派出所，编制8人。行政上隶属安庆港务局党委领导，业务上受长航上海公安处和安庆市公安局指导。1965年1月，长江干线运输实行统一管理，各港口收归长航；同年10月，安庆市公安局港口派出所成建制地更名为长江航运公安局安庆港派出所，1966年隶属长江航运公安局芜湖分局管理。

1970年，设立长江航运公安局池州港派出所，编制5人，隶属长江航运公安局芜湖分局管理。

1984年，长江航运管理体制改革，港航分设分管，长航公安体制也随之进行了改革。1984年9月，长江安庆港公安局经交通部公安局批准成立，正科级建制。1985年1月正式挂牌办公，内设政委办公室、秘书股、侦察股、治保股、预审股、客运站派出所，编制35人。1985年5月，经交通部公安局批准，长江安庆港公安局行使县级公安局职权。1985年，长江航运公安局池州港派出所隶属长江航运公安局直管，由长江航运公安局芜湖分局代管。1989年1月，长江航运公安局池州港派出所正式隶属长江航运公安局直管。

1990年4月，长江安庆港公安局内设机构改称为政秘科、治安科、刑警队、预审科。1991年12月，增设消防监督科。1992年7月，设立港区派出所。1993年3月，增设政保科。1998年7月，撤销刑警队、预审科，设立刑事警察大队。1999年9月，设立法制科。2000年7月，设立交通管理科；8月，设立经济犯罪侦查大队，与刑事警察大队合署办公；10月，政保科改称国内安全保卫科；11月，设立安庆市公安局交警支队港口大队（与交通管理科合署办公）。

2002年12月，根据国务院批复和中央编办通知精神，长江港航公安管理体制改革正式启动，设立长江航运公安局安庆分局筹备组，原长江安庆港公安局和长江航运公安局池州港派出所隶属筹备组领导。

2004年1月，长江航运公安局下发《关于长江航运公安局安庆分局主要职责、机构设置和人员编制的通知》，在原长江安庆港公安局和长江航运公安局池州港派出所基础上新组建长江航运公安局安庆分局，副处级建制，于2004年5月17日正式揭牌成立。分局内设政治处、纪检监察科（警务督察队）、办公室（指挥中心）、法制科、装备财务科。下设：国内安全保卫支队（出入境管理科）、治安管理支队（水上巡逻警察支队）、刑事侦查支队（经济犯罪侦查支队）、水上消防支队（消防监督科）以及望江、安庆、枞阳、池州4个派出所（水上巡逻警察队），同时保留港口交警大队，均为正科级建制。2007年1月，望江派出所易地更名为东至派出所，同年8月正式揭牌成立，所址设在东至县东流镇。长江航运公安局安庆分局管辖的范围：上起安徽望江下至安徽枞阳，全长145公里的长江干线水域。

长江航运公安局安庆分局主要职责：贯彻执行上级有关公安保卫工作方针、政策、法规。负责实施辖区水域治安巡逻、接警、处警等治安行政管理工作，查处治安案件；负责辖区水域客运治安管理，维护客运治安秩序。负责侦破发生在辖区水域的各类刑事案件，预防、制止和打击各类刑事犯罪活动。负责辖区水域水上设施、船闸和客运、货运船舶治安保卫工作；负责反恐怖、反劫船等工作，处置突发性事件。负责辖区水域航行、停泊、作业的中外民用船舶、水上设施、趸船、码头的消防监督工作。负责辖区水域外籍船舶、船员、旅客等出入境管理工作，查处涉外案件。负责辖区水域的警卫工作。负责本单位党的建设和队伍建设。协助地方政府公安机关侦办、查处有关刑事、治安案件，与地方政府公安机关各司其职，互相配合，紧密协作，共同做好维护稳定工作。承办上级公安机关交办的其他工作。

第五节 公安警察社团组织

安徽省警察学会 1993年3月2日，省公安厅党委同意成立安徽省警察学会。6月23日，省民政厅下发《关于同意成立安徽省警察学会的批复》。8月10日，安徽省民政厅社团登记公告第5号，将安徽省警察学会公告于《安徽日报》，证件号码为0518。1994年1月24日，安徽省警察学会成立大会召开。会议通过了《安徽省警察学会章程》，明确安徽省警察学会的宗旨是团结全省公安干警和保卫干部及社会各界有志于公安科学理论研究的专家、学者，根据中共公安工作路线、方针和政策，从安徽省实际情况出发，总结公安工作的历史经验，研究和解决公安工作中的重大理论和实践问题，为领导决策提供科学的理论依据，为保卫社会主义现代化建设服务。会议选举产生了第一届理事会72名理事，37名常务理事。

1994年3月8日，省警察学会召开第一届第一次常务理事会。会议审议通过了安徽省警察学会常务理事会工作制度、发展接纳会员具体办法、会员会费交纳标准与使用管理办法，讨论了学会工作安排意见。会议增补了理事会理事。会议原则同意学会常设办事机构为秘书处。3月28日，省警察学会秘书处将省警察学会成立期间的有关省公安厅文件、领导讲话以及中国警察学会、兄弟省市警察学会贺词等汇编成册。7月20日，安徽省警察学会被中国警察学会批准接纳为团体会员，并颁发了“中国警察学会团体会员证书”。12月10日，巢湖地区警察学会成立，为安徽省率先成立的第一家市级公安机关警察学会。

1995年1月10日，省警察学会召开第一届第二次常务理事会。会议回顾了1994年学会工作，安排了1995年工作，并增补了理事会理事。1月16日，《警察学会简报》出刊。《警察学会简报》旨在介绍中国警察学会工作安排、部署，外省、市、区警察学会工作经验和做法，反映安徽省警察学会工作情况，达到交流情况、沟通信息、促进和推动学会工作，繁荣公安理论研究之目的。12月21日至22日，省警察学会第一届第二次全体会议暨公安理论研讨会在合肥召开。学会常务理事、理事和研讨会入选论文的作者近百人参加了会议。经过审议，会议增补了副会长、理事。会议收到论文81篇，其中优秀论文43篇入选并获得优秀论文奖。

1997年10月28日，省公安厅党委决定“警察学会办事机构为秘书处，不再纳入厅办公室管理，在厅党委领导下独立开展工作，《安徽公安》为警察学会的会刊，其编辑部划归学会管辖”。

1999年6月10日，省警察学会第二届会员代表大会在合肥召开。会议通过了《安徽省警察学会章程》和选举产生了第二届理事会及常务理事成员。

2005年6月29日，省警察学会第三届会员代表大会在合肥召开。会议审议通过了第二届理事会工作报告，修订了《安徽省警察学会章程》，选举产生了第三届理事会及会长、副会长、秘书长。

2005年，省公安厅下发“公安理论研究人才统计表”。收到210份公安理论研究人才统计表。其中，将120多名理论研究人才发展为学会首批会员。

安徽省公安文学艺术联合会　2005年5月25日，安徽省公安文学艺术联合会成立大会在合肥举行。大会通过了《安徽省公安文学艺术联合会章程》，选举产生了公安文联第一届理事会。省公安文联下设安徽省公安书画家协会、安徽省公安摄影家协会、安徽省公安作家协会和安徽省公安集邮收藏协会。6月16日，安徽省公安书画家协会和公安摄影家协会成立。

安徽公安文联的主要职责：在省公安厅领导下，组织、协调、联系、沟通全省公安系统文学艺术工作者和爱好者，开展各种公安文化活动及安徽公安文联会员的发展和管理工作；协调全省公安系统各类文学艺术组织开展工作；承办全国公安文联布置的各项工作任务和厅政治部、宣传处交办的有关公安文化方面的工作。安徽省公安文学艺术联合会是一个以全省公安系统人民警察、公安现役部队和治安保卫力量为主体的群众性文化团体，具有广泛的群众基础。由各级公安机关的团体会员和有一定文学艺术专长的公安民警、公安现役部队和保卫干部个人会员组成。

安徽省道路交通安全协会 1997年6月10日，安徽省道路交通安全协会第一次会员大会暨成立大会召开，选举产生189名理事和56名常务理事。协会设理事长1人、第一副理事长1人、常务副理事长1人、副理事长15人、秘书长1人、副秘书长若干名。

1999年，协会组织道路交通管理理论研讨征文活动，收集论文百余篇，从中精选了23篇编辑出版6期会刊，供各理事、会员单位交流。自1999年起，协会创办了《平安与畅通》杂志。至2005年，组织会员、通讯员外出摄影创作采风11次，培养摄影骨干280余人，摄影作品分别在全国和省市影展上获奖，为道路交通安全宣传工作培养了一大批摄影人才，提升了《平安与畅通》杂志的质量，丰富了警营文化及广大会员的业余文化生活。

2000年，协会配合创建"平安大道"活动，组织抽调人员深入基层和交通管理薄弱环节进行调研，有针对性提出建议设想和整改方案，多次参加全国性的行业协会联席会议，强化宣传道路交通安全管理社会化。2004年，全省有6个市成立了交通安全协会组织，20多个县（市）相继成立了驾驶人协会和驾驶人工作委员会等社团组织，并开展了卓有成效的工作，为推动全省道路交通安全管理起到了积极的作用。

2005年12月28日，安徽省道路交通安全协会第二届会员代表大会在马鞍山市召开，167名代表参加会议。会议选举了第二届协会理事长、常务副理事长、秘书长、副秘书长，选举产生20名常务理事和167名理事。修改了《安徽省道路交通安全协会章程》，组织开展了调研咨询活动。

安徽省消防协会 1986年10月17日至19日，安徽省消防协会在合肥召开第一次代表大会暨成立大会。135名代表参加会议，特邀代表70名。大会通过《安徽省消防协会章程》，选举产生协会理事长、副理事长、理事68人、常务理事27人。协会下设秘书处、学术普及教育委员会、刊物编辑委员会3个工作机构，设队伍建设和灭火战术专业委员会、消防设备专业委员会、电气防火专业委员会、建筑防火专业委员会、石油化工防火专业委员会5个学术机构。

2001年12月25日，省消防协会第四次会员代表大会通过了修改后的《安徽省消防协会章程》，来自全省各市和省直单位156名代表参加会议，会议选举产生理事长、副理事长、理事132人、常务理事39人。协会下设秘书处、科学普及和刊物编辑工作委员会2个工作机构，设石油化工防火专业委员会、建筑消防技术专业委员会、消防设备专业委员会、灭火救援专业委员会和电气防火专业委员会5个专业机构。至2005年年底，安徽省消防协会有个人会员8000余人，其中高、中级科技人员占78%，单位会员247个。会员中，有从事消防管理、消防器材生产的专业技术人员，有大专院校、科研、设计、新闻等单位的教授、学者、记者和工程技术人员，具有14个门类的专业技术职称，体现了协会跨部门、跨行业、跨地区的特点。

省消防协会注重与国内外民间消防组织的交流。先后接待日本、美国、俄罗斯、新加坡、韩国等国家消防代表团和专家、学者，接待国内兄弟省市及香港、澳门和台湾地区的消防同行。多次组织赴德国、法国、日本、美国、澳大利亚、新西兰、加拿大等国的消防业务考察，分别考察当地的市政消防设施、建筑内部消防设施和消防执勤出警情况，学习他们在消防组织机构、人员装备、职能任务、灭火救援、经费来源、队伍建设、消防企业的发展、消防队伍建设和建筑防火性能化设计等方面的经验，同时就消防安全应急管理、公众聚集场所消防安全管理和城市火灾监控等问题进行深入探讨。协会与日本青森县消防协会建立“友好消防协会”关系。在与国内其他省市消防协会的相互交流中，省消防协会吸取先进经验，改进工作，促进了协会自身建设和协会工作的开展。

省消防协会先后被安徽省人民政府、中国科协、中国消防协会、安徽省科协、省委宣传部、省科技厅、省人事厅授予“明星协会”“协会之星”“安徽省科协系统先进集体”“全省科普工作先进集体”“先进省级消防协会”等荣誉称号，多次荣获安徽省科学技术进步奖、安徽省科研成果奖、安徽省学术活动组织奖。

安徽省保安协会　1996年11月30日，安徽省保安协会成立大会在合肥召开。大会审议通过《安徽省保安协会章程》，选举产生安徽省保安协会第一届理事会、会长、副会长、秘书长。

安徽省保安协会是在省公安厅指导下，由全省各保安服务公司和相关部门组织的社会团体，是独立的法人。职能是按照国家法律和治安管理法规，协助公安机关，协调全省保安服务业务，团结全省保安服务行业，提高队伍素质、服务水平和质量，拓宽经营服务领域、把握经营方向、促进保安服务事业健康持续发展。

安徽省安全技术防范行业协会　2002年5月17日，安徽省安全技术防范行业协会召开第一次会员代表大会。会议通过选举章程，选举产生第一届理事会。第一届理事会选举产生理事长、副理事长、秘书长、副秘书长。6月26日，安徽省安全技术防范行业协会经省民政厅批准正式登记成立。

省安全技术防范行业协会主要职责任务：开展调查研究，掌握行业情况，向政府提出行业规划和制定有关经济政策、经济法规的建议。促进横向经济联合和技术合作，协调企业之间的矛盾、问题和纠纷，创造公平竞争的良好氛围。交流生产、科研、经营、管理经验，传播安防信息，促进科技进步和安全行业的健康发展。搞好专业技术人员培训，组织人才交流，提高本行业职工队伍的素质。举办展览会、展示会、学术讲座，组织国内外考察，推出外向型安防技术产品。组织会员企业订立行规行约，并监督遵守。

组织发展本行业的公益事业，维护会员的合法权益。承办政府委托的有关工作任务，反映企事业单位对政府的意见和要求。经政府部门授权，参与行业质量管理和监督工作。

2003年4月，省安全技术防范行业协会举办首届安徽国际社会公共安全产品展览会。6月，安徽安全技术防范行业网（www.aspia.cn）正式开通运行。2004年3月，省安全技术防范行业协会第一届理事会第三次会议召开。会议增选了副理事长。2005年5月，省安全技术防范行业协会举办2005安徽国际社会公共安全产品展览会。12月，安徽省安全技术防范行业协会召开第二次全体会员代表大会，选举产生第二届理事会、常务理事会、理事长、副理事长、秘书长、副秘书长。至2005年，协会有会员500多家，在服务全体会员、行业发展、平安建设和强化行业自律等方面取得了显著成绩：开展了行业技术人员专业培训工作，提高了从业人员的整体技能和水平；开展了行业资质等级评定工作，强化了行业自律，规范了行业从业行为；举办公共安全产品展览会和专题研讨会，推动了行业间的交流合作；组织平安建设关键技术研究，有力地推动了全省报警监控系统的建设、推广、应用；研究行业发展规划，为行业发展提供了方向性指导。

安徽前卫体育协会 1956年，安徽前卫体育协会成立。"文化大革命"期间停止工作。1984年，恢复成立安徽前卫体育协会，安徽前卫体育协会为中国前卫体育协会和安徽体育总会的团体会员。安徽前卫体育协会（Vanguard Sports Association of Anhui. 缩写为VSAA）是具有独立法人资格的专业性社会团体，是公安系统、武警部队开展体育活动的群众性组织。

协会的宗旨：提高民警的身体素质和业务技能，增强队伍的凝聚力和战斗力，培养民警坚毅、机智、勇敢的战斗作风，以适应保卫社会主义现代化的需要。

协会的基本任务：贯彻党和国家的有关体育工作的方针、政策，发展和建设警察体育事业；紧密围绕中心任务，针对公安保卫工作的特点，组织调动广大公安民警和武警官兵参加体育锻炼的积极性，组队参加中国前卫体育协会、安徽体育总会和安徽省体育局组织的群体活动和比赛，增进相互了解和友谊。其目的在于推动群众性体育活动的深入开展，增强民警的身体素质，为公安队伍建设服务。

协会的活动方针：面向基层，面向广大公安民警和武警官兵，开展经常性、小型多样、因地制宜的群众体育活动，并坚持紧密结合警察业务，加强技能训练。

协会在省公安厅党委的领导下，紧紧围绕"增强体质、提高技能、服务实战"的指导思想，锐意进取，开拓创新，做了大量工作，取得了优异成绩，为公安队伍建设做出了贡献。1997年、2005年两次被国家体育总局评为"全国群众体育先进单位"；并多次被安徽省民政厅授予"全省先进社会团体"、安徽省体育局授予"全省体育工作先进单位"、安徽体育总会授予"全省先进体育社团"。

1987 年，省前卫体协召开第二届第一次全体委员会。1988 年 6 月，省前卫体协设立射击分会。1992 年 8 月，省前卫体协设立搏击分会。1996 年 10 月，省前卫体协设立篮球分会。同年，组团参加安徽省第八届运动会。其中，参加了男子篮球、武术、游泳、桥牌、网球、老年门球等 6 个项目比赛，获得了太极拳、刀术比赛冠军，太极剑、长拳以及 100 米自由泳第三名。

1997 年，省前卫体协承办全国公安系统军用手枪射击竞赛，获得男子慢射团体第三名、女子速射团体第七名。

2000 年 12 月，省前卫体协设立网球分会。2002 年 5 月，设立游泳分会。2003 年 2 月，设立保龄球分会。12 月，设立棋牌分会和乒乓球分会。

2004 年，省前卫体协组织参加“安徽省第一届体育大会”。男、女运动员共 13 人参加象棋、围棋、桥牌、保龄球、门球、网球、乒乓球和健身秧歌等 8 个项目比赛。2005 年，组织参与“黄山杯”第八届中韩围棋新人王对抗赛。

截至 2005 年，协会先后组建了射击、搏击、篮球、网球、游泳、棋牌、保龄球及乒乓球等 8 个分会，有合肥前卫体育协会等 21 个二级机构。

第二章　队伍建设

第一节　教育训练

公安教育训练主要包括公安民警在职培训、学历教育和警察训练。1986 年至 2005 年，安徽省公安机关坚持向教育要素质、向素质要警力，优先发展公安教育与训练，公安教育与训练事业不断发展，为公安队伍建设和公安工作的发展做出了贡献。

思想政治教育　1986 年，全省公安机关抓端正党风警风，广泛开展党性教育、理想纪律教育、形势政策教育和树立高大形象教育。

1987 年，省公安厅组织干警认真学习中共中央一系列重要指示和《人民日报》等报刊的重要文章，教育广大民警同党中央保持一致，坚持四项基本原则，反对资产阶级自由化。同时，深入学习、贯彻宣传全国人大常委会《关于加强法制教育维护安定团结的决定》，增强广大干警的法制观念和执法水平，确保在各项公安工作中严格依法办事、文明办事，为群众服务，为“两个文明”建设服务。10 月 25 日，省公安厅机关处以上干部集中收听收看中共第十三次全国代表大会实况。随后，全省各级公安机关迅速掀起学习十三大热潮。

1988 年，全省公安机关积极开展改造和加强思想政治工作，增强公安干警在新形势下“反腐蚀、顶歪风”的自觉性教育。贯彻从严治警的方针，严格队伍的管理教育，在广大公安民警中广泛开展“查斗志、查工作、查纪律、查作风、查执法”活动。加强各级公安机关领导班子建设，加强公安法制建设，提高各级领导班子决策能力和指挥水平，提升全体干警的法律素质和执法水平。

1989 年，全省公安机关组织干警认真学习贯彻中共十三届三中全会文件精神，对公安民警开展形势任务教育、职业道德教育和政策法律教育，统一思想，提高认识。做到依法治警，从严治警，领导干部做为警清廉的模范。8 月中旬至 10 月底，省公安厅对内部进行清查清理工作，着重学习中共十三届四中全会等文件精神；组织收看电视剧《血与火的考验》；参观渡江战役总前委旧址（瑶岗）纪念馆。

1990 年，省公安厅组织全体干警特别是各级领导干部认真学习马列主义、毛泽东思想的基本理论。将形势教育、理论学习同经常性的思想教育工作结合起来，经常分析、掌握干警的思想动态，做深入细致的思想工作，帮助民警树立正确的人生观、价值观，提倡无私奉献精神，教育民警争做“四有”（有理想、有道德、有文化、有纪律）新人。

1991 年，全省公安机关普遍开展党风党纪教育。组织党员民警认真学习《中国共产党章程》《关于党内政治生活的若干准则》和中纪委、监察部、省纪委、监察厅印发的《党规党纪文件选编》和《行政监察条例》等文件，增强广大党员、民警的党性观念和纪律观念，自觉地在政治上与党中央保持一致。

1992 年，全省公安机关认真学习、宣传、贯彻中共第十四次全国代表大会精神和邓小平视察南方时的重要谈话精神，学习贯彻《中共中央关于加强公安工作的决定》和第十八次全国公安会议精神。

1993 年 8 月下旬至 11 月中旬，全省公安机关组织民警认真学习中央纪委第二次全体会议文件精神、江泽民重要讲话、邓小平有关论述和省委有关会议精神，统一了思想、提高了认识。

1994 年，全省公安机关组织民警认真学习建设有中国特色社会主义理论和中共十四届三中、四中全会，中纪委三次、四次、五次全会精神，以及省纪委二次全会精神、公安部系列反腐败工作文件和部署，充分认识新形势下反腐倡廉的重要性、必要性和紧迫性，以提高广大党员、民警的思想政治素质，增强在新形势下反腐倡廉的自觉性。组织干警认真学习《人民警察职业道德规范》，深入开展职业道德和为人民服务的宗旨教育，开展学习先进模范人物事迹活动。同时，坚持开展正反两方面的典型教育。各地公安纪检监察部门都紧密配合有关部门加强了对民警的法制教育，认真组织学习《中华人民共和国人民警察法》《中华人民共和国赔偿法》等有关法律、法规、条例和公安部印发的《严格执法的人》《坠入法网的人》《廉政曲橄榄情》等理想纪律教育丛书。

1995 年，全省公安机关组织广大民警深入学习《邓小平文选》一、二、三卷和《论邓小平人民民主专政思想》一书，以及中共十四届四中全会、五中全会和省第六次党代会、省委六届二次全会精神，努力用建设有中国特色社会主义理论武装广大民警的头脑。积极响应党中央和省委的号召，在全省公安机关开展向孔繁森同志学习的活动，并将此项活动与学习全国公安英模事迹、学习济南交警经验结合起来。与此同时，各地进一步采取措施，切实把加强经常性思想教育作为新形势下队伍建设的重要任务来抓，重点抓好宗旨教育、爱国主义和职业道德规范教育。

1996 年，全省公安机关认真学习贯彻落实中共十四届六中全会精神和全会通过的《中共中央关于加强社会主义精神文明建设若干重要问题的决议》，并密切联系安徽省公安队伍和公安工作的实际，把学习中共十四届六中全会精神与学习省委六届三次全会精神结合起来，深刻领会其精神实质。

1997 年，全省公安机关紧紧围绕香港回归和中共十五大召开，加强政治理论教育和爱国主义教育，着力提高广大民警的思想政治水平，保持坚定的政治方向。各地组织民警学习邓小平关于精神文明建设的论述、中共十四届六中全会决议和江泽民关于队伍建设的重要讲话精神。12月初，省公安厅召开全省公安机关贯彻落实中共十五大精神工作会议，将学习贯彻落实十五大精神推向高潮。

1998年，省公安厅将贯彻中共十五大精神、学习邓小平理论与抓好教育整顿有机结合起来，机关党的思想建设进一步加强。全省公安机关紧紧围绕公安中心工作，把政治建警摆在首位，坚持用科学的理论武装广大民警的头脑，指导公安工作。

1999年，省公安厅集中2个月时间在处以上领导干部中以整风形式开展以“三讲”（讲学习、讲政治、讲正气）为主要内容的党性党风教育，旨在加强落实干部党性修养，端正思想作风，提高在改造客观世界的同时改造主观世界的自觉性。7月，以中央文件的精神和江泽民重要讲话、批示为指导，在厅机关全体党员、民警中集中开展一次学习教育活动，使广大共产党员、公安民警普遍受到一次马克思主义唯物论和无神论的教育，增强政治敏锐性和政治鉴别力，牢固树立正确的世界观、价值观、人生观，坚定共产主义理想信念。

2000年，全省公安机关始终把提高民警的整体素质放在首位，不断开展对民警的政治思想教育和党风廉政教育，提高民警的政治、业务素质。组织民警认真学习中共十五届五中全会、中纪委四次、省纪委八次全会、省政府廉政工作会议和公安部、全省公安工作会议精神，领会其精神实质。同时，全省有9个市和省公安厅机关开展“三项教育”活动，深入对民警进行实事求是的思想路线教育、党风廉政教育、全心全意为人民服务的宗旨教育和严格、公正、文明执法的法制教育。为进一步加强对广大党员干部和民警的党性、党风、党纪教育，促进全省公安机关党风廉政建设和反腐败斗争的深入开展，省公安厅决定在厅机关和全省公安机关开展为期一个月的以胡长清、成克杰等重大典型案件为反面教材的警示教育。各地不仅组织民警学习《邓小平论党员领导干部廉洁自律》《以案施教，警钟长鸣——胡长清案件警示教育材料》等学习材料，还普遍组织广大民警收看《胡长清案件警示录》电教片和反腐倡廉影片《生死抉择》。

2001年，全省公安机关认真组织广大民警学习邓小平理论、中共十五届六中全会精神，大力加强和改善新时期党的领导，全面推进公安工作的发展。省公安厅组织1000多名民警听取《中国加入WTO》《崇尚科学，反对邪教》《加快发展、富民强省》等10多场形势报告会。

2002年，全省公安机关和民警认真学习中共十六大和省委七届三次全体（扩大）会议精神。

2003年，全省公安机关掀起学习贯彻“三个代表”重要思想的新高潮。4月，省公安厅在全省公安政工部门和政工干部中组织开展为期 3 个月的以公道正派为主要内容的“树组工干部形象”学习教育活动。11 月，省公安厅举办第十一期“端正执法思想、坚持执法为民”专项教育轮训班。各级公安机关采取多种形式组织民警学习中共十六大和江泽民、胡锦涛有关讲话精神，专题开展“强化法律监督，维护公平正义”专题大讨论，增强干警的执法理念，并结合实际查找问题、分析问题、整改建制。

2004 年，全省公安机关组织开展公安部统一部署的“贯彻十六大，公安怎么办？”大讨论活动。全省公安机关组织开展重点课题的讨论，开门征求意见，举办演讲比赛，撰写理论学习和调研文章，丰富活动形式。在大讨论活动中，全省公安机关县以上领导班子成员撰写调研文章 1000 余篇，民警撰写体会文章近 4 万篇。

2005 年，全省公安机关认真学习传达胡锦涛在接见全国公安保卫战线英雄模范立功集体代表大会代表时的重要讲话精神。学习英雄模范甘于奉献、勇于献身、不怕牺牲的大无畏精神，激发工作热情，弘扬社会正气，形成“学先进、赶先进、创一流、比贡献”的良好氛围。1 月，省公安厅部署开展“保持党的先进性”教育活动。

全日制学历教育 省公安厅自主创办的全日制学历教育的院校先后分别为安徽省人民警察学校、安徽大学公安学院、安徽公安职业学院。

安徽省人民警察学校 1986 年，省人民警察学校在校学生 711 人。1987 年，省警校改革课程设置，增加刑侦、治安、刑事技术等公安业务课，加大适用法律法规课，增设微机、驾驶课；调整课堂教学与实习见习比重，改 4 个学期 1 次毕业实习为 1 个学期 1 次见习，时间也由 2 个月增加到 6 个月；加大实践教学，开辟第二课堂；鼓励教师下基层调研、挂职锻炼。同年，省警校开办阜阳教学点，每年招生 50 名。

1988 年 1 月，设立省公安干校，与省警校一个机构、两块牌子，公安干校定编 65 人。省警校县级建制，编制 220 人。12 月，省公安厅党组研究决定，为加强学生管理，保留省警校学生处建制，改年级为大队，下设区队，每个大队设正职大队长、教导员各 1 名，均为副科级。区队长由学生干部担任，指导员由学校干部担任。1988 年省警校在校学生 801 人。1989 年省警校招生 364 人。

1990 年 8 月，撤销省人民警察学校合肥教学班。当年省警校计划招生 300 人。

1991 年 5 月，省警校举行恢复建校以来首届田径运动会。比赛项目 23 个，参赛选手 134 名、裁判工作人员 78 人。

1992 年，省警校改变以往按计划实行单一渠道社会招生的办法，实行多形式招生：第一步完成省教委下达的社会招生（统招）200 名和委培招生 150 名的任务；第二步在全省范围内招收自费生 272 名。合计招收 622 名新生，在校生达 972 人。1993 年继续实行这一办法。自费生学习期满经考核合格由学校发给中专毕业证书。省公安厅和学校向签订协议书的聘用单位推荐安排工作，聘用后享受国家中专毕业生同等待遇。

下半年起，改学生助学金制度为奖学金制度。同时对学生班主任实行奖金制。提高了学生学习积极性，强化了学管人员的工作责任心。

1993 年，省警校有 22 名教师在全国各类刊物上发表论文 40 篇，编写教材 2 本；编辑出版校刊 4 期。12 月，省警校设立老干部工作科、保卫科，隶属警校政治处。当年省警校招生 734 人（含统招、委培、自费），在校学生 1356 人。

1994 年至 1996 年，省警校教师参编专著 4 本、编写教材 5 本，发表论文 40 篇；召开论文宣读会 1 次、学术研讨会 1 次。

1995 年，省教委批准开设道路交通管理专业，当年招生 80 名。为适应公安工作的实际需要，自 1999 年起，将公安保卫专业改为侦查专业。1995 年，经省人事厅批准，省警校 99 届毕业生于 6 月中旬参加省人事厅组织的公务员考试。

1998 年 3 月，设立安徽省保安学校，附设在省警校内。培养对象为各级保安经理及骨干、保安学校教员、保安从业人员等。

1999 年，省警校招收新生 550 名，其中侦查专业 230 名、治安管理专业 240 名，交通管理专业 80 名。学生毕业后原则上择优分配到公安机关工作。学生实行以封闭式警务化管理为主体、以强化学生纪律作风和文体素质为双翼的“一体双翼制”管理办法。12 月，省警校举办“迎澳归”田径运动会。500 名学生参赛，共有 10 个项目、23 人次、13 个队破警校田径运动会记录。是年，省警校与安徽大学合作开办法律专业学业证书班，招收高考分数 300 分以上的社会青年 240 名，脱产学习两年。学习合格者，颁发安徽大学学业证书。

2000 年，聘请 30 名公安一线专家和警校校友到校作刑侦、治安、禁毒等方面的专题讲座。教师出版专著 3 本，在国家级、省部级刊物各发表论文 3 篇、16 篇，其中省部级二等奖论文 1 篇。当年，省警校招生 752 名，在校生达 1302 人的规模。其中普通中专生 450 名，此为省警校招收的最后一届普通中专生。省警校首次开办初中起点 5 年制新高职（前 3 年高中阶段，后 2 年高职阶段）。按照学校录取、招办监督的录取制度，实际录取侦查专业 302 人。在坚持条件的前提下，优先录取公安民警子女 61 人，录取率为 52%。2000 级学生毕业后，根据录用人民警察有关规定和用人单位需要，通过全省公安统一招警考试，优先录用，或在国家就业政策指导下自主择业。

2001 年 8 月，省人事厅、省公安厅等 5 部门对省人民警察学校等 3 所中专学校 2001 年毕业生根据基层公安机关编制空缺情况，实行定向考试、择优录用的改革方案。对 2002 年的中专或中专直接升大专的毕业生，今后实行双向选择、自主择业的就业原则。10 月，省人事厅规定，2002 年以后毕业的省警校等三校中专生不再统一组织参加公务员资格考试，按照双向选择，自主择业的就业政策，解决就业问题。

2002 年 7 月，省警校最后一届高中专学生毕业。2004 年 6 月，省人民政府正式撤销安徽省人民警察学校建制。

1985年至2002年，省人民警察学校共培养7695名中专学生，占全部培养学生总数的83.21%。

安徽大学公安学院　2001年5月，省公安厅与安徽大学正式签订联合办学协议，决定共建安徽大学公安学院。6月，省教育厅批复，同意安徽省公安厅与安徽大学在省人民警察学校的基础上联合组建安徽大学公安学院。2001年8月28日，在省人民警察学校举行安徽大学公安学院成立大会。根据联合办学协议，公安学院的教学及招生管理工作由安徽大学负责；学院的编制、人事、警衔、财务等方面的管理工作由省公安厅负责。公安学院办学规模为在校生3000人。教职工编制总数为200人。学院设中层机构15个：办公室、政治部、纪委、学生处、教务处、教育科学技术研究处、治安管理系、侦查系、基础教育部、警体技能训练部、图书馆、总务处、财务处、学生生活服务中心、公安干部培训中心。公安学院学制3年。开设侦查、治安管理、道路交通管理、刑事科学技术、公安信息技术、公安文秘、安全保卫等7个专科专业。

2001年5月，安徽大学公安学院侦查、治安管理、交通管理3个大专专业顺利通过省高校专业设置评审。省公安厅党委决定成立安徽公安教育讲师团。讲师团下设基础理论组、法律法规组、公安业务组。公安学院共聘请省内外知名专家、学者开设讲座20多次；组织学生参观基层公安机关；观摩全省防巡警大比武；暑期对全体教师进行高校教师任职资格培训；实行新的讲课金制度。7月，安徽大学公安学院首次招收侦查、治安管理、交通管理等3个公安专科专业新生389名。2001年至2004年，安徽大学公安学院侦查、治安管理、道路交通管理3个公安类专业连续3年招收专科学生1385名。

2002年，公安学院贯彻“以人为本、教学为先”的办学思想，树校风、正学风、严考风，促进教学科研，提高教学质量和办学水平。全年校刊发表稿件50篇约35万字；组织参与编写教材10余本；获得1项安徽大学校级科研项目；突出实践教学，成立治安防爆训练队，模拟刑事犯罪现场勘查教学；开辟第二课堂，聘请中国科技大学科技法学博士生导师作知识产权保护专题讲座，邀请合肥市公安局刑事技术科学研究所和安徽医科大学第一附属医院医疗急救中心专家举行勘查方法及注意事项、勘查紧急救护专题报告。增设机动车辆驾驶训练，培训学生学员280余人，考证通过率达100%。10月，公安学院承办第四届华东地区公安高校治安管理学术研讨会，7所高校18位学科带头人参会。学院4篇论文获优秀奖。该年度录取新生486名。其中，三个专科专业招收264名，“对口升”222名。对口招生面向应届高中专毕业生，即省警校2000级学生，升转后学习两年，考试合格，发给专科毕业证书。对口招生考试单列为公安类，由省公安厅单独组织，省教育厅监督实施。当年，在校生达1153人。

2003年，经省教育厅专业设置评审委员会评审，公安学院刑事科学技术、公安信息技术、公安文秘、安全保卫等4个专科专业获得通过。至此，学院专业设置共有7个。公安学院成立了第一届教学督导组，选派20多位教师参加全国各类学术研讨会；组织教师参与编写《刑法案例教程》等7门课的教材；全年院刊出版4期140万字；多名教师在CN刊物发表10余篇论文。是年，安徽大学公安学院3个专科专业招生202名。

2004年6月，随着安徽公安职业学院的设立，安徽大学公安学院建制正式撤销。7月，安徽大学公安学院首届毕业生389名加上2002年“对口招”222名原警校毕业生共611名毕业生毕业离校。

安徽公安职业学院　2003年5月，省公安厅决定，以安徽省人民警察学校和安徽大学公安学院为基础，设立安徽公安职业学院。6月，省公安厅《关于申办安徽公安职业学院的请示》上报省政府。2004年6月9日，省政府同意，在安徽省人民警察学校和安徽大学公安学院的基础上设置安徽公安职业学院。安徽公安职业学院坐落在合肥市西郊大蜀山南麓，即合肥市高新区望江西路559号。学院占地面积7.6万平方米，校舍建筑总面积57885平方米。安徽公安职业学院在行政上隶属省公安厅管理、业务上接受省教育厅指导。学院实行党委领导下的院长负责制。学院系从事公安高等职业教育的全日制公办学校，属专科层次的普通高等职业学校。学院为副厅级建制，下设15个副处级机构，其中党政管理机构7个，教学机构5个，教学辅助机构3个。学院编制数239人。安徽公安职业学院的培养目标是：紧紧围绕公安工作实际，强化特色，贴近实战，努力培养政治合格、业务过硬、纪律严明、作风优良的公安高等技术应用型专门人才。学院以全日制普通高等教育为主，同时开展继续教育和在职民警培训等多层次的教育形式。学院的主要任务是为安徽省公安机关培养实用型、技能型的高等专业人才和管理人才。安徽公安职业学院的办学规模暂定为3000人。另外，与中国人民公安大学、中国刑警学院联办本专科函授，规模800人。作为省级公安民警培训基地，还担负着每年各警种在职民警3000名左右的培训任务。安徽公安职业学院专业设置以公安类为主，开设侦查、治安管理、道路交通管理、刑事科学技术、公安信息技术、公安文秘、安全保卫、经济犯罪侦查、特警、禁毒等10个专业。招生对象为普通高中毕业生，学制3年。

2004年，安徽公安职业学院连续4年招收公安类专业学生1448人。其中，自2005年实行按需招生、单列考录的政策，录取新生1329人。

2005年，公安职业学院首次实行按需招生、单列考录的政策。每年公安类专业招生计划由上级机关根据全省公安编制情况核定，并按国家统一招生政策规定予以录取。公安类专业学生毕业时，按照公务员考试录用的规定程序和录用人民警察的条件，根据省人事厅、省公安厅组织的单列考试成绩和在校期间综合素质量化考核成绩，按当年毕业生数 90% 的比例择优录用为人民警察，并统一安排到基层公安一线工作，未被录用的自主择业。当年招生 279 名。7 月，原省警校 2000 级新高职 278 名学生、安徽大学公安学院 2002 级 262 名学生，共 540 名学生毕业离校。

1978 年至 2005 年，从政法干校公安中专班到安徽公安职业学院，共培养 12051 名全日制大、中专毕业生。培训各类公安民警 20508 人次；在职公安民警学历教育 10335 人。其中担任县级及以上公安机关领导职务的有 2140 人；担任基层科所队长的有 6630 人；荣立三等功及以上荣誉的约 3600 人。分别约占毕业生总数的 18%、55%、30%。其中有 2 人光荣当选中共十六大、十七大代表，有的获得“全国特级优秀人民警察”“安徽省十佳政法干警”等光荣称号，还涌现一些颇有影响的作家、画家、书法家和摄影家。

1980 年至 1997 年，省警校毕业生实行统一分配制度，入警率 100%。1998 年至 2000 年，省警校实行在校单列考录人民警察制度，入警率接近 98%。2001 年至 2005 年，安徽大学公安学院、安徽公安职业学院毕业生参加全省统一社会招警考试，每年入警率低于 50%。

成人学历教育 函授教育是公安成人高等教育的主要形式。函授教育各专业教学大纲由公安部制定。各公安高校按照大纲编写教材，制定教学计划下发各个函授站。同时，选派教师赴各地讲授。函授站负责按计划组织面授教学、考试考核。学员各科成绩一般由考试成绩和平时作业成绩合成，分别占 60% 和 40%。学员的入学毕业、学籍管理、学历待遇等均按国家教育法规执行。

中专函授教育 1985 年至 2000 年，省人民警察学校中专函授教育在全省范围内形成了较为完备的公安函授教育网络，在 17 个地市和企业公安机关先后建起 23 个函授站，并配有专兼职函授教育管理人员和相对稳定的函授教师队伍，建立了较为完善的规章制度 30 多项，编撰教材参考资料 40 册 200 余万字。1993 年 5 月，警校函授部及其所属函授站顺利通过了省市教委的教学评估。16 年共培养出 8193 名中专函授生。

1985 年 4 月，省人民政府批准省公安厅开办公安专业中专函授。省警校设立函授部，负责日常教学管理。中专全科开设 14 门课程，学制 3 年。1985 年，经全省成人中专统一招生考试，实际录取首届函授生 503 名。各地先后建立函授站 23 个：1985 年建站的有合肥、芜湖、蚌埠、淮南、六安、黄山、安庆、马鞍山、阜阳、铜陵、滁州、淮北、宿州等；此后建站的有宣城市（1986 年建立）、巢湖市（1990 年建立）、池州市（1990 年建立）；铁四局公安处（1988 年建立）、蚌铁公安处（1991 年建立）、淮南矿公安处（1994 年建立）等 3 个企业公安函授站；此外，还分别建有潜山县（1989 年建立）、蒙城县（1996 年建立）、灵璧县（1996 年建立，后停办）、亳州市（1997 年建立）等 4 个函授站。

1986 年公安中专函授继续招生，实际录取 259 名，在册函授生达 762 名。全省中专函授站有 15 个。

1987 年，经省教委批准，参加公安中专自学考试单科合格（1—3 门）的部分学员，经过入学考试，转入中专函授学习。首批转入 380 人。转入的学员，须完成中专全科 15 门课程的学习，毕业考试合格，发给成人中专毕业证书，国家承认其中专学历。

1988 年 5 月，省警校开设公安中专专修专业函授，学制 1 年半。省警校函授部继续开展自考转函授，转入学员 523 名，在册全科学员 1200 名。9 月，设立中国人民警官大学安徽函授站（设在省公安厅交警总队）。同年，首届 480 名函授生毕业。1988 年至 1992 年，省警校函授部连续招收 5 届中专专修班计 4074 名学员。

1989 年 11 月，省公安厅申请开办刑事侦查专业证书（大学专科）函授教学班，全省在册函授学员 2300 余名。1990 年 7 月，省公安厅开办公安政工专业证书（大学专科）教学班。

1991 年 8 月，省公安厅开展公安政工专业证书教学班和宿县地区刑侦专业证书教学班自查工作。

1992 年 3 月，省警校中专专修函授招生 1000 人。凡考试成绩合格的，由省教委统一颁发成人中专毕业证书。1988 年至 1992 年，全省 2035 名公安干警、企业保卫干部获得专业证书。

1984 年至 1992 年，全省公安机关 1 余万名民警参加成人函授学历教育。1992 年年底与 1984 年年底相比，全省民警队伍中，大专以上文化程度的由 4% 上升至 17.95%，中专、高中文化的由 32.6% 上升至 55.20%，初中以下文化的由 63.1% 下降至 26.9%。

1993 年至 1994 年，省警校函授部招收 2 届计 1247 名中专专修升转全科函授学员。

1994 年 3 月，省公安厅政治部召开中专招生工作会议，布置首次非统考函授招生工作。当年，省警校函授部招收 712 名中专全科班学员，招生规模有所扩大。

1995 年 11 月，省公安厅政治部和省警校在天长市召开安徽公安函授教育十周年纪念暨全省第十五次公安函授教育工作会议。会议全面总结了公安函授 10 年来的办学经验，充分肯定了函授教育的成绩，评选表彰了 7 个先进函授站和 17 名优秀函授教育工作者。

1995 年至 1997 年，省警校中专函授全科班招收 495 名学员。其中：96 级蒙城班 59 人、灵璧班 58 人（后因故停办）；97 级亳州班 53 人。至 2000 年 12 月，学员陆续全部毕业。至此，历时 16 年的全省公安中专函授教育基本结束。

刑警学院安徽函授站　安徽公安高等成人教育始于 1985 年建立的刑警学院安徽函授站。5 月，刑警学院安徽函授站在合肥成立。函授站由省公安厅政治部领导，省警校代管，与警校函授部合署办公；刑警学院主办，负责全面教学管理工作，函授站具体组织教学辅导，负责面授期间的日常管理。为便于管理，安徽函授站下设合肥、蚌埠、芜湖3个分站。安徽函授站开办刑事侦查学专业，专科层次，学制3年。7月，经全省统一考试，函授站招收141名学员。9月举行开学典礼并进行首次面授。1986年安徽函授站继续招生100名。此后，为集中管理力量，暂停招生两年。1988年，首届学员毕业134人。1989年毕业97人。1989年，安徽函授站继续招生98名；1990年招生163名，在册学员261名。此后，为加强管理，安徽函授站由省公安厅政治部直接管理。不久，安徽函授站因故停办。6年间，安徽函授站招生4届502名学员。2000年11月，刑警学院安徽函授站恢复建站。决定于2001年开始招收侦查专业专科、高中起点本科、专科升本科函授生。

公安大学安徽函授站　1996年6月，省公安厅经与中国人民公安大学商定设立中国人民公安大学安徽函授站，开设警察管理专业（专科）、治安管理专业（专科/本科）函授，学制3年。警察管理专业1996年招生83名，2000年招生137名。治安管理专业1997年至2002年招生5届337名。

2002年7月，公安大学安徽函授站新开法学专业、专科升本科函授教育，学制3年。至2005年招生191名。公安大学安徽函授站学风良好，管理规范，教学质量较高，受到广泛好评。2次被公安大学评为“先进函授站”，在省教育厅组织的教学年检中，连续5次获得优秀等次。

截至2005年，在职公安民警函授学历教育1余万人。占全省公安警力22%。

专业证书　1994年年初，经省人事厅、省教育厅同意，省公安厅与原中国人民警官大学举办一期大专专业证书教学班。专业为公安文秘，学制1年半，开设10门课程，招生主要对象是年龄偏大的业务骨干或领导干部。按照规定，学员结业后在原工作岗位上，国家承认其具有大专学历水平，并享受相应的待遇。此届公安文秘专业证书班由省警校函授部具体管理。学员于1994年1月考试入学，共招生141名。至1995年6月，有135名学员结业领证。其间，先后组织面授5次，主要课程均由警官大学教师授课。该班管理严格，学员学习积极性高，取得了良好的办学效果和社会影响。

自学考试　1987年，经国家高等教育自学考试委员会批准，安徽开办中等公安专业自学考试。公安自学考试办公室设在省公安厅政治部，省警校为专业指导学校；教材选用公安部统编的人民警察学校教材，省警校创办《自学辅导》刊物；招考对象是具有相当初中文化程度的在职公安干警、企业干警；考试周期为2年，开考12门课程。当年，安徽公安中专自学考试举行2次考试，次年5月举行第3次考试。总计报考人数9247人次，实考人数6385人次，单科1—3门合格的有2170人次，总及格率为实考人数的34%。其后，部分单科合格者转入中专函授全科班。

1996年4月，为加快公安高等教育，经省教委批准，省警校从95级在校中专生开始，组织参加大专自学考试。考试专业为公安管理，课程13门。指导学校为中国人民公安大学。为便于教学，学校调整教学计划，将中专课程与自考科目相重叠的内容予以“并轨”，同步进行。95级471名在籍生参加了考试，合格率达70%以上。10月，公安管理专业再次考试，95、96级在校生共973人参考。

1997年4月，公安管理专业自学考试在省警校举行第3次考试。95级、96级在校生共974人参考。全年，学校共组织2050名学生参加8门课程大专自考，单科合格率由56%上升到76%，全科通过率由26%上升为58%。

2001年，经省市自学考试主管部门批准，公安学院为自学考试（本科段）委托开考单位。从2002年开始，公安学院组织公安大学公安管理专业（本科）自学考试。报考该专业，需完成10门主要课程，外加实践考核和毕业论文。符合相应学位条件的自考本科毕业生，由主考学校依照《中华人民共和国学位条例》规定，授予相应的学位。

2002年，公安学院组织在校生参加本科自学考试，396名学生参考，开考科次达792人次，总合格率达50%以上。当年，完成公安大学本科自学考试360名考生的论文指导和答辩。

干部专修　1988年，根据国家教育改革的精神，安徽省公安厅开展在职干部中专专业证书教育，即干部专修的教育形式。公安保卫专业干部专修，学制1年半，采取函授的教学方式；开设9门课程，以公安业务课为主；主要对象是年龄偏大、文化水平偏低的基层业务骨干；学员结业后，颁发由省教委验印的中专专业证书，国家承认其在原工作岗位上具有相应的专业水平，享受相应的待遇。从1988年至1992年，省警校函授部连续5年在全省公安机关和企事业单位招收学员4074名，其中有3709名学员结业，领取了专业证书。公安中专专修提高了全省公安保卫干部的专业知识和文化结构，取得了显著的社会效益。

专修升全科　1993年，经省教委批准，安徽省公安厅开展中专升转全科的函授教育。“专升全”的对象是参加省警校函授部公安中专专修班学习并获得中专专业证书的学员；升转专业为公安保卫，学制1年。经省教委审查批准，升转后在原专修9门课的基础上，增设5门课，达到全科14门课的规定标准。“专升全”招生必须通过升转考试。学完规定课程并经考试合格，凭原中专专业证书换发省教委验印的中专毕业证书，国家承认其学历并享受相应的待遇。1993年、1994年，省警校函授部按规定分别招收740名、507名共1247名升转班学员，满足了学员继续学习的愿望。加上其他在学班次，函授生达到近3000人的规模。

公安部属院校招生　1989年，公安部属院校首次在安徽省实行划地区招生。

1995年，蚌埠、合肥、芜湖、黄山四个片区进行公安部属院校招生。

1998 年 7 月，全省公安院校招生工作会议决定，将公安院校达线考生的目测、面试、体检工作由原来地市县公安局承担改为各地市县招办负责。

2000 年，安徽省公安院校招生目测、面试工作统一在合肥市进行。公安海警高等专科学校首次在安徽招生。2001 年，铁道警官高等专科学校、南京森林公安高等专科学校首次在安徽招生。

2001 年公安院校专科面试分数线执行二本线下 20 分，2003 年专科面试线执行二本线下 40 分，2004 年专科面试线执行二本线下 50 分。

省公安厅、省高等教育招生委员会成立公安院校招生工作领导小组，负责组织、指导和协调公安普通高等学校招生工作。招生面试程序按照目测、体能测试、肝功能检查三部分进行。面试和体检各个项目都合格的考生，由省公安厅通知考生所在市公安机关组织政治审查。面试和政审工作结束后，由省公安厅将面试和政审均合格的考生名单按计划招生数 1 ∶ 2 的比例提交省招办，再由省招办从高分到低分按照 1 ∶ 1.2 的比例，提供考生档案给公安部所属院校择优录取。2004 年，改成以 1 ∶ 2 的比例确定政审名单，并将政审合格考生名单全部都提交给省招办。

公安普通院校本、专科实行同批次提前录取。2004 年，实行学校网上远程录取，招办监督的公安院校录取工作体制。1986 年至 2005 年，全省完成公安部属院校本、专科招生计划近 2000 人。

培训教育　培训教育是公安教育的基本任务，也是公安教育的基本形式。安徽省公安机关的民警培训，是根据公安队伍建设的实际需要，在省公安厅的领导下，分省、市两级进行的。省级民警培训任务主要由安徽省人民警察学校（公安干部学校）、安徽大学公安学院、安徽公安职业学院承担，重在培训中级以上的公安民警。

1984 年，省人民警察学校与省政法干部学校正式分设后，承担起全省公安民警的培训和中等学历教育的双重职能。1985 年至 2001 年，省警校共办培训班 68 期，培训公安民警 6631 人次。

1985 年，省公安厅决定，从当年 9 月起，3 年内在省人民警察学校举办干部轮训班，将县公安局局长和城市公安分局局长、政委轮训一遍，每期 4 个月。至 1988 年 6 月结束，共举办 6 期，轮训 394 人，其中正副局长 230 人，正副政委（教导员）104 人，纪检干部等 60 人。

1986 年 12 月 10 日至 20 日，省公安厅举办全省县级以上公安机关委托诉讼代理人学习班。学习班组织学员学习了中央和公安部文件精神、《中华人民共和国治安管理处罚条例》《中华人民共和国民事诉讼法（试行）》《中华人民共和国民法通则》《中华人民共和国中国公民出入境管理法》《中华人民共和国外国人入境出境管理法》以及最高人民法院关于《人民法院审理治安行政案件具体应用法律的若干问题的暂行规定》，并进行模拟法庭教学活动。

1989年3月20日至4月8日，省公安厅和省委党校联合举办公安政保科科长培训班。4月17日至5月16日，举办公安刑侦科科长培训班。

1990年5月8日至25日，省公安厅在合肥举办首期全省法制干部培训班。

1991年，按照公安部和省公安厅、省人事厅部署，举办了县市公安局领导、派出所所长培训班，以及派出所民警、刑侦、预审、看守、刑事照相、痕检、文检、技侦、警卫、交警、法制、政工宣传、纪检督察、防暴、禁毒、特警、信息统计、网络安全等培训班。1月，省公安厅、省人事厅要求在全省公安机关开展岗位培训。岗位培训是根据公安工作各个岗位的性质、任务、职责和工作需要，依照按需施教、学用结合、讲求实效的原则，有针对性地对民警进行岗位必备专业知识、政治理论和业务技能的综合培训。

1991年1月，法国警方代表团到访合肥，中法双方达成在安徽省人民警察学校建立交通安全管理培训中心的协议意见。6月，双方在法国巴黎再次举行会谈，正式签署了关于中法道路安全管理培训中心协议的实施方案，计划次年开始面向社会招生。招生对象为交警部门中高级警官，先招省内，后招省外，待条件成熟后，再向第三世界招生。

1992年4月至1998年4月，省公安厅先后在省警校举办了8期县（市）公安局长岗位培训班，共培训502名局（科）长。每期培训班学习时间为3个月，安排课时504个。

1992年9月8日，中法道路交通安全管理培训中心正式成立暨开学典礼在省警校举行。首批学员51人都是来自安徽省各地市公安处局的领导和交警负责干部，学习时间为3个月。

1993年6月，省公安厅在合肥举办公安法制干部岗位培训班，学员136人，培训时间6个月。9月，中法道路交通安全管理培训中心第二期培训班开学典礼在省公安厅举行。培训班学员有40人（省内38人、省外2人）。培训班于11月30日举行结业典礼，培训81天。两期培训学员91人。

1994年，全省首期痕迹专业技术培训班在省警校举办。培训班培训学员140人。

1995年4月，省公安厅在合肥举办全省公安机关《中华人民共和国人民警察法》培训班。10月，全省首届警衔晋升培训班在省警校举办，共培训学员90人。干训机构建设发展较快，全年新建7个干训机构。全年全省有2194名公安民警分别接受了地市以上公安机关的培训。

1996年10月，全省选拔到基层公安机关锻炼培养的优秀大学生首期培训班在省警校开办。学员60名，培训时间为1个月。

1997年10月，全省第四期痕迹专业技术培训班在省警校举行。培训学员168人，为期 3 个月。

2000 年 9 月 17 日至 20 日，省公安厅举办全省公安机关执法质量考评培训班。10 月，省公安厅在合肥举办全省《公安机关人民警察内务条令》处局长培训班。11 月，全省首届禁毒民警任职资格培训班在省警校举办。培训班有学员 131 人。当年，全省公安系统年度军队转业干部培训班在省警校举办。

2001 年 5 月，全省县级公安机关领导干部培训班在省警校举办，学员 43 名。9 月 11 日至 13 日，省劳教审批办公室举办“劳动教养审批信息管理系统操作”培训班。

2002 年，公安学院首次独立承担全省公安机关治安民警岗位师资培训班的教学任务。根据公安部对在职民警培训的要求，针对不同警种培训的需要，结合安徽省实际，组织编写了 5 个警种 9 本教材的教学大纲。5 月，全省第二期县级公安机关领导干部培训班在安徽大学公安学院举办，学员 73 名，时间 45 天。完成了全省首期警务督察业务培训任务，培训 50 人。

2003 年 6 月 19 日至年底，成功举办了 13 期全省公安机关“端正执法思想，坚持执法为民”专项轮训班，培训学员 1485 名。

2001 年至 2004 年，安徽大学公安学院培训军队转业干部、新入民警、警衔晋升、痕检照相、禁毒、领导干部等 3943 人次。

2004 年 1 月，安徽公安职业学院和合肥市警察培训学校分别举办全省公安系统 2003 年军队转业干部初任培训班。培训时间为 3 个月，其中集中授课 2 个月 264 课时，岗位实习 1 个月，培训 230 人。

2004 年 11 月，省公安厅决定对 2004 年全省公安机关考试录用的人民警察进行初任培训。培训时间：非公安院校毕业生为 1 年，其中集中培训 6 个月，岗位实习 6 个月；公安院校（省警校）毕业生集中培训 2 个月，岗位实习 1 个月。培训内容：非公安院校毕业生主要学习政治理论、法律法规、公安业务、警务实战技能等基础知识，总课时 720 个；公安院校毕业生主要进行入警教育、执法为民教育、纪律作风教育和警务技能战术训练，总课时 312 个。初任培训实行“教考分离”。考核分为理论和业务考试（闭卷笔试）、体能和警务技能战术考核、操行考核、实习考核等。培训班实行封闭式警务化管理。非公安院校毕业生除合肥市考录的 138 名外，其余 1113 名学员全部由公安学院承担培训。公安院校毕业生集中培训由蚌埠、巢湖、黄山、安庆等市警察培训学校共同承担。2005 年 4 月底，公安学院承办的初任培训班圆满结业。

2004 年，公安学院全年举办在职民警培训班 27 期 2702 人，培训质量在学员中综合测评满意率达 99%。

2005 年 10 月 28 日至 11 月 5 日，省公安厅举办全省公安机关《中华人民共和国治安管理处罚法》培训班。

1978年至2005年，从政法干校公安中专班到安徽公安职业学院，培训各类公安民警2余万人次，占全省公安警力47%。

公安警察训练 1996年，省公安厅设立教育训练处，编制12人，内设教育科、警体科。主要职能是：负责指导全省公安机关在职干警学历教育、岗位培训、警衔晋升和职务晋升培训等工作；负责指导公安警察院校的招生，厅直属学校的行政管理及地（市）公安干校的建设、评估等工作；负责全省前卫体协、警察体育工作。2000年6月，撤销教育训练处；成立人事训练处，处内设教育训练科。2003年9月，省公安厅设立教育训练处筹建组。2004年4月，省公安厅设立教育训练处。9月，设立安徽省公安厅考试中心。2005年8月，教育训练处内设教育综合科、训练指导科。

教育训练处的主要职能是：负责拟定全省公安民警的教育培训规划，建立和完善公安教育培训长效机制；承担全省公安系统新录用民警及军队转业干部的初任培训，在职民警的学历教育、岗位培训、警衔和职务晋升培训的组织、协调、管理等相关工作；管理和指导全省公安教育培训机构建设。

1985年，省公安厅及芜湖、黄山、铜陵等市公安局相继设立教育机构，市级人民警察培训学校相继建立，拥有了一批训练基地，保证教育培训工作顺利开展。全省各级公安机关按照公安部党委提出“向教育要素质，向素质要警力、要战斗力”的要求，遵循“科教强警”的战略方针，坚持把教育培训工作放在优先发展的战略地位，加大对公安民警的教育培训力度。

1990年，省公安厅在抓好成人学历教育成果的同时，重点抓了岗位培训工作，明确干训工作重点转移到岗位培训上来，把岗位培训与警衔晋升结合起来。各地加强干训机构的建设，协助省公安厅做好公安警察院校招生工作。

1991年，省公安厅组织交通、户政等5个警种开展岗位练兵，规定岗位练兵的指导思想、练兵内容、形式及考试考核办法。全省公安民警掀起岗位练兵的热潮。

1995年，省公安厅、省人事厅转发公安部、人事部《关于认真贯彻〈国家公务员暂行条例〉积极开展公安机关人民警察培训工作的通知》，明确规定公安机关人民警察培训工作是国家公务员培训的组成部分，并将公安机关人民警察教育培训工作分为新录用人民警察的初任培训、警衔晋升培训、职务晋升培训、专门业务以及岗位培训、知识技能更新培训。公安机关人民警察培训工作步入法制化、规范化的轨道。从1995年开始，全省公安民警警司晋升警督警衔晋升培训，由省公安厅政治部统一组织，省警校和各市人民警察培训学校承担，做到“不培训，不晋升，培训不合格，缓升警衔”。

1997年，省公安厅相继举办新修订的《中华人民共和国刑法》和《中华人民共和国刑事诉讼法》培训班，县市（区）公安（分）局领导班子成员和部分业务骨干参加培训。各市、县公安局组织本地公安民警进行培训。同年，省公安厅对全省市级人民警察培训学校进行评估。

1997 年至 2000 年，根据公安部的统一部署，省公安厅开展公安民警基本素质考试考核和领导干部任职资格考试考核工作，全省科级（含）以上领导干部参加了任职资格考试考核，科级以下公安民警参加了民警基本素质考试考核工作。

1998 年 9 月，省公安厅在省警校举办全省公安派出所所长任职资格培训示范班。在省公安厅示范作用下，各市公安局相继举办 27 期培训班，培训所长 2762 人。12 月 12 日，全省举行统一公安派出所所长任职资格考试。

2000 年，省公安厅举办由各市公安局局长和省公安厅机关处室主要负责人参加的《人民警察内务条令》培训班，同时指导各地组织对基层公安民警进行《人民警察内务条令》专题培训。同年，按照公安部的统一部署，在全省公安民警中开展计算机应用技能培训工作。5 月，全省公安教育工作会议召开。省公安厅印发《安徽省公安机关人民警察 2000—2005 年教育训练规划》。

2001 年，省公安厅对全省市级人民警察培训学校进行评估。安徽省公安教育讲师团成立。公安部颁布《公安机关人民警察训练条令》，省公安厅印发《安徽省公安机关人民警察训练暂行办法》。

2002 年、2003 年，省公安厅政治部先后印发《关于进一步做好全省公安机关人民警察警衔晋升训练工作的通知》和《关于进一步完善警衔晋升训练制度的通知》，按照“逢晋必训、不训不升”的要求，认真落实公安部“三个必训”（初任培训、警衔晋升培训、职务晋升培训）制度。

2003 年，省公安厅在全省公安机关开展“端正执法思想，坚持执法为民”专项培训工作。省公安厅举办由各市、县公安局领导班子成员以及各市公安局内设机构主要负责人参加的专题培训班 13 期，共培训 2100 人。各市公安局负责组织其他民警的专题培训。省公安厅印发《关于公安院校教师参加公安业务实践和选聘公安机关骨干到公安院校任教的实施意见》，实行教官制度。

2004 年 4 月，根据公安部的统一部署，省公安厅印发《全省公安机关大练兵活动方案》，在全省公安民警中开展“大练兵”活动。9 月，省公安厅设立考试中心。12 月，省委组织部、省委政法委、省公安厅联合印发《全省公安机关派出所所长、刑警队队长、交警队队长、巡警队队长任职资格培训制度》，按照“先培训、后任职，不培训、不任职”的原则，加强对基层所长、队长的培训。同年，省公安厅转发公安部《关于加强基层和一线公安民警实战训练工作的通知》，落实基层和一线公安民警警务技战术每年必训制度。

第二节　评授警衔

1992年9月30日，安徽省公安机关贯彻执行《中华人民共和国人民警察警衔条例》，实行警衔制度。省公安厅设立警衔工作办公室，负责对全省公安民警进行警衔评授工作。

1992年，全省公安机关有23192人首次被授予人民警察警衔，其中1人被授予副总警监警衔、43人被授予警监警衔、7249人被授予警督警衔、13746人被授予警司警衔、2153人被授予警员警衔。

1993年，经公安部同意，全省各级公安机关为已评授警衔的行政在编民警、公安警察院校已评授警衔的在编民警和已评授警衔的由地方政府划拨行政、事业编制招收的民警统一配发警号，全省配发警号5万枚。

1995年，全省各级公安机关将警衔工作办事机构纳入政工部门。全省公安机关贯彻《人民警察警衔工作管理办法》《人民警察选升警衔的暂行办法》等一系列警衔管理措施，引入竞争激励机制，严把进人关，大大提高了公安队伍整体素质和战斗力。省公安厅经商请省人事、财政等部门同意，给全省公安民警发放警衔津贴，极大地鼓舞了广大公安民警的积极性，增强了授衔民警的荣誉感和责任感。

1998年10月1日，全省公安机关开始统一制发警官证。年底，全省公安机关授衔民警31689人，其中有48人被授予警监警衔、12272人被授予警督警衔、16546人被授予警司警衔、2871人被授予警员警衔。

2000年，安徽省公安机关在全国率先使用《公安人事管理信息系统》，开展审核警衔评授信息工作。9月1日，省公安厅政治部决定在更换新式警服时更换新式警号，将7万枚新警号编码分配到各省辖市公安局。新警号发放范围为全省各级公安机关已评授人民警察警衔的在编在职民警。以后经省公安厅审批的新录用民警在申报着装时同时申报警号。

2005年年底，全省公安机关授衔民警4余万人，其中有104人被授予警监警衔、2.45万人被授予警督警衔、1.52万人被授予警司警衔、310人被授予警员警衔。

第三节　工资、抚恤

工资　1985年6月，中共中央、国务院发布《国家机关和事业单位工作人员工资改革方案》，进行第三次工资制度改革。将原来实行的职务等级工资改为以职务工资为主要内容的结构工资制。根据“低于部队、高于地方”精神，安徽省制定了公安民警工资改革方案。公安民警工资标准是依据机关事业单位工作人员职务工资标准，采取“职务对职务、标准对标准”的原则拟定。办事员基础职务工资比地方高 8 元 / 月，科员比地方高 10 元 / 月，副科长比地方高 12 元 / 月，科长比地方高 13 元 / 月，副处长比地方高 14 元 / 月，处长比地方高 15 元 / 月，副厅长比地方高 16 元 / 月，厅长比地方高 17 元 / 月。公安民警的工资档次与机关同类人员相同。

1993 年 11 月，全国进行第四次工资制度改革。1994 年 2 月，根据《安徽省机关、事业单位工作人员工资改革制度套改办法的通知》精神，全省开始工资制度改革。此次改革建立了工资正常晋升机制和工资动态调整机制，并根据实际情况对工资制度不断进行改革完善。公安机关民警不再执行 1985 年工资制度改革时的民警工资标准，而是同其他机关工作人员一样实行职级工资制。基本工资由职务工资、级别工资、基础工资、工龄工资 4 个部分组成。

1997 年 10 月 1 日，根据《1997 年调整机关、事业单位工作人员工资标准等问题的通知》精神，公安民警基本工资标准由原来 90 元调整为 110 元。

1999 年 7 月 1 日，根据《关于调整机关事业工作人员工资标准和增加离退休人员离退休费三个实施方案的通知》精神，公安民警基本工资标准由原来 110 元调整为 180 元；级别工资标准由十五级至一级月 55 元至 470 元提高到 85 元至 720 元。

2001 年 1 月 1 日，根据《关于调整机关事业工作人员工资标准和增加离退休人员离退休费四个实施方案的通知》精神，公安民警基本工资标准由原来 180 元调整为 230 元；级别工资标准由十五级至一级月 85 元至 720 元提高到 115 元至 1166 元。10 月 1 日，根据《关于从 2001 年 10 月 1 日起调整机关事业工作人员工资标准和增加离退休人员离退休费三个实施方案的通知》精神，公安民警职务工资各起点标准由最低 50 元至最高 480 元提高到 100 元至 850 元。

2003 年 7 月 1 日，根据《关于从 2003 年 7 月 1 日起调整机关事业工作人员工资标准和增加离退休人员离退休费三个实施方案的通知》精神，公安民警各职务工资起点标准由最低 110 元至最高 850 元提高到 130 元至 1150 元。

津贴

值勤岗位津贴　1987 年 2 月，国务院工资制度改革小组、劳动人事部、财政部、公安部、国家安全部、司法部联合下发《关于公安干警实行值勤岗位津贴问题的通知》，首次对公安干警值勤岗位津贴作出具体规定，按警种及县级、市级、行署和省级不同标准，其值勤岗位津贴每人每天 5 角、4 角、3 角执行。

1987 年 4 月 1 日，省公安厅下发《关于厅机关干警津贴实施意见》，对厅机关干警值勤岗位津贴作出具体规定，按警种和办案地点不同，执行 3 角至 5 角不同标准。7 月 30 日，国务院工资制度改革小组、劳动人事部、财政部研究下发《关于公安干警实行值勤岗位津贴问题的补充通知》，对公安干警值勤岗位津贴作出补充说明，执行的标准未变。

1990 年 6 月 25 日，国家人事部、财政部、公安部、司法部、国家安全部联合下发《关于提高公安干警实行值勤岗位津贴标准问题的通知》，公安干警值勤岗位津贴标准由每人每天 3 角、4 角、5 角，分别提高到每人每天 6 角、8 角、1 元。

特殊岗位保健津贴　1993 年 1 月，省公安厅、省人事局、省财政厅联合下发《关于恢复交通民警和看守所、拘役所、行政拘留所干警岗位值勤保健津贴的通知》，规定：凡值勤交通警察每人每月 18 元保健津贴；看守所、拘役所、行政拘留所干警每人每月 15 元保健津贴。

1997 年 8 月，省公安厅调整公安机关交通警察值勤岗位保健津贴，每人每月 90 元。

1998 年 1 月，省公安厅调整刑事技术人员保健津贴标准，调整的范围只限于公安、检察院和法院系统从事法医、化验、痕迹、照相、文检、X 光透视、警犬、技侦等有毒有害工作人员。公安、检察院和法院从事法医、化验工作人员每人每月 90 元；从事痕迹、犯罪情报资料（专职）、照相、警犬、X 光透视工作人员每人每月 70 元；从事文检、技侦人员每人每月 50 元。

2000 年 1 月 1 日，省公安厅调整全省公安机关的看守所、拘役所、治安拘留所、收容教育所、强制戒毒所、公安安康医院的民警保健津贴。每人每月由 15 元调整到每人每月 70 元。

警衔津贴　1995 年 1 月 1 日，经国务院批准，人民警察实行警衔津贴。实行警衔津贴后，全省人民警察工资标准高出其他行政人员的部分不再保留。警衔津贴标准每月分别为总警监 123 元，副总警监 116 元，一级警监 110 元，二级警监 105 元，三级警监 100 元，一级警督 95 元，二级警督 90 元，三级警督 85 元，一级警司 80 元，二级警司 76 元，三级警司 72 元，一级警员 68 元，二级警员 64 元。

1999 年 10 月 1 日，根据人事部、财政部《关于调整警衔津贴标准的通知》精神，全省公安机关调整警衔津贴标准。各衔级每月分别调整为：总警监 161 元，副总警监 153 元，一级警监 145 元，二级警监 138 元，三级警监 131 元，一级警督 124 元，二级警督 118 元，三级警督 112 元，一级警司 106 元，二级警司 100 元，三级警司 94 元，一级警员 89 元，二级警员 84 元。

2001 年 1 月 1 日，根据人事部、财政部《关于调整警衔津贴标准的通知》精神，全省公安机关调整警衔津贴标准。各衔级的警衔津贴标准每月分别调整为：总警监 189 元，副总警监 179 元，一级警监 169 元，二级警监 161 元，三级警监 153 元，一级警督 145 元，二级警督 138 元，三级警督 131 元，一级警司 124 元，二级警司 117 元，三级警司 110 元，一级警员 104 元，二级警员 98 元。10 月 1 日，全省公安机关各衔级的警衔津贴标准每月分别调整为：总警监 211 元，副总警监 200 元，一级警监 189 元，二级警监 180 元，三级警监 171 元，一级警督 162 元，二级警督 154 元，三级警督 146 元，一级警司 138 元，二级警司 130 元，三级警司 122 元，一级警员 115 元，二级警员 108 元。

2003 年 7 月 1 日，根据人事部、财政部《关于调整警衔津贴标准的通知》精神，全省公安机关调整警衔津贴标准。各衔级每月分别调整为：总警监 228 元，副总警监 216 元，一级警监 204 元，二级警监 194 元，三级警监 184 元，一级警督 174 元，二级警督 165 元，三级警督 156 元，一级警司 147 元，二级警司 138 元，三级警司 129 元，一级警员 121 元，二级警员 113 元。

抚恤、优待 1989 年 8 月，民政部下发《关于国家机关工作人员、人民警察伤亡抚恤如何办理的通知》，首次将“人民警察”和“国家机关工作人员”并列提出。但优抚政策依然等同“国家机关工作人员”。

1992 年 10 月，民政部下发《关于公安干警伤亡抚恤待遇有关问题的通知》，首次专门就立功和获得荣誉称号的公安干警死亡后按照相应比例增发一次性抚恤金问题、在履行职务时被犯罪分子致残的公安干警比照因战性质评残并抚恤问题、公安干警负伤评残后发给“人民警察伤残抚恤证”及原持有“国家机关工作人员伤残抚恤证”换发“人民警察伤残抚恤证”问题作出规定。

1995 年 2 月，《中华人民共和国人民警察法》颁布实施。《中华人民共和国人民警察法》第 41 条规定：人民警察因公致残的，与因公致残的现役军人享受国家同样的抚恤和优待。人民警察因公牺牲或者病故的，其家属与因公牺牲或者病故的现役军人家属享受国家同样的抚恤和优待。5 月，公安部、民政部、财政部联合下发《关于发给公安机关做出突出贡献的牺牲病故人民警察特别抚恤金的通知》。

1996 年 1 月，民政部、财政部下发《关于将警衔津贴计入人民警察死亡一次性抚恤金的通知》。8 月，民政部下发《关于立功和获得荣誉称号的人民警察死亡后增发一次性抚恤金问题的通知》。11 月，公安部、民政部下发《关于印发〈公安机关人民警察抚恤办法〉的通知》。《公安机关人民警察抚恤办法》将公安民警的死亡抚恤、伤残抚恤有关条款从原比照执行的《军人抚恤条例》中单列出来，并结合公安机关的实际和公安工作的性质加以具体化。

1997 年，省公安厅、省民政厅、省财政厅转发公安部、民政部、财政部联合下发的《关于发给公安机关做出突出贡献的牺牲病故人民警察特别抚恤金的通知》。从 1997 年开始，每年由省财政安排 40 万元资金用于牺牲病故民警特别抚恤金的发放。此外，省公安厅每年从可支配收入中配套发放 5 万至 15 万元不等。全省发放 2008 年 11 月 30 日前牺牲病故民警特别抚恤金 1407 人、1428.6 万元。

2002 年 2 月，劳动和社会保障部、财政部下发《关于二等乙级以上伤残人民警察医疗待遇问题的通知》。9 月，省公安厅下发《关于印发〈安徽省公安机关英烈补助基金管理使用暂行规定〉的通知》，为2002年1月1日以来全省公安机关在公安保卫工作、同违法犯罪做斗争中因公牺牲的民警家属和负伤致残的民警提供一次性补助。

2003年，根据《中共中央关于进一步加强和改进公安工作的决定》精神，中央财政设立特别补助金和特别慰问金专款，专项用于因公牺牲公安民警家属的生活补助。2004年6月，公安部、财政部下发《关于印发〈因公牺牲公安民警特别补助金和特别慰问金管理暂行规定〉的通知》，规定从2004年起，对2003年1月1日（含）及以后因公牺牲公安民警家属一次性发放特别补助金10万元，其中，被批准为革命烈士的，一次性增发特别补助金10万元；对1980年1月1日（含）至2002年12月31日（含）因公牺牲公安民警的家属，每年发放特别慰问金5000元，连续发放时间最长不超过20年。2004年8月，省公安厅、省财政厅转发公安部、财政部关于印发《因公牺牲公安民警特别补助金和特别慰问金管理暂行规定》的通知。经全省各市公安局3次审核，确定全省1980年1月1日至2002年12月31日期间因公牺牲民警184人享受特别慰问金。2004年至2008年，申报、发放特别慰问金460万元。2003年1月1日至2008年12月31日，全省已认定因公牺牲民警77人。其中，被追认为革命烈士7人。共申报发放特别补助金840万元。

2005年6月，省公安厅下发《关于认真清理牺牲病故民警特别抚恤金申报情况的紧急通知》，对全省未及时申报、领取特别补助金对象进行了一次认真清理，清理出1995年以来符合享受特别抚恤金条件但未申报的牺牲、病故民警235人。2005年12月31日，符合发放特别抚恤金条件的牺牲、病故民警761人770.5万元全部发放到位。

2005年9月，为规范特别补助金和特别慰问金发放，公安部政治部下发《因公牺牲公安民警特别补助金和特别慰问金报批发放工作细则》。

安徽省公安机关英烈补助基金 2002年8月，根据《中华人民共和国人民警察法》《公安机关人民警察抚恤办法》及《安徽省公安厅关于切实做好从优待警的意见》精神，设立“安徽省公安机关英烈补助基金”。

安徽省公安机关英烈补助基金的资金来源：社会企、事业单位捐赠，全省公安民警个人捐助和全省公安机关内部单位资助。至2005年年底，募集资金615余万元；实际总支出基金158余万元。

1990年至2003年，在同违法犯罪分子的斗争中和日常治安管理工作中，安徽省各级公安机关有124名民警光荣牺牲，1362名民警光荣负伤，用自己的鲜血和生命维护了社会的安宁。省公安厅党委高度重视公安优抚工作，将其作为从优待警工作的一项重要内容来抓。为切实解决因公牺牲英烈遗属的生活困难问题，告慰烈士英灵，向7名因公牺牲民警的家属发放了补助基金。2003年1月15日，省公安厅在厅机关举行“安徽省公安机关英烈补助基金”发放仪式，向在2002年度严打整治斗争中因公牺牲民警的家属发放了 8 万元至 5 万元不等的公安英烈补助基金。

第四节　组织人事管理

领导班子建设　1990 年，全省公安机关以革命化为前提，加强各级领导班子建设。领导班子建设的重点是：加强学习，掌握马克思主义的基本理论和基本知识，增强党性观念，树立共产主义必胜的信念，做一个坚定的马克思主义者。增进团结，坚持民主集中制，大事讲原则，小事讲风格，真诚相待，互相尊重，顾全大局，同时要开展积极的思想斗争，对班子里影响团结的言行，要及时严肃批评。对不顾大局，热心“内耗”，个人主义严重的人，要坚决调离领导岗位。转变作风，认真克服官僚主义、形式主义和经验主义，深入基层，深入实际，调查研究，面对面指导工作，为基层办实事。以身作则，廉洁自律，为干警作表率。公安工作的基础在基层，各级公安机关重视基层单位领导班子建设，提高基层领导干部的领导水平。

1994 年，省公安厅会同省委组织部、省人事厅、省教委认真做好选拔优秀大学毕业生到基层公安机关培养锻炼工作，分配到全省的 40 名指标全部落实到位。根据人事部、公安部有关文件规定，积极争取地方行政、事业编制在一定程度上缓解了警力紧张的状况，全省 9 个地级市（不含合肥）公安机关增加 540 名巡警编制，并严格按照条件和标准完成了招考、录用工作。

1995 年，省、地（市）两级公安机关按照省第六次党代会精神，协助党委组织部门考察选配了一批德才兼备的年轻同志进入各级公安机关领导班子。各级公安机关领导班子坚持民主集中制原则，增强了班子团结和决策的民主化、科学化。

2003 年，《中共中央关于进一步加强和改进公安工作的决定》下发。11 月，省委组织部、省委政法委、省公安厅联合下发《关于做好省辖市公安局局长配备工作的通知》，对全省省辖市公安局长配备条件、配备原则、管理办法、工作纪律以及异地交流任职等作出具体明确规定。2004 年 2 月 17 日，省委及省委组织部就全省 15 个省辖市公安局局长正式下发交流任职通知。2 月 19 日，省公安厅党委成员分赴各地，将交流任职的 15 名公安局局长全部送任到位，全省市公安局局长交流高配工作完成。此后，又先后对阜阳、淮南市公安局局长进行了异地交流，全省 17 个市公安局局长均进行了异地交流任职，其中符合高配条件的 13 个市公安局局长按副市长级配备。

2004 年 4 月 30 日，省委组织部、省委政法委、省公安厅联合下发《关于做好县（市、区）公安局局长配备工作的通知》，要求各地对县（市、区）公安局局长按副县长级配备并实行异地交流任职。全省 131 个县（市）公安局、城市分局中，61 个县（市）公安局局长中高配副县长级 46 人，人数由 23% 上升到 75%；70 个城市分局中局长高配为副县长级55人，由37%上升至79%。2004年后异地交流任职的县级公安局局长60名，占总人数（131个）的45%。

厅机关党建　1981年，省公安厅设立机关党委，正处级建制。1982年1月，省公安厅机关选举产生第一届中共安徽省公安厅机关委员会。

省公安厅机关党委的基本职责是：认真执行党的路线、方针、政策和上级党组织的指示，加强党的组织、思想和作风建设，加强思想政治工作，发挥机关党组织的战斗堡垒作用和党员的先锋模范作用，团结组织党内外的干部群众，保障改革开放和公安工作顺利进行。机关党委组织党员学习党的基本理论，坚持"三会一课"制度，开展思想政治工作。机关党委领导和指导机关工会、妇女、共青团等工作。同时，还负责组织一些厅机关精神文明建设活动，如群众性体育活动、文化艺术活动、扶贫和慰问活动等。

1982年至1994年，省公安厅机关党委在学习宣传和贯彻中共改革开放总方针、总路线，宣传贯彻中共十一届三中全会精神，学习宣传贯彻中共十二大、十三大、十四大精神和省委富民强省政策，加强厅机关思想建设、文化建设等方面，做了大量工作，采取了多样化的方式，促进了厅机关工作的开展。在加强厅机关基层党组织建设，发展党员队伍等方面，认真履行职责，使厅机关基层党组织不断建立健全，党员队伍不断壮大，机关党组织生活不断丰富和发展。

1991年1月，省公安厅机关选举产生第三届中共安徽省公安厅机关委员会。

1991年年初，根据《中国共产党章程》及中央、省委有关规定，结合机关实际，在党员重新登记的基础上，先后制定《关于加强厅机关党的建设的意见》《中共安徽省公安厅机关委员会工作规则》《中共安徽省公安厅机关支部委员会工作细则》三个文件，下发至各支部、党小组和处以上行政负责人，把机关党的建设纳入规范化、制度化管理之中。当年，全省遭受特大洪涝灾害。厅机关民警个人积极向灾区人民捐献人民币6万多元，粮票3万多斤，单衣9520件，棉衣2005件，棉被131床，鞋1756双，帽子273顶，蚊帐102顶，图书500多册。1991年1月至1995年5月，坚持做好厅党委中心组的学习服务工作，推动指导全厅民警的理论学习。集中举办6期200多人次处级干部理论学习班；利用闭路电视播放辅导录像资料30多辑。

1992年10月，厅机关召开"百人学理论"座谈会，畅谈学习体会和经验。1994年，全省遭受特大旱灾，厅机关筹集资金5.2万元送到当涂、泾县抗旱第一线，捐献衣被2429件送往贫困地区金寨县。

1994年，厅直各单位认真学习邓小平建设有中国特色社会主义理论、《邓小平文选》一至三卷、建设有中国特色社会主义理论的有关论著及市场经济法律知识等，认真贯彻中共十四届三中、四中全会和省委有关会议精神。10月至12月，省公安厅组织开展机关集中教育整顿，做好“爱民月”活动，加强干部培训工作和学历教育，积极做好纪念“七一”和新中国成立45周年纪念活动。及时筹集3.2万元经费送到抗旱第一线，为抗旱斗争做了应有的贡献。认真抓好支部建设和管理，组织开展民主评议党员和争先创优活动。积极试行并逐步深化目标管理。开展对口扶贫工作和双拥工作，组织见义勇为基金会和希望工程“1+1助学行动”捐款及向贫困地区捐衣被。10月上旬，按照上级部署，省公安厅再次在全厅发动干警向贫困地区捐赠旧衣被，收到衣被2429件，并及时打包装车，送往金寨老区。被省直工委授予“先进基层党组织”的光荣称号。同年底，厅机关设基层党委和党总支各1个，党支部25个，党小组105个，党员总数765人，其中在职干部党员579人，离退休干部党员152人，工人党员15人，大集体和家属党员19人。在职干部党员占党员总数的77%。省警校设基层党委1个，支部10个，党小组24个，党员128人。

1995年5月，省公安厅机关第四次党代会召开。会议选举产生第四届中共安徽省公安厅机关委员会。9月，省公安厅机关党委更名为中共安徽省公安厅直属机关委员会。是年，厅机关开展民主评议党员工作。1997年，厅机关党委荣获中组部授予的“全国先进基层党组织”光荣称号。

2000年至2001年，省公安厅机关党委组织开展公安部部署的“三项教育”（全心全意为人民服务的宗旨教育、实事求是的思想路线教育和严格、公正、文明执法的法制教育）活动。

2001年2月，省公安厅机关选举产生第五届中共安徽省公安厅直属机关委员会。2001年至2005年，省公安厅机关党委有计划地组织开展学习贯彻中共十五大、十六大、十七大及其历届全会精神和党中央、省委关于中部崛起的重大决策部署，学习公安部关于公安工作和队伍建设的重大决策部署，以及社会主义市场经济理论、法律法规、管理和信息科学等知识学习活动，厅党委理论学习中心组带头加强学习，促进全省公安机关的理论学习。各支部（总支、党委）组织开展干部调训、支部领导班子和党员培训等一系列教育培训工作。同时，注重支部领导班子建设，行政负责人兼任支部书记，实行“一岗双责”。加强机关支部工作的经常化、制度化、规范化建设，党员发展质量进一步提高。坚持“三会一课”制度，活跃组织生活，对群众的合理意见、建议及时吸纳整改，将民主评议党员工作和公务员年终考核结合。机关工会积极开展“文明单位”创建、“双拥”、扶贫、捐赠救济、救助失学儿童以及“迎奥运”“迎世博”等系列活动。积极组织开展各项文体活动，开展厅机关民警体能达标测试活动。

2002年，省公安厅机关党委组织开展省委部署的“加快发展、富民强省”学习教育活动。2003年，省公安厅机关党委组织开展公安部部署的“贯彻十六大、公安怎么办”大讨论和“贯彻执行五条禁令，加强内部管理”活动。2004年，省公安厅机关党委组织开展公安部部署的"大练兵"活动。2004年下半年至2005年上半年，省公安厅机关党委组织开展党中央统一部署的保持共产党员先进性教育活动。2004年，省委、省政府在省直机关中统一部署开展效能建设活动，省公安厅机关积极响应，狠抓各项措施、要求的落实，促进了服务型机关的建立和工作作风的转变。2005年，省公安厅组织开展公安部部署的"大接访"活动。

现役干部管理 1995年，省公安厅内设机构重新进行调整，设立现役工作处。2000年，撤销现役工作处，设立现役工作办公室，并入人事训练处，科级建制。2003年5月，设立安徽省公安厅政治部现役工作办公室，武警序列，正师级建制。

省公安厅现役工作办公室的主要任务和职责是：在厅政治部的领导下行使公安厅党委对公安消防、警卫以及边防部队的领导、管理和协调职能。按照管理权限具体承办公安消防、警卫部队干部考核、任免、晋衔、调配、机构编制管理、招生、专业技术干部职务评审、奖惩优抚、接收地方院校应届毕业生转现役以及边防部队干部协管等相关工作；归口办理公安边防消防警卫部队转业复员干部、离退休干部和转业士官的集中移交工作；完成上级领导和机关交办的其他事项。

1996年，省公安厅党委批准下达《安徽省现役警卫机构编制表》命令，规范现役警卫机构设置、人员编制等。省公安厅下发《关于加强我省公安现役部队干部交流工作的意见》，明确了交流的范围、条件和审批权限等。自1997年开始，省公安厅加大全省公安现役部队团职干部交流调整力度，当年任命调整团职干部45名，同比增长62.2%。

2000年，根据《中华人民共和国现役军官法》精神，省公安厅现役办对全省17个消防支队级领导班子和领导干部进行了全面考核。

2001年，中共中央组织部、政法委及公安部党委联合下发《关于改进公安武警边防部队领导管理体制的通知》，对边防总队实行统一领导管理与分级指挥相结合的体制，边防部队师、团职干部管理权限和任免程序也作了调整，省公安厅党委不再研究审批边防部队团职干部。是年，公安部政治部下发《关于公安边防消防警卫部队实行专业技术职务任期制的通知》，全省公安现役部队专业技术干部主要依据上述文件规定进行管理。是年，根据中央《军队转业干部安置暂行办法》的精神，省公安厅及全省公安现役部队各级党委高度重视干部转业工作，将师、团职干部转业安置工作作为重点，不断加强对转业复员工作的组织领导。2002年，省公安厅依据《中华人民共和国现役军官法》和《军官职务任免条例》，加强对全省公安现役部队干部管理，现役干部工作逐步规范化。2003年现役办成立后，为期3年的军队体制编制调整改革开始，转业复员压力大，安置任务重。省公安厅及全省公安现役部队各级党委克服诸多困难，建立和完善各项工作机制，顺利完成377名（其中师职3名、团职146名）干部的转业复员安置和302名士官转业移交安置任务。

2000年至2005年，省公安厅党委研究，提请公安部党委审批18名师职领导干部；省公安厅党委研究任命99名正团职、231名副团职领导干部。

2004年，中共中央组织部批转公安部党委《关于进一步加强公安消防警卫部队党的建设的报告》，进一步理顺公安消防、警卫部队的党的组织关系，明确安徽省公安消防总队党委和公安厅警卫局党委分别接受公安部消防局党委、警卫局党委领导，以公安厅党委领导为主。省公安厅党委加强了消防、警卫部队各级领导班子建设。是年，省公安厅政治部制定印发《安徽省公安现役部队支队级领导班子及成员量化考核暂行办法》，建立和推行支队级领导班子和团职干部考核制度，严格依据考核标准和要求，扎实开展考核任免工作，初步形成了上下互动、多层评价、全面衡量的考核机制。现役办每年参与公安部政治部对边防、消防、警卫部队总队级领导班子和领导干部考核，组织112个次支队级领导班子考核，为省公安厅党委调整总队、支队领导班子，使用师、团职领导干部提供了准确依据。当年，省公安厅政治部转发公安部政治部《关于在公安现役部队实行卫生技术中级和初级资格以考代评制度的通知》和《关于在公安现役部队实行会（审）计专业中级和初级资格以考代评制度通知》，全省公安现役部队卫生和会（审）计专业技术干部的中级和初级资格通过在地方考试取得，不再组织专门评审。

全省公安现役部队专业技术干部主要集中在工程、卫生、新闻、会（审）计4个专业系列的专业技术职务岗位。专业技术干部管理工作主要分为评审任命专业技术职务、调整专业技术等级。2000年至2005年，厅现役办先后组织296名干部参加专业技术资格评审，评审通过高级专业技术资格34人（含续任评审）、中级专业技术资格140人（含续任评审），考核、审批122名干部调整为9级以上专业技术等级。全省公安现役部队高级专业技术职务干部人数由3人增加到30人，一批中青年专业技术带头人逐渐成熟，在消防工程、信息化等领域较好地发挥了骨干引领作用。经过5年的建设，初步形成了公开平等、竞争择优、科学规范的专业技术干部工作机制。

2000年至2005年，厅现役办会同总队级单位，严格组织部队院校招生考试统考和接收普通高等学校毕业生工作。共组织665名士兵参加了全国公安现役部队院校招生统考，其中329名士兵被录取。在接收普通高等学校毕业生工作中，严格落实公安部政治部关于知识能力测评、心理素质测评、体能素质测评等制度，2000年至2005年从地方普通高等学校接收268名应届毕业生转为现役警官。两项共充实新警官597人，增强了基层干部队伍实力。

2000年至2005年，厅现役办按照审批权限办理了近200个集体和个人的表彰奖励事宜。

全省公安现役干部管理情况一览表

表2-1　　单位：人

年度＼内容	行政干部任免调整			专业技术干部任免调级	干部转业复员	警衔晋升	接收大学生	部队院校招生
	师职	团职	合计					
1995	4	47	51	10	56	173	23	56
1996	8	24	32	7	51	190	12	70
1997	4	44	48	34	64	54	15	58
1998	2	61	63	53	59	72	25	57
1999	3	36	39	128	52	64	27	41
2000	6	74	80	32	63	141	35	57
2001	—	52	52	39	57	60	48	47
2002	1	49	50	48	59	128	41	52
2003	7	67	74	41	64	40	44	50
2004	—	46	46	39	64	63	50	52
2005	4	42	46	80	70	69	50	41
总计	39	542	581	511	659	1054	370	581

离退休干部管理　1983年9月，省公安厅设立老干部处，处内设办公室。2000年6月，改称省公安厅离退休工作处，处内设秘书科、保健科。

离退休工作处主要职责是：贯彻落实党中央、国务院和省委、省政府有关离退休干部工作的方针、政策；定期向离退休干部传达上级和省公安厅重要文件、重要情况，组织离退休干部政治学习；负责离退休干部的管理、医疗保健、生活福利、用车以及文体活动等服务工作；协助离退休干部党支部开展思想政治工作等。

2003年6月，离退休工作处为加强离退休党员干部思想建设、政治建设和组织建设，强化老同志党的意识、党员意识，加强党务管理和行政管理，将离退休干部党支部从在职干部党支部中分开，单独设立离退休干部党支部，离退休工作处选派一名熟悉党务工作的干部参加离退休干部党支部，担任联络员、宣传员、支部事务管理员。为丰富离退休老干部政治文化生活，便于老干部自我管理，自娱自乐，自我服务，根据老干部兴趣爱好，成立钓鱼、扑克、花卉、门球等10个协会组织，适时组织老同志开展各种有益身心健康的活动，使老干部的活动管理工作走上良性管理轨道。

2005年8月15日，省公安厅在中国人民抗日战争暨世界反法西斯战争胜利60周年纪念活动期间，对全厅符合条件的26位参加过抗日战争的离休老同志进行慰问，颁发了由国家统一制作的中国人民抗日战争胜利60周年纪念章，并发放慰问金。

2005 年，离退休工作处分别被安徽省委老干部局等单位评为“老干部工作先进集体”。

第五节 纪检监察

1985 年 8 月，省公安厅纪检组由正处级升格为副厅级，称中共安徽省公安厅党组纪律检查组。1986 年，全省 16 个地市公安处局、12 个县（市）公安局设立纪委或纪检组，52 个县（市）公安局配备专职纪检干部，全省公安专职纪检干部增至 165 名。1988 年 12 月，设立省监察厅驻省公安厅监察室，与纪检组合署办公，一个机构、两块牌子。全省各地、市、县公安处局先后设立监察室和监察员。

省公安厅纪律检查组主要任务是：检查单位党员领导干部违反党纪案件和所属系统的重大或复杂的违纪案件；协助驻在单位党组织管好党风；指导驻在单位及其所属单位党的纪律检查委员会的工作等。

1992 年 10 月，中共安徽省公安厅党组纪律检查组改称中共安徽省公安厅纪律检查委员会，受省公安厅党委和省纪委双重领导。2000 年 5 月，厅纪委监察室内设秘书科（后改为综合室）、纪检监察一室、纪检监察二室等 3 个内设机构。

2003 年 6 月 30 日和 2005 年 4 月 19 日，省公安厅党委分别 2 次对厅纪律检查委员会组成人员进行调整。

省公安厅纪委职责任务是：在公安系统维护党的章程和其他重要的规章制度，监督、检查党的组织和党员领导干部对党的路线、方针、政策和决议的贯彻执行情况，查处、审理重大的或复杂的违纪案件，受理党组织和党员的检举、控告和申诉，调查研究党纪执行情况，集中精力管好党纪，协助厅党委管好党风；领导武警省总队纪委、省消防总队纪委和省人民警察学校纪委工作；协同地、市纪委领导行署、市公安处、局纪委工作。

纪律作风整顿 1986 年 3 月，省公安厅印发《关于少数公安干警在查禁赌博中非法使用武器造成伤亡事件的通报》，要求全体民警严格遵守人民警察使用武器和警戒的有关规定，在查处赌博应贯彻“教育为主，处罚为辅；教育多数，惩办少数”的原则，结合法制宣传和整党工作，认真宣传禁赌，做好查禁工作。10 月，省公安厅下发《关于在全省公安系统开展一次党风警风大检查的通知》，省公安厅派出 4 个检查组，分赴巢湖、安庆、六安、宣城地区和安庆、铜陵、芜湖市检查贯彻落实情况。12 月 12 日，省公安厅下发《关于对少数干警酗酒滋事的通报》，根据公安部关于干警不准酗酒的六条纪律，结合实际情况，制定相应的规章制度。同时对 1986 年发生的民警酗酒行为进行认真查处。

1987年，合肥、淮南、蚌埠、马鞍山市和巢湖、徽州行署公安局先后召开纪检、政工和机关科室人员会议传达贯彻省公安厅端正党风汇报会精神。

1988年9月21日，全省公安政工纪检工作会议在合肥召开。会议要求坚持从严治警方针，以为警清廉为重点，切实加强公安队伍建设。

1989年，省公安厅派出3个检查组对6个地市和5个县及9个所队（分局）公安民警纪律作风情况进行了解和检查。

1990年7月1日至8月31日，省公安厅纪检组监察室印发通知，要求厅机关各处级单位结合党员重新登记工作，对存在的突出问题进行自查自纠。8月15日，对存在的突出问题进行了检查落实。

1991年1月10日，省公安厅下发《关于认真贯彻落实公安部加强廉政建设纠正行业不正之风电话会议精神的通知》，在全省公安机关开展加强廉政建设纠正行业不正之风，治理乱罚款、乱收费、乱摊派的“三乱”工作。经整顿，一些地区和单位“三乱”现象基本得到纠正，加强了公安队伍建设，密切了警民关系，推动了廉政制度建设，建章立制工作有明显进展。11月，全省公安机关开展纪律作风教育和整顿，进一步治理“三乱”。

1994年，全省公安机关普遍开展纪律作风整顿工作。4月，全省公安机关反腐败斗争电话会议要求各级公安机关在6月份集中开展一次以“查思想、查工作、查纪律”为主要内容的纪律作风整顿。

1993年10月至1995年3月，省公安厅多次组织检查组深入各地公安机关和基层单位检查督促“纠风治乱”工作，开展对公安机关减轻农民负担及执法状况的大检查和查思想、查工作、查纪律的“三查”活动。

1995年，全省公安机关普遍成立治理公路“三乱”领导小组，下设办公室，抽调人员开展工作。治理“三乱”工作人员采取便衣跟车等形式上路稽查，全省公路“三乱”问题得到有效整治。中央检查组通过明察暗访，对安徽省治理公路“三乱”所取得的成绩给予较高评价。

1996年，全省公安机关结合实际开展对民警的纪律作风整顿，贯彻落实中央重申的“三条禁令”（绝对禁止政法干警接受案件当事人请吃喝、送钱物；绝对禁止对告状求助群众采取冷漠、生硬、蛮横、推诿等官老爷态度；绝对禁止政法干警打人骂人、刑讯逼供等违法违纪的行为）。上半年，省公安厅将非法拘禁、违反枪支警械使用规定纳入教育整顿的范围，在全省范围内开展为期一个多月的专项教育整顿。全省公安机关普遍成立专项教育整顿领导小组。省公安厅专门组织2个检查组，对合肥、巢湖、安庆、池州、蚌埠、宿县、淮北等8个地市公安局和定远、桐城、石台、青阳、南陵、蒙城等10余个县公安局、分局进行检查。各地市公安机关也都对所属单位的教育整顿情况进行了验收。下半年，各级公安机关根据公安部党委关于当前反腐败工作着重解决几个问题的7条意见和省公安厅党委9条意见的部署和要求，针对队伍纪律作风方面存在的问题，深入扎实地开展纪律作风教育和整顿。安庆、马鞍山、铜陵、阜阳、芜湖等5个地市公安机关民警拒礼拒贿3931人次，折款132.28万元；拒吃请1余万人次，为民做好事1.73余万人次，收到表扬信1422封，锦旗、匾额1546块。

1997年，省公安厅下发《关于1997年全省公安机关纠风工作意见》。全省公安机关组织民警学习公安部编印的“公安干警理想纪律教育丛书”，收看反腐倡廉录像片。8月，省公安厅决定在全省公安机关开展以“查思想、查作风、查纪律”为主要内容的教育整顿和制止刑讯逼供、非法拘禁、违反枪支警械管理使用规定的专项整顿，为期一个半月。

1998年3月23日，省公安厅召开全省公安队伍集中教育整顿电话动员大会。会议总结了全省公安机关贯彻落实省委、省政府部署的减轻农民负担工作。主要有：减轻农民负担111.31万元；治理公路“三乱”成效显著，全省处理“三乱”案件25件26人；各类收费项目及收支管理进行了清理整顿，其中，宿县行署公安局1998年终止收费项目27项，清理收费额115万元，退回单位和个人金额11万元；蚌埠市公安局取消和停收36种治安管理费；淮北市公安局取消不符合规定的收费项目3个，清退各种保证金9.8万元。4月23日，省公安厅教育整顿领导小组下发通知指出，1997年至1998年3月，全省公安机关在教育整顿期间揭摆问题1200余件，查处案件401件402人，其中新发生案件232件233人。召开人大代表、政协委员座谈会7678人次，召开群众征求意见座谈会3.98万人次，发征求意见函4余万份，接待群众来访1.08余万人次。5月底，省公安厅在《安徽日报》《安徽法制报》上统一公布省公安厅和地市公安机关监督举报电话26部。全省公安机关设立举报电话1157部，设立举报信箱2617个。为了解社会和群众对公安工作的意见和要求，省公安厅自6月份开始，确定每月的第一个工作日为厅长接待日，全年有7位正副厅长接待600多名来访群众。4月至6月，全省公安机关普遍组织开展执法大检查。17个行署、市公安机关组织61个检查组，分别对1997年办理的各类案件进行“回头看、回头查”。全省17个地市清理1997年的案件10.92万件，抽查案卷3.71万卷。截至7月底，全省公安机关有216名民警受到党纪政纪处分，20名民警被逮捕，10名民警被刑拘，28名民警因违法违纪办案等问题被辞退。

1999年，为进一步巩固1998年全省公安队伍集中教育整顿成果，针对1999年上半年全省公安队伍中出现的问题，全省公安机关继续开展为期2个月的坚决制止违法违纪专项治理活动。同时，开展以清理整顿留置室，清理超期羁押、取保候审案件，清理整顿联防队员为重点的“三项清理工作”。全省清理整顿留置室360个，清理超期羁押、取保候审案件4107件，清退不合格治安联防队员1826人。

2000年，全省公安机关深入开展“三项教育”活动和警示教育，认真学习《以案施教，警钟长鸣——胡长清案件警示教育材料》《胡长清案件警示录》，观看了反腐倡廉影片《生死抉择》。

2001年，马鞍山市公安局作为公安部纪委监察局联系点。省公安厅纪委监察室确定合肥市公安局刑警支队、舒城县公安局、天长市公安局等10个单位为纪委监察室工作联系点。6月20日至8月12日，省公安厅在全省公安机关巡回播放专题教育片《教育整顿和执法大检查警示录——关于刑讯逼供的调查报告》，全省巡回播放284场，直接观看民警3.39余万人，占应看民警的96.7%。

2002年5月17日，省公安厅召开各市公安局纪委书记暨审计工作会议。会议传达学习有关会议精神，表彰全省公安纪检监察督察系统15个先进集体和31名先进个人。6月至10月，省公安厅在厅机关开展“强化党的意识，正确行使权力”主题教育活动，效果良好。

2003年3月，省公安厅召开贯彻“五条禁令”电视电话会议，通报违反“五条禁令”查处情况，合肥、滁州市公安局主要负责人作检讨发言。

2004年7月，省公安厅决定建立“两个违规”(违反规定扣押、查封、冻结、没收财产；违反规定责令停业整顿，吊扣证照)专项治理工作联席会议制度，主要负责协调和检查指导全省公安机关“两个违规”专项治理工作。9月，省公安厅设立纠风工作领导小组。同时，在全省公安机关开展专项治理、纠正不正之风和加强廉政教育。

2001年至2005年，省公安厅围绕建设“人民满意政府”的目标，开展厅机关年度政风评议。省公安厅机关参加省政府政风评议结果逐年提升，达到比较满意等次。2001年得分为66.08分，2002年得分为73.827分，2003年得分为79.775分，2004年得分为83.06分，2005年得分为83.42分。

2005年5月24日，省公安厅召开全省公安机关党风廉政建设暨队伍建设会议。6月，省公安厅调整纠风工作领导小组成员。

党风廉政建设　1988年9月21日，全省公安政治纪检工作会议强调，在全省公安队伍建设中要坚持为政清廉、为警清廉，把为警清廉作为大事来抓。

1989年3月，省公安厅下发《关于加强廉政建设的通知》。7月，全省公安处局长会议将廉政建设作为队伍建设的一个重要方面进行部署。8月，省公安厅机关在部署“两清”工作时，将廉政建设纳入其中。全省公安机关按照省公安厅有关党风警风和廉政建设的部署，结合年终总评，对党风和廉政工作情况进行自查和重点抽查。根据监察部关于《有贪污贿赂行为的国家行政机关工作人员必须在期限内主动交待问题的通告》精神，全省公安机关广泛宣传《通告》精神，组织广大民警学习。截至10月

31日，全省公安机关7名民警投案自首，交代贪污受贿、投机倒把等非法所得的现金和物资价值2.62万元。当年，省公安厅制定下发《关于公安机关廉政建设规定》。

1990年，全省公安机关重新建立和修订廉洁自律有关规章制度。3月，省公安厅下发关于加强廉政建设的通知，并于10月份制定省公安厅机关廉政建设十条规定，要求全省公安机关及省公安厅机关认真贯彻执行。9月，省公安厅组成5个小组，分赴全省有关地、市公安机关督促检查廉政建设、纠正行业不正之风，并帮助各地制定治理整顿措施。全省公安机关针对不正之风的突出问题，采取果断措施，加以纠正。马鞍山市公安局对基层派出所乱收费和向辖区单位要赞助的问题进行清理整顿；11个地市公安民警在1年的时间里拒礼拒贿6157人次，折款87.31万元。10月，全省自下而上评选出20个清正廉洁、警民关系密切的优秀公安基层单位。同时，全省公安机关将查处案件工作当作推进廉政建设、纠正行业不正之风的重要工作认真贯彻。1月至9月，全省公安机关查处民警违法违纪案件116件128人，查结处理92人（其中被判刑2人，开除党籍4人，开除公职1人，其他党政处分82人，免予处分3人）。

1992年4月，全省公安机关在全国率先撤除在公路上设置的全部145个检查站、卡。经过不断地宣传教育，广大公安民警、各级领导干部廉政意识和遵纪守法观念明显增强。部分地市公安机关原有收费文件168件，降低收费标准54项，退还用户6.1万元，上缴财政86.87万元；原有罚款文件39件，废止23件，清理出乱罚款143.16万元；原有摊派集资文件13件，废止10件，清理出摊派集资326.53万元，“三乱”问题初步得到遏制，民警吃、拿、卡、要的现象明显减少。

1993年9月24日和1994年6月2日，省公安厅在征集群众意见的基础上，分别在全省公安机关召开党委（组）民主生活会或党委扩大会，545名县处级以上领导干部对照廉洁自律的规定，认真进行检查，全省自查自纠人数占应查人数的95%以上。在此基础上，制定省公安厅党委成员廉洁自律十条规定，印发全省公安机关，要求广大民警进行监督。同时，全省公安机关认真开展清理挪用公款和用公款送子女上学清理工作（简称“双清”）。各地通过自查自纠，清查出1992年年底以前借公款未还的有229名民警，借款27余万元。清理后，还款26.7万元。厅机关通过自查自纠，10名民警及时归还了公款。1994年5月，省公安厅被授予省直机关“双清”工作先进集体称号。

1993年至1994年3月底，全省公安机关立案查处民警违法违纪案件252件290人。7月2日，中央检查组到安徽检查反腐败斗争工作。1994年，全省公安机关成立反腐败斗争领导小组116个，认真开展清理“小金库”、清理公费滥装住宅电话、清理无偿占用企业钱财的“三项清理”工作。滁州、马鞍山、宿县、池州等地市清理出用公款安装住宅电话36部、“大哥大”6部、BP机13部。全省公安机关在清理乱收费中，宣布取消317项乱收费项目（含重项），纠正178项（含重项）超标准的收费项目。省公安厅机关经过清理，纠正3项超标准的收费项目。各地在清理乱收费工作中，坚持边清理边纠正，将多收款项退还当事人；各地上缴财政300多万元，退还乱收费59.1万元。上半年，全省公安机关完成本系统所办各类经济实体的人员、财务、职能、名称“四脱钩”工作，严格贯彻“三不准”原则，即不准兴办经济实体，不准挂靠经济实体，不准向经济实体投资入股。至1994年5月，全省公安机关撤销公司29个，脱钩13（其中省公安厅机关3个），82名民警辞去在实体中所兼任的职务。同时，各地还认真清理公安机关所办的职业据点175个。全省公安机关基层“窗口”单位，凡是能够公开的办案、办证、办照、办理“农转非”户口等有关政策和程序，年内都向群众公开，更好地接受社会各界和广大人民群众的监督。

1995年年初，全省公安工作会议对领导干部的廉洁自律提出更高要求。5月23日，全省公安处局纪委书记汇报会对全省公安机关开展反腐败斗争作出进一步强调，要求按照公安部的部署，认真抓好科所队长以上领导干部廉洁自律的落实工作。全省公安机关召开党委（组）民主生活会，96%以上地市县公安处局局长、政委和基层科所队长等领导干部，对照中央廉洁自律规定和公安部有关规定，认真进行自查自纠。当年，全省公安机关对领导干部乘坐车辆情况进行清查，对超标准的车辆及时予以更换。

1996年，全省公安机关召开党委（党组）民主生活会，地市县公安局局长、政委和多数基层科所队长对照中央廉洁自律的规定，认真进行自查自纠。为贯彻落实公安部党委《关于当前反腐败工作着重解决几个问题的意见》，省公安厅党委及时提出贯彻落实措施。各地市县公安机关领导班子通过自查自纠，进一步修订加强班子廉政建设的规定，在抓落实上狠下功夫，同时认真检查纠正领导干部在住房、购房、装修住房方面以权谋私问题，领导干部廉政建设得到进一步增强和巩固。

1997年4月24日，省公安厅召开全省公安纪检监察信访举报工作会议，加大全省公安机关反腐败斗争工作力度。6月11日，省公安厅召开厅机关处级以上干部会议，深入学习贯彻中纪委八次全会精神和中共中央、国务院下发的《关于党政机关厉行节约制止奢侈浪费行为的若干规定》，进一步推动厅机关反腐败和党风廉政建设工作的深入开展。

1998年，全省公安机关积极组织开展反腐倡廉教育，认真贯彻落实《中共中央、国务院关于党政机关厉行节约制止奢侈浪费的若干规定》，狠抓各级公安机关领导干部的廉洁自律。各级公安机关对照中央和省委有关廉洁自律的规定，认真自查自纠，开展批评与自我批评。同时，全省公安机关认真清理移动电话和公款安装住宅电话工作，成立清理整顿领导小组，抽调专人进行清理登记。省公安厅机关清理无线移动电话21部，全部按规定进行处理；住宅电话按照规定全部过户给个人。全省公安机关清理通信工具2605件（部），追回初装费11.69万元。

2000年，全省公安机关继续抓好以党风廉政建设责任制为重点的领导干部廉洁自律工作。全省公安机关对领导干部配偶、子女从业、公款配备住宅电脑及支付上网费用、使用小汽车、收受礼品、公款旅游等情况进行认真自查和清理，切实加强对领导干部廉洁自律情况的监督检查。同时，从省公安厅开始，合肥、蚌埠、铜陵、六安等市公安机关率先建立领导干部廉政档案，推进领导干部的廉洁自律工作。

2004年3月15日，省公安厅印发《安徽省公安厅机关廉洁从政十条规定》，规范厅机关工作人员的从政行为：不准利用职务便利和影响，过问不应该知道的案件情况，采取各种方式为案件当事人说情，干扰地方公安机关执法办案。不准利用职权和领导干部的影响，默许、授意配偶及身边工作人员打着自己的旗号，通过干扰执法办案、插手行政审批、人事安排、物资采购、工程项目建设等谋取私利。不准接受管理和服务对象、主管范围内的下属单位或个人、外商或私营企业主及其他与行使职权有关的单位或个人赠送的现金、有价证券、支付凭证、移动电话充值卡以及安排高消费娱乐、旅游、度假、探亲等活动。不准利用职权为配偶、子女或者其他亲友出国（境）旅游、探亲、留学、定居，索取或接受外商、私营企业及其他与行使职权有关的单位或个人的资助。不准利用职权为配偶、子女及其所办、所在企业与公安机关发生商品、劳务、债务担保等经济关系提供方便。不准向下级公安机关及其他管理或服务对象拉赞助和接受捐赠，为个人或小团体谋取利益。不准在市、县执行公务时接受超标准接待。领导干部下基层检查工作时，要轻车简从，要严格执行当地的住宿和接待标准；市、县公安机关负责人不得到边界迎送、警车开道和安排与业务工作无关的人员陪同。不准在各类会议上发放礼品、纪念品，安排旅游观光，或利用开会、出差之机携带配偶、子女、其他亲友公费旅游。不准向下级公安机关或行使职权有关系的单位和个人借用车辆或车辆牌照，报销油料费、维修费以及利用职权违反规定为亲友和其他单位、个人办理各种证件、牌照。不准外借厅机关车辆和公安专段号牌，不得公车私用，副处级以上领导干部不得私自驾驶公安车辆。4月20日，省公安厅调整党风廉政建设责任制工作领导小组成员。

2005年2月，省公安厅在全省公安机关巡回播放警示教育片《塌方后的反思——公安机关反腐倡廉警示录之二》。全省播放警示教育片433场，参加观看的民警占全省民警总数的98%。

监督工作　1989年，全省各地公安纪检、监察部门协助公安机关党政领导加强党风和廉政建设，配合有关业务部门，推进“两公开一监督”（公开办事制度、公开办事结果、依靠群众监督）办事制度，采取设立举报箱、举报电话和聘请义务监督员等形式，从各个方面接受监督，查纠公安机关和公安民警中存在的问题。全省地市县公安纪检、监察系统全年受理来信来访案件1721件，处理1640件，结案率95.29%。省公安厅纪检组、监察室收到来信 285 件（其中重复来信 95 件），要求各地报查处结果的信访案件 43 件，报来结果的 23 件，结案率为 53.5%。

1992 年，全省公安纪检监察部门按照要求，始终把重视群众来信来访，查处违法违纪案件，特别是将大要案件作为推动队伍党风和廉政建设的重要环节来抓，全省立案查处民警违法违纪案件 173 件 190 人。各地进一步加强信访举报工作，开展执法执纪检查，从日常公安业务活动中发现线索，加强监督。全省 12 个市级公安机关收到举报民警违法违纪材料 900 件，查处 765 件。省公安厅纪检组、监察室收到来信接待来访 324 件次，要求各地查报结果的 49 件，查结上报 41 件。其中公安部等领导机关要求查报结果的 10 件，上报 8 件。9 月 2 日，省公安厅举报电话在《安徽日报》、安徽电视台和《安徽法制报》公布。

1993 年，省公安厅党委成员先后深入基层调查研究、检查督促，抽调 20 余人组成 6 个检查组，从 10 月 18 日至 11 月初分别深入 16 个地市检查督促。

1994 年，全省公安纪检、监察部门在坚持专人接待制度、领导信访接待日制度和阅批制度，定期召开各种类型座谈会的制度同时，还通过设立举报电话、举报信箱、印发征求意见信和报告公安工作、选聘各阶层具有代表性的党风信息员和廉政监督员等形式，及早发现问题，及时纠正、处理。合肥、淮南、淮北、马鞍山、铜陵、阜阳、宿县、宣城等地市公安处局纪检、监察部门收到举报信件 795 封。公安厅纪委收到信访举报件 308 件，要求各地查报结果的 28 件。

1995 年，全省公安机关进一步强化内部监督制约机制，主要是建立健全政工、纪检、监察、法制、审计等机构，配齐配强监督人员，并加强对公安队伍的督促检查，保证各项规章制度贯彻落实。

1996 年，为适应队伍建设和党风廉政建设的总体要求，全省公安机关从规范制约权力入手，从容易发生腐败的部门和环节抓起，建立健全一些有针对性的规章制度。全省部分地市将廉政建设、业务管理、优质服务、目标责任与考评奖励挂钩，成效明显。

1993 年至 1996 年，全省公安纪检监察部门受理人民群众来信来访、举报电话 1.22 万件次（其中省公安厅纪委、监察室受理信访举报 1319 件次），其中来信 7665 件次、来访 3684 件次、举报电话 854 件次，查处 4796 件次，涉及民警 5526 人，其中处理民警 1086 人（处级 10 人、科局级 157 人、一般民警 919 人，受到刑事处罚 140 人，党纪政纪处分 838 人）。

1998 年 5 月 28 日，省公安厅在《安徽日报》和《安徽法制报》上统一公布省公安厅及 17 个行署、市公安局监督举报电话 26 部，使公安机关能够及时了解人民群众呼声，架起人民群众与各级公安机关的桥梁。

1999 年 1 月，省公安厅下发《关于安徽省公安厅聘请特邀监督员有关事宜的通知》，明确特邀监督员职责和聘请办法等内容。

2000年，全省公安机关开展重点信访问题专项治理工作，排查出重点信访案件，领导亲自督办。省公安厅纪委通过派员、发函、电话等形式对75件案件进行跟踪督办，特别是对15件难度较大的老上访户反映的民警刑讯逼供、非法拘禁、贪污受贿、徇私舞弊、打骂群众等全省重点信访问题（其中公安部的2件）进行督查、催办。经各方努力，案件全部办结，上访人均表示满意，不再上访。全省公安纪检监察部门收到人民群众来信来访5000多件次。其中厅纪委收到人民群众信访举报655件次，要求报结果的信访案件56件，报结31件。全省查处公安民警违法违纪案件159件、185人（其中党员138人）。

2002年12月，省公安厅印发《安徽省公安厅聘请特邀监督员工作联系制度》，明确特邀监督员意见、建议、转递材料办理程序。特邀监督员职责：对全省公安机关和公安民警履行职责、执法执勤和遵纪守法等情况实施监督；反映传递人民群众对全省公安机关和公安民警违法违纪行为的举报、控告；反映人民群众对公安工作和队伍建设意见和要求。1999年1月22日至2003年12月31日，省公安厅从全国人大代表、政协委员，省人大代表、政协委员，工、青、团、妇等团体和新闻媒体中，聘请两届特邀监督员70人次。

2004年9月，省公安厅制定印发《安徽省公安厅机关干部监督工作联席会议制度》，加强对领导干部和干部选拔任用工作的监督，通报情况、沟通信息、分析动态、研究问题、协调工作，提出加强干部监督工作的意见和建议。联席会议每半年召开一次例会。

第六节　警务督察

1997年9月至10月，马鞍山、蚌埠、安庆市公安局先后成立警务督察大队。1998年8月，省公安厅设立警务督察处。同年，合肥市公安局设立督察部，编制21人。至2000年，全省各市、县公安局均分别设立警务督察支队、大队。2000年，省公安厅警务督察处内设协调指导科和警务督察队。

2003年11月21日，省公安厅设立维护民警执法权益委员会及其办事机构。12月19日，省公安厅制定《安徽省公安机关人民警察执法权益维护委员会工作意见》。根据《公安部维护民警正当执法权益调研座谈会纪要》精神，省公安厅“维权办”由厅政治部移交厅警务督察处。

警务督察主要职责是：负责对本级公安机关所属单位和下级公安机关及其人民警察依法履行职责、行使职权和遵守纪律的情况进行监督。对上一级公安机关警务督察机构和本级公安机关行政首长负责。

督察培训与检举控告　2000年7月，省公安厅警务督察处编印《公安机关警务督察工作常用法律法规汇编》。

2001年8月15日至17日，省公安厅举办全省公安机关首期警务督察骨干培训班，对各市公安局和部分县公安局警务督察部门负责人进行培训。11月16日，省公安厅下发《关于在全省公安机关组织〈公安机关督察条例〉等有关法规知识测试活动的通知》，决定由省公安厅统一印发试卷、统一阅卷，在全省公安机关开展一次以《中华人民共和国人民警察法》《公安机关督察条例》及其《实施办法》《公安机关人民警察内务条令》为主要内容的督察有关法规知识测试，测试对象为各市、县公安局局长、督察长、副督察长、警务督察人员、各科所队负责人。

2002年5月19日至6月14日，全省警务督察业务培训班在合肥举办，市、县公安机关警务督察部门负责人和业务骨干参加培训。

2004年7月12日至21日，省公安厅举办全省公安机关警务督察民警"大练兵"暨第二期警务督察骨干培训班，各市、县公安局警务督察部门民警50人参加。

2005年5月，省公安厅警务督察处编印《公安警务实用法规汇编》。6月17日，按照公安部警务督察局的统一安排，安徽省承担《警务督察基础训练手册》中"督察职责与权限""督察法律文书"两章的写作任务，送审稿在规定的时限内报公安部警务督察局审核，该书于2006年年底出版。

2005年10月11日至30日，省公安厅举办全省公安机关第三期警务督察骨干培训班，各市、县公安局警务督察部门民警共58人参加。

1997年至2005年，全省公安警务督察部门受理核查检举控告2.06余万件，提出督察建议4441件，发出督察通知书、建议书、决定书987份，责令执行251件，撤销或变更公安机关错误决定、命令90件，决定对119名违纪民警停止执行职务、对22名违纪民警采取禁闭措施，移送纪检监察、政工部门处理违纪民警190名，移送司法机关处理违法民警7名。

督察活动　1999年4月21日至24日，省公安厅警务督察处派员先后对含山县、巢湖市、和县、当涂县、马鞍山市、滁州市、明光市部分公安机关及民警文明执勤执法和遵守警容风纪情况进行专项督察。督察采取明察为主、暗访为辅，重点督察和随机督察相结合的方式，共督察市公安局机关1个，县（市）局、城市分局8个，基层派出所、交警大队、巡警大队15个。督察中及时发现并指出极少数单位和民警警容风纪不严整、着装不规范及联防队员管理等方面问题。

2000年，按照公安部《关于加强公安队伍建设的十二项措施》规定，从3月1日起，凡有群众反映公安机关、公安民警违法违纪或失职行为正在发生的，公安机关督察部门必须及时赶到现场予以处置。全省公安机关警务督察机构对这项措施迅速进行落实。

全省公安警务督察部门出警进行督察1.7万次，发出督察通知书、建议书、决定书446份，发现并纠正各类问题5013件，依照《公安机关督察条例》对54名民警停止执行职务，对21名民警采取禁闭措施，移送纪检监察部门处理162人。同时，围绕正警风、树形象，对公安机关民警遵守内务管理情况进行经常性督察，共纠正警容风纪2669次，扣留了违法违规配置、私用的武器、警械、警车、警用标志918件，处置假警察145人。

2001年，全省公安警务督察部门紧紧围绕公安中心工作，在大力加强自身队伍建设的同时，依据《公安机关督察条例》积极开展对公安机关及民警依法履行职责、行使职权和遵守纪律的现场督察。截至2001年11月，全省警务督察部门出警现场督察2.19万次（其中，省公安厅警务督察处直接开展现场督察89次），发出督察通知书、建议书、决定书289份，发现并纠正各类问题5013件，对72名民警停止执行职务，对21名民警采取了禁闭措施，移送纪检监察部门处理39人。省公安厅警务督察处全年派员赴巢湖市指导工作13次；对基层公安机关“窗口”单位的综合服务情况进行了7次暗访，及时对发现的问题提出整改建议；对界首市部分企业负责人超范围配枪问题进行了督察。1月16日和18日，省公安厅警务督察处、交警总队和合肥市公安局督察部联合对合肥市各大宾馆、酒店、娱乐场所门前警车停放情况和进出合肥市区挂警用标志的车辆进行现场督察，共检查车辆144辆，对违规车辆当场依法进行处置。3月至9月，按照公安部和省公安厅统一部署，全省公安机关警务督察部门和交通管理等部门通力合作，对警用车辆进行了专项整治，出动警力3282人次，开展路检路查801次，清理警用车辆6000余台，纠正违规车辆576台次，收回警用号牌393副，发出《督察通知书》和《督察建议书》56份。2月中下旬，省公安厅警务督察处在合肥市公安局督察部的配合下，对合肥市娱乐场所、酒店进行明察暗访，检查公安警用车辆违规停放问题，对涉及合肥市公安局6部警用车辆进行了调查处理。5月9日，省公安厅警务督察处根据群众举报的线索，派员到合肥市几家商店进行暗访，证实有3家商店非法销售“九九”式警服和警用标志，随即一并查扣了该3家商店货架上的全部警用物品。经查，该3家商店销售的警用物品均来自宿州市某制式服装厂。5月11日，厅警务督察处派员查获了该企业10个品种219箱“九九”式警服和警用标志，价值50余万元。8月上旬，省公安厅接到群众举报，称六安市烟草专卖局有一辆号牌为“皖N0301警”的桑塔纳警车，在闹市街头乱闪警灯，乱鸣警报器，影响恶劣。9月5日，省公安厅警务督察处派员会同六安市公安局警务督察队对有关情况进行明察暗访。发现“皖N0301警”警车名义上由联络员办公室管理，属于协助六安市烟草专卖局烟草专卖科的日常工作用车，由烟草专卖局临时聘用的驾驶员驾驶。该车除用于对烟草市场进行稽查工作外，也时常被烟草专卖局的工作人员用来办私事。由于“皖N0301警”警车的管理严重违反了《警车管理规定》，省公安厅警务督察处督察人员现场予以查封，暂扣号牌、机动车行驶证和警灯警报器使用证，并责令六安市公安局对该车的情况作出书面说明。10 月 19 日，公安部召开电视电话会议，部署对公安机关内部枪支使用管理情况进行清理检查。10 月 22 日至 10 月 31 日，省公安厅用 10 天的时间对全省公安机关内部枪支使用管理情况开展集中清理检查，进一步严格枪支使用管理制度，切实堵塞枪支管理上的漏洞。全省各地督察部门组织了重点抽查，其中合肥市公安局督察部对全市公安机关各部门、警种的抽查率达到 76%，枪支抽查率达 85%，提出整改建议 12 项，当场纠正违反规定现象 8 件。芜湖市公安局警务督察部门抽查全市公安机关 21 个枪库，抽查各类枪支 698 支，抽查 102 名民警的配枪资格。省公安厅警务督察处抽出专门力量，会同厅治安处，对省公安厅刑侦总队、警卫局、警卫队、交警总队、公安学院等单位的枪支使用管理情况进行了全面的现场检查，检查枪弹库房 12 个、枪支 534 支，并对少数库房没有安装防盗报警器的，当场要求采取落实措施；对值班人员不落实的，要求立即落实值班人员，同时还抽查了合肥市公安局有关基层单位。

2002 年，在全省严打“天网”集中统一行动中，省公安厅警务督察处派员深入基层单位督战，对各卡点、守候点、巡逻线进行暗访督察。按照公安部《公安机关实施留置措施备案规定》精神，全省公安机关办案单位对违法犯罪人员采取留置措施，警务督察部门通过备案对该项执法活动进行监督。3 月 11 日至 13 日，省公安厅警务督察处、装财处会同宿州市公安局，对群众举报的该市“城建监察”穿着“99 式”新警服执勤问题进行了调查。对极少数民警违反着装管理规定，擅自将新式警服及标志赠送、外借给非警务人员穿着和使用，以及社会上的非警务人员非法购买、穿着和使用“99 式”新警服及标志问题进行通报。5 月 6 日至 15 日，省公安厅警务督察处派员前往六安、滁州、巢湖 3 个市，对基层科所队及民警的警容风纪、办公秩序、内务卫生、服务态度、处警速度、台账管理、留置室管理等进行明察暗访，针对问题提出整改意见。7 月 11 日至 19 日，省公安厅警务督察处派员前往安庆、池州、巢湖、马鞍山、合肥等市以及部分县公安机关，检查“三项治理”（刑讯逼供、滥用枪支警械、滥用强制措施）工作落实情况，特别是对枪支管理、留置室管理进行全面清查，针对问题提出整改意见。

2003 年 1 月 24 日，省公安厅下发《关于对公安部“五条禁令”贯彻执行情况开展专项督察令》，部署对各级公安机关学习、宣传、执行“五条禁令”情况进行督察。2 月 1 日，省公安厅“五条禁令”督查组在全椒县公安局大墅派出所发现并查处所长李某工作期间饮酒问题，李某被撤销所长职务，调至另一个派出所当民警。这是全省公安机关首例违反“五条禁令”事件。至 2005 年 12 月 31 日，全省公安机关查处违反“五条禁令”事件 39 件，涉及民警 43 人，处分人员 49 人。

2003 年 9 月 8 日至 14 日，省公安厅警务督察处从部分市抽调督察民警，组成 4 个暗访组，分赴全省 17 个市 75 个县（市）区公安机关的 383 个基层科、所、队和窗口单位，就贯彻落实公安部、省公安厅便民利民措施，加强内务管理的情况进行暗访。通过暗访，发现问题130余件。督察人员对发现的问题进行了归纳总结并上报厅党委，同时向各地提出整改要求。截至2003年11月，全省公安警务督察部门出警进行明察暗访5639次，发出督察通知书101份、建议书30份、决定书4份，发现和处置各类问题3847件，对42名民警停止执行职务，对10名民警采取禁闭措施，移送纪检监察部门处理28人。省公安厅警务督察处出动警力444人次，组织开展全省性的大规模暗访活动2次，开展现场督察活动21次，开展个案督察32次，受理群众投诉269件。其中，承办领导交办案件49件（中央领导交办5件，省部级领导交办7件，省公安厅领导交办37件），发函督办案件37件，转有关部门处理183件。向有关公安机关发出《督察通知书》11份，发出违规违纪督察通报17份。

2004年2月18日至25日，省公安厅警务督察、治安、刑警、外事、交警等部门负责人带队，组成5个工作组，对全省190个公安基层单位贯彻落实便民利民措施的情况进行暗访。其间，随机走访社会各界群众195人。通过暗访，发现极个别单位和个人在贯彻落实便民利民措施、公安行政事业性收费所存在的问题。春节期间，省公安厅警务督察部门组织开展督察活动1次，出动警力2次，检查基层单位3个，检查民警4人次，现场督察枪弹库5个，检查枪支6支，暗访餐饮娱乐场所7家，路查路检机动车8辆，发现问题9个，发督察建议书或督察通知书10份；现场查究违反“五条禁令”民警11人，移交有关部门予以行政纪律处分，开除12人，撤职13人，警告14人，辞退15人，被追究领导责任的16人。1月至11月，全省公安警务督察部门出警进行明察暗访6518次，发出督察通知书、建议书176份，发现和处置各类问题4316件；对11名民警停止执行职务，禁闭4人，移送纪检监察、政工以及司法机关处理24人。继续开展警车治理活动，全年清理出各类车辆问题3462件。其中，无牌或牌证不全的1163辆，套挂号牌491辆，挪用号牌752辆，将警用车辆外借、转卖给非公安机关或个人的267辆，使用报废车、非法拼装车、盗抢车和走私车225辆，违规使用暂扣车辆120辆，违规喷涂警车标志32辆，非警车安装警灯警报器的69辆，驾驶警用车辆违反交通法规118人次，驾驶警车从事非警务活动的35人次，警用车辆停放在餐饮或公共娱乐场所门前72辆次。

2005年4月15日，全省公安机关开展公安局局长“开门大接访”工作，警务督察部门随即展开督察工作。省公安厅警务督察处分别于4月26日至5月8日、5月12日至20日、6月2日至4日，出动警力230余人次，明察18组次、暗访13组次，对全省140余个县（市、区）公安（分）局“开门大接访”工作进行督察。淮北市公安局警务督察支队在“开门大接访”的第一阶段每周派出2个督察组赴1县4区、4个支队现场督察“一把手”接访具体做法、案件交办、承办操作程序，共督察“一把手”

接访30余场次。合肥市公安局督察部在对11个分县局和交警、消防支队的接访情况进行明察暗访的同时，深入到信访群众中听取对公安机关“开门大接访”活动的反映。蚌埠、宣城市公安局警务督察支队先后派员采取“滚动式”方法，对各县局、分局不间断地进行实地查看、查阅台账，重点对接访态度、办案质量、信息上报、宣传氛围等情况进行现场督察。2005年，全省警务督察部门受理处置各类举报投诉案件2864件，查结2682件，查实472件，查否2210件。6月，全省公安警务督察部门除继续对“一把手”接访情况开展督察，在不断推进大接访工作深入开展的同时，以部、省交办的信访案件作为重点，狠抓案件督办工作，认真开展回访和倒查。省公安厅警务督察处先后派出14批40余人次，赴17个市及39个县、区公安局（分局），对49件越级重访案件进行倒查。7月18日，全省市级公安机关集中处理信访问题工作启动，省公安厅警务督察处于7月11日会同厅信访督导员，派出4个督察组，先后2次对淮北、宿州、六安、阜阳、蚌埠、亳州、淮南等7个市公安机关“大接访”工作进行了明察。接访期间，省公安厅警务督察部门出动督察警力230余人次，明察18组次，暗访13组次。各地公安机关警务督察部门也按照要求，积极开展了接访督察活动。10月2日至5日，省公安厅警务督察处组成3个督察小组，分赴淮南、六安、巢湖市，对部分基层单位节日值班在岗在位、遵守“五条禁令”以及部分酒店及娱乐场所门前停放警车情况进行了现场督察和暗访，督察2个县公安局值班室，23个基层所、队，对46家酒店及16家娱乐场所门前停放警车的情况进行检查，发现11个基层单位存在内务管理和车辆管理等方面的问题。在全省集中打击赌博违法犯罪活动专项行动期间，省公安厅警务督察处组织警力，采取听取汇报、查阅资料、走访群众、深入易涉赌场所等形式，先后对6个市的19个县、分局开展禁赌专项行动进行了现场督察，检查游戏厅80余家、棋牌室120余家、洗浴场所39家。全省公安警务督察部门对全省公安机关打击“两抢一盗”犯罪专项斗争开展现场督察，出动督察警力1240人，开展现场督察591次，督察基层单位1519个，暗访治安复杂场所65次，提出现场督察建议330条，编发督察通报51期，发督察通知书9份、建议书9份。督察过程中，厅警务督察处积极主动与刑侦、治安、网监、经侦、法制等部门联系，建立工作联系制度，预先掌握各业务单位打击行动的开展情况，确保有针对性地开展督察工作。2005年，省公安厅警务督察处5次派员对基层公安机关内务管理、值班备勤和警用车辆管理使用情况进行现场督察。针对明察暗访中发现一些基层单位公安车辆违规停放、枪支交接手续不齐、值班记录不规范、值班民警不在岗和少数民警警容不整、服务态度差等问题，印发紧急通知，重申有关规定，严肃要求有关单位整改落实。全省公安警务督察部门全年开展现场督察活动6827次，受理核查投诉2864件，发现查纠各类问题4900件，向有关公安机关及民警提出督察建议303条，发督察通知书、建议书、决定书113份，责令执行15件，撤销或变更公安机关错误决定、命令 17 件，决定对 12 名违纪民警停止执行职务、对 4 名违纪民警采取禁闭措施，移送纪检监察、政工部门处理违纪民警 28 名。

1997 年至 2005 年，全省公安警务督察部门开展现场督察 20 余万次，发现查纠问题 5 余万件，提出督察建议 1.56 万条，发督察通知书、建议书、决定书 1785 份，责令执行 456 件，撤销或变更公安机关错误决定、命令 83 件，决定对 246 名违纪民警停止执行职务，对 80 名违纪民警采取禁闭措施，移送纪检监察、政工部门处理违纪民警 271 名，移送司法机关处理违法民警 17 名，受理侵害民警执法权益案（事）件 272 件。

第七节　英模表彰

1980 年，全国公安机关恢复立功创模活动。安徽省公安厅对全省公安机关和广大民警在维护社会稳定、打击犯罪、治安管理、处置突发性事件、抢险救灾和服务群众等工作中涌现出来的先进集体和先进个人进行大力表彰。

1995 年 2 月 3 日，安徽省公安保卫战线英雄模范代表 4 人、立功集体代表 3 人出席第五次全国公安保卫战线立功集体、英雄模范表彰大会，受到了党和国家领导人的亲切接见。

1996 年，根据《公安部奖励工作规范（暂行）》，省公安厅对表彰奖励工作进行认真总结，加强了对立功、英模人员的跟踪培养、考核工作。

1998 年 5 月，省公安厅党委、省纪委和公安部纪委分别作出《关于开展向曹锦强同志学习活动的决定》，公安部追授曹锦强为全国公安系统二级英雄模范称号。1998 年 12 月，曹锦强先进事迹报告会在全省作巡回报告，历时 1 个月，在全省巡回报告 31 场，直接听众 2.5 万多人，社会反响良好。

1999 年 6 月，省公安厅党委作出《关于开展争当人民满意民警、创建人民满意单位活动的决定》，成立创建活动领导小组，从组织上、机制上保证了活动的健康发展。

1999 年 9 月 1 日，安徽省公安保卫战线英雄模范代表 9 人、立功集体代表 5 人出席第六次全国公安保卫战线英雄模范立功集体代表大会，受到党和国家领导人的亲切接见。

2001 年至 2002 年，为使“创人民满意”“立功创模”活动向纵深开展，省公安厅党委先后作出《关于在全省公安机关开展向况保华等 9 名同志学习的决定》《关于向娄祥武同志学习的决定》《关于向陈先家同志学习活动的决定》。

2002 年、2003 年，省公安厅相继下发《关于开展创建基层三所队规范化建设示范窗口（优秀社区民警）活动的意见》《关于在全省公安机关进一步开展创建“人民满意的基层所队”活动的意见》，就进一步深化全省公安机关开展创建人民满意活动进行部署，提出具体要求。2003 年，通过地方政府民主评议，全省公安机关基层所队达到了满意和基本满意层次，“发案少、秩序好、社会稳定、群众满意”的派出所得到全面巩固和提高。2003 年至 2005 年，省公安厅党委先后作出向任飞、唐学银、罗汇广、黄发明等同志学习的决定，以及《关于在全省公安机关深入推进保持共产党员先进性教育开展争做任长霞式公安局长活动的意见》。先后推出“心贴群众的好民警”——全国公安系统一级英雄模范、合肥市公安局常青派出所原民警李素珍，“公安纪检监察干部的楷模”——全国公安系统二级英雄模范、蚌埠市公安局原纪委书记曹锦强，“一腔热血写忠诚”——全国公安系统二级英雄模范、铜陵市公安局石城路派出所刑警中队原民警任飞，“英雄倒在抗非典、抓严打斗争第一线”——全国优秀共产党员、个人一等功——界首市公安局巡警大队原教导员罗汇广，“热血洒满英雄路”——全国公安系统二级英雄模范、定远县公安局炉桥路西派出所副所长唐学银，“扎根八百户，平凡岗位建功业”——全国优秀人民警察、个人一等功、合肥市公安局东七派出所副所长李业飞等先进典型。

2005 年 8 月 25 日，安徽省公安保卫战线英雄模范代表 7 人、立功集体代表 4 人出席第七次全国公安保卫战线英雄模范立功集体代表大会，受到了党和国家领导人的亲切接见。8 月 27 日，安徽省委书记郭金龙、省长王金山，省委常委、政法委书记徐立全等领导莅临省公安厅，亲切接见载誉归来的安徽省出席全国公安保卫战线英雄模范立功集体代表大会的代表，与代表合影留念，并与英模代表举行座谈。

1986 年至 2005 年，全省公安机关 1 人被追授全国公安系统一级英雄模范荣誉称号、17 人被授予（追授）全国公安系统二级英雄模范荣誉称号、3 人被授予全国公安系统英雄模范荣誉称号，12 人被授予全国特级优秀人民警察荣誉称号；10 人被授予全国先进工作者（劳动模范）荣誉称号，1 人被授予全国优秀共产党员荣誉称号，47 人被授予全省先进工作者（劳动模范）、全省人民满意公务员称号，9 人获得全国、全省五一劳动奖章；243 人被公安部评为全国优秀人民警察，2 人被公安部评为“任长霞式公安局长”，15 人被评为安徽省“十佳政法干警”，125 人次被记（追记）个人一等功，592 人次记（追记）个人二等功。14 个单位被授予安徽省先进集体、人民满意的公务员集体称号，荣立集体一等功 61 个次，荣立集体二等功 604 个次，32 个县级公安机关被评为全国优秀公安局、41 个次集体被评为全国优秀公安基层单位（人民满意单位），8 个集体被评为安徽省“十佳”政法单位，61 个集体被评为全省优秀公安局。另外还有一大批个人和集体分别受到公安部等中央国家机关、省委、省政府，以及省公安厅等省直部门其他形式的表彰。这些先进典型的推出，对于弘扬正气、激励斗志，树立公安机关良好形象起到了积极作用，成为推动全省公安事业发展进步的强大精神动力。

革命烈士　新中国成立至 2005 年 12 月，全省公安机关共有 51 位因公牺牲民警被批准为革命烈士。

马玉忠（1929 年—1950 年 4 月），男，河北省阜平县人，汉族，中共党员，生前系安徽省青阳县公安局陵阳派出所民警。1948 年参加革命工作。1950 年 4 月 19 日在执行公务中因公牺牲。同年被县人民政府批准为革命烈士。

徐传文（1919 年 8 月—1950 年 7 月），男，安徽省寿县人，汉族，高小文化，中共党员，生前系安徽省寿县公安局民警。1944 年参加革命工作。1950 年 7 月在防汛期间为保护首长安全光荣牺牲。1952 年 4 月被县人民政府批准为革命烈士。

赵邦安（1923 年—1951 年 2 月），男，河北省威县人，汉族，生前系安徽省霍邱县公安局侦察股股长。1951 年 2 月 8 日在执行公务时牺牲。同年被县人民政府批准为革命烈士。

刘茂卿（1924 年 11 月—1953 年 1 月），男，山东省莱芜县人，汉族，高小文化，中共党员，生前系安徽省芜湖市公安局民警。1944 年参加革命工作。1953 年 1 月 2 日因战时负伤的伤口复发病逝。1973 年 5 月 31 日被省人民政府批准为革命烈士。

刘杰（1922 年—1953 年 1 月），男，安徽省亳州市人，汉族，中共党员，生前系安徽省亳县公安局副局长。1945 年 3 月参加革命工作。1953 年 1 月 26 日因公殉职。同年 2 月被县人民政府批准为革命烈士。

刘明才（1935 年—1953 年 1 月），男，安徽省阜南县人，生前系安徽省亳县公安局保卫队警卫员。1953 年 1 月 26 日在平息颜集反动会道门分子暴动的战斗中牺牲，同年 2 月被县人民政府批准为革命烈士。

李洪台（1935 年—1953 年 1 月），男，安徽省阜南县人，生前系安徽省亳县公安局保卫队战士，1953 年 1 月 26 日在平息颜集反动会道门分子暴动的战斗中牺牲，同年 2 月被县人民政府批准为革命烈士。

李殿臣（1924 年—1953 年 1 月），男，安徽省亳州市人，汉族，中共党员，生前系安徽省亳县公安队小队长。1947 年参加革命工作。1953 年 1 月 26 日在平息颜集反动会道门分子暴动的战斗中牺牲。同年 2 月被县人民政府批准为革命烈士。

张广友（1928 年—1953 年 1 月），男，安徽省亳州市人，汉族，生前系安徽省亳县公安队战士。1950 年参加革命工作。1953 年 1 月 26 日在平息颜集反动会道门分子暴动的战斗中牺牲。同年 2 月被县人民政府批准为革命烈士。

张殿英（1934 年—1953 年 1 月），男，安徽省亳州市人，1951 年参加革命工作，生前系安徽省亳县公安局保卫队战士，1953 年 1 月 26 日在平息颜集反动会道门分子暴动的战斗中牺牲，同年 2 月被县人民政府批准为革命烈士。

姜学生（1928 年—1953 年 1 月），男，安徽省亳州市人，汉族，生前系安徽省亳县公安队小队长。1953 年 1 月 26 日在平息颜集反动会道门分子暴动的战斗中牺牲。同年 2 月被县人民政府批准为革命烈士。

韩立训（1919 年—1953 年 1 月），男，安徽省亳州市人，汉族，中共党员，生前系安徽省亳县公安队队长。1947 年 9 月参加革命工作。1953 年 1 月 26 日在平息颜集反动会道门分子暴动的战斗中牺牲。同年 2 月被县人民政府批准为革命烈士。

颜承先（1925 年—1953 年 1 月），男，安徽省亳州市人，汉族，生前系安徽省亳县公安队战士。1949 年 1 月参加革命工作。1953 年 1 月 26 日在平息颜集反动会道门分子暴动的战斗中牺牲。同年 2 月被县人民政府批准为革命烈士。

陈国庆（1929 年—1954 年 8 月），男，安徽省人，汉族，中共党员，生前系安徽省贵池县公安局民警。1954 年 8 月 2 日在执行公务时牺牲。被公安部批准为革命烈士。

罗士弟（1924 年 4 月—1957 年 4 月），男，安徽省舒城县人，汉族，中共党员，生前系安徽省舒城县人民武装警察小队副班长。1957 年 4 月 1 日在与反动会道门分子作战时牺牲。同年 4 月 10 日被县人民政府批准为革命烈士。

陶方余（1931 年 8 月—1957 年 4 月），男，安徽省舒城人，汉族，生前系安徽省舒城县公安大队民警。1950 年 7 月参加革命工作。1957 年 4 月 1 日在平息反动会道门的战斗中牺牲。同年 4 月 10 日被县人民政府批准为革命烈士。

许斌（1931 年 9 月—1958 年 4 月），男，安徽省桐城县人，汉族，初中文化，共青团员，生前系安徽省桐城县公安局派出所民警。1949 年参加革命工作。1958 年 4 月 21 日为抢救落水儿童光荣牺牲。同年 5 月被县人民政府批准为革命烈士。

姜树熙（1923 年—1960 年 1 月），男，汉族，山东省海阳人，生前系合肥市公安局消防科副科长兼消防大队大队长。1960 年 1 月 14 日，在合肥市长江路执行救火任务时光荣牺牲，1983 年 12 月 26 日被中华人民共和国内务部批准为革命烈士。

方敏修（1938 年—1964 年 7 月），男，汉族，安徽省歙县人，生前系歙县公安消防排副班长。1964 年 7 月 30 日，在执行训练任务中牺牲。1964 年 8 月 5 日被中国人民解放军总政治部批准为革命烈士。

李继言（1942 年—1966 年 11 月），男，汉族，安徽省亳州市人，汉族，生前系安徽省亳县消防队战士。1960 年参加工作，1966 年 11 月因公殉职。1968 年 1 月被人民政府批准为革命烈士。

刘兆荣（1942 年—1969 年 7 月），男，汉族，安徽省蚌埠市人，生前系蚌埠市公安局消防连二中队战士。1969 年 7 月 16 日，在执行公务时不幸以身殉职。1969 年 12 月 28 日被安徽省军区批准为革命烈士。

刘孔清（1947 年—1969 年 12 月），男，汉族，湖北省监利县人，生前系马鞍山市公安局消防连一排三班班长。1969 年 12 月 22 日，在扑救马鞍山黄梅山铁矿火灾中为抢救国家财产英勇牺牲。1970 年 1 月被安徽省军区批准为革命烈士。

李安康（1950 年—1972 年 9 月），男，汉族，安徽省蒙城县人，生前系芜湖市革命委员会人民保卫组消防连战士。1972 年 9 月 12 日，在前往扑救芜湖东方纸版厂宣城河上滩草场重大火灾过程中因公牺牲。1972 年 10 月被安徽省民政厅批准为革命烈士。

曹树英（1950 年—1972 年 9 月），男，汉族，安徽省蒙城县人，生前系芜湖市革命委员会人民保卫组消防连战士。1972 年 9 月 12 日，在前往扑救芜湖东方纸版厂宣城河上滩草场重大火灾过程中因公牺牲。1972 年 10 月被安徽省民政厅批准为革命烈士。

王秀伟（1955 年—1974 年 1 月），男，生前系阜阳市公安消防大队战士。1974 年 1 月 29 日，在灭火战斗中英勇牺牲。后被批准为革命烈士。

张学义（1951 年—1975 年 3 月），男，汉族，安徽省灵璧县人，生前系蚌埠市公安消防大队一中队战士。1975 年 3 月 31 日，在灭火途中遭遇车祸英勇牺牲。1976 年 1 月被中国人民解放军总政治部批准为革命烈士。

吴德友（1955 年—1976 年 4 月），男，汉族，安徽省全椒县人，生前系安庆市公安消防大队一中队战士。1976 年 4 月 5 日，在完成生产任务乘消防车返回驻地途中，被公路旁的树枝挂倒摔在地上，头部受伤牺牲。1974 年 4 月 8 日被安庆市公安局批准为革命烈士。

薛文堂（1952 年—1979 年 7 月），男，汉族，安徽省太和县人，生前系安庆市公安消防大队二中队战士。1979 年 7 月 14 日，在乘车赴安庆市泵厂救火途中不幸翻车，身负重伤，经抢救无效光荣牺牲。1979 年 8 月被安徽省军区批准为革命烈士。

唐胜利（1955 年—1979 年 7 月），男，汉族，安徽省亳州市人，生前系铜陵市公安消防大队四中队战士。1979 年 7 月 28 日，在处置灾害事故途中因公牺牲。1979 年 7 月 31 日被安徽省公安消防总队批准为享受革命烈士待遇。

李杰（1955 年—1979 年 7 月），男，汉族，安徽省阜阳市人，生前系铜陵市公安消防大队四中队战士。1979 年 7 月 28 日，在处置灾害事故途中因公牺牲。1979 年 7 月 31 日被安徽省公安消防总队批准为享受革命烈士待遇。

甘世宏（1963 年 5 月—1985 年 7 月），男，安徽省宁国县人，汉族，中专文化，中共党员，生前系安徽省宣城行署公安处刑警大队侦察员。1985 年 7 月 9 日为营救遇险青年光荣牺牲。1985 年 11 月 6 日被省人民政府批准为革命烈士。

马元新（1958 年 4 月—1992 年 4 月），男，安徽省定远县人，回族，中专文化，中共党员，生前系安徽省定远县公安局民警。1978 年 12 月参加革命工作。1992 年 4 月 11 日在执行公务中被暴徒杀害。同年 11 月被公安部追授“全国公安战线二级英雄模范”称号，1993 年 3 月 28 日被省人民政府批准为革命烈士。

马恒松（1965 年 3 月—1992 年 7 月），男，安徽省肥东县人，汉族，大学文化，中共党员，生前系安徽省肥东县公安局法医。1989年参加革命工作。1992年7月22日在勘查现场时，因炸药库爆炸壮烈牺牲。1993年1月4日被省公安厅追记一等功，同年7月12日被省人民政府批准为革命烈士。

王能武（1969年7月—1992年7月），男，安徽省肥东县人，汉族，中专文化，中共党员，生前系安徽省肥东县公安局法医。1991年参加革命工作。1992年7月22日在勘查现场时，因炸药库爆炸壮烈牺牲。1993年1月4日被省公安厅追记一等功，同年7月12日被省人民政府批准为革命烈士。

陈明志（1958年3月—1992年7月），男，安徽省肥东县人，汉族，中共党员，生前系安徽省肥东县公安局技术科科长。1980年参加革命工作。1992年7月22日在勘查现场时，因炸药库爆炸壮烈牺牲。1993年1月4日被省公安厅追记一等功，同年7月12日被省人民政府批准为革命烈士。

郭道清（1939年11月—1992年7月），男，安徽省肥东县人，汉族，高小文化，中共党员，生前系安徽省肥东县公安局民警。1960年参加革命工作。1992年7月22日在勘查现场时，因炸药库爆炸壮烈牺牲。1993年1月4日被省公安厅追记一等功，同年7月12日被省人民政府批准为革命烈士。

夏成秉（1970年7月—1992年7月），男，安徽省肥东县人，汉族，中专文化，中共党员，生前系安徽省肥东县公安局民警。1991年参加公安工作。1992年7月22日在勘查现场时，因炸药库爆炸壮烈牺牲。1993年1月4日被省公安厅追记一等功。同年7月12日被省人民政府批准为革命烈士。

薛华延（1956年12月—1992年7月），男，安徽省肥东县人，汉族，中共党员，生前系安徽省肥东县公安局民警。1976年12月参加革命工作。1992年7月22日在勘查现场时，因炸药库爆炸壮烈牺牲。1993年1月4日被省公安厅追记一等功，同年7月12日被省人民政府批准为革命烈士。

王庆辉（1966年10月—1992年10月），男，安徽省祁门县人，汉族，中专文化，中共党员，生前系安徽省祁门县公安局历口派出所副所长。1985年参加革命工作。1992年10月在解救被围困的民警时，被暴徒杀害，1993年5月19日被省公安厅追记一等功，1994年10月25日被省人民政府批准为革命烈士。

秦刚（1965年7月—1993年3月），男，安徽省肥东县人，汉族，共青团员，1986年参加革命工作，生前系安徽省公安厅交警总队高速公路直属支队肥东大队民警，三级警司。1993年3月24日在拦截检查倒卖香烟的车辆时，被犯罪嫌疑人加速行驶摔下车碾压致死，不幸殉职。2006年12月31日被省人民政府批准为革命烈士。

杨宜官（1949年2月—1993年8月），男，安徽省和县人，汉族，中专文化，中共党员，生前系安徽省马鞍山市公安局水上分局副科长，一级警司。1968年参加革命工作。1993 年 8 月 28 日因公殉职。1995 年 3 月被省人民政府批准为革命烈士。

余首源（1964 年 8 月—1997 年 9 月），男，安徽省滁州市人，汉族，大专文化，中共党员，生前系安徽省淮南市公安局舜耕派出所民警，一级警司。1985 年 7 月参加革命工作，1989 年 3 月参加公安工作。1997 年 9 月 14 日因秉公执法被犯罪嫌疑人杀害。同年 10 月 31 日被省公安厅追记二等功，同年 12 月 12 日被省人民政府批准为革命烈士。

汪中华（1969 年 5 月—2001 年 11 月），男，安徽省潜山县人，汉族，大专文化，中共党员，生前系安徽省潜山县公安局交警大队二中队民警，二级警司。1990 年 3 月参加革命工作。2000 年 11 月 9 日在纠正违章时，被犯罪嫌疑人从加速行驶的逃逸三轮车上击落致颁脑重伤，经抢救无效于 2001 年 4 月 8 日牺牲。2003 年 2 月 26 日被省人民政府批准为革命烈士。

任飞（1977 年 4 月—2003 年 1 月），男，安徽省无为县人，汉族，大专文化。生前系安徽省铜陵市公安局石城路派出所刑警中队民警，三级警司。1997 年 7 月参加公安工作。2003 年 1 月 3 日在与犯罪嫌疑人英勇搏斗中被杀害。牺牲后被中共安徽省委追认为中国共产党党员；2003 年 6 月 12 日被省人民政府批准为革命烈士；2003 年 6 月被公安部追授“全国公安系统二级英雄模范”称号。

王红卫（1963 年 10 月—2003 年 4 月），男，安徽省桐城市人，汉族，大学文化，中共党员，生前系安徽省安庆市望江县公安局杨林派出所所长，三级警督。2003 年 4 月 6 日凌晨，在堵截骑摩托车逃跑的盗窃犯罪嫌疑人时，为抢救战友，被嫌疑人驾车撞倒，经抢救无效，于 2003 年 4 月 13 日因公殉职。2003 年 12 月被省公安厅追记一等功，2004 年 4 月 9 日被省人民政府批准为革命烈士。

郭怀钦（1948 年 9 月—2003 年 7 月），男，安徽省太和县人，汉族，中共党员。生前系太和县公安局原墙派出所副指导员，三级警督。2003 年 6 月 16 日晚，在 308 省道原墙段堵截持枪劫匪时，遭枪击负重伤，经抢救无效，于 2003 年 7 月 27 日牺牲。2003 年 12 月被公安部追授“全国公安系统二级英雄模范”称号；2004 年 2 月被省人民政府批准为革命烈士。

邢军（1964 年 2 月—2003 年 11 月），男，汉族，中共党员。生前系宿州市公安局永镇派出所所长，三级警督。2003 年 11 月 12 日凌晨 2 时，在抓捕犯罪嫌疑人时遭遇车祸，为抢救战友不幸遇难。2004 年 2 月被省公安厅追记个人一等功。2005 年 2 月 6 日被省人民政府批准为革命烈士。

彭和平 (1955 年 6 月—2005 年 4 月)，男，安徽省定远县人，汉族，中共党员。生前系巢湖市公安局居巢分局环城派出所科员，一级警司。2005 年 4 月 22 日 22 时，彭和平值班时接“110”指令赶往案发地灯塔窑厂处警时，为了掩护同去的治安联防队员，遭到不法分子围攻殴打致重伤，经抢救无效于 2005 年 4 月 23 日凌晨殉职。2005 年 11

月被公安部追授"全国公安系统二级英雄模范"称号。2006 年 1 月被省人民政府批准为革命烈士。

郑飞（1984 年 4 月—2005 年 8 月），男，生前系马鞍山市消防支队一中队三班班长。2005 年 8 月 2 日，蒙牛乳业集团（马鞍山）有限公司北冷库发生火灾，郑飞在先后救出 3 名职工后，因钢结构屋顶突然坍塌英勇牺牲。8 月 5 日，被公安部政治部批准为革命烈士，被省公安厅追记一等功，被消防总队党委追认为中国共产党正式党员；8 月 6 日，被共青团安徽省委追授"安徽省优秀共青团员"荣誉称号；8 月 3 日，被共青团马鞍山市委追授"马鞍山市英雄卫士"荣誉称号。

叶晓辉(1985 年 6 月—2005 年 8 月)，男，生前系马鞍山市消防支队一中队三班战士。2005 年 8 月 2 日，蒙牛乳业集团（马鞍山）有限公司北冷库发生火灾，叶晓辉在火场搜救时，因钢结构屋顶突然坍塌英勇牺牲。8 月 5 日，被公安部政治部批准为革命烈士，被省公安厅追记一等功，被消防总队党委追认为中国共产党正式党员；8 月 6 日，被共青团安徽省委追授"安徽省优秀共青团员"荣誉称号；8 月 3 日，被共青团马鞍山市委追授"马鞍山市英雄卫士"荣誉称号。

管志彦（1984 年 3 月—2005 年 8 月），男，生前系马鞍山市消防支队一中队三班战士。2005 年 8 月 2 日，蒙牛乳业集团（马鞍山）有限公司北冷库发生火灾，管志彦在火场搜救时，钢结构屋顶突然坍塌英勇牺牲。8 月 5 日，被公安部政治部批准为革命烈士，被省公安厅追记一等功，被消防总队党委追认为中国共产党正式党员；8 月 6 日，被共青团安徽省委追授"安徽省优秀共青团员"荣誉称号；8 月 3 日，被共青团马鞍山市委追授"马鞍山市英雄卫士"荣誉称号。

英雄模范　李素珍（1955 年 4 月—1996 年 11 月），女，汉族，安徽省蚌埠市人。1975 年加入中国共产党，1982 年参加公安工作，历任蚌埠市公安局郊区分局民警、合肥市公安局常青派出所户籍民警。李素珍以对党、对人民高度负责的精神和强烈的事业心，恪尽职守，爱岗敬业，顽强拼搏，无私奉献。在刑警队工作期间，参与办理了 108 件刑事案件，在办案中摔伤留下终身病痛；任户籍民警的 3 年多时间，为群众做好事 227 件，加班 310 个工作日，办理户口 3 余万人次，办理身份证 5074 人，参与侦破案件 78 件。由于长期超负荷工作，积劳成疾，于 1996 年 11 月 30 日病逝。1996 年 12 月，李素珍被公安部追授"全国公安系统一级英雄模范"称号；1997 年 3 月，被安徽省委追授"安徽省优秀共产党员"称号。

舒友宝（1958 年 10 月—），男，汉族，安徽省寿县人。1976 年 12 月入伍，1979 年 4 月加入中国共产党，历任涡阳县公安消防中队战士、指导员，1983 年转业至寿县土地局。1979 年 4 月 7 日凌晨，舒友宝在值班时发现了 3 名持枪盗贼，在与盗贼英勇搏斗中遭受枪击，右肺部被子弹击穿，身负重伤，仍以顽强的毅力与犯罪嫌疑人作殊死搏斗。1979年5月，舒友宝被省公安厅记个人一等功；9月，被共青团中央命名为“全国新长征突击手”标兵；1980年4月，被公安部授予“全国公安系统二级英雄模范”称号。

张新国（1941年2月—），男，汉族，江苏省阜宁县人。1966年3月加入中国共产党。1972年1月由部队转业至安庆市公安局大南门派出所工作，历任派出所民警、副指导员、指导员，市公安局治安科主任科员。2001年4月退休。张新国忠诚于党的公安事业，恪尽职守，爱岗敬业，无私奉献，以当好人民公仆为己任，对辖区常住人口熟悉率达95%，对重点人口达到100%，帮教转化34名失足青年，辖区12年未发生火灾事故，案件发案率逐年下降，被群众誉为“忠于职守的好民警”。张新国2次荣立个人一等功，1983年3月，当选为全国人大代表；1984年，被授予“安徽省劳动模范”称号；1985年4月，被公安部授予“全国公安系统二级英雄模范”称号。

曹自和（1946年2月—），男，汉族，安徽省肥西县人。1965年9月加入中国共产党，1982年由部队转业至肥西县公安局丰乐派出所工作，历任派出所民警、副指导员、交警大队三河中队中队长、三河分局副教导员，2003年5月退休。1991年7月，面对百年未遇特大洪水的袭击，曹自和坚强果敢，无私无畏，及时引导合肥炮兵学院100名抗洪抢险官兵撤离危险地带。抗洪抢险期间，曹自和顶烈日、冒高温连续奋战19个日日夜夜，疏导车辆，维护交通和治安秩序，保证了5万吨救灾物资按时安全运到灾区。1991年8月，曹自和被公安部授予“全国公安系统二级英雄模范”称号。

周开国（1956年11月—1994年5月），男，汉族，安徽省长丰县人。1978年12月加入中国共产党，1987年12月由部队转业至肥西县公安局上派派出所工作，历任派出所民警、刑警队民警、副队长。1991年抗洪抢险斗争期间，周开国从洪水中奋力抢救出400多名群众，身体多处受伤。周开国在去世前的一百多天里，带病坚持工作，废寝忘食，特别是在侦破1994年“4·25”特大蒙面入室抢劫案件中，连续奋战40多个小时，案件成功告破。周开国因长期超负荷工作，导致病毒性心肌炎发作，于1994年5月6日去世。1991年，周开国被省公安厅记个人一等功；1994年12月被公安部追授“全国公安系统二级英雄模范”称号。

裴锦松（1942年10月—），男，汉族，江苏省扬州市人。1963年10月参加公安工作，1979年8月加入中国共产党，历任全椒县公安局民警、交警大队副大队长、副主任科员，2003年7月退休。裴锦松以强烈的事业心和责任感，兢兢业业地致力于本职工作，埋头苦干，甘于奉献，廉洁自律，秉公执法。1994年2月，裴锦松被公安部评为“全国优秀人民警察”；1995年被省委政法委评为安徽省“十佳”政法干警并记个人一等功；2月，被公安部、人事部授予“全国公安战线英雄模范”荣誉称号。

胡本兴（1942年10月—），男，汉族，安徽省繁昌县人。1966年3月加入中国共产党，1982年3月由部队转业参加公安工作，历任马鞍山市公安局雨山派出所民警、雨山分局治安科副主任科员，2002年10月退休。胡本兴坚持严格公正执法，清正廉洁，立足本职，扎实工作，深入辖区了解社情民意，坚持为群众做好事、办实事，使帮教对象、重点人口改好率达98%以上。1994年2月，胡本兴被公安部评为“全国优秀人民警察”；1995年2月，被公安部、人事部授予“全国公安战线英雄模范”荣誉称号。

王秀珍（1945年4月—），女，汉族，安徽省宿州市人。1971年参加公安工作，1975年3月加入中国共产党，历任涡阳县公安局城关派出所民警、副指导员，宿州市公安局西关派出所指导员，宿州市公安局保安支队科员，2001年3月退休。王秀珍在户籍管理工作中兢兢业业，在身患疾病的情况下，为了不耽误工作，让孩子用车子推着她去上班；对群众嘘寒问暖，从微薄的工资中慷慨解囊常年资助困难群众，以自己的实际行动赢得了群众的信任和尊重。1994年2月，王秀珍被公安部评为“全国优秀人民警察”；1995年被安徽省总工会评为全省“五一劳动奖章”获得者；2月，被公安部、人事部授予“全国公安战线英雄模范”荣誉称号。

张圣峰（1952年1月—1997年11月），男，汉族，安徽省肥西县人。1974年12月加入中国共产党，1980年参加公安工作，历任肥西县公安局刑警队民警、副队长、刑警大队大队长。张圣峰在刑侦岗位上默默耕耘，无私奉献，不怕牺牲，勇于献身，秉公执法，不徇私情，为警清廉。1997年11月27日，张圣峰在办案中突发脑溢血，牺牲在工作岗位上。1994年2月，张圣峰被人事部、公安部授予“全国特级优秀人民警察”称号；1998年4月被公安部追授“全国公安系统二级英雄模范”称号。

白德华（1967年9月—），男，汉族，河北省献县人。1995年5月加入中国共产党，1996年9月参加公安工作，历任芜湖市公安局鸠江分局湾里派出所民警、鸠江分局刑警大队副主任科员。1998年长江流域发生特大洪水，白德华主动承担巡逻、查险和维护治安任务。7月29日，白德华冒着被江水卷走的危险，先后4次潜入3米多深的芜湖段四矶闸闸门下，终将闸门关紧，保住了长江芜湖四矶段的大堤。1998年9月，白德华被公安部授予“全国公安系统二级英雄模范”称号。

曹锦强（1950年7月—1998年5月），男，汉族，安徽省蚌埠市人。1971年1月参加公安工作，1979年6月加入中国共产党，历任蚌埠市公安局纪检员、纪委副书记，市公安局党委委员、纪委书记。曹锦强模范带头，清正廉洁，无私奉献，秉公执法，查处了一批重案、难案、要案；大胆改革，建立健全规章制度，狠抓民警教育和管理。1998年5月8日，曹锦强因长期超负荷工作，积劳成疾，突发脑溢血牺牲在工作岗位上。1996年，曹锦强被公安部评为“全国公安系统纪检监察先进个人”；1998年12月，被公安部追授“全国公安系统二级英雄模范”称号。

陈先家（1967年2月—2002年1月），男，汉族，安徽省凤阳县人。1989年7月参加公安工作，1993年12月加入中国共产党，历任五河县公安局沫河口派出所民警、临北派出所副所长、东刘集派出所所长。陈先家扎根基层，爱岗敬业，顽强拼搏，无私奉献，带领民警大力开展专项治理和整顿，严厉打击各类违法犯罪活动，在实践中摸索建立严密的治安防范体系，有力地维护了一方平安；不断提高服务意识和服务水平，热情为群众办好事、办实事，受到辖区群众的广泛赞誉。2002年1月2日，陈先家在成功解救一名被劫持人质后，驾车回派出所途中，发生交通事故，不幸牺牲。2001年2月，陈先家被公安部评为“全国优秀人民警察”；2002年6月，被公安部追授“全国公安系统二级英雄模范”称号。

陈民宪（1954年10月—），男，汉族，上海市人。1975年4月加入中国共产党，1982年10月由部队转业至马鞍山市公安局工作，历任马鞍山市公安局治安科巡警队民警、副队长，国内安全保卫科民警。陈民宪工作兢兢业业，勤勤恳恳，身患重病期间，凭着坚强的毅力和信念，投身于工作中，以法律为武器，与邪教组织作坚决斗争。2002年4月，陈民宪被省政府记个人一等功；9月被省政府授予“安徽省先进工作者”称号；2003年1月，被公安部授予“全国公安系统二级英雄模范”称号。2004年，被全国总工会评为全国“五一劳动奖章”获得者。

唐学银（1967年12月—），男，汉族，安徽省定远县人。1989年6月加入中国共产党，1998年10月由部队转业至定远县公安局炉桥路西派出所工作。2003年5月12日，唐学银在协助抓捕一名重大抢劫在逃犯罪嫌疑人时，英勇无畏，与持刀歹徒展开殊死搏斗，在伤势严重的情况下，仍以顽强的毅力追出500多米，在战友的协助下终将歹徒制服。经医院抢救，唐学银脱离危险。2003年10月，唐学银被公安部授予“全国公安系统二级英雄模范”称号。

毛亚非（1955年5月—2003年3月），男，汉族，山东省曲阜县人，1980年10月加入中国共产党，1969年12月入伍，1984年5月调入宿州市公安局，历任西关派出所民警、副所长、所长，东关派出所所长。2003年3月6日晚10时许，在执行公务途中因发生车祸不幸以身殉职。毛亚非爱岗敬业，忘我工作，顽强拼搏，无私奉献，情系百姓，为群众做好事、办实事，受到广大群众的普遍赞誉。2003年12月，毛亚非被公安部追授“全国公安系统二级英雄模范”称号。

谢辉（1968年1月—2004年9月），男，汉族，安徽省怀远县人，1991年7月加入中国共产党，1988年7月分配至怀远县公安局工作，历任永平派出所民警、顺河派出所副所长、刑警大队机动中队中队长。2004年9月14日晚，谢辉在带领民警执行守候伏击任务中不顾个人安危，主动承担侦查任务，不幸遭遇车祸，英勇牺牲。2005年3月，谢辉被公安部追授“全国公安系统二级英雄模范”称号。

黄发明（1978年3月—2004年12月），男，汉族，安徽省全椒县人。2001年7月参加公安工作，历任安徽省公安厅交警总队高速公路支队民警、安徽省公安厅打黑除恶专业队民警。2004 年 12 月在办案途中因交通事故不幸以身殉职。黄发明生前曾荣立个人二等功 1 次，被评为全省“2003 年度毒鼠强专项整治工作先进个人”。2005 年 1 月被共青团安徽省委追授“安徽省优秀共青团员”称号，2005 年 6 月被中共安徽省委追认为中国共产党党员，2005 年 7 月被公安部追授“全国公安系统二级英雄模范”称号。

全省公安机关先进集体（见表 2-2）

表 2-2

全省公安机关先进集体一览表

单位名称	荣誉称号	授奖部门	时间
凤阳县公安局临淮关分局	集体一等功	公安部	1986年
淮南市公安局西山派出所	集体一等功	公安部	1987年
东至县公安局预审科	集体一等功	公安部	1988年
颍上县公安局	集体一等功	公安部	1991年
全椒县公安局	集体一等功	公安部	1991年
寿县公安局	集体一等功	公安部	1991年
凤台县公安局	集体一等功	公安部	1991年
霍邱县公安局	集体一等功	公安部	1991年
肥西县公安局三河分局	集体一等功	公安部	1991年
阜南县公安局曹集派出所	集体一等功	公安部	1991年
宿县公安局“3·10”特大拐卖妇女团伙案专案组	集体一等功	公安部	1991年
金寨县消防中队	集体一等功	公安部	1991年
亳州市公安局	全国优秀公安局	公安部	1991年
安庆市公安局郊区分局	全国优秀公安局	公安部	1991年
淮南市公安局八公山分局	全国优秀公安局	公安部	1991年
蚌埠市公安局“2·18”专案组	集体一等功	公安部	1992年
枞阳县公安局	全国优秀公安局	公安部	1992年
合肥市公安局西市分局	全国优秀公安局	公安部	1992年
马鞍山市公安局金家庄分局	全国优秀公安局	公安部	1992年
合肥市公安局杏花村派出所	安徽省先进集体	省政府	1992年

续表2-2

单位名称	荣誉称号	授奖部门	时间
合肥市公安局“9·22”专案组	集体一等功	公安部	1993年
马鞍山市公安局金家庄分局	全国优秀公安局	公安部	1993年
蒙城县公安局	全国优秀公安局	公安部	1993年
桐城县公安局	全国优秀公安局	公安部	1993年
阜阳地区公安机关侦破制售假药致死人命案专案组	集体一等功	公安部	1994年
安徽省“3·13”特大车匪路霸团伙案专案组	集体一等功	公安部	1994年
定远县公安局“10·11”特大拐卖妇女案专案组	集体一等功	公安部	1994年
利辛县公安局“9·25”特大拐卖妇女团伙案侦破组	集体一等功	公安部	1994年
马鞍山市公安局金家庄分局	全国优秀公安局	公安部	1994年
全椒县公安局	全国优秀公安局	公安部	1994年
青阳县公安局	全国优秀公安局	公安部	1994年
安徽省公安厅“210”专案组	集体一等功	公安部	1995年
铜陵县公安局抗洪抢险战斗集体	集体一等功	公安部	1995年
蚌埠市公安局“1·7”专案组	集体一等功	公安部	1995年
九华山公安局	全国优秀公安局	公安部	1995年
亳州市公安局	全国优秀公安局	公安部	1995年
和县公安局	全国优秀公安局	公安部	1995年
涡阳县公安局“5·22”专案组	集体一等功	公安部	1996年
郎溪县看守所	集体一等功	公安部	1996年
枞阳县公安局刑警队	集体一等功	公安部	1996年
巢湖市公安局“9·07”“9·10”特大案件侦破组	集体一等功	公安部	1996年
亳州市公安局	全国优秀公安局	公安部	1996年
金寨县公安局	全国优秀公安局	公安部	1996年
淮北市公安局杜集分局	全国优秀公安局	公安部	1996年

续表2–2

单位名称	荣誉称号	授奖部门	时间
马鞍山市公安局“7·17”专案组	集体一等功	公安部	1997年
合肥市公安局郊区分局杏花派出所	集体一等功	公安部	1997年
铜陵市公安局铜官山分局	全国优秀公安局	公安部	1997年
合肥市公安局东市分局	全国优秀公安局	公安部	1997年
临泉县公安局	全国优秀公安局	公安部	1997年
六安市公安局刑警大队	安徽省先进集体	省政府	1997年
合肥市公安局胜利路派出所	集体一等功	公安部	1998年
舒城县公安局交警大队	集体一等功	公安部	1998年
安徽省公安机关“2·6”专案组	集体一等功	公安部	1998年
无为县公安局	集体一等功	公安部	1998年
铜陵县公安局	集体一等功	公安部	1998年
宿松县公安局	集体一等功	公安部	1998年
马鞍山市公安局向山分局	全国优秀公安局	公安部	1998年
无为县公安局	全国优秀公安局	公安部	1998年
全椒县公安局	全国优秀公安局	公安部	1998年
合肥市公安局防暴支队110直属大队	集体一等功	公安部	1999年
淮南市公安局“2·15”专案组	集体一等功	公安部	1999年
旌德县公安局	全国优秀公安局	公安部	1999年
马鞍山市公安局向山分局	全国优秀公安局	公安部	1999年
界首市公安局	全国优秀公安局	公安部	1999年
合肥市公安局西市分局	创建全国人民满意派出所先进公安局	公安部	1999年
合肥市公安局蜀山派出所	全国公安系统人民满意派出所	公安部	1999年
马鞍山市公安局采石派出所	全国公安系统人民满意派出所	公安部	1999年
宣州市公安局雁翅派出所	全国公安系统人民满意派出所	公安部	1999年
安徽省公安机关“201”专案组	集体一等功	公安部	2000年

续表2-2

单位名称	荣誉称号	授奖部门	时间
安徽省公安厅“12·26”专案追捕工作组	集体一等功	公安部	2000年
合肥市公安局“5·29”专案组	集体一等功	公安部	2000年
灵璧县公安局“2·7”专案组	集体一等功	公安部	2000年
利辛县公安局侦破“6·10”特大拐卖妇女犯罪团伙案专案组	集体一等功	公安部	2000年
灵璧县公安局	全国优秀公安局	公安部	2000年
安庆市公安局迎江分局	全国优秀公安局	公安部	2000年
马鞍山市公安局向山分局	全国优秀公安局	公安部	2000年
合肥市公安局益民派出所	全国人民满意公安基层单位	公安部	2000年
安庆市公安局北正街派出所	全国人民满意公安基层单位	公安部	2000年
芜湖市公安局交警支队鸠江大队红星中队	全国人民满意公安基层单位	公安部	2000年
马鞍山市公安局塘西派出所	全国人民满意公安基层单位	公安部	2000年
淮北市公安局交巡警察支队车管所	全国人民满意公安基层单位	公安部	2000年
宣州市公安局雁翅派出所	全国人民满意公安基层单位	公安部	2000年
合肥市公安消防支队第三中队	全国人民满意公安基层单位	公安部	2000年
砀山县公安局文庄派出所	全国人民满意公安基层单位	公安部	2000年
界首市公安局陶庙派出所	全国人民满意公安基层单位	公安部	2000年
淮南市公安局新淮村派出所	全国人民满意公安基层单位	公安部	2000年
九华山公安局九华镇派出所	全国人民满意公安基层单位	公安部	2000年
无为县公安局城南派出所	全国人民满意公安基层单位	公安部	2000年
全椒县公安局巡警大队	全国人民满意公安基层单位	公安部	2000年
祁门县公安局平里派出所	全国人民满意公安基层单位	公安部	2000年
宣州市公安局雁翅派出所	全省“十佳政法单位”	省委政法委、省人事厅	2000年
合肥市公安局杏花派出所	全省“十佳政法单位”	省委政法委、省人事厅	2000年

续表2-2

单位名称	荣誉称号	授奖部门	时间
黄山市公安局荷花池派出所	全省“十佳政法单位”	省委政法委、省人事厅	2000年
寿县公安局刑警大队	全省“十佳政法单位”	省委政法委、省人事厅	2000年
泗县公安局交警大队大桥公路巡警中队	集体一等功	公安部	2001年
灵璧县公安局灵城刑警中队	集体一等功	公安部	2001年
阜阳市公安局颍泉分局“8·25”专案组	集体一等功	公安部	2001年
芜湖市公安局交警支队鸠江大队红星公路巡警中队	集体一等功	公安部	2001年
灵璧县公安局灵城刑警中队	全国模范刑警中队	公安部	2001年
涡阳县公安局刑警五中队	全国模范刑警中队	公安部	2001年
阜阳市公安局颍东分局插花刑警中队	全国模范刑警中队	公安部	2001年
铜陵市公安局铜官山分局刑警二中队	全国模范刑警中队	公安部	2001年
明光市公安局刑警二中队	全国模范刑警中队	公安部	2001年
芜湖市公安局交警支队鸠江大队红星公路巡警中队	全国创建“平安大道”模范集体	公安部	2001年
宿州市公安局“96·9”专案组	集体一等功	公安部	2002年
金寨县看守所	集体一等功	公安部	2002年
安徽省公安机关“皖豫系列抢劫杀人案”专案组	集体一等功	公安部	2002年
安徽省公安机关“皖豫苏鲁系列武装绑架案”专案组	集体一等功	公安部	2002年
合肥市公安局“5·31”专案组	集体一等功	公安部	2002年
亳州市公安局侦破“法轮功”邪教组织案专案组	集体一等功	公安部	2002年
蚌埠市公安局110报警服务台	集体一等功	公安部	2002年
铜陵市公安局铜官山分局刑警大队重案中队	集体一等功	省政府	2002年

续表2-2

单位名称	荣誉称号	授奖部门	时间
蚌埠市公安局郊区分局刑警大队	安徽省先进集体、人民满意的公务员集体	省政府	2002年
全椒县公安局	安徽省先进集体、人民满意的公务员集体	省政府	2002年
金寨县看守所	安徽省先进集体、人民满意的公务员集体	省政府	2002年
郎溪县公安局刑警大队	安徽省先进集体、人民满意的公务员集体	省政府	2002年
宿州市公安局经济犯罪侦查支队	安徽省先进集体、人民满意的公务员集体	省政府	2002年
淮南市公安局交警支队五大队上窑中队	安徽省先进集体、人民满意的公务员集体	省政府	2002年
六安市公安局交警支队二大队分路口中队	安徽省先进集体、人民满意的公务员集体	省政府	2002年
宣城市公安局雁翅派出所	安徽省先进集体、人民满意的公务员集体	省政府	2002年
太和县公安局侦破“8·25”系列爆炸案专案组	集体一等功	公安部	2003年
安徽省公安厅“610”办公室	集体一等功	公安部	2003年
灵璧县公安局	2001—2002年度全国优秀公安局	公安部	2003年6月
合肥市公安局瑶海分局明光路派出所	2001—2002年度全国优秀公安基层单位	公安部	2003年6月
淮北市公安局相山分局刘桥派出所	2001—2002年度全国优秀公安基层单位	公安部	2003年6月
泗县公安局交警大队大桥中队	2001—2002年度全国优秀公安基层单位	公安部	2003年6月
蚌埠市公安局郊区分局刑警大队	2001—2002年度全国优秀公安基层单位	公安部	2003年6月
界首市看守所	2001—2002年度全国优秀公安基层单位	公安部	2003年6月
淮南市公安局交警支队五大队上窑中队	2001—2002年度全国优秀公安基层单位	公安部	2003年6月
全椒县公安局宝林派出所	2001—2002年度全国优秀公安基层单位	公安部	2003年6月

续表2-2

单位名称	荣誉称号	授奖部门	时间
马鞍山市公安局金家庄分局刑警大队第二责任区刑警队	2001—2002年度全国优秀公安基层单位	公安部	2003年6月
芜湖市公安局巡警支队110处警大队	2001—2002年度全国优秀公安基层单位	公安部	2003年6月
九华山公安局九华镇派出所	2001—2002年度全国优秀公安基层单位	公安部	2003年6月
安庆市公安局迎江分局大南门派出所	2001—2002年度全国优秀公安基层单位	公安部	2003年6月
祁门县公安局平里派出所	2001—2002年度全国优秀公安基层单位	公安部	2003年6月
濉溪县公安消防大队	2001—2002年度全国优秀公安基层单位	公安部	2003年6月
合肥市公安局110直属大队	全国创建文明行业工作先进单位	中央文明委	2003年
安徽省公安厅“打黑除恶”专业队	全国严打整治斗争先进单位	中央政法委、中央综治委	2003年
枞阳县公安局刑警大队	全国严打整治斗争先进单位	中央政法委、中央综治委	2003年
太和县公安局刑警大队	全国严打整治斗争先进单位	中央政法委、中央综治委	2003年
蚌埠铁路公安处	全国严打整治斗争先进单位	中央政法委、中央综治委	2003年
阜阳市公安局	全省抗击非典先进集体	省委、省政府	2003年
六安市公安局交警支队二大队	全省抗击非典先进集体	省委、省政府	2003年
宿松县公安局防巡大队	全省抗击非典先进集体	省委、省政府	2003年
省公安厅非典防治工作社会治安组办公室	全省抗击非典先进集体	省委、省政府	2003年
滁州市公安局交警支队	全省抗洪抢险先进集体	省委、省政府	2003年
霍邱县公安局	全省抗洪抢险先进集体	省委、省政府	2003年
省公安厅防汛抗洪抢险指挥部办公室	全省抗洪抢险先进集体	省委、省政府	2003年
省公安厅交警总队高速公路二大队	全省抗洪抢险先进集体	省委、省政府	2003年

续表2-2

单位名称	荣誉称号	授奖部门	时间
安徽省公安厅“打黑除恶”专业队“12·16”专案组	集体一等功	公安部	2004年
安徽省公安厅侦破“3·25”特大文物案专案组	集体一等功	公安部	2004年
安徽省公安机关查禁“毒鼠强”专案组	集体一等功	公安部	2004年
蚌埠市公安局交警支队一大队一中队	全省人民满意的公务员集体	省委组织部、宣传部、省文明办、省人事厅	2004年
铜陵市公安局长江路派出所	全省人民满意的公务员集体	省委组织部、宣传部、省文明办、省人事厅	2004年
安庆市公安局大南门派出所	全省人民满意的公务员集体	省委组织部、宣传部、省文明办、省人事厅	2004年
祁门县公安局平里派出所	全省人民满意的公务员集体	省委组织部、宣传部、省文明办、省人事厅	2004年
安徽省公安机关侦破“九九情色论坛”淫秽色情网站牟利案专案组	集体一等功	公安部	2005年
阜阳市公安局“5·13”专案组	集体一等功	公安部	2005年
阜阳市公安局侦破“4·20”特大制贩毒案专案组	集体一等功	公安部	2005年
马鞍山市公安消防支队一中队	集体一等功	公安部	2005年
安徽省公安厅	全国公安机关侦破命案专项行动先进集体	公安部（同时受省政府通报表彰）	2005年
安徽省公安厅	全国公安机关集中接待处理群众来信来访先进集体	公安部	2005年
合肥市公安局	全国公安机关集中接待处理群众来信来访先进集体	公安部	2005年

续表2-2

单位名称	荣誉称号	授奖部门	时间
阜阳市公安局	全国公安机关集中接待处理群众来信来访先进集体	公安部	2005年
霍山县公安局	全国公安机关集中接待处理群众来信来访先进集体	公安部	2005年
涡阳县公安局	全国公安机关集中接待处理群众来信来访先进集体	公安部	2005年
濉溪县公安局	全国公安机关集中接待处理群众来信来访先进集体	公安部	2005年
五河县公安局	全国公安机关集中接待处理群众来信来访先进集体	公安部	2005年
安庆市公安局迎江分局	全国公安机关集中接待处理群众来信来访先进集体	公安部	2005年
宿州市公安局埇桥分局	全国公安机关集中接待处理群众来信来访先进集体	公安部	2005年
芜湖市公安局新芜分局	全国公安机关集中接待处理群众来信来访先进集体	公安部	2005年
宁国市公安局	全国公安机关集中接待处理群众来信来访先进集体	公安部	2005年
灵璧县公安局	2003—2004年度全国优秀公安局	公安部	2005年8月
合肥市公安局防暴（巡逻）警察支队	2003—2004年度全国优秀公安基层单位	公安部	2005年8月
合肥市公安局庐阳分局责任区刑警二队	2003—2004年度全国优秀公安基层单位	公安部	2005年8月
淮北市公安局海孜派出所	2003—2004年度全国优秀公安基层单位	公安部	2005年8月
蚌埠市公安局110报警服务台	2003—2004年度全国优秀公安基层单位	公安部	2005年8月
阜阳市公安局向阳路派出所	2003—2004年度全国优秀公安基层单位	公安部	2005年8月
淮南市公安局新淮村派出所	2003—2004年度全国优秀公安基层单位	公安部	2005年8月
滁州市公安局交警支队三大队西阳中队	2003—2004年度全国优秀公安基层单位	公安部	2005年8月

续表2-2

单位名称	荣誉称号	授奖部门	时间
寿县公安局寿春派出所	2003—2004年度全国优秀公安基层单位	公安部	2005年8月
庐江县公安局刑警大队	2003—2004年度全国优秀公安基层单位	公安部	2005年8月
芜湖市公安局中江派出所	2003—2004年度全国优秀公安基层单位	公安部	2005年8月
宣城市公安局鳌峰派出所	2003—2004年度全国优秀公安基层单位	公安部	2005年8月
铜陵市公安局长江路派出所	2003—2004年度全国优秀公安基层单位	公安部	2005年8月
安庆市公安局龙狮桥派出所	2003—2004年度全国优秀公安基层单位	公安部	2005年8月
濉溪县公安消防大队	2003—2004年度全国优秀公安基层单位	公安部	2005年8月

全省公安机关先进个人（见表2-3）

表2-3　　**全省公安机关先进个人一览表**

姓名	单位/职务	荣誉称号	授奖部门	时间	备注
任家阔	霍邱县公安局刑警队队长	安徽省“五一劳动奖章”获得者	安徽省总工会	1987年	
王功国	望江县公安局副局长	个人一等功	省公安厅	1987年	
王学习	涡阳县公安局局长	全国优秀公安局长	公安部	1988年	
晋国胜	郎溪县公安局局长	全国优秀公安局长	公安部	1988年	
陈鹏	滁县行署滁州市（县级）公安局局长	安徽省劳动模范	省政府	1988年	
李金生	太和县公安局大新派出所所长	安徽省劳动模范	省政府	1988年	
杨贤书	枞阳县公安局铁铜乡公安特派员	安徽省劳动模范	省政府	1988年	
倪志超	肥西县公安局刑警队民警	个人一等功	省公安厅	1988年	
晋国胜	郎溪县公安局局长	全国劳动模范和先进工作者	国务院	1989年	

续表2-3

姓名	单位/职务	荣誉称号	授奖部门	时间	备注
温祥顺	淮南市公安局交警支队第一队民警	全国劳动模范和先进工作者	国务院	1989年	
陈凤殿	淮南市公安局袁庄派出所所长	全国公安基层优秀科（股）、所、队长	公安部	1989年	
武卫东	芜湖市消防大队特情中队中队长	全国公安基层优秀科（股）、所、队长	公安部	1989年	
储昌明	马鞍山市公安局慈湖派出所所长	全国公安基层优秀科（股）、所、队长	公安部	1989年	
徐顺林	休宁县公安局刑警队队长	全国公安基层优秀科（股）、所、队长	公安部	1989年	
汪灵生	固镇县公安局刑警队队长	全国公安基层优秀科（股）、所、队长	公安部	1989年	
徐正旺	贵池市公安局政保科科长	全国公安基层优秀科（股）、所、队长	公安部	1989年	
胡先玉	庐江县公安局泥河派出所所长	全国公安基层优秀科（股）、所、队长	公安部	1989年	
赵成林	濉溪县公安局五沟派出所所长	全国公安基层优秀科（股）、所、队长	公安部	1989年	
刘文魁	涡阳县公安局义门派出所民警	个人一等功	省公安厅	1989年	
杨彦华	淮北市公安局城南派出所民警	个人一等功	省公安厅	1990年	
陶忠贵	霍邱县公安局石店派出所所长	个人一等功	省公安厅	1990年	
武宏钧	定远县公安局秘书股副股长	个人一等功	省公安厅	1990年	
沈继璞	颍上县公安局半岗派出所所长	个人一等功	省公安厅	1991年	
王诚	颍上县公安局半岗派出所民警	个人一等功	省公安厅	1991年	
李杰新	颍上县公安局王岗派出所所长	个人一等功	省公安厅	1991年	
郜登福	阜南县公安局曹集派出所副所长	个人一等功	省公安厅	1991年	
傅勤元	全椒县公安局城东派出所所长	个人一等功	省公安厅	1991年	

续表2-3

姓名	单位/职务	荣誉称号	授奖部门	时间	备注
傅勤元	全椒县公安局城东派出所所长	抗洪抢险先进个人	公安部	1991年	
傅勤元	全椒县公安局城东派出所所长	全国“五一劳动奖章”	全国总工会	1991年	
王培贤	霍邱县公安局孟集派出所民警	个人一等功	省公安厅	1991年	
程涛	长丰县公安局朱巷派出所民警	个人一等功	省公安厅	1991年	
张勇军	芜湖市公安局特警队队长	个人一等功	省公安厅	1991年	
郜登福	阜南县公安局曹集派出所副所长	全省劳动模范	省政府	1992年	
傅勤元	全椒县公安局城东派出所所长	全省劳动模范	省政府	1992年	
陈凤殿	淮南市公安局袁庄派出所所长	全省劳动模范	省政府	1992年	
刘文魁	涡阳县公安局义门派出所民警	全省劳动模范	省政府	1992年	
刘万清	全椒县公安局太平区派出所所长	全国社会治安综合治理先进个人（享受省部劳模待遇）	人事部、中央综治委	1992年	
牛克志	怀远县公安局民警	个人一等功	省公安厅	1992年	
叶良成	淮北市公安局韩村派出所所长	个人一等功	省公安厅	1992年	
尚春田	蚌埠市公安局治安大队民警	个人一等功	省公安厅	1992年	
王仁安	省公安厅刑侦处处长	个人一等功	省公安厅	1992年	
倪丽敏	芜湖市公安局弋矶山派出所民警	全国“五一劳动奖章”	全国总工会	1993年	
邓传银	芜湖市公安局治安防暴大队大队长	全国特级优秀人民警察	人事部、公安部	1993年	
刘文魁	涡阳县公安局义门派出所民警	全国特级优秀人民警察	人事部、公安部	1993年	
张晓明	合肥市公安局交警支队民警	全国优秀人民警察	公安部	1993年	
杨彦华	淮北市公安局治安大队副大队长	全国优秀人民警察	公安部	1993年	

续表2–3

姓名	单位/职务	荣誉称号	授奖部门	时间	备注
翟红玲	淮南市公安局大通派出所民警	全国优秀人民警察	公安部	1993年	
尹若泉	淮南市公安局交警支队民警	全国优秀人民警察	公安部	1993年	
王更生	祁门县公安局刑警队民警	全国优秀人民警察	公安部	1993年	
刘国栋	定远县公安局能仁派出所民警	全国优秀人民警察	公安部	1993年	
杨周	宿松县公安局交警大队民警	全国优秀人民警察	公安部	1993年	
王峰	芜湖市公安局交警支队民警	全国优秀人民警察	公安部	1993年	
仲武龙	蚌埠市公安局中区分局民警	全国优秀人民警察	公安部	1993年	
王怀义	蚌埠市公安局交警支队民警	全国优秀人民警察	公安部	1993年	
况保华	萧县公安局交警大队一中队中队长	全国优秀人民警察	公安部	1993年	
孙国梁	宣州市公安局孙埠派出所所长	全国优秀人民警察	公安部	1993年	
陈和平	东至县公安局刑警队民警	全国优秀人民警察	公安部	1993年	
邢小青	庐江县公安局沙溪派出所副所长	全国优秀人民警察	公安部	1993年	
郁化勤	利辛县公安局刑警队	全国优秀人民警察	公安部	1993年	
程永凯	省公安厅四处民警	全国优秀人民警察	公安部	1993年	
张勇	凤阳县公安局消防科中队长	全国优秀人民警察	公安部	1993年	
杨振祥	淮北市公安局相山分局消防股股长	全国优秀人民警察	公安部	1993年	
杨录	怀远县公安局刑警队民警	个人一等功	省公安厅	1993年	
魏斌	淮北市公安局烈山分局民警	个人一等功	省公安厅	1993年	
汪精甫	寿县公安局技术科科长	全国维护妇女合法权益工作先进工作者（享受省劳模待遇）	国务院妇女儿童工作委员会	1994年	
柏俊	蚌埠市公安局延安派出所民警	个人一等功	省公安厅	1994年	
徐冬	蚌埠市公安局延安派出所民警	个人一等功	省公安厅	1994年	

续表2–3

姓名	单位/职务	荣誉称号	授奖部门	时间	备注
韩超	利辛县公安局副局长	个人一等功	省公安厅	1994年	
孙栋臣	利辛县公安局预审科科长	个人一等功	省公安厅	1994年	
宋美华	合肥市公安局中市分局刑警大队民警	全国优秀人民警察	公安部	1994年	
陈家宝	肥东县看守所所长	全国优秀人民警察	公安部	1994年	
柏俊	蚌埠市公安局延安派出所民警	全国优秀人民警察	公安部	1994年	
杨成武	蚌埠市公安局朝阳派出所民警	全国优秀人民警察	公安部	1994年	
邢可忠	芜湖市公安局镜湖分局巡警大队民警	全国优秀人民警察	公安部	1994年	
叶青	芜湖市公安局弋江桥派出所民警	全国优秀人民警察	公安部	1994年	
蔡勇	淮北市公安局相山分局刑警队民警	全国优秀人民警察	公安部	1994年	
卢文新	淮南市公安局沈巷派出所民警	全国优秀人民警察	公安部	1994年	
朱江禄	淮南市公安局田东派出所民警	全国优秀人民警察	公安部	1994年	
徐海波	马鞍山市公安局花山派出所民警	全国优秀人民警察	公安部	1994年	
殷五一	安庆市公安局人民路派出所民警	全国优秀人民警察	公安部	1994年	
胡隆印	怀宁县公安局石牌派出所所长	全国优秀人民警察	公安部	1994年	
琚波	铜陵市公安局交警支队一大队一中队中队长	全国优秀人民警察	公安部	1994年	
钱海荣	歙县公安局岔口派出所所长	全国优秀人民警察	公安部	1994年	
蒋珍贤	凤阳县公安局门台派出所所长	全国优秀人民警察	公安部	1994年	
许成	萧县公安局官桥派出所所长	全国优秀人民警察	公安部	1994年	
王茂恩	界首市公安局预审科科长	全国优秀人民警察	公安部	1994年	
刘德松	阜南县公安局刑警大队大队长	全国优秀人民警察	公安部	1994年	

续表2–3

姓名	单位/职务	荣誉称号	授奖部门	时间	备注
兰福地	霍山县公安局办公室主任	全国优秀人民警察	公安部	1994年	
郑文晖	宣州市公安局济川派出所所长	全国优秀人民警察	公安部	1994年	
帅林飞	宁国县公安局刑警队队长	全国优秀人民警察	公安部	1994年	
张继炳	无为县公安局城北派出所所长	全国优秀人民警察	公安部	1994年	
胡克赛	含山县看守所所长	全国优秀人民警察	公安部	1994年	
阮树生	贵池市公安局百荷园派出所所长	全国优秀人民警察	公安部	1994年	
张霆	濉溪县消防中队中队长	全国优秀人民警察	公安部	1994年	
桑士进	庐江县公安局消防科科长	全国优秀人民警察	公安部	1994年	
朱江禄	淮南市公安局副局长	全国先进工作者	国务院	1995年	
郑文晖	宣州市公安局济川派出所所长	全国先进工作者	国务院	1995年	
刘德松	阜南县公安局刑警大队大队长	安徽省“十佳政法干警”并记个人一等功	省委政法委	1995年	
宋美华	合肥市公安局中市分局刑警大队民警	安徽省“十佳政法干警”并记个人一等功	省委政法委	1995年	
柏俊	蚌埠市公安局延安路派出所民警	安徽省“十佳政法干警”并记个人一等功	省委政法委	1995年	
邢可忠	芜湖市公安局镜湖分局民警	安徽省“十佳政法干警”并记个人一等功	省委政法委	1995年	
王晓林	枞阳县公安局局长	个人一等功	省公安厅	1995年	
徐志强	铜陵市公安局巡警支队民警	个人一等功	省公安厅	1995年	
汪正宏	六安市公安局张店派出所所长	个人一等功	省公安厅	1995年	牺牲
马景云	霍邱县公安局刑警大队大队长	个人一等功	省公安厅	1995年	病逝
潘继衡	宣州市公安局交警大队副教导员	个人一等功	省公安厅	1995年	牺牲
胡仕康	合肥市公安局交警支队二大队民警	全国优秀人民警察	公安部	1995年	

续表2-3

姓名	单位/职务	荣誉称号	授奖部门	时间	备注
薛莉（女）	合肥市公安局三牌楼派出所民警	全国优秀人民警察	公安部	1995年	
缪守宝	合肥市公安局刑警支队民警	全国优秀人民警察	公安部	1995年	
吴子文	蚌埠市公安局长青派出所所长	全国优秀人民警察	公安部	1995年	
岳荣顺	蚌埠市公安局预审科民警	全国优秀人民警察	公安部	1995年	
朱成山	芜湖市公安局芜钢路派出所所长	全国优秀人民警察	公安部	1995年	
向济春	繁昌县公安局刑警队民警	全国优秀人民警察	公安部	1995年	
吴永祥	淮南市公安局看守所民警	全国优秀人民警察	公安部	1995年	
徐之峰	淮南市公安局田家庵分局刑警大队民警	全国优秀人民警察	公安部	1995年	
田志贤	濉溪县公安局政委	全国优秀人民警察	公安部	1995年	
郜家斌	马鞍山市公安局金家庄分局刑警大队民警	全国优秀人民警察	公安部	1995年	
汪贻和	怀宁县公安局副局长	全国优秀人民警察	公安部	1995年	
高青	安庆市公安局大南门派出所民警	全国优秀人民警察	公安部	1995年	
查培斌	黟县公安局预审科民警	全国优秀人民警察	公安部	1995年	
肖旭	铜陵县公安局安平派出所民警	全国优秀人民警察	公安部	1995年	
诸应能	定远县公安局预审科民警	全国优秀人民警察	公安部	1995年	
周年	灵璧县公安局刑警大队中队长	全国优秀人民警察	公安部	1995年	
陈晓明	涡阳县公安局花沟派出所所长	全国优秀人民警察	公安部	1995年	
计光义	庐江县公安局石头派出所所长	全国优秀人民警察	公安部	1995年	
万铁	寿县公安局众兴派出所所长	全国优秀人民警察	公安部	1995年	
汪秋华	绩溪县公安局扬溪派出所指导员	全国优秀人民警察	公安部	1995年	
蒋初海	东至县公安局预审科科长	全国优秀人民警察	公安部	1995年	
曹定炎	省公安厅办公室民警	全国优秀人民警察	公安部	1995年	

续表2–3

姓名	单位/职务	荣誉称号	授奖部门	时间	备注
董学诗	天长市消防大队大队长	全国优秀人民警察	公安部	1995年	
程晋盛	省公安厅消防局高级工程师	全国优秀人民警察	公安部	1995年	
陈瑞清	凤台县公安局预审科科长	全国特级优秀人民警察	人事部、公安部	1996年	
王广东	泾县公安局交警大队副大队长	全国特级优秀人民警察	人事部、公安部	1996年	
赵敏	合肥市公安局交警支队一大队民警	全国优秀人民警察	公安部	1996年	
李显义	合肥市公安局刑警支队一大队大队长	全国优秀人民警察	公安部	1996年	
牛克志	怀远县公安局副局长	全国优秀人民警察	公安部	1996年	
郑江华	芜湖市公安局新芜分局巡警大队民警	全国优秀人民警察	公安部	1996年	
陶官俊	芜湖县公安局交警大队民警	全国优秀人民警察	公安部	1996年	
史志珍	淮南市公安局潘三派出所所长	全国优秀人民警察	公安部	1996年	
张卫华	马鞍山市公安局交警支队三大队民警	全国优秀人民警察	公安部	1996年	
肖云（女）	淮北市公安局办公室民警	全国优秀人民警察	公安部	1996年	
徐志强	铜陵市公安局巡警支队民警	全国优秀人民警察	公安部	1996年	
杨心德	岳西县公安局副局长	全国优秀人民警察	公安部	1996年	
陈松全	宿松县看守所民警	全国优秀人民警察	公安部	1996年	
徐金松	黄山市公安局黄山分局副局长	全国优秀人民警察	公安部	1996年	
程曙光	阜阳市公安局刑警支队支队长	全国优秀人民警察	公安部	1996年	
刘德松	阜南县公安局刑警大队长	全国优秀人民警察	公安部	1996年	
张计划	砀山县公安局刑警大队副大队长	全国优秀人民警察	公安部	1996年	
薛中山	全椒县看守所所长	全国优秀人民警察	公安部	1996年	

续表2-3

姓名	单位/职务	荣誉称号	授奖部门	时间	备注
朱森	凤阳县公安局刑警大队大队长	全国优秀人民警察	公安部	1996年	
李广道	霍邱县公安局一科科长	全国优秀人民警察	公安部	1996年	
李怀同	舒城县公安局副局长	全国优秀人民警察	公安部	1996年	
范守富	无为县公安局刘渡派出所所长	全国优秀人民警察	公安部	1996年	
徐金球	东至县公安局昭潭分局局长	全国优秀人民警察	公安部	1996年	
童瑞峰	铜陵边防检查站民警	全国优秀人民警察	公安部	1996年	
仲武龙	蚌埠市公安局中区分局副股长	安徽省先进工作者	省政府	1997年	
吴冶明	淮南市公安局九龙岗派出所所长	安徽省先进工作者	省政府	1997年	
卢文新	淮南市公安局沈巷派出所指导员	安徽省先进工作者	省政府	1997年	
陈琦	安庆市公安局交警支队支队长	安徽省先进工作者	省政府	1997年	
叶隆杰	怀宁县公安局月山派出所所长	安徽省先进工作者	省政府	1997年	
阮树生	贵池市公安局副局长	安徽省先进工作者	省政府	1997年	
张滨霞（女）	合肥市公安局刑警支队六大队民警	安徽省“十佳政法干警”	省委政法委	1997年	
郑晓哲	宁国市公安局预审员	安徽省“十佳政法干警”	省委政法委	1997年	
章崇明	枞阳县公安局刑警大队大队长	安徽省“十佳政法干警”	省委政法委	1997年	
徐志强	铜陵市公安局巡警支队民警	安徽省“十佳政法干警”	省委政法委	1997年	
聂德超	宿县行署公安局刑警支队支队长	安徽省“十佳政法干警”	省委政法委	1997年	
陶军	合肥市公安局交警支队四大队一中队中队长	全国优秀人民警察	公安部	1997年	
张霆	濉溪县公安消防中队中队长	全国特级优秀人民警察	人事部、公安部	1997年	
李国云	长丰县公安局杜集派出所所长	全国优秀人民警察	公安部	1997年	
姚果仁	芜湖市公安局交警支队新芜大队大队长	全国优秀人民警察	公安部	1997年	
张义龙	芜湖市公安局刑警支队四大队大队长	全国优秀人民警察	公安部	1997年	

续表2-3

姓名	单位/职务	荣誉称号	授奖部门	时间	备注
张耀良	蚌埠市公安局交警支队东区大队大队长	全国优秀人民警察	公安部	1997年	
鲁守安	淮南市公安局李郢孜派出所所长	全国优秀人民警察	公安部	1997年	
王秀轶	淮南市公安局李嘴孜派出所所长	全国优秀人民警察	公安部	1997年	
陈杏华（女）	马鞍山市公安局办公室主任	全国优秀人民警察	公安部	1997年	
张春荣	淮北市公安局预审科副科长	全国优秀人民警察	公安部	1997年	
李晓云（女）	铜陵市公安局扫把沟派出所民警	全国优秀人民警察	公安部	1997年	
黄骏骅	潜山县公安局刑警大队民警	全国优秀人民警察	公安部	1997年	
祝翀	宿松县公安局复兴派出所所长	全国优秀人民警察	公安部	1997年	
汪志高	黄山市公安局呈坎派出所所长	全国优秀人民警察	公安部	1997年	
王冰青	太和县公安局刑警大队大队长	全国优秀人民警察	公安部	1997年	
耿良	阜南县公安局刑警大队副大队长	全国优秀人民警察	公安部	1997年	
纵横	萧县公安局孙圩孜派出所所长	全国优秀人民警察	公安部	1997年	
许道金	全椒县公安局刑警大队大队长	全国优秀人民警察	公安部	1997年	
王国本	金寨县公安局梅山派出所所长	全国优秀人民警察	公安部	1997年	
郭玉来	泾县看守所副所长	全国优秀人民警察	公安部	1997年	
杨克文	巢湖市公安局交警大队副大队长	全国优秀人民警察	公安部	1997年	
方世向	贵池市公安局交警大队民警	全国优秀人民警察	公安部	1997年	
钱家胜	合肥市公安消防支队三中队指导员	全国优秀人民警察	公安部	1997年	
王启顺	宿县行署公安局局长	全国优秀人民警察	公安部	1997年	

续表2-3

姓名	单位/职务	荣誉称号	授奖部门	时间	备注
蒋文鼎	马鞍山市公安局纪委副书记	全国优秀人民警察	公安部	1997年	
鲍家成	和县公安局纪委副书记	全国优秀人民警察	公安部	1997年	
张兴才	宣州市公安局雁翅派出所所长	安徽省优秀公务员	省政府	1998年	
胡冰	无为县公安局十里派出所所长	全国抗洪模范（享受省劳模待遇）	人事部、国家防总	1998年	
方龙章	东至县公安局副局长	个人一等功	省政府	1998年	
邢小青	庐江县公安局巡警大队大队长	个人一等功	省政府	1998年	
陈真宁（女）	省公安厅六处法医科科长	个人一等功	省政府	1998年	
赵传山	亳州市公安局北关派出所所长	个人一等功	省政府	1998年	
温祥顺	淮南市公安局交警支队一大队副大队长	个人一等功	省政府	1998年	
张爱华	合肥市公安局刑警支队四大队大队长	个人一等功	省公安厅	1998年	
王希泉	合肥市公安局刑警支队四大队副大队长	个人一等功	省公安厅	1998年	
朱光华	巢湖行署公安局局长	个人一等功	省公安厅	1998年	
刘亦峰	望江县公安局局长	个人一等功	省公安厅	1998年	
凤良龙	灵璧县公安局政委	个人一等功	省公安厅	1998年	
陈渝松	宿松县公安局汇口派出所所长	个人一等功	省公安厅	1998年	
张宗友	铜陵县公安局城郊派出所指导员	个人一等功	省公安厅	1998年	
俞鹏	芜湖县公安局刑警大队副大队长	个人一等功	省公安厅	1998年	
叶继斌	贵池市公安局交警大队二中队中队长	个人一等功	省公安厅	1998年	
周根稳	枞阳县公安局治安科科长	个人一等功	省公安厅	1998年	

续表2-3

姓名	单位/职务	荣誉称号	授奖部门	时间	备注
范学品	界首市公安局刑警大队七中队指导员	个人一等功	省公安厅	1998年	
潘龙	合肥市公安局交警支队三大队副大队长	全国优秀人民警察	公安部	1998年	
丁勇	合肥市公安局益民街派出所民警	全国优秀人民警察	公安部	1998年	
刘克平	芜湖市公安局镜湖分局巡警大队教导员	全国优秀人民警察	公安部	1998年	
吴宪烈	蚌埠市公安局刑警支队副支队长	全国优秀人民警察	公安部	1998年	
李中华	固镇县公安局王庄派出所所长	全国优秀人民警察	公安部	1998年	
张克义	凤台县看守所所长	全国优秀人民警察	公安部	1998年	
吴冶明	淮南市公安局九龙岗派出所所长	全国优秀人民警察	公安部	1998年	
王杰	马鞍山市公安局出入境管理科科长	全国优秀人民警察	公安部	1998年	
毕建国	马鞍山市公安局采石派出所所长	全国优秀人民警察	公安部	1998年	
罗武	淮北市公安局孟庄派出所所长	全国优秀人民警察	公安部	1998年	
吴惠民	铜陵市局刑警支队副支队长	全国优秀人民警察	公安部	1998年	
李松文	太和县公安局刑警大队大队长	全国优秀人民警察	公安部	1998年	
胡民	蒙城县公安局交警大队二中队指导员	全国优秀人民警察	公安部	1998年	
李林	阜南县公安局地城派出所所长	全国优秀人民警察	公安部	1998年	
鲍皆彬	望江县公安局莲洲派出所所长	全国优秀人民警察	公安部	1998年	
张效力	宿州市公安局时村分局局长	全国优秀人民警察	公安部	1998年	
赵龙生	天长市公安局汊涧分局教导员	全国优秀人民警察	公安部	1998年	
孙谋华	六安市公安局一大队事故中队副中队长	全国优秀人民警察	公安部	1998年	

续表2-3

姓名	单位/职务	荣誉称号	授奖部门	时间	备注
郑晓哲	宁国市公安局政保科指导员	全国优秀人民警察	公安部	1998年	
李开年	巢湖市公安局刑警大队三中队中队长	全国优秀人民警察	公安部	1998年	
曹福祥	庐江县公安局罗河派出所所长	全国优秀人民警察	公安部	1998年	
桂永年	贵池市公安局行财科副科长	全国优秀人民警察	公安部	1998年	
谢汉斌	黄山市公安局荷花池派出所所长	全国优秀人民警察	公安部	1998年	
刘彬	亳州市公安局双沟派出所所长	全国优秀人民警察	公安部	1998年	
王怀林	宣州市公安消防大队副大队长	全国优秀人民警察	公安部	1998年	
童家顺	凤台县公安局巡警大队副大队长	全省人民满意公务员	省政府	1999年	
郑晓哲	宁国市公安局政保科科长	个人一等功	省政府	1999年	
王杰	马鞍山市公安局出入境管理科科长	个人一等功	省政府	1999年	
王万成	合肥市公安局西市分局刑警大队大队长	个人一等功	省公安厅	1999年	
周永	合肥市公安局110大队副大队长	个人一等功	省公安厅	1999年	
丁涛	合肥市公安局一处处长	个人一等功	省公安厅	1999年	
谢全英（女）	芜湖市公安局刑警支队民警	个人一等功	省公安厅	1999年	
李军	淮南市公安局田家庵分局刑警大队副大队长	个人一等功	省公安厅	1999年	
王子颀	太和县公安局局长	个人一等功	省公安厅	1999年	
王冰清	太和县公安局副局长	个人一等功	省公安厅	1999年	
朱庆荣	萧县公安局龙城分局民警	个人一等功	省公安厅	1999年	
翟传海	省公安厅四处一科副科长	个人一等功	省公安厅	1999年	
吴起	合肥市公安局交警支队二大队一中队中队长	全国特级优秀人民警察	人事部、公安部	1999年	

续表2-3

姓名	单位/职务	荣誉称号	授奖部门	时间	备注
李若华	马鞍山市公安局塘西派出所民警	全国特级优秀人民警察	人事部、公安部	1999年	
谢瑞龙	界首市公安消防大队大队长	全国特级优秀人民警察	人事部、公安部	1999年	
王克平	合肥市公安局蜀山派出所所长	全国优秀人民警察	公安部	1999年	
何艳燕（女）	合肥市公安局胜利路派出所民警	全国优秀人民警察	公安部	1999年	
刘中伟	南陵县公安局工山派出所所长	全国优秀人民警察	公安部	1999年	
张剑武	芜湖市公安局镜湖分局办公室主任	全国优秀人民警察	公安部	1999年	
年四光	怀远县公安局朱町派出所所长	全国优秀人民警察	公安部	1999年	
鲍佳淳	蚌埠市公安局郊区分局刑警大队中队长	全国优秀人民警察	公安部	1999年	
夏承富	淮南市公安局泥河派出所所长	全国优秀人民警察	公安部	1999年	
崔兴淮	淮南市公安局唐山派出所指导员	全国优秀人民警察	公安部	1999年	
周志华	淮北市公安局相山分局刑警大队大队长	全国优秀人民警察	公安部	1999年	
洪汉九	铜陵市公安局扫把沟派出所民警	全国优秀人民警察	公安部	1999年	
陈国华	太湖县看守所所长	全国优秀人民警察	公安部	1999年	
张方平	宿松县公安局佐坝派出所所长	全国优秀人民警察	公安部	1999年	
胡子林	休宁县公安局副局长	全国优秀人民警察	公安部	1999年	
周宗仁	涡阳县公安局西阳派出所所长	全国优秀人民警察	公安部	1999年	
高广军	萧县公安局孙圩孜派出所所长	全国优秀人民警察	公安部	1999年	
杨敏	泗县公安局交警大队中队长	全国优秀人民警察	公安部	1999年	
卢成尚	舒城县公安局户政科科长	全国优秀人民警察	公安部	1999年	
韦朝斌	郎溪县公安局办公室主任	全国优秀人民警察	公安部	1999年	病逝
金帮俊	广德县公安局刑警大队副大队长	全国优秀人民警察	公安部	1999年	

续表2-3

姓名	单位/职务	荣誉称号	授奖部门	时间	备注
周甄立	庐江县公安局刑警大队大队长	全国优秀人民警察	公安部	1999年	
吴耀明	青阳县公安局蓉城分局民警	全国优秀人民警察	公安部	1999年	
胡长远	亳州市公安局观堂派出所副所长	全国优秀人民警察	公安部	1999年	
况保华	萧县公安局交警大队副大队长	全国先进工作者	国务院	2000年	
张兴才	宣州市公安局雁翅派出所所长	全国先进工作者	国务院	2000年	
邢小青	庐江县公安局巡警大队大队长	全国先进工作者	国务院	2000年	
阮树生	贵池市公安局副局长	全国先进工作者	国务院	2000年	
张云	芜湖市公安局鸠江分局刑警大队民警	个人一等功	省公安厅	2000年	
王东祥	铜陵县公安局副局长	个人一等功	省公安厅	2000年	牺牲
杨援军	合肥市公安局刑警支队一大队大队长	个人一等功	省公安厅	2000年	
李若华	马鞍山市公安局塘西派出所民警	全省“十佳政法干警”	省委政法委、省人事厅	2000年	
韩春芳（女）	临泉县公安局水上派出所副所长	全省“十佳政法干警”	省委政法委、省人事厅	2000年	
范守富	无为县公安局刘渡派出所所长	全省“十佳政法干警”	省委政法委、省人事厅	2000年	
苏春健	蚌埠市公安局巡警支队一中队中队长	全省“十佳政法干警”	省委政法委、省人事厅	2000年	
王军	合肥市公安局防暴“巡警”支队一大队大队长	全国优秀人民警察	公安部	2000年	
宋之海	合肥市公安局益民派出所所长	全国优秀人民警察	公安部		
喻栋林	合肥市公安局南七派出所所长	全国优秀人民警察	公安部	2000年	
江贤琪	芜湖市公安局中江桥派出所所长	全国优秀人民警察	公安部	2000年	
程积云	繁昌县公安局巡警大队大队长	全国优秀人民警察	公安部	2000年	
王超	怀远县公安局乳泉派出所所长	全国优秀人民警察	公安部	2000年	

续表2–3

姓名	单位/职务	荣誉称号	授奖部门	时间	备注
梁福明	淮南市公安局新淮村派出所所长	全国优秀人民警察	公安部	2000年	
汪向阳	淮南市公安局交警支队五大队上窑中队中队长	全国优秀人民警察	公安部	2000年	
常宏凌	马鞍山市公安局交警支队二大队二中队指导员	全国优秀人民警察	公安部	2000年	
周杰	濉溪县公安局治安大队大队长	全国优秀人民警察	公安部	2000年	
朱晓云（女）	铜陵市公安局刑警支队民警	全国优秀人民警察	公安部	2000年	
鲍皆彬	望江县公安局莲州派出所所长	全国优秀人民警察	公安部	2000年	
张泽礼	枞阳县公安局刑警大队办公室主任	全国优秀人民警察	公安部	2000年	
王曙辉	黄山市公安局刑警支队二大队大队长	全国优秀人民警察	公安部	2000年	
范成林	黄山市公安局徽州分局刑警大队民警	全国优秀人民警察	公安部	2000年	
王东喜	阜阳市公安局刑警支队支队长	全国优秀人民警察	公安部	2000年	
江利国	阜南县公安局城关派出所所长	全国优秀人民警察	公安部	2000年	
权文长	萧县公安局丁里派出所所长	全国优秀人民警察	公安部	2000年	
孙国祥	全椒县公安局马厂中心派出所所长	全国优秀人民警察	公安部	2000年	
赵新湖	无为县公安局局长	全国优秀人民警察	公安部	2000年	
朱方来	庐江县公安局交警大队副大队长	全国优秀人民警察	公安部	2000年	
王纯清	利辛县公安局刑警大队六中队中队长	全国优秀人民警察	公安部	2000年	
甘绍文	亳州市公安局谯城分局刑警大队大队长	全国优秀人民警察	公安部	2000年	
况保华	萧县公安局交警大队副大队长	全国优秀共产党员	中共中央组织部	2001年	
童家顺	凤台县公安局治安巡警大队副大队长	全国先进工作者	国务院	2001年	
孙华（女）	省公安厅办公室机要科科长	个人一等功	中央办公厅	2001年	

续表2–3

姓名	单位/职务	荣誉称号	授奖部门	时间	备注
李业飞	合肥市公安局东七派出所民警	个人一等功	省公安厅	2001年	
张武道	肥西县公安局刑警大队技术中队指导员	个人一等功	省公安厅	2001年	
娄祥武	芜湖市公安局刑警支队一大队民警	个人一等功	省公安厅	2001年	
吴起	合肥市公安局交警支队二大队一中队中队长	全国“五一劳动奖章”获得者	全国总工会	2002年	
杨援军	合肥市公安局刑警支队一大队大队长	安徽省先进工作者	省政府	2002年	
张春荣	淮北市公安局经济侦查支队支队长	安徽省先进工作者	省政府	2002年	
颜峰	亳州市公安局北关派出所所长	安徽省先进工作者	省政府	2002年	
李新建	萧县公安局局长	安徽省先进工作者	省政府	2002年	
宋军	宿州市公安局三里湾派出所所长	安徽省先进工作者	省政府	2002年	
李济勇	界首市公安局局长	安徽省先进工作者	省政府	2002年	
韩春芳（女）	临泉县公安局水上派出所民警	安徽省先进工作者	省政府	2002年	
梁福明	淮南市公安局新淮派出所所长	安徽省先进工作者	省政府	2002年	
吴红（女）	六安市公安局交警支队一大队中队长	安徽省先进工作者	省政府	2002年	
窦智	霍邱县公安局刑警大队城郊中队副中队长	安徽省先进工作者	省政府	2002年	
周发强	巢湖市公安局卧牛派出所所长	安徽省先进工作者	省政府	2002年	
郑锐	芜湖市公安局王家巷派出所所长	安徽省先进工作者	省政府	2002年	
金飚	广德县公安局桃州派出所副所长	安徽省先进工作者	省政府	2002年	
韦桂元	宣城市公安局刑警支队支队长	安徽省先进工作者	省政府	2002年	
孙全珠	铜陵市公安局铜官山分局刑警大队大队长	安徽省先进工作者	省政府	2002年	
叶生龙	东至县公安局交警大队副大队长	安徽省先进工作者	省政府	2002年	

续表2-3

姓名	单位/职务	荣誉称号	授奖部门	时间	备注
金海乔	青阳县公安局交警大队大队长	安徽省先进工作者	省政府	2002年	
江源（女）	潜山县公安局城关派出所副所长	安徽省先进工作者	省政府	2002年	
吴萍（女）	安庆市公安局菱湖派出所民警	安徽省先进工作者	省政府	2002年	
徐文龙	省公安厅刑警总队法医	安徽省先进工作者	省政府	2002年	
孙华（女）	省公安厅办公室机要科科长	安徽省先进工作者	省政府	2002年	
王敏（女）	颍上县公安局胜利路派出所副指导员	安徽省人民满意的公务员	省政府	2002年	
孙国祥	全椒县公安局马厂中心派出所所长	安徽省人民满意的公务员	省政府	2002年	
张业付	蚌埠市公安局交警支队东区大队大队长	安徽省人民满意的公务员	省政府	2002年	
吴起	合肥市公安局交警支队二大队一中队中队长	安徽省人民满意的公务员	省政府	2002年	
夏爱斌	巢湖市公安局柘皋派出所所长	个人一等功	省政府	2002年	
程积云	繁昌县公安局巡警大队大队长	个人一等功	省政府	2002年	
翟传海	省公安厅刑警总队秘书科科长	个人一等功	省政府	2002年	
王东喜	阜阳市公安局刑警支队支队长	个人一等功	省公安厅	2002年	
刘鑫	临泉县公安局刑警大队教导员	个人一等功	省公安厅	2002年	
侯云	临泉县公安局刑警大队副教导员	个人一等功	省公安厅	2002年	
韩浩	省公安厅四处副处长	个人一等功	省公安厅	2002年	
张忠义	砀山县公安局刑警大队大队长	个人一等功	省公安厅	2002年	
万洪东	宿州市公安局技侦支队副支队长	个人一等功	省公安厅	2002年	
武晓东	宿州市公安局刑警支队一大队大队长	个人一等功	省公安厅	2002年	
聂德超	宿州市公安局副局长	个人一等功	省公安厅	2002年	
吴捍卫	省公安厅四处副处长	个人一等功	省公安厅	2002年	

续表2-3

姓名	单位/职务	荣誉称号	授奖部门	时间	备注
侯付林	界首市公安局刑警大队沙南中队副中队长	个人一等功	省公安厅	2002年	牺牲
武录田	淮北市公安局刑警支队副支队长	个人一等功	省公安厅	2002年	牺牲
杨援军	合肥市公安局刑警支队一大队大队长	全国特级优秀人民警察	人事部、公安部	2003年7月	
王纯青	利辛县公安局刑警大队大队长	全国特级优秀人民警察	人事部、公安部	2003年7月	
张业付	蚌埠市公安局交警支队东区大队大队长	全国特级优秀人民警察	人事部、公安部	2003年7月	
袁君	阜南县公安局段郢派出所民警	安徽省先进工作者	省政府	2003年	
王强	合肥市公安局庐阳分局责任区刑警二队副队长	2001—2002年度全国优秀人民警察	公安部	2003年6月	
胡建生	合肥市公安局交警支队一大队民警	2001—2002年度全国优秀人民警察	公安部	2003年6月	
李业飞	合肥市公安局东七派出所民警	2001—2002年度全国优秀人民警察	公安部	2003年6月	
牛明秋	淮北市公安局段园派出所所长	2001—2002年度全国优秀人民警察	公安部	2003年6月	
于洪军	涡阳县公安局牌坊派出所所长	2001—2002年度全国优秀人民警察	公安部	2003年6月	
边亮亮	泗县公安局小梁派出所所长	2001—2002年度全国优秀人民警察	公安部	2003年6月	
李杰	灵璧县公安局刑警大队副大队长兼灵城责任区刑警队队长	2001—2002年度全国优秀人民警察	公安部	2003年6月	
李浩	蚌埠市公安局朝阳派出所民警	2001—2002年度全国优秀人民警察	公安部	2003年6月	
江铁生	蚌埠市公安局指挥中心计算机科科长	2001—2002年度全国优秀人民警察	公安部	2003年6月	
戎子和	阜阳市公安局交警支队一大队大队长	2001—2002年度全国优秀人民警察	公安部	2003年6月	
张振林	太和县公安局原墙派出所所长	2001—2002年度全国优秀人民警察	公安部	2003年6月	

续表2–3

姓名	单位/职务	荣誉称号	授奖部门	时间	备注
高吉	淮南市公安局谢家集派出所指导员	2001—2002年度全国优秀人民警察	公安部	2003年6月	
朱双全	淮南市公安局八公山分局刑警大队技术中队中队长	2001—2002年度全国优秀人民警察	公安部	2003年6月	
杨华伟	定远县公安局东城派出所副所长	2001—2002年度全国优秀人民警察	公安部	2003年6月	
李园（女）	马鞍山市公安局杨家山派出所民警	2001—2002年度全国优秀人民警察	公安部	2003年6月	
程国平	巢湖市公安局刑警支队民警	2001—2002年度全国优秀人民警察	公安部	2003年6月	
姚继仓	无为县公安局城南派出所所长	2001—2002年度全国优秀人民警察	公安部	2003年6月	
郑锐	芜湖市公安局巡警支队110处警大队大队长	2001—2002年度全国优秀人民警察	公安部	2003年6月	
俞灿芳	芜湖市公安局团结西路派出所民警	2001—2002年度全国优秀人民警察	公安部	2003年6月	
朱孟良	铜陵市公安局国保支队民警	2001—2002年度全国优秀人民警察	公安部	2003年6月	
左克平	九华山公安局政保科科长	2001—2002年度全国优秀人民警察	公安部	2003年6月	
江源（女）	潜山县公安局城关派出所副所长	2001—2002年度全国优秀人民警察	公安部	2003年6月	
张祥应	望江县公安局交警大队事故处理中队中队长	2001—2002年度全国优秀人民警察	公安部	2003年6月	
胡松伶	黄山市公安局屯光派出所所长	2001—2002年度全国优秀人民警察	公安部	2003年6月	
汪新平	黟县公安局渔亭派出所所长	2001—2002年度全国优秀人民警察	公安部	2003年6月	
范国君	铜陵市公安局交警支队副支队长	全国防治非典型肺炎工作优秀共产党员	中共中央组织部	2003年	
罗汇广	界首市公安局巡警大队教导员	全国防治非典型肺炎工作优秀共产党员	中共中央组织部	2003年	牺牲
罗萧竣	合肥市公安局公交分局民警	全省抗击非典先进个人	省委、省政府	2003年	

续表2-3

姓名	单位/职务	荣誉称号	授奖部门	时间	备注
王登峰	淮北市公安局办公室民警	全省抗击非典先进个人	省委、省政府	2003年	
闫辉	利辛县公安局西潘楼镇派出所所长	全省抗击非典先进个人	省委、省政府	2003年	
江利亚	亳州市公安局局长	全省抗击非典先进个人	省委、省政府	2003年	
张育生	蚌埠市公安局政治部宣传科民警	全省抗击非典先进个人	省委、省政府	2003年	
戴宗法	阜南县公安局党组副书记	全省抗击非典先进个人	省委、省政府	2003年	
郑传新	全椒县公安局局长	全省抗击非典先进个人	省委、省政府	2003年	
程强	滁州市公安局天长路派出所所长	全省抗击非典先进个人	省委、省政府	2003年	
任家裕	巢湖市公安局居巢分局政委	全省抗击非典先进个人	省委、省政府	2003年	
汤光福	芜湖市公安局大桥派出所所长	全省抗击非典先进个人	省委、省政府	2003年	
周海洋	宣城市公安局宣州区分局局长	全省抗击非典先进个人	省委、省政府	2003年	
汪艳（女）	池州市公安局贵池分局治安大队教导员	全省抗击非典先进个人	省委、省政府	2003年	
苗依群	安庆市公安局交警支队三大队副教导员	全省抗击非典先进个人	省委、省政府	2003年	
吴为坤	安庆市公安局大观分局局长	全省抗击非典先进个人	省委、省政府	2003年	
从辉	省公安厅办公室副主任	全省抗击非典先进个人	省委、省政府	2003年	
周春	省公安厅机关服务中心主任	全省抗击非典先进个人	省委、省政府	2003年	
李正西	省公安厅交警总队高速公路二大队教导员	全省抗击非典先进个人	省委、省政府	2003年	
陈家宝	肥东县公安局局长	全省抗洪抢险先进个人	省委、省政府	2003年	

续表2-3

姓名	单位/职务	荣誉称号	授奖部门	时间	备注
冯万岭	亳州市公安局巡逻防暴警察支队民警	全省抗洪抢险先进个人	省委、省政府	2003年	
陈小高	蚌埠市公安局郊区分局政委	全省抗洪抢险先进个人	省委、省政府	2003年	
陈群	淮南市公安局潘集分局局长	全省抗洪抢险先进个人	省委、省政府	2003年	
左传银	六安市公安局交警支队一大队教导员	全省抗洪抢险先进个人	省委、省政府	2003年	
关清	省公安厅政治部宣传处新闻宣传科民警	全省抗洪抢险先进个人	省委、省政府	2003年	
王亚龙	省公安厅警卫局内宾处处长	全省抗洪抢险先进个人	省委、省政府	2003年	
俞士林（女）	省公安厅交警总队秩序管理科副科长	全省抗洪抢险先进个人	省委、省政府	2003年	
李万胜	省公安厅交警总队高速公路三大队大队长	全省抗洪抢险先进个人	省委、省政府	2003年	
陈惠民	祁门县公安局金字牌派出所所长	个人一等功	省公安厅	2003年	牺牲
张忠能	庐江县公安局白湖派出所民警	个人一等功	省公安厅	2003年	牺牲
罗汇广	界首市公安局巡警大队教导员	个人一等功	省公安厅	2003年	牺牲
范国君	铜陵市公安局交警支队副支队长	个人一等功	省公安厅	2003年	
吴勇	省公安厅刑警总队二科副科长	个人一等功	省公安厅	2003年	
张曙光	颍上县公安局刑警大队民警	个人一等功	省公安厅	2003年	
孙志勇	凤台县看守所副所长	个人一等功	省公安厅	2003年	牺牲
李海	阜南县公安局王家坝派出所所长	个人一等功	省公安厅	2003年	
王培贤	霍邱县公安局民警	个人一等功	省公安厅	2003年	
孙建新	省公安厅副厅长	个人一等功	公安部	2003年	
陈明奎	省公安厅二处副处长	个人一等功	省纪委、省委政法委、中国银行纪委	2003年	

续表2-3

姓名	单位/职务	荣誉称号	授奖部门	时间	备注
金飚	广德县公安局交警大队一中队中队长	全国“五一劳动奖章”获得者	全国总工会	2004年	
程军武	青阳县公安局刑警大队民警	全省“五一劳动奖章”获得者	省总工会	2004年	
华武	宿松县公安局交警大队二中队中队长	全省“五一劳动奖章”获得者	省总工会	2004年	
李业飞	合肥市公安局东七派出所副所长	全省人民满意的公务员	省委组织部、宣传部、省文明办、省人事厅	2004年	
王纯青	利辛县公安局刑警大队大队长	全省人民满意的公务员	省委组织部、宣传部、省文明办、省人事厅	2004年	
程晋淼	淮南市公安局田家庵分局刑警大队副大队长	全省人民满意的公务员	省委组织部、宣传部、省文明办、省人事厅	2004年	
周庆国	安徽省公安厅刑警总队民警	全省人民满意的公务员	省委组织部、宣传部、省文明办、省人事厅	2004年	
于四海	无为县公安局治安大队副大队长	个人一等功	省公安厅	2004年	
周庆国	省公安厅四处二科民警	个人一等功	省公安厅	2004年	
桑宝庆	合肥市公安局副局长	个人一等功	省公安厅	2004年	
刘健	合肥市公安局刑警支队支队长	个人一等功	省公安厅	2004年	
沐俊东	合肥市公安局刑警支队副支队长	个人一等功	省公安厅	2004年	
张德勇	合肥市公安局行动技术支队二大队副教导员	个人一等功	省公安厅	2004年	

续表2-3

姓名	单位/职务	荣誉称号	授奖部门	时间	备注
刘永平	省公安厅六处二科副科长	个人一等功	省公安厅	2004年	
陈真	砀山县公安局刑警大队二中队指导员	个人一等功	省公安厅	2004年	牺牲
徐之峰	淮南市公安局八公山分局局长	全国先进工作者	国务院	2005年	
徐文龙	省公安厅刑警总队法医	全国先进工作者	国务院	2005年	
周诗华	肥西县公安局局长	全国任长霞式公安局长	公安部	2005年	
周诗华	肥西县公安局局长	2003—2004年度全国优秀人民警察	公安部	2005年8月	
王希泉	合肥市公安局刑警支队一大队大队长	2003—2004年度全国优秀人民警察	公安部	2005年8月	
王艾堂	合肥市公安局公交分局治安大队大队长	2003—2004年度全国优秀人民警察	公安部	2005年8月	
魏玉龙	淮北市公安局杜集分局刑警大队大队长	2003—2004年度全国优秀人民警察	公安部	2005年8月	
杨立国	亳州市公安局指挥中心副主任	2003—2004年度全国优秀人民警察	公安部	2005年8月	
吴长虹（女）	砀山县公安局城关派出所副所长	2003—2004年度全国优秀人民警察	公安部	2005年8月	
杨峰	萧县公安局马井派出所所长	2003—2004年度全国优秀人民警察	公安部	2005年8月	
花纯义	蚌埠市公安局光荣派出所所长	2003—2004年度全国优秀人民警察	公安部	2005年8月	
韩建标	阜阳市公安局政治部人事训练科民警	2003—2004年度全国优秀人民警察	公安部	2005年8月	
常文礼	颍上县看守所所长	2003—2004年度全国优秀人民警察	公安部	2005年8月	
程晋淼	淮南市公安局田家庵分局刑警大队副大队长	2003—2004年度全国优秀人民警察	公安部	2005年8月	
郭长远	淮南市公安局交警支队五大队教导员	2003—2004年度全国优秀人民警察	公安部	2005年8月	
李精祥	全椒县公安局宝林派出所所长	2003—2004年度全国优秀人民警察	公安部	2005年8月	
王友柱	舒城县公安局户政股股长	2003—2004年度全国优秀人民警察	公安部	2005年8月	

续表2–3

姓名	单位/职务	荣誉称号	授奖部门	时间	备注
吴基国	马鞍山市公安局交警支队二大队二中队中队长	2003—2004年度全国优秀人民警察	公安部	2005年8月	
孙阳	马鞍山市公安局沙塘派出所民警	2003—2004年度全国优秀人民警察	公安部	2005年8月	
郑昌杰	巢湖市公安局居巢分局刑警大队副大队长	2003—2004年度全国优秀人民警察	公安部	2005年8月	
郑荣焕	南陵县公安局城西派出所教导员	2003—2004年度全国优秀人民警察	公安部	2005年8月	
王建	芜湖市公安局镜湖分局刑警大队副大队长	2003—2004年度全国优秀人民警察	公安部	2005年8月	
程晓明	绩溪县公安局板桥头派出所所长	2003—2004年度全国优秀人民警察	公安部	2005年8月	
程军武	青阳县公安局刑警大队教导员	2003—2004年度全国优秀人民警察	公安部	2005年8月	
汪黎明	枞阳县公安局刑警大队副大队长	2003—2004年度全国优秀人民警察	公安部	2005年8月	
余德宽	安庆市公安局郊区分局第二责任区刑警队队长	2003—2004年度全国优秀人民警察	公安部	2005年8月	
施卫军	安庆市公安局交警支队二大队二中队副指导员	2003—2004年度全国优秀人民警察	公安部	2005年8月	
郑学军	祁门县公安局平里派出所所长	2003—2004年度全国优秀人民警察	公安部	2005年8月	
徐平	马鞍山市公安局刑警支队三大队大队长	安徽省“十大杰出青年卫士”（享受省劳模待遇）	省委组织部、团省委、省人事厅等	2005年	
吴红（女）	六安市公安局交警支队一大队一中队中队长	安徽省“十大杰出青年卫士”（享受省劳模待遇）	省委组织部、团省委、省人事厅等	2005年	
金亮	宿州市公安局交警支队一大队大队长	安徽省“十大杰出青年卫士”（享受省劳模待遇）	省委组织部、团省委、省人事厅等	2005年	
徐海军	芜湖市公安局副局长	个人一等功	省公安厅	2005年	

续表2-3

姓名	单位/职务	荣誉称号	授奖部门	时间	备注
董爱斌	省公安厅打黑除恶专业队副队长	个人一等功	省公安厅	2005年	
张昌敏	肥东县公安局交警大队店埠中队民警	个人一等功	省公安厅	2005年	牺牲
陈知兵	滁州市公安消防支队一中队一班班长	个人一等功	省公安厅	2005年	
钱叶进	滁州市公安消防支队一中队战士	个人一等功	省公安厅	2005年	

第三章 指挥中心

第一节 组织机构

安徽省公安厅指挥中心 1981年7月，省公安厅设立总值班室。1990年6月6日，公安厅总值班室改称省公安厅指挥中心，处级建制，与省公安厅办公室属一个党支部，业务上独立工作。1996年，省公安厅指挥中心划归厅办公室管理，更名为“指挥中心办公室”，科级建制。2003年，根据省机构编制委员会办公室《关于同意在省公安厅办公室增挂指挥中心牌子的批复》精神，省公安厅办公室增挂指挥中心牌子，处级建制。

省公安厅指挥中心主要职责是：掌握全省及周边地区涉及社会稳定和治安秩序的重要动态信息，提出相关对策、建议；负责全省重大、紧急信息的收集、综合、分析和报送工作；对下级公安机关的信息工作进行指导；组织研究制定各类突发案（事）件的工作预案，并适时组织演练，按照预案辅助领导指挥处置重大突发案（事）件、重大治安、灾害事故和有关的重大警务活动；部署指挥、组织协调跨地区的设卡堵截、协查通辑工作；受理群众电话投诉，协调有关部门对投诉问题进行调查处理；组织全省公安机关110报警服务工作，推动公安机关110、119、122“三台合一”工作和城市应急机制建设；负责对下级公安机关指挥中心暨110报警服务台的工作进行检查、指导和人员培训；承担反恐指挥工作。

工作权限包括：直接指挥权。对常规警情，可直接指挥下级公安机关指挥中心和相关警种、部门处置；对重大紧急警情，根据领导批示、指示，指挥调动相关警种、部门协同处置或跨区域调动警力增援。先期处置权。在处置重大紧急突发性警情时，根据工作预案，向有关部门和警种下达先期处置指令，同时向本级领导和上级公安机关报告。若遇到影响社会政治稳定的重大事件，则必须先报告本级公安机关领导和党委、政府，不得擅自处理。装备调用权。在处置重大案（事）件和重要警务活动过程中，根据需要和领导指示，可以调用全省范围内各级公安机关和业务部门的机动车辆、通信设备、技术器材等。检查督办权。对下级公安机关各警种、各部门执行指挥中心指令和出警、处警情况进行检查督办。通报协调权。根据警情需要和有关规定，代表本级公安机关向社会各界和有关部门或单位请求配合和支持，并进行联系协调。

各市公安局指挥中心　省公安厅指挥中心设立后，全省各市、县公安机关也相继成立指挥中心和 110 报警服务台。

1987 年 6 月，公安部下发《关于大中城市普遍建立 110 报警服务台的通知》，要求各大中城市在两年内普遍建立 110 报警服务台。

1993 年至 2001 年，全省各市公安局陆续设立公安指挥中心和 110 报警服务台。各地公安机关以 110 建设作为公安机关体制改革的突破口和切入点，加快建立快速反应机制，把“以快制快”作为 110 报警服务系统建设的核心目标，按照分散执勤、整体作战和快速反应的原则，加强队伍建设，实行 24 小时备勤制度，初步建立起以 110 报警服务台为龙头，以巡警为骨干，以特警、治安、交通管理和派出所为后续力量和坚实依托的快速反应机制，有效控制了突发事件的发生、发展，严厉打击了各类违法犯罪活动，维护了社会治安稳定。

2003 年 7 月，省公安厅下发《关于实施三台合一加强公安指挥系统建设的通知》，选定芜湖市公安局、肥西县公安局作为“三台合一”建设试点。

为建立统一高效的公安指挥体系，提高各警种合成作战能力，实现公安机关警力、信息、资源共享，方便群众报警求助，降低警务成本，提高工作效率，2004 年 6 月，省公安厅召开专题工作会议进行部署，要求从 2004 年起，用 3 年的时间基本实现全省市、县（市）公安机关“三台合一”。具体步骤为：2004 年年底前实现“三台合一”的县（市）公安机关超过县（市）总数的 40%，2005 年年底前超过 75%，2006 年年底前全部完成。7 月 1 日，省公安厅印发《安徽省公安厅关于强力推进公安机关 110、119、122“三台合一”工作意见的通知》，要求实现“三台合一”后，公安机关报警台的名称统一为 XX 市、县（市）公安局 110 报警服务台，作为市、县（市）公安局指挥中心的组成部分进行管理。

合肥市公安局指挥中心　1993 年 12 月 1 日，设立合肥市公安局指挥中心，副处级建制。同时，110 报警服务台正式开通。指挥中心下设秘书科、指挥调度室暨 110 报警服务台、档案科、机要科、110 直属大队、警察学会、调研处、信通处。2006 年年底，合肥市公安局 110、119、122“三台合一”建设顺利完成。整合后的 110 报警服务台设有 12 个接警座席、5 个处警座席、2 个值班长座席、1 个值班主任座席以及应急作战指挥台、1 个 SIS 金融网点报警座席、1 个保安押运车报警座席。1996 年 6 月，肥东县、肥西县、长丰县公安局指挥中心 110 报警服务台均开通，使用电话接警。2003 年 4 月 1 日，肥西县公安局 110、119、122“三台合一”开通运行，这是安徽省县级公安机关第一个“三台合一”的 110 报警服务台。

淮北市公安局指挥中心　1996 年 7 月，设立淮北市公安局指挥中心，正科级建制。12 月，开通 110 报警服务电话，电话 2 部，民警 2 人，24 小时值班。1998 年 4 月，

市局指挥中心内设内务科、设备科、处警大队。2000 年 2 月，市局指挥中心 110 机动人队并入交巡支队治安巡逻防暴人队。2002 年 11 月，指挥中心内设信息科、调度室、通讯科。2005 年 10 月 1 日，市公安局实现 110、119、122“三台合一”并正式运行。指挥中心调度室增设值班长岗位，配置值班长 4 名，负责每班组的指挥调度工作。有民警 16 人，辅警 12 人。

亳州市公安局指挥中心 2001 年 7 月 5 日，设立亳州市公安局指挥中心，副处级建制。内设信息室、指挥室，有民警 20 人。2004 年 12 月 30 日，市公安局实现 110、119、122“三台合一”并正式运行，实行“一台对外，一级接警”运行模式。2005 年 3 月，指挥中心下设 110 直属大队。2005 年 1 月 5 日，蒙城县公安局 110、119、122“三台合一”正式启动运行。1 月 10 日，涡阳县公安局 110、119、122“三台合一”正式开通。11 月，利辛县公安局完成 110、119、122“三台合一”建设任务。

宿州市公安局指挥中心 1999 年 5 月 26 日，设立宿州市公安局指挥中心，110 报警服务台同时开通，副处级建制。内设办公室、指挥调度室、110 出警直属大队等 3 个副科级机构。2002 年，110 出警直属大队划归巡逻防暴警察支队；公共安全信息网络安全监察科、信息通信科划归指挥中心；指挥中心办公室改称综合科，均为正科级建制。指挥中心有民警 18 人，协警 13 人，工勤人员 2 人。2007 年 6 月 26 日，宿州市公安局正式实现 110、119、122“三台合一”并正式运行。

蚌埠市公安局指挥中心 1997 年，设立蚌埠市公安局指挥中心。1996 年 12 月 26 日，蚌埠市公安局 110 报警服务台正式开通，副处级建制。内设指挥科、文秘科、计算机科等 3 个科，均为副科级建制，编制 30 人。2002 年，计算机科划出；指挥科升格为正科级，文秘科改称指挥中心办公室（副科级）；设立技术保障科（副科级）。编制 32 人。2006 年，蚌埠市公安局实现 110、119、122“三台合一”并正式运行。

阜阳市公安局指挥中心 1997 年 1 月 26 日，设立阜阳市公安局指挥中心，110 报警服务台同时开通，副处级建制。内设 110 报警服务台、防暴大队、计算机管理科 3 个科室，有民警 56 人。2003 年 7 月，防暴大队并入巡警支队。11 月 12 日，市公安局实现 110、119、122“三台合一”并正式运行。2004 年 9 月，计算机管理科划出。2005 年 4 月 25 日，增设指挥中心直属大队。指挥中心内设 110 报警服务台、综合信息科，编制 20 人，有人员 30 人。

淮南市公安局指挥中心 1996 年 12 月，设立淮南市公安局指挥中心，正科级建制，编制 14 人。1997 年 4 月 18 日，110 报警服务台正式开通。2005 年 12 月，市公安局设立情报资料处，与指挥中心合署办公。2006 年 9 月 20 日，市公安局实现 110、119、122“三台合一”并正式运行。指挥中心内设办公室、信息科、反恐科和指挥科。指挥中心（情报资料处）有民警 21 名，聘用人员 22 人。

滁州市公安局指挥中心　1996年12月5日，滁州市公安局110报警服务台正式开通。1998年11月13日，设立滁州市公安局指挥中心，副处级建制。内设110报警服务台和直属处警大队。2001年8月10日，指挥中心增设办公室。2002年，直属处警大队划归市公安局巡防支队。2006年5月18日，市公安局指挥中心实现110、119、122“三台合一”并正式运行。10月25日，指挥中心整体搬迁至新建综合指挥楼。11月13日，指挥中心办公室更名为情报信息科。

六安市公安局指挥中心　1997年6月16日，六安市（县级）公安局110报警台正式开通。1998年12月，设立六安市（县级）公安局指挥中心。1999年12月，110报警服务台按建制上划到市（省辖市）公安局指挥中心。2004年10月，指挥中心升格为副处级建制。内设110报警服务台、信息科（情报信息中心）、110处警大队。11月，市公安局实现110、119、122“三台合一”并正式运行。2005年10月，增设值班长，配置值班长4名，负责每班组的指挥调度工作。有民警21人，辅警6人。

马鞍山市公安局指挥中心　1992年初，设立马鞍山市公安局指挥中心，1996年年底设立110报警服务台，1997年1月正式开通运行并受理接报警工作，2004年12月实现110、119、122“三台合一”。指挥中心为正科级建制，正职高配为副处，副职为正科级；下设政秘科、指挥调度室、情报信息科、反恐应急办、技术保障室5个职能科室。指挥中心有工作人员48人。其中民警18人，职工30人。1998年4月，设立当涂县公安局指挥中心，同年设立110报警服务台。2004年12月底，当涂县公安局实现122、119、110“三台合一”并正式运行。指挥中心为副科级编制，有民警4人，聘用接警员8人。

巢湖市公安局指挥中心　1998年10月1日，设立巢湖市（县级）公安局指挥中心，110报警服务台同时开通。内设指挥调度室和动态信息室。2000年1月，撤地改市，巢湖市（县级）公安局指挥中心上划至巢湖市（省辖市）公安局。2003年6月，市公安局指挥中心升格为副处级建制。2005年5月18日，市公安局实现110、119、122“三台合一”并正式运行。

芜湖市公安局指挥中心　1991年年底，设立芜湖市公安局指挥室，正科级建制。1993年3月1日，芜湖市公安局在全省率先成立110报警服务台。1997年，市局指挥室更名为芜湖市公安局警令部，正科级建制。2003年9月3日，芜湖市公安局在全国率先正式开通110、119、122“三台合一”综合报警服务台。12月23日至24日，全国公安指挥中心主任座谈会在芜湖召开，“三台合一”的“芜湖模式”开始推向全国，走向全国。2004年，芜湖、繁昌、南陵县公安机关全面完成110、119、122“三台合一”工作。2005年年初，增设情报中心。

宣城市公安局指挥中心　1996年8月，宣城地区宣州区公安局巡警大队开通110

报警电话。1998年10月，宣州区公安局设立110指挥中心。2000年，指挥中心升格为副科级建制。2002年11月，宣城市公安局110指挥中心正式开通，科级建制。2004年12月，宣城市公安局实现110、119、122“三台合一”并正式运行。2005年，指挥中心升格为副处级建制。

铜陵市公安局指挥中心　1994年12月28日，设立铜陵市公安局指挥中心，110报警服务台同时开通。2004年11月20日，市公安局实现110、119、122“三台合一”并正式运行。副处级建制，内设指挥调度科、情报信息科、综合科、反恐科。有民警23人，聘用接警员12人。

池州市公安局指挥中心　2002年，设立池州市公安局110指挥中心（又称巡逻防暴警察支队），副处级建制，内设指挥调度科、综合信息科、巡防大队。2004年5月，110报警台正式开通。5月18日，市公安局实现110、119、122“三台合一”并正式运行。2005年1月，增设值班长岗位，配值班长4名，负责每班次的指挥调度工作。指挥中心有民警19人，工勤人员1人，辅警12人。

安庆市公安局指挥中心　1989年3月，设立安庆市公安局总值班室。1995年5月撤销，改设安庆市公安局指挥中心。1995年1月7日，安庆市公安局110报警电话开通，指挥中心升格为副处级建制，有民警14人。1997年6月28日，开通110报警服务台，使用电脑接警。2005年8月，指挥中心内设指挥调度科、情报信息科。1997年9月30日，岳西县公安局110报警服务台开通运行，使用电脑接警。2001年2月8日，设立宿松县公安局指挥中心。桐城、枞阳、怀宁、潜山、太湖、望江也相继建立报警服务台。2005年12月，全市（市辖八县）实现110、119、122“三台合一”并正式运行。

黄山市公安局指挥中心　1998年4月，设立黄山市公安局指挥中心，科级建制。11月，黄山市公安局110报警服务台正式开通。2003年12月1日，市公安局实现110、119、122“三台合一”并正式运行。2005年2月1日，指挥中心升格为副处级建制，内设指挥调度科、情报信息科。2006年10月26日，新的“三台合一”指挥调度系统正式开通运行。2006年12月底，黄山市所辖区县全部完成110、119、122“三台合一”系统建设。

第二节　指挥中心建设

1997年11月28日至12月4日，根据《安徽省公安110系统建设技术方案》和《安徽省公安110技术建设验收标准》，省公安厅组织全省公安110技术建设验收小组对霍邱县、蚌埠市、怀远县、宿州市、明光市、芜湖县6个单位使用的5种110报警服务台设备进行检查验收。此后，逐年在全省各级公安机关开展检查验收110报警服务台技术建设。

安徽省公安厅指挥中心建设　省公安厅指挥中心成立伊始，仅有1部有线电话。2005年，省公安厅指挥中心指挥大厅建成，总面积181平方米。大厅由18台显示器组成2个大屏系统。厅指挥中心有5部350兆对讲机；开通指挥中心动态信息系统。各地按动态信息、群体性事件、预警信息、重大案（事）件、日常警务信息分类上报，实现对信息上报的统计、查询和统一归口。厅指挥中心通过公安部要情报告系统以《安徽公安信息快报》和《安徽公安要情专报》上报信息，有值班电脑10台（其中1台电脑接收公安部指挥中心涉密信息；1台电脑接政府信息网，向省委省政府信息处上报信息）。

合肥市公安局指挥中心建设　1993年，合肥市公安局350兆无线集群系统建成。1996年，开通第一代智能化110系统，即借助计算机、数字交换和网络技术，实现接收公网内多个用户同时报警、呼入排队、分配以及误报拦截等功能。1999年12月，新一代110报警服务台正式投入使用。新系统由原先单纯电话接处警功能，升级到集接警、处警、有无线调度、反馈、地图显示、GPS定位、数字录音、大屏幕综合显示、数据统计查询等功能为一体的现代指挥决策系统。110指挥大厅总面积达260平方米，大厅周围设有机房、参谋室、接待室、首长指挥室。指挥大厅建成一套大屏幕综合显示系统，大屏长7.5米，宽3.8米，由24个60英寸的DLP投影机组成。大屏系统支持显示各种制式的视频图像和不同分辨率的计算机信号。大屏通过计算机中央集群化控制，实现技术参数调节、信号源选取、模式调用，并根据实战要求，能在大屏幕上同时显示多路信号。合肥市公安局110报警服务台在全国率先采用中国7号信令，与原信令相比，呼入速度更快，提高了110接处警速度。同时建成以下系统：微波图传系统；集群GPS警用车辆定位系统；信息系统；信息上报系统。2003年1月1日，正式开通110英语报警服务台。至此，形成了集110报警服务台、有无线调度系统、城市综合道路监控系统、大屏幕综合显示系统、GPS警用车辆定位系统、固定点报警、网络报警等系统为一体的综合指挥体系。

淮北市公安局指挥中心建设　1997年1月，淮北市公安局指挥中心大厅建成，使用面积400余平方米。指挥大厅大屏系统由18台25英寸彩色显示器和一个100英寸的大屏幕投影设备组成屏幕墙。通过控制台可对重要部位进行长时间电视监控，对各监视点摄像机远端遥控，可对任一画面进行分割、切换、定时定点显示，并将画面送入大屏幕投影、画面清晰，现场感强。指挥调度大厅安装电话9部，其中7个外线，2个内线；固定台1个、手持台7个，可随时与县、分局、支队及路面巡逻人员联系。同年5月，建立350兆集群无线通信调度台，可与全市公安系统所属的基地台、车台、手台迅速沟通，完成一呼百应的“群呼”，也可按单位或不同警种编队“组呼”，又能根据工作需要有选择的单呼。与公安专网电话连通，必要时还能与市区有线电话互通，既方便迅速又准确保密。2004年10月，市公安局指挥中心信息指挥平台正式运行。2005年10月，市公安局建成“三台合一”指挥系统，可同时接收、处理5个报警电话，能实现报警自动排队，一级接警、二级处警、三方通话及实施错误号码拦截、自动录音等功能。

亳州市公安局指挥中心建设 亳州市公安局指挥中心大屏系统视频投射墙包括8块“VTRON”显示大屏，两边有16台电视机，快捷16路矩阵1台。首长指挥室指挥系统包括快捷集中控制系统1套，12英寸触屏1台，投影仪1台，康佳42英寸等离子电视机1台。有公安专线电话27部（2部传真，4部长途电话）。一线实战单位的9台出警车辆上安装车载GPS定位终端设备。2002年8月，市公安局建成350兆基地台，指挥中心有基地台2台，对讲机22部，车载台1部。2005年10月，市公安局开通了与省公安厅指挥中心之间的可视指挥调度系统，道路监控图像也可上传省公安厅。接处警系统包括8台服务器，10台一机双屏接警席，2台一机三屏班长席。该系统具有自动录音、“三方通话”和有线、无线对讲、网络派警单派警等先进功能。

宿州市公安局指挥中心建设 宿州市公安局指挥中心视频监控大屏由24台电视机和两台背投组成。前端共安装60个摄像机，主要分布在重要部位、繁华路段和出城卡口。市公安局开通了2个短信报警号码。市公安局“三台合一”系统分为视频监控系统及接处警系统2个部分。

蚌埠市公安局指挥中心建设 蚌埠市公安局指挥中心指挥大厅面积100平方米左右，有席位9个，其中：接警席位4个、班长席位1个、信息处理席位3个、视频点名席位1个。指挥大厅由一套综合显示系统，即1台60英寸投影机、16台21英寸电视机组成。该系统于2002年停止使用。指挥大厅另有技防报警后台设备、录音子系统后台设备、信息报送打印机、复印机、传真机等办公设备。市公安局110排队调度机用户电话为20部，可同时发起60路呼叫。市公安局指挥中心有350兆基地台5部、手持台10部。2002年，市公安局新建一套简单版的GIS系统，供接处警日常工作使用。2004年，市公安局在保安公司的近50辆运钞车安装有GPS终端。

阜阳市公安局指挥中心建设 2003年11月，阜阳市公安局指挥大厅建成，总面积100平方米。

淮南市公安局指挥中心建设 1997年4月，淮南市公安局指挥大厅建成，指挥大厅大屏系统由1个背投、12个液晶显示器组成。

滁州市公安局指挥中心建设 滁州市公安局指挥中心大厅采用复式结构，下层接警大厅面积160平方米，上层为首长指挥室面积50平方米。指挥大厅大屏为40×9结构，40台29英寸高清显示器，中间9台42英寸液晶拼接屏。市公安局建有DS300会议调度机，保障报警及有线指挥调度；配备 4 部车载台、2 部手持台；建有 999 全局应急指挥频道和 910、911 指挥中心专用频道；建成远程视频会议、指挥调度系统；2004 年 5 月，市公安局建成指挥中心动态信息系统。

六安市公安局指挥中心建设 2004 年 9 月，六安市公安局指挥中心大厅开始筹建，使用面积 225 平方米，投资近 70 万元，完成大厅设施装潢及“三台合一”设备的安装，正式对社会开通运行，从而实现了“一台对外、综合接警、统一指挥、一级处警”的警务模式。同时，与消防支队采用了光纤传输，安装了终端，实现了“点击式”调度、“点对点”指挥。指挥大厅大屏系统由 16 个电视显示屏及 1 个背投影和 1 个 IED 显示屏组成，建有 31 个点监控。市公安局指挥中心有外线电话 17 部和内线电话 3 部，有 1 台网络交换机，可以拨外线和内线。有 5 部基地台、10 部手台。指挥调度时，可直接与特警、交警、消防警交流。市公安局建成 GPS 卫星定位系统，仅限于银行运钞车使用。

马鞍山市公安局指挥中心建设 2004 年 8 月，马鞍山市公安局指挥中心指挥大厅建成使用，总面积达 200 平方米。12 月，当涂县公安局指挥中心大厅建成，总面积 80 平方米。市公安局指挥中心大屏系统主要包括 2 块背投及 18 台监控电视组成。市公安局指挥大厅同时接入 8 部 110 电话，必要时可扩容至 64 部电话。当涂县公安局指挥大厅可同时接入 4 部 110 电话。市公安局有 1 个无线基站，共有 1309 台无线终端。当涂县公安局有 1 个无线基站，171 台无线终端。市公安局指挥中心建成具有城市公共安全应急管理、反恐、情报、区域警务合作等重要职能，集应急处置平台、群众工作平台、公安指挥调度平台、反恐怖工作平台、情报研判平台、区域警务合作平台“六位一体”的，辅之以“点击式调度、扁平化指挥、可视化监督”新型城市公安局指挥平台。

巢湖市公安局指挥中心建设 2005 年 5 月 18 日，市公安局指挥中心大厅建成，面积 400 平方米，指挥大厅内有 32 台 29 英寸电视机和 2 个 150 英寸大屏幕电视墙，12 个接处警工作台，并建有附属指挥中心设备机房。10 月，市公安局开通联通用户手机短信报警平台，1100565 为短信报警特服号码。主要受理报警手机短信类型有中奖类短信、购物消费等诈骗短信、涉黄短信、购买黑车、假币等举报短信。11 月，市公安局利用通信部门的科达视频会议系统设备连通链路，实现市公安局指挥中心与省公安厅指挥中心的可视指挥调度系统对接并顺利开通。

芜湖市公安局指挥中心建设 2003 年 3 月，芜湖市公安局指挥中心指挥大厅建成，总面积 180 平方米。9 月，芜湖市公安局“三台合一”综合报警服务台实行一台对外，统一接警，统一调度，实行一级处警的接处警运行模式。一台对外：群众无论拨打 110、122、119，都集中到报警服务台受理。统一接警：报警服务台的所有接警席、接警员都可以综合受理 110、122、119 的警情，而不是再设专门的接警席、台中台。统一调度：按照程序化、规范化、制度化进行指挥调度，突出首次接警指挥调度的准确性和完整性，无须交警、消防部门负责人参与值班。一级处警：对所有警情按照属地管辖、分类管辖、就近出警、联合出警的原则，直接通知基层单位出警，减少转警环节，并通过警务信息系统的警情实时流转、网络派单以及三方通话、350兆等方式，将警情同步流转到各分局、支队和一级处警单位，方便各分局、支队负责人进行现场指挥。

宣城市公安局指挥中心建设　宣城市公安局指挥大厅图像显示系统是一套3×4（行×列），单屏尺寸为67英寸的大屏幕投影系统，在DLP组合拼接显示屏的上方及两侧各设置1块LED条屏，同时在DLP组合拼接显示屏的两侧各配置1套电视墙系统。市公安局指挥中心大厅面积234平方米（二层）。有外线电话5部，内线电话10部；2个座机，8个手台，基本覆盖全市所有基层所队。开通省、市、县间视频指挥调度系统。

铜陵市公安局指挥中心建设　铜陵市公安局指挥大厅大屏系统由20个DLP拼接屏组成（大厅14个、指挥室6个）。指挥大厅总面积500平方米，安装内线电话18部、外线电话5部，固定台1台、手持台4台，所有电台均写入省公安厅指挥系统、市局指挥系统隐含组，具备与省公安厅直接呼叫功能。市公安局建成GPS卫星定位系统，主要用于对巡逻车、押款车等车辆进行定位，共安装车辆70余台。市公安局建立情报信息指导平台。

池州市公安局指挥中心建设　2004年5月，池州市公安局指挥大厅建成，总面积225平方米。指挥大厅大屏系统由30台液晶显示器组成。2005年10月17日，市公安局在全省率先建立了可视调度系统，实现了与省公安厅、公安部的视频对接。市公安局指挥系统实行一台对外，统一接警，统一调度，一级处警的运行模式。110报警服务台系统包括接处警系统、有线排队调度系统、视频监控系统（10个监控点）、数字录音系统、大屏幕显示系统、警用地理信息系统等。

安庆市公安局指挥中心建设　1997年6月，安庆市公安局指挥中心大厅建成，大厅大屏系统由18个液晶显示器组成。2005年12月，指挥大厅重新装修。市公安局建成有线、无线、350兆无线系统。

黄山市公安局指挥中心建设　2005年，黄山市公安局指挥大厅建成，总面积322平方米。指挥大厅大屏系统由6台DLP拼接屏组成。市公安局指挥中心信息系统由110、119、122“三台合一”综合接处警系统、大屏幕及电视墙显示系统、手机短信报警系统、路灯杆报警定位系统、安全技术防范联网报警系统、350兆无线通信集群指挥调度系统、城市视频监控系统、公安视频通信指挥调度系统、出租车GPS报警查询终端、动态信息网络报送系统组成。

第三节 指挥中心日常工作

值班值守 省公安厅指挥中心承担厅机关24小时值班工作，负责对下级公安机关、厅机关其他警种、部门值班情况进行指导、检查和监督。各市、县公安局承担着本单位、辖区的24小时值班工作，负责接处警、指挥调度、信息报送等工作。

2002年10月10日，省公安厅指挥中心对全省各市公安局、厅直各单位国庆假期值班和信息报送情况进行通报，对滁州市公安局迟报一条重大信息、少数厅直单位未能按照要求报告当日值班情况等提出批评，要求在假期值班和信息报送工作中暴露出问题的地方和单位，认真查找原因并及时纠正，避免类似问题再次发生。

2003年2月8日，省公安厅指挥中心对全省各市公安局、厅直各单位春节期间值班和信息报送情况进行通报。通报指出，全省17个市公安局均在规定时间内向厅指挥中心报告了每日社会治安情况、节日期间治安综合情况及重要社情民意，未发生重大信息迟、漏报问题。绝大多数厅直单位值班人员能按照要求报告当日值班情况。通报还指出少部分单位值班工作中存在的薄弱环节。3月15日，省公安厅指挥中心对合肥、芜湖、蚌埠、淮北、铜陵、安庆、阜阳、滁州市公安局值班情况进行抽查。对少数地市值班工作中出现的联系不畅、反应迟缓及态度生硬等问题进行严肃批评。针对以上情况，3月20日，厅指挥中心发出《关于全国“两会”期间值班及信息报送情况的通报》，指出要切实加强各地值班、领导带班特别是节假日、公休日及国内外重大事件发生期间的值班和信息报送工作，确保厅领导准确、及时、全面地了解掌握全省社会治安动态。通报要求在这次抽查中暴露出问题的单位，认真查找原因，吸取教训，及时整改，避免再次发生类似情况。5月，省公安厅指挥中心制定下发《安徽省公安机关值班备勤制度》，要求全省公安机关加强内部管理，切实做好值班备勤工作，确保政令、警令畅通。9月30日晚，省公安厅指挥中心对部分市、县公安局值班和领导带班情况进行了抽查。芜湖、蚌埠、淮南、安庆、黄山、阜阳、宿州、亳州8个市和舒城、涡阳、肥东、肥西、广德等5个县公安局指挥中心值班人员均在岗在位；各地均安排局领导带班，带班局领导都在办公场所值班或到安全保卫一线检查工作；绝大多数地方指挥中心值班人员与带班局领导联络畅通，带班局领导能及时接通厅指挥中心电话；少数地方对国庆期间值班备勤工作重视不够，工作措施不到位，与快速反应的要求还有一定的差距。10月1日，省公安厅就此发出通报，对国庆期间全省安全保卫工作作出部署，对值班备勤工作提出明确要求。

信息报送 1995年，省公安厅指挥中心准确及时地向党委、政府、公安部提供一大批深层次、高质量、预警性的情报信息。在全年上报的信息中，被中共中央办公厅、国务院办公厅采用46条，被省委、省政府和省委政法委采用95条，被公安部采用52条。为及时掌握各地情况，研究指导工作，确保各地不发生不报、迟报重大、重要信息，省公安厅印发《关于行署、市公安处、局报告制度的规定》。

1996年，省公安厅指挥中心上报的信息被省委、省政府、公安部和省委政法委采用135条，一批重要信息被中共中央办公厅、国务院办公厅采用，为党委、政府和上级公安机关的正确决策提供了可靠依据。

2001年4月，省公安厅指挥中心印发《关于修改安徽省公安厅信息工作考核评比试行办法的通知》，对原有考评办法进行修改完善。6月，印发《安徽省公安厅指挥中心接收各地公安机关报送信息的主要范围》，将接收各地公安机关报送信息的主要范围明确为危害国家安全和影响社会稳定方面信息、重特大刑事案件方面信息、重大事故和治安动态方面信息、恐怖袭击类信息、涉及公共卫生类事件信息、重要工作和重要情况方面信息及其他7类信息。11月16日，省公安厅下发《关于抓紧建设并开通县级以上公安机关指挥中心动态信息网络系统的通知》，要求建设开通县级以上指挥中心动态信息网络系统。

2002年4月26日，省公安厅指挥中心通知要求各地和厅直各单位进一步增强照片信息报送意识，明确报送照片、声像信息的范围，严格按照公安部要求上报。

2003年7月，省公安厅指挥中心印发《安徽省公安机关信息报送工作规定（试行）》。7月24日，凤阳县第一人民医院由医疗事故引发纠纷，医患双方发生冲突，部分死者亲属冲击医院打砸物品，殴打医护人员，造成部分医护人员到县委、县政府上访，进而酿成一起群体性事件。事件持续4天时间，严重地影响了当地的社会政治稳定。对这起因医疗事故引发的群体性事件，凤阳县公安局没有按照信息上报有关规定，将情况及时报告滁州市公安局和省公安厅。8月27日晚，中央电视台“焦点访谈”报道了这起因医疗事故引发的群体性事件，在全国范围内造成了不良的社会影响。省公安厅领导对滁州市、凤阳县公安局瞒报这起群体性事件提出严厉批评，责成滁州市及凤阳县公安局认真检查，并迅速将情况上报省公安厅。8月29日下午，滁州市公安局才将情况上报省公安厅。9月3日，省公安厅办公室下发《关于凤阳县公安局瞒报重大信息的情况通报》，对滁州市及凤阳县公安局瞒报重大信息问题进行通报并提出严肃批评，要求滁州市、凤阳县公安局认真查摆问题，找出漏洞，吸取教训，进行整改。

2005年，省公安厅在全省公安机关推广《一周治安播报》。12月，印发《安徽省公安机关信息报送工作过错责任追究办法（试行）》，明确了动态信息报送的原则、时限、方法、归口管理权和问责办法。2001年至2005年，指挥中心共收集各市公安局、厅直各单位信息4.2余万条，编报《安徽公安信息快报》4310期、《安徽公安要情专报》

300余条、《每日公安要情》1230期。

全省各市公安局狠抓信息报送工作，要求全体民警牢固树立情报信息意识，切实增强敏感性和责任心，强化“人人都是信息员”观念，广泛搜集，及时报送预警性、深层次、高质量的情报信息。明确信息报送规范，对信息报送的范围、渠道、方式、时限、程序和责任追究等做出具体要求。加强业务指导，及时纠正报送信息过程中出现的迟报、要素不全和信息倒流等不规范情况，提高基层指挥部门信息报送水平。同时，将信息报送工作纳入市公安局重点考评项目，制定考评细则、增加考评分值。对发生未按规范报送重大信息的情况，及时通报情况，及时落实整改。

110接处警　全省公安机关开通110报警服务台以后，110报警服务工作在维护稳定、惩罚犯罪、维护治安以及服务群众等方面，发挥了重要作用，得到党委、政府的充分肯定和社会各界以及人民群众的一致好评。

2001年5月14日，省公安厅印发《安徽省公安机关110报警服务台受理人民群众电话投诉工作暂行规定》。明确110报警服务台受理群众电话投诉的范围、工作原则、受理程序和要求、处理办法等。受理范围是公安机关及警察违反《中华人民共和国人民警察法》《公安机关督察条例》等法律法规，违法违规行使职权，不履行法定职责和义务，不遵守各项执法、服务、组织、管理制度和规定的违法违纪行为。

2002年8月26日，省公安厅下发《关于在合肥、黄山市公安局110报警服务台开展英语报警服务试点的通知》，要求合肥市公安局110报警服务台2003年1月1日开通英语报警业务，黄山市公安局110报警服务台2003年3月底开通英语报警业务。12月30日下午，合肥市公安局召开新闻发布会，宣布自2003年1月1日起，面向社会开通110英语报警服务台。

2004年8月11日，省公安厅下发《关于进一步加强全省公安机关110接处警工作的通知》，明确110一级处警、就近处警和分类处警相结合的处警原则，进一步确立110报警服务台和指挥中心的权威。各级公安机关赋予110报警服务台和指挥中心履行指挥调度职责所必需的职权，任何单位、任何警种、任何民警必须无条件地服从指挥中心下达的指令，决不允许推诿、延误出警。各处警单位特别是巡警、派出所、治安、刑侦、消防、交警等都要建立快速高效的处警机制，确保在接到指令后能够快速出警，依法处置。规定110报警服务台在接到紧急报警时，要根据警情性质、事态规模、紧急程度并按照工作程序，直接、就近、分类指挥出警。县市城区规模较小的，可以统一调动警力，确保及时快速出警。农村偏远地区要就近调派派出所警力处置警情，争取在最短时间内赶到现场。对接报爆炸、杀人、伤害、抢劫、入室盗窃等重大刑事案件警情，应指挥刑警立即出警。接报管辖不明确的案（事）件，应当及时指挥出警作先期处置，再移交有关部门处理。建立和落实处警反馈制度。对于每一起警情，处警单位在现场处置结束后，都应当及时将处置结果报告指挥中心，并做好处警记录。对于重大警情，处警单位要及时报告处警过程中遇到的重要情况。对正在发生的案（事）件，最先到达现场的处警民警不足以制止或控制局面的，应当立即将案（事）件情况报告指挥中心，指挥中心要迅速增派警力赶赴现场增援。建立对报警人的电话回访制度。对于重大警情，指挥中心及110报警服务台带班领导要在下达出警指令后及时向报警人进行电话回访，以确定处警人员到达现场时间，听取报警人对接处警工作的评价，并做好记录。对杀人、伤害、抢劫、强奸、爆炸、放火、投毒等现行刑事案（事）件的报警，要求电话回访率不得低于20%。

全省各市公安局110报警服务台以及“三台合一”报警服务台，承担电话报警、互联网报警、短信报警、综合业务查询及指挥调度，并受理110投诉等工作。通过“扁平化指挥、点击式调度”工作模式，实行一级接警，分级、分类处警。各市公安局陆续制定一系列接处警运行规范，进一步规范110接处警工作，完善警情处置工作模式，变过去的市局、分局、派出所三级指挥调度为“点对点、扁平化、可视化”指挥调度，在接到群众报警后，指挥中心第一时间将处警指令直接下达到就近巡控车辆和巡控民警，不再需要分局、派出所转达指令，做到一级处警、就近处警和分类处警。对一般类警情，依托350兆集群通信系统和GPS短信平台，直接指令就近车辆快速处置；对于街面发生的“两抢”（抢劫、抢夺）等重大案件类警情，迅速启动治安卡点，调度周边警力，开展追击、合围，做到以动制动、以快制快、以变应变。对突发群体性事件等重大事件类警情，按照预案部署，先期调动特、巡警巡控力量，赶赴现场处早、处小，防止事态扩大，并根据无线图像传输系统反馈的现场事态，依次调动各战训基地警力、事发地分局警力、全局警力，实行跨警种、跨区域联动，梯队式增援。“点对点、扁平化、可视化”的指挥体系，分警情级别处置模式，极大地减少了指挥层级，降低了指令传输时间，现场抓获率大幅上升。

110社会联动 合肥市公安局110报警服务台充分发挥110社会联动工作的优势和纽带作用，有效整合内外部资源，与120急救、消防、供水、供电、供气、电梯抢修等社会联动单位实现实时指挥和联动。

淮北市公安局指挥中心主动牵头实行110社会联动服务，供电、供水、燃气、供热、120急救、运管、安监、环保、市政养护、园林、文化、工商、民政、电信、移动、联通等28家单位积极参与，制定《淮北市110社会服务联合行动服务项目及承诺实施意见》。市公安局指挥中心主动与各成员单位进行协调，坚持落实每季度联席会议制度，制定联动工作预案，明确各级各部门职责和工作程序。定期召开例会，及时总结各部门联动工作经验，查找问题，分析原因，提出针对性措施。

亳州市公安局于2003年8月15日出台《建立亳州市公安局110报警服务台家庭

暴力报警中心实施方案》，与市妇联共同挂牌建立 110 家庭暴力报警中心。该中心坚持优先接警、优先处警、优先救助的“三优先”原则，全天 24 小时值班接处警，受理家庭暴力警情，并积极推动基层派出所、社区警务室设立家庭暴力投诉站（点），完善反对家庭暴力、构建和谐家庭工作机制，积极参加维权调研、“平安家庭”创建、表彰系列活动，工作经验被《安徽妇运》介绍推广。截至 2005 年，接处家庭暴力警情 500 余件，家庭暴力警情降至每年 30 件左右。

宿州市公安局指挥中心将公安工作与社会联动紧密结合，改革警务运行机制，提高市区路面的见警率，实行“有警出警，无警巡逻”的运行模式，实现更彻底的“扁平化”指挥。在每年高考期间，为确保考生有一个良好的学习、休息、考试环境，联合有关部门开展噪声污染专项整治工作。及时救助城市流浪乞讨等人员，积极联系有关部门收容救助或安置。

蚌埠市公安局指挥中心面对日益增多的社会求助，积极与政府其他职能部门开展联动，主动开展沟通、协调，圆满完成各种求助警情、突发事件的处置。

阜阳市公安局 110 报警服务台主动牵头，积极协调阜城各有关单位并积极向市政府建议，建立阜阳市社会联动救助工作机制。2005 年 4 月 1 日，阜阳市政府组织召开阜阳城市生活无着的乞讨人员救助管理协调会，建立阜阳市的社会联动救助机制。每年经市公安局 110 渠道救助的人员达到 300 人，取得了良好的社会效益。但随着救助人员的增多，110 报警服务台遇到了接警多、处置量大、移交难等难题，指挥中心又积极向市政府建议成立由市政府及有关部门组成的社会联动领导小组，增加 110 社会服务联动单位和部门，在社会联动领导小组的统一领导下明确分工，落实责任，开展工作。同时制定明确具体的工作方案，进一步明确责任，细化分工，畅通渠道并建立追究制度，有力促进了社会联动机制健康运行。

淮南市公安局指挥中心积极拓宽为民服务渠道，认真开展 110 报警社会服务联合行动工作，充分发挥 110 在社会联动工作中的龙头和枢纽作用，积极主动地与供水、供电、供气、市容、环保、工商、卫生等联动单位密切配合，协同作战，为群众办好事、实事。

滁州市公安局指挥中心积极与医疗急救、水、电、煤气等与人民群众日常生活密切相关的 40 余家单位建立了联动机制。开通“12345”市长热线进行非警务分流和服务群众。

六安市公安局指挥中心于 2004 年 10 月制定联动工作方案，协调供电、供水、燃气、供热、120 急救、海事、运管、安监、环保、城管、路灯、市政养护、园林、文化、工商、民政、电信、移动、联通等单位参与，加强值班备勤，建立相应的应急救援处警队伍，随时提供抢险救援和开展联动警情处置。

马鞍山市公安局指挥中心于 1998 年 5 月建立以 110 为龙头的社会联动工作机制，公安、建设、供电、卫生、城管、环保、民政、交通、海事、盐务、安监、电信等联动成员部门均建立了 110 联动工作职能机构，保证了一旦遇有 110 转递的以及直接接报的求助警情能及时有效得到专门处置。2000 年 8 月，市政府开通“12345”市长公开电话，公安机关作为一级成员单位，指挥中心承担部分市长公开电话承办工作。

巢湖市公安局指挥中心主动与市盐监、民政、医疗卫生、供水、供电、燃气、电信、海事等部门沟通，商讨协调应急工作。为加强突发事件的预警，做好应急处置工作，市公安局指挥中心对照《巢湖市突发公共事件总体应急预案》以及相关的专项预案和部门预案，从组织领导机构建设、应急队伍建设、物资资金准备、监测预警预报、应急防范处置、调查处理等方面，每年对应急管理工作及各类突发公共事件应对情况进行全面总结评估，总结防范处置工作中好的经验、做法，分析存在的问题原因，拟订整改措施，为防突发事件、防雪抗灾、防强降雨、防汛抗灾等应急处置工作积累了丰富的经验。

宣城市公安局指挥中心积极主动与相关职能部门沟通、协调，同时着重加强与市政府值班室的沟通和联系，较好地发挥了社会联动工作的作用。依托“12345”专职服务热线，通过政府统一受理、分类交办的模式，实行紧急报警与社会求助分流处置。

铜陵市公安局指挥中心于 1998 年 12 月开展 110 社会服务联合行动工作。市公安局指挥中心积极履行职责，充分发挥主力军作用，积极协调有关政府职能部门广泛实践为人民服务的承诺，在各联动单位的共同努力下，圆满完成各类联动接处警任务，健全了社会服务功能。

池州市公安局指挥中心于 2002 年开展 110 社会联合行动，成立市 110 报警求助社会联动工作领导小组，主动应对群众的紧急求助。市公安局除开展正常的接处警工作外，对涉及供水、供电、供气、120 急救、民政救助、长航水运事故、环保事故、打击走私烟草和走私食盐、电梯故障报警、森林火灾等社会求助和警情，均认真按照接处警工作及时分流，妥善处置。

安庆市公安局指挥中心于 1998 年 2 月在全省率先开展 110 社会服务联动工作。卫生、民政、交通、供电、供水、供气等 30 个部门参加社会联动工作，市公安局指挥中心采取召开联动会议、走出去请进来等方法，主动征求联动单位的意见，共同做好联动工作。

黄山市公安局 110 社会服务联合行动于 1999 年 1 月 10 日正式启动运行，联动单位由 10 家发展到 19 家，社会联动服务面得到不断拓展。市公安局指挥中心作为联动牵头单位，重视加强成员单位相互之间的沟通，不定期组织召开全市社会联动工作会议，各联动单位从建章立制着手，实行规范管理。为确保社会联动各单位在执行抢险抢修救急服务工作时能迅速赶赴现场，最大限度地提高快速反应能力，市公安局指挥中心与交警支队共同对联动单位的抢险抢修车辆发放110联动车标志牌。截至2005年年底，市公安局指挥中心向社会联动单位派警2000多次，各联动单位都能及时出警处置并取得良好的社会效果。

便民服务

热线电话、投诉电话　为进一步拓宽公安机关联系群众的渠道，密切警民关系，1999年7月24日，省公安厅印发《热线电话工作方案》，将省公安厅热线电话（0551–2823110）设立在厅指挥中心办公室，1999年7月26日正式开通运行，7月28日向社会公布。热线电话实行“统一承接，分级负责，归口管理”的原则，全天24小时开通，明确受理范围、反馈时限、工作方式和有关工作要求。9月1日，省公安厅下发《关于安徽省公安厅热线电话开通后有关情况的通报》，通报热线电话的来源情况、反映问题主要类别、办理情况和存在问题，要求各地公安机关切实提高对热线电话工作重要性的认识，认真执行《省公安厅热线电话工作方案》，狠抓各项工作措施的落实。

2000年3月1日，合肥市公安局110报警服务台正式受理群众电话投诉工作。同日，淮南市公安局开通110受理群众电话投诉、市长热线电话，接受群众关于对公安机关执法不严、执法不公和民警违法违纪问题的电话投诉。

2001年，省公安厅指挥中心制定《安徽省公安机关110报警服务台受理群众电话投诉工作暂行规定》，对全省公安机关110报警服务台受理群众投诉范围、工作原则和工作职责、受理程序和要求、处理方法、具体承办单位职责、保障措施和要求等做出明确规定。随后，全省各市、县公安机关相继开通热线电话和投诉电话。

一周治安播报　2004年11月1日，芜湖市公安局向社会发布《一周治安播报》。2005年，省公安厅在全省公安机关推广《一周治安播报》工作经验。8月，省公安厅指挥中心推出“每周治安播报”，综合发布全省治安状况，并根据区域、季节、群众关注、中心工作等不同治安特点和警务重点，发布警情预报。截至2005年12月，全省形成省、市、县（区）、基层所队四级治安播报网络，向群众发出预警信息近200条。

全省各市、县公安局指挥中心开展形式多样的便民服务工作。组织开展110宣传活动，及时对银行、企事业单位报警设施检查维修。实行报警回访制度，做好预警防控工作。严格接处警程序，公开警务，发布每周社会治安动态，预警性信息。利用110报警服务台信息广等特点，通过网上警情发布，积极帮助查找走失寻人。通过对开锁人员的审查，积极为社会各界和广大群众提供开锁服务等。开展争创优秀接警员活动，坚持文明用语，提倡优质服务，使110这条服务热线成为便民利民的窗口。制作警民联系卡，宣传110职能和工作范围，方便群众报警求助，让110深入民心。设立110家庭暴力报警中心，将家庭暴力报警纳入110出警工作范围。发布手机短信，向广大市民发布各类预警信息、温馨提示等。指挥中心民警兼职学校法制副校长，为中小学校学生讲授法律常识。对有马蜂窝、蛇等影响居民生活的警情派出警力携带工具消除隐患。对群众求助但不属于公安业务范畴的，告知其相关业务单位联系方式和途径。通过开展形式多样的爱民实践活动，为群众办好事、实事，取得良好的社会效益。

第四节　公共安全应急处置

应急管理　公共安全应急处置工作是各级公安机关的主要职责之一。在党委政府的领导下，全省公安机关以公安指挥中心为龙头，宣传、国保、治安、刑侦、网安、反恐、交警、消防等多个警种部门协调配合，共同承担公共安全应急处置工作，形成省、市、县三级公安机关上下畅通的组织体系。根据《中华人民共和国突发事件应对法》及党委政府和上级公安机关的有关规定，公共安全应急处置工作遵循“统一领导、综合协调、分类管理、分级负责、属地管理”的应急管理机制和“党委统一领导，属地管理、分级负责和谁主管、谁负责”的处置原则，公安机关主要承担社会安全类、安全生产事故中的交通事故和火灾事故的应急处置，以及四大类突发事件的综合救援和社会治安秩序维护。

在完善预案体系方面，全省公安机关不断推进“一案三制”（制定、修订应急预案，建立健全应急的体制、机制、法制）建设，及时制定、收集、完善各类处置预案，加强各类专项工作预案及和公安应急管理工作密切相关的配套制度规范建设。1988 年 12 月，为做好正确处置各种突发事件的准备，省公安厅印发《关于处置各种突发事件的意见》。意见就基本处置原则、分类处置办法、做好处置办法、宣传报道等作了详细的规定。1996 年 9 月 27 日，省公安厅印发《安徽省公安机关破坏性地震应急反应预案》。2003 年 5 月，省公安厅指挥中心印发《安徽省公安厅机关防汛抗洪抢险工作预案(修订)》。2004 年 8 月，省公安厅指挥中心承办安徽省人民政府办公厅《安徽省处置大规模群体性事件应急预案（代拟稿）》，并向安徽省人民政府应急管理办公室报告。2005 年 11 月，省公安厅指挥中心印发《安徽省公安厅厅机关处置突发事件应急指挥预案》。截至 2005 年年底，省公安厅收录、编制各类应急预案 50 余件，各市县公安局和有关警种也陆续制订相应子预案和制度规定。

公共安全应急处置力量实行专兼职相结合，反恐应急力量和队伍建设不断增强。至 2005 年，一线民警 7535 人。武警部队也担负反恐应急处置任务。各级公安指挥中心自成立之日起即承担全天 24 小时应急值守，并逐步成为本级公安机关应对重大突发事件的“作战部”“指挥部”，在突发事件应急处置中的龙头作用得到充分发挥。1993 年之后，全省 17 个市相继成立了 110 报警服务台，各级公安机关始终把建立快速反应运行机制，提高快速反应能力作为指挥中心和 110 报警服务工作的核心环节扭住不放，确立了一级接警、一级处警、就近处警的原则，形成了以指挥中心为龙头，110 为纽带，多部门、多警种互相配合，协同作战的整体动态治安防控体系。110 报警服务台为公安机关发挥职能作用，及时、有效地打击违法犯罪，服务人民群众发挥了重要作用，成为公安机关的一个重要品牌。自 2000 年至 2005 年，全省各级公安机关 110 接警近 500 万件。同时，各地不断创新服务形式，陆续增加了外语报警、短信报警、城市路灯杆报警等辅助报警手段，极大地服务方便了群众。

不断加强公共安全应急保障建设。一是升级延伸指挥调度系统和手段建设。初步建立了以 350 兆无线通信、移动图像采集传输、卫星通信、图像监控、视频指挥、有线通信、公安网综合信息应用为主要手段的语音、图像、数据三位一体的应急通信技术保障平台，为“扁平化”指挥体系的建立提供了重要的通信手段。二是加强队伍培训和应急演练。每年均制定培训计划，开展专业知识培训；有针对性地开展各类综合演练。三是加强物资保障能力建设。按照《安徽省“十一五”突发公共事件应急体系建设规划》，全省公安机关以防暴、照明、救生、观察通信器材及公安民警单警装备为重点，大力加强应急物资储备建设和调运机制建设。

1986 年至 2005 年，全省发生较大以上社会安全事件 40 余件，省公安厅指挥中心积极协助领导指挥处置，掌握全省及周边地区涉及社会稳定和治安秩序的重要动态信息，提出相关对策、建议。对相关重大、紧急信息进行收集、综合、分析和报送，部署指挥、组织协调跨地区的设卡堵截、协查通缉等。

全省各级公安机关以“三台合一”系统为应急指挥平台，以应急实战能力建设为要求，整合图像监控中心、350 兆系统、车载高清图像转播系统、CDMA 车载图像系统等，应急指挥科技应用水平不断提到，实现了“顺风耳、千里眼、信息快、指挥灵”的主要目标。大力加强应急预案体系建设，不定期组织警力进行处置群体性事件演练，组织消防部门进行高层、石油化工、大型钢结构建筑等重点单位消防演练，组织看守所对在押人员企图脱逃突发事件演练等。通过演练达到完善预案、探索机制、提高实战能力的目的，同时也使预案更具科学性、合理性、适用性。狠抓应急处置力量建设，不断加强对特警、武警、消防等专业力量在人员编制、经费投入、装备配置、后勤保障等方面的工作力度，发挥其“尖兵、突击队”的作用。组建公安机关战训队，按照战训合一、轮值轮训的模式，开展强化训练，使其作为备勤处突、抢险救援的机动力量。

紧急疫情防治　2003 年 4 月 15 日，省公安厅党委召开紧急会议传达贯彻省委、公安部关于非典型肺炎防治工作部署，研究制定贯彻措施。会后，全省各级公安机关在党委、政府的统一领导下，密切配合有关部门，充分发挥公安机关的职能作用，积极主动地开展工作，全力维护社会稳定。省、市、县三级指挥中心及时发现掌握有关非典型肺炎疫情的情报信息，立即报告党委、政府和上级公安机关，为党委、政府和有关部门迅速处置提供准确信息。认真做好处置各种突发事件的准备工作。省公安厅指挥中心要求各级公安机关针对本地可能出现的疫情，认真研究制定工作预案，认真做好有关防护器材、装备以及各项工作准备，建立灵敏高效的工作机制，加强各级领导值班制度，确保快速反应，及时处置。严厉打击各种敌对势力、敌对分子利用非典型肺炎进行的造谣煽动、制造恐慌等破坏活动，及时消除不良影响。同时要求各级公安机关认真做好各类监管场所的卫生消毒工作，对新收押人员严格进行健康检查，认真做好在押人员的防治工作，确保监管场所人员的安全。认真研究制定内部非典型肺炎的防治工作措施，采取多种形式，加大对非典型肺炎防治工作的宣传力度，增强公安民警自我防护意识。特别是加强办公区、生活区、学校、食堂、幼儿园等单位和场所的卫生防治工作。另外，对边、消、警等公安现役部队内部的防治工作提出要求。

2004 年 1 月，针对安徽省部分地区出现的疑似高致病性禽流感的紧急疫情，全省公安机关严格履行职责，认真做好与防治高致病性禽流感有关的各项工作。各地迅速制订预案，切实加强对防治工作的领导。加强情报信息的收集上报工作，确保信息渠道畅通；严厉打击煽动、破坏等干扰、阻碍高致病性禽流感防治工作的一系列犯罪活动，确保疫情防治工作顺利开展；密切关注境内外一些别有用心的组织和人的活动情况，对试图利用疫情破坏安定团结大局、危害国家安全的犯罪行为依法严厉打击。1 月 26 日、1 月 28 日，马鞍山市向山镇石马村养鸡场和宣城市广德县杨滩乡燎琳村一个体养鸡场相继发生确诊高致病禽流感疫情和疑似高致病禽流感疫情后，马鞍山、宣城两市公安机关迅速派出警力协助当地党委、政府和有关部门做好疫情防治工作，出动警力 300 余人，配合有关部门捕杀家禽 36721 只，对 15899 只家禽注射了疫苗。1 月 29 日，出动 70 余名警力，配合区、镇、村三级工作组对向山石马村养鸡场现场周围 3 公里以内的家禽、家犬进行捕杀、焚烧和掩埋等紧急处理，防止禽流感疫情进一步扩大和蔓延。1 月 31 日上午，马鞍山市公安局再次出动警力 50 余人继续在向山镇配合有关部门进行捕杀工作。同时，向出入马鞍山市的马和轮渡、杨家村收费站、葛羊山收费站、采石外桥收费站 4 个卡点派驻警力配合交通部门检查运送家禽、动物的车辆，严防此类车辆出入马鞍山市。在养鸡场周围 3 公里以内共捕杀各类家禽 1512 只、狗 7 只、猪 3 头，并在现场周围 5 公里范围内配合有关部门对 15899 只家禽注射了疫苗。1 月 29 日，广德县公安局根据《广德县人民政府对杨滩乡燎琳村实施疫区紧急封锁令》，于当日 18 时起，抽调民警 150 人次、警车 35 台次，对发病现场 3 公里范围内实行了疫区紧急封锁。1 月 30 日 5 时 30 分，广德县公安局民警参加全县统一捕杀家禽行动，将疫区 3 公里以内涉及 3 个行政村、17 个村民组、1102 户的所有禽类全部进行捕杀（共计捕杀 35209 只，价值 70 余万元），并进行了无害化处理。为保证参战民警的自身安全，广德县公安局投入资金 4000 余元，为参战民警购置了 70 套卫生防护服和消毒用品等必需物资，严防人禽交叉感染。1 月 31 日，省公安厅向全省公安机关下发《关于切实做好高致病性禽流感防治工作的紧急通知》，对全省公安机关做好高致病性禽流感防治工作进行了全面部署。疫情发生后，由于各级党委、政府高度重视，采取有力措施，使疫情得到有效控制，没有造成人员感染，疫区群众情绪稳定，生活正常。全省禽类市场秩序平稳，没有发生借禽流感传播封建迷信、进行煽动造谣、制造恐慌、捣乱（破坏）及暴力抗拒执法案件。新闻媒体除进行客观报道外，都投入大量版面进行正面引导，并刊登一些关于防治禽流感的专家访谈和防护常识等。

第四章　刑事犯罪侦查

1981 年 5 月，省公安厅将治安业务和刑侦业务分开，刑侦指导科与刑事技术室从治安处分出，恢复设立刑事侦察处，序列第八处。内设刑侦科、技术科、内勤科。1982 年 5 月，增设技术研究科。1983 年 7 月，改序列第八处为第四处，设刑侦一科、刑侦二科、刑事科学技术研究所（内设四个室）、警犬训练队、内勤科。1990 年 6 月，内勤科改称秘书科。1993 年 12 月，内设一科（大要案侦查）、二科（基础工作与打拐）、三科（犯罪资料）、四科（经济犯罪侦查科，1999 年 11 月划出，设立经济犯罪侦查总队）、五科（禁毒科，2000 年 1 月划出，设立禁毒处）、警犬队、刑科所（1995 年至 2000 年，刑事技术从刑侦处分出，成立刑事技术处，序列第六处）、秘书科。1995 年，省公安厅刑事侦查处对外称安徽省公安厅刑事警察总队。2000 年 5 月，刑事侦查处内设秘书科、侦查一科（大要案侦查）、侦查二科（侵财案件侦查与打拐）、三科（情报资料）、四科与五科合并（刑事基础工作办案指导）、六科（警犬工作）、七科（刑事照相与录像）、八科（法医）、九科（痕迹检验）、十科（文检）、十一科（毒物化验）。2001 年 2 月 1 日，省公安厅设立打黑除恶专项斗争专业队，副处级建制。

1997 年年底，全省 16 个地、市（亳州市从阜阳市划出）公安机关刑警大队全部更名为刑警支队，滁州、安庆、宿县三地、市刑警支队为副县级建制，合肥、马鞍山、池州、淮南等市刑警支队主要负责人实行高配。2000 年，省公安厅刑警总队总队长高配为副厅级；各市公安局刑警支队为副处级建制；各县（市、区）公安局设刑警大队，刑警大队下设直属中队和责任区刑警队；责任区刑警队独立办公，隶属于刑警大队管理。

省公安厅刑警总队主要职能：刑事大要案侦查、有组织犯罪侦查（包括刑侦缉毒）、刑侦信息技术工作、刑侦基础工作。大要案侦查（侦查一科、侦查二科、打黑除恶专业队）主要负责组织、指挥、协调、参与全省有影响和跨省、市的严重暴力案件、毒品案件、系列性案件的侦破，并牵头侦办其中特别重大的案件；承办各级领导交办的案件，组织开展全省严打专项斗争；承担国际刑警组织中国国家中心局交办的任务。有组织犯罪侦查（打黑除恶专业队）主要负责侦办中央、公安部和省委、省政府及上级领导交办的涉黑涉恶犯罪案件；负责侦办组织严密、犯罪隐蔽、经济实力雄厚、关系网和保护伞复杂、基层公安机关侦办有难度的黑恶势力犯罪案件；指挥、协调、督导下级公安机关开展打黑除恶工作；搜集、管理、研判全省黑恶势力犯罪、境外黑社会犯罪渗透活动，研究打击、防范对策。刑事犯罪信息及警犬工作主要负责全省犯罪信息系统（含指纹系统的建库、查询、比对）规划、建设、指导、维护和信息采集、管理、应用工作；负责全省警犬技术的指导、规划应用工作。刑侦基础工作主要职责是及时收集掌握全省刑事犯罪动态，研判、通报、交流全省刑事犯罪信息，确保各类信息及时、准确、鲜活；研究制定全省打击刑事犯罪的工作对策；制定刑侦基层基础工作发展规划，为基层提供办案指导、情报信息研判、业务培训等方面的服务。

市公安局刑侦部门职责：组织协调侦破跨区域犯罪案件；侦破黑社会性质、重大集团犯罪等特殊案件；刑事检验鉴定、复杂疑难现场的勘验支援；管理犯罪情报信息；对下专家和专业侦查力量支援。

县、区公安（分）局刑警大队职责：组织协调侦破跨区域犯罪案件；侦破特殊犯罪案件；现场勘查和常规检验鉴定；收集、管理犯罪情报信息；对下专业侦查力量支援。

责任区刑警队职责：依据案件分工，积极侦办辖区内的刑事案件、及时抓捕犯罪嫌疑人；在上级刑侦部门领导指挥下，参与侦办重大、疑难案件；协助外地公安机关破案、办案和抓捕犯罪嫌疑人；开展刑侦基础工作；协助派出所抓好治安防范。

第一节　刑侦体制改革与协作

刑侦体制改革　1997年6月9日，全国刑事侦查工作会议提出“刑事侦查部门是侦查破案的主力军，承担全部破案责任，科学划分责任区，建立覆盖社会面的刑警队（后改称为责任区刑警队），实行侦审一体化，落实破案责任制，努力提高侦查破案水平，建立公安机关统一指挥、快速反应，各警种各地区密切配合、紧密协作的打击犯罪整体作战格局”。6月底，省公安厅根据全国刑事侦查工作会议精神，印发《关于改革和加强刑侦工作的意见》，提出刑侦工作改革和派出所改革思路（简称“双改”）。8月18日至20日，省公安厅在合肥市召开全省改革和加强派出所刑事侦查工作会议，全面部署“双改”工作。11月27日，省政府办公厅转发省公安厅《关于改革和加强派出所工作意见及关于改革和加强刑事侦查工作的意见》，明确规定全省刑侦部门实行队建制。省公安厅刑侦部门为刑警总队；各地（市）公安处（局）刑侦部门为刑警支队；各县（市）区公安局（分局）建立刑警大队。县区可把一个或若干个派出所的辖区作为一个责任区，派驻一个刑警队，称为责任区刑警队（开始时称为刑警中队）。8月28日，合肥市公安局召开全市派出所和刑侦改革动员大会，推出八条措施，全面推进派出所和刑侦工作改革。八条措施是：明确派出所和刑侦部门职能。派出所是治安防范主力军，主要职能是防范、管理和接处警；刑侦部门是破案的主力军，承担全部刑事案件侦破责任。合理调整警种比例。警务向一线和基层倾斜，逐步实现派出所民警占全部警力45%，刑警占30%、巡警占15%、机关占10%的比例，其中责任区民警占派出所民警总数65%以上，驻所刑警占刑警总数60%以上。合理划分派出所责任区，责任区形式可为居民区、内部单位、集贸市场、复杂场所等组合型，也可为单一型。明确派出所责任区职责，实现“一区一警、一警多能、一包到底”的工作责任制。设置刑侦内部机构，充实刑侦人员。公安分局刑警大队按照专业化、责任区、刑侦技术体系，设立驻所中队、重案中队、直属中队、技术中队等，警力可增至80人。建立覆盖社会面的刑警队，实行中队驻派出所制。刑警中队参与派出所值班，共同处警，侦破派出所各类刑事案件。实行侦审合一制。刑事案件从立案、侦查、审讯到提请逮捕、移送起诉的整个过程，由刑警大队一包到底。建立科学的派出所和刑侦工作考核机制。考核结果与民警的政治、经济待遇挂钩。

1997年10月底，苏、鲁、豫、皖四省刑侦工作改革座谈会在黄山召开。会上，公安部副部长白景富对安徽省刑侦改革工作给予充分肯定。11月，省公安厅确定合肥市、安庆市公安局，六安行署公安处和亳州市、砀山县、灵璧县、广德县公安局以及淮北市相山区、铜陵市铜官山区、蚌埠市东区公安分局等10个单位为刑侦改革联系点。

1998年6月22日，省公安厅主要负责人与全省各市（地）公安局局（处）长签订《安徽省刑侦工作改革责任状》，要求各市建立覆盖社会面的责任区刑警队，实行侦审合一，规范刑侦工作运行机制。

1999年3月27日，省公安厅出台《安徽省公安厅关于刑事侦查破案责任制的暂行规定》《安徽省公安厅关于办理刑事案件把关监督的暂行规定》《安徽省公安厅关于刑警大队中队规范化建设暂行规定》等3个规范化文件，对基层刑侦部门的人员配置、办案质量、现场勘查、刑侦基础、队伍建设等作出明确规定。12月，省公安厅党委提出在全省推行“涡阳模式”，按照独立办公、直接领导、责任明确、保障有力的原则，建好建强责任区刑警队。1999年下半年至2000年上半年，省公安厅刑警总队先后举办2期以“刑法”“刑诉法”、预审和刑事技术为主要内容的刑警支队长、大队长培训班，轮训全省刑警支队长和刑侦改革试点单位的刑警大队长。

2000年年初，安徽省开展首次刑警队等级评定工作。推选出的灵璧县公安局灵城责任区刑警队、铜陵市公安局铜官山分局责任区刑警二队、涡阳县公安局责任区刑警五队、明光市公安局责任区刑警二队、阜阳市公安局颍东分局责任区刑警二队被公安部评为“全国模范责任区刑警队”。芜湖市公安局新芜分局责任区刑警二队等9个责任区刑警队被评为“全省优秀责任区刑警队”，另有89个基层刑警队被评为合格责任区刑警队。2月，省公安厅党委印发《关于加强派出所、刑警中队、交警中队建设的决定》，旨在“加强基层三所队建设，加强基层基础工作”。2月22日至3月30日，省公安厅刑警总队在涡阳县分 3 期举办全省责任区刑警中队中队长任职资格培训班，参训人员 427 人。4 月份开始，省公安厅通知要求全省刑事警察收听全国刑侦业务培训专家电话讲座，提高全省刑事警察业务素质。4 月 28 日至 29 日，省公安厅在合肥市召开“深化刑侦改革，提高刑警素质”会议，深入贯彻落实公安部 2000 年 1 月在福建省厦门市召开的会议精神，要求各地在刑侦改革中狠抓刑警培训，确保办案质量，全面提高刑警队伍整体素质。5 月，公安部在天津市召开会议，公安部副部长白景富要求各地要高度重视办案质量工作。7 月中旬，省公安厅在合肥市召开深化刑侦改革提高办案质量会议。会上，省公安厅刑警总队对参会的各市分管刑侦局领导、支队长组织了业务考试。7 月 7 日至 8 月 1 日，省公安厅刑警总队在省警校举办第三期责任区刑警中队现场勘查员岗位培训班。12 月 5 日至 31 日，省公安厅刑警总队在省警校举办第四期责任区刑警队现场勘查员培训班，培训学员 110 人。

2001 年年初，省公安厅刑警总队给灵璧等 5 个责任区警队联系点各配备 2 辆摩托车。1 月 27 日，省公安厅刑警总队召开了以“涡阳模式”为代表的 10 个责任区刑警中队中队长座谈会。2 月，省公安厅在明光市举办第四期责任区刑警队队长任职资格培训班，培训学员 128 人。4 月，全省建立责任区刑警队 376 个，其中拥有独立办公条件的 177 个，10 人以上的责任区刑警队 112 个，全省刑警总人数 5700 余人，比刑侦改革前的 1997 年增加 1 倍多。6 月 8 日，公安部召开全国模范责任区刑警队表彰大会，安徽省灵璧县公安局灵城责任区刑警队等 5 个全国模范责任区刑警队受到表彰。10 月，省公安厅两次组织开展全省刑警任职资格考试，全省 17 个市及厅机关 4755 名刑警参加了考试。

2002 年 3 月，省、市两级公安机关帮助 26 个责任区刑警队建起了办公用房。合肥市公安局按照省公安厅的要求，一次性投入 300 万元，各分局给每个责任区刑警队投资 20 万元，组建 10 个高标准的责任区刑警队。每个队按正科建制设置，人数 20 人左右，建有独立办公用房，配备 4 辆汽车，通信设备到位，“五小工程”（小健身房、小浴池、小洗衣房、小阅览室、小食堂）齐全。8 月 21 日至 23 日，省公安厅在合肥市召开全省公安机关实施社区警务战略暨深化派出所、刑侦改革工作会议。会议传达学习全国公安派出所工作会议和公安部深化刑侦改革会议精神。8 月，省公安厅出台《安徽省公安派出所与责任区刑警队协作配合工作规范》。11 月，省公安厅组织开展全省第二次责任区刑警队等级评定工作。各地申报一级队 17 个，二级队 50 个。2003 年 2 月，省公安厅刑警总队对各地申报的二级以上责任区刑警队进行了检查验收。经过考核，有 17 个责任区刑警队被公安部评为一级队，42 个责任区刑警队被省公安厅评为二级队，各地评出三级队 97 个。为规范责任区刑警队建设，省公安厅刑警总队出台一整套统一的日常管理台账，并与厅治安总队会商起草《安徽省公安派出所与责任区刑警队协作配合工作规范》，解决了长期困扰责任区刑警队发展的难题。年底，全省有责任区刑警队202个，其中10人以上的责任区刑警队有165个，有独立办公场所的153个。

2003年3月14日，省公安厅刑警总队下发《关于实施帮扶责任区刑警队工作的通知》，多方筹措资金50万元，要求相关市县列出配套资金，对基层责任区刑警队实行帮扶。先期列出涡阳县公安局标里责任区刑警队、灵璧县公安局灵城责任区刑警队、泗县公安局屏山责任区刑警队、阜阳市公安局颍东分局插花责任区刑警队、金寨县公安局梅山责任区刑警队、明光市公安局涧溪责任区刑警队、繁昌县公安局孙村责任区刑警队、广德县公安局新杭责任区刑警队为2003年省公安厅帮扶对象。

2004年4月18日至29日，省公安厅在合肥市举办全省第五期责任区刑警队队长培训班。主要任务是加强责任区刑警队规范化建设和提高刑警队长业务水平。为办好培训班，省公安厅从公安部、安徽大学、安徽大学公安学院、省检察院、省法院、省司法厅、省公安厅和市公安机关聘请、抽调20名专家学者担任教员。通过12天的培训，参训学员圆满完成了学习任务。上半年，安庆市公安局郊区分局率先推行等级侦查员试点工作。10月14日，公安部考核组对安徽省一级责任区刑警队和刑警大练兵进行考核，安庆市公安局刑警支队、郊区分局刑警大队，枞阳县公安局刑警大队，桐城县公安局新渡责任区刑警队抽调的35名刑警参加考核，取得人均92.76分的佳绩，名列全国第五。

2004年，省发展和改革委员会下达补助投资计划200万元，用于20个无房派出所和责任区刑警队业务用房建设，先期对利辛县公安局王人责任区刑警队、砀山县公安局园艺场责任区刑警队、临泉县公安局于庙责任区刑警队、六安市公安局金安分局三十铺责任区刑警队、芜湖市公安局镜湖分局责任区刑警一队、宿松县公安局第一责任区刑警队6个责任区刑警队进行帮扶。2005年，省发改委下达18个建房项目投资计划，下达并启动44个基层所队建房项目投资计划。至2005年年底，共投资2000余万元完成68个无房责任区刑警队办公用房建设，90%以上责任区刑警队基本解决了办公用房问题。经过整合，全省责任区刑警队从最多时的483个减少至215个。经评定，全省责任区刑警队全部达到三级以上等级。

刑侦协作　1985年11月至1986年11月，长江沿线宁铜区段各级公安机关密切协作，紧紧围绕“严打”工作，采取调查摸底、查缉控制、追捕堵截和集中行动等多种措施，严密搜捕流窜犯，抓获流窜犯罪分子3764人，破获各类刑事案件872件，缴获长短枪8支、子弹百余发及价值25万元的赃款赃物。

1986年11月26日至28日，长江沿线宁铜区段第四次刑侦协作会议在马鞍山召开。参加会议的有江苏、安徽省长江沿线的有关公安处局、派出所负责人。会议回顾总结了第三次联防协作会议以来的工作情况。会议认为，联防协作是同刑事犯罪分子特别是同流窜犯罪分子作斗争的一种好形式，它打破了区域界限，将沿江各地公安机关联成一体，在查控、侦破流窜犯罪案件中发挥了整体作战的效能。会议认真分析了在新形势下流窜犯罪新的动向和特点。

1987 年 4 月 16 日，安徽、河南 8 县治安联防会议在临泉召开。参加会议的有安徽的界首、阜南、临泉和河南的淮滨、新蔡、平舆、项城、沈邱等 8 个县的政法委书记、公安局局长、刑警队队长、治安股股长、办公室主任和接合部派出所所长。会议通报了各地的社会治安情况，交流了信息，针对接合部治安情况，研究制定了对策。会议制定了共同遵循的五条协议：大力协作加强侦察破案；密切配合，打击流窜犯罪分子；严密治安管理、及时处理好涉及邻县的治安纠纷案件；加强横向联系，及时交流情报信息；召开联防会，形成制度。

1987 年 4 月 27 日至 29 日，赣、鄂、皖三省沿江结合部第十六次治安联防会在贵池召开。参加会议的有三省沿江联防区的各公安处、局及派出所的负责人。会议交流了治安联防工作经验，分析了治安形势，研究了联防工作的任务和措施。会议认为，1986 年联防区公安机关认真贯彻实行依法从重从快的方针，深入开展“严打”工作，在各项公安工作中取得了很大成绩。特别是在打击流窜犯罪的斗争中，联防各单位按照《赣、鄂、皖三省沿江接合部治安联防章程》和第十五次治安联防会议纪要精神，增强了全局观念，积极主动配合，开展了集中打击流窜犯统一行动和形式多样的小区域集中打击行动，有效促进了联防区社会治安的稳定好转。会议讨论通过《赣、鄂、皖三省沿江接合部治安联防章程》。

1988 年 5 月 18 日，华东地区第七次刑事侦察工作协作会议在铜陵市召开。参加会议的有华东六省一市公安厅局和刑侦部门的负责人。会议邀请铁道部公安局、上海铁路公安局，北京、天津、内蒙古、湖北、河南、湖南省公安厅（局）和刑侦部门的负责人出席会议，与会人员 43 人。安徽省委副书记、副省长傅锡寿到会并讲话。会议回顾了华东地区第六次刑侦协作会议以来的工作，研究商定了协作区有关工作。自 1987 年至 1988 年 3 月，协作区六省一市查获刑事犯罪分子 10.41 万人，破获各类刑事案件 11.2 万件，其中重大刑事案件 2.75 万件，抓获流窜犯罪分子 4.23 万人。1987 年 1 月至 1988 年 3 月，安徽省各级公安机关以保卫经济建设为中心任务，紧密结合“严打”斗争第三战役，认真贯彻协作会会议纪要精神，严厉打击刑事犯罪活动斗争，取得了明显的效果。全省立刑事案件 2.08 万件，破案 1.75 万件，破案率为 80.4%；抓获各类作案成员 2 余万人，其中重大犯罪分子 5263 人；摧毁犯罪团伙 1473 个，瓦解团伙成员 5987 人；缴获赃款赃物折款 924 万元；收缴被盗、被抢、私藏的枪支 17 支，子弹 761 发，手榴弹 3 枚，炸药 154 千克，雷管 1.2 余万发。

第二节 “严打整治”斗争

统一行动 1983年8月，中共中央作出“三年为期，三个战役”严厉打击严重刑事犯罪活动的决定，一场史无前例的“严打”斗争在全国迅速展开。全省公安机关在安徽省委、省政府和各级党委、政府的直接领导下，从1983年8月20日全省打响“严打”第一战役第一仗开始，到1987年2月各地坚持不懈地打完第三战役第三仗，全省“严打”斗争共打了3个战役11仗。全省破获各类刑事案件7.5万件，其中大案1.26万件；摧毁流氓、强奸、抢劫、盗窃等犯罪团伙5600个，抓获各类严重违法犯罪分子10余万人。严打期间的刑事案件立案数比“严打”前三年下降35.6%，尤其是团伙犯罪大为减少，公共场所和内部单位秩序明显好转。

1990年5月中旬到1991年2月，随着中国经济处于高速增长，各种社会矛盾不断出现，尽管公安机关连年不断开展“严打”，但刑事案件仍呈高发态势。针对全省刑事发案连续3年大幅度增长，人民群众反应强烈的实际情况，根据中央政法委“5•5”电话会议的统一部署，省委、省政府决定在全省范围内开展一场声势浩大的“严打”斗争，并于5月15日召开全省电话会议进行了部署。针对淮北地区“车匪路霸”、团伙犯罪猖獗和沿江地区“江盗水贼”、流窜犯罪活动突出的情况，全省“严打”斗争将打击重点放在淮北地区和沿淮及长江沿线，围剿流窜犯、在逃犯和“江盗水贼”。行动中，抓获“江盗水贼”和其他违法犯罪人员984人，破获各类刑事案件369件，其中大案45件，摧毁“水霸”等犯罪团伙52个，瓦解成员332人；缴获赃款、赃物折款92.3万元，打掉了一批横行江湖水面的“水霸”团伙。此外，全国通缉的重大抢劫犯陶某、李某，云南省公安机关通缉在逃的重大诈骗犯陈某，以及在江苏省扬州市作案被公安机关抓获后戴着手铐脱逃的盗窃犯蒋某均在行动中被抓获。从1990年5月中旬到1991年2月，省委政法委先后3次召开电话会议对“严打”斗争进行部署，并先后在全省组织开展了集中搜捕行动、“水网行动”“铁路行动”“追逃统一行动”以及淮北5地区“打击车匪路霸统一行动”等8次大规模的集中打击统一行动。这场“严打”斗争，全省破获各类刑事案件1.98万件，其中大案3593件；摧毁犯罪团伙3077个，瓦解成员1.23万人。在“严打”斗争凌厉攻势下，一大批危害严重的“车匪路霸”“江盗水贼”纷纷落网，一些铁路、水路、公路干线及接合部地区治安混乱的局面大为改观，有力地促进了全省治安大局的稳定。

1996年4月至1997年2月，中共中央作出在全国开展“严打”斗争的重大决策。在省委、省政府和各级党委、政府的直接领导下，全省公安机关组织开展一场“严打”

整治斗争。这场“严打”以“破大案、打团伙、追逃犯”以及治安秩序不好的地方进行重点整治为主要目标，先后进行三个战役和专案攻坚、冬季战役等几个阶段。“严打”斗争中，全省公安机关破获各类刑事案件3.87万件，其中大案1.33万件；打掉犯罪团伙5849个，瓦解成员2.96万人。为确保“破案缉逃”和“重点整治”取得实效，省、地（市）、县三级严打领导小组共确定挂牌重大案件914件，挂牌重要逃犯1945人，挂牌重点整治地区320个，要求各级政法公安机关盯住挂牌，开展攻坚。特别是在“严打”攻坚战进行到关键时刻，省委、省政府于1996年8月13日在合肥召开由各地市党、政分管领导参加的全省专案工作会议，明确了各级党委、政府在完成挂牌任务中的政治领导责任，要求各级党政主要领导亲自抓专案工作，有力地促进了挂牌任务的完成。至“严打”斗争结束，全省三级挂牌案件侦破、逃犯追捕和整治重点地区完成率分别达到67.7%、57.9%和100%。

2001年4月至2003年4月，全省公安机关紧紧围绕“两年内社会治安取得新的明显进步”的目标，坚决贯彻“严打、严防、严管、严治”的方针，精心组织，周密部署，以“打黑除恶”专项斗争为龙头，在“治爆缉枪”、查禁“毒鼠强”，打击经济犯罪、整顿和规范市场经济秩序，以及社会治安综合治理等各条战线上，发起了严厉打击各种违法犯罪的凌厉攻势，开展了一场声势浩大的“严打”整治斗争，沉重地打击了犯罪分子的嚣张气焰，整治了群众反映强烈的社会治安问题，维护了全省政治和治安秩序的稳定，取得了“严打”整治斗争的胜利。在为期2年的“严打”整治斗争中，经过全省公安机关和广大公安民警的不懈努力，破获各类刑事案件14.76万件，查获犯罪集团4009个，破案3.65万件；抓获、处置违法犯罪嫌疑人11.27万人，其中刑事拘留42445人，批准逮捕30178人，移送审查起诉34518人；查处治安案件18.88万件，处理违法人员28.18万人。经过“严打”整治，基本遏制刑事犯罪高发的势头，2002年、2003年年立刑事案件数均比2001年有所回落。人民群众的安全感不断增强，2002年度群众安全感调查，85.5%的群众认为有安全感，96%的群众认为“严打”整治斗争有成效，93.7%的群众认为当前社会治安状况良好，分别比2001年上升了1.3、1、1.3个百分点。在2003年开展的“万名民警访平安”活动调查结果显示：人民群众对社会治安感到安全和基本安全的达到97.4%，有96%的群众对公安机关开展的“严打”整治斗争工作表示满意或基本满意。经过“严打”整治斗争，基本实现了中央提出的“两年内实现社会治安取得明显进步”的目标，有效维护了全省社会治安的稳定，为全省改革开放和现代化建设事业创造了良好的治安环境。

专项整治　1985年，在“严打”的同时，省公安厅采取“选择重点、各个击破”的方针，要求各地从实际出发，不采取全省性的统一行动，以地、市或县为单位，哪类犯罪突出就重点打击哪类犯罪活动，哪些地方治安状况差就着重抓哪些地方。4月，全省公安机关多次组织以打击盗窃犯、流窜犯为重点的侦破战役，破案1.43万件，其中，37%的案件是通过侦破战役破获的；在打击流窜犯行动中，抓获流窜犯、在逃犯1300余人。对影响较大的恶性案件和严重暴力性案件，省公安厅要求快侦快破，及时消除影响。故意杀人、强奸、故意伤害（重伤）等大案的破案率均达90%以上。针对夏季各地流氓滋扰、聚众斗殴、捅刀子案件有所抬头的情况，全省公安机关认真贯彻公安部关于夏季治安工作的意见，采取多种有效措施，严厉打击了此类犯罪。10月至12月，省公安厅部署在全省开展反盗窃斗争，阜阳、六安、合肥、淮北、淮南、蚌埠等13个地、市公安机关破获各类刑事案件3893件，其中大案202件，积案628件，抓获各类犯罪分子2253人，摧毁犯罪团伙163个，瓦解成员620人，缴获赃款81万元。

1986年8月30日，省公安厅要求全省公安机关结合“严打”第三战役第二仗在国庆节前后开展一次集中打击流窜犯的战役行动。9月10日，省高级人民法院、省检察院、省公安厅、省司法厅转发最高人民法院、最高人民检察院、公安部、司法部《关于在打击流窜犯罪活动中需要注意几个问题的通知》，明确公安、检察、法院、司法行政各部门在党委统一领导下，积极协同，密切配合，重视解决对流窜惯犯打击不力的问题，抓好查证处理工作的任务分工。

1987年3月，全省8个省辖市采取“抓市区带郊县、抓重点带全局”的方法开展专项斗争。合肥市狠抓流氓捅刀子案件，截至4月20日，全市抓获各类犯罪分子230人，另有扒窃分子143人；破获刑事案件154件，摧毁流氓团伙6个25人，缴获赃款赃物折款6余万元。其他7个省辖市也紧紧围绕打击流氓团伙、反扒窃、反盗窃开展专项斗争。淮南、淮北两市公安机关开展了收缴凶器打击流氓犯罪的专项斗争。到4月8日，淮南市收缴各种凶器994件，其中火药散弹枪317件，抓获各类犯罪分子186人，摧毁犯罪团伙15个79人。在农村，公安机关着重抓查禁赌博和反盗窃工作。到4月上旬，全椒县公安局查禁赌博456场，查处参赌人员2450人；涡阳县公安局在治安巡逻中破获一个16人的流氓盗窃团伙。针对夏季治安特点，省公安厅以合肥、淮南、淮北、芜湖、蚌埠、马鞍山、安庆、铜陵8市为重点，部署开展夏季治安工作，带动全省城乡打击刑事犯罪活动。仅5月份8个市公安机关就破获各类刑事案件337件，查处扰乱社会秩序、流氓滋扰、殴打他人等治安案件569件1108人。国庆、元旦和春节期间，全省各地公安机关针对流窜犯、在逃犯的活动规律，先后组织3次集中统一行动，收捕流窜犯、在逃犯。据合肥、芜湖等9个地市统计，春节期间抓获流窜犯罪分子358人，破获各类刑事案件128件。国庆期间，仅合肥、淮南2市公安机关即抓获流窜犯、在逃犯124人。由于坚持了打击与防范、经常性打击与集中打击相结合的办法，1987年，全省先后开展了打击流氓滋扰、流窜犯罪、盗窃扒窃、卖淫嫖娼、拐卖妇女等专项斗争和侦破战役，继续保持严打声威，破获各类刑事案件14663件，其中重大案件3229

件；抓获各类犯罪分子 16231 人，其中重大案犯 4234 人；摧毁各类犯罪团伙 1461 个，瓦解成员 7965 人；缴获赃款赃物折款 873 余万元，缴获各种枪 307 支，子弹 2119 发，雷管 25115 只，炸药 759 千克。各地重点抓住对人民生命财产构成严重威胁的严重暴力犯罪和恶性案件的侦破工作，制定了处置严重暴力性犯罪的预案。同时，结合本地实际情况，制定了相应的防暴预案，组成值班调度室或防暴机动队，开展防暴演习，有效地提高了快速反应能力。全省全年发生严重暴力案件 23 件，破获 19 件，破案率为 82.6%。在“严打”战役中，各地公安机关相继破获了多件大案要案。

1988 年，全省各地公安机关在春节前后集中开展打击流窜犯、在逃犯统一行动。合肥、淮南、铜陵、淮北、巢湖、宿县、宣城、安庆等 8 个地市公安机关在行动中查获流窜犯、在逃犯 620 人，破获各类刑事案件 1050 件，缴获一大批赃款赃物。1 月 13 日，针对全省扒窃犯罪活动趋于严重的情况，省高级人民法院、省人民检察院、省公安厅联合印发《关于当前处理扒窃案件的几点意见》，加重了扒窃案件的处罚力度。全省各级公安机关与检、法、司等部门配合，因地制宜开展了打击各种刑事犯罪的专项斗争，采取集中统一行动，重点打击盗窃（扒窃）、抢劫和流氓滋扰活动，严厉查禁赌博，取得显著成果。春节过后，各地又适时开展了集中打击活动和侦破战役。5 月 6 日，全国治安工作电话会议之后，各级党委、政府狠抓落实，迅速作出具体部署，全省上下掀起了打击严重刑事犯罪活动的高潮。5 月 28 日，省公安厅召开电话会议，要求各地认真分析夏季治安特点，有针对性地开展工作。上半年，全省公安机关抓获各类犯罪分子 16723 人，摧毁犯罪团伙 785 个、瓦解成员 4000 人；缴获各种枪支 113 支、子弹 600 余发、凶器 1000 余件，赃款赃物折款 470 万元；破获各类现行案件 7407 件（不包括隐案、积案），其中大案 1792 件。

1989 年，全省各级公安机关分别开展了 4 次全省性的集中打击和集中整顿，破获刑事案件 20755 件，比 1988 年多破了 1315 件，破案率为 81%。其中破获重大刑事案件 5701 件，比 1988 年多破 1027 件，破案率 79.3%；批准逮捕犯罪嫌疑人 21920 人，比 1988 年上升 42.7%。各地继续保持对刑事犯罪的高压态势，破获了一批大案要案。

1991 年 9 月 18 日至 9 月 22 日，华东地区六省一市和上海市铁路公安机关开展“打流窜，追逃犯，破大案”集中专项行动。安徽省公安机关积极参与，实行陆地、水上、车上、车下全方位行动，5 天时间抓获犯罪分子 4692 人，其中在逃犯 1266 人（批捕在逃 28 人，批劳教在逃 59 人，批收审在逃 124 人，通缉在逃 19 人）、流窜犯 276 人，正在作案的犯罪分子 1924 人，其他各类违法犯罪分子 1226 人，摧毁犯罪团伙 156 个，瓦解团伙成员 618 人，捣毁窝点 80 处，破获刑事案件 1791 件。行动期间，有 46 人到公安机关投案自首。

1992 年上半年，全省在地、市范围组织开展专项斗争和集中打击行动 20 余次，统一组织了反盗窃专项斗争第二阶段战役，保持了“严打”势头。抓获各类犯罪分子22262人，其中逮捕9560人；查获犯罪团伙1605个6589人；缴获各种枪支3600支、子弹601发、凶器6000余件、炸药667千克；缴获赃款赃物折款1130万元。破获各类刑事案件13316件，其中大案3100件。

1993年3月底至9月底，全省公安机关分别开展了“春季攻势”和“夏季行动”2次集中打击行动。12月，转入“冬季战役”。1993年3月至1994年3月，全省开展了围歼“车匪路霸”专项斗争。3月20日，省委、省政府召开全省电话会议，传达中央社会治安综合治理委员会召开围歼“车匪路霸”电话会议精神，会议部署整个专项斗争分三个阶段：春季攻势的重点是未破的“车匪路霸”案件，集中3个月打歼灭战。夏季行动的重点是以围歼车匪路霸为龙头，结合夏季治安破大案，挖团伙，并适时组织禁毒斗争。“冬季战役”是为确保冬季社会治安稳定和1994年元旦春节期间安全，巩固围歼斗争成果。1993年12月至1994年2月底，省公安厅在全省开展以“破大案、追逃犯、挖团伙”为主要内容专项战役，对春、夏、冬三个阶段分别制定具有不同侧重点的围歼方案。破获“车匪路霸”案件3520件（其中持枪、持刀、运用凶器拦路抢劫等严重暴力案件95件），抓获犯罪嫌疑人5175人；摧毁一大批作恶多端的犯罪团伙，打掉车匪路霸团伙777个，抓获团伙成员3375人；依法严惩了一大批车匪路霸，批准逮捕犯罪嫌疑人1153人，刑事拘留443人，劳动教养142人。

1994年4月25日、6月27日，省委、省政府召开电话会议，部署重点整治农村地区治安工作。全省公安机关破获刑事案件16031件，其中重大案件3696件。太和县公安局破获1989年宫继成一家6口人被杀案，抓获犯罪嫌疑人高某；蚌埠市公安局破获“5•5”特大爆炸案；巢湖市公安局破获特大盗窃破坏电力设备团伙案；安庆市公安局经过深挖，抓获“杀人狂”高某，破获一批碎尸案，3件杀人隐案。查获违法犯罪团伙2005个，抓获团伙成员9749人。如长丰县三和乡的“四狼一虎”；定远县的“黑色包工队”；阜阳县“三井子”团伙。10月中旬至年底，开展了“冬季破案会战”。

1995年3月至5月，全省公安机关开展“春季严打攻势”，破获各类刑事案件10877件（含隐积案），摧毁各类犯罪团伙1819个，抓获各类逃犯1580人。此外，打击“江盗水匪”、打击走私犯罪、打拐、打击盗抢机动车等全省范围的专项斗争和集中统一行动取得较大成效。各地公安机关预审部门努力贯彻“严打”方针，深挖犯罪，预审质量大为提高。全省通过预审查破各类刑事案件3782件，其中重特大刑事案件2250件，增补、追诉犯罪嫌疑人1430人，占逮捕犯罪嫌疑人总数8.4%；追缴赃款和赃物折款计1158万元。为了加快办案节奏，提高办案质量，各地公安机关强化预审目标管理工作，审结率达99.6%、移诉合格率达99.84%、大要案审理从快率达95.3%。

1999年7月，安徽省制定刑事大要案件挂牌督办制度，在挂牌督办案件的标准、案件的上报时间、破案责任制、办案质量以及奖惩机制等方面作出明确规定。对破获省公安厅挂牌督办案件的，省公安厅予以通报表彰，并建议对负责侦破该案的责任人和有功人员给予记功、嘉奖。对久侦不破的案件，定期向全省通报，并向当地党委政府汇报；对因工作不负责任、贻误战机造成犯罪嫌疑人脱逃的，追究包案责任人和相关人员的责任。

2002 年，在查处“毒鼠强”专项治理中，省公安厅历经 3 个月的艰苦工作，查清 2002 年以后犯罪嫌疑人制造和通过邮局向全国各地销售“毒鼠强”的犯罪事实，发现并捣毁生产窝点 11 处，抓获制贩“毒鼠强”主要犯罪嫌疑人 74 人，彻底摧毁了全省“毒鼠强”销售网络。2002 年 5 月 29 日零时至 5 月 31 日 24 时，全省各级公安机关开展为期 3 天的“集中打击现行犯罪，积极追捕在逃人员”专项行动，出动民警 77654 人，动用其他社会力量 44849 人，清查公共复杂场所 53809 处，破获各类刑事案件 1557 件，破获治安案件 1249 件，查获各类违法人员 3490 人，其中网上逃犯 241 人。

2003 年 4 月 24 日至 28 日，省公安厅在全省范围内组织开展了为期 4 天的“破案追逃”集中统一专项行动，有力打击各类违法犯罪，保障“非典”严峻形势下的全省社会治安稳定。行动期间，全省出动警力 7.45 万人次，清查公共复杂场所 4.67 万处，设立卡点 3946 个，破获刑事案件 3812 件，抓获各类违法犯罪人员 5622 人，网上逃犯 143 人。阜阳市太和县公安局抓获了一次杀死 6 人潜逃 8 年之久的部督逃犯王某。9 月 26 日，全省开展了为期 3 天的“破案追逃”集中统一行动，出动警力 5 余万人次，破获刑事案件 2383 件，其中破坏电力设备案件 108 件，捕获网上逃犯 52 人，极大地震慑了各类违法犯罪活动。其中，安徽省与江苏警方联手破获发生在皖苏边界的恶性麻醉抢劫案件 3 件；芜湖市公安局破获“9•26”绑架杀人案件；马鞍山市当涂县公安局破获破坏电力设备案件 10 余件。

2003 年 11 月至 2004 年 3 月，省公安厅组织开展“破大案、追逃犯、治乱点”“严打”整治斗争。全省刑侦部门结合实际，开展了打击街头“两抢”等多发性犯罪专项行动。在为期 4 个多月的“严打”整治斗争期间，全省公安机关破获各类刑事案件 2.42 万件，其中公安部督办案件 2 件、省公安厅督办案件 11 件、杀人案件 172 件、爆炸案件 8 件、投毒案件 14 件；打击处理各类违法犯罪人员 2.39 万人；抓获各类逃犯 4118，其中网上逃犯 2716 人；整治社会治安混乱场所 1260 处。

2004 年 2 月 17 日，省公安厅召开全省公安机关“侦破命案专项行动”动员部署电视电话会议。会议要求各级公安机关以侦破杀人案件为重点，结合本地实际，坚持“什么犯罪突出，就打击什么犯罪，什么问题严重，就解决什么问题”的原则，深入持久地开展“打黑除恶”专项行动；严厉打击爆炸、投毒、放火、绑架、强奸、故意伤害等严重暴力犯罪和抢劫、抢夺、盗窃等多发性侵财犯罪，以及毒品犯罪和严重经济犯罪；

大力组织破案、追逃攻坚战，力争侦破一批疑难案件，抓获一批长期负案在逃的犯罪嫌疑人；继续开展治安重点地区和突出治安问题专项治理行动，整治乱点，解决问题，落实措施，建立机制，全面加强社会治安管理工作，努力维护社会治安大局稳定。截至5月，全省公安机关抓获命案逃犯360人，占命案逃犯总数的17.4%，提前超过“专项行动”追捕命案逃犯15%的工作指标。随后，又相继抓获潜逃10年以上命案逃犯14人（蚌埠3人、淮北3人、宿州3人、六安2人、阜阳1人、芜湖1人、宣城1人），为“侦破命案专项行动”增添重彩。

2004年9月11日至9月30日，省公安厅决定在全省开展为期20天的严打整治统一行动。在统一行动中，全省公安机关出动警力3.99万人次，车辆6815台次，清查各类治安问题突出的娱乐、公共复杂场所1.94万处，抓获各类违法犯罪嫌疑人员789人，其中网上逃犯90人，破获刑事案件894件，收缴自制枪3支，各类管制刀具115把。

全省刑事案件立、破案情况统计表

表4-1

年度	刑事案件		
	立案数（件）	破案数（件）	立、破案之比
1986	13411	10159	75.8
1987	15488	11757	75.9
1988	23625	19040	80.6
1989	20324	14786	72.6
1990	33504	22371	66.8
1991	35044	22753	64.9
1992	25399	15948	62.8
1993	25235	18883	74.8
1994	13408	10576	78.9
1995	13928	11180	80.3
1996	12832	10703	83.4
1997	32674	20291	62.1
1998	52646	25320	48.1
1999	87479	32706	37.4
2000	122149	41966	34.4
2001	152646	54908	36

续表4-1

年 度	刑事案件		
	立案数（件）	破案数（件）	立、破案之比
2002	150175	58893	39.2
2003	147278	52535	35.7
2004	174566	54207	31.1
2005	199122	61967	31.1

全省立、破八类刑事案件情况统计表

表4-2 单位：件

年度	2000	2001	2002	2003	2004	2005
立八类案件	15073	15830	15867	14804	16737	16803
破八类案件	7553	8258	8648	7990	8548	9080
破案率（%）	50.11	52.17	54.5	53.97	51.07	54.04

说明：八类案件是指杀人、强奸、抢劫、爆炸、绑架、纵火、伤害、投毒

第三节　打击拐卖妇女儿童犯罪

20世纪80年代初期至90年代中期，安徽省拐卖妇女儿童犯罪活动十分猖獗，有一大批外省贫困农村、山区的妇女儿童被拐卖到安徽省的农村贫困地区，安徽省也有少数妇女儿童被拐卖到外省。因此，安徽省曾被列为全国重点“拐入地”（即俗称“买方市场”）之一。

省委、省政府一直高度关注和重视打击拐卖妇女儿童犯罪工作。1980年3月，省委批转省公安厅党组《关于坚决打击人贩子犯罪活动情况的报告》。1981年，在省委政法委组织下，省公安厅和省高级人民法院、省妇联共同派员对拐卖人口犯罪活动突出地区进行了调查，省委及时向全省批转了调查报告。1982年10月，省委政法委召开全省“打拐座谈会”。会后，省委批转了“会议纪要”。1983年“严打”整治斗争中，省委、省政府召开会议动员部署，将人贩子作为重点打击对象之一。1983年9月至1989年9月，全省各级法院判处拐卖人口罪犯2937人，其中判处死刑、死缓和无期徒刑的127人，判处10年以上有期徒刑517人，5年至10年有期徒刑821人。

1987年，全省公安机关积极行动，当年即抓获人贩子664人，解救受害妇女1212

人。8月5日，省高级人民法院、省检察院、省公安厅、省民政厅、省司法厅、省妇女联合会联合转发最高人民法院等中央6部委《关于坚决打击拐卖妇女儿童犯罪活动的通知》，部署在全省开展打击拐卖妇女、儿童犯罪专项行动。同年8月18日、19日，省公安厅刑侦处召开打击人贩子工作座谈会。至1987年年底，全省公安机关立拐卖人口案件142件，查处人贩子186人，其中批准逮捕和拘留的131人，判刑7人，收审44人，在逃4人。萧县龙城区查出由8人组成的犯罪团伙（5人系四川省，3人系安徽省），该团伙拐卖妇女22人。

1989年10月下旬至1990年4月，根据国务院统一部署，全省开展声势浩大的扫除卖淫嫖娼、制造贩卖传播淫秽物品、拐卖妇女儿童、私种吸食贩运毒品、聚众赌博、利用封建迷信骗财害人"六害"集中统一行动。统一行动期间，查破"六害"案件8620件，抓获"六害"违法犯罪人员43625人（其中传播淫秽物品案件590件3322人，卖淫嫖娼案件750件1934人，赌博案件5904件35719人，吸种毒品案件13件93人，利用封建迷信骗财案件574件821人）。摧毁"六害"团伙1925个，瓦解团伙成员9854人（其中拐卖妇女儿童团伙206个808人，卖淫团伙98个465人，赌博团伙1621个8581人）。在全省扫"六害"的第二阶段，集中开展了全省性的打击拐卖妇女儿童犯罪活动的统一行动，破获拐卖人口案件789件，抓获人贩子1665人，解救受害妇女儿童2562人，其中儿童92人。有力地打击了拐卖人口犯罪活动的嚣张气焰。

1989年12月1日至3日，省公安厅与省妇联在合肥召开重点地区打击拐卖妇女儿童犯罪活动座谈会。会议指出了1988年至1989年全省拐卖妇女儿童犯罪活动出现一些新情况和新动向。据1989年对39个重点市县调查，外省流入妇女有39.8万人，其中被拐卖的约有6万人，占15%以上。对此，全省公安机关采用经常打击和集中打击相结合的方法，给人贩子以不间断的打击。

20世纪90年代初期，拐卖妇女儿童犯罪的上升势头并没有得到有效遏制，一些地方团伙犯罪仍很猖獗，严重影响社会稳定。少数地方对拐卖妇女儿童犯罪活动的严重性、危害性认识不足，决心不大、措施不力，工作不深入，对人贩子打击不狠，对触犯刑律的买主不依法处理，一些地方甚至发生阻挠解救工作的事件。

1991年3月下旬至5月底，全省组织开展"打拐、查禁"专项斗争，抓获人贩子901人（其中女性115人）；解救受害妇女儿童1724人（其中儿童93人），摧毁拐卖人口犯罪团伙149个，瓦解团伙成员791人。查破拐卖人口案件692件（其中大案162件），抓获引诱、容留、介绍妇女卖淫的违法犯罪人员101人，卖淫妇女279人，嫖宿人员655人；摧毁卖淫团伙31个，瓦解团伙成员200人；查破卖淫案件332件，缴获赃款赃物价值人民币13.34万元。宿县公安局从一起拐卖妇女案件入手，深追强挖，艰苦奋战70天，辗转行程5000余公里，查破一个以杨某、刘某、王某、罗某等人为首的108人组成的拐卖团伙，解救妇女154人。

1993年至1995年，针对安徽省拐卖人口犯罪活动比较猖獗的情况，省公安厅每年均组织开展“打拐”专项斗争，3年破获拐卖人口案件850件，抓获人贩子1907人，解救妇女儿童6426人。

1994年2月，利辛县公安局成功侦破“9•25”特大拐卖妇女团伙案，解救妇女95人。检察机关批准逮捕犯罪嫌疑人70人，逮捕归案53人，17人在逃。经查，该团伙由四川、安徽两省数十名犯罪嫌疑人组成。在短短的3年时间里，该团伙从成都九眼桥劳务市场上以雇工合伙经商为名，先后拐骗四川女青年120多人转卖至安徽省利辛、蒙城、太和、涡阳、寿县等地，获赃款33万元。作案过程中，有20名妇女被强奸轮奸，11名被非法拘禁、4名被害致残，1名在逃跑时落水死亡。

1997年10月15日，省公安厅部署在全省公安机关开展以“破大案，打团伙，追逃犯”为主要内容的“侦破战役”，并在全省拐卖妇女、儿童犯罪较严重的9个地、市部署开展“打拐”专项斗争。

2000年3月27日，公安部刑侦局经过充分准备，向全国公安机关开放DNA数据库，储存被拐卖或失踪儿童亲生父母的DNA数据，并将DNA检验技术、数据库技术、网络技术等结合起来，在全国范围内为被拐卖或失踪儿童进行亲子鉴定，帮助骨肉离散的家庭寻找亲人。1月至10月，根据公安部统一部署，全省公安机关开展“打击人贩子、解救被拐卖妇女儿童”专项斗争，抓获人贩子2543人，其中上网的259人，查获犯罪团伙206个，解救被拐卖妇女儿童46828人，其中儿童1654人，采集儿童血样1228人，破获拐卖妇女儿童案件9407件，沉重地打击了犯罪分子的嚣张气焰，有效地维护了妇女儿童的合法权益。7月，安徽省公安厅在财力十分紧张的情况下，多方筹集21万元资金，组织开展了“七千里路大护送”行动，集中遣送了全省公安机关5、6月份解救的云南、广西、贵州、四川等地170余名被拐卖的妇女、儿童。各地公安机关还在有关部门的协助下，顺利遣返了朝鲜、越南、缅甸等国妇女14人。在4月至7月份的“打拐”专项斗争中，安徽省取得的战果在全国排名第五位。

2001年至2004年，安徽省拐卖妇女犯罪总体呈下降趋势。各地公安机关对“打拐”工作毫不放松，继续对发生的案件认真经营，抓紧侦破。同时，对外省市公安机关要求配合解救的拐卖妇女儿童案件，安徽省公安机关视同自己案件，全力配合侦办。2001年9月，海南省东方市一犯罪团伙将7名女青年从该市拐卖至安徽省肥东县陈集乡。海南省东方市公安局、海南省妇联联合派出专案组赴安徽开展调查、解救工作。省公安厅高度重视，指派专人配合协助调查。经过7天的调查摸排，在全面掌握被拐卖的7名女青年的下落和犯罪嫌疑人的确切地址后，两地警方即刻实施了抓捕解救行动，一举抓获犯罪嫌疑人4人，成功解救全部被拐妇女。

2003年3月17日，广西玉林地区发生了一起特大贩卖女婴案件，案件涉及广西的玉林、横县，河南的永城、安阳、濮阳，安徽的亳州地区。涉案范围之广、涉案人员及贩卖女婴之多属全国罕见。该案引起中央、公安部领导的高度重视，国际社会对此也非常关注。国家主席胡锦涛专门作了重要批示。公安部刑侦局将此案列为公安部挂牌督办案件并组织了“3•17”案件指挥部，协调指挥广西和涉案的安徽、河南公安部门协同作战。安徽省专案组在省公安厅党委的统一领导和指挥下，不等不靠，克服困难，抓住拐卖犯罪的“中转”环节积极开展工作。经过3个月的不懈努力，抓获犯罪嫌疑人8人，破获拐卖婴儿案件13件，深挖犯罪线索100余条，摸排出犯罪嫌疑人42人及被拐婴儿70余名，查清了12名被拐至亳州婴儿的下落，为查明犯罪嫌疑人身份及案件的扩展提供了新线索和突破口。

2003年9月21日凌晨1时许，犯罪嫌疑人持刀蒙面入室，将临泉县陶老乡长集行政村霍庄自然村村民谢某捆绑，在用透明胶带将其嘴封住后，将其子凯凯（2002年9月1日生）抱走。案发后，临泉县公安局迅速组成专案组，全力开展案件侦破工作。2004年1月18日，临泉县公安局成功侦破公安部挂牌的2003年“9•21”男婴被抢案，抓获买卖婴儿的犯罪嫌疑人海某、简某、高某，同时将被抢婴儿凯凯安全解救。

2004年7月，马鞍山市当涂县公安局破获一起拐卖越南妇女案件，成功解救出高氏春（20岁，住越南老街省沉乡县平回乡）、行氏厦（20岁，住越南莱州省）、黄氏红（20岁，住越南莱州省，3人均有身孕）等3名被拐卖越南妇女。

2005年5月2日，太湖县公安局破获一起拐骗聋哑儿童案件，成功解救该县特殊教育学校8名被拐骗儿童，并在湖南衡阳、长沙和云南昆明等地将5名犯罪嫌疑人抓获。

2005年7月，亳州市公安机关成功侦破一起特大跨国拐卖妇女案件，解救25名被拐卖的缅甸籍妇女，抓获犯罪嫌疑人27人（其中，缅甸籍人贩子9人，中国籍人贩子11人、买主7人）。7月27日10时许，省公安厅刑警总队、出入境管理处、宣传处，亳州市公安局、亳州市妇联等单位抽调26人，组成遣送及移交工作组，护送在亳州解救的23名缅甸籍妇女踏上了远赴中缅边境的征程，中央电视台《共同关注》进行了全程跟踪报道。7月30日15时，中国警方和缅甸警方在云南瑞丽举行交接妇女及移交案件线索仪式。此次被解救妇女的遣返、案件信息的通报是两国警方和移民部门严厉打击跨国拐卖犯罪的具体体现，是中缅两国警务合作的成功范例。

2005年，安徽省拐卖妇女儿童案件呈反弹之势，全年立案89件，抓获犯罪嫌疑人157人，解救被拐妇女儿童271人，其中拐卖妇女儿童8人以上的案件4件。

第四节 侦破命案专项行动

为贯彻落实2003年11月召开的第二十次全国公安工作会议（简称“二十公”会议）和2004年1月全国公安厅、局长会议精神，巩固“两年为期”严打整治斗争成果，从2004年2月到年底，公安部组织全国公安机关开展“侦破命案专项行动”，集中打击故意杀人和爆炸、投毒、纵火、绑架、抢劫、强奸杀人等侵犯人民群众生命安全的严重犯罪活动。2004年2月17日，公安部召开全国公安机关“侦破命案专项行动”动员部署电视电话会议。会后，省公安厅全文转发公安部会议文件，要求各地学习贯彻。这次会议正式拉开了侦破命案工作的序幕。

2004年年初，公安部提出在全国公安机关实行“侦破杀人案件工作机制”。主要内容是“五个制度”，即侦破杀人案件领导责任制，杀人案件信息上报制，串并案件侦查责任制，重大系列、流窜杀人案件督办制，侦破杀人案件工作考核制。其中重点是串并案件侦查责任制。下半年，安徽省公安机关加强对命案侦查工作机制的调研，着手建立“命案侦防工作机制”，主要内容包括领导问案制度、分级指挥制度、现场勘查制度、警种之间协作配合制度、挂牌督办制度、信息报送制度、警力经费保障制度、总结倒查制度等。11月5日，公安部在江苏省南京市召开全国侦破命案工作会议，提出：“以侦破命案为龙头，一抓三年，到2007年年底实现‘命案发案数下降、命案逃犯数下降、命案破案率上升’的‘两降一升’工作目标和‘一长双责制’（即专案组长——通常由局长或分管副局长担任，既承担侦破命案责任，也负有刑事技术和办案质量的责任），以侦破命案全面带动刑侦工作，推动公安机关侦查破案水平和打击犯罪能力的提高”。这次会议将命案侦查工作摆上更加突出的位置。2005年4月，公安部党委又在“郑州会议”上提出命案侦破工作要做到“两个确保”，即确保不因办案质量问题不能定罪，确保不出一起冤假错案。12月12日，省公安厅在合肥市召开研讨会，会议中心议题为推动全省命案侦破工作献言献策。

从2004年开始，在省公安厅的组织下，全省公安机关加强了对命案发案规律、特点的研究。经分析认为，各种矛盾、纠纷是命案发生的主要诱因，因侵财而杀人案件占有一定比例。如对2004年全年发生855件杀人案件分析，有597件案件是因为家庭矛盾、婚变纠纷、生活琐事、奸情等矛盾引起的报复和激情杀人，占发案总数的69.4%；而以抢劫、盗窃转化为抢劫、绑架勒索为目的而导致杀人的案件，共发103件，仅占命案发案总数的12%左右；另有动机不明、性质不清的杀人抛尸、强奸杀人、精神病人杀人、骗保杀人、赌博杀人、迷信杀人、变态杀人案件等等，占20%左右。对此，省公安厅在宏观上提出有针对性的侦破策略，强化对侦破方法的探索，指导各地发现存在的问题，把握关键环节，提出符合实际的侦查措施。全省公安刑侦部门加强和规范命案现场勘查和尸体检验，认真执行《公安机关刑事案件现场勘验检查规则》，对非正常死亡尸体也要按命案尸体的要求进行尸检，室内命案现场原则上封存至破案（确需解除保护需由县级以上公安机关领导批准），做到“命案一日不破，分析研究现场不停，勘查检验工作不止”。

2004年，安徽省发生现行命案856件，破获791件，破案率92.41%，同比上升13.4个百分点，创侦破现行命案历史最好水平。破获杀人积案101件，破获省公安厅挂牌案件13件，抓获命案逃犯486人。全年全省现行命案成绩在公安部排名第五位，总评第十一位。

2005年6月22日，省公安厅召开全省命案侦破工作会议，传达贯彻公安部“南京会议”“郑州会议”精神，分析全省命案侦破形势，研究对策。为切实提高命案防控和侦查工作能力和水平，进一步明确责任，省公安厅制定下发《安徽省命案侦防工作机制（试行）》。全省各地公安机关高度重视，迅速行动，精心组织，强化措施，深入贯彻落实省公安厅会议精神，研究部署本地侦破命案及其他各项刑侦工作。各地在省公安厅机制的框架下，结合当地实际，对侦防机制部分内容进行补充，进一步完善了侦防命案工作机制。如淮南市公安局增加了“三级网格化巡逻”“一级接警、快速出警、就近处警”的快速反应机制，市局主管局长、包片局长，案发地分县局局长、主管局长、刑警大队大队长、派出所所长等“六长”现场指挥机制，市局党委盯案督办机制等8项机制；铜陵市公安局增加了命案专项经费保障和破案奖励机制等。阜阳市公安局决定每年拿出专款50万元用于侦破命案工作，县级公安机关投入不少于20万元；蚌埠、六安市公安局全额保障办案费用；淮北市公安局要求配齐配强市、县两级刑侦部门警力，刑警占全局民警总编制不少于20%；蚌埠市公安局决定逐年为刑侦部门增加警力，到2007年年底使刑警占全局总警力比例达到15%以上；淮北市公安局按照发案多少、辖区大小，将责任区刑警队分为一类和二类，一类责任区刑警队警力15人以上；二类责任区刑警队警力10人以上；阜阳市公安局从2005年起给市局刑科所陆续引进10至15人的专业技术人才；黄山市公安局要求2005年年底建成市级司法技术鉴定中心实验室，2005年8月前，市县两级公安局选配好刑科所所长、技术室主任；2006年年底将器材采购到位并投入使用。阜阳、蚌埠、黄山、马鞍山、淮北市公安局决定建立市级刑侦专家队伍，每年给专家一定的经济补贴，区县级公安机关建立破案能手专业队伍。

2005年，全省发生命案765件（同比下降10.6%），破获704件，现行命案破案率为92.03%（同比下降0.38个百分点），破获杀人积案97件，抓获命案犯罪嫌疑人1100余人，在全国侦破命案工作年度综合考评中，安徽省取得第九名的好成绩（其中本地积案加现案破案率位居全国第四），比 2004 年度上升了两个位次，受到了公安部充分肯定。安徽省公安厅等 15 个单位被评为“2005 年全国公安机关侦破命案工作先进集体”。

2005 年，全省公安机关刑侦部门结合“大接访”工作，进一步加大命案积案的攻坚力度。各地对久侦未破的命案线索进行认真梳理，采取组织专家会诊，落实破案责任等措施，相继破获了一大批陈年积案。当年，破获杀人积案 97 件，其中破案发 10 年以上杀人案件 28 件。如 2005 年 4 月 29 日，利辛县王市镇村民郑国某（男，71 岁）上访反映其 2 个儿子郑家某、郑某在 1992 年 12 月份，拉货途中被同行的车主杀害，案件一直未破的问题。省公安厅刑警总队、阜阳市公安局、亳州市公安局抽调专人参与侦破工作。经过 13 个昼夜的紧张工作，专案组一举抓获逃犯，成功破获此案。

第五节 打击“两抢一盗”等侵财类犯罪

抢劫、抢夺、盗窃（简称“两抢一盗”）等多发性侵财犯罪发案量大、侵害面广、破案率低，直接影响社会治安稳定，长期以来是公安机关打击的重点。对一些重大案件，全省公安机关始终坚持专案专办，锐意攻坚。1983 年 5 月 24 日，泗县农业银行被盗现金 16 万元，这是新中国成立后安徽省最大的一起盗窃银行现金案，省委、省政府高度关注，省、地、县三级公安机关抽调 50 余名精兵强将组成联合专案组开展侦破，经过 90 天紧张战斗，8 月 22 日破获此案，成功抓获了犯罪嫌疑人蔡某，缴获被盗现金和 3 支手枪、雷管、炸药等物。1985 年 12 月 17 日，铜陵市体委枪库被盗小口径手枪 4 支，子弹 47 发。铜陵市公安局在抓获其中一名盗枪嫌疑人后，又在芜湖市公安局大力协助下，将另一名盗枪犯罪嫌疑人抓获，一举带破 11 月 24 日宣城市军分区 3 支小口径手枪、960 发子弹被盗案和 12 月 11 日芜湖市烟草公司 7600 余元物资被盗案。

20 世纪 80 年代中后期，盗窃商场保险柜、扒窃运输车货物案件时有发生，造成社会影响。1986 年 10 月 12 日，铜陵市百货商场发生一起盗窃案，该商场保险柜被盗现金 1.8 余万元，公安机关经过缜密侦查，成功破获此案，抓获犯罪嫌疑人孙某。1987 年 8 月，六安至梅山公路上多次发生扒车盗窃运输货物案件，群众称犯罪分子为“飞虎队”。专案组经过 2 个多月的深入摸排，守候伏击，挖出以郭某、徐某为首的 22 人扒车盗窃团伙，破获扒车盗窃案件 41 件，缴获赃款赃物 1 余万元。

20 世纪 90 年代，随着改革开放不断深入，经济社会快速发展，刑事案件总量呈现年年攀升趋势，“两抢一盗”及诈骗等案件持续在高位运行。统计数据表明，侵财类犯罪案件占全省案件总量的近 80% 左右。这期间，盗抢汽车、撬盗保险柜、飞车抢夺、盗窃电力设施等各类犯罪大幅度增多，且大案频发，有的犯罪嫌疑人作案由一开始的侵财犯罪直接转变成杀人、绑架等严重暴力犯罪案件。盗窃机动车（汽车）犯罪最为突出。

1991年9月3日，省公安厅在合肥市召开打击盗窃电缆、电线犯罪统一行动会议。针对1991年下半年皖北地区被偷盗电缆4400米的情况，会议决定从9月5日至30日由省公安厅牵头，组织案发地公安机关集中开展打击行动。经过深入细致的侦查，濉溪县公安局挖出一个以劳改逃跑犯刘某为首的4人流窜犯罪团伙。9月23日夜，刘某等人正欲作案时，被公安民警团团围住，刘负隅顽抗被当场击毙。经审查，该流窜盗窃团伙，先后盗窃通讯电缆作案7件，盗窃电缆线7000余米，价值7余万元。

1995年9月中旬至10月底，全省公安机关组织开展了一场打击盗抢机动车犯罪专项斗争，破获盗抢机动车案件254件，抓获犯罪嫌疑人57人，追缴被盗、抢赃车77部，查扣各类嫌疑车辆1468部。

1996年1月9日，北京市公安局石景山分局派员到安徽要求协查销赃犯罪嫌疑人叶某，并追缴销到铜陵市4辆桑塔纳轿车。省公安厅刑警总队迅速调集警力，协助开展工作，很快查清叶某的真实身份及有关情况，并于1月12日将叶某抓获。经连夜突审，叶某交代自1993年6月份开始，其先后从北京胡某手中购得13部轿车（加上从黑市购买1辆，有10部桑塔纳，2部富康，2部尼桑）并全部运到铜陵市，并使用伪造的部队证明办理了入户手续并转卖。铜陵市公安局集中力量开展追赃工作，经过三天三夜的奋战追回赃车11辆。

1998年11月至1999年3月，全省开展为期5个月的打击走私、盗、抢机动车专项斗争，破获走私、盗、抢机动车案件1031件，抓获违法犯罪人员656人，查获违法犯罪团伙153个475人，追缴机动车1059辆。其间还清理整顿了一批汽车修配厂、改装厂、报废汽车拆解企业，完成了进口机动车核查工作，审查了涉嫌被盗、抢的机动车辆。经过批量比对和人工筛选，查中信息2443条。省公安厅将涉嫌被盗车辆采用一车一卡的形式制成督办卡，下发各涉案单位，要求各地依法认真审查处理。安徽省这项工作在全国排名第十位，受到公安部的表彰和奖励。

1999年1月，铜陵市公安局破获系列“敲头”抢劫案。1998年8月7日晚，铜陵市某单位女工毛某在回家途经郊区罗家村附近时，突然被人用木棒打晕，随身携带的挎包及1800元现金被抢走。至1999年1月23日，在铜陵市铜官山区、郊区等辖区内，陆续又发生22件“敲头”案件，致数名受害人重伤。案件频发引起市民极大恐慌，造成恶劣社会影响。铜陵市公安局迅速在案发区域内摸排走访、守候伏击，于1999年1月23日将犯罪嫌疑人潘某（男，铜陵市郊区铜山村人）抓获。5月11日，潘某被依法判处死刑。

2000年2月，寿县公安局破获刘某等人冒充警察系列抢劫案。1997年至1999年间，安徽省合阜公路连续发生冒充警察抢劫案，一伙犯罪嫌疑人着警服、驾警车，冒充执勤交警拦停过往货车后，采取捆绑、殴打等暴力手段劫取钱物。经侦查，该伙匪徒在安徽、江苏、浙江、上海等省市疯狂入室盗窃、抢劫、轮奸作案，手段十分恶劣。省公安厅将该案挂牌督办。寿县公安局多策并举，在阜阳、亳州、淮南等市开展大规模排查，最终锁定颍上县焦岗湖农场职工刘某等有重大作案嫌疑。2000年2月，刘某等3人被抓获。其后，闫某等12名涉案人员相继落网。经审讯，该团伙共作案120件，其中抢劫、轮奸案件23件，致18人受伤；缴获作案车辆3辆，作案用警服、警棍、警车牌号等警用装备10多种近百件；追回首饰、珍贵邮票等盗抢的物品200余件，价值50余万元。12月，刘某、闫某等人被判处死刑，其余涉案人员被判处无期徒刑、10至15年有期徒刑。

2000年至2004年，全省立盗抢机动车案件68191件，破案10171件，破案率仅为14.92%。其中立盗抢汽车案件4383件，破案875件，破案率为19.96%。如2004年3月马鞍山市公安局雨山分局摧毁一个盗窃桑塔纳轿车的流窜犯罪团伙。2月17日，马鞍山市雨山区一辆深蓝色普通桑塔纳轿车被盗。次日上午，专案组在定远县境内张桥水库边找到该车，车内有血迹。在定远警方的配合下，专案组迅速查明犯罪嫌疑人在蚌埠市活动的情况。2月28日至3月1日，专案组相继抓获高某等6名犯罪嫌疑人，成功摧毁一个在安徽省10余市、县流窜作案的盗车团伙，破获盗窃桑塔纳轿车案件21件，涉案价值200余万元。犯罪嫌疑人高某等6人分别被判处无期徒刑、5至15年有期徒刑。

2001年3月，涡阳县打掉张某某、张某等系列盗窃、抢劫团伙。2月15日，涡阳县公安局抽调精干警力10人组成专案组，对该县西张楼村一个长期以来夜间盗抢周围各村家畜、家禽、家用电器、农用机具等财物的犯罪团伙开展侦查。2月17日，专案组一举抓获张某某、张某等14名盗窃、抢劫犯罪嫌疑人。经审理，该犯罪团伙涉案人员50余人，团伙成员白天踩点，夜间作案，作案时经常携带自制火药枪、长刀、棍棒、卡钳等作案工具，能偷则偷，被人发现则实施抢劫。该团伙在亳州谯城区、观堂、沙土，涡阳县义门、牌坊、耿皇等地盗窃202件，持火药枪、棍棒抢劫作案18件，打伤18人，盗、抢财物达33种，折合人民币70余万元。

2002年8月1日至11月30日，公安部部署开展打击抢劫、抢夺等多发性侵财犯罪活动。安徽省公安机关结合实际，继续把群众反映强烈的盗窃犯罪也列入专项行动之中，相继组织开展了以“打团伙、破大案、抓现行、追逃犯”为主要内容的“天网—1”“天网—2”天网系列集中统一行动。全省公安机关侦破刑事案件56512件，其中抢劫案件3812件、抢夺案件1371件、盗窃案件34602件，抓获违法犯罪人员33617人，打掉“两抢”犯罪团伙1651个，抓获网上逃犯2251人。在2002年破获的85613件刑事案件中（当年发生现行案件150175件），其中抢劫案件5755件、抢夺案件1449件、盗窃案件46815件，占破获案件总数的63.1%。各地公安机关结合本地治安突出问题，多措并举，重拳出击，“两抢一盗”专项斗争效果明显。如马鞍山市公安局将打击“两抢一盗”专项斗争与先期开展的打盗车“猎鹰行动”有机地结合起来，扎实推进专项斗争向纵深发展。合肥、蚌埠、宿州等市迅速启动，于8月1日凌晨开展了“零时行动”，收到明显成效。蚌埠市公安局东区分局刑警大队利用科技手段，通过架网守候，成功破获一起麻醉抢劫、轮奸案；阜阳市公安局打掉一个作案32起的飞车抢夺犯罪团伙；六安、马鞍山、合肥市公安机关破获多起抢劫出租车司机案件。

2003年9月25日至12月底，省公安厅联合电力部门在全省开展打击盗窃破坏电力设备窃电犯罪专项行动。为突出重点，省公安厅专项行动办公室根据各地公安机关梳理上报的未破涉电犯罪案件，结合各地电力部门上报的未破案件情况，根据案件的损失、影响，确定14件案件为省公安厅挂牌督办案件。行动仅一个月，即破获省公安厅挂牌督办案件3件。铜陵县公安局破获9件破坏电力设备系列案，抓获犯罪嫌疑人2人。太和县公安局破获盗割高压输电线系列案，抓获犯罪嫌疑人2人。五河县公安局破获盗窃电力资源系列案，抓获犯罪嫌疑人2人。专项行动期间，全省破获各类涉电案件804件，其中破坏电力设备案件404件，盗窃电力设备案件211件，盗窃电能案件81件；抓获涉电犯罪嫌疑人265人，其中刑事拘留151人，批准逮捕36人（移送起诉33人），劳动教养、治安处罚、其他处理107人；摧毁犯罪团伙26个，抓获网上逃犯229人；清查废旧物品收购站点7533个，行政处罚废旧物品收购站点354个，取缔非法收购站点323个；整治重点村镇社区388个。

2002年3月至2003年11月，省公安厅刑警总队直接侦办一起公安部挂牌督办的特大文物盗窃案。经过专案民警一年时间的内查外调（先后赴港澳取证20余人次），抓获涉案犯罪嫌疑41人，其中港澳籍犯罪嫌疑人4人，加拿大籍犯罪嫌疑人1人；破获各类刑事案件43件。案件追缴回文物469件（套），其中国家一级文物13件，二级文物32件，三级文物83件。对加拿大籍犯罪嫌疑人李某的顺利审判，开创了安徽省审理外国人刑事犯罪案件的先河。

为有效打击街头“两抢”犯罪，按照公安部统一部署，全省公安机关在公安部确立阜阳市为全国重点城市基础上，结合安徽省刑事犯罪和治安形势实际，于2003年11月15日至2004年1月15日在全省范围内开展了为期2个月的打击街头“两抢”等多发性犯罪专项行动。整个专项行动期间，全省破获各类刑事案件13387件，抓获犯罪嫌疑人8826人，摧毁犯罪团伙501个，抓获网上逃犯1160人。

2004年，全省公安机关立抢劫、抢夺案件12400余件，其中发生在广场街道、商业场所、学校等区域和场所的街头案件为4800余件，占“两抢”案件总数的38.8%。

在街头“两抢”犯罪中，“飞车抢夺”案件较为突出。如2003年8月，滁州市定远县成功破获了一起系列飞车抢夺银行取款人的案件，抓获犯罪嫌疑人2人。犯罪嫌疑人交代，2002年12月至2004年7月，两人结伙，通过在银行门前踩点、盯梢等方式，在定远县、凤阳县、滁州市驾驶摩托车尾随取款人实施抢夺，先后作案7件，涉案金额11.6万元。

2004年9月1日至2005年1月底，遵照中央领导的指示，根据公安部部署，安徽省开展打击整治盗窃破坏电力设施犯罪专项行动。各地公安机关精心组织，周密部署，展开破案攻坚和治理整顿工作，先后侦破了一批涉电犯罪案件，抓获了一批犯罪嫌疑人。全省在专项行动期间摧毁22个涉电犯罪团伙，破获案件319件，抓获犯罪嫌疑人78人。安徽省唯一一起公安部挂牌督办案件“宿州市刘泗线铁塔拉线UT线夹被盗案”也在专项行动期间破获。持续不断的专项打击，在一定程度上促进社会治安的好转，但盗窃、抢劫案件随着专项斗争的结束，仍呈现大幅度反弹趋势。随着公安机关狠抓立案统计不实工作，盗窃、抢劫案件在全部刑事案件中仍占有很高的比例。自2000年至2005年，全省抢劫、抢夺、盗窃案件以平均每年9%的速度增加，2000年为74.98%、2001年为74.3%、2002年为78.1%、2003年达到80.2%。2004年，全省公安机关立“两抢一盗”案件14.1万件，占全部刑事案件的80.77%，造成的财物损失高达52亿元，抢劫、抢夺、盗窃案件同比分别上升10.7%、8.54%、20.2%。

2005年4月，按照中央政法工作的总体安排，公安部部署全国公安机关组织开展打击“两抢一盗”犯罪专项斗争。4月28日，省公安厅召开全省打击“两抢一盗”犯罪专项斗争动员部署电视电话会议。行动的重点是以打击治理地域性职业犯罪群体为切入点，突出打击跨地域系列犯罪、街头“两抢”犯罪、入室盗窃犯罪、盗抢汽车犯罪“四大重点对象”，继续清理整治群众反映强烈的治安乱点和“顽症”。

2004年年底至2005年，为有效遏制盗抢汽车犯罪案件的上升势头，公安部决定组织开展打击盗抢汽车犯罪专项斗争。省公安厅按照公安部统一要求，建立相应的被盗抢机动车信息管理系统，存储管理全省的被盗抢汽车、摩托车信息，为全国被盗抢汽车信息资源库提供信息支持，实现被盗抢机动车信息的综合查询。

第六节　重、特大刑事犯罪案件选记

合肥市公共汽车售票员陆忠被害案。1987年2月19日，合肥市一伙犯罪分子窜上市1路公共汽车，因买票与售票员陆忠发生争执后将其捅死，案情轰动全国。经侦查，公安机关抓获犯罪分子17人，其中11人受过打击处理。后经法院判决，2名主犯被处决，其余从犯分别被判处有期徒刑。

宣城市公安机关破获1993年“3•13”特大车匪路霸案。1993年3月13日，犯罪嫌疑人叶某、徐某等10余人在芜湖市开往浙江省湖州市的长途客车上，以“套红、蓝铅笔”的方式设赌行骗，行骗伎俩在被识破后即用暴力抢劫乘客现金，犯罪嫌疑人叶某等10余人于当日被宣城地区公安机关抓获。随后，省公安厅和宣城地区、马鞍山市公安机关组成专案组全力开展案件侦破工作。公安部将此案列为部挂牌督办案件。专案组经过200多天，行程50多万公里，调查走访5100余人次，成功摧毁横跨皖、苏、浙、赣、鲁、豫、闽7省，作案成员多达145人的特大抢劫、诈骗团伙。犯罪分子叶某、徐某等人于1991年至1993年期间，先后在苏、浙、皖等8条主要公路干线上，诈骗、抢劫作案200余件，抢劫现金40余万元。1995年1月17日，案件经安徽省高级人民法院终审判决，叶某、徐某等主要犯罪分子被依法判处死刑；李某、王某等其余14名犯罪分子分别被判处死缓和2年至18年不等的有期徒刑。

太和县公安局破获一起特大盗窃、抢劫、强奸团伙案。1995年12月初，太和县公安局通过对抓获的在逃犯罪嫌疑人刘某、范某的审讯，一举破获一个由37人组成的特大犯罪团伙，抓获团伙成员28人。该团伙成员之间大部分是亲属关系，年龄在18至25岁，小学文化，均系劳教、劳改释放人员和负案在逃犯。自1991年起，该团伙成员纠合在一起，先后流窜到山西、河北、江苏及安徽4省9县、市疯狂作案120余件，其中盗窃69件，抢劫45件，轮奸、强奸妇女15件（最大的36岁，最小的15岁），盗窃机动车3辆、摩托车22辆，盗窃、抢劫钱财计人民币50余万元。

淮南市公安机关破获系列撬盗保险柜案。1997年10月至1998年11月，淮南市教委、科委、劳动、邮电、烟草、卫生、市政、新华书店等30多家机关、企事业单位财会部门的保险柜相继被撬盗，损失价值近百万元。案发后，淮南市公安机关成立专案组，开展侦查工作。1998年12月18日晚，办案民警在市园林处将正在盗窃作案的犯罪嫌疑人刘某、张某抓获，当场收缴撬棍、拉码器、断线钳等作案工具。根据犯罪嫌疑人的供述，专案组在淮南、亳州分别将同伙董某、张某抓获。至此，一个由4人组成的刑满释放分子纠合性特大撬盗保险柜犯罪团伙被彻底摧毁，破获淮南市保险柜被撬盗案件31件，蚌埠市保险柜被撬盗案件21件，总价值达200万元。

蚌埠市公安局破获1998年“2•10”持枪杀人案。1998年2月10日晚上9时许，蚌埠第一毛纺织厂工人李某（男）在市体育场游泳池门口与张某等5人发生争执，李某持“五四”式手枪向张某等5人射击，当场致2人死亡3人受伤。案发后，蚌埠市公安局立即成立“2•10”专案组，对李某可能逃跑的线路进行堵截，同时向全省公安机关发出特急协查通报。次日凌晨，专案组在省公安厅和合肥市公安局的协助下，在合肥将李某抓获，当场缴获“五四”式手枪1支和子弹7发。案件经蚌埠市中级人民法院审判，李某被判处死刑。

合肥市公安局侦破法某系列抢劫、杀人案。1999 年 7 月 23 日上午 10 时 30 分，合肥市公安局接到报案，殷某被人绑架，绑匪索要 30 万元，有一名持枪歹徒到其家中取钱。合肥市公安局立即组织刑侦、防暴等警力火速赶到现场，将案犯紧紧包围在受害人家中。犯罪嫌疑人拒不投降，并开枪拒捕。11 时 30 分，围捕民警实施强攻，案犯腿部被击中就擒。1999 年 6 月 21 日，法某（男，江西省九江市人，1981 年曾因抢劫被判有期徒刑 8 年）伙同其姘妇劳某（女，江西省九江市人）从杭州来到合肥市，租住在合肥市双岗虹桥小学附近。其后，二人购置了钢筋焊制铁笼、冰柜等物，作为绑架之用。劳某开始到合肥市某夜总会当坐台小姐，并认识了被害人殷某，劳某认为殷某很有钱，将其列为作案对象。7 月 22 日上午 10 时许，劳某将殷某带至租住的房间，殷某一进门就被法某持刀抵住，并扒光衣服捆绑双手关进铁笼。为迫使殷某就范，法某找来一个小工，当着殷某的面将小工杀害，威胁殷某如不给钱就是这个下场。7 月 23 日上午 9 时，法某再次与殷某的妻子联系要钱，见面后不久，法某被公安民警擒获。经审讯得知，法某、劳某均系江西省公安厅 1996 年省级挂牌逃犯。1996 年 7 月 19 日晚，劳某在南昌市一家歌舞厅坐台时将南昌人熊某骗至租住房内，伙同法某将熊某杀害，之后又将熊某的妻、女杀害，劫取财物潜逃。另据法某交代，二人在温州抢劫、杀死 2 人，并在常州、深圳、福建、河南等地实施抢劫作案。后法某被执行死刑，劳某在逃。

淮南市公安局破获“2•15”特大盗枪和“9•6”抢劫杀人案。1999 年 2 月 15 日（除夕）23 时 33 分，淮南市业余体校射击运动员枪械库被犯罪嫌疑人撬门入室，盗走多种型号的小口径运动手枪 9 支、子弹数百发。就在淮南市公安局对“2•15”枪案展开侦破工作之际，9 月 6 日中午，在距离盗枪案案发地 17 公里处的谢家集区新华二村发生了一起持枪杀人抢劫案，省八届人大代表、淮南矿机厂退休干部常某被人枪杀在其家门口，常某从田家庵某股市里刚提出的 2 万元现金被抢走。经省市技术专家反复检验比对，认定“9•6”案件现场弹壳正是“2•15”案件中被盗走的其中一支手枪所发。9 月 13 日，淮南市公安局成功侦破案件，抓获犯罪嫌疑人李某，缴回全部被盗的枪支弹药和 1.5 千克炸药。该案例被中央电视台和公安部金盾电视制作中心拍成电视剧，名为“煤城枪案”，在全国播映。

临泉县公安局侦破何某持枪抢劫犯罪团伙案。1999 年 11 月 3 日夜，临泉县谢集乡政府财政所 8 余万元提留款被盗。临泉县公安局迅速成立专案组开展侦破工作。经过走访摸排，专案组锁定谢集乡大李庄支部书记李某、滑集镇无业青年孙某 2 人有重大作案嫌疑。11 月 6 日凌晨，专案组抓获李某、孙某；12 月 9 日凌晨，抓获另一名重要团伙成员周某。经审讯，3 名犯罪嫌疑人供出该持枪抢劫案团伙主犯何某。随后，何某在河南新乡市饮马口落网。2002 年 6 月底，何某等团伙成员被执行死刑。

阜南县公安局破获 2002 年“4•9”系列强奸杀人案。2001 年 1 月 11 日，阜南县苗集镇邵小村孙某家6岁的孙女被人抱走奸杀。阜南县公安局成立专案组全力侦破。2002年4月9日夜，苗集镇又发生一起小女孩苗某被强奸案。专案组民警细致搜集痕迹物证，在现场沙土中发现几根毛发。经鉴定，该起案件与发生在河南、河北的强奸幼女案系同一人所为。专案组立即奔赴河南进行并案调查，在河南警方的协助下取得重大进展。2002年12月31日凌晨2时30分，专案组将犯罪嫌疑人苗某某抓获。经审讯，苗某某如实供述了自1996年以来在阜南县及河北、河南、山西等地实施强奸杀人、奸淫幼女案件20件，残害幼女达22人的犯罪事实。

砀山县公安局侦破“9•28”系列武装绑架、抢劫杀人案。2001年9月28日6时许，砀山县建筑大户赵某某14岁的女儿赵某在上学途中遭绑架，绑匪索要现金168万。10月20日，此案被公安部列为2001年全国第29号督办案件。经过公安机关4个月的侦破，一举破获这起新中国成立后全国最大的系列武装绑架、抢劫、杀人案件。首犯周某在企图穿越中越边境红河时被击毙，其他主要犯罪嫌疑人邓某、韩某、张某、陈某、吴某全部落网。该团伙从1993年开始疯狂作案，先后在5个省20多个县市绑架抢劫65件，杀死22人，打伤民警1人，抢劫桑塔纳、昌河等机动车18辆，勒索现金300余万元。同时，邓某还供认自1996年至1998年间发生在4个省接合部的15起系列持枪抢劫储蓄所、加油站案件也系周某、吴某二人所为（该案犯罪嫌疑人开枪打死5人，打伤9人，抢劫现金16.5万元）。1月31日12时许，根据邓某交代，专案组连夜赶到犯罪嫌疑人在濉溪的窝点，缴获犯罪嫌疑人所藏的枪械。其中，苏制AK47冲锋枪1支、子弹136发、自制手枪2支、小口径子弹138发、军用手雷2枚、“五四”式手枪子弹43发、气枪子弹111发、匕首1把、警用迷彩服2套、交警反光背心2套、停车示意牌1付、假发1付。

无为县公安局破获安徽省首例运款车被劫案。2002年1月23日8时26分，4名劫匪将无为县蜀山镇农行营业所的23万多元人民币从运款车上劫走。接报案后，无为县公安局迅速成立专案组展开侦破工作，并派出2个追捕组向劫匪可能逃往铜陵、庐江的方向追击。随后，追捕组在离该县蜀山镇约2公里的一条小路边找到被劫持的面包车和被绑的郭某。1月26日上午9时，无为县公安局派出2个工作组分别进驻蜀山烟草配送中心和农行营业所，展开全面调查。12时40分，配送中心送货员范某如实交代了整个案件的作案经过。当晚10时许，另一名犯罪嫌疑人范业某在合肥落网，交出赃款8余万元。1月31日，专案组在江苏将犯罪嫌疑人范某保擒获，当场缴获人民币3.27万元。2月4日，犯罪嫌疑人胡某携带4.6万元投案自首。4月28日，无为县公安局在广西将最后一名犯罪嫌疑人石某抓获。

安徽省公安机关侦破豫皖接合部系列杀人案。2001年11月24日凌晨，临泉县庙岔镇王某民及妻子王氏被犯罪嫌疑人杀死在自家卖小吃的简易棚内，案发现场翻动较大，被抢现金 47 元。12 月 18 日凌晨，界首市陶庙镇蒋某及其妻田某、其子蒋某（10 岁）一家 3 口被犯罪嫌疑人杀死在自己家中，家中被抢现金 2000 余元。该 2 件抢劫杀人案件发生后，安徽省公安厅和涉案地公安机关立即成立专案组，立足本地开展侦查的同时，前往周边省市进行案件串并。经过深入调查，专案组发现 2000 年至 2001 年河南省上蔡、沈邱、项城、鄢陵、平舆、新蔡等县发生的 13 件杀人抢劫案件（造成 19 人死亡）的作案手法、侵害目标与发生在安徽的案件相似。案件侦查期间，犯罪嫌疑人又于 2002 年 1 月 3 日、15 日、17 日、19 日、24 日在安徽省临泉县、河南省平舆县、上蔡县、淮阳县、郸城县连续作案 5 件，杀死 16 人。据此，专案组果断开展并案侦查，并及时将案件整个工作情况上报公安部刑侦局。临泉县公安局确定以西部庙岔镇、关庙镇、白庙乡等 8 个乡镇为重点摸排范围，对有前科劣迹的人员进行深入摸排，并 2 次发出“悬赏通告”，公开悬赏 2 万元寻求破案线索。随着侦查工作的深入，原临泉县曹某特大杀人、抢劫、强奸、盗窃犯罪团伙（该团伙 9 人于 2001 年 7 月被枪决）在逃人员符某被纳入侦查视线。2002 年 2 月 6 日上午，专案组在临泉县白庙镇小卞庄将符某抓获。符某交代了跟随卞某流窜安徽、河南 2 省杀人抢劫的过程。随后，专案组火速将卞某和其妻子王某等 6 名犯罪嫌疑人抓获。至此，豫皖接合部系列杀人案件成功告破。1999 年 12 月至 2002 年 1 月，该团伙在河南省洛阳、平顶山、三门峡、驻马店、周口、漯河市，江苏省苏州市以及安徽省阜阳、亳州市等地连续入室抢劫、强奸、杀人案件 52 件，杀死 41 人（其中在安徽杀死 8 人），杀伤 18 人，强奸 7 人，抢劫财物 3.2 余万元。

六安市公安局侦破刘某系列杀害乞丐案。2002 年 3 月 17 日、21 日，六安市金安区发生 2 件杀害乞丐案件，2 名乞讨人员被杀。六安市公安机关迅速成立专案组开展侦查。3 月 22 日下午 5 时许，专案组民警在六安市沿皖西路发现一名乞讨男子，其体貌特征与群众提供的线索极为相似。经审讯查明，该男子供述其于 2001 年入冬至 2002 年 3 月，在六安市金安区、裕安区采取石头砸、刀子捅等手段先后作案 5 件，杀害乞丐 5 人（4 男 1 女）的犯罪事实。犯罪嫌疑人刘某系贵州省松桃县乌罗镇胜利村人，于 1990 年、1997 年在当地杀死 2 人外逃。长期流窜重庆、上海、江苏、湖南等地作案，作案 42 件（其中 2 人未死），被六安市公安机关核实的有 32 件，核实杀死人数 30 人。

太和县公安机关破获一起特大系列抢劫团伙案。2002 年，太和县沿 105 国道的坟台、倪邱、洪山、双庙、桑营乡镇，尤其是与亳州市结合部连续发生一系列抢劫、盗窃案件，一伙蒙面歹徒持刀、铁棍，深夜撬门入室，洗劫财物，强奸妇女，疯狂作案，犯罪气焰十分嚣张。4 月 24 日，太和县公安局成立专案侦破指挥部，抽调刑警 4 个中队和周边 10 个派出所 60 余名民警进驻倪邱、双庙等乡镇。通过现场勘查和调查走访，专案组综合分析认为，该系列案件作案手段、作案人数及交通工具非常相似，应该为同一伙人所为。经过走访摸排，专案组最终确定洪山镇刘寨村委会主任于胜某、村委委员于帮某为该案犯罪嫌疑人。5月7日凌晨，15名犯罪嫌疑人全部落网。专案组成功破获各类刑事案件86件，其中抢劫案件34件，盗窃案件46件，强奸案件4件，销赃案件2件（不包括外地盗抢案件）；缴获其作案工具昌河汽车、摩托车、机动三轮车10余辆，手机5部，电视机、洗衣机16台，依法收缴刀枪、杆子、铁棍及大卡钳等作案凶器30余件。

铜陵市公安局追捕公安部A级逃犯杨某。2003年1月3日上午，铜陵市公安局铜官山分局石城路派出所对辖区中小旅社开展大清查。刑警中队民警任飞等发现7名投宿于市长途汽车站北楼招待所的人形迹可疑，当即将7人依法传唤到派出所进行盘查。7人陆续交代了在铜陵市实施入室盗窃的犯罪事实。当晚22时30分许，一名犯罪嫌疑人突然从二楼跳窗脱逃。任飞见状迅速冲出，紧追犯罪嫌疑人至石城广场施工工地上，在与犯罪嫌疑人搏斗中壮烈牺牲，年仅25岁。铜陵市公安局迅速组建“1•3”专案组，省公安厅将此案列为2003年挂牌督办大案，公安部向全国发出A级通缉令。经过数日工作，2月20日晚上6时许，专案组在湖北省利川市柏杨坝将杨某抓获。2003年4月25日，杨某在铜陵市伏法。

第七节　打黑除恶

20世纪80年代至90年代初期，安徽省的黑社会性质组织尚处于萌芽阶段，主要以恶势力团伙形式存在，有的活动比较猖獗，有的已发展成为带有黑社会性质犯罪组织的雏形。这时期全省破获多起有影响的团伙犯罪或集团犯罪案件。比较典型的案件有：

1989年，六安市劳改释放人员王某某、张某网罗80多名“两劳”回归人员和流氓地痞，利用赌博放高利贷、敲诈勒索、倒卖走私汽车、香烟等非法手段大肆敛财，并利用经济实力豢养打手，拉拢腐蚀党政干部，购置杀伤性武器和现代化通信、交通工具，疯狂地进行流氓、抢劫、敲诈勒索等犯罪活动，形成了2个具有黑社会性质的流氓恶势力团伙。2个犯罪集团为了扩充“地盘”，争夺经济利益，先后6次大规模持刀、持枪械斗，有时连续数天开车互相追杀，械斗中双方枪伤9人、刀伤9人，还殴打残害无辜群众16人、重伤1人。1993年5月3日，王某某犯罪团伙组织12名歹徒驾车从小南海派出所将因伤害他人被公安机关审查羁押的同伙林超劫走。六安市公安机关经过1个多月深入查证，查清了2个犯罪集团的全部犯罪事实。1993年6月22日夜，六安市公安局组织警力，一举抓获团伙成员43人，缴获枪支6支、子弹25发、对讲机1部、汽车1辆和匕首等凶器14件。

1992年3月，芜湖市劳改释放人员王某纠合“两劳”回归人员褚某、程某、芮某等17人逐渐形成了一个组织严密的黑社会犯罪集团。该犯罪集团利用非法聚敛的巨额钱财购置了2套豪华别墅、6条狼狗和各种枪支、凶器、交通工具，在市区大肆进行持械斗殴、敲诈勒索、流氓、强奸等犯罪活动，严重危害了社会治安，王某成了当地出名的“黑老大”。1994年10月，芜湖市公安机关一举摧毁了这一具有黑社会性质的犯罪团伙，抓获主要成员18人，查明该团伙实施流氓犯罪活动24件，致伤9人，勒索钱款7.29万元，玩弄奸淫妇女6人，强奸妇女2人，私藏枪支4支的犯罪事实，缴获手枪3支，钢笔枪1支，长矛、杀猪刀各12把，鱼叉3把，雪铁龙、奥迪500、夏利轿车、中巴车各1辆，现金、支票125万元。

1998年5月，明光市公安局摧毁“乾谷帮”抢劫团伙。1998年2月中旬至5月间，明光市城区接连发生20余件入室、拦路抢劫案件，犯罪嫌疑人有组织、有预谋地携带枪支、西瓜刀等凶器，对被害人实施抢劫。该团伙甚至携带氧焊切割机和气瓶，窜至居民小区对民宅防盗门进行切割，实施入户抢劫。在入户抢劫过程中，为达到让受害人交出钱财的目的，团伙成员竟当着男主人的面剥掉主妇衣裤，不但用利刃刺破其身，还用刀柄插入女主人下体，百般羞辱，并采用相机拍照方式，对受害人夫妇进行肉体与精神双重折磨和摧残。明光市公安局刑侦部门通过大量摸排和扎实的基础工作，经过3个月的侦查，最终将该团伙成员全部抓获。该团伙自命为“乾谷帮”，团伙成员“入帮”要烧香、喝鸡血酒、磕头参拜，制定“富贵险中求”宗旨及“违反帮规最高可以处以死罪”等11条帮规。该团伙成员7人，有宗旨、有纲领、有纪律约束，系典型的带有黑社会性质的团伙。1998年8月7日，案件经省高级人民法院终审裁定，维持一审判决，团伙成员祁某等被判处死刑，剥夺政治权利终身；董某被判处死刑，缓期二年执行。

20世纪90年代后期，随着经济的快速发展，安徽省带有黑社会性质及恶势力犯罪组织规模日趋庞大，组织化程度不断提高，此时的黑社会性质犯罪组织已完成一般犯罪组织向黑社会性质犯罪组织的过渡。

2001年2月1日，省公安厅设立打黑除恶专项斗争专业队。2003年7月24日，省机构编制委员会批准省公安厅成立“打黑除恶”专业队，副处级建制，定编20名。主要职能：负责督促、指导、协调市、县、区公安机关打黑除恶工作；组织指导侦办案情重大、情况特殊、背景复杂的黑恶势力犯罪案件，落实下打一级责任制，对一些政治背景复杂，关系网强大的涉黑重大案件，直接参与案件侦办工作；承办中央、公安部和省委、省政府交办的涉黑涉恶案件及领导批办案件；抓好涉黑涉恶犯罪情报信息和基础工作建设，研究打击、防控黑恶势力犯罪对策；负责对全省刑侦缉毒工作的组织领导和工作指导。

2001年，省公安厅打黑除恶专业队查办案件28件，督办案件18件，圆满完成暗访任务8件，转至有关市公安局查办案件7件，破获公安部督办案件3件，省委政法委督办案件2件。如太和县2001年“2•27”专案，首犯李某系太和县人民检察院原反贪局副局长，其积极策划、参与行凶伤害他人并私藏枪支弹药。案发后，李某等人订立攻守同盟、毁灭证据，并四处活动，阻挠调查。省公安厅打黑除恶专业队精心组织、细致取证，依法将犯罪嫌疑人李某抓获。

2001年4月至2003年4月，全省公安机关紧紧围绕2年内社会治安取得新的明显进步的目标，坚决贯彻严打、严防、严管、严治的方针，精心组织，周密部署，在全省开展了一场声势浩大的严打整治斗争，摧毁公安部挂牌督办黑社会性质组织24个，破获省公安厅挂牌涉黑涉恶案件33件，打掉流氓恶势力犯罪团伙509个，抓获犯罪嫌疑人2817人，破获各类案件5196件，有力地打击了黑恶势力的嚣张气焰，维护了社会的稳定。

2002年年初，省公安厅与省检察院定期召开案件研讨会，制定挂牌案件联席会议制度，并与检察院批捕、起诉等部门负责人联合组成督察组，分赴各地调阅卷宗，分析案情，解决工作中存在的困难和问题，加快办案进度，提高办案质量。

2003年7月至11月，省公安厅制定《安徽省公安机关打黑除恶工作机制（试行）》。截至2003年年底，全省侦办24件公安部级挂牌黑恶案件，有20起案件做出了判决。全省公安机关抓获黑社会性质组织成员513人（其中，18至30岁的有410人，无业人员318人，初中文化程度以下420人，组织成员有前科的210人）。黑社会性质犯罪组织的头目和骨干分子多以“两劳”人员或有前科劣迹的当地人为主，犯罪意识强、有长期作案和应对公安政法机关打击的经验，成为黑社会性质犯罪组织危害社会的邪恶核心。

2004年2月，公安部督察局转来群众举报，称阜阳市公安局原副局长种某有违法违纪问题，公安部纪委将此案列为挂牌督办案件（又称“1•5”专案）。省公安厅打黑除恶专业队与省纪委、阜阳市纪委、阜阳市公安局组成联合专案组，直接参与侦办。专案工作历时5个多月，查获各类违法犯罪嫌疑人77人，并全部移送检察机关审查起诉，追缴涉案赃款、赃物折合人民币2500余万元，缴获各类枪支13支、子弹1693发。同时查明，种某涉嫌私藏枪支、弹药，受贿人民币244余万元、贪污人民币8万元及321余万元巨额财产来源不明等犯罪事实。同时挖出阜阳市国家安全局原局长闪某、阜阳市公安局颍泉分局原政委武某等一批隐藏在政法机关内部的腐败分子和黑恶势力。阜阳市公安局抓住此案侦破的有利时机，于2004年6月至8月在全市开展为期3个月的“打黑除恶”专项斗争，打掉了3个涉黑团伙。同年，省公安厅打黑除恶专业队配合省公安厅经侦总队参与涡阳刘某涉枪案件的侦办工作，收缴枪支16支、子弹300余发，抓获涉案人员15人。

2005年上半年，省公安厅打黑除恶专业队通过深入调研充分论证，制定了《安徽省公安机关打黑除恶长效工作机制》，从制度上确保了打黑除恶工作“打早打小，除恶务尽”。11 月 9 日，省公安厅印发《安徽省公安机关打黑除恶工作机制（试行）》。

截至 2005 年 12 月，全省打掉黑社会性质犯罪组织 32 个（其中部挂牌督办 30 个），恶势力犯罪团伙 655 个，破获各类案件 6400 余件，依法处理违法犯罪嫌疑人 4200 多人，打掉“保护伞”126 人，收缴制式枪支 137 支、子弹 3400 余发，追缴赃款赃物折合人民币 3600 余万元。

第八节　重、特大黑恶犯罪案件选记

合肥市公安局庐阳分局打掉李某为首的黑社会性质犯罪组织。2000 年 10 月 31 日晚 9 时许，合肥市庐阳区萨克斯酒吧内发生一起杀人案，死者白某（男，31 岁，住合肥市亳州路）。经侦查，该起命案系李某为首的黑社会性质犯罪组织所为。李某、成某等一伙人长期在双岗一带“混世”，经常参与打架斗殴，曾多次被打击处理。自 1996 年起，李某、成某通过腐蚀、拉拢工商人员，先后创办了长运货场、合肥安广建筑材料有限公司等经济实体，并网罗社会闲杂人员充当其打手，开始一系列非法敛财活动。2001 年 3 月至 6 月，合肥市公安局庐阳分局一举将该组织犯罪嫌疑人李某、丁某、成某、余某、王某、徐某抓获。

南陵县公安局破获马某黑社会性质组织案。1997 年至 2001 年，以马某为首的黑社会性质组织犯罪团伙纠集桂某、马某某、江某、吴某、张某等 30 余人为牟取暴利，在福建省南安市水头镇租赁部队营房，组织其成员驾驶假军车冒充军人为烟贩子贩运假香烟到全国各地销售，总案值 1000 多万元。2000 年 12 月 24 日，南陵县公安局通过对一辆贩运假香烟的假军车上几名假军人的审查，挖出了一个在福建泉州南安官桥镇的假部队。案发后，假部队大部分成员被抓获归案，但组建这支假部队的青阳人马某却逃之夭夭。南陵县公安局随即对主犯马某实施上网追缉。此案亦被列为公安部 2001 年督办大案，安徽省“打黑除恶”第一案，公安部发出 A 级通缉令在全国范围内缉捕马某。2001 年 6 月 27 日晚，马某在福建石狮落网，同时抓获犯罪嫌疑人 26 人，破获各类刑事案件 12 件（涉及 8 项罪名），缴获伪装军用车 8 辆，子弹 26 发。2002 年 3 月 12 日，芜湖市中级人民法院以组织、领导黑社会性质组织罪等数罪并罚判处首犯马某有期徒刑 20 年，并处罚金 52 万元。其余 17 名组织成员分别被判处 1 年 6 个月至 12 年不等的有期徒刑。

合肥市公安机关侦破长丰县邹某黑恶势力团伙案。1990 年，长丰县邹某及其团伙成员经常纠合在一起，持制式猎枪、刀具，在长丰、淮南一带多次进行寻衅滋事、报复杀人、行凶伤害、抢劫；敲诈、欺行霸市；强迫交易、插手民间经济纠纷、破坏当地经济秩序等有组织犯罪活动，造成 1 人死亡，21 人受伤（其中重伤 8 人），严重危害人民群众生命财产安全。公安部、最高人民检察院、最高人民法院、省委政法委、省公安厅均将该案列为挂牌督办案件。2001 年 4 月至 12 月，合肥市公安局、长丰县公安局密切配合，一举抓获该犯罪团伙头目邹某及成员邹某某、刘某、杨某等 21 名犯罪嫌疑人，缴获制式猎枪 2 支，破获故意杀人、抢劫、敲诈勒索、强迫交易、故意伤害等案件 31 件，一举摧毁了长期在长丰县三和乡及淮南市一带为非作歹、称霸一方的黑恶势力团伙。团伙头目邹某和骨干成员邹某某、刘某被执行死刑，17 名成员分别被判处有期徒刑。

淮南市公安局摧毁以苏某、王某为首的 2 个黑社会性质的犯罪团伙。2001 年 2 月至 3 月，淮南市公安局组成专案组，对以苏某为首的垄断潘集地区煤炭市场黑社会性质犯罪组织，及王某为首的横行花家湖地区的黑恶势力犯罪团伙开展专案侦查。专案组在初步掌握 2 个团伙的犯罪事实后，采取异地用警、异地关押、异地审讯、公秘结合等手段和措施，经过半年多时间的深挖细查，远赴十几个省市，辗转上万公里，彻底摧毁了这 2 个黑社会性质的犯罪团伙，抓获犯罪嫌疑人 35 人，破获伤害、强奸等刑事案件 34 件，缴获枪支 2 支、刀具 10 把。2002 年 7 月 25 日，淮南市中级人民法院以组织、领导黑社会性质组织罪判处首犯苏某、王某无期徒刑，其余组织成员分别被判处 1 年 6 个月至 10 年不等的有期徒刑。

枞阳县公安局破获陈某黑社会性质组织案。1994 年以来，以陈某为首的犯罪团伙，通过开采、经营江砂及非法收费获取暴利，并以此为经济基础，网罗了一批有前科劣迹人员充当打手，利用行贿、引诱等手段，拉拢、腐蚀有关部门工作人员充当“保护伞”，发展形成黑社会性质犯罪组织。该黑社会性质犯罪组织采取暴力、威胁、滋扰等手段，在枞阳县长江沿线及城关等地，进行敲诈勒索、欺行霸市，垄断江砂市场；非法买卖、使用枪支、弹药，寻衅滋事，聚众斗殴，为害一方。该黑社会性质组织案被公安部列为挂牌督办案件。专案组历时 5 个多月抓获该组织成员及涉案人员 21 人（包括枞阳县水利局原局长查某及该县环保局干部查某某、水上派出所原所长谈某等），破获各类刑事案件 25 件，缴获仿制左轮手枪 1 支、子弹 5 发及长矛、钢管等作案工具 16 件。2001 年 12 月 24 日，安庆市中级人民法院判处陈某无期徒刑，剥夺政治权利终身；其他案犯分别被判处 1 年到 20 年不等的有期徒刑。

马鞍山市公安局侦破省公安厅挂牌督办的李某“肉霸”恶势力犯罪团伙案。1996 年，以李某为首的恶势力犯罪团伙长期非法垄断全市白肉市场猪头、猪蹄收购生意，强迫交易，非法所得 500 余万元，并且涉嫌私藏枪支、故意伤害、聚众斗殴、敲诈勒索、寻衅滋事等多种犯罪。马鞍山市公安局经过缜密侦查，一举摧毁该恶势力犯罪团伙，破获各类刑事案件 80 多件，缴获现金、财物等折款 20 余万元，单管猎枪（散弹枪）、自制手枪 3 支，长矛、砍刀等凶器 10 余把。该团伙包括首犯李某在内被依法判刑 15 人，劳动教养21人。同时，与该团伙长期对立、多次聚众械斗王某恶势力团伙被彻底打掉；齐某、郭某团伙被摧毁，包括主犯王某在内的20余名团伙成员被依法判刑或劳动教养。

省公安厅打黑队与涡阳县公安局联合侦破袁氏三兄弟黑社会性质组织案。20世纪90年代中期，涡阳县的袁某林、袁某非兄弟公然藐视法律，凭借“立棍称霸”、逞强斗狠并利用其兄袁某勇国家工作人员身份的庇护和影响，在涡阳县网罗了一批地痞流氓及“两劳”回归人员，横行乡里，欺压百姓，恶名日盛。尤其是1998年袁某非、汪某等人因涉嫌强奸罪被阜阳市检察院“存疑不起诉”后，在涡阳县产生恶劣影响，该团伙成员重新集结，气焰更为嚣张，进一步发展成为结构比较紧密、成员近百人、骨干成员固定、有明显上下级关系的带有黑社会性质的犯罪组织。2001年7月，省公安厅“打黑除恶”专业队对该黑社会性质组织展开调查，并于2002年2月底破获该起公安部挂牌督办的黑社会性质犯罪组织案件，抓获犯罪嫌疑人50余人，其中骨干成员12人，瓦解团伙成员94人；破获各类刑事案件48件；收缴枪支5支，子弹1650发。2002年11月28日，马鞍山市中级人民法院对28名犯罪嫌疑人作出一审判决，首犯袁某林、袁某非、汪某分别被判处有期徒刑20年；袁某勇被判处有期徒刑17年；其他13名组织成员分别被判处6个月到17年不等的有期徒刑。

省公安厅打黑队与怀远县公安局联合侦破以唐某为首的黑社会性质组织案。2001年4月至2002年12月，省公安厅打黑队与蚌埠市、怀远县公安局抽调20余名民警组成专案组，远赴福建、北京、辽宁、合肥、淮南等省市，对怀远县唐某为首的黑社会性质组织案开展查证工作。经过1年多时间的缜密侦查，成功侦破该起黑社会性质犯罪组织案，查清该团伙涉嫌组织、领导、参加黑社会性质组织犯罪、寻衅滋事罪等17项罪名共91件违法犯罪事实（其中69件刑事犯罪），对70人采取强制措施。全案收缴单筒、双筒、五连发、速射猎枪、小口径步枪、手枪等各类枪支7支、子弹10余发、军用手榴弹1枚、管制刀具8把、钢管3根，追缴奥迪A6、丰田等各类车辆6部。同时，挖出为该犯罪组织充当“保护伞”的国家工作人员12人（包括怀远县人民检察院检察长、公安局副局长、监察局副局长及蚌埠市公路局局长、副局长等）。2003年7月29日，芜湖市中级人民法院对唐某黑社会性质组织的39名成员依法作出一审判决，主犯唐某犯组织、领导黑社会性质组织罪等罪行被判处无期徒刑，剥夺政治权利终身，没收个人全部财产；骨干成员万某、梅某犯领导黑社会性质组织罪等罪行分别被判处有期徒刑18年、17年，其他29名组织成员分别被判处刑期不等的有期徒刑。

省公安厅打黑队破获宿州市梁某黑社会性质组织案。自1994年起，宿州市夹沟镇的梁某纠集家族成员形成黑恶势力称霸一方，涉嫌故意伤害、寻衅滋事、敲诈勒索等多起违法犯罪。2002年12月，省公安厅打黑队经过近6个月的艰苦工作，抓获该组织成员38人，破获各类案件121件，缴获制式猎枪5支、小口径步枪1支，扣押涉案车辆1部，追缴违法犯罪所得300余万元。2004年6月8日，合肥市中级人民法院依法判处首犯梁某有期徒刑20年，并处罚金人民币252万元。为该组织充当“保护伞”的党政干部、政法干警21人（其中，公安民警充当“保护伞”的8人，检察干警4人，法院干警3人，党政干部6人）也分别受到法律和党纪、政纪的处罚。

合肥市公安局破获胡某黑社会性质组织案。2004年3月，合肥市公安局从一起抢劫赌资案件入手，深挖细查，一举打掉以胡某为首的黑社会性质犯罪组织，抓获犯罪嫌疑人34人（其中组织成员25人），破获各类刑事案件55件，缴获作案车辆1部，制式枪支10只，子弹9发，扣押赃款近100万元。该组织涉嫌故意伤害、寻衅滋事、聚众斗殴、敲诈勒索、非法持有枪支等12项罪名。2005年1月13日，合肥市中级人民法院以组织、领导、参加黑社会性质组织罪等数罪并罚，判处首犯胡某死刑。

省公安厅与亳州市公安局联合破获李某、王某黑社会性质犯罪组织案。2004年10月9日，亳州市谯城区华佗中医院发生一起因黑恶势力团伙“火并”而引发的持枪杀人案。11月3日，省公安厅打黑除恶专业队进驻亳州，以侦破“10•9”案为突破口，对当地黑恶势力犯罪打了一场攻坚战。经侦查，以李某、王某、董某、王某为首的四股黑恶势力，长期在该市逞强斗狠，犯有故意杀人、寻衅滋事、故意伤害、赌博、放火、敲诈勒索、盗窃、窝藏、非法持有枪支、诈骗、帮助毁灭证据、非法侵入他人住宅、强奸等16项罪行。经过近1年的缜密侦查，相继摧毁了以李某、王某为首的黑社会性质犯罪组织，分别打掉了以董某、王某为首的2个恶势力团伙，破获各类案件238件，其中刑事案件177件；抓获各类违法犯罪嫌疑人155人，其中犯罪组织骨干成员87人，国家工作人员12人。缴获单管猎枪2支、制式小口径步枪1支、子弹6发、砍刀10把，扣押涉案车辆2部、涉案船只1艘，查明涉案金额30余万元，追缴非法所得12万元。2006年5月31日，案件经亳州市中级人民法院依法判决，首犯李某、王某、李某涉嫌组织、领导黑社会性质组织罪、故意杀人罪等多项罪名被判处死刑，主犯罗某、岳某被判处无期徒刑，其他26名被告人分别被判处1年至20年不等的有期徒刑。

第九节　公共信息网络安全监察

1996年5月，省公安厅计算机通信处设立计算机管理监察科。2000年5月，省公安厅设立公共信息网络安全监察处，序列第十处，处内设秘书科、管理监察科和网络监控科。2002年，全省17个市公安局陆续设立公共信息网络安全监察机构。2003年8月，省公安厅公共信息网络安全监察处增设网络侦察科。2004年12月，省公安厅公共信息网络安全监察处加挂“安徽省公安厅公共信息网络安全监察总队”牌子，实行队建制。2005年8月30日，省公安厅公共信息网络安全监察总队网络监控科加挂“互联网舆情控制队”牌子；网络侦察科加挂“网络侦察队”牌子。

1993年9月16日，省人民政府发布《安徽省预防和控制计算机病毒管理暂行办法》，规定各级公安机关是计算机系统安全监察工作的主管机关，具体工作由所属的计算机安全监察部门承担。主要职责是：督促建立、使用计算机系统的部门、单位执行有关安全法规、规章；根据国家有关规定，办理计算机信息系统的安全审查、登记和备案等手续，并做好预防和控制计算机病毒的技术服务工作；督促有关部门、单位或个人采取措施，预防和消除计算机病毒；查处危害计算机系统安全的违法行为；办理与预防和控制计算机病毒的安全监察工作有关的其他事项。

1999年1月1日，省人民政府颁布实施的《安徽省计算机信息系统安全保护办法》，规定公安机关对计算机信息系统安全保护工作实行指导、监督。具体职责是：宣传计算机信息系统安全保护法律、法规和规章；检查计算机信息系统安全保护工作；管理计算机病毒和其他有害数据的防治工作；监督、检查计算机信息系统安全专用产品销售活动；查处计算机信息系统安全的违法犯罪案件；依法应当履行的其他职责。

互联网管理与监察　1994年，互联网正式进入中国。全省公安公共信息网络安全监察部门通过不断地摸索、实践，借鉴传统管理模式，形成了一整套较为有效的互联网安全监管方式。

1999年，全省公安机关公共信息网络安全监察部门重点加强对互联网运营服务单位、“网吧”和重点要害部门计算机信息系统安全保护工作的监督、检查和指导，督促重点单位建立健全安全组织、完善安全制度、落实安全防范措施，组织开展一系列专门检查、专项整治和集中宣传等工作，维护和促进全省公共信息网络的健康有序快速发展。5月，省公安厅会同省邮电管理局、省文化厅、省工商局印发《安徽省“网吧”经营和安全管理规定》，并多次组织安全检查。8月3日，省公安厅与省教委联合印发《安徽省高等院校校园计算机信息网络安全保护管理规定》，加强全省高校校园网的管理。9月9日，省公安厅召开全省公安计算机安全监察工作会议。会议明确各级公安机关履行对计算机信息系统安全保护工作实行指导、监督的主要职能，部署全省公安计算机安全监察工作任务。

2000年2月23日，省公安厅印发《全省计算机安全培训工作实施意见》，规范全省计算机安全员的教育培训工作。6月，省公安厅组织开展清除互联网络反动、淫秽等有害信息个人主页专项行动，先后与省邮电管理局和省电信公司联合发文，对互联网备案、公用计算机网、公众多媒体网用户备案等工作作出明确规定。7月至9月，按照“宣传法规、依法管理”的指导思想，省公安厅在全省开展“网吧”专项治理行动。11月21日，省公安厅下发《关于全省计算机信息系统安全管理员有关事项的通知》，进一步规范安全管理员的培训与管理工作。12月25日，省公安厅对重点计算机信息系统安全保护工作实行年度检查制度，从检查的范围、内容、方法及问题的处理等方面对重点计算机信息系统安全保护工作作出规定，促进重点计算机信息系统安全检查工作经常化、制度化、规范化。

2001 年 4 月至 10 月，全省公安公共信息网络安全监察部门与治安、消防等部门密切配合，紧密围绕严打整治斗争，积极开展互联网上网服务营业场所专项清理整顿行动。互联网上网服务营业场所专项清理整顿行动分调查摸底、集中整治和审核登记 3 个阶段进行。在调查摸底阶段，全省公安机关采取督导、重点调查等有效措施，摸清本地互联网上网服务营业场所的数量、规模、性质、经营方式和从业人员构成等基本情况，掌握“网吧”经营管理中存在的突出问题。在集中整治阶段，各地公安机关按照“边清查、边整改”的要求，对“网吧”管理中的违法违规行为及时发现、及时查处，集中解决重点问题，集中整治重点地段，查破一批利用“网吧”从事违法犯罪活动的案件。6 月 15 日至 16 日，省公安厅开展全省集中统一行动，出动警力 1.02 万人次，清查互联网上网服务营业场所 4535 家，其中证照齐全的 3369 家，证照不全的 618 家，无证经营的 548 家。在审核登记阶段，进一步明确网络监察、治安、消防和派出所的工作职责，细化了“网吧”安全审核的标准和程序，形成了派出所—分(县)局—市公安局计算机安全监察科三级“网吧”安全审核、属地派出所负责日常监督管理的工作机制。全省互联网上网服务营业场所专项清理整治工作，特别是“三级审核，属地管理”模式受到了公安部业务部门的充分肯定，经公安部整顿和规范市场经济秩序工作办公室推荐，《法制日报》于 2002 年 12 月 31 日对全省“网吧”“三级审核，属地管理”作了报道。

2001 年 6 月 10 日，省政府办公厅下发《关于进一步加强互联网上网服务营业场所管理的通知》，明确要求全省上网服务场所要严格按照《安徽省互联网上网服务营业场所管理实施办法》进行规范管理。淮南、芜湖等地制定相应的政府规章和规范性文件，规范上网服务场所管理。7 月 2 日，省公安厅印发《安徽省网吧安全管理系统建设方案》，强化省、市、县公安机关对“网吧”安全的有效管理和控制，促进全省“网吧”业的健康有序发展。7 月 5 日，省公安厅在合肥举办“E 时代”网络信息安全及反病毒技术研讨会。

2002 年 4 月 25 日，省公安厅在中国科技大学举办网络安全报告会。4 月 28 日，省政府办公厅转发《省公安厅关于加强信息网络安全保护工作的意见》。6 月 27 日至 28 日，全省公安公共信息网络安全监察工作会议在合肥召开。会议明确提出：“公安机关公共信息网络安全监察部门是公安机关的一个新警种(简称‘网络警察’或‘网警’)，是以网络技术为主要手段，集情报信息、侦察控制、惩罚犯罪和管理防范于一体的综合性实战部门。为现实斗争服务是公共信息网络安全监察部门的主要职能。”

2003年4月17日，省公安厅与省气象局联合下发《关于进一步做好全省计算机网络防雷安全检查工作通知》，加强计算机网络防雷减灾工作。10月，根据全省“网吧”管理出现的新情况，省公安厅通过招标方式，对全省“网吧”安全管理系统进行了升级换代，进一步强化实名登记工作。

2004年年初，蚌埠市公安局被公安部列为全国信息网络安全报警处置系统建设试点单位之一，并于2005年年底顺利通过公安部组织的验收。4月至10月，全省公安公共信息网络安全监察部门开展垃圾邮件清理整治专项行动，督促电子邮件服务单位落实防垃圾邮件技术措施，规范邮件服务安全管理秩序。11月15日，省公安厅印发《安徽省校园计算机信息系统安全保护管理规定》，加强对全省校园计算机信息系统安全保护工作。

2005年6月12日，省公安厅下发《关于进一步加强网吧等互联网上网服务营业场所安全管理的通知》，强化了“网吧”等互联网上网服务营业场所安全管理工作。

计算机信息系统安全保护 1994年，《计算机信息系统安全保护条例》第9条明确规定：“计算机信息系统实行安全等级保护，安全等级保护的划分标准和安全等级保护的具体办法，由公安部会同有关部门制定。”1998年，公安部会同信息产业部、国家保密局、国家密码管理委员会等部门下发《信息系统安全保护等级制度建设纲要》。1999年，国家技术监督局发布《计算机信息系统安全保护等级划分准则》。

1999年6月22日，省公安厅与省人事厅联合转发公安部、人事部《关于开展计算机安全员培训工作的通知》，部署全省计算机安全员培训工作。

2000年2月1日，省公安厅下发《关于组织开展金融机构计算机信息系统安全互查的通知》，对全省金融系统计算机信息系统组织互查。

2001年8月下旬至10月底，省公安厅组织对省直及中央驻肥131个单位计算机信息系统开展安全大检查，并制定对重点单位计算机信息系统实行安全年度检查制度的程序和规范。

2002年5月至11月，按照公安部等国家8部局的工作部署，省公安厅会同省教育、安全、文化、通信管理、工商、新闻、保密等部门，紧紧围绕中共十六大网上安全保卫工作任务，开展了声势浩大的互联网有害信息专项清理整治工作。5月21日，全省召开电视电话会议，部署专项清理整治工作。成立互联网有害信息专项清理整治工作领导小组及办公室，制定专项清理整治工作方案。各地均成立由党委、政府主管领导挂帅的领导小组，明确责任，层层发动，迅速将专项清理整治工作任务部署到基层。省公安厅网络监察处多次召开全省网络监察部门工作会议，进行再部署再动员。8月16日，省互联网有害信息专项清理整治工作领导小组召开会议，传达中央领导同志的批示和国家8部局的通知精神。在调查清理阶段，各地公安机关网络监察部门认真摸排本地网站、网页、互联网服务单位等情况，夯实工作基础。全省各市有互联网接入单位 60 家，信息服务单位 257 家，联网单位 4032 家，电子公告栏、留言板、聊天室等交互式服务 487 家，邮件服务 239 家。集中整治阶段，主要采取以全省“大行动”带动地市“小行动”的办法，推动各地开展集中整治行动。6 月 25 日，省专项办在全省组织开展了全省互联网有害信息、“网吧”安全集中整治统一行动，采取网上巡查与实地检查相结合的方式，重点对互联网上存在的反动、色情等有害信息以及 ISP、ICP、“网吧”等违法违规、管理混乱等问题进行集中整治。各地以集中统一行动、日常检查以及网上巡查等多种形式，积极发现、清除本地互联网上的各种有害信息，依法严厉查处各种有害信息案件，督促各互联网接入和信息服务单位、联网单位、“网吧”等落实互联网安全管理制度和技术措施。清理整治期间，全省公安、教育、通信、新闻主管等部门开展各种集中检查行动 129 次，出动人员 1.23 万人次，查处黑“网吧”265 家，查处各类案件 248 件。自 9 月中旬起，组织了“网卫—1”“网卫—2”全省互联网有害信息集中整治统一行动，整治对象由重点网站延伸到中小信息服务单位、联网单位、个人主页和虚拟空间。

2003 年 2 月和 3 月，省公安厅网络监察处会同有关部门，开展互联网有害信息清理检查行动，保证了全国“两会”期间全省的网络安全。

查处计算机犯罪案件　网络技术的蓬勃发展和互联网的日益普及，在促进社会发展进步的同时，也给国家安全和社会稳定带来了一定的负面影响。网上斗争形势日益严峻，网上违法犯罪大幅度上升，对信息网络安全构成较大威胁。对此，全省网络安全监察部门充分发挥技术手段和安全监督管理优势，进一步加大打击利用互联网进行违法犯罪活动的力度，全力维护国家安全和社会稳定。

1998 年 7 月，省公安厅计算机通信处侦破中国科技大学学生杨某发送内容为刺杀、爆炸、恐吓电子邮件案件。

2000 年 5 月，铜陵市发生首起利用计算机盗窃 15 万元的案件。8 月 22 日，铜陵市公安局成功破获此案，抓获犯罪嫌疑人付某。

2000 年 8 月，中科院合肥分院石某、曾某发布反动有害信息。合肥市公安局公共信息网络安全监察部门会同相关部门对涉案人员进行了查处。

2002 年 9 月，铜陵市公安局网监支队成功侦破利用网络盗窃股民 20 余万股金案件，抓获犯罪嫌疑人 1 人。

2003 年 2 月，合肥市公安局网监支队成功抓获合肥市数名利用网络进行敲诈、抢劫的犯罪嫌疑人。

2003 年 4 月，合肥市公安局网监支队连续查处多起网上散布“非典”虚假信息、制造社会恐慌案件。

2003 年 5 月，安庆市公安局网监支队成功侦破一起挪用 412 万元公款网上赌球案，抓获犯罪嫌疑人金某。

2004 年 5 月，合肥市公安局网监支队成功侦破一起利用电子邮件恐吓敲诈案件，抓获犯罪嫌疑人单某。

2004 年 6 月，芜湖、马鞍山市公安局网络安全监察部门联合侦破一起公安部交办的“四六级”英语考试试题诈骗案，抓获犯罪嫌疑人 2 人。

2004 年 7 月 13 日，合肥市公安局网监支队侦破公安部督办的“李某传播淫秽物品牟利案”，抓获犯罪嫌疑人李某。

2004 年 7 月，省公安厅公共信息网络安全监察处协助重庆、广东、广西等省区市公安机关查处了 3 件网上贩黄案件，捣毁重大网上贩黄团伙 3 个。

2004 年 9 月至 12 月，省公安厅公共信息网络安全监察总队成功组织侦破网络淫秽色情全国第一大案“九九情色论坛”案。2005 年 2 月 19 日，中央电视台《焦点访谈》对此案侦破作了专题报道。公安部给予安徽省公安机关侦破“九九情色论坛”案专案组荣记集体一等功。

2005 年 7 月 4 日，亳州市公安局网监支队成功侦破一起涉及百余家药商近 200 万元药材资金合同诈骗案，抓获犯罪嫌疑人高某。

第五章　经济犯罪侦查

1993 年，省公安厅刑警总队设立经济犯罪侦查科，专门从事经济犯罪侦查工作。1997 年，中央六部委下达关于执行刑事诉讼法有关决定后，一部分由原检察机关办理的经济犯罪案件，特别是涉税犯罪案件移交公安机关管辖。1999 年 11 月，省公安厅设立经济犯罪侦查总队（以下简称"经侦总队"），正处级建制，编制 28 人。经侦总队内设办公室、第一科(金融犯罪侦查支队)、第二科(涉税犯罪侦查支队)、第三科(商贸犯罪侦查支队)、第四科（外协行动支队）。

1999 年 1 月，合肥市公安局成立经济犯罪侦查支队，副处级建制，编制 42 人。2000 年，淮北、蚌埠、铜陵、安庆、马鞍山、黄山市公安局相继成立经济犯罪侦查支队，其中淮北、蚌埠市公安局经侦支队为副处级建制，其他为正科级建制。淮北、蚌埠、铜陵、安庆、马鞍山、黄山市公安局经侦支队编制分别为 25 人、27 人、20 人、16 人、25 人、13 人。2001 年 6 月，亳州市公安局成立经济犯罪侦查支队，副处级建制，编制 17 人。2002 年，宿州、芜湖、池州、滁州、宣城市公安局相继成立经济犯罪侦查支队，其中，宿州、芜湖、滁州市公安局经侦支队为副处级建制，池州、宣城市公安局经侦支队为正科级建制。宿州、芜湖、池州、滁州、宣城市公安局经侦支队编制分别为 38 人、35 人、3 人、35 人、10 人。2003 年，淮南、巢湖、六安市公安局相继成立经济犯罪侦查支队，其中，巢湖市公安局经侦支队为副处级建制，淮南、六安市公安局经侦支队为正科级建制。淮南、巢湖、六安市公安局经侦支队编制分别为 20 人、25 人、6 人。2004 年 10 月，阜阳市公安局成立经济犯罪侦查支队，正科级建制，编制 17 人。1999 年 1 月至 2004 年 10 月，全省 17 个省辖市公安机关先后建立了经侦支队。其中，10 个市公安局经侦支队为副处级机构，2 个市公安局经侦支队主要负责人高配为副处级。全省 105 个县（市）、区公安（分）局设立经侦大队 79 个。

省公安厅经济犯罪侦查总队主要职能：掌握全省经济犯罪动态，分析、研究经济犯罪情况，拟定预防、打击对策，维护全省经济安全；搜集研判经济犯罪情报信息，为领导决策提供服务参考；组织、指导、协调和监督全省公安机关经济犯罪侦查工作；直接侦办上级领导交办的案件和部分跨地区重大经济犯罪案件；配合有关部门组织开展金融、证券、税务、烟草、商贸、知识产权等领域犯罪活动的专项斗争；组织开展对经济犯罪在逃人员的缉捕、追逃工作；负责全省经侦基础业务建设和队伍建设工作，组织经侦业务培训、系统建设和考评考核工作。

第一节　案件侦查

1986年至1999年，打击经济犯罪工作由公安机关刑侦部门负责。

1988年至1993年3月，全省各级公安机关在党委、政府的领导下，在银行及有关部门的配合下，对发现的假货币案件及时组织力量进行侦破。全省各级公安机关破获制贩假货币案件417件，缴获假人民币58余万元，抓获违法犯罪分子528人。

1990年2月22日，省公安厅转发公安部《关于对走私倒卖金银饰品几个政策问题的批复》，对黄金的买卖和入出境作出明确的规定。

1992年5月27日，省公安厅转发公安部《关于严禁公安机关插手经济纠纷违法抓人的通知》，要求各地公安机关承办经济犯罪案件，必须严格执行最高人民法院、最高人民检察院和公安部关于案件管辖的规定，严禁滥用收容审查手段，坚决杜绝强行抓捕收审经济纠纷当事人作“人质”，逼债索要款物。9月5日，省公安厅印发《关于坚决制止乱查乱扣车辆的紧急通知》，要求各地公安机关对查获的走私、贩私的车辆，认真按照1988年1月21日全国人大常委会通过的《关于惩治走私犯罪的补充规定》执行，严格依法办理。10月，省公安厅召开全省公安机关经济犯罪案件研讨会，交流侦破经济犯罪案件的经验，分析全省经济犯罪活动的形势，研究对策。11月，按照省政府《关于全国反假货币工作会议情况汇报及贯彻意见的报告》，省公安厅、省人行成立安徽省反假货币领导小组，明确领导小组成员单位。12月24日，省公安厅转发公安部《关于印发〈伪造货币、有价证券犯罪案件立案标准（试行）〉的通知》，明确了相关案件的立案标准。

1992年至1993年9月，根据国务院《关于大力加强反走私斗争的通知》精神，全省各级公安机关破获各类走私贩私案件200余件，缴扣走私汽车195辆，电视机、录放像机、香烟等走私物品价值近3亿元。

1993年5月，省公安厅和中国人民银行安徽省分行联合召开全省反假币工作会议，研究部署在全省开展反假币工作。全省各级公安机关积极行动，不断加大打击制贩假币犯罪工作力度，取得了明显成效。1993年至1994年上半年，全省公安机关查破制贩假币犯罪案件351件，缴获假币197余万元，为维护正常的金融秩序发挥了积极作用。

1993年9月18日，省公安厅转发公安部《关于严厉打击走私活动和严格执行缉私规定的通知》，要求各级公安机关认真执行有关缉私的法律、政策和纪律，严禁到公海和台湾、香港控制的区域缉私，严禁公安机关和公安干警、边防、武警官兵执法犯法，参与走私、护私活动，不准跨越省（自治区、直辖市）界区域缉私等。12月，省公安厅首次编纂《公安机关办理经济案件常用法规汇编》，印发全省各级公安机关学习贯彻。

1996年1月3日，省公安厅转发省政府办公厅《关于撤销联合缉私检查站的通知》，决定撤销在全省境内主要路段设立的14个联合缉私检查站，其日常工作由有关职能部门承担。10月18日，省公安厅刑警总队转发公安部刑侦局《关于禁止刑侦部门在公路上设卡缉私的通知》，禁止刑（经）侦部门上路设卡缉私。

1997年2月20日，省公安厅转发《公安部关于办理利用经济合同诈骗案件有关问题的通知》，对此类案件性质的认定、立案程序、案件管辖、采取强制措施、追缴赃款赃物以及对办理利用经济合同诈骗案件的监督作出明确要求。

1999年12月25日至28日，全省首次经济犯罪侦查工作会议在合肥召开。会议明确了全省公安机关打击经济犯罪工作的指导思想、主要任务、基本原则以及工作策略等，提出了加强全省经侦工作的主要措施。

2000年，全省公安机关立经济犯罪案件2142件，涉案总价值达13.2亿元，破案1613件。通过侦查破案，抓获经济犯罪嫌疑人1575人，为国家、集体和人民群众挽回经济损失6378.8万元。省公安厅经侦总队全年接办公安部和省领导批办的案件30件；接待全省各地汇报的各类案件778件，2300余人次，研究疑难案件133件，纠正基层错误定性案件41件；协调案件29件，处理、接待群众来信来访148件次，办结102件，转有关部门处理18件，其中公安部交办的4件信访案件全部办结。4月至9月，全省公安机关与人民银行、检察院、法院、工商等部门密切配合，在全省组织开展了一场声势浩大的打击制贩假币犯罪联合行动。这是新中国成立以来安徽省组织开展的最大一次反假币联合行动。在这次联合行动中，破获假币犯罪案件286件，抓获犯罪嫌疑人353人，缴获假币421.79余万元（其中1999年版百元面值假币104.04万元），分别比上年同期增长1.75倍、5倍和1.67倍。11月至12月，根据公安部的统一部署，全省公安机关与税务机关紧密协作，在全省组织开展了打击涉税犯罪专项斗争。专项斗争期间，全省公安机关立各类涉税犯罪案件54件，涉案税额达2亿元，破案48件，抓获犯罪嫌疑人59人，为国家挽回损失800余万元，追回赃款及非法所得178万元，缴获发票5661份（其中增值税票604份），扣押物品价值52万元。

2001年，全省公安机关破获经济犯罪案件2810件，抓获犯罪嫌疑人2055人，涉案总价值23.15亿元，挽回经济损失1.07亿元。省公安厅经侦总队全年接待省内各地汇报的各类案件492件；处理、接待群众来信来访150余件次，受理举报电话30余次；组织侦办了中纪委和省委领导交办的“中纪委4•7专案”；受理8件经济犯罪案件，侦查终结6件，追回赃款1400余万元，扣押涉案车辆7台，批准逮捕犯罪嫌疑人9人，刑事拘留6人。同时，抽调人员参加厦门远华走私案中央专案组。7月至9月，省公安厅经侦总队在全省组织开展打击金融票证犯罪集中统一行动。全省各级公安机关受理票据诈骗等 7 类金融票证案件 80 件，立案 60 件，结案 21 件，涉案金额 3.07 亿元，挽回损失 2501.5 万元，抓获犯罪嫌疑人 27 人，打掉团伙 3 个。7 月至 12 月，根据国务院的统一部署，省公安厅经侦总队制定《安徽省公安机关打击制贩假币犯罪行动工作方案》，要求各级公安机关将打击制贩假币犯罪作为严打整治第三条战线的重中之重，坚决扼制制贩假币犯罪上升的势头。全省公安机关立假币案件 134 件，破假币案件 131 件，收缴假币 181 万元，抓获犯罪嫌疑人 103 人，摧毁假币犯罪团伙 6 个。8 月至 12 月，全省各级公安机关配合税务部门开展打击涉税违法犯罪专项行动，重点打击偷税、虚开和制贩增值税专用发票及暴力抗税等违法犯罪活动。全省公安机关组织专项行动 600 多次，出动警力 2400 多人次，受理涉税案件 216 件，立案 195 件，破案 187 件，抓获犯罪嫌疑人 106 人，涉案金额 2.3 亿元，挽回经济损失 1600 万元；协助税务机关清理欠税户、钉子户 1340 户，检查各类商贸企业 2400 多户，查补税款 5800 多万元，清理重点地区 1800 多处。为贯彻落实全国整顿和规范市场经济秩序领导小组第三次会议和全国严厉打击传销、整顿和规范建筑市场、强化税收征管电视电话会议精神，2001 年 11 月至 2002 年 1 月，全省公安机关主动积极配合工商部门开展打击传销违法犯罪活动的“秋风战役”统一行动。破获非法经营案件 2 件，刑事拘留 3 人，批准逮捕 3 人；立案查处非法传销案件 18 件，对 20 名主要传销“卡头”依法给予了处罚，同时劝返近 6000 名被骗参与者。2001 年 4 月至 2003 年 4 月，全省各级公安机关按照省委、省政府、公安部的统一部署，在全省范围内开展整顿和规范市场经济秩序严厉打击经济犯罪的专项斗争。至 2001 年 12 月底，全省破获破坏社会主义市场经济秩序案件 2336 件，打掉犯罪团伙 96 个，抓获犯罪嫌疑人 1548 人，挽回经济损失 8583.7 万元。对全省已上网的 1637 名经济犯罪嫌疑人进行网上追逃，抓获网上逃犯 712 人。与检察院、法院联手，加大对在逃经济犯罪人员的政治攻势，先后有 100 名在逃犯罪嫌疑人投案自首。协助外省市警方抓获经济犯罪逃犯 48 人。全省各级公安机关配合其他执法部门开展各项打假活动 4025 次，出动民警 18720 次。受理打假案件 808 件，打掉制假、售假窝点 640 个，依法处理 586 人，查获假冒伪劣商品价值 1.64 亿元。

2002 年，全省公安机关破各类经济犯罪案件 2633 件，抓获犯罪嫌疑人 2119 人，挽回经济损失 1.33 亿元；处理、接待群众来信来访 156 件；破获生产、销售伪劣商品案件 616 件，查处暴力抗法案件 49 件，捣毁制假窝点 168 个，依法处理 571 人。1 月至 3 月，省公安厅、省烟草专卖局召开全省烟草、公安联合开展打击制售假冒卷烟专项行动会议，在全省部署开展为期 3 个月联合打击制售假冒卷烟专项行动。行动中，查办各类违法案件 1.07 万件，查获假冒卷烟 4418 件，查获制假烟机 3 台，罚没款 401 余万元。1 月至 3 月，全省公安经侦部门开展打击传销违法犯罪活动“秋风战役”行动，加大对重大传销案件的打击力度，坚决遏制传销违法犯罪活动蔓延势头。3月，省公安厅在阜阳、亳州2市开展为期8个月的打击制贩假币犯罪专项斗争，破获假币案件55件，抓获犯罪嫌疑人74人，缴获假人民币224余万元。通过专项行动，进一步扭转制贩假币犯罪猖獗的局面。4月，省公安厅与铜陵市公安局严厉查处铜陵中南建材大市场欺行霸市、盗抢财物、制假售假，强买强卖、暴力阻碍执行职务等违法犯罪活动，坚决扫除扰乱集贸市场经营秩序的黑恶势力，深挖制假售假的“保护伞”；积极配合市工商局集中开展“三查”（即查经营主体、查假冒伪劣、查市场环境）活动。5月1日至7日，全省公安、烟草部门在全省范围内开展整顿烟草市场集中统一行动，捣毁制售假烟窝点、团伙56个，查处案件2344件，涉案价值148.75万元；查处暴力抗法案件38件，治安拘留9人，刑事拘留1人；查获假烟21028.4条、非计划烟11597条、走私烟660.2条、制假工具15台。9月16日至10月15日，全省公安、烟草部门联合开展打击违法经营卷烟专项行动，捣毁制售假烟窝点、团伙78个；查处案件6697件，涉案价值336万元；查处暴力抗法案件42件，治安拘留18人，刑事拘留9人；查获假烟3.27万条、非计划烟6.08万条，走私烟1965条、制假工具42台。9月至12月，根据国务院打击骗税斗争总体部署和公安部、国家税务总局开展打击涉税犯罪专项治理的要求，省公安厅在全省范围内开展打击涉税犯罪专项斗争，破获涉税案件70件，抓获犯罪嫌疑人71人，挽回国家税款损失1634.22万元，追缴赃款及非法所得448.34万元，缴获各类违法发票9465份。

2003年，全省公安机关立经济犯罪案件2172件，破案1894件，抓获犯罪嫌疑人1340人，涉案总价值4.97亿元，挽回经济损失0.63亿元。省公安厅与省检察院联合开展经济犯罪“网上追逃”统一行动，抓获网上逃犯712人，为国家、集体和人民群众挽回经济损失4800余万元。6月至8月，全省公安机关开展打击生产销售伪劣药材、商品违法犯罪专项斗争。破获各类制售伪劣药材、商品案件98件，抓获违法犯罪嫌疑人295人，其中批准逮捕14人，刑事拘留79人，移送起诉29人，劳教10人，治安处罚36人，移送有关部门处理93人；摧毁违法犯罪团伙14个，捣毁窝点51处，查扣赃款赃物总价值768.24万元。至2003年年底，公安部挂牌案件全部告破，省公安厅挂牌案件18件破17件。

2004年，全省公安机关立经济犯罪案件2572件，破案2543件，抓获犯罪嫌疑人1484人，涉案总价值7.42亿元，挽回经济损失2.72亿元。1月至7月，全省公安机关立各类金融票证犯罪案件35件，涉案金额1628.66万元，破案24件，挽回经济损失71.9万元，抓获犯罪嫌疑人20人。4月，省公安厅会同中国人民银行合肥中心支行、国家外汇管理局安徽省分局等相关职能部门联合开展打击地下钱庄违法犯罪活动。专项斗争期间，全省经侦部门立非法吸收公众存款案7件，破案7件，涉案金额6101余万元，捣毁地下钱庄窝点 3 个，抓获犯罪嫌疑人 7 人。3 月至 12 月，省公安厅、省银监局、中国人民银行合肥中心支行在全省范围内组织开展联合整治金融票证违法犯罪活动。全省各级公安经侦部门立案件 43 件，涉案金额 1.9 亿元人民币（其中美元 480 万元，港币 1480 万元），破案 30 件，挽回经济损失 567 万元；抓获犯罪嫌疑人 37 人，其中网上逃犯 3 人。4 月至 10 月，按照公安部、国家税务总局的统一部署，省公安厅、省国家税务局、省地方税务局在全省范围内组织开展涉税专项整治行动，立案 186 件，破案 164 件，涉案金额 10.07 亿元，涉税金额 1.39 亿元，挽回经济损失 4921.28 万元，追缴非法所得 2153.1 万元，查缴虚开的发票 34.35 万份，查缴非法制造的发票 104 本，伪造的海关代征增值税专用交款书 519 份；抓获犯罪嫌疑人 108 人，摧毁制假售假窝点 5 个；破获公安部督办案件 1 件，省公安厅督办案件 1 件。部分市公安机关协助外省、市办理案件 143 件，协查外省市发票数 1234 份。9 月下旬和 12 月中旬，根据公安部、教育部、国家工商行政管理总局的部署，全省公安、教育、工商部门在全省范围内分别组织开展了 2 次严厉打击严密防范传销活动专项行动，取缔非法传销窝点 198 处，清理和遣散传销人员 9753 人，刑拘 27 人，批准逮捕 3 人，劳教 18 人。

2004 年 4 月至 2005 年，省公安厅经侦总队指导部分市、县查处了阜阳市劣质奶粉事件。阜阳市公安局立案 93 件，刑事拘留犯罪嫌疑人 104 人，逮捕 59 人，劳动教养 21 人，移送起诉 40 人，移交其他行政执法部门处理案件 42 件、46 人（其中立案 23 件，24 人），打掉劣质奶粉制造及分装窝点 2 个，查获劣质奶粉 4310 件，收缴了一大批制假工具。经法院依法判处有期徒刑以上刑罚的 20 余人。同时，全部查清了省、市伪劣奶粉整治领导小组公布的 45 种伪劣奶粉的来源地（系浙江、福建、北京、上海、山东、河南、河北、江西、黑龙江、湖北、内蒙古等 11 个省市）。

2004 年 12 月 25 日至 2005 年 2 月 6 日，省公安厅、省烟草专卖局在全省范围内开展"金网四号"整治卷烟市场专项行动。行动期间，全省出动公安民警 4768 人次，协助烟草部门清查市场 1.84 万次，检查销售点 40 万户次；查处各类烟草违法案件 5489 件，查获各类违法假烟 13.24 万条，捣毁窝点 154 个，涉案价值 865 余万元；刑事拘留 43 人，批准逮捕 13 人，劳动教养 2 人。

2005 年，全省公安机关立经济犯罪案件 4449 件，破案 4396 件，抓获犯罪嫌疑人 1815 人，涉案总价值 11.80 亿元，挽回经济损失 2.66 亿元。全省公安机关经侦部门组织实施"2005 反假货币工作年"活动，在亳州市利辛县，阜阳市阜南县、界首市及合肥、蚌埠、宿州市开展了以打击出售、购买、运输假币，持有、使用假币等假币犯罪为重点的专项斗争。受理假币案件 147 件，立假币犯罪案件 169 件，破案 161 件，抓获犯罪嫌疑人 212 人，缴获假币 5.1 万张，面值合计 489.05 万元。全省公安机关经侦部门组织开展打击侵犯商标专用权犯罪的"山鹰"专项行动，破获 30 余件侵犯注册商标专用权案件，抓获犯罪嫌疑人68人，涉案金额1100余万元，挽回经济损失530余万元。组织开展全省第二次卷烟打假专项行动（代号“金网五号”行动），出动警力7254人次，与烟草稽查部门查处烟草案件1.04万件，涉案价值1127万元，治安拘留15人，刑事拘留26人，查获非法烟草专卖品17余万条。1月至9月，全省公安机关经侦部门会同工商、烟草、质监等有关部门组织开展保护知识产权专项行动，捣毁涉嫌制假售假窝点212个，立案查处侵犯商标专用权、生产销售伪劣商品等案件62件，涉案价值1580余万元，处罚违法犯罪嫌疑人86人，刑事拘留65人，批准逮捕15人，为相关企业和权益人挽回经济损失780余万元。4月至11月，全省公安机关会同税务部门开展打击虚开用于抵扣税款发票和骗取出口退税等涉税违法犯罪活动专项斗争，立各类涉税犯罪案件596件，破案616件，抓获犯罪嫌疑人126人，价税合计7余亿元，挽回直接经济损失2900余万元。

第二节　协作配合机制

2000年，省公安厅经侦总队加强与外省市公安机关执法办案的协作与配合，全年接待16个省、市公安机关来安徽要求协办的案件310余件，810多人次，涉案价值计5.8亿元。接转公安部和有关省、市公安部门通缉令19份、协查通报9份，办理边控手续3份，直接督办协查事项9件，协助外省、市和省内公安机关抓获逃犯8人，协助处理跨省协办重大案件6件。1月24日，省公安厅经侦总队与省直金融部门召开第一次联席会议，会议制定了《省级公安经侦、金融部门联络协作章程》（以下简称《章程》）。依据该《章程》，全年召开4次联席会议，加强了日常信息沟通和办案协作工作，为共同做好金融犯罪的打击和防范工作奠定了坚实的基础。省公安厅经侦总队先后多次召开省国税、地税等部门联席会议，制定了《省级公安经侦、税务部门联络协作工作制度》，逐步建立了打击、防控涉税犯罪新机制。

2001年，省公安厅经侦总队认真贯彻公安部有关办理经济犯罪案件协作规定和《华东地区及部分城市经侦协作章程》，切实加强经侦外协工作。全年接待21个省、市来安徽要求协办的案件200余件；对外省、市来安徽办案请求协作的，尽力给予协助并最大限度提供方便；完成了公安部“807”专案、“106”专案及“706”专案交办的协查发票1100余份，有关省、市公安部门转办的协查发票600余份；接转公安部和有关省、市公安部门通缉令、协查通报80份。另外，省公安厅经侦总队加强与检察机关的协作配合，完善法规建设及司法解释工作，为打击经济犯罪提供法律武器。5月31日，省公安厅经侦总队主持召开省检察院起诉处、批捕处及公安厅刑警总队、禁毒处联席会议，探讨各部门在打击经济犯罪工作中的协作问题，论证了省级公安经侦部门自办案件暂行规定。6 月，省公安厅经侦总队与省检察院组成联合调研组赴六安、蚌埠、马鞍山、合肥等地，对最高人民检察院、公安部《关于经济犯罪案件追诉标准的规定》中的“虚假出资”“抽逃出资”等 4 个罪名追诉标准的具体数额进行论证。全年，省公安厅经侦总队先后与省高级人民法院、省检察院、省农委、省烟草专卖局、省工商局、省卫生厅、省质检局会签了有关打击伪劣商品、维护市场经济秩序的一系列规范性文件，为及时、准确地打击经济犯罪提供了法律依据。省公安厅经侦总队依据《省级公安经侦、金融部门联络协作章程》《省级公安经侦、税务部门联络协作工作制度》和《安徽省烟草专卖局、安徽省公安厅工作联席会议制度》，主动与金融、税务、烟草部门加强联络协作，定期召开联席会议，加强日常信息沟通和办案协作，逐步建立起信息共享、沟通快捷、规范有效的打击、预防金融犯罪、涉税犯罪、制售假冒卷烟犯罪的工作机制，为共同做好金融犯罪、涉税犯罪、制售假冒卷烟犯罪的打击和防范工作奠定了坚实的基础。

2002 年，省公安厅经侦总队严格案件审核把关，接待全省各地汇报各类案件 474 件，研究疑难案件 60 余件，协调案件 30 余件。积极办好协外案件，全年接待 20 个省、市公安经侦部门来安徽协办案件 459 件，涉案价值 9 亿余元。10 月，北京市公安局专案组到安徽省侦办著名影星刘某某偷税案，省公安厅经侦总队组织指导合肥、巢湖、亳州、阜阳等地公安经侦部门全力以赴协作配合，到 20 余家企业调查取证，较好地完成该案在安徽省的调查取证工作。全年转发通缉令、协查函 90 余份（件）；协查增值税专用发票 2.69 余万份，涉案金额 5.44 亿元。省公安厅经侦总队加强与省检察院、省高级人民法院协作配合，完善法规建设及司法解释工作；与经贸委、农委、工商、质监、药监、卫生等部门联合下发文件，部署开展农资打假、食品打假专项斗争；与省国税、烟草部门定期召开联席会议，并制定工作联系制度。12 月 3 日，省公安厅经侦总队成功举办第四届华东经侦协作会。

2003 年，根据公安部经侦局统一部署，全国公安经侦跨省协作配合机制停止，办案单位实行点对点的协作配合。

第三节　重、特大经济犯罪案件选记

省公安厅刑警总队破获卜某特大金融诈骗案。1997 年 12 月 26 日，安徽省信托投资公司深圳证券部总经理卜某伙同他人，大肆挪用股民保证金，伪造法人资格进行诈骗、非法集资，造成损失 2.9 亿元人民币，案发后，卜某逃出境外。为抓获卜某等人，完成此案的侦破工作，省公安厅派专人到印度尼西亚实施跨国追捕行动，并于 1999 年 9 月 5 日，将潜逃近 2 年的卜某成功抓获并押解回国。此案成功破获，得到中央领导的充分肯定，省委、省政府的主要领导也给予了高度赞扬。

省公安厅经侦总队破获中国银行安徽省分行原行长吴某涉嫌挪用公款、非法出具金融票证案。2000 年 12 月，在中纪委、省纪委、省委政法委的统一领导与指挥下，省公安厅经侦总队会同合肥市公安局经侦支队侦办中国银行安徽省分行原行长吴某涉嫌经济犯罪案（简称“12•22”专案），经过 2 年多的内查外调，圆满完成侦办任务，吴某、刘某、袁某、李某等 9 名涉案人员全部到案，追回赃款 1121 万元人民币，查封地产 24.5 亩（价值 1000 余万元），追缴轿车 4 辆（价值 142 万元）。

阜阳市公安局成功侦破公安部挂牌督办生产销售假药案。2001 年 1 月 15 日，阜阳市公安局颍州分局专案组经缜密侦查，将涉嫌生产销售假药犯罪嫌疑人黄某某抓获。经审讯，黄某某交代了 2000 年通过香港从韩国进口生产头孢曲松钠药品原料，伪造上海先峰药业公司委托书与江苏第二制药厂签订了加工成药合同，让上海华源包装材料厂为其加工带有上海先峰药业公司“三花”标志的铝塑瓶盖，并让西江印刷集团公司为其生产药业外包装及说明书，然后进行包装外销的犯罪事实。同时还交代了将假冒的 185.11 万支头孢松钠分别卖给了广东宁海药业有限公司及阜阳市药业集团公司，销售金额高达 1126 万元的犯罪事实。

池州市公安局侦破宋某某合同诈骗案。2000 年 1 月至 9 月，池州市贵池区国有粮食购销有限责任公司与昆明汉阳科技有限责任公司在履行粮食购销合同过程中，被昆明汉阳科技有限责任公司宋某某诈骗粳米价值 462 万元。2001 年 6 月 16 日，池州市公安局贵池区分局对此立案侦查，该案被列为省公安厅挂牌督办案件。2001 年 6 月 20 日，专案组成功抓获犯罪嫌疑人宋某某。2003 年 8 月 26 日，池州市中级人民法院判处宋某某有期徒刑 11 年，并处罚金 5 万元，对犯罪所得赃款 400 余万元予以追缴。

合肥市公安局侦破韩某某虚报注册资本、贷款诈骗案。1996 年 7 月 18 日至 2000 年 5 月 10 日期间，犯罪嫌疑人韩某某先后以“合肥万象工贸有限责任公司、合肥万象建材有限责任公司、合肥华佳建筑装饰有限公司”名义从建行安徽省合肥铁路支行、安徽省工行营业部（市工行寿春路支行）、安徽省工行科技支行（合肥市工行广场支行）、合肥市工行城建支行骗贷 1310 余万元人民币。公安部将此案作为部级挂牌督办案件。合肥市公安局专案组经过四个半月的艰苦工作，查明了韩某某以虚报注册资本成立的 3 家公司的目的不是用于经营，而是专用于骗取银行贷款，且上述公司地址不断变更。同时查明，犯罪嫌疑人韩某某为掩盖贷款诈骗的真正目的，还利用“海南康泰装饰有限公司”等 10 家公司设立不同的银行账户，相互转账，便于提现，用于个人挥霍。2001 年 7 月 12 日，合肥市公安局专案组将犯罪嫌疑人韩某某抓获。2002 年 7 月，韩某某犯虚报注册资本罪、贷款诈骗罪，被判处有期徒刑 15 年。

界首市公安局侦破 2001 年“3•5”制贩假币案。2001 年 12 月 29 日，界首市公安局经缜密侦查，成功侦破以王某某（河南省沈丘县人）为首的伪造、购买、运输、出售假币团伙犯罪案件。专案组辗转浙江、江苏、河南、广东等 4 省 17 个县、市，将涉案的 13 名犯罪嫌疑人全部抓获，收缴贩卖的假币总额达 2000 万元。

淮北市公安局侦破 2002 年“1•21”金融诈骗案。2002 年 2 月，淮北市公安机关经缜密侦查，成功侦破濉溪县系列金融诈骗案件 50 余件，抓获全部 12 名涉案人员，涉案金额 1800 余万元，挽回经济损失 600 余万元。

阜阳市公安局破获公安部挂牌督办的阜阳市药品供应公司经理郭某虚开增值税专用发票案。2002 年 6 月 24 日，阜阳市公安局成功侦破公安部挂牌督办的虚开增值税专用发票案，抓获郭某、王某等 9 名犯罪嫌疑人，为国家挽回经济损失近 200 万元。自 2002 年 4 月以来，阜阳市药品公司经理郭某指使副经理刘某、会计王某等人为安徽、上海、江苏、山西等 13 个省、市的 122 个单位和个人虚开增值税专用发票 875 份，虚开额达 4193 万元，税额 540 万元，收取开票手续费 62 万元。

铜陵市公安机关侦破特大虚开增值税专用发票案。2001 年 12 月 20 日，铜陵市国税局向铜陵市公安局移送铜陵市迅达科贸有限责任公司、铜陵市天宇电脑有限责任公司、铜陵市大顺物资供销服务部、铜陵市黎华纺织品服装贸易公司、铜陵市企协经贸公司 5 件涉嫌虚开增值税专用发票案件。2002 年 5 月 9 日，该 5 件案件由铜陵市公安局五松分局立案侦查。2003 年 2 月 26 日，专案组先后将迅达公司经理、法人代表刘某，天宇公司经理、法人代表徐某，黎华公司经理李某，大顺公司经理姚某、江某抓获。5 家企业在 2001 年 4 月至 8 月期间虚开增值税专用发票 261 份（另 5 份票系废票）、受票企业 81 家，虚开金额 1.4 亿元，税额 2440 余万元，价税合计 1.6 亿元，给国家造成税款损失 2123 余万元，案发后经当地国税部门追缴税款 1400 余万元，实际给国家造成税款损失 700 余万元，犯罪嫌疑人非法获利 30 余万元。2003 年 8 月 1 日，铜陵市中级人民法院分别判处徐某、李某、姚某、刘某有期徒刑 3 年、8 年、10 年、13 年。

宿州市公安局破获李某职务侵占案。1998 年 11 月至 2003 年 5 月间，宿州市第一棉麻公司法人代表李某伙同广州银利源纺织有限公司负责人崔某（女）等人以虚假的法人、股东在广州注册成立广州银利源纺织有限公司，并将本单位 4488.8 吨棉花以低价转让给广州银利源纺织有限公司以高价出售，侵占差价款 959.4 万元。同时，还采取造假工资单、虚假收购棉花、虚开运输发票等手段侵吞资金 1384.28 万元。2003 年 6 月，宿州市公安局将犯罪嫌疑人李某、崔某抓获，并从李某、崔某处追缴人民币 1169.92 万元，美元 52.45 万元，轿车 1 部，从广东省纺织供销公司追回棉花款 857.16 万元。

马鞍山市公安局破获“5•26”虚开增值税专用发票案。犯罪嫌疑人余某、李某等人伪造 119 份黄埔、沙头角、防城港、文锦渡等地海关代征增值税专用缴款书、海关进口货物报关单、外贸合同等文件，申报抵扣税款 2571 万元；同时，犯罪嫌疑人余某、李某等人在没有真实货物交易的情况下，向深圳、广州、珠海、汕头、黄石、重庆等地的33余家企业虚开增值税专用发票258份，价税合计1.85余亿元，给国家造成税款损失2696余万元。2004年5月26日，余某等10名犯罪嫌疑人被全部抓获归案。

淮南市公安局成功侦破祁某特大虚开增值税专用发票案。2004年9月30日，淮南市公安局经缜密侦查，成功侦破一起特大虚开增值税专用发票案，抓获犯罪嫌疑人19人，为国家挽回直接经济损失1000余万元。犯罪嫌疑人祁某等人单独或合伙购买或用其他欺骗手段，注册成立公司，专门从事为他人虚开增值税专用发票的犯罪活动，非法获取伪造并虚开的增值税专用发票1121份，抵扣税款1400余万元；非法获取运输发票234份，抵扣税款300余万元。同时，涉嫌为他人虚开增值税专用发票2266份，抵扣税款1900余万元，涉及10个省、直辖市和40余个地、市及数百家公司、企业。

阜阳市公安局侦破特大销售假发票案。阜阳市公安局办案民警在工作中现场抓获销售假发票犯罪嫌疑人李某（女），当场收缴假发票20万份。随后，在其租房处查获并收缴未出售的假发票4万份。两项共查获假发票24万份，票面可开具最大金额为81.49亿元。据犯罪嫌疑人李某交代，其于2005年4月至8月，多次将约四五万份假发票出售给江苏省海门市的张某。9月11日，办案民警将犯罪嫌疑人张某抓获。

阜阳市公安机关成功侦破李某特大非法吸收公众存款案。自1995年7月开始，安徽双阳集团负责人李某（逮捕前系安徽省第十届人民代表大会代表）伙同其次子（逮捕前系太和县第十三届人民代表大会代表）、次女、长子、孙某等人，在明知公司无权从事金融业务的情况下，以投资建厂、上彩条布生产线为由，向社会不特定对象进行有偿集资，高息揽储（月息最高达1.5分，最低月息0.9分），存户涉及安徽省的阜阳、太和、界首和河南的沈丘等地，共吸收存款71903笔，数额6.29亿元（已兑付本金5.58亿元，兑付利息2281万元，未兑付本金达7060万元）。2001年9月开始，集资群众三五成群讨债；2004年12月后，数百名参与集资群众到太和、界首等地上访，且情绪激烈，严重影响社会稳定。阜阳市公安机关对该案立案侦查，依法扣押犯罪嫌疑人汽车2部（丰田佳美和五十菱）、手机6部，现金7058元；冻结银行存款1.5万元；查封房产3处，公司厂址1处，及在合肥商住楼1套；查封土地9.13万平方米，总地价760万元；查封房产总价值2624万元、公司机器等设备价格为2218万元；公司财物变现总计345万元。所有资金用于偿还集资群众的本金，稳定了社会秩序。

第六章　禁　毒

新中国成立后，安徽省各级党委和政府开展禁烟运动，毒品在安徽绝迹了近30年。20世纪70年代末至80年代初，受国际国内总体毒情形势的影响，毒品问题在江淮大地“死灰复燃”并逐步发展蔓延。对此，安徽省委、省政府坚持“预防为主，综合治理，禁种、禁制、禁贩、禁吸并举”的禁毒工作方针，组建专门的禁毒机构，加大对毒品犯罪的打击力度，对毒品问题实行综合治理，开创了禁毒工作的新局面。

第一节　禁毒组织

安徽省禁毒委员会　1991年年底，设立安徽省禁毒工作领导小组，下设办公室，禁毒工作领导小组办公室设在省公安厅刑警总队。省委常委、政法委书记、省公安厅厅长王胜俊任组长，省政府副秘书长、省公安厅副厅长、省卫生厅副厅长、合肥海关副关长任副组长，省公安厅、省人民检察院、省高级人民法院、省共青团、省卫生厅、省化工厅等26个单位为成员单位。1999年，设立安徽省禁毒委员会（以下简称“省禁毒委”），下设办公室。各市、县公安机关也相继设立禁毒工作领导小组、禁毒委、禁毒办。

安徽省公安厅禁毒总队　1996年，省公安厅刑警总队设立禁毒科（序列第五科），负责指导全省禁毒工作。1999年12月21日，省公安厅党委决定设立禁毒处。2000年1月7日，省公安厅设立禁毒处，编制25人。内设办公室（秘书科）、第一科（禁种禁吸）、第二科（缉毒）、第三科（预防宣传教育）。2004年9月，增设第四科（情报）。2003年11月，省公安厅禁毒处对外称禁毒总队，对内称禁毒处。

各市（县、区）公安禁毒支（大）队

合肥市公安局禁毒支队　2003年3月，设立合肥市公安局禁毒支队，副处级建制，下设秘书科、预防教育科、第一大队、第二大队、第三大队，民警24名。

淮北市公安局禁毒支队　2002年11月4日，设立淮北市公安局禁毒支队，正科级建制。

亳州市公安局禁毒支队　2001年7月，亳州市公安局刑警支队设立缉毒科，正科级建制。2006年12月，设立亳州市公安局禁毒支队，正科级建制，民警5人。2002年8月8

日，设立利辛县公安局禁毒大队，副科级建制，民警4名。

宿州市公安局禁毒支队　2002年9月4日，设立宿州市公安局禁毒支队，正科级建制。2005年6月8日，禁毒支队升格为副处级建制，下设2个大队，民警14名。

蚌埠市公安局禁毒支队　2003年2月10日，设立蚌埠市公安局禁毒支队，正科级建制，编制25人，内设办公室、禁毒大队、缉毒大队、情报大队。2002年9月27日，设立怀远县公安局禁毒大队。2003年3月27日，设立蚌埠市公安局蚌山分局禁毒大队，副科级建制，编制5人。2004年8月10日，设立蚌埠市公安局禹会分局禁毒大队，副科级建制，编制5人。2004年9月22日，设立蚌埠市公安局龙子湖分局禁毒大队，副科级建制，编制4人。

阜阳市公安局禁毒支队　2004年11月，设立阜阳市公安局禁毒支队，副处级建制，下设1个综合科、2个大队，民警18名。1999年5月5日，设立临泉县公安局缉毒大队，副科级建制，民警16人。2004年6月1日，设立颍上县公安局刑侦大队禁毒中队，股级建制，民警6人。

淮南市公安局禁毒支队　2000年12月20日，设立淮南市公安局禁毒处，正科级建制，编制10人。2002年，改称淮南市公安局禁毒支队，正科级建制，民警8名。2003年5月21日，设立淮南市公安局谢家集分局禁毒大队，副科级建制，民警6名；设立淮南市公安局田家庵分局禁毒大队，副科级建制，民警7名；5月，设立淮南市公安局大通分局禁毒大队，副科级建制，民警5名；5月24日，设立淮南市公安局八公山分局禁毒大队，副科级建制，民警7名；5月，设立淮南市公安局潘集分局禁毒大队，副科级建制，民警4名。

滁州市公安局禁毒支队　2005年5月12日，设立滁州市公安局禁毒支队，正科级建制，编制8人。

六安市公安局禁毒支队　2005年6月，设立六安市公安局禁毒支队，正科级建制，民警4名。

马鞍山市公安局禁毒支队　2001年11月14日，设立马鞍山市公安局禁毒支队，正科级建制，内设政秘科、一大队、二大队，民警11名。2003年3月，设立马鞍山市公安局花山分局禁毒大队，副科级建制，民警7名；设立马鞍山市公安局雨山分局禁毒大队，副科级建制，民警5名；设立马鞍山市公安局金家庄分局禁毒大队，副科级建制，民警2名；同年7月，设立马鞍山市公安局楚江分局禁毒大队，正科级建制；同年9月，设立当涂县公安局禁毒大队，副科级建制，设大队长、教导员各1名。

宣城市公安局禁毒支队　2005年6月6日，设立宣城市公安局禁毒支队，正科级建制，民警8名。

池州市公安局刑警支队禁毒大队　2002年10月15日，设立池州市公安局刑警支队禁毒大队，副科级建制，民警3名。

安庆市公安局禁毒支队　2005年9月，设立安庆市公安局禁毒支队，正科级建制，民警6名。

黄山市公安局禁毒支队　2000年12月1日，设立黄山市公安局禁毒支队，正科级建制，民警7名。

第二节　禁毒立法与宣传教育

禁毒立法　2003年8月23日，安徽省第十届人大常委会第四次会议审议通过《安徽省禁毒条例》，自2003年10月1日起实施。《安徽省禁毒条例》是安徽省第一部地方性禁毒法规，分总则、禁吸戒毒、禁贩禁种、易制毒化学品管理、法律责任、附则等6章41条。《安徽省禁毒条例》完善了安徽省禁毒法律法规体系，为全面推进安徽省禁毒工作，有效预防和严厉打击毒品违法犯罪活动提供了法律依据。

宣传教育

公开销毁毒品　1999年6月26日，省禁毒办在合肥体育场举行首次公开焚烧毒品大会，焚烧海洛因、吗啡等毒品1.35吨。2005年6月26日，省禁毒委、合肥市禁毒委在合肥市体育场联合举行“省暨合肥市公开焚烧毒品大会”，销毁各类毒品143.6千克。2005年，省禁毒办联合省交通广播电台开设《禁毒在行动》节目专栏。

“6·26”国际禁毒日　2000年6月26日，省暨合肥市禁毒办配合省高级人民法院在合肥对16名毒品犯罪嫌疑人公开宣判死刑、无期徒刑、有期徒刑。

2002年国际禁毒日，省禁毒办组织开展形式多样的禁毒宣传教育活动，围绕“吸毒与艾滋病”主题掀起禁毒宣传高潮。省禁毒办制作下发1000套《安徽禁毒教育挂图》；组织新闻媒体记者到毒品重灾区采访，制作《禁毒——社会共同责任》专题片在安徽卫视台连续播放；组织东航乘务员参观戒毒所，与戒毒人员开展“一对一”帮教活动；与团省委举行成立“安徽社区青年禁毒志愿者总队”等活动。全省各地“6·26”宣传活动也各具特色，如省禁毒办与团省委在合肥市举行“安徽省社区青年禁毒志愿者总队”成立大会，志愿者禁毒宣传活动在安徽省正式全面启动；宿州市在出租车张贴“珍爱生命，拒绝毒品”禁毒警示牌；滁州市禁毒办与妇联组织“防毒禁毒靠大家，不让毒品进我家”活动；马鞍山市公安局与文化局联合举办禁毒文艺演出；淮南市召开公开处理涉毒人员大会等。通过宣传，全省广大人民群众禁毒意识明显提高，禁毒热情高涨。

禁毒进校园　2003年，芜湖市天门山街道社区法律学校、马鞍山金家庄区新风社会法律学校、合肥瑶海区恒通社区法律学校被国家禁毒办、共青团中央命名为“全国百所社区法律学校”。

2004年，合肥第九中学、铜陵第二中学、临泉庙岔中学被国家禁毒办命名为“全国百所中学生毒品预防教育示范学校”。

2005年年底，省禁毒办在全省选建478所学校（大学2所、中学419所、小学57所）为禁毒预防教育联系点。

教育群众　2001年，省禁毒办举行禁毒知识竞赛，通过《安徽商报》向社会发放答题14万份。安徽电视台、《安徽日报》、合肥电视台、《合肥晚报》《新安晚报》等多家主流媒体全程报道。同年，省禁毒办举行全省禁毒知识竞赛活动及抽奖仪式；同安徽卫视合作，以宣城市公安局破获的“9·5”特大走私制造甲喹酮案件为素材，联合制作了大型禁毒宣传片——《安徽禁毒第一案》，在该台连续11天滚动播放。6月19日，省禁毒办与省体育局联合在省体育馆举办禁毒形势报告会，近2000名运动员、教练员和省体育局干部职工参加了报告会，参会人员观看了安徽禁毒展板，并在“体育拒绝毒品，北京呼唤奥运”的横幅上签名。

2002年，省禁毒办与安徽电视台《今晚报道》栏目策划制作禁毒系列宣传片——《2002年安徽禁毒大写真》。《安徽日报》《新安晚报》《安徽商报》《江淮晨报》《安徽市场报》等省级新闻媒体均专设禁毒版面进行宣传报道。

2003年12月8日，省禁毒委、省委宣传部、省公安厅、省广电局、省人大内司委在安徽大剧院联合举办“远离毒品、珍爱生命、共享光明”文艺晚会。

2004年6月3日，省禁毒委、省公安厅在合肥举行“禁毒宣传江淮行”活动仪式。活动历时1个月，巡展活动途经全省17市近50个县（市）、区，行程3000多公里，发放禁毒宣传教育资料3余万份，直接参与的群众约4万人，受教育群众计10余万人。

第三节　打击毒品犯罪

禁种罂粟　1986年，全省私种罂粟情况比较严重，分布范围逐年扩大，并由淮河以北的阜阳、宿县地区蔓延到江淮、江南的合肥、巢湖、徽州等地。针对这种情况，全省公安机关每年都及时组织开展查禁工作，依法处理了一批违法犯罪分子。全省全年铲除私种罂粟38.62万棵；依法逮捕11人，治安处罚597人，批评教育682人。

1987年，全省各级公安机关抓住罂粟播种、开花、结果的时机，在各级政府的领导和部署下，充分发动群众，采取有力措施，在城镇、农村积极果断地开展查禁工作。全省查处私种罂粟案件1238件，铲除非法种植罂粟384余万棵，收缴烟果2626千克，鸦片1490克，依法处理5587人，批评教育2.64余万人。

1988年，省公安厅会同省卫生厅转发公安部、卫生部《关于严禁非法种植罂粟的通知》。全年全省铲除私种罂粟83余万株，同比减少78.3%。

1989年，全省铲除非法种植罂粟32余万棵，同比下降61.4%。

1992年至1995年，省禁毒办每年组织开展“春季铲毒专项行动”和“秋季禁种统一行动”，抓住“严防秋季罂粟种籽入土播种”和“春季罂粟花开进入收获期及时发现铲除”两个关键环节，通过宣传发动、签订禁种责任书、依法打击非法种植行为、开展踏查铲毒等形式，深入开展禁种工作。春季铲毒期间，省禁毒办还专门组织禁毒委成员单位，采取分片分组形式，对全省各地、市禁种铲毒工作进行实地检查督导。全省罂粟种植逐步下降，基本实现罂粟“零种植”（即种植量少，发现零星种植的及时铲除）目标。

1995年4月至6月，全省开展铲除罂粟统一行动，铲除非法种植罂粟近260万株，查破毒品违法犯罪案件331件，抓获案犯6420人，缴获海洛因130克，鸦片960克，罂粟壳7108千克。

1999年，第三次全省禁毒工作会议确定阜阳、亳州、淮北、淮南、宿州、蚌埠、合肥、黄山、芜湖、马鞍山10市为全省首批创建“无毒社区”单位，副省长杨多良代表省政府与10个市领导签订了创建工作责任书。

2000年7月至9月，根据公安部统一部署，全省组织禁毒、治安等警种联合开展为期3个月的“加强娱乐服务场所管理，严厉打击卖淫嫖娼、赌博、吸毒、贩毒等社会丑恶现象专项行动”。全省破获毒品犯罪案件525件，缴获毒品340克，摸排出吸、贩毒人员1002人，刑事拘留及批准逮捕26人，强制戒毒8人，限期戒毒71人，劳教戒毒44人。同年，省公安厅刑警、禁毒、经侦总队与省检察院批捕处、公诉处定期召开省公、检联席会议，建立联席会议制度，共同研究惩罚犯罪中遇到的疑难、重大问题。2001年7月31日，第五次联席会议由省公安厅禁毒总队主持召开。

打击与整治 2001年，全省各级公安禁毒部门坚持以“打”开路，以“打”促整治。全省公安机关破获各类毒品案件1.07万件，查获涉毒人员3779人，缴获毒品海洛因11.2千克、罂粟壳（籽）373.75千克。一些大案、要案和新型毒品摇头丸案件相继告破。芜湖市破获“4·28”贩毒团伙案件，抓获犯罪嫌疑人40余人，缴获海洛因380余克；临泉县破获一起贩卖13.8千克鸦片案件；阜阳市公安局破获贩卖毒品海洛因90粒计677克案件；马鞍山市公安局破获贩卖“摇头丸”51粒和21克“K粉”毒品案件以及贩卖海洛因157克案件等。9月至12月，根据全省吸毒人员和毒情普查中收集发现的线索，省公安厅禁毒处组织开展“全省扫毒大行动”，破获毒品犯罪案件563件，抓获涉毒人员727人，带破其他刑事、治安案件196件，缴获各类毒品161.24千克，其中海洛因1197.16克、K粉21克、摇头丸51粒、罂粟壳160千克。

2001年6月至2002年6月，蚌埠市公安局依照“四禁并举、堵源截流、严格执法、标本兼治”禁毒方针，立足禁吸戒毒，强化侦查破案，依法严厉打击涉毒违法犯罪活动，适时提出禁毒“151”工程。其主要任务是：全市各级公安机关用1年的时间逮捕并移送审查起诉100名涉毒犯罪嫌疑人，劳教戒毒复吸人员500名，强制戒毒100名新发现的吸毒人员，以形成惩治涉毒违法犯罪活动的声势，打一场禁毒人民战争。2003年，“151”工程经验在全省推广，在当时戒毒场所少、戒毒经费匮乏的情况下，实用效果明显。“15l”工程开展历时一年，蚌埠市各级公安机关破获贩毒案件2710件，其他刑事案件791件。抓获处理涉毒违法犯罪嫌疑人884人，其中移送审查起诉323人、批准逮捕33人，刑事拘留33人，劳教戒毒475人，强制戒毒20人，填发限期戒毒通知书1122份，有力地打击了涉毒违法犯罪，遏制了该市毒品蔓延的势头。禁毒“151”工程在打击毒品犯罪的同时，对遏制多发性、侵财性犯罪起到了治本的作用，成为刑事案件多发的“减压阀”。自2001年6月开展实施“151”工程后至年底，刑事案件升幅明显下降。并将其与“包头经验”相提并论。2002年，省禁毒办发出通知，在全省推广蚌埠“151”工程的做法。国家禁毒办编发的《禁毒工作》以《安徽蚌埠开展禁毒“151”工程成绩斐然》为题专门介绍“151”工程。

2001年4月至2003年4月，在历时2年的“严打”整治斗争中，全省各级公安机关严厉打击毒品违法犯罪。全省铲除罂粟67.8万株，抓获非法种植人员4228人，破获毒品案件1.75万件，其中刑事案件1.19万件，治安案件5607件；缴获海洛因29.1千克，大麻95千克，吗啡8.9千克，鸦片17.1千克，杜冷丁针剂4387支，片剂7160粒，摇头丸2850粒，罂粟壳（籽）2.7吨；收戒吸毒人员6367人次，其中强制戒毒767人，限期戒毒3759人，劳教戒毒1222人次，自愿戒毒619人次。基本实现了“将全省在册吸毒人员全部戒毒一遍”的目标，为压缩毒品消费市场，减少违法犯罪因素，维护社会治安做出了贡献。

专项行动　2002年年初，省公安厅禁毒处在阜阳、亳州、蚌埠、淮北、宿州、合肥、马鞍山、芜湖、淮南、黄山等10个市部署开展“剿毒会战”统一行动。在为期8个月的行动期间，破获毒品犯罪案件1097件，抓获犯罪嫌疑人108人，缴获海洛因8.076千克、罂粟壳225千克，形成了对毒品犯罪的“严打”高压态势。3月4日，阜阳市暨临泉县公开对6名涉毒犯罪嫌疑人执行逮捕，对黄某等3名毒品犯罪嫌疑人分别宣判死刑、无期徒刑和有期徒刑。此举在临泉县引起强烈反响，极大地震慑了毒品违法犯罪嫌疑人，有力地教育了广大人民群众。同年，根据国家禁毒委统一部署，开展了以马鞍山、淮南、合肥、蚌埠、芜湖5市为主的整治歌舞娱乐场所吸贩“摇头丸”统一行动。行动中清查各类场所2200余家，破获毒品案件200余件，抓获涉毒违法犯罪人员20多人，缴获海洛因16克。特别是合肥市破获了以杨某为首的贩毒团伙，抓获团伙成员8人，缴获摇头丸2360粒，海洛因170克，并首次在安徽省发现摇头丸新品种——“一粒砂”。全省公安机关全年破获千克以上大案10件，抓获毒贩48人，缴获毒品海洛因36.57千克，鸦片5.3千克，吗啡8.07千克，大麻900克，大麻烟40支，摇头丸2360粒，摇头丸粉49.2克，杜冷丁针剂1600支，杜冷丁片剂7160粒，毒资97万元，缴获汽车2部，摩托车4辆，查封价值70万元的商品房7套。根据国家禁毒委的统一部署，安徽省组织开展禁吸戒毒统一行动，全省收戒、吸毒人员5772人，其中强制戒毒642人、限期戒毒3319人、劳教戒毒1019人、自愿戒毒477人，收戒率达78.8%，基本实现省禁毒委全委会提出的年度目标。

2003年8月至12月，根据国家禁毒委、公安部统一部署，省公安厅在全省范围内开展为期5个月的打击“金三角”毒品入境和跨区域贩毒活动专项行动，破获毒品犯罪案件215件，抓获犯罪嫌疑人309人，打掉犯罪团伙39个，抓获团伙成员175人，缴获海洛因31.139千克、针剂593支，吗啡0.142千克、针剂5支，咖啡因0.371千克，K粉0.779千克，摇头丸721粒，杜冷丁针剂40支，片剂800片，罂粟壳1186千克，盐酸二氢埃妥啡60片，醋酸酐450毫升，收缴毒资329.5万元、轿车6辆。

2004年4月至7月，省公安厅在全省部署开展“遏制毒源”专项行动。行动期间，全省破获毒品犯罪案件253件，抓获犯罪嫌疑人243人，缴获海洛因1.892千克、吗啡7.134千克、摇头丸1106粒、K粉1.1千克、冰毒52克、鸦片57克、大麻48.9克、咖啡因430克、罂粟壳1350千克，收缴枪支2支、子弹4发。

2005年年初，省禁毒办在全省范围内开展为期4个月的集中普查收戒吸毒人员的“大收戒”行动。行动中，新发现吸毒人员599人，收戒1750人，戒毒场所床位利用率从31%上升到62%。

全省铲除罂粟情况统计表

表6-1

年度	铲除罂粟数（株）
1995	2579800
1996	453500
1997	270222
1998	204392
1999	152432
2000	147780
2001	457383
2002	221615

续表6-1

年度	铲除罂粟数（株）
2003	99289
2004	112181
2005	85126

全省收戒吸毒人员情况统计表

表6-2　　单位：人

年度	强制戒毒	劳教戒毒	限期戒毒	自愿戒毒	合计
2000	175	247	——	1594	2016
2001	235	445	——	505	1185
2002	767	1222	3759	619	6367
2003	368	704	1983	99	3154
2004	265	587	1592	42	2486
2005	420	687	1134	43	2284

全省登记在册吸毒人数统计表

表6-3

年度	登记在册吸毒人员数（人）
1997	1497
1998	——
1999	2196
2000	4423
2001	5847
2002	6340
2003	7957
2004	9229
2005	8948

全省缉毒成果统计表

表6-4

年度	毒品刑事案件（件）	抓获犯罪嫌疑人（人）	缴获毒品数量										
			海洛因（千克）	吗啡（千克）	鸦片（千克）	大麻（千克）	杜冷丁（支）	咖啡因（千克）	冰毒（千克）	摇头丸（粒）	麻古（粒）	K粉（千克）	罂粟壳（千克）
1986	1	3	——	——	37.5	——	——	——	——	——	——	——	——
1987	4	1	——	——	——	——	——	——	——	——	——	——	——
1988	0	0	——	——	——	——	——	——	——	——	——	——	——
1989	3	1	——	——	100	——	——	——	——	——	——	——	——
1990	5	7	1.5	——	32.5	——	——	——	——	——	——	——	——
1991	8	20	0.5	——	0.5	——	——	——	——	——	——	——	——
1992	74	99	6.985	——	10.722	——	——	——	——	——	——	——	——
1993	66	94	0.05	——	4.3	——	——	——	——	——	——	——	——
1994	28	54	1.514	0.2	10.43	——	——	——	——	——	——	——	——
1995	39	79	0.261	——	0.805	40	——	——	——	——	——	——	——
1996	166	81	0.6	——	0.065	——	——	——	——	——	——	——	——
1997	983	1787	1.09	——	22.877	——	6074	0.5	——	——	——	——	——
1998	2301	1956	1.465	5.873	1.472	——	44	——	——	——	——	——	——
1999	1090	1097	17.3	0.967	——	——	30	1400	——	——	——	——	——
2000	4523	610	4.153	1.122	3.133	——	4	0.143	——	——	——	——	396
2001	9962	742	7.211	0.8	17.138	0.06	2782	0.221	——	483	——	0.021	2463
2002	3299	656	23.941	8.462	1.5	90.9	——	6.902	——	816克	——	——	1861
2003	535	644	35.446	2.828	——	1	1008	4.089	——	734	——	——	1542
2004	555	568	9.358	16.267	9.74	——	424	29.726	——	8922	——	2.288	1360.6
2005	529	637	57.4	10.839	——	0.283	455	——	42.06	2822	2944	23.83	——

第四节　毒品问题重点整治

1999年3月，临泉县因外流贩毒问题突出，被国家禁毒委、公安部列为全国首批17个毒品问题重点整治地区之一。

2001年12月24日，安徽省委常委会将整治临泉县毒品问题列为2002年全省政法工作7个重点之一，要求尽快“摘帽”。省委常委会后，省领导先后多次赴临泉深入重点乡镇检查整治工作，听取省禁毒办、省公安厅关于临泉集中整治工作汇报。阜阳市及临泉县委、政府成立高规格的毒品问题重点整治工作领导小组，领导小组下设办公室，从县直有关单位抽调15人集中办公，并明确各乡镇“一把手”为毒品重点整治第一责任人。临泉县委、县政府在深入调查研究的基础上，制定《临泉县毒品问题集中整治实施方案》《临泉县毒品问题集中整治实施细则》，分7个阶段实施毒品问题集中整治行动。同时，确定庙岔、姜寨、瓦店、庞营、关庙、鲖城、黄岭、陈集、迎仙、城关等10个乡镇为重点整治乡镇，由县委、县政府10名负责同志实行分片责任承包，并从各自分管部门抽调3至5名干部组成工作组进驻，指导督促开展整治工作。为加大庙岔、姜寨等重点乡镇的整治力度，又抽调33名干部组成村工作组，驻村整治。全县各涉毒乡镇、村都成立了相应禁毒组织，明确专人负责、专人办公，形成了较为完备的禁毒组织体系。

临泉县毒品犯罪最突出的是外流贩毒。为解决这一影响“摘帽”的关键问题，省公安厅禁毒处、阜阳市公安局刑警支队直接参与指挥协调，将打击外流贩毒作为重点整治工作的重中之重进行强攻硬取。加强与周边地区兄弟省市县协作，建立联手打击机制。临泉县政法、公安机关主动与河南省公安机关联系，开展与临泉毗邻的河南新蔡、平舆2县联合整治行动。之后，又在国家禁毒办主持下，制定了《皖豫三县集中整治方案》《皖豫三县集中整治协议》。整治期间，两省3县警方在县域交界处开展了多次皖豫联合行动，抓获一批吸贩毒人员。另外，主动加强与毒源地云南警方合作，攻克毒品大案要案。2002年3月25日至27日，由省、市、县三级禁毒部门与云南警方联手，在公安部禁毒局的指导下，打掉3个长期在临泉县、阜阳市坐地批发毒品的特大团伙，抓获毒贩11人，缴获毒品8000克，受到公安部、省公安厅的表彰。在2001年4月至2003年4月的集中整治中，临泉县破获毒品犯罪案件353件，缴获各类毒品107.86千克，抓获毒品犯罪嫌疑人311人，其中批准逮捕271人。集中整治期间，全县打击处理了232名涉毒人员，特别是2002年破获的54件毒品大案中抓获的67名犯罪嫌疑人，批准逮捕63人。2000年，临泉县缉毒大队破毒品犯罪案件176件，2001年59件，2002年57件，呈逐年下降趋势，毒品犯罪活动逐年减少。

为推进集中整治工作，临泉县加大了对吸毒人员的收戒工作力度，先后制定了《临泉县吸毒人员戒毒社会帮教管理办法》《吸毒人员管理暂行规定》，并派出考察组专程到蚌埠学习“151”工程经验，即实行“干戒”，限期戒毒，尿检复吸的一律依法劳教。集中整治工作中，全县登记在册的吸毒人员674人，收戒657人，收戒率达97.48%；其中强制戒毒342人，劳教戒毒121人，限期戒毒6人，自愿戒毒16人。为帮助吸毒人员彻底脱离毒瘾，临泉县各乡镇均建立了由乡镇、派出所、村委会和家庭组成的“四位一体”帮教小组，签订帮教责任书，对戒毒出所的533人进行帮教。帮教工作在基层党委、政府领导下，由乡镇禁毒办公室和公安派出所具体组织实施。各帮教小组每月同帮教对象谈心1次，督促帮教对象定期到辖区派出所尿检，对其付出真心、爱心、耐心，建立起教育、感化、挽救、监督、管理的社会监控帮教管理机制，最大限度地降低复吸率，巩固戒毒成果。其中，涌现出庙岔镇大张庄村支书创办养牛场主动帮助6名戒毒出所人员进行戒毒的先进典型。临泉县政府抓住这一典型及时进行推广，并拨款10万元开展禁毒帮扶。“严打”整治中，全县选树类似戒毒典型6个。

为从根本上解决临泉毒品问题，临泉县广泛开展创建“无毒社区”活动。在认真分析全县毒情基础上，该县选择了毒情最为严重的庙岔镇大张庄行政村和毒情不太严重的杨小街，城关选择了县地税局3个点作为创建“无毒社区”试点。试点工作抓住了“打、防、管、戒、建”5个环节进行。“打”，即通过摸排，适时出击，以打开路。对浮在面上和已经掌握的重点对象开展重点打击，增强广大人民群众对党和政府的信心。“防”，即群防群治。以中小学生和重点乡镇群众为重点，狠抓禁毒预防宣传教育工作，组织县剧团、夕阳红艺术团深入乡镇、村举办以禁毒题材为内容的巡回演出等。“管”，即对流动人员登记在册，做到去向、时间、事由三明确；对暂住人口做到严管、严查、严问；严格落实暂住人口的管控工作。“戒”，即督促吸毒出所人员到派出所尿检，复吸者一律依法劳教戒毒，戒毒出所者落实人员帮教。“建”，即建章立制，深入开展“无毒社区”创建工作。到2003年年底，全县33个乡镇有26个被授予“无毒乡镇”。全县共成立497个帮教小组，负责落实对吸毒人员的帮教工作。

2004年9月，经各方努力，临泉县终于摘掉“毒品问题重点整治地区”的帽子。

第五节　毒品犯罪案件选记

1993年6月，萧县公安局破获以孟某等为首的特大制贩毒品的犯罪团伙案，缴获成品烟土1.2千克，半成品（烟膏）2.75千克，现金4.15万元，以及制造毒品的工具、药剂等。

1996年8月25日，临泉县公安局根据群众举报线索，一举摧毁一个重大流窜贩毒团伙，抓获团伙成员3人，缴获“黄皮”（粗制海洛因）2500克及鸦片300克。

1998年12月12日凌晨1时许，阜阳市公安局刑警支队民警抓获犯罪嫌疑人柳某。随后，民警在其住处缴获冰毒82克。经过近4个月的侦查，公安机关查明犯罪嫌疑人柳某自1995年11月至1997年2月，先后在安徽、河南交界处的偏僻乡村制造毒品11次，计制造冰毒340千克，牟利500余万元的犯罪事实。

1999年7月18日，合肥市公安局经过近4个月的侦查，成功破获一起特大团伙贩毒案，先后抓获童某等贩毒嫌疑人11人、吸毒人员30余人，缴获海洛因584.7克、毒资4万元、自制手枪1把、子弹10发。

1999年9月3日，临泉县公安局缉毒大队经过5个月的缜密侦查，抓获耿某、黄某等贩毒嫌疑人5人，缴获海洛因541克、精神药品安酚可待因1.8万片、自制钢珠枪1支、子弹24发。耿某自1996年开始从事贩毒活动，从云南、新疆等地购买毒品转手贩卖，累计贩卖海洛因7241克，并发展其女儿、女婿等人为团伙成员，形成家族式贩毒团伙。

2000年9月30日，宣城市公安局成功侦破“9·5”走私、制造毒品案件，抓获王某、卜某等11名犯罪嫌疑人，缴获毒资240余万元。1999年6月，犯罪嫌疑人王某伙同卜某等人在泾县晏公镇巧峰村一化工厂生产安眠酮2吨；2000年7月，王某又伙同湖北人熊某等人在湖北襄樊生产安眠酮4.35吨、安定0.65吨，先后全部非法走私贩卖到南非。

2001年2月15日，临泉县公安局缉毒大队在一辆由姜寨镇开往庙岔镇的机动三轮车上查获鸦片13.86千克，抓获谷某等犯罪嫌疑人3人。

2002年1月11日，亳州市公安局涡北派出所在由云南省寄往亳州的中药材中查获夹藏其中的海洛因4.5千克，并将前来取货的熊某等2名临泉籍毒贩抓获。在省公安厅禁毒处的指挥下，专案组又相继抓获熊某等团伙成员5人。

2002年3月25日至27日，在公安部禁毒局和省公安厅禁毒处的指挥下，临泉县公安局缉毒大队与云南省公安机关禁毒部门联合侦查，在阜阳市成功实施“控制下交付”，一举摧毁长期与缅甸毒枭勾结贩卖毒品的“杨某”“杨胜某”“杨习某”3个特大贩毒团伙，抓获刘某等犯罪嫌疑人11人，缴获海洛因8千克、毒资人民币30余万元、汽车1辆、摩托车4辆，搜缴价值60余万元的房产6套。

2002年5月30日，合肥市公安局抓获杨某、李某等贩毒团伙成员8人，缴获新型毒品摇头丸787.4克（1800余粒）、海洛因170克、大麻900克、摇头丸新族“一粒沙”1小袋，自制左轮手枪1支，小口径步枪子弹19发，以及赃款20万元、价值10余万元住房1套和桑塔纳轿车1辆。缴获的大麻、摇头丸新族“一粒沙”首次在安徽省出现。

2002年6月15日，在省公安厅的组织指挥下，淮北、宿州两市公安机关密切配合、缜密侦查，成功破获一起特大跨国走私贩毒案件，抓获犯罪嫌疑人2人，缴获毒品海洛因6.84千克。袁某贩毒集团采用跨境运输、绳索藏毒的方式，先后4次从缅甸贩运海洛因至淮北市，共贩运海洛因20余千克，涉案金额100余万元。

2003年3月6日，利辛县公安局成功破获一起贩卖杜冷丁案件，抓获犯罪嫌疑人魏某、巩某。犯罪嫌疑人魏某（利辛县巩店卫生院院长）利用工作之便，从阜阳医药采购供应站大量购买国家管制的麻醉药品盐酸二氢埃托菲和杜冷丁，除少量存入卫生院药库外，其余大部分放在自己家中，伺机贩卖。自2000年开始，犯罪嫌疑人魏某卖给巩某盐酸二氢埃托菲1800片（10元/片），杜冷丁1250支（15元/支），巩某再以高价贩卖给其下线周某。此外，犯罪嫌疑人魏某又卖给钱某盐酸二氢埃托菲500片（10元/片）、杜冷丁200支（15元/支）。

2003年3月15日，临泉县公安局成功破获一起贩毒团伙案，抓获犯罪嫌疑人王某等5人，缴获海洛因1076克。

2003年5月6日，犯罪嫌疑人胡某（女）及其姘夫蒲某从阜阳市购买毒品回蚌埠市贩卖，途经蚌怀收费站时，被蚌埠市公安局缉毒民警抓获，当场缴获海洛因718.5克。随后，民警又在2人的住处起获海洛因104克。胡某、蒲某2人自2003年3月至5月，多次前往阜阳市购买毒品回蚌埠贩卖，每次交易金额均在10万元以上。

2003年6月8日，淮南市公安局破获一起以家庭成员为骨干的贩毒团伙案。胡某于2001年刑满释放后一直从事贩毒活动；其弟胡斌某于2002年刑满释放，多次参与贩毒；胡某的父亲胡传某、母亲陈某掌管贩毒非法所得资金，四处为团伙存放毒品联系出租房；孙某负责从临泉县“进货”；团伙骨干成员王某、管某、李某等8人是胡某的贩毒下线，负责向外批货，另有十多名“马仔”为团伙成员贩卖小包。该团伙成员多，贩毒数量较大，组织严密，手段狡猾，以家庭成员为骨干从事贩毒活动。8月4日晚，专案组抓获主犯胡某及骨干成员，收缴毒品海洛因1500余克、块状毒品94克、可疑粉末256克、39粒毒品三唑仑、60粒毒品美沙酮、贩毒计量包装工具多套和7余万元毒资、存折1张。

2003年10月9日14时许，临泉县公安局在县城将正在进行毒品交易的犯罪嫌疑人杨某（女，临泉县姜寨镇人）、蔡某（男，蚌埠市人）抓获，当场缴获海洛因300克，含有咖啡因、巴比妥成分的毒品底料106克。

2003年10月9日14时30分左右，临泉县公安局在县城抓获韩某等5名临泉籍贩毒嫌疑人，缴获毒品海洛因984克。

2003年11月5日，在公安部禁毒局及省公安厅禁毒处的指挥协调下，阜阳市公安局在云南及临泉两地同时收网，成功打掉一个从缅甸向阜阳市走私贩运毒品的犯罪团伙，抓获张某等贩毒嫌疑人7人，缴获海洛因22.4千克，收缴毒资90余万元。

2004年3月24日，安庆市公安局成功破获一起贩毒、吸毒案件，抓获贩毒犯罪团伙主要犯罪嫌疑人周某（男，湖北省武汉市人）等人，缴获K粉88.92克，可疑白色粉状物81.8克、摇头丸93粒。犯罪嫌疑人周某于2003年9月到安庆市从事贩卖K粉、摇头丸等毒品活动，获利数万元，涉嫌贩卖毒品和持有毒品人员20人被刑事拘留。

2004年4月12日，颍上县公安局在阜阳市将正在交易毒品的华某等10名犯罪嫌疑人抓获，缴获吗啡6890克、毒资109万元，收缴贩毒用交通工具轿车1辆、气枪1支。

2004年5月5日，淮南市公安局破获一起家族式贩毒团伙案。抓获涉案人员31人，收缴毒品海洛因446.2克、咖啡因963.6克，毒资6余万元，作案用桑塔纳轿车1辆及贩毒计量、通信工具。

2004年7月1日，根据云南省昆明铁路公安处提供的贩毒案件线索，省公安厅禁毒总队成立“7·1”特大贩毒案专案组，开展案件侦破工作。7月6日，专案组一举抓获前往淮北市“取货”的李某（临泉县人）等3名犯罪嫌疑人，当场搜缴海洛因1770克。同时，云南警方在云南大理州成功抓获“发货”的犯罪嫌疑人宁某（女）、张某（均为临泉县人）。

2004年7月29日，阜阳市公安局成功破获“7·29”特大团伙贩毒案，抓获王某等阜阳籍毒贩3人、云南籍毒贩5人，缴获毒品吗啡8589克、毒资人民币520余万元、运毒车辆2部。

2004年8月，芜湖市公安局镜湖分局发现，犯罪嫌疑人义某（男，湖南省江永县人）纠集在芜湖市的湖南籍人员，贩卖吸食毒品，垄断芜湖毒品黑市。10月15日，该局周密部署，果断出击，一举将义某等3名犯罪嫌疑人抓获，当场缴获海洛因200余克。同日，组织100名民警展开行动，在多家个体旅社、出租私房抓获吸毒、贩毒人员76人，缴获散装海洛因42包（每包重0.2克）以及管制刀具7把。

2004年11月15日，淮南市公安局成功破获“8·19”团伙贩毒案，抓获张某、王某等贩毒嫌疑人4人，缴获摇头丸6145粒、K粉615.6克、大麻25.5克、海洛因0.3克，搜缴制式猎枪1支、霰弹枪子弹1发，扣押作案轿车1辆。

2004年12月21日，合肥市公安局庐阳分局通过对聚众吸食K粉、摇头丸人员审查中获得线索，抓获葛某（男，合肥市人）等3名犯罪嫌疑人，查获毒品K粉10余克、摇头丸43粒。同时，根据犯罪嫌疑人葛某的供述，带破贩卖枪支案件1件，抓获犯罪嫌疑人3人，缴获仿“六四”式手枪2支、子弹20发。

2005年2月9日，阜阳市公安局在获取范某（男，临泉县庙岔镇人）等贩毒嫌疑人从湖北接到一批毒品后正在返回临泉途中的情况后，立即部署市公安局相关警种和临泉县公安局缉毒大队开展查缉工作，并于当日18时许在临泉县韦寨镇一路口将购毒返回的3名犯罪嫌疑人抓获，当场从犯罪嫌疑人驾驶的车内查获毒品海洛因85袋，计重1372克。

2005年4月11日，阜阳市公安局禁毒支队和临泉县公安局缉毒大队联合侦查，成功破获陈某特大团伙贩毒案，抓获陈某等贩毒嫌疑人3人，缴获吗啡6431克、毒资2300元、运毒车辆2部。

2005年5月7日，阜阳市公安局和临泉县公安局在省公安厅禁毒总队的统一指挥下，成功破获“3·25”特大跨国走私贩毒案，在云南省景洪市和安徽临泉先后抓获王某、玉某（缅甸人）等犯罪嫌疑人8人，缴获海洛因48.5千克、毒资20余万元。

2005年6月5日，阜阳市公安局在公安部禁毒局和省公安厅的直接指挥下，成功破获一起境外人员勾结河南、云南籍犯罪嫌疑人在安徽省阜南县租用民房生产毒品案件，抓获刘某（河南人）、穆某（缅甸人）、段某（云南人）等犯罪嫌疑人14人，缴获麻谷片42千克、海洛因100克、咖啡因6000克、生产毒品用原料麻黄草10吨、易制毒化学配剂2.5吨、作案车辆5辆。

2005年12月9日，马鞍山市公安局成功破获“11·9”特大团伙贩毒案，在上海、新疆、马鞍山3地相继抓获贩毒嫌疑人18人，缴获海洛因800余克、毒资150余万元及价值17万元的珠宝首饰，扣押用毒资购买的商品房、门面房各1套，彻底摧毁一条上海流向安徽省马鞍山、黄山、铜陵、巢湖市的重要海洛因贩运通道。自2000年开始，犯罪嫌疑人买买提江伙同其妻阿斯也木雇佣“马仔”长期在上海向安徽、江苏、河南等地的购毒人员大肆贩卖毒品海洛因，非法获利数百万元。

第七章　治安行政管理

第一节　户政管理

户籍、人口管理

户口管理　1986年，随着安徽省政治、经济和社会的不断发展，公安机关户政管理面临的形势和要求也随之发生变化，户口管理的政策也不断调整，以适应社会主义市场经济对劳动力资源配置的客观要求。5月19日，省公安厅印发《关于贯彻城镇暂住人口管理的暂行规定的意见》（以下简称《意见》）。《意见》规定了城镇暂住人口的范围、暂住人口登记办法、经常性登记管理工作。全省各级公安机关进行广泛宣传并逐步建立暂住人口登记管理等制度。全省全年登记暂住人口30万人，其中发放暂住证21万人。

1988年，省公安厅及时总结推广马鞍山、芜湖、蚌埠等地经验，加强对出租私房登记发证工作，全年登记暂住人口34万人。

1990年，全省各地认真执行暂住人口管理规定，坚持“人来登记、人走注销”制度，严格履行颁发暂住证手续。截至当年第三季度，全省登记暂住人口401246人，发放暂住证316753人，发证率79%。3月30日，省公安厅转发公安部《关于启用乡（镇）人民政府户口专用章的通知》，决定从1990年7月1日起启用乡（镇）人民政府户口专用章。

1995年，全省公安机关加强人口信息计算机管理系统建设，实行人口信息计算机管理的派出所增加到126个。开展“水上”户口调查工作，统一设计、制发船舶户口簿、船户牌、船民证和临时船民证，较好地推动了“水上”治安管理工作。为进一步强化暂住人口、流动人口的管理工作，起草了《安徽省暂住人口管理规定》。开展小城镇户籍制度改革和流动人口管理新路子的调查研究工作。3月10日，省公安厅下发《关于统一制发内河“船舶户口簿”“船民证”“船舶户牌”的通知》，决定从1995年4月1日起，在全省内河统一换发使用安徽省“船舶户口簿”“船民证”“临时船民证”“船舶户牌”。8月16日，省公安厅在全省范围内集中时间、警力对辖区内的租赁房屋和暂住人口开展清理整顿，并在清理整顿的基础上建立健全规章制度，使租赁房屋治安管理和暂住人口管理工作进一步纳入法制化的轨道。同时，省公安厅印发《租赁房屋治安处罚决定书》《停止房屋出租决定书》《暂住人口管理处罚决定书》及“暂住证”式样。

1997年4月1日，《安徽省暂住人口治安管理办法》正式施行。全省各地公安机关从4月1日起，对暂住人口进行一次全面清理整顿，加强暂住人口登记和暂住证的颁发及查验工作。12月2日，安徽省召开全省各地市全面开展小城镇户籍管理改革和完善农村户籍管理制度工作电话会议，贯彻全国小城镇及农村户政工作电话会议精神，部署全省小城镇及农村户籍管理制度改革工作。

1998年8月31日，省公安厅转发公安部《关于印发办理户口、居民身份证工作规范的通知》，对基层公安派出所办理户口、身份证的办事制度、接待制度、办理时限、基本要求、收费标准和内外监督作出明确规定，要求派出所提高工作效率和服务质量，保护公民合法权益，解决群众办户口、身份证的问题。

1999年3月12日，省公安厅印发《关于贯彻落实省政府批转省公安厅关于解决我省当前户口管理工作中几个突出问题意见的通知》，规定从1999年起，在全省范围内实行新生婴儿落户随父随母自愿的政策。凡新生婴儿包括非婚生的，超计划生育的，均可在父亲或母亲常住户口所在地户口登记机关申报常住户口。4月27日，省公安厅印发《关于进一步加强暂住人口管理工作通知》，要求全省公安机关集中对辖区内的暂住人口、出租房屋进行一次彻底地清理整顿，摸清暂住人口及出租房屋底数，逐人逐户登记发证，真正做到底数清，情况明。7月16日，省公安厅印发《关于深入开展小城镇户籍制度改革的通知》，对深化小城镇户籍制度改革、促进人口合理流动，作出明确规定。

2000年8月10日，省公安厅印发《关于全面开展第五次人口普查户口整顿工作的通知》，对全省“五普”前的户口整顿工作进行部署，要求各地完成户口整顿入户核对、统计工作和质量检查验收工作。

2002年7月1日，省公安厅开展为期3个月的暂住人口专项整治行动。专项行动中，全省设立暂住人口管理站2165个，清理暂住人口总数58余万人，新登记暂住人口18余万人，补办暂住证12万本，清理出租房屋24余万户，基本摸清了暂住人口底数，同时，建立起包括登记、发证、协查等一整套管理制度，为加强人口管理奠定了基础。

2003年7月7日，省公安厅印发《关于进一步改进暂住人口管理和服务工作切实保护暂住人口合法权益的通知》，规定申领暂住证的范围严格限定于离开常住户口所在地，拟在暂住地居住一个月以上年满16周岁的务工、经商等人员。对符合办理暂住条件的，做到随来随办。8月14日，省公安厅转发公安部《三十项便民利民措施户籍管理部分的答复口径的通知》，进一步放宽了户口迁移政策。9月30日，省公安厅印发《关于建立省内被判处徒刑、被决定劳动教养人员不注销户口后通报制度的通知》，规定被判处徒刑、被决定劳动教养的人员分别由看守所和呈报劳动教养单位书面通知其户口所在地派出所，由派出所登记备案；刑满释放和解除劳动教养的，户口所在地派出所凭监狱管理部门和劳动教养管理部门书面通知（在看守所留所服刑的罪犯刑满释放的，由看守所书面通知）做好登记备案。

2004年8月，省公安厅治安总队印发《关于切实做好我省三峡库区外迁移民落户、治安管理等工作通知》，对安徽省接收安置重庆三峡库区外迁移民3000多人（分三批安置在铜陵、滁州、芜湖、巢湖4个市的8个县）的资格审查、复核、户口迁移、落户、治安管理等工作作出明确规定。

2004年，全省登记暂住人口587354人（其中市辖区474734人，县辖区112620人）。

2005年，省公安厅贯彻实施第二批户籍管理便民利民措施。实行网络户口迁移。凡已建成网络版人口信息系统的城市，在同一城市及所属县内迁移户口的，实行网络办理，即在拟迁入地派出所直接办理户口迁移手续。补发遗失户口迁移证件。办理离婚户口分户、迁移手续。同时取消第一批户籍管理便民利民措施中的“公民可以委托他人申领、换领、补领居民身份证”的规定。同年，省公安厅认真贯彻落实公安部通知精神，督促芜湖、巢湖2市公安机关纠正取消暂住证的做法。同时，研究制定进一步加强全省暂住人口和出租房屋管理的意见，加强对居民身份证的查验、核查工作，查处伪造、变造、冒用身份证的违法犯罪活动，保护公民的合法权益。结合公安人口信息系统建设和推进社区警务战略及建设社会治安防控体系，强化出租房屋、中小旅馆、用工单位、建筑工地、集贸市场、文化娱乐场所等流动人口主要落脚点和活动场所的日常登记、管理措施。

“农转非”　1987年年初，省公安厅根据中共中央办公厅文件精神，对安徽省平反的冤假错案中因受错误处理造成夫妻两地分居的或者在受错误处理期间结婚，一方已复查平反回到城镇、配偶不论在农村或小城镇的，不受户口指标或本人职务、学历等条件的限制，尽快解决其分居及城镇落户问题，未成年的子女也随同迁往。在城镇无子女照顾，而其子女均已成年的，解决一个成年子女（包括该成年子女的配偶和未成年的孩子）的城镇户口。随后，全省复查平反的人员涉及户口方面的政策得到全面落实。

1988年，省公安厅对来安、全椒等县公开出卖户口的错误做法进行及时制止和纠正。会同有关部门审批煤矿井下工人“农转非”（农业户口转为非农业户口）户口67831人，征地转户人口32082人，科技人员家属子女“农转非”户口530人。2月，省公安厅转发公安部通知精神，要求全省各级公安机关以治安管理为中心，以户口管理为基础，按照突出重点的原则，分层次了解和管理人口。这种做法，避免了“眉毛胡子一把抓”，有利于加强辖区的治安防控，维护辖区的社会治安。

1990年6月20日，省公安厅下发《关于职工居民家属“农转非”审批工作有关问题的通知》，规定每年下达的职工居民家属户口“农转非”（即千分之二“农转非”）指标，限定在本年11月底前审批完毕，隔年作废；实行公开审批“农转非”户口制度，接受群众监督，提高工作透明度；千分之二“农转非”户口仍按《国务院批转公安部关于处理户口迁移的规定》、公安部《关于解决无户口人员落户问题的通知》和劳动人事部、公安部、商业部《关于解决老工人夫妻长期两地分居问题的通知》规定办理。

1993年1月16日，省公安厅印发《关于统一实行“安徽省农转非户口准迁证”的通知》，规定从1993年1月起统一实行“安徽省农转非户口准迁证”制度。

1994年8月2日，公安部、财政部、中国人民银行印发《关于制止继续出卖非农业户口的通知》，要求坚决贯彻执行中央办公厅、国务院办公厅《关于立即制止出卖非农业户口的紧急通知》，坚决制止和纠正不讲条件、不分对象，交钱就办“农转非”户口的错误做法。随后，全省公安机关对收费办理的“农转非”户口进行认真清理，查明收费及资金使用情况。凡符合有关政策的“农转非”户口，要按照政策，妥善予以解决，认真落实有关待遇。10月13日，省公安厅转发公安部《关于启用新的户口迁移证、户口准迁证的通知》，决定从1995年1月1日开始启用新的户口迁移证件。

1996年3月28日，省公安厅要求各地公安机关从1996年7月1日开始启用新的常住人口登记表和居民户口簿。用3年时间逐步更换“常住人口登记表”和“居民户口簿”。8月21日，省人民政府办公厅转发《省公安厅关于实施我省小城镇户籍管理制度改革意见的通知》，要求根据全省城镇化发展的总体目标，制定具体落实措施，全面开展小城镇户籍管理制度改革工作。小城镇户籍管理制度改革实施范围是：县级市的城区、县城关镇、国家建制镇、集镇以及经省政府批准的经济开发区。办理对象和待遇：凡在小城镇有固定住所、稳定职业或经济收入能够保证基本生活的人员，均可向当地公安机关申请在城镇落户。被批准进入小城镇落户人员，由公安机关纳入城镇常住人口的管理。在生活资料供应、子女入学、就业、报考公务员、参军、社会保险等方面与城镇居民享有同等权利，履行同等义务。

1998年8月2日，省公安厅、省计划委员会印发《关于扩大小城镇户籍管理制度改革试点范围的通知》，要求经省政府批准开展小城镇户籍管理制度改革试点的15个试点镇年底之前完成试点工作；全省各县（市）以及设乡镇的区，可根据本地情况，积极开展小城镇户籍管理制度改革试点工作；农村人口申请办理小城镇常住户口实行指标控制。各县（市）公安和计划部门提出试点城镇名单和小城镇人口发展计划报经县（市）政府同意后，由行署、市政府汇总报省公安厅和省计委审定。省公安厅将省政府“农转非”计划内安排的专项小城镇落户指标，分解下达各地。各地根据下达的控制计划数严格按照试点范围，统筹安排，有计划分步骤地审批小城镇落户人员。

2001年，省政府批转省公安厅《关于进一步改革户籍管理推进城镇化进程的意见》（以下简称《意见》），要求进一步推进小城镇户籍管理制度改革，放宽户口迁移限制，全面实行在城市投资、兴办实业、购买商品房人员登记常住户口的政策。省公安厅对各地贯彻落实《意见》情况进行督促检查，对各地各部门制定的政策规定与文件精神相抵触的，督促修改、废止；对故意设置过高“门槛”的，予以通报批评。在各级党委政府的努力下，全省户籍管理制度改革工作成效显著，“人户分离”现象得到了改善，原本普遍存在的大中专毕业生由于找不到接收单位，持迁移证未入户形成“口袋户口”的问题得到了较好解决。全省17个市有15市开放了户口迁移限制，2002年年底，全省因小城镇户籍制度改革增加的非农业户口为33.93万人。

居民身份证管理　1985年9月6日，《中华人民共和国居民身份证条例》公布。12

全省人口统计表

表7-1　　　　单位：人

年度	总户数（户）	总人口				人口密度（人/平方公里）
		合计	男	女	性别比	
1986	12364967	52172139	27139865	25032274	108.4	375.3
1987	12783857	52866217	27499888	25366329	108.4	380.3
1988	13391028	53770644	27955018	25815626	108.3	386.8
1989	13976187	54692444	28418194	26274250	108.2	393.5
1990	14446550	56607078	29336379	27270699	107.6	407
1991	14813395	57439876	29769260	27670616	107.6	413
1992	15002785	58174827	30151282	28023545	107.6	419
1993	15123200	58700093	30443137	28256956	107.7	422
1994	15319432	59379121	30807760	28571361	107.8	427
1995	15509499	59995663	31163141	28832522	108.1	432
1996	15690431	60539835	31437709	29102126	108	435.5

续表7-1　　单位：人

年度	总户数（户）	总人口				人口密度（人/平方公里）
		合计	男	女	性别比	
1997	15923201	61092170	31709154	29383016	107.9	439.5
1998	16078633	61521697	31906354	29615343	107.7	442.5
1999	16319828	62052617	32193604	29859013	107.8	446.4
2000	16561022	62783538	32580855	30202683	107.9	451.6
2001	16829876	63256523	32835259	30421264	107.9	455
2002	17098730	63689508	33069664	30619844	108	458.1
2003	17552188	64102450	33329106	30773344	108.3	461.1
2004	17947112	64607681	33590099	31017582	108	464.7
2005	18353960	65161251	33844788	31316463	108.1	468.7

月，安徽省人民政府成立颁发居民身份证领导小组及其办事机构。同月，省政府印发《关于颁发居民身份证若干问题的通知》，决定1986年首先在8个省辖市中开展发证工作。随后，各市根据省政府的决定均成立了由副市长牵头，公安、财政、宣传、计划、人事、劳动、商业等部门负责人参加的颁发居民身份证领导小组，下设办公室，另设颁证机构676个，调配工作人员1余万人。

1986年5月，省公安厅筹建安徽省特种证件制作中心，承担全省居民身份证制作任务。1987年3月，省制证中心完成样证试制，公安部批准批量生产。1988年，安徽颁证工作全面开展，各地、县（市）均建立颁证领导机构，调配颁证人员27866人。1月，省颁证领导小组决定增设合肥、蚌埠、芜湖、阜阳4个制证所。9月，省公安厅制定《关于居民身份证管理工作若干规定（试行）》，1988年年底，全省送交各制证中心（所）底卡808.9万人，颁发居民身份证523.5万人，占公安部下达安徽省颁证任务的26.95%。

1989年，为配合居民身份证使用查验制度的实施，省公安厅根据公安部有关文件规定，决定对应当申领居民身份证而尚未领到的，或者因居民身份证丢失、损毁尚未补领到的公民以及16周岁以上常住户口待领的公民，制发临时身份证。9月25日，省公安厅转发公安部《关于制发临时身份证有关问题的通知》，对年满16周岁以上常住人口申领临时身份证以及制作临时身份证工本费作出详细规定。9月26日，省委宣传部、省公安厅转发中央宣传部、公安部《关于印发<全国实施居民身份证使用和查验制度的宣传提纲>的通知》，要求利用各种宣传形式对广大群众进行广泛深入的宣传教育，真正做到居民身份证的使用、核查和查验工作家喻户晓，人人明白。截至11月底，全省制发身份证3100万人。

1990年6月21日，全省居民身份证工作电话会议召开。会议要求，认真做好颁发居民身份证的扫尾工作，争取年底前完成发证任务。加强日常管理工作，落实管理机构和管理人员。继续抓紧抓好居民身份证的使用查验工作，今后凡是需要体现公民利益的事务和活动，都必须查验居民身份证，使居民身份证更有效地为管理流动人口、预防打击犯罪、维护社会治安服务。6月28日，省公安厅转发《公安部关于认真做好1990年居民身份证工作的通知》，对提高居民身份证发证率、建立健全户籍和居民身份证日常管理机构、证件日常管理、居民身份证使用查验、居民身份证制作中心（所）建设等工作提出新要求。10月10日，省公安厅印发《关于全省居民身份证底卡编排入柜及使用情况的通报》，要求全省各地抓紧时间完成身份证底卡编排入柜工作，尽快发挥身份证底卡的作用。1991年3月底，全省制发身份证3700万人，完成公安部下达给安徽省发证任务的92%以上。全省制发证工作进入扫尾阶段，管理使用工作按照公安部要求全面展开，逐步完善了日常管理制度，产生了较好的社会效益。

1992年12月2日，公安部等14个部委下发通知，规定居民身份证是国家法定的证明公民个人身份的证件，各部门要结合各自的工作特点，指导所属企业、事业单位制定和建立健全必要的核查居民身份证的规章制度；在办理涉及公民权利义务的政治、法律、经济、社会等法律活动手续时，进一步加强居民身份证的核查工作，使之制度化、规范化。1994年10月14日，省公安厅召开全省居民身份证制证工作会议，传达国家计划委员会、财政部、公安部有关办理居民身份证加急费问题的通知精神。全年全省制发居民身份证1107140张，临时身份证105330张。

1995年，全省开展10年有效期居民身份证的换证工作，并对现行制证设备进行技术改造和设备更新。

1996年8月26日，省公安厅印发《关于加强居民身份证管理工作的通知》，对一些地方居民身份证发放管理工作力度不够，造成群众领证难，个别地方为不符合办证条件的人员办“关系证”“人情证”，扰乱居民身份证管理秩序等问题进行通报，并就身份证发放管理工作作出具体规定。

1998年，根据公安部提出的“加快发证步伐，保证建国四十周年前在全国实施居民身份证查验制度”的要求，省公安厅加强检查指导，制定工作方案，建立责任制，全面推动颁证工作。同时，派员到各市、县进行检查、指导、讲授技术课。将公安部下达的3000万发证任务分解到各地、市公安机关，并由阜阳、芜湖、蚌埠制证所安装8条生产线承担全省制证任务。年底，省辖8市基本完成居民身份证制发任务。

1999年10月，省公安厅深入贯彻国务院《关于实行公民身份号码制度的决定》和公安部《关于认真做好公民身份号码编制工作的通知》精神，在全省公安机关开展居民身份证编号清理纠错工作，结合换发新的“常住人口登记表”和居民户口簿，核准公民个人基本信息，严把登记、录入、核校关，最大限度减少编号赋码过程中的差错。

为改变安徽省公民身份号码编号赋码率在全国滞后的情况，2000年6月26日，省公安厅召开全省编制公民身份号码暨“五普”户口整顿工作电话会议。全省各级公安机关按照省公安厅的要求，针对编制公民身份号码工作中存在的问题，制订详细的工作计划，采取有效措施，如期完成省政府要求的2000年年底前全面完成公民身份号码的编号赋码工作任务。截至12月20日，全省共完成编号赋码62160779人，占总人口的100%；常表登录52978504人，户口簿登录32898241人，顺序码登录51522369人。

2001年，省公安厅督促各地对人口信息系统建库完成后的县（区）进行数据校验和数据整理，在市、县、区的范围内执行证号校验，确保号码编制率、表簿册填制率达到100%。

2002年，全省公安机关以换发第二代居民身份证为契机，认真做好人员、装备、技术、信息采集等各方面的准备工作，开展“常住人口登记表”“居民户口簿”的项目核对与更新工作。2002年全省发现受理违反居民身份证案件112464件，查处111505件。

2003年1月至4月，全省发现受理违反居民身份证案件43159件，查处42847件。其中，农村乡镇案件数量占受理总数的98.17%。对此，省公安厅要求各地进一步规范全省的身份证管理工作，加强制度建设和查究力度。5月，根据公安部通知精神，省公安厅制定人口信息管理系统升级改造方案，并完成各项准备工作。

2004年，省财政厅针对个别地方财政部门对公安机关制作居民身份证工本费按比例调控收费过高，使有些派出所出现停止办理居民身份证问题，通知要求各级财政部门对行政事业性收费收入进行统筹调剂时，要认真核实居民身份证制证成本费支出，合理安排公安机关制作居民身份证支出，以利于制证工作的正常开展。全省全年办理居民身份证42712381个，重新制发证件201454个，纠正居民身份证错误1344167项，纠正率为92.8%。

2005年5月，省公安厅举办全省第二代居民身份证换发工作培训班。9月25日，省公安厅转发公安部《关于认真做好制发新版临时居民身份证工作的通知》，要求全省各级公安机关治安（户政）部门和公安派出所严格掌握受理条件，规范办证程序和收费标准。10月8日，为加强效能建设，服务办证群众，省公安厅居民身份证制作中心快证办理处搬迁至省政务服务中心。同年，省公安厅部署合肥、阜阳、安庆、蚌埠市公安局制证所停止制发一代证后的工作衔接。

人口信息系统建设　人口信息系统建设是公安计算机综合信息系统建设的重点项目之一。1986年，公安部党组决定在全国公安机关推广吉林省吉林市公安局人口信息计算机管理系统。安徽省人口信息系统建设正式开始。

1987年，马鞍山、安庆市开展“人口基本信息系统”试点工作，马鞍山市公安局慈湖、采石、湖东3个派出所人口信息实行微机化管理。

1988年，省公安厅成立计算机信息系统建设领导小组，各项目建设单位也相应成立由领导和技术人员组成的项目建设领导小组，加强计算机信息系统建设的领导工作。同年，省公安厅举办一期“人口基本信息系统”技术人员学习班。

1989年11月9日至13日，省公安厅在马鞍山市召开全省治安管理工作会议。会议要求全省各级公安机关积极开展微机管理人口基本信息工作，争取在1990年内8个省辖市、黄山市和7个行署所在地的市（区）公安机关实行微机管理人口信息。

1990年，淮北、铜陵市新建“人口基本信息系统”项目。全省推广应用计算机管理人口基本信息工作中的主要任务：一是完善微机软件，二是着手小型机软件的开发试点，三是加强系统的维护管理。

1991年，省公安厅明确全省“人口基本信息系统”建设指导思想，即以微机应用为主，在市、县两级建立“人口基本信息系统”；先城市，后区县，分级、分批地逐步完成全省微机应用工作，由单机管理逐步过渡到全省计算机联网。除省辖市建立“人口基本信息系统”外，省公安厅计划选择3个有条件的县进行试点，以便总结经验在全省推广。

1992年，全省公安机关有计划、分步骤地开展人口信息计算机管理系统建设。合肥、芜湖、马鞍山、安庆、淮北、蚌埠等市争取了中央财政专项资金支持。至1994年8月，6个市188个城区派出所建成人口信息计算机管理系统，其中51个派出所实现前台办公。

1995年6月8日，公安部户政管理局印发《人口信息计算机管理系统管理维护暂行规定》，对各级公安机关人口信息管理机构的职责、系统维护与管理、信息安全与保密信息服务、机房管理等方面作了明确规定。7月19日，省公安厅设立人口信息计算机管理系统领导小组，下设办公室。

1996年，合肥市实现计算机人口信息联网建设工作，并对操作使用人员进行技术培训和保密教育，对运行情况开展督促检查，确保传输信息及时、准确。

1997年4月8日，省公安厅印发《安徽省人口信息计算机管理系统建设总体方案的通知》，要求省辖市在1997年年底建成公安派出所人口信息管理系统，1998年年底之前实现二级或三级联网；2000年年底之前，建成县级市、公安派出所和县辖镇公安派出所人口信息计算机管理系统，实现人口管理电脑化、自动化。随后，全省各级公安机关全面规划、综合开发、统筹安排、分步实施，逐步建成了公安派出所人口信息计算机管理系统。1997年，地级市城区派出所前台办公的有210个，录入人口438.25万人。县级市乡镇派出所前台办公的有77个，录入人口85.7万人。

1998年，全省人口信息计算机管理转向以建设公安派出所为主，从对常住人口的单一管理发展到对常住人口、暂住人口和派出所工作对象管理为一体的人口综合信息管理系统。截至年底，全省17个地市、546个派出所开展了人口信息管理系统建设工作，3个市公安机关开展了系统联网工作，录入计算机管理人口有1324万人。

1999年，合肥、蚌埠、马鞍山、淮北、安庆、芜湖6个市公安机关圆满完成“人口信息百城联网”建设任务，并通过省公安厅和公安部的网上检查验收。“人口信息百城联网”建设共投入资金420余万元，转换数据400余万条。省公安厅及合肥等6个市公安网页主页上均可进行人口信息查询，全部实现互联互访。

2000年，全省1757个户籍派出所配备了计算机，录入人口数为5936万人，录入人口信息比例95.57%。为加强人口信息系统建设，省公安厅拨款150万元购置100台计算机对工作成绩显著的市、县公安机关进行奖励。同年，铜陵、黄山、淮南、滁州、亳州市公安机关完成“百城联网”建设工作，全省户籍派出所中建立人口微机信息系统1400个，占全部户籍派出所的75%，超过全国平均水平。

2001年，为进一步完善人口信息系统“百城联网”工程建设，全省各地制定信息安全管理规定，完善了系统安全措施；加强系统维护管理，加快数据加载工作，将已录入计算机数据总量的85%加载到了人口信息查询数据库中。截至11月底，全省户籍派出所中建立人口微机信息系统1788个，占全部户籍派出所的87%，并且大部分都推向前台办公。至年底，全省有16个市公安机关完成公安部部署的“百城联网工程”建设工作任务。

2002年，全省公安机关积极开展人口信息管理系统升级改造工作，继续推进全省人口信息管理系统联网建设。6月1日，实现市级以上信息系统常住人口简项查询、本市全部人口数和人口数据库实有数查询。9月30日，各地人口信息查询网站按照公安部的要求，修改和设置统一的口令，更新数据和图像信息。12月31日，实现50%以上县级人口信息系统网上查询。

2003年1月20日，省公安厅印发《关于进一步加强全省人口管理信息系统建设工作的通知》，提出到2003年11月底，全省公安派出所全部实现人口管理计算机前台办公，16周岁以上人员照片全部录入计算机，县（市）内基本清除重错人口信息，全省所有常住人口、暂住人口、工作对象和出租房屋数据能在公安网络上按照公安部“百城联网”工程要求实现查询共享，全省的人口信息工作基本实现规范化、制度化、网络化。至2003年12月1日，全省各级公安机关基本完成人口信息系统建设目标。

2004年，省公安厅人口信息会战办公室先后召开6次人口信息建设工作协调会，解决了省市两级公安机关人口信息管理工作中的技术难题。8月4日，省公安厅对繁昌县公安局、蚌埠市公安局、合肥市公安局庐阳分局在人口信息核对工作中摸索出的好经验、好做法给予宣传推广。截至12月，全省公安机关共完成向省级数据库报送57482449人的常住人口基本数据，向公安部部级数据库报送47538512人的常住人口基本数据。人口信息会战期间，全省公安机关通过人口信息入户核对、网上查询、比对，共破获刑事案件86件，治安案件28件，抓获网上逃犯18人，命案逃犯1人。

2005年，省公安厅成立以厅长任组长，厅办公室、信息通信处、装备财务处、治安总队负责人为成员的全省人口信息会战领导小组。小组下设治安业务指导组、信通技术支持组、经费保障组，3个工作组建立联席会议制度，定期研究系统建设工作进展情况。6月30日，全省公安机关圆满完成常住人口数据上报公安部和省公安厅任务。10月30日，省级人口信息管理系统建设硬件设备安装完毕。12月15日，完成省级和所有市级系统建设工作。12月底，省公安厅举办全省变动维护数据报送工作培训班，对各市人口信息管理系统数据维护专门管理人员进行业务培训，提高一线操作人员的实际应用能力。

第二节　公共秩序管理

公共娱乐场所管理　20世纪90年代，随着开放搞活、深化改革步伐的加快，安徽省文化娱乐市场得到空前的繁荣与发展。但是，由于文化娱乐业发展过快过猛，管理工作跟不上，导致治安问题突出。公共娱乐场所的赌博、色情活动有所抬头，严重影响了社会治安秩序和社会主义精神文明建设，社会舆论反响强烈。

1993年5月18日，省公安厅转发公安部《关于如何对待异性按摩、博彩等问题的批复》（以下简称《批复》）。《批复》明确要求：对服务行业包括桑拿浴室开设异性按摩，公安机关一律不予批准，并建议工商行政管理部门对已批准领取执照的，修改营业范围；对有奖电子游戏机的经营者，以明摆奖品，实际兑换现金的办法搞赌博活动的，公安机关要依法查处；开办经营博彩、“老虎机”中心、赌场的，公安机关一律不予批准，一经发现，要坚决禁止，严肃处理。根据公安部、文化部有关禁止利用电子游戏机进行赌博活动的通知要求，省公安厅会同省文化厅及时对全省清理整顿电子游艺活动作出部署。各地积极开展检查整顿工作，六安、宣城、巢湖、淮南、蚌埠、安庆等地对禁止利用游戏机赌博作了规定，查封明令禁止的机型，查处经营活动中的赌博行为。9月23日，省公安厅向省政府报告并提出加强管理的建议，主要内容包括：将歌舞厅、卡拉OK厅、酒吧、咖啡厅、音乐茶座及电子游艺厅等公共文化娱乐场所纳入公安机关治安管理的范围，实行安全审查发证制度，未经许可不得开业；禁止营业性“三陪”（陪跳舞、陪喝酒、陪唱歌）服务和“异性按摩”。由省政府牵头，公安、文化、工商等部门参加，统一部署，统一行动，对全省文化娱乐场所的治安秩序开展一次集中整顿，查禁取缔传播淫秽物品、卖淫嫖娼、色情淫秽活动和赌博等社会丑恶现象，打击违法犯罪活动，查处违法经营行为，净化社会风气。12月29日，省公安厅在全省公安工作电话会议上要求，各级公安机关要将清理整顿文化市场作为元旦、春节期间的一项重要工作来抓。合肥、蚌埠、淮南、淮北、铜陵、马鞍山、六安、宣城、池州等地公安机关共出动警力2000人次，车辆144台次，检查歌舞厅、卡拉OK厅、酒吧、咖啡厅、电子游艺室等娱乐场所1700多户，停业整顿作限期整改的70多户，对存在色情服务和赌博活动严重的40户予以取缔。通过清理检查，发现和查处各类案件260件，处罚违法犯罪人员524人。当年，全省各地公安机关积极组建文化市场管理专职队伍，落实专职管理人员70余人，兼职人员400余人。合肥、蚌埠、马鞍山、淮北、铜陵市公安局分别落实一个治安民警中队专管；东至、贵池等县市公安局也确定了专职管理人员。

1994年8月16日，根据公安部《关于坚决查处娱乐场所“三陪”活动的通知》精神，全省公安机关积极会同有关部门对文化娱乐场所进行清理整顿，查禁色情服务和赌博活动，收到显著效果。但是，在公共娱乐场所中以“三陪”服务等方式搞色情活动由公开转向地下活动，逃避查处，给查禁工作增加了难度。对此，省公安厅要求各地公安机关将清除“三陪”现象作为一项重要的治安管理任务来抓，对存在“三陪”活动的娱乐场所，要会同文化、工商部门发出整改通知书，限期整改。对利用“三陪”进行卖淫嫖娼等活动的，要及时查办，依法处理。12月17日，针对吉林省吉林市和辽宁省阜新市娱乐场所发生特大火灾损失惨重的情况，省公安厅、省文化厅、省工商行政管理局根据公安部、文化部、国家工商行政管理局的部署，对全省文化娱乐场所进行一次安全大检查，动员和组织各类文化娱乐场所的经营单位开展以防火、防治安灾害事故为内容的安全宣传教育活动，增强经营者和从业人员的安全意识，督促经营单位建立健全有关安全责任制度，增加安全设施、设备的建设和投入。同时，落实文化娱乐场所安全审查制度，文化娱乐场所的建设和开业必须经过县、市以上公安机关安全审查。

2000年4月21日，根据国务院《娱乐场所管理条例》和公安部有关规定，省公安厅发出《关于认真做好娱乐场所治安审核工作的通知》，要求公安机关对娱乐场所经营单位和经营活动重新进行审核。7月，根据国务院加强娱乐服务场所管理，严厉打击“黄赌毒”专项行动会议精神和公安部的统一部署，全省集中开展加强娱乐服务场所管理严厉打击卖淫嫖娼赌博吸毒等社会丑恶现象专项行动。在省公安厅的统一部署下，7月24日晚8时30分至7月25日凌晨2时30分，全省各地公安机关集中警力，对城乡歌舞厅、洗浴中心、美容美发厅、酒吧、网吧、电子游戏厅等娱乐服务场所进行清查“黄赌毒”集中统一行动。行动中，省公安厅派出3个督战组，分赴合肥、安庆、蚌埠3市，直接参战，现场督察。全省统一行动出动警力1.33万人次，车辆1889台次，清查各类娱乐服务场所1.46万家，查获卖淫嫖娼人员447人，赌博人员607人，营利性陪侍人员1823人，抓获在逃人员8人，涉毒人员4人；依法刑事拘留8人，治安拘留354人，罚款665人，治安警告858人；收缴海洛因3克，缴获赌资18.2万元，收缴电脑板73块，淫秽光盘1303张，查扣电子游戏机24台，取缔查封涉黄涉赌场所505家，责令停业整顿218家，限期整改1295家。

2001年10月至12月，全省公安、文化、工商、监察等部门密切配合，集中3个月时间，组织开展了整顿和规范歌舞娱乐服务场所秩序专项行动。全省清查娱乐服务场所14503家，查处违法经营4287家，其中歌舞娱乐场所956家，桑拿按摩场所830家，录像放映场所190家，美容美发、电子游戏厅、网吧等其他场所2349家；查处娱乐服务场所卖淫嫖娼、赌博等案件2610件，处理违法人员9239人，其中刑事拘留11人，劳教38人，治安拘留1026人，罚款7134人；收容遣返陪侍人员757人，收缴赌资78万元。

2003年12月31日，全省公安机关结合“破大案、追逃犯、治乱点”专项斗争，加大对各地歌舞娱乐、桑拿按摩及电子游戏机等场所的治安管理力度，严厉打击卖淫嫖娼和赌博等违法犯罪活动。各市公安局治安部门确定一批群众反映强烈、治安秩序混乱、黄赌活动严重的场所和区域作为整治重点，并结合“两节”（元旦、春节）安全保卫工作适时组织开展禁娼禁赌专项行动，震慑犯罪、教育群众，黄赌活动得到明显遏制。同时，省公安厅提出将禁娼禁赌和打击非法出版活动工作与加强队伍建设紧密结合起来，认真执行《公安派出所实行公共娱乐服务场所治安管理责任制暂行规定》，切实落实倒查责任制度和责任追究制度，将管理责任落实到岗，落实到人。对卖淫嫖娼、赌博、制黄贩黄、侵权盗版等违法犯罪问题严重，群众反映强烈，长期得不到整治的地区，追究管辖地公安机关主管领导失职、渎职责任。

2004年3月，省公安厅治安总队会同宣城市公安局成功破获一起被中央电视台《生活》栏目曝光的组织淫秽表演案。全案刑事拘留6人、取保候审1人、治安拘留20人、查封从事淫秽表演的演艺场所7家。3月18日，省公安厅、省文化厅印发《关于开展打击公共娱乐服务场所色情淫秽表演等违法犯罪活动专项行动方案》，决定从3月至6月底，在全省范围开展打击公共娱乐服务场所色情淫秽表演等违法犯罪活动专项行动，重点查处公共娱乐服务场所的色情淫秽表演、卖淫嫖娼、容留吸毒、赌博和执法人员失职失察以及充当“后台”“保护伞”等问题。8月19日晚，省公安厅治安总队通过暗访，会同安庆市公安机关对桐城市“金碧辉煌”俱乐部进行了突击检查，当场抓获涉案人员13人，其中刑事拘留6人，治安拘留7人，扣押轿车、面包车各一辆和部分物品。

查禁、取缔社会丑恶现象 20世纪80年代中期，由于资产阶级自由化思潮的泛滥和剥削阶级腐朽文化的影响，卖淫嫖娼、制作贩卖传播淫秽物品、拐卖妇女儿童、私种吸食贩运毒品、聚众赌博和利用封建迷信骗财害人等（简称“六害”）社会公害和丑恶现象在安徽省一些地方又沉渣泛起，并不断蔓延，严重毒化了社会空气，扰乱了社会治安秩序。对此，全省各级公安机关在党委、政府领导下，多次进行了查禁和取缔。

1985年，根据国务院发布《关于严禁淫秽物品的规定》，全省各级公安机关配合有关部门对全省2400多个营业性录像点（队）进行停业整顿，收缴淫秽录像带56种230盘，查处传播、复制、走私、贩卖淫秽录像案件145件，依法打击处理470人。

1986年1月至8月，全省公安机关加强了查禁、取缔卖淫嫖娼工作，依法打击了一批情节严重的卖淫妇女、嫖客、“皮条客”和老鸨，查处卖淫嫖娼案件54件，涉及137人。9月15日，省公安厅向省政府专门作了《关于我省卖淫活动情况和查禁意见的报告》，就查禁、取缔卖淫嫖娼活动提出意见。

1987年，根据中央政法委和省委政法委7月中旬电话会议精神，全省公安机关积极开展打击卖淫嫖娼和拐卖妇女儿童违法犯罪活动斗争。截至8月底，全省查获卖淫妇女157人、嫖客306人，查处拐卖妇女儿童案件88件，抓获人贩子187人，解救妇女80人、儿童4人。为打击卖淫嫖娼活动，教育卖淫嫖娼违法犯罪人员，防止性病蔓延，省公安厅先后3次向省政府呈送报告，提出组建卖淫嫖娼人员收容教育所。1989年10月，省政府下发《关于在合肥、蚌埠、芜湖市筹建卖淫嫖娼人员收容教育所的通知》，要求三市政府督促有关部门尽快制定建所方案，建所经费各市自筹，中央和省财政各补20万元。1987年1月至5月，全省查获制作、贩卖、传播淫秽物品案件77件，同比上升了4倍多。1月至11月，全省查处赌博案件4390件，治安处罚19935人。6月20日，省公安厅发出《关于继续查禁贩卖、复制、传播淫秽物品的违法犯罪活动的通报》，要求各级公安机关采取“露头就打”的措施，决不让贩卖、复制、传播淫秽物品的违法犯罪活动形成“气候”；对于隐蔽播放淫秽录像，贩卖、传播淫秽物品的违法犯罪活动，做到随时发现，随时取缔，依法予以打击；对查获的违法犯罪人员，要根据其情节依法严肃处理，涉及党员和领导干部要将其情况转报所在单位和上级党委按政纪、党纪处理。12月17日，省公安厅向省政府作《关于当前赌博活动情况的报告》，针对赌博活动情况提出了建设性建议。

1988年，全省查处赌博案件6331件，罚款1.86万元；查处卖淫嫖娼案件286件，处罚卖淫妇女和嫖客717人；查处制作、贩卖、传播淫秽物品案件279件，处罚840人；缴获淫秽书刊、印刷品599件，淫秽扑克2.1万张，手抄本38份，图片515张，淫秽录像带454盘、录音带70盘。

1989年1月至7月，全省公安机关查处制造、复制、走私、贩卖、组织传播淫秽物品案件284件，依法处理违法犯罪人员1041人，收缴淫秽书刊、图片及音像制品4.18万件（张）。7月至9月，全省公安机关大规模开展"扫黄"斗争。一方面配合工商、文化、广播电视等部门清查整顿书刊、音像市场，查禁非法、反动、封建迷信、淫秽出版物；另一方面，开展"扫黄"专项治理，严厉打击传播、制作、贩卖淫秽物品等违法犯罪活动，查处传播淫秽物品等案件353件，依法处理违法犯罪分子1099人，收缴各类淫秽物品1.08万件（张）；检查整顿全省录像放映点（队）1360个、录像带经销点1870个、音像制品发行公司（站）175个、自办节目的有线电视单位54个和音像出版制作单位3个，查获、封存非法录像带4803盘，假冒伪劣录像带1.85万盒；检查整顿全省报刊门市部、私人书摊（店）、图书馆等，销毁明令禁止的书刊1.79万册，封存有问题的书刊31.73万册，取缔书刊摊点47个。同时，对印刷行业进行整顿。1989年1月至1990年10月，全省查处卖淫、嫖娼案件954件，抓获卖淫妇女746人，嫖宿人员1199人；取缔卖淫团伙40个，瓦解团伙成员212人；查处引诱、容留和强迫妇女卖淫以及介绍、容留卖淫嫖娼案件88件，抓获违法犯罪分子120人；依法打击处理违法犯罪人员2065人，其中批准逮捕16人、劳动教养64人、少年管教3人、治安拘留889人、罚款838人、警告和责令具结悔过以及其他处理255人。在查禁取缔卖淫嫖娼活动的工作中，各地公安机关坚持经常性查禁取缔和开展专项斗争相结合的方针，主动出击，开展巡查，加强对易发案重点部位和地段的防范控制，及时掌握卖淫嫖娼活动情况，发现一起，查处一起。对群众举报和侦查破案中发现的线索，紧抓不放，深追细查，及时破获了一批卖淫嫖娼案件。1989年10月至1990年4月，根据国务院的统一部署，全省公安机关开展声势浩大的扫"六害"集中统一行动，查处赌博案件5904件，3.57万人。1990年5月至11月，全省查处赌博案件2487件。

20世纪90年代后，安徽省出现了以电子游戏机设有奖游戏和老虎机等具有赌博性质的游戏机为代表的赌博活动，并迅速遍布城乡各地。公安机关结合娱乐场所治安管理开展了清理整治，打击、取缔带有赌博性质的电子游戏机经营活动，规范有奖游戏经营行为。

1991年5月17日，省公安厅印发《关于贯彻公安部等六部、局"5·14"电话会议的几点意见》，在城市、集镇和卖淫嫖娼活动比较严重的地区开展打击取缔卖淫嫖娼专项斗争。11月10日，省公安厅等6个厅局在合肥市召开全省打击取缔卖淫嫖娼活动座谈会，学习贯彻全国人大常委会《关于严惩卖淫嫖娼的决定》，传达国家六部局“福州会议”精神，在全省部署开展打击取缔卖淫嫖娼活动。截至1992年1月，全省查处卖淫嫖娼案件263件，抓获卖淫嫖娼人员3763人，强迫妇女卖淫6人，引诱容留妇女卖淫250人，有其他问题者141人；查获卖淫团伙114个，瓦解团伙成员1001人。对卖淫嫖娼违法犯罪分子依法进行了处理，其中批准逮捕32人、劳动教养94人。查明有卖淫嫖娼活动的旅店业、公共娱乐场所646家，给予警告处理31家，罚款172家，治安拘留直接责任人员75人，责令停业整顿68家，限期整改58家，扣缴经营许可证36家，吊销营业执照60家，对145家作其他处理。

1992年4月22日，省公安厅下发《关于进一步打击取缔卖淫嫖娼活动的通知》，对全省进一步扫除贩毒、卖淫等社会丑恶现象提出要求。各地公安机关适时组织开展扫除卖淫嫖娼活动的集中统一行动，开展区域性的打击取缔卖淫嫖娼活动的集中统一行动和专项治理，重点打击组织、强迫、引诱、介绍、容留妇女卖淫的犯罪分子，依法严肃处理卖淫嫖娼人员。同时，加强监督管理，落实旅店业、公共娱乐场所以及出租房屋等行业、场所的治安防范措施。上半年，全省查处卖淫嫖娼人员1248人、容留卖淫嫖娼人员236人；查处传播淫秽物品的违法犯罪分子626人。

1993年，全省各级公安机关积极会同文化、新闻出版、广播电视及工商行政管理等部门，大力开展“扫黄”“打非”，查处传播淫秽物品等违法犯罪活动。同时，持续组织开展书报刊和音像市场检查，狠抓非法出版大案要案查处，打击“制黄”“贩黄”“传黄”活动。马鞍山市公安机关于年初会同文化、广播电视、工商行政管理等部门，集中一个月时间对全市97处书报摊点、130多家音像销售、放映点和52家印刷厂进行清理整顿，收缴非法出版书刊766册，收缴走私、复制的色情淫秽录像带500余盘，取缔无证录像放映点2个。各地公安机关坚持露头就打的原则，严厉打击传播淫秽物品违法犯罪活动，通过群众举报和经常组织有针对性的突击检查行动，查禁淫秽物品，惩处违法犯罪分子。1993年全省公安机关查处违反严禁淫秽物品规定案件789件，处罚1999人，其中劳动教养16人，治安处罚1923人、其他处理60人，分别比上年增加124%和59%；捣毁传播淫秽物品团伙82个534人；收缴淫秽图书杂志2.82万本，图片照片966张，手抄本14本，扑克72付，录像带6081盘，其他淫秽物品1090件。

1994年10月26日，根据第三次全国“扫黄”工作会议的统一部署，经省委、省政府批准，省公安厅决定从10月起至11月下旬在全省开展“扫黄”“打非”集中统一行动。同时，省公安厅印发《全省公安机关秋季“扫黄”“打非”集中行动方案》，明确了行动的指导思想、主要任务和工作重点。重点清查淫秽色情等非法出版物，重点打击制作、贩卖、传播反动、淫秽物品和非法出版活动团伙的首犯及骨干分子，打击各种色情服务和赌博活动；挖团伙、破网络、端窝点，有重点地查处一批大要案件，整治文化市场治安秩序。全省集中行动的重点地区是“两线六点”，即长江沿线、津浦铁路沿线，合肥、蚌埠、芜湖、淮北、阜阳、宿县6个地市；重点环节是具备书报刊印刷条件的印刷厂，书报刊二级批发站和零售摊点，音像制品销售、出租、放映场所，以及地下制黄、贩黄窝点等。11月3日夜，合肥市公安机关率先打响全省“扫黄”“打非”第一枪。650名公安民警分成100多个战斗小组，同时对合肥城区、郊区和三县的300多处文化娱乐场所、游戏机室、书刊零售批发点、录像点、“路边店”、桑拿浴室、美容厅等，开展清扫行动，并在合肥火车站、安徽农学院等附近的录像厅现场发现播放淫秽录像情况，依法收缴淫秽录像及录像机、电视机等作案工具。在郊区大杨店等路边店，抓获卖淫妇女4人，缴获非法音像制品200多盘。在市区2家桑拿洗浴场所当场查获异性按摩男女10多人。行动中，抓获卖淫嫖娼人员106人，取缔查封10个进行色情活动和放映淫秽录像的营业点，责令6家停业整顿，收缴非法录像带1289盘，其中黄色淫秽片138盘；收缴非法出版书刊4.22万册，其中黄色淫秽书刊4.12万册；收缴作案工具彩电3台、录像机4台、投影电视设备2套；捣毁淫秽书刊地下发行仓库1处；抓获赌博人员20人；抓获在逃犯2人。

1995年8月，在全省统一开展查禁取缔卖淫嫖娼、色情活动，加强公共娱乐服务场所管理专项斗争中，各地公安机关与有关部门密切配合，查获卖淫嫖娼人员2795人，查处卖淫嫖娼团伙132个，成员645人，取缔卖淫嫖娼、色情活动场所30余家。

1996年，全省查处卖淫嫖娼治安案件3746件、违法人员8284人；查处介绍、容留卖淫嫖娼治安案件1036件、违法人员1215人；查获卖淫团伙105个、违法人员500人；取缔卖淫窝点81个；查处赌博治安案件1.71万件、违法人员7.28万人；查处利用封建迷信扰乱社会秩序或骗取钱财治安案件401件、违法人员654人；查处吸食、注射毒品治安案件124件、违法人员241人；查处淫秽物品治安案件1286件、违法人员2874人，收缴了一大批淫秽物品。6月上旬至8月底，省公安厅发出《关于整治“路边店”，严厉打击卖淫嫖娼活动的通知》，对全省公路沿线“路边店”所暴露出来的卖淫嫖娼等问题进行了专项整治。全省有2.13万名公安民警、党政干部、治安联防队员参加了整治活动，出动各种车辆1341台次，清理整顿“路边店”3.58万个，查获“路边店”卖淫嫖娼案件370余件，摧毁“路边店”卖淫团伙3个，查获卖淫嫖娼人员1521人，端掉“路边店”卖淫窝点31个，查封“路边店”46家，责令停业整顿38家；收审24人，劳教10人，治安拘留204人，警告并处罚款943人。通过对“路边店”的清理整治，全省公路沿线的治安状况有了较明显的好转，“路边店”女服务员上路强行拦截过往车辆、行人以及采取淫秽动作招徕顾客的现象大大减少，“路边店”卖淫嫖娼活动得到了较大程度的遏制。10月3日至11月3日，省公安厅认真贯彻公安部《关于严厉打击取缔在长江水域码头、港口和船舶上的卖淫嫖娼、赌博、制贩、传播淫秽物品活动的通知》精神，部署在长江、淮河安徽段集中一个月的时间开展专项治理行动。行动中，各级公安机关检查码头、港口、船舶及房屋6719处，查获卖淫嫖娼案件13件，赌博案件118件，其他违法案件70件，抓获各类违法犯罪嫌疑人员692人，罚款和没收赌资7余万元，收缴了一批违禁物品和赃物。

2000年，省公安厅部署各地公安机关会同工商、文化等部门对电子游戏机市场进行全面检查整顿，检查清理电子游戏机经营场所3715家，取缔非法经营户570余户，查获电子游戏机涉赌案件900余件，收缴具有赌博和奖励功能的电子游戏机1500余台、电脑板2610块；刑事拘留1人，行政拘留150余人，治安处罚1100余人。

2001年3月，全省公安机关继续全面深入开展查缴取缔非法出版物，严厉打击卖淫嫖娼、赌博、传黄贩黄等违法犯罪活动。4月20日，合肥市公安机关根据群众举报，对合肥市沈小郢地区开展专项整治，严厉打击卖淫嫖娼、敲诈勒索等违法犯罪活动。合肥市公安局郊区分局治安科、常青派出所印发《致辖区居民一封信》300余份，悬挂宣传横幅、标语60余幅（条），号召辖区居民提供线索，配合公安机关开展工作。同时，责令无证小旅社自查自纠，迅速改行。5月9日、10日，公安机关调集140余名民警对沈小郢地区开展连续48小时的统一行动，抓获卖淫嫖娼、介绍或容留卖淫嫖娼人员13人。5月21日，再次组织民警50余人，对沈小郢无证经营的小旅社进行了清理，清查个体小旅社31家，拆除床铺143张，清理小美容美发室20家，拆除隔断（屏风）18个。之后，合肥市公安机关对该地区进行十余次清理整治，查处卖淫嫖娼及介绍、容留卖淫嫖娼人员17人。74家个体旅社经过清理后保留31家。

2002年，全省查处卖淫嫖娼案件5499件，查处涉案人员1.34余万人；查获各类非法出版图书报刊48.3万册，非法音像制品、电子出版物4.66万盘，取缔非法店铺、摊点194家，配合新闻出版局依法取缔非法印刷厂（点）71个；查处赌博案件1.35万件，查处违法人员6.19万人。

2003年，全省公安机关按照中央办公厅、国务院办公厅批转的《中央宣传部、中央政法委、新闻出版总署关于2003年“扫黄”“打非”行动方案》总体部署，突击开展查缴政治性非法出版物，扫除淫秽色情出版物，深挖非法光盘生产线，严厉打击制贩盗版光盘、盗版盗印教材和教辅读物等非法出版活动。全年破获非法出版案件111件，收缴政治性非法出版物1.57万册；查缴淫秽书刊6025本、音像制品2.74万盘。7月23日，公安部《公安内参》第17期刊登题为《“文明单位”竟成“招妓馆”安徽舒城色情活动有恃无恐》一文，反映舒城县食品街、春秋路、赛福宾馆存在严重的卖淫嫖娼问题。在省公安厅的督促指导下，舒城县公安局从8月3日起对全县娱乐服务场所开展一个月的集中整治行动，抓获涉嫌卖淫嫖娼人员12人。“食品一条街”上的59家娱乐服务场所停业整顿55家。

2005年，省公安厅组织全省公安机关开展集中打击赌博违法犯罪活动专项行动。专项行动期间，对各地发生的影响恶劣、涉案赌资较大、参赌人员较多的赌博案件，省公安厅治安总队行动队直接查处和督办。3月28日凌晨，省公安厅治安总队在先期侦查掌握情况的基础上，在相关警种支持配合下，会同六安市公安局，抽调120余名民警，成功摧毁一个特大赌博团伙，现场抓获参赌人员62人（其中刑拘55人，取保候审7人），收缴赌资90万元（其中现金78万元，银行存单12万元），扣押参赌人员别克、本田、帕萨特等型号轿车15辆，总价值320余万元。4月21日，全省公安机关深化打击赌博违法犯罪活动专项行动工作会议在六安市召开。会议通报了全省集中打击赌博违法犯罪活动专项行动的工作开展情况，传达了公安部对安徽省专项行动的暗访情况通报和省领导的指示精神，对下一步开展“春雷”行动作出部署。10月27日，省公安厅印发《关于开展打击公共娱乐服务场所卖淫嫖娼等违法犯罪活动专项整治行动的通知》，从11月1日至11月30日，在全省范围内开展打击公共娱乐服务场所卖淫嫖娼等违法犯罪活动专项整治行动。整治的重点场所是：桑拿洗浴、夜总会、美容美发厅、宾馆饭店等公共娱乐服务场所以及“洗浴一条街”“发廊一条街”“歌舞厅一条街”等卖淫嫖娼活动、淫秽表演等违法犯罪活动突出的地方。打击的重点对象是：组织、强迫、介绍、容留、引诱卖淫的违法犯罪嫌疑人，组织淫秽表演的违法犯罪嫌疑人，为卖淫嫖娼等违法犯罪活动充当“保护伞”的违法犯罪嫌疑人。各地公安机关认真受理群众举报，积极开展明察暗访，有目标、有重点地开展查处行动，专项行动取得良好的社会效果。

重大活动安全秩序管理

亚运会安全保卫工作　1990年9月22日至10月7日，第十一届亚运会在北京召开。为了确保亚运会顺利举行，维护中国国际形象，严防危害社会治安的各类案事件发生。全省公安机关根据公安部的统一部署，认真开展亚运会安全保卫工作。8月22日，省公安厅召开全省公安处局长会议，要求各级公安机关、武警部队在亚运会安全保卫工作上，思想上要高度重视，措施上要抓好落实，抓好危险人员控制、危险物品管理等重点工作。各地对精神病患者、呆傻人员、流浪乞讨人员等有可能危害治安和社会秩序的各类人员进行了调查摸排，并采取了相应的管束和控制措施。全省境内的铁路、公路、港口、民航等旅客运输单位制定防范措施，严禁上述人员流入至北京等有关地区。9月13日，“亚运之光”火炬接力传递由江苏传至安徽，经马鞍山、芜湖、合肥、淮南、蚌埠、宿州市，于14日晚传至山东。全省公安机关加强治安管理和交通秩序管理，确保了火炬传递活动的安全。亚运会期间，全省公安机关结合“严打”斗争，对旅馆、招待所、私房出租户、洗浴场所等各类可供外来人员留宿居住的复杂场所进行检查，对枪支弹药、爆炸物品、剧毒品、放射品等危险物品加强监督、检查和

管理，收缴散失在社会上的各种枪2559支（其中步枪11支，猎、气枪2091支，火药钢珠枪457支）、子弹1230发、雷管25857枚、炸药3884千克、导火索1032米、手榴弹3枚、电击手枪170支以及大量管制刀具等。

股票发行安全保卫工作　1993年8月28日，合肥美菱股份有限公司3000万元面值股票社会个人A股在合肥地区公开发行。10月8日，皖能股份有限公司6300万元面值股票社会个人A股在合肥地区公开发行。为加强股票发行安全保卫工作的组织领导，省暨合肥市公安机关成立安全保卫领导小组指挥部及办公室。指挥部办公室下设四个执行组、两队、一库，即网点监督检查组、认购表市内安全押运组、交通安全组、巡逻检查组；应急队390人，预备队500人；下设总库负责调配认购表的押运任务。合肥市公安局制定了安全保卫工作方案和有关工作制度（安全保卫工作实施方案，处置突发事件预案，公安干警和武警官兵发行期间纪律规定，干警在各网点执勤分配方案，发行网点选址条件，由总库往各网点押运认购表方案，抽签摇号保卫方案，维护网点治安秩序的通告和网点安全保卫制度，制作了车辆特别通行证，应急演练方案等）。股票发行前，合肥市公安机关强化了各项治安管理措施，严防盗窃、抢劫等违法犯罪案件的发生。仅皖能股票发行前开展的清查活动中，即抓获逃犯36人。为确保发售认购表网点的绝对安全，合肥市公安局出动近千名公安民警、武警官兵到全市88个发售认购表网点执勤，每个网点安排民警12至15名。在两次认购表发行中，省、市公安机关及武警、消防共出动警力4500人次，出动各种车辆350多台次。9月3日16时30分，股票认购表停止发售。一些投资者，特别是投资大户预感自己的中签率不高，便以“16时30分钟前发排队序号不妥”为由，提出种种无理要求，进行无理取闹。部分投资者前往省政府大门前聚集，有的用高音喇叭喊叫，有的在长江路等阻碍交通，有的书写大幅标语，有的非法游行等。合肥市公安局根据省、市领导及省公安厅的指示，采取果断措施，妥善处理了股民闹事事件。

1993年10月18日至11月20日，全省共投入执勤公安民警和武警、消防官兵107683人，警用车辆10855台次，历时34天，保障了马钢股票发行工作的顺利进行。

中国共产党历次全国代表大会安全保卫工作　自1987年10月25日中国共产党第十三次全国代表大会（简称“中共十三大”）召开至2005年，中共十四大、十五大、十六大相继召开，全省公安机关按照公安部统一部署，全力以赴，保障了中共历次代表大会安全。

2002年9月18日，根据中央政法委、公安部关于做好国庆及“十六大”期间安全保卫工作紧急会议精神，省公安厅决定，从当日起至中共十六大召开，在全省组织开展国庆及“十六大”期间安全大检查，并下发《全省公安机关国庆及“十六大”期间安全大检查工作方案》。省公安厅成立国庆、“十六大”安全大检查工作领导小组。安全大检查以维护社会治安和公共安全为目标，组织开展枪支弹药、爆炸、放射、剧毒等危险物品，道路交通，消防安全以及首脑机关、内部单位、金融单位、军工单位、重点工程等要害部门、单位的安全检查，全面排查事故隐患，消除不安全因素，堵塞安全漏洞，严密防范重大事故的发生。安全大检查期间，全省各地切实加强对重要警卫对象、目标和大型活动的防爆安检，制定防范、处置爆炸、投毒犯罪的预案；强化机场、车站、码头的查控，严格可疑人员及物品的安全检查；严密党政机关驻地、电视台、电台以及水、电、煤气等重点要害部位的守卫看护；组织派出所及巡警强化对社会面的巡逻控制，及时发现不安定因素及可疑人员，严防各类案件、事故发生。全省公安机关检查涉枪单位880个、涉爆单位5038个、涉毒鼠强单位58个、涉放射源单位362个、油站气站危化仓库1701个、重点要害部门单位2416个、公众聚集场所2742个、交通枢纽250个、邮政电信通信枢纽466个、交通事故多发地段397个和事故黑点177个，同时还检查了学校、幼儿园4914所。通过安全检查，发现各类安全隐患4358件，发出限期整改通知书1522份，发出勒令停业整顿通知书627份，吊销许可证85件，整改隐患3154件；收缴炸药3569.45千克，雷管19773枚，导火索8629.7米，烟花47367个，爆竹1.14亿头，黑火药452.8千克，制式民用枪支469支，土枪896支，子弹3319发，炸（炮）弹275枚，毒鼠强66.71千克、水剂2.74万毫升。检查中，治安拘留604人，劳动教养12人，移送起诉45人，刑事拘留71人，批准逮捕17人，其他处罚或强制措施636人。全省共开展区域性集中整治126次，清查娱乐服务场所2909家，查处卖淫嫖娼案件10件，处理违法人员203人；查处赌博案件230件，处理违法人员1146人，收缴赌资30余万元，有效地消除了一大批安全隐患，保证了全省国庆及“十六大”期间的政治和治安形势的稳定。

世界杯足球赛安全保卫工作　2002年世界杯足球决赛举行期间，中国国家足球队于2002年6月4日、8日、13日在韩国分别与哥斯达黎加、巴西和土耳其足球队比赛。这是中国国家队44年来首次闯入世界杯决赛，广大球迷观众极为关注。为确保球赛期间安全，省公安厅印发《关于做好世界杯决赛期间安全保卫工作的通知》，全省公安机关认真制定安全保卫工作方案，落实各项安全保卫工作措施，开展安全检查，消除安全隐患，加强情况报告和值班备勤工作，保证了球赛期间的社会稳定。

“春运”安全保卫工作　每年的“春运”期间，针对一些车站、码头等存在停车秩序混乱、强行拉客、倒卖车票、强行进站送客以及铁路沿线偷扒煤炭、私设道口等现象，对行车安全造成危害的情况。省公安厅及时下发《关于加强春运期间安全保卫工作的通知》，维护交通治安秩序，确保“春运”安全。全省公安机关结合本地实际情况，适时组织开展专项行动，在铁路沿线、车站、轮船码头增加了专门警力，加大打击力度，切实保障广大旅客的出行安全。强化了对车站、沿线、轮船码头及周边地区巡逻控制，积极预防盗窃、诈骗、抢劫旅客财物、倒卖车票等多发性违法犯罪活动的发生。各地铁路、港航、民航公安机关与地方公安机关建立联系协作制度，及时通报情况，共同研究解决“春运”安全保卫工作中出现的问题。地方公安机关积极支持铁路、港航、民航公安机关的工作，主动搞好配合，确保“春运”安全。

国庆、“黄金周”安全保卫工作　为切实做好国庆期间安全保卫工作，防止发生影响国庆安全和社会政治稳定的重大案事件和治安灾害事故，每年的国庆期间，全省公安机关全面组织开展了以枪支弹药、爆炸、放射、剧毒等危险物品以及首脑机关、内部单位、金融单位、军工单位、重点工程等要害部门单位为重点的安全大检查，紧密围绕国庆安全保卫工作，坚持严打、严管、严防、严治的原则，全面排查事故隐患，彻底消除不安全因素，堵塞安全漏洞。通过检查，进一步落实了安全管理责任制，防止了重特大涉枪、涉爆、涉毒案件、事故以及其他重大治安事件的发生，为庆祝每年的国庆庆典创造了安全稳定的社会环境。

自1999年国庆第一个黄金周至2005年国庆期间，全省公安机关会同有关部门，制定黄金旅游周安全保卫工作方案和应急预案，加大旅游景点巡逻防控力度，在游客较多、治安情况复杂的景区（点）设立治安报警点。对旅游景点的宾馆、饭店、车站、商场、游览游乐设施、旅游车辆开展以防火、防盗、防爆炸、防破坏、防伤亡事故为主要内容的安全大检查，尤其对带有危险性、容易发生事故的攀岩、蹦极、漂流、射击等娱乐项目进行重点检查，对发现的隐患及时督促整改。按照《群众性文化体育活动治安管理办法》的规定，切实履行职责，严格审批，加强业务指导、检查和监督。凡是在公园、风景游览区、游乐园、广场、体育场（馆）、俱乐部、公共道路、居民生活区等公共场所举办演唱会、音乐会、游园、灯会、花会、龙舟会等群众性文体活动，一律经公安机关审批同意，方可举行。群众性文化体育活动的参加人数在200人以上3000人以下的，由县级公安机关许可；人数在3000人以上的，由市级公安机关许可；跨地区的群众性文化体育活动，由共同的上一级公安机关许可。作出许可的公安机关应当向上一级公安机关备案。在活动正式举行前，公安机关应当对场馆以及安全保卫工作方案的落实情况进行检查，发现安全隐患和需调整补充的措施，应当书面通知举办者予以整改，拒不整改的，责令停止举办活动。公安机关对经批准的活动，视情组织相应警力，协助维护现场秩序，指导督促安全保卫措施的落实。凡是因工作不力，导致重大伤亡事故发生的，追究属地公安机关领导人的责任。同时，对举办大型文体活动的，督促文化主管部门和体育场（馆）、展览馆、俱乐部以及经常举办群众性文化体育活动的单位和团体认真落实防范措施，杜绝各类事故特别是群死群伤事故的发生。加强值班备勤和信息报送工作，黄山、九华山、天柱山、琅琊山、太平湖旅游景点治安动态信息，所在地公安机关向省公安厅一日一报。

2003年国庆节是“非典”疫情结束后的第一个“黄金周”。节日期间，外出度假、旅游人员数量大幅上升，各种庆典活动、各旅游景点的文体娱乐活动也有增多趋势，安全保卫工作任务较之往年更加繁重。国庆前夕，全省各级公安机关普遍组织了一次以烟花爆竹、民用爆炸物品安全管理检查，道路交通安全检查和消防安全检查为主要内容的安全大检查工作，整改、消除了一些治安、交通、火灾隐患。节日期间，黄山、九华山风景区安全接待游客11.8余万人，车辆2.8余万台次。

2004年4月22日，省公安厅印发《关于加强“五一”旅游黄金周安全保卫工作的通知》，要求各地公安机关尤其是重点旅游景区公安机关，要按照“安全第一、预防为主”的原则，成立由治安、巡警、消防、交警等部门组成的专门领导机构，负责旅游黄金周安全保卫工作。4月25日至28日，省公安厅会同省旅游局、省文化厅组成“五一”“黄金周”旅游安全督查组，赴黄山、池州市开展旅游安全督查。督察组深入到花山谜窟、黄山机场、黄山火车站、齐云山庄、黄山风景区、汤口换乘中心、九华山风景区、缆车公司、索道公司、化城寺、九华山换乘中心等重要景点和部位，了解旅游安全工作开展情况，对发现的隐患和问题向有关部门提出整改意见。截至5月6日，黄山风景区共接待游客8.77万人，车流量4.22万台次，九华山风景区接待游客3.51万人次，车流量5574台次。风景区公安机关按照旅游“黄金周”安全保卫工作方案，严密防范，加大治安巡查力度，为广大游客提供了良好的治安环境。

2005年“五一”和“十一”黄金周期间，全省公安机关认真贯彻落实省委、省政府和公安部要求，采取有力措施加强道路交通安全、消防安全管理和大型文体活动、旅游景点、公共聚集场所安全保卫工作，广大民警坚守岗位，有力地维护了节日期间全省社会治安稳定。5月1日至5月7日，黄山、九华山风景区游客人数分别超过11万和8万人。10月1日至7日，黄山、九华山风景区游客人数分别达8万人和3.6万人，分别比上年同期有所下降和持平。各地组织的节日庆祝等大型文体活动安全、顺利地举行，全省各旅游景点秩序良好。

旅游风景区治安管理　改革开放后，国内旅游事业发展迅猛。但一些旅游风景区旅游设施老化，安全管理措施制度不健全，敲诈勒索、打骂游客及“黄、赌”等社会丑恶现象蔓延等问题，既危及中外游客的人身财产安全，又败坏中国的国际声誉，妨碍旅游业的健康发展。2000年4月27日，省公安厅转发《公安部关于进一步加强旅游风景区安全管理工作的通知》，要求各地公安机关高度重视旅游风景区安全管理工作，认真开展安全大检查，消除危及游客生命财产安全的隐患。安全大检查以防爆炸、防伤亡事故，确保旅游安全为重点，在重要节假日前对旅游景区内的过山车、游船、车辆、滑道等各种游览、游乐设施和滑翔、漂流、蹦极等高危运动设备安全状况进行定期检查。各级公安机关指导旅游风景区的主管部门建立健全各项安全管理制度，落实“谁主管、谁负责”的安全管理责任制，及时对旅游景区的突出治安问题开展专项整治，严厉打击敲诈勒索、打骂游客等违法犯罪行为。同时，增设报警点和报警电话，接受群众求助。强化娱乐服务场所和旅游项目的管理，打击“黄、赌”等丑恶现象，净化社会环境。严格旅游风景区举办的大型群众性文化体育活动的审批和治安管理，保证各项活动安全有序进行。

2002年8月30日，根据国务院办公厅和公安部要求，省公安厅从9月起至年底在全省范围内组织开展旅游市场治安秩序专项整治工作。制定《全省整治旅游市场治安秩序专项行动方案》，坚持严打、严管、严防、严治的原则，依法从重从快打击旅游市场违法犯罪活动，通过专项整治规范旅游市场秩序，维护旅游者合法权益，有效遏制违法犯罪活动，优化旅游市场治安环境，促进旅游产业的健康发展。在专项整治工作中，全省旅游风景区公安机关不断强化旅游景区（点）的各项治安管理措施，及时发现和处置各类治安问题，指导旅游景区（点）单位建立和完善内部防范机制，严格旅游景区（点）大型文体活动的审批及管理，层层落实责任制，确保各项活动安全顺利进行。同时，以防火灾、防伤亡事故为主要内容，对旅游食宿场所、旅游车辆、文物建筑、游乐设施等开展了全面细致的安全检查，落实各项安全管理措施，对没有安全保证的场所和设施要责令有关部门及时整改，严禁不符合安全要求的车辆和有关设施投入运营使用。根据调查摸排出的问题和案件线索，公安机关依法严厉查处旅游市场上强买强卖、敲诈勒索等侵害游客利益和抢劫、盗窃等严重危害社会治安秩序的违法犯罪行为，加大对歌舞、游戏等文化娱乐场所和文物单位的查控力度，严厉打击“黄、赌”、倒贩卖文物、宣传封建迷信及以“陪游”“伴游”为名从事卖淫活动的违法犯罪行为。在整治工作中，各地公安机关积极配合旅游、工商、技术监督等部门搞好综合治理，加强对非法经营、欺客宰客，制假售假等违法违规行为的查处工作。同时，建立各有关部门参加的联席会议制度，定期召开协调会，交流情况信息，研究确保旅游市场秩序良好的长效管理机制，及时解决各类突出问题，从源头上杜绝各类案件、事故的发生。

车站治安秩序管理　1986年，根据公安部、铁道部的要求，全省公安机关积极配合铁路、交通等部门加强春运安全管理工作，开展严禁旅客携带易燃易爆危险品进站上车工作。截至1986年2月5日，各地公安机关在车站、码头和车、船上查获雷管807发、炸药195千克、导火索301米、子弹185发、鞭炮358万头、汽油23升、油漆680千克、橡胶水62千克等一大批易燃易爆危险品，消除了安全隐患。

各地公安机关把车站安全保卫工作摆上重要日程，采取坚决、有力的措施，在铁路沿线、车站、轮船码头增加专门警力，严厉打击和防范各种危害铁路及公路运输安全的违法犯罪活动，确保运输安全。同时，严格治安管理和安全检查，强化对车站、沿线、轮船码头及周边地区巡逻控制，积极预防盗窃、诈骗、抢劫旅客财物、倒卖车票等多发性违法犯罪活动的发生。对旅客集中的公共场所加强治安管理，防止发生拥挤混乱，挤死挤伤人员等治安事故，坚决查堵危险物品，杜绝各类治安事故的发生。

犬类管理　1987年4月16日，省公安厅印发《公安部门犬类管理工作实施办法》，首次明确了公安机关在犬类管理工作中的职责及有关权限，规定公安机关负责县以上城市（包括县城）养犬的审批。县以上城市、近郊区、新兴工业区、游览区、港口、机场周围禁止养犬。因警卫、科研需要养犬的单位，应填写“养犬审批表”，经县以上主管部门和所在地派出所审核同意，持介绍信到所在地县、市公安局（公安分局）审批。县、市公安局（公安分局）负责对申请养犬的审批，经批准发给“犬类准养证”；养特种犬的专业户（养犬在5头以上），应报地、市公安处（局）审批。获“犬类准养证”的单位和个人，应立即携犬到当地畜牧兽医部门进行免疫注射，领取“家犬免疫证”，并在犬的颈部挂上免疫牌。准养犬一律实行圈（栓）养；造成危害的，依照有关规定追究犬主责任。同时，明确了公安机关参加捕杀县以上城市的狂犬的相关责任。

查处非法制售警服、警用标志工作　1993年11月6日，根据调查线索，阜阳行署公安处、太和县公安局对阜阳军分区干休所2个服装门市部依法进行了搜查，查获新式公安臂章80枚、警帽15顶、冬装警服25套、八九式春秋警服36套、警用大衣7件、警司警衔标志4套、治安袖标21个、帽徽21枚、盾牌标志35副、领花41副、领带夹15个、公安纽扣19枚、春秋警裤24件、警用裙子1件、警用雨衣18件、匕首1把，现金4610元，销售发票1本。阜阳军分区干休所服装第一门市部租给个体户经营，警服、警衔标志是从武汉购进的。公安机关对所查获的警服、警衔标志等警用品进行了没收，对有关负责人员予以批评教育，令其具结悔过，对涉及的4个门市部予以治安处罚处理。

1994年7月，根据公安部《关于进一步查处非法生产、销售警服、警用标志、打击假冒警察违法活动的通知》精神，省公安厅组织全省公安机关开展查处非法生产、销售警服、警用标志、打击假冒警察违法活动的专项工作。8月下旬，省公安厅派出3个工作组，对合肥、蚌埠、芜湖、安庆、滁州、池州、巢湖、阜阳、宿县等9地市进行检查指导。7月至8月，全省公安机关投入警力8628人次（其中包括武警），查处非法生产、销售警服、警用标志的厂家3个（宿县地区8503厂，宿州市制式服装总厂，蒙城县3586二厂），查处非法销售的店铺、摊点1043个（多数为个体工商户），查处非法着装1332人，收缴警服3255件，没收警用标志535件，破获假冒警察犯罪团伙2个，查处假冒警察违法犯罪活动的案件4件。

查处劣质奶粉案件　2004年4月14日、15日，中央电视台、安徽电视台、中安网等新闻媒体相继对阜阳劣质奶粉问题进行曝光，引起党中央、国务院和安徽省委、省政府领导的高度重视。4月21日，省公安厅派员组成工作组赶赴阜阳市督办此案。阜阳市委、市政府决定在全市范围内开展“奶粉市场专项整治活动”。阜阳市公安局成立专案组，配合有关部门彻底查清劣质奶粉的来源及经销情况。阜阳市颍泉区的“皖北商贸城”批发市场是伪劣奶粉的主要源头渠道。专案组对市工商局公布的33种劣质奶粉经销户共22人依法进行传唤，收集线索，追查上线，查清劣质奶粉的数量、来源及经营情况。截至4月20日，阜阳市公安机关出动警力342人次，车辆135台次，打掉劣质奶粉分装窝点1个，查处劣质奶粉经销户3家，查获劣质奶粉1364件，刑事拘留6人（其中批发商2人，经销商4人）。4月23日，阜阳市公安局配合市工商局查封该市颍州区颍西办事处一生产伪劣奶粉窝点，查获简易的生产流水线和大量的制假原料（自动捆包机1台、加热搅拌机1台、塑封机1台、打码机2个，奶粉原料4335千克，包装袋、包装箱各12种9181个）。4月24日，阜阳市公安局分别派出5个追捕、调查组分赴浙江温州、河南郑州及安徽合肥、蚌埠等地开展工作。赴河南专案组在郑州一批发市场内发现在阜阳市致死婴儿的“绿园”牌假冒奶粉。专案组顺线追踪，在郑州市荥阳县发现一制假窝点，内有制假机器3台，制假包装袋等物品。专案组民警立即将情况通报当地公安机关并请求协助，要求当地公安机关对制假机器、窝点进行查封。赴合肥专案组在合肥市公安机关的大力配合下，查处了合肥长江批发市场供应假奶粉的“荣泰”商贸公司和合肥市“食品一条街”另一假奶粉供应商。赴蚌埠专案组抓获了蚌埠市立达食品经营部假奶粉供应商马某、张某等人，查封该经营部仓库1处，并查处了另一假奶粉供应商蚌埠市太平街新市场周某某。赴浙江温州专案组将阜阳市颍州区颍西办事处“赛诺食品有限公司”制造伪劣奶粉窝点的主犯林某某抓获。4月25日，阜阳市公安局又派出7个追捕调查组，分赴各地开展追捕和追查伪劣奶粉源头工作。4月26日，专案组民警将逃往徐州的犯罪嫌疑人付某某（阜阳市富强食品配货中心法人代表）抓获。同日，专案组民警在合肥抓获批发销售伪劣“黄金搭档”奶粉的张某某（合肥长江批发市场荣泰商贸城法人）、陈某（女）夫妇。省暨阜阳市公安机关派出17个追捕调查组分赴北京、黑龙江、陕西、山东、浙江、江苏、福建、河南等地开展追捕和追查伪劣奶粉源头工作，出动警力2148人次，车辆631台次，立案查处涉嫌销售不合格奶粉案件36件，打掉劣质奶粉制造及分装窝点3个，刑事拘留42人，留置审查59人次，依法传唤87人次，查获劣质奶粉3010件，收缴了一大批制假工具。同时查明阜阳市伪劣奶粉整治领导小组公布的45种伪劣奶粉分别由浙江、福建、北京、上海、山东、河南、黑龙江、山西、内蒙古、天津等10个省市的流入渠道。

2004年5月17日，根据群众举报，安庆市公安局会同工商部门在该市新河路西一居民楼内查获一加工劣质奶粉窝点，查封加工奶粉封口机3台和大量奶粉包装袋以及销售奶粉的清单。奶粉商标为“乐自纯”系山东省威海市乳品厂生产，总经销商为安庆市中信商贸发展有限责任公司（以下简称“中信公司”）。6月16日15时，安庆市公安局郊区分局龙狮桥派出所民警在龙狮乡前进村联丰组开展查访工作时，发现该组村民阮某家藏有“乐自纯”牌8种奶粉1650箱，计1.98万包，生产原料白砂糖40件，约1000千克，用于促销的奖品及包装箱、标识等物品若干，价值人民币约30万元。6月16日，安庆市公安局成立“6·16”专案组，对中信公司生产销售劣质奶粉一案展开侦查。中信公司于2000年9月21日经市工商行政管理局注册成立，法人代表孔某、业务主办鲍某、业务员刘某等人。2002年11月，中信公司与山东威海乳品厂签订委托加工“乐自纯”奶粉合同，由山东厂方加工并包装，中信公司收购并在市场销售。2003年1月至2004年4月，中信公司收购该品种奶粉3000件，价值36万元，其中售出1350件，价值15万元，另有1650件未销售，价值20万元。据阜南县警方提供的材料表明，该公司销售的劣质“乐自纯”奶粉已在当地造成1名儿童死亡。专案组迅速开展查证和追捕行动，并于8月3日在厦门将犯罪嫌疑人刘某抓获。犯罪嫌疑人鲍某、孔某分别于7月20日、8月10日向专案组投案自首。

生活、生产资料市场专项整治　2002年2月22日，马鞍山市公安局联合市质量技术监督局突击检查该市南山利民公司金属制品厂，当场查获劣质螺纹钢12吨、地条钢11吨、模具51副。2002年3月20日，马鞍山市公安局再次会同市质量技术监督局联合执法，在当涂县钢龙轧钢有限公司查获劣质螺纹钢111.5吨、地条钢13.4吨；在当涂县皮革厂内捣毁一地下轧钢厂，当场查获劣质螺纹钢0.8吨、地条钢8吨。

2003年6月18日，萧县公安局查获假冒“春兰”牌香烟462条、“神通”牌香烟816条、“通乐”牌香烟800条、“万家福”牌香烟100条、“芒果”牌香烟418条、“东海”（蓝）牌香烟30条、“江南”牌香烟42条（共计2716条）以及用于制造假烟的滤嘴棒2箱，抓获犯罪嫌疑人2人。

2003年6月20日，当涂县公安局破获一起生产、销售“地条钢”案件，当场查获用于生产螺纹钢的原料“地条钢”20余吨。当年2月，马鞍山市金家庄粮贸公司职工张某租赁承包当涂县龙山桥镇朝阳轧钢厂，先后从和县和江苏溧阳等地购进“地条钢”50余吨，用于加工生产螺纹钢，并将产品全部销往上海、合肥等地。6月19日10时许，当张某再次从马鞍山市运送“地条钢”时，被当涂县公安局抓获。

2003年6月21日，宿州市公安局与市烟草稽查支队在该市环城南路查获一销售假烟窝点，当场收缴假冒“一品黄山”“东海”“渡江”“红塔山”“红梅”“皖烟”“红黄山”等卷烟254条，抓获犯罪嫌疑人刘某（女）。

2003年6月23日，黄山市公安局连续端掉4个非法生产“地条钢”地下工厂，抓获犯罪嫌疑人2人，查封劣质“地条钢”4吨、用于炼铁的“高压锅”7台。犯罪嫌疑人陈某自2002年以来先后在黄山市屯溪区屯光镇、新潭镇开设2家加工劣质“地条钢”的地下工厂，累计生产销售劣质“地条钢”2200余吨，涉案价值300余万元。犯罪嫌疑人周某自2002年以来在黄山市屯溪区阳湖镇、黎阳镇开设2家生产劣质“地条钢”地下工厂，累计生产销售劣质“地条钢”150余吨，涉案价值21余万元。

2003年9月1日，马鞍山市公安局在当涂县龙山桥双梅村中心队捣毁一处生产劣质螺纹钢窝点，现场缴获地条钢、劣质螺纹钢70余吨。

2004年4月28日，省公安厅在全省组织开展生活和生产资料专项整治行动，将阜阳、亳州、淮北、宿州、六安、淮南、合肥、芜湖等市及全省农村地区作为重点整治地区，各地生产、加工、流通、销售生活和生产资料的企业、市场列为重点整治对象。全省公安机关会同有关部门，严厉打击涉及生活和生产资料违法犯罪活动，依法查处了一批涉及生活和生产资料的违法犯罪案件及妨害开展生活和生产资料行政执法的违法犯罪行为。全省公安机关立刑事案件212件，查获涉案嫌疑人271人；出动警力3万人次，出动车辆6000台次，配合工商、卫生、质监等行政执法部门检查有关市场（场所）3余万处，协助查缴了大量假劣生活和生产资料。

2005年1月22日，芜湖市公安局分别在该市大砻坊面粉厂门口、镜湖区棠梅村、开发区等处，现场查获童某（女）准备销售的“软苏烟”“硬红南京”“三五”等品牌的假冒卷烟3100条，价值62余万元。

校园周边治安秩序整治 针对违法犯罪分子闯入大中小学校进行流氓滋扰，侵犯师生的人身权利，严重干扰正常的教学秩序的情况，1989年3月22日，省公安厅、省教委联合下发《关于切实加强校园治安工作的通知》，要求各级公安机关及教育部门对此务必高度重视，采取有效措施，切实维护好校园治安，保障正常的教学秩序和科研秩序。

2002年12月6日，石台县七井乡伍村村民叶某（男，21岁）因谈恋爱不成，手持菜刀闯进伍村小学，将校内18名学生砍伤（9人重伤，9人轻伤）。12月9日，省公安厅对该案件进行了通报，要求各地公安机关充分认识做好学校治安管理工作的重要性，将维护校园及周边治安秩序稳定的各项工作措施落到实处，营造良好的校园治安环境。全省各级公安机关坚持打防结合、预防为主的方针，加大对学校及周边的整治防范工作力度，对发生于校园的杀人、抢劫、伤害、强奸、敲诈等恶性案件，加强与检、法部门配合，快侦快破快判，依法严惩侵扰学校、师生的流氓恶势力。同时，落实责任区民警工作责任制，严密学校的安全防范工作，加大对学校周边的巡逻检查力度，对学校周边的治安复杂部位、夜晚和学生上学、放学等容易发生治安问题时间、区域和路段，增加巡逻力量，加大巡逻防范密度，及时发现、预防和制止违法犯罪活动。督促学校建立健全治安保卫组织，落实安全防范工作责任。积极协同司法、教育等部门，加强对学校师生的法制宣传教育力度，坚持校所联系制度和法制辅导员制度等行之有效的工作机制，定期通报有关治安情况，增强广大师生的防范意识和防范能力。

2003年1月6日，合肥工业大学学生发生重大交通事故后，合肥市公安局严格按照公安部、省公安厅的要求，及时开展高校及周边治安、交通秩序整治工作。对合肥工业大学等8所高校共10处进出通道的交通安全设施进行改造和完善。科学安排警力，合理调整勤务，在早晚上下班和学生上学放学的高峰时段，抽调民警在学校周边执勤，指挥交通。积极与辖区中小学加强联系与沟通，共同保障学生的出行安全。

2004年3月，省公安厅印发《全省公安机关关于严厉打击侵害师生人身财产安全违法犯罪活动切实维护高校及周边治安秩序专项整治行动方案》，部署从2004年3月20日至5月20日在全省范围内开展严厉打击侵害师生人身财产安全违法犯罪活动，切实维护高校及周边治安秩序。

2005年1月，合肥市公安局在中国科技大学、合肥工业大学、安徽大学、安徽农业大学、安徽医科大学建立6个校园警务室，配备30名民警，并挂牌运行。校园警务室在维护高校治安稳定、有效遏制案件等方面发挥了积极作用。6月，公安部印发《公安机关维护校园及周边治安秩序八条措施》。6月16日，根据公安部、教育部召开的关于进一步做好校园和幼儿园及周边治安秩序工作电视电话会议精神，省公安厅迅速成立贯彻落实公安部“八条措施”领导小组。7月初，领导小组成员单位赴各地进行检查督促，并将各地的贯彻落实情况纳入全省社会治安防控体系建设工作的考评。10月16日，省公安厅会同教育厅召开全省公安、教育部门电视电话会议，部署开展校园及周边治安秩序整治工作。其间，联合下发《关于进一步加强协作落实信息沟通与报告制度的通知》，就强化多部门协作、建立和完善协作机制、强化信息报送责任、认真落实责任追究制度等作出规定。在开展校园及周边安全整治工作中，全省公安机关查处涉校刑事案件212件、治安案件285件；设立治安岗亭2319个，向学校派出保安员3606人，选派法制副校长或法制辅导员1.12万人；新设交通标志和交通安全设施5574处，施划人行横道2880处，设置人行横道信号灯1567处，设置临时停车泊位7453个，在复杂路段和高峰时段增派警力维护交通秩序11余万人次；开展消防检查4.6万次，整改消防隐患2493处。

群体性事件处置 1986年至2005年，安徽省一些地方因山林、地界、水利资源、经济纠纷、劳资纠纷、拆迁安置等引起的群众性治安事件不断发生，参加人数少则几十人，多则数百人。群众性治安事件波及面广，社会影响大，一些恶性事件还带有打、砸、抢性质，给国家、集体利益和人民群众生命安全造成很大危害，严重影响社会稳定。

1988年，省公安厅印发《关于处置各种突发事件的意见》，从处置原则、办法、准备工作、宣传报道等方面作出明确规定。全省公安机关对处置突发事件的范围、重点、警力部署、执法界限、指挥机构、信息渠道和后勤保障等也制定了相应的工作预案。1988年，影响稳定的事件增多，其中因各种矛盾激化而引起的群众性上访、闹事、械斗、游行等事件就发生95件。20世纪50年代下放的城镇居民，60年代复员的职业制武警，60年代停办的职业学校未安排工作的毕业生，参加过核试验的复员退伍军人及民办教师、盲人等特殊群体，都进行了有组织的上访。另外，农村因山林、土地、水利、矿产资源纠纷和抢购化肥、农药等引起的闹事、械斗、哄抢等事件也时有发生。公安机关在党委、政府的统一领导下，本着积极主动、妥善慎重的态度配合有关部门，进行了认真的处置，缓解了矛盾，平息了事态，维护了社会稳定。

1991年2月28日，省公安厅印发《关于进一步做好预防和处置群众性械斗事件工作的通知》，要求各地公安机关提高预防、处置群众性械斗事件的认识，对可能发生的群众性械斗，制定切实可行的处置方案，提高处置群众性械斗等突发事件的能力。对可能导致群众性械斗的历史遗留问题，如民族矛盾、宗教矛盾、山林权属等问题，要及时报告当地党委、政府，通报有关部门，协同做好调解工作。强化信息观念，及时发现群众性械斗的苗头。配合当地党委、政府和上级公安机关，并依靠基层党政组织，主动做好对立双方群众的工作，将矛盾化解在萌芽状态。对已发生的械斗，要在当地党委、政府领导下，集中力量，及时、果断地进行处置，并注意做好取证工作。加强法制宣传教育工作，争取大多数群众，正确区分两类不同性质的矛盾，对煽动、策划械斗的首要分子和直接责任人，依法严惩。处理跨县、市的械斗事件时与有关公安机关密切协作，秉公办事，对参与械斗的违法犯罪分子，任何一方均不姑息迁就。12月17日，省公安厅印发《关于预防和处置群众性械斗、哄抢、阻碍交通事件的工作预案（试行）》。

1996年，全省公安机关在党委、政府的领导下，积极配合有关部门缓解、化解了一大批社会矛盾，依法妥善处置了由各种人民内部矛盾引发的群体性治安事件1514件，最大限度地降低了事件的社会影响。

2005年8月8日，省公安厅召开全省公安处局长会议，对池州市发生的“6·26”等重大群体性事件的处置情况进行剖析，专题研究进一步提高公安机关处置群体性事件和突发性事件的能力。会后，各地将会议精神和组建特警队有关工作向党委、政府作了专题汇报。合肥、安庆、巢湖、宿州市公安局积极准备成立公安特警队。各地也结合实战需要对处置群体性事件工作预案进行了修订和完善，对组建特警队和加强公安机关处置群体性和突发性事件的装备投入问题作出部署。

群体性事件选记

凤台县与颍上县因焦岗湖渔场归属问题发生械斗事件　焦岗湖湖面由凤台县焦岗湖渔场管理，但有四分之一的湖面在颍上县境内，颍上县与凤台县对此一直有争

议。1991年8月21日，颍上县沿湖的鲁口乡部分群众为开展生产自救，在有争议的湖面上捕鱼，与凤台县焦岗湖渔场巡湖人员发生纠纷，渔场一名职工被对方用火药散弹枪击成重伤，4名职工被打成轻伤，并被非法扣留5天。10月19日，鲁口乡李窝村60多名村民分乘30余条小船下湖捕鱼，再次与渔场职工发生冲突，村民用土制炸弹向渔场职工投掷，并打伤3名职工，抢走部分渔具。经公安机关全力处置，事件平息。

泾县马头林场“9·6”打砸抢事件　泾县马头林场与南陵县奚滩乡毗邻。1991年6月，奚滩乡竟河村部分群众到林场山上砍树，由开始的小股偷砍、盗伐，发展到几十人、上百人参加哄抢、滥伐。9月2日，林场护林人员与竟河村哄抢林木群众连续发生2次冲突。当日下午3时许，竟河村张村村民组20多名村民驾船至张村渡口林场一侧与护林人员相遇，村民向护林人员投掷石块，护林人员朝天放土枪回击，直至林业派出所民警赶来鸣枪警告，村民才被迫后退，纷纷跳水往回游。护林人员砸坏渡船上柴油机部分零件。9月4日，竟河村张村村民张某的尸体在中洲村渡口附近（下游）发现，经法医鉴定，张某系溺水死亡。9月6日，在死者亲属和极少数人的煽动下，张村等4个村民组部分村民将死者尸体抬至马头林场，召集约几百人对林场进行打砸抢，并将马头林场党支部副书记何某某绑架（后被南陵县公安局解救）。经调查查明，参与打砸抢和哄抢盗伐林木的有二三百人，林场职工受害者25户，其中受害较重的13户，造成经济损失5余万元（林木损失除外）。9月12日，省、地、市、县公安机关成立调查组进驻奚滩乡，开展了3次大规模宣传发动群众的工作，先后多次召开村“两委会”、全体党员会以及群众代表参加的动员会等，印发3次通告，张贴标语，设立自首、退赃接待站，宣传党的政策和有关法律法规，号召群众检举揭发，督促有违法行为的人坦白自首，争取从宽处理。公安机关先后组织2次集中统一行动，对逃往外地的犯罪嫌疑人进行追捕，依法收审22名“打砸抢”和哄抢盗伐林木的为首分子和骨干分子，逮捕9人。

砀山县“11·18”大规模聚众械斗事件　1995年11月18日上午9时许，砀山县赵屯乡大张庄村村民张某纠集300余人，携带十几支猎枪、土枪和百余根木棍与该乡汪万楼村村长汪某某组织的30余人（持有猎枪和木棍），在汪万楼村东310国道上械斗，双方用猎枪交火约20分钟，造成310国道中断通行50分钟。砀山县公安局接报后，迅速组织民警赶赴现场，果断控制住局面。经调查查明，聚众械斗双方共调集300余人，其中为首分子2人、骨干分子8人；械斗双方死亡2人、伤5人。公安机关缴获棍棒100余根，猎枪、土枪20余支，4名骨干分子被依法收审。

和县西梁山和芜湖市东梁山因采砂发生械斗事件　1999年9月，和县西梁山村民用2台吸砂泵在省江砂办批准的西梁山水域采砂。芜湖市东梁山村民得知后，组织200余人的“敢死队”，筹集65万元活动资金，购买猎枪、砍刀、鱼叉等凶器，准备阻止西梁山村民采砂。和县西梁山村民也组织150余人的“自卫队”，成立30余人的“敢死队”，购买30套迷彩服，自制30余根2米多长的三角叉，准备与东梁山村民“决战”。和县公安机关迅速展开疏导工作，事态暂时平息。9月5日上午，和县西梁山100余名村民与芜湖市东梁山240余名村民再次发生群体性械斗，双方互掷装有汽油的酒瓶，并用猎枪、石块、爆竹互相攻击。在持续20分钟的械斗中，西梁山11名村民受伤，东梁山32名村民遭枪击中弹受伤。和县公安机关接报后，立即向县委报告，同时派民警前往现场维护秩序，控制局势，抢救伤员，调查取证，双方村民全部返回。9月19日凌晨，芜湖市公安局对居住在大桥镇东梁山行政村的聚众打、砸、抢及暴力抗法案件的主要犯罪嫌疑人进行集中统一收捕，拘留首要分子及骨干成员21人，收缴长矛、大刀22把，剑4把，警棍2根。

合肥市出租车司机堵塞长江中路、寿春路事件　2000年3月20日8时25分，合肥市出租车司机100余人因对市政府《合肥市道路交通管理规定》中有关条款不满，到省政府上访，并将市区长江中路堵塞。9时许，上访人员又将寿春路堵塞。三孝口、百花井交通岗亭和部分出租车被砸，现场围观人员1000余人。事件发生后，省公安厅及合肥市公安机关迅速赶赴现场处置，耐心细致做劝阻工作，但收效甚微。16时许，上访人员与民警发生冲突，10余名上访人员及4名民警受伤。随后，上访人员陆续离开省政府，前往花园街和四牌楼附近聚集。经公安机关全力处置，20时30分，事件平息，市区道路全部恢复畅通。3月21日16时40分，200余名出租车驾驶员再次聚集市政府广场，少数出租车驾驶员拦截并打砸过往的载客出租车。合肥市公安局立即出动警力赶赴现场维护秩序，将参与打砸的6名为首分子强行带离现场。19时，全市公安机关出动警力2400余人，车辆600余辆次，先后对全市24处被堵路口、路段进行及时疏导，确保了道路及时恢复畅通。23时，合肥市委、市政府领导在市交通局与出租车驾驶员代表对话，对驾驶员提出的问题做出解答。至3月22日12时，合肥市出租车运营正常，交通秩序畅通，事件平息。

滁州市企业职工群体阻断铁路交通事件　2000年11月，滁州市华宇集团在企业资产重组过程中，对如何解决职工集资款和下岗职工的生活出路、养老金、保险金等问题没有具体解决措施，导致部分职工不满。11月25日9时许，该公司二分厂部分职工闯入一分厂，强行关掉部分细纱机，造成一分厂停产。11月26日9时许，华宇集团1000余名职工再次到市建行大楼前聚集，打出“不获全胜，决不收兵”“强烈抗议厂方出卖工厂”“维护工人合法权益”等标语在琅琊大道游行。11月27日9时许，游行职工进入铁路滁州站货场，占据了铁道线，进行卧轨，致使津浦铁路运行中断。市内有近800名职工在琅琊大道和火车站滞留，另有约1000名职工陆续集结。滁州市公安局调集700名民警、武警赶赴现场，对现场实施隔离、控制。11时20分，根据滁州市领导指示，公安民警开始清场，卧轨职工纷纷向民警投掷石块，致7名民警受伤，清场未果。随后，省公安厅、省武警总队分别从合肥、蚌埠、武警五支队抽调550余名防暴警、武警赶赴滁州火车站广场，被聚集在广场的数千名群众围阻、漫骂，极少数人向公安民警、武警官兵投掷玻璃瓶。现场武警穿插行进，对堵路群众进行分段隔离。公安民警协同实施外围清场，将卧轨职工和围观群众分离。至17时45分，卧轨职工被劝离出场，火车恢复通行。此次事件造成津浦铁路线中断8小时41分，影响客货列车182列正常行驶，其中，客车晚点始发18列，运行晚点30列，行包专列晚点6列；货车晚点63列，停运29列；滞留客人退票造成直接经济损失62.8万元。滁州市公安局及时成立专案组，对7名涉嫌组织、煽动非法集会、游行、示威，破坏交通秩序的犯罪嫌疑人依法逮捕，治安处罚10人，责令27人具结悔过。12月3日，华宇集团恢复生产，事件平息。

安庆市宿松、怀宁两县部分三峡移民聚众滋事事件　2001年12月13日16时55分，宿松县复兴镇三峡移民以县政府没有答复其提出的要求为由，组织60余人持刀、棍、棒、斧等械具冲进复兴镇镇政府进行打砸，并与当地村民发生了小规模的冲突，双方有少数人受伤。公安机关赶到现场制止并维持秩序时，闹事移民与执勤民警形成对峙局面。17时10分，怀宁县海口镇三峡移民120余人分乘6辆汽车前往宿松县“增援”。获悉情况后，安庆市公安局紧急指令望江县公安局设卡拦截。经劝解，闹事移民暂时撤离现场回到驻地。12月14日11时许，宿松县复兴镇三峡移民200多人继续冲击复兴镇政府，向镇政府院内扔石头和装有汽油的酒瓶。现场处置指挥部指令防暴警察向冲击镇政府的移民发射催泪弹，滋事移民被驱散。14日15时许，省公安厅、安庆市政府召开紧急会议，开展现场处置工作。12月15日，经全力工作，事件平息。

蚌宁高速公路十三标段群体性事件　2003年7月30日15时许，蚌埠市郊区吴小街太平岗村民200余人因蚌宁高速公路施工用地补偿问题，围阻蚌宁高速公路十三标段施工工地。事发后，蚌埠市公安局郊区分局组织20余名民警赶往现场，维持秩序，协助市、郊区两级高速公路指挥部做劝解工作。17时30分，郊区公安分局民警在结束执勤任务撤离现场时，遭到太平岗部分村民追打，有3名民警被村民围堵在一辆警车内，同时5辆警车被滞留在现场。事件发生后，蚌埠市公安局调集120名民警赶到现场，迅速将3名被围困民警解救出来。随后，该村部分村民又围堵蚌固公路太平岗段，造成该路段交通中断3个多小时左右。经蚌埠市公安局及区、镇两级政府做工作，至22时40分许，围堵公路的村民相继离去，道路交通恢复正常。

霍邱县高塘镇群体性斗殴事件　2004年4月24日14时许，霍邱县高塘镇高塘村20多名群众因为征地问题到当地富昌公司选矿厂，挖断该公司循环水道，企图阻碍该公司生产。富昌公司遂从1号、2号和3号矿井聚集100余名工人，戴头盔、手持木棍赶到选矿厂，与当地100名群众进行斗殴。事件造成当地群众29人不同程度受伤，富昌公司1人死亡，15人受伤。霍邱县公安局接报后，立即组织100余名民警赶到现场控制事态，抢救伤者并开展调查取证工作。霍邱县委、县政府随即成立事件处置协调小组，开展维护稳定、事件调查、医疗救治等项工作。至当日20时许，事态平息。

淮南市涉枪聚众械斗事件 2004年6月8日15时许，淮南市大通区上窑镇泉源村村民朱某某等2人酒后骑摩托车经过上窑镇上窑村新武路施工工地时，与正在该处施工的工人发生争吵，朱某某被工地负责人凌某某等人打伤。6月9日8时30分，朱某某等2人邀集泉源村200余名村民到新武路施工指挥部，与凌某某等100人发生械斗，械斗中有17名村民受伤（其中4人伤势较重）。事件发生后，淮南市公安局立即组织80名民警赶赴现场，采取果断措施，将械斗双方人员分离，并开展劝阻疏导和救治伤员工作，事态得到及时控制。事后，凌某某投案自首，主动上交非法持有的单管猎枪1支、土制枪1支。

广德县祠山岗乡群体性事件 2004年6月11日下午，广德县祠山岗乡杨坩桥、丁家村、彭村3个行政村近5000亩水稻秧苗出现烂根现象，初步认定系灌溉水源受污染所致。广德县委、县政府接到祠山岗乡和县环保局报告后，立即采取处置措施。6月15日，约250名村民一部分到祠山岗海翔化工厂（已被责令停产）滋事；另一部分人员到县信访局上访。广德县公安局积极配合乡政府对群众做深入细致的解释工作，但群众情绪激动，将祠山岗派出所警车掀翻并打伤2名民警。6月16日下午，杨邯桥、丁家村、彭村部分群众来到徐家边化工园，对一些化工厂设施进行打砸，并掀翻在现场维护秩序的流洞派出所警车，1名民警被打伤。随后，聚集的200余人分乘多辆车到县政府上访。经工作，上访人员于当日下午5时许返回，事态暂时平息。6月27日5时许，广德县公安局组织警力对相关人员进行传唤。10时许，祠山岗乡杨坩桥等3个行政村100余人前往乡政府，欲冲击乡政府。10时30分，广德县公安局组织100余名警力赶到祠山岗乡政府维持秩序。11时左右，聚集的300余名村民向乡政府和维持秩序的民警扔石块、砖瓦、碎玻璃，当场砸伤数名民警。为避免冲突升级，公安民警全部退入乡政府办公室和乡政府后院，但村民已失去控制，开始打砸乡政府办公室和攻击民警，导致乡政府一、二层办公室窗户玻璃全部被砸，部分办公设备被毁，6名民警被打伤（4名民警重伤，2名民警轻伤）。12时许，第二批60余名民警赶到，将群众疏散，事件得到平息。

滁州市南谯区罗田村与来安县复兴林场因山林权属问题发生械斗 20世纪70年代以来，滁州市南谯区黄泥岗镇罗田村与来安县复兴林场交界处的一块山林因存在所有权争议，两地先后发生数次大规模的械斗。2004年12月25日16时许，来安县复兴林场在争议地段伐木，罗田村40余名群众进行阻止，并与林场30余名伐木工人发生争执。2005年1月6日13时30分，复兴林场又在双方有争议的林地上伐木，罗田村村民再次上山阻止，双方对峙，在沙河派出所民警的极力劝解、疏导下，事态暂时平息。1月

7日9时许，罗田村近100名村民与林场职工发生械斗，8人受伤（3人重伤），滁州市公安局立即进行现场处置，及时平息了事态。

芜湖县聚众冲击公安机关事件　芜湖县湾址镇十都村陈塘自然村土地因被芜湖机械工业园开发征用，湾址镇政府根据有关政策规定对村民进行了安置，但部分村民提出无理要求。2005年1月10日15时许，陈塘村50余名村民来到机械工业园，冲击正在施工的禾田汽车配件有限公司工地，强行拔掉施工标桩，要求承建工程者不要施工。接警后，当地派出所民警迅即赶到现场，经过近1个多小时的劝说，村民陆续离开工地。1月11日13时40分，该村部分村民携带铁锹再次来到禾田公司施工现场，用铁锹强行将下墙脚沟填满泥土，将地线铲除，并围攻施工现场测量员，致1名施工测量员受伤。11日23时50分，芜湖县公安局依法传唤殴打他人的违法嫌疑人朱某。约10分钟后，陈塘村约50余名村民赶到县公安局，强行冲进公安局办公大楼，进行打砸，要求“放人”。芜湖县公安局紧急调集警力控制事态发展，并与村民代表座谈。经劝解，村民陆续离去，事态平息。

界首市村民坐卧铁轨阻断铁路交通事件　界首市东城办事处连后楼行政村位于界首市火车站铁路北侧。1986年修建漯阜铁路界首市站时，铁路施工单位封闭了该村进入市区的道路，仅留一涵洞供村民和小车辆通行，阴雨天时涵洞积水，村民只能涉水通过，群众意见很大，曾多次联名向铁路等有关部门反映。后在界首市东城办事处的协调下，铁路部门与连后楼村双方3次协商，签订了重新修建涵洞的协议，以彻底解决群众的出行问题。2004年，界首市火车站进行改造，村民提出对现有涵洞加宽加高的要求，但铁路部门一直未能解决。2005年4月12日下午，连后楼行政村100余名村民进入正在施工的火车站货运站，阻挠铁路工人施工，拦截货运列车。界首市公安局出动警力80余人，对坐卧铁轨的群众进行劝解和疏导，依法对17名违法人员进行传唤，最终恢复了铁路交通，事件平息。

池州“6·26”群体性事件　2005年6月26日14时30分，安庆市协和医院吴某、李某、王某、卓某、詹某5人酒后驾乘一辆丰田轿车参加池州私营“仁和”医院开业典礼。车行至池州市翠柏路菜市场门口时，车右倒车镜擦到由西向东，横穿马路的行人刘某的肘部，致轿车挡风玻璃下角有裂纹。李某等人下车拦住刘某，要求赔偿，并殴打刘某致其鼻梁骨粉碎性骨折。被殴打的刘某血流满面，激起当地群众义愤，围观群众将吴某请来的王某头打破。14时38分，池州市公安局110接群众报警后，立即指令辖区九华路派出所出警。民警到场后，围观群众纷纷指责说：“这些人太凶了，把小孩（刘某）撞了，还打成这个样子。”出警民警要求车内人员到派出所接受处理，吴某等人拒不下车。随后，出警民警将刘某送至医院后返回现场劝说围观群众协助公安机关进行处理，并将吴某等7人（包括电话约来2人）分乘“苏AX2188”轿车和“皖R0131警”警车带往九华路派出所进行处理。在派出所门前，吴某等人坐在车上拒不下车接受处理。几经反复，事件不断升级。18时44分，闹事者先后将停在派出所门前的“苏AX2188、皖R0131警、皖R0002”警车及从司法局调来的现场宣传车分别点燃烧毁。之后，闹事者用棍棒及石块将距派出所约60米的“东华东”超市的玻璃门砸碎，冲入超市抢砸商品，部分围观群众见状也涌入超市哄抢，致使超市损失200余万元。闹事者和围观群众高峰时多达万人，现场无法控制。22时30分，省政府、省公安厅组织公安武警近千名警力赶到池州，对现场进行处置。在强有力的政治攻势和震慑下，围观群众离开现场。23时20分，现场得到有效控制，事态得到平息。整个事件持续约9个小时，处置过程中，共有30名民警、6名武警和4名记者不同程度受伤，群众无一人伤亡。

游行示威管理　1986年12月，安徽发生部分高校学生游行示威。当时，由于没有有关集会游行示威的地方性法规，公安机关对学生上街游行示威问题的管理，主要是疏导和劝阻。1986年12月5日，合肥6所高校数千名学生在合肥市主要街道游行。合肥市公安机关根据省委指示，在各闹市区主要街道部署警力，维持治安秩序，疏导交通，防止少数别有用心的人乘乱滋事。12月9日、23日，合肥市部分高校学生又相继上街游行。省公安厅一方面部署合肥市公安机关维护好游行秩序，一方面将游行情况通报全省各地市公安机关，密切注视各地的动态。合肥市连续出现3次大规模游行时，省、市公安机关先后派出700多名警力分布在各个执勤点维护治安。芜湖、安庆、阜阳、徽州等地学生游行时，当地公安机关均采取了有效措施，维护游行秩序。12月13日，安庆师范学院游行学生抢占了一个交通指挥岗亭，执勤交通民警当即指出学生的错误行为，限令他们撤离岗亭。12月27日晚，2名不法分子混入安徽师范大学（驻芜湖市）游行学生队伍中，煽动学生砸汽车、侮辱妇女等。芜湖市公安机关果断将2人依法拘留，严厉打击乘机进行“打砸抢”的不法分子。

1987年1月6日，合肥市第九届人民代表大会常务委员会第24次会议通过了《合肥市关于游行示威的暂行规定》。1月13日，《合肥市关于游行示威的暂行规定》经安徽省第六届人民代表大会常务委员会第27次会议批准。这是新中国成立后安徽省第一部对游行示威秩序进行管理的地方性法规。

1999年5月8日，以美国为首的北约悍然对中国驻南联盟大使馆进行野蛮轰炸，造成中方人员伤亡和财产损失。新闻报道后，安徽省部分高校学生反应强烈。5月8日19时许，中国科技大学部分学生向合肥市公安局申请游行，并在互联网上发布信息，强烈抗议北约的暴行。8日晚11时后，科大、合肥联大、省教院、合肥工大约1000名学生分别上街游行，并高呼“打倒美国”“维护主权”“讨还血债”等口号。安徽大学300名学生聚集在学校门口，强烈谴责北约的罪恶行径。8时10分许，安徽大学3500余名学生从学校出发，于9时许在稻香楼与省教院学生一起沿金寨路、长江路示威游行。8时50分，科大8000余名学生与安大部分学生会合后，沿金寨路、芜湖路、寿春路等游行示威。合肥工业大学4000余人沿市区宣城路、芜湖路、美菱大道、长江路游行，抗议北约暴行。5月8日下午至晚11时许，安徽师范大学、淮南工学院、安庆师范学院、淮北师范学院、铜陵财专、阜阳师范学院、蚌埠医学院、巢湖师范学院先后出现学生抗议活动（约1.1万人）。省公安厅根据中央办公厅、国务院办公厅和公安部紧急通知精神，立即成立协调小组。合肥、蚌埠、淮南、淮北、安庆、阜阳等市公安局根据省公安厅部署，连夜出动交警、巡警到路面维持交通秩序。各级公安机关在党委政府领导下，严格按照中央办公厅、国务院办公厅和公安部紧急通知精神和省公安厅部署，积极协助教育部门做好学生的思想工作和校园稳定工作，在充分理解广大学生爱国主义热情同时，要求其理性表达心情，把爱国热情转化为报国之志。至5月10日，高校学生自觉返回校园，学校恢复正常教学秩序。

1999年12月18日，合肥经济技术学院与中国科技大学联合办学，更名为中国科技大学经济技术学院。该学院在当年应届毕业生的毕业证签章处用括号注有“原合肥经济技术学院”字样，引起学生不满。6月30日23时，200余名学生途径市美菱大道向科大东区校园门口聚集静坐（围观群众近千人），要求科大校长出来对话。7月1日凌晨3时30分，经科大校长出面做工作，在学校礼堂内静坐的大部分学生陆续散去。7月1日8时15分，科大经济技术学院200余名学生到科大校门前静坐，将门前主干道金寨路堵塞。8时55分，经省、市公安机关积极疏导，金寨路交通恢复畅通。10时许，科大经济技术学院学生约1000人排队打着横幅在科大校园内游行并呼喊口号。10时30分许，一部分学生返回经济技术学院，另一部分学生和科大校方进行对话。校方就当年应届毕业生所发毕业证提出解决方案。经多方努力劝解，至7月1日22时，事态平息。

2002年12月2日，中煤三建三十处淮北公司部分职工代表向淮北市公安局递交要求到市政府游行示威的申请。主要原因是：中煤三建三十处淮北公司自1994年起没有发给其生活津贴及应该享受的待遇；1995年至2002年对没有任何收入的职工，年年收取个人养老保险金；职工曾多次向该处反映以上情况，但一直未能得到解决。淮北市公安局向职工代表明确表示，不同意游行示威，并告知不准游行示威的法律依据。

2003年1月7日13时许，合肥工业大学2000余名学生聚集在学校南区大门前，将一环路堵塞。随后，学生沿着美菱大道游行至省政府门口。14时许，聚集学生将省政府门前的长江路堵塞，言辞激烈。另有500余名学生在合工大门前聚集，将市区一环路与宣城路口堵塞，并砸坏路过的一辆消防车及一辆桑塔纳轿车玻璃。经查，学生游行的原因系1月6日晚该校一女学生在校门口被一辆货车撞死，合工大没有妥善处理引起。游行学生提出，为了该校师生的安全，要求政府在合工大门前修建人行天桥。合肥市公安局组织警力到现场维持秩序，协助工作。经合肥市公安局交警支队连夜侦查，1月7日16时许，肇事逃逸的驾驶员到交警三大队投案自首。

第三节　危险物品管理

枪支弹药、电击器材管理　1985年5月，针对一些地方枪支弹药管理不善的状况，省公安厅召开全省枪支管理工作座谈会，提出加强枪支弹药管理的措施。会后，省公安厅对各地贯彻情况进行了检查，对回收的1525支报废枪支进行集中销毁。

1986年1月13日，省公安厅下发《关于对非军事系统更换持枪证的通知》，部署各地对非军事系统配备的枪支弹药进行一次清理，更换持枪证，对超范围配枪进行调整或收回。同时，对所有枪支统一实行卡片管理，做到人、枪、证、卡“四统一”。3月3日，经省政府同意，省公安厅印发《关于坚决收回党政干部佩带枪支的通知》，部署在全省开展收回党政干部佩带枪支工作，要求各地党政负责干部（包括厂矿企业、事业单位和离职、离休的负责干部，政法系统离职、离休干部）一律不得佩带枪支。纠正违反枪支管理办法扩大配枪范围的问题，对超出配枪范围的枪支由原配发单位（指公、检、法、司等部门及军事系统）于1986年6月底以前收回，逾期不收和不交的，则由公安机关以非法持有枪支予以没收并处理。截至7月28日，全省收回各类枪支265支，占应收回枪支总数的54%。1986年，全省发生各类枪支案件、事件34件，造成33人伤亡（其中死亡13人）。

1987年2月25日，省公安厅印发《关于淮北市连续发生枪支丢失和走火致死人命情况的通报》，要求各地公安机关切实加强枪支弹药安全管理工作。3月10日，淮南市公安局开展收缴火药散弹枪等凶器专项斗争活动，号召广大干部群众积极检举、揭发，敦促私造、藏匿、使用火药散弹枪等违法犯罪分子投案自首。截至3月15日，全市收缴火药散弹枪129支，其他凶器377件。4月24日，省公安厅召开全省枪支管理工作座谈会，对进一步加强收回党政干部配枪、枪支建卡工作，理顺地方枪支管理体制，解决基层单位存放枪弹箱柜等工作作出具体工作部署，对当年1月至4月发生的22件枪支案件和事故进行了通报。9月21日，经省人民政府批准，省公安厅、省林业厅印发《安徽省民用枪支管理办法》。9月30日，根据公安部《公安机关和保卫部门枪支管理规定》和《关于执行〈公安机关和保卫部门枪支管理规定〉有关事项的通知》精神，全省公安机关开展规范公安机关和保卫部门枪支管理工作。主要包括：对公安机关和保卫部门的枪支进行一次全面的清理登记，彻底摸清底数。清理整顿后，重新换发或验审持枪证，实行卡片管理，健全枪支档案。对驻在大、中城市城区的机关、团体、企事业单位保卫部门配发的枪支弹药，由所在地公安机关统一登记造册后收回封存。因特殊需要申请配枪的，由保卫部门会同治安部门提出审核意见，经地、市主管公安处、局长批准后报省公安厅审批。进一步明确公安机关内部枪支管理职责。各级公安机关治安部门负责本辖区内非军用枪支弹药价拨计划申报、枪支弹药的配备、年报统计、监督检查等日常管理工作，并协助纪检部门做好枪支事故的查处工作。各级公安机关内保部门负责辖区内和本系统企事业单位保卫部门、经济民警枪支弹药的监督检查，并协同治安部门共同做好枪支弹药的安全管理工作。纪检部门负责对违反枪支管理规定行为的查处。县级以上公安机关的政工部门，负责配枪人员的政审工作，确保枪支掌握在政治上绝对可靠的人手中，防止事故发生。严格落实《公安机关和保卫部门枪支管理规定》，明确公安机关和保卫部门的枪支配发范围和标准。规范佩带、使用枪支人员的条件及训练管理工作。加强枪支弹药的日常管理工作。佩带枪支外出时必须携带持枪证。携带公用枪支到县、市以外地区执行任务时，应同时携带持枪通行证。凡配置枪支的单位必须设置坚固安全、存取方便的枪支、弹药专业库、柜，并安装防盗、报警装置，由专人负责，严加保管，严防丢失、被盗和发生其他事故。公用枪支弹药一律集中保管，建立严格的领取、交还制度。开展枪弹痕迹建档工作。进一步严肃持枪纪律。严禁配枪单位和持枪人员转借、转让、赠送、买卖枪支弹药，严禁将枪支弹药交亲友、子女玩耍。持枪人员一律不准携枪饮酒。12月4日，根据公安部、轻工业部等五部局通知精神，省公安厅、省轻工业厅、省商业厅、省对外经济贸易委员会、省工商行政管理局进一步加强仿真玩具枪管理工作，禁止生产、进口和销售仿真玩具手枪，并要求在国内市场销售的玩具手枪颜色、形状必须明显区别于真枪。

1988年3月26日，省公安厅印发《关于重要机关、团体、事业单位及大型企业保卫部门配置枪支的意见》，要求收回企事业保卫部门超范围配备枪支。合肥、蚌埠、淮南、淮北、芜湖、铜陵、安庆、马鞍山8市共折价收回企事业保卫部门各类枪支2861支、子弹20.24万发，不折价收回枪支1398支、子弹18.4万发。7月14日，省公安厅对旌德县公安局三溪派出所枪支警械等被盗情况进行了通报，要求各级公安机关遵照《中华人民共和国人民警察内务条令（试行）》规定，建立严格的值班制度，实行24小时昼夜值班；各派出所建立健全昼夜值班制度，严防枪支被盗案件发生。当年，省公安厅印发《安徽省关于重要机关、团体、事业单位及大型企业保卫部门配置枪支的意见》，为各地保卫部门的枪支配备、调整提供了依据。全年全省共收缴、调整不合理配枪189支，调运、加拨、发放枪支2922支、子弹151万发，销毁废旧枪支925支。

1989年1月9日，省公安厅转发公安部《关于林业公安机关枪支弹药购置问题的通知》，对各级林业公安机关购置枪支弹药的年度计划、报批、审核作出具体规定。2月23日，省公安厅转发公安部《关于停止生产、销售电击、强光、催泪保安防卫器械的通知》，规定凡生产、销售电击、强光、催泪等保安防卫器械的单位，一律暂时停止生产、销售。凡流散在社会上包括公安、保卫部门和保安服务公司所属的这类器械，各地公安机关应予清查登记；个人拥有的一律收缴。8月7日，省公安厅印发《关于必须严格管理电击、强光、催泪等保安防卫器械的通知》，进一步加强对电击、强光、催泪等类器械的严格管理。11月21日，省公安厅转发公安部《关于禁止生产、销售、使用仿真手枪式电击器的通知》，禁止任何单位和个人生产、销售仿真手枪。1月至7月，全省发生枪支弹药丢失、走火伤人等事故8起，发生爆炸事故30起（死26人，伤44人），同比下降20%、18.9%。全年全省非军事系统枪支总数36900支，其中公安机关18977支，铁路公安1397支，长航公安125支，民航公安15支，林业公安175支，厂矿企业公安610支，保卫部门3111支，经济民警2076支，银行守库、押运2194支，检察院2793支，法院3687支，司法部门（含劳改单位）1685支，机要交通18支，地质勘探、测绘24支，体委6支，展览馆、博物馆6支，个人1支。全省有射击运动枪2896支、猎枪30818支（其中火药枪19699支）、气枪10562支。

1991年，全省公安机关收缴军用枪5支、民用枪156支、其他枪797支、子弹712发。

1993年7月10日，省公安厅转发公安部《关于将机关团体企业事业单位保卫组织枪支暂时集中到公安机关保管的通知》，决定将机关、团体和企业、事业单位保卫组织、保安机构的枪支暂时集中交由当地公安机关经文保部门统一保管；银行等金融系统看守金库和押运现钞配置的公用枪支可继续保留、使用，但要严格管理；对超越配枪范围配发的枪支，必须一律收回。

1994年6月4日，省公安厅、省经济委员会联合下发《关于加强企业安全管理严禁利用生产设备和原材料私造改装枪支的紧急通知》，要求加强企业生产设备和原材料管理，杜绝私造和改装枪支行为发生。7月6日，省公安厅批准同意在黄山市徽州区兴建许海峰国际射击场（射击使用民用枪支）。1995年8月3日，省公安厅批准同意安徽省前卫体协兴建合肥蜀山匹特博娱乐中心，经营彩弹枪射击娱乐活动。这是安徽省第一家营业性彩弹射击场。

1995年12月20日，省公安厅印发《安徽省公安厅追究枪支弹药被盗丢失事故责任的规定》，明确了枪支管理责任人及枪弹被盗、丢失等事故责任人责任。

1996年，全省公安机关积极宣传贯彻《中华人民共和国枪支管理法》，开展枪支清理登记和收缴工作。按照省公安厅部署，全省公安机关组织开展了多种形式的宣传活动。利用电台、电视台、报纸等新闻媒介广泛宣传私藏枪支、非法持有枪支的危害性，教育和发动群众积极支持公安机关的清理收缴工作，敦促非法持有枪支者主动上缴公安机关。印制数万份《公安部关于清理收缴枪支的通告》及其他宣传材料，在城乡公共场所、集贸市场和企事业单位广为张贴、散发；利用流动宣传车、书写标语、出黑板报、邀请地方党政领导作宣传动员等形式，使《中华人民共和国枪支管理法》宣传工作家喻户晓。淮北市公安局对收缴的5188支非法枪支进行公开销毁，对群众教育触动很大。按照省公安厅的部署，各地普遍采取见枪、验证、见人的方法对公务用枪全面进行检查登记。阜阳、蚌埠、淮北市公安局给超范围配枪人员送发收回佩枪通知书，登门做宣传工作；阜阳市收缴超范围配枪56支，重新登记公务用枪632支，将内保部门167支枪集中到公安机关保管；淮北市审验登记公务用枪2008支；合肥市公安局针对过去三线企业搬迁进城时带来一些枪支等情况，召开16个军工企业负责人会议部署收缴工作，收缴非法枪支108支，企业遗留枪支79支；泗县公安局收回超配枪支10支。各地还加强了民用狩猎枪支特别是农民手中的土枪、土铳的清理收缴和集中保管工作，对民用枪支销售单位，营业性射击场所，野生动物保护、饲养、科研单位的枪支也进行了摸底调查和清理整顿。全年全省公安机关清理收回超范围、超比例配备公务用枪3670支，其中党政干部超配枪支212支。

1997年，省公安厅、省体委决定将全省射击运动枪支统一集中到地市体委保存、保管。

1998年，针对部分企业公安在收编过程中不愿交回公务用枪的情况，省公安厅作出专门部署，对省内企业公安机构原配2100余支公务用枪进行集中保管，并收回枪支196支。1999年，根据中央政法委的要求，省委政法委、省公安厅联合行动，再次收回党政干部超范围配枪74支。

1999年4月8日，省公安厅转发公安部《关于清理企事业单位保卫人员和经济民警配枪加强守护押运用枪管理的紧急通知》，要求各地公安机关结合公务用枪换发新版持枪证件的工作，对本地企事业单位保卫人员和经济民警配枪组织一次清理检查。凡不符合《公务用枪配备办法》有关守护押运用枪配备规定的，由地、市公安机关治安部门负责将枪支弹药收回。严格守护押运枪支配备审批工作，逐一审查配枪单位和守护、押运岗位、目标情况，以及配枪的种类、数量等，属于国家重要仓库和重要水、电、通讯单位配备守护押运用枪支的，必须报经省公安厅批准。加强守护押运用枪管理，守护押运用枪只能用于规定的岗位、目标的守护押运任务，不得挪作他用。守护押运用枪单位，对配备的公务用枪一律实行集中保管制度，未经单位领导批准，不得动用枪弹。实行上班或者上岗时领用枪支，下班或者下岗时将枪支交单位集中保管，并建立严密的交接、使用等登记制度，做到24小时专人值班看守。5月，省公安厅发出紧急通知，要求各地立即对党政干部超范围配备、借用公务用枪情况再进行一次彻底清理检查，发现有超范围配备、借用枪支的，必须立即收回。10月，全省公安机关深入贯彻《公安机关公务用枪管理使用规定》。对非因工作需要的不予配备公务用枪，非在编在职的人民警察一律严禁佩带、使用公务用枪。在公务用枪使用方面，首次规定了不得使用枪支的情形。同时，确定了配备枪支单位应当建立健全集中保管枪支的制度，完善各种安全设施。

2000年1月27日，根据公安部、中国人民银行《关于银行系统换装防暴枪工作的通知》精神，省公安厅会同中国人民银行合肥中心支行组织全省银行系统开展换装防暴枪工作，对符合《公务用枪配备办法》规定可以配备防暴枪的金融单位，自2000年起逐步更换或者装备“九七”式防暴枪。9月5日，省公安厅批准同意池州地区配置护林护秋用枪，防止野生动物侵害，保护生产。在非护林护秋季节，由当地公安派出所对护秋用枪支弹药集中保管。9月12日，省公安厅批准安徽省野生动物保护协会在原安徽省猎枪弹具供应中心的基础上设立“安徽省民用枪支配售中心”，经营民用枪支配售业务。10月16日，省公安厅、省体育局印发公安部、国家体育总局制定的《射击运动枪支配置办法》，组织全省开展射击运动枪支清理整顿。

2001年4月至2003年4月，“严打”整治专项行动期间，全省各级公安机关收缴、销毁流散社会的各类非法枪支3.76万支、子弹30余万发、废旧炸弹近4000枚，打击处理违法犯罪人员9000余人。清理收回和销毁超范围、超比例配备公务用枪和淘汰报废枪支1.2余万支，组织全省集中销毁行动5次，规范了公、检、法、司及金融押运等公务用枪配备单位枪支配备、管理、使用秩序，建立了公务用枪管理使用八项制度，消除了各类安全隐患。

2001年4月25日，省公安厅就限时收回党政干部超范围配备公务用枪的问题向省委作了专题报告，于7月30日全部收回省暨合肥市26家单位超范围配备公务用枪177支。5月9日，全省公安机关销毁枪支行动在合肥市举行，销毁报废公务用枪、各类非法枪支14862支及一大批管制刀具等。6月，根据公安部《关于协查南京日用百货公司文化用品批发公司非法买卖气枪案件的通知》，省公安厅迅速部署涉及此案的滁州、安庆、马鞍山、巢湖市公安机关开展调查取证和涉案枪支收缴工作。至9月15日，该案非法销售至安徽省的1112支气枪基本查实，收缴涉案枪支529支，打击处理违法犯罪人员14人。

2002年4月12日至6月30日，省公安厅决定在全省公安机关开展公务用枪管理使用专项整治行动，按照从严管理、规范使用、保证工作的要求，全面检查整治公安机关公务用枪管理使用工作中存在的问题，消除隐患，堵塞漏洞，促进公务用枪管理使用工作制度化、规范化。主要包括：对公务用枪配备数量、配备人员和保管人员进行一次调查摸底，彻底查清公务用枪底数、配备数量和持枪证件发放数量，对超范围和违反规定配备的枪支一律收缴。对公务用枪的保管条件和各项管理制度进行全面检查，确保枪库、枪柜等硬件设施达到要求，各项管理使用制度得到认真落实。对公安机关所有公务用枪配备人员和保管人员进行一次培训考核，增强依法管枪用枪意识，掌握公务用枪使用、保管的基本知识和技能。逐级建立健全各项公务用枪管理使用工作制度，特别是建立健全领导负责制度和领导责任追究制度，使公务用枪管理使用、责任追究工作制度化、规范化。8月28日，根据公安部、中国人民银行《关于银行系统换装防暴枪工作的补充通知》精神，全省组织开展银行系统换装防暴枪工作。换装防暴枪以地（市）或县（市）银行机构为单位进行，每年确定20%左右的地（市）或县（市）作为换装防暴枪的地区；银行系统各配枪单位根据专职守护押运防暴枪（弹）配备标准和公安机关确认的运钞车、金库数量，结合银行保卫工作实际需要，确定购置防暴枪（弹）的型号和数量；银行系统持枪人员的资格审查由配枪单位政工（人事）和保卫部门审查，配枪单位负责人同意后，报县级以上（含县级）公安机关审查批准；培训考核工作由省级公安机关治安部门负责组织，地市以上公安机关治安部门负责具体实施；持枪人员经培训合格后方可持防暴枪执行守护押运任务。9月，省公安厅印发《关于全省公安机关国庆及党的十六大期间安全大检查工作方案的通知》，在全省部署开展了枪支弹药、爆炸、放射、剧毒等危险物品安全大检查，全面排查事故隐患，彻底消除不安全因素。12月27日，根据全国公安机关电视电话会议和全省公安机关“两节”“两会”安全保卫工作电话会议的部署，省公安厅要求各地公安机关认真吸取12月18日吉林省大安市公安局发生锦华派出所遭到歹徒袭击、公务用枪被抢案件的教训，迅速开展一次公务用枪安全检查工作，对检查中发现的隐患和问题，枪支管理部门需认真履行检查指导职责，及时发给隐患整改通知书，并做好检查整改工作记录。对不能按期落实整改的，及时收回所配枪支，直至报告省公安厅取消其配枪资格。

2003年3月28日，省公安厅根据公安部《关于今年以来一些地方相继发生公安民警在执法执勤时遭犯罪嫌疑人袭击造成伤亡的情况通报》精神，要求各地加强民警执法执勤安全教育，开展执法执勤的有关安全培训和演练，提高民警在执法执勤活动中应对和处置各种突发情形的能力。在严格公务用枪管理的同时，切实保证执法执勤民警依法携带使用武器、警械；对不能保证民警执法执勤时携带武器、警械而导致伤亡的，要依照有关规定坚决追究有关领导的责任。6月12日，省公安厅发出《关于严格落实公务用枪管理使用规定进一步规范公安机关枪支管理工作的通知》。要求各级公安机关主要负责人切实承担起枪支管理第一责任人的责任，签订枪支管理责任状，明确配枪单位主要负责人、枪支管理部门负责人和枪支专管人员的责任。认真落实公务用枪集中保管制度，正确处理管理和使用的关系。经批准个人保管公务用枪的，必须严格履行审批手续，并配齐枪带、枪套、枪锁等装具；严禁将枪支交由不符合持枪条件的个人保管。对于枪支管理措施不当，导致公安民警执行法定可以使用武器的公务时，因未携带、使用枪支发生民警伤亡的或者领导已经批准携带枪支，民警个人擅自不带枪支，因而造成民警伤亡或战机贻误的，严格按照《公安民警违反公务用枪管理使用规定行政处分若干规定》，给予相关领导或责任人行政处分。积极创造条件，不断加强枪弹库房软硬件建设，建立枪支管理基础档案。7月8日，省公安厅治安总队组织合肥市公安局、宿州市公安局、省公安厅消防总队在合肥市合钢二厂进行集中销毁枪支行动，销毁枪支1527支（其中报废的公务用枪1037支，各类非法枪支490支）。

2004年5月20日，省公安厅对中国农业银行巢湖市居巢支行“5·7”涉枪案件情况进行了通报，要求各地迅速开展一次专职守护押运枪支管理情况专项检查，采取有效措施确保银行系统配枪单位换装防暴枪工作按期完成，督促专职守护押运枪支配备单位严格遵守枪支管理法律法规，严格教育管理持枪人员。11月29日，省公安厅治安总队、装财处会同马鞍山市公安局，在马钢集团公司集中销毁各地公安机关以及金融系统收存的各类报废军用枪支4561支。

2005年，全省金融系统守护押运枪支换装“九七”式防暴枪1347支，撤装各类枪支1291支、子弹5余万发；销毁金融系统撤装的各类枪支332支、子弹3.15万发。省公安厅对保安公司枪支配备规定了严格的审批条件，全省批准配备守护押运枪支近800支。6月20日至28日，按照公安部要求，全省公安机关组织开展了公安消防部队武器弹药移交、销毁工作。全省公安消防部队移交子弹16.33万发，销毁报废枪支681支，移交公安部华东武器库枪支16支。

民用爆炸物品管理 1986年，全省有涉爆单位63582个，其中民爆器材生产厂14家，黑火药厂2家，烟花爆竹工厂、作坊505家，烟花爆竹个体户17556户，民爆器材储存单位2955家，烟花爆竹储存单位5765家，民爆器材销售单位165家，烟花爆竹销售单位18110家，民爆器材使用单位18510家（国营厂矿524家，集体、联户4072家，个体户13914户）；从事民爆器材作业的爆破员21113人、保管员9106人、安全员8760人、押运员2722人。

1987年，根据国务院办公厅《关于切实加强民用爆炸物品管理的通知》、省政府《关于加强民用爆炸物品管理的紧急通知》和公安部《关于天安门广场附近接连发生两起爆炸案件的紧急通知》精神，全省公安机关开展了以爆炸物品隐患整改、清理收缴为主要内容的统一行动。省公安厅召集省劳动、石化、物资、乡镇企业、供销社、交通、银行等部门，就加强枪支弹药、爆炸物品管理进行了部署。据合肥等8个地市统计，行动中收缴炸药3108千克，雷管72355发，导火索51258米。同时，各地还依法处理了一批违章违法经营、使用爆破器材的单位和个人，如滁县地区对地处铁路沿线存在严重隐患的采石宕口全部予以封停。省公安厅向全省各地介绍了安庆市公安机关在郊区乡设立爆炸物品安全管理联防委员会的经验做法。

1988年1月至9月，全省发生爆炸事故8起，炸死7人，炸伤5人，直接经济损失1.65

万元。与同期相比，事故起数上升30%，死伤人数上升1.4倍，经济损失上升9倍。10月15日，根据公安部等七部、委、局《关于切实加强小矿山爆破器材安全管理的通知》精神，省公安厅会同省经委、省劳动厅、省物资局、省乡镇企业局、省煤炭厅、省建材局在全省部署开展小矿山（尤其是个体、联户采石宕口）爆破器材管理清理整顿工作。重点是消除隐患，健全安全制度，落实安全承包责任制，收缴散失的爆破器材和查处违法行为，进一步理顺爆破器材供货渠道，解决就近供应和保障煤矿使用安全炸药货源的问题。同时，要求矿山主管部门和单位抓好爆破器材储存库房的建设，对不具备储存条件的一律禁止购买和存放爆破器材。在小矿山集中的地方，公安、物资等部门配合矿山主管部门，组织使用爆破器材的单位成立爆炸物品管理联防委员会，实行群防群治。在清理整顿中，对不具备爆破器材专库储存、专人管理和专职爆破员进行爆破作业的，有关部门不得发给“开采证”，物资部门不供应爆破器材。小矿山集中的地方，主管部门与物资、公安等有关部门配合，成立管理爆破器材的服务性机构，提供购买、运输、储存和爆破作业等各种服务。

1989年1月13日，省公安厅下发《关于对氯酸钾管理问题有关事宜的通知》，规定氯酸钾属于氧化剂类，应依照《化学危险物品安全管理条例》等有关规定进行管理。当年，省公安厅对全省1.95余万名担任爆破、保管、安全、押运人员进行了培训。

1991年，全省公安机关收缴炸药7460千克，雷管1.45万枚，导火索5383米。

1993年8月13日，根据公安部、国内贸易部《关于组建爆炸物品服务公司加强爆炸物品安全管理的通知》精神，全省各地纷纷开始组建爆炸物品服务公司。爆炸物品服务公司是为县以下乡镇不具备运输、储存、保管、使用爆破器材能力的单位和个人提供服务的专业服务公司，是独立的经济实体和法人。爆炸物品服务公司可由公安或物资部门单独负责组建，也可以由公安与物资部门联合组建。爆炸物品服务公司必须经上级主管部门审查同意，并按《中华人民共和国民用爆炸物品管理条例》办理有关手续，工商行政管理部门发给营业执照后，方可营业。

1999年6月8日，根据公安部“强化爆炸物品管理严打涉爆犯罪专项斗争工作会议”精神，省公安厅部署从6月10日起至年底，在全省开展“强化爆炸物品管理严打涉爆犯罪”专项斗争，全面检查整治一些地方存在的爆炸物品监管不严、管理混乱、非法制贩突出、流失严重等问题，彻底清查收缴流散社会的爆炸物品，严厉打击涉及爆炸物品的违法犯罪活动，建立爆炸物品管理的有效机制，为新中国成立50周年和澳门回归创造良好的治安环境。各地公安机关迅速在所有涉爆单位和城乡街道、集市、居民区、厂矿、村庄展开宣传，张贴公安部《关于清理收缴爆炸物品和严厉打击涉及爆炸物品违法犯罪活动的通告》。开展爆炸物品安全大检查，对生产、销售、储存、使用单位逐一检查，发现隐患限期整改，不留死角。对民爆器材生产、流通企业的生产销售报表、购销合同、销售发票、出入库登记单及购买运输证等逐一检查，查处违法购销行为；对储存、使用单位的仓库设施、守卫力量、看护制度、防范措施和购买、保管、领用、清退记录逐一检查，彻底查堵隐患；全面收缴流散社会的爆炸物品，对非法生产、购销、运输、储存、使用的爆炸物品，全部没收；对非法持有、私藏的各类爆炸物品，逐一动员交出，拒不交出的依法没收。收缴工作以农村“三小”（小煤窑、小矿山、小采石厂）企业及周边地区和有条件接触爆炸物品的人员为重点，以派出所为主，采取“领导包片包村，民警包场点包户”的方式检查收缴。对重大非法制贩爆炸物品案件，尤其是民爆器材生产、流通企业非法购销的案件，坚决严格依法查处。对涉爆积案，特别是公安部、省公安厅挂牌的重大爆炸案件及丢失、被盗案件，限期侦破，彻底追缴和查清涉案爆炸物品及其来源、流向。建立健全规章制度，落实涉爆单位法定代表人安全管理责任制，建立检查制度，实现规范化管理。在农村“三小”企业比较集中的地区，抓好民爆管理服务站的组建和规范工作。同时，建立严格的倒查和责任追究制度。7月16日，省公安厅召开全省深入开展涉爆专项斗争电视电话会议，进一步推动专项斗争的开展。12月25日，公安部涉爆专项斗争和枪支管理工作检查组到安徽检查工作，对安徽省专项斗争取得的成绩予以充分肯定。

2001年4月至2003年4月，根据公安部的统一部署，全省公安机关开展治爆缉枪、查禁“毒鼠强”专项整治行动。全省民用爆破器材生产、流通企业，农村小煤窑、小矿山、小采石厂等使用接触爆炸物品较多的单位，得到比较彻底的清理整顿，基本上做到了底数清、情况明，且总量得到进一步压缩，生产、销售、运输、储存、使用各个环节得到进一步规范，安全隐患大大减少。同时，以提高科技监管水平为宗旨的工业雷管编号系统建设第一阶段工作顺利完成，全省的3家工业雷管生产企业按期实现雷管编号打码，为全面提升民爆器材安全监管工作奠定了良好的基础。2001年4月至2003年4月，全省各级公安机关检查涉爆企业2.4余万家次，责令停业1500余家，收缴炸药6.19万千克、雷管21.71余万发、导火索11.34万米。2001年5月和2002年5月、7月、12月，省公安厅先后在合肥、马鞍山、芜湖、铜陵等地举行全省集中销毁非法、报废枪支，废旧炸弹统一行动，销毁废旧炸弹4000余枚。同时，各地按照省公安厅的要求，对收缴的非法枪支和废旧炸弹进行了公开销毁，社会效果显著。由于公安机关加大了打击查处力度，全省重大恶性爆炸事故大幅度下降，2001年、2002年连续两年将重大事故起数控制在省政府安全生产目标考核所规定的指标之内。

2002年11月22日，根据省政府安委会《安徽省特大生产安全事故应急救援预案》精神，省公安厅、省国防科工办、省经贸委、省乡镇企业局、省供销社、省卫生厅联合制定《安徽省特大民用爆炸物品生产安全事故施救方案》，对安徽省发生特大民用爆炸物品生产安全事故的施救范围、施救组的组成与分工、施救程序与要求等作出制度规定。

2003年6月，针对一些地方民爆器材丢失、被盗案件屡有发生的情况，全省公安机关进一步强化防范民爆器材丢失被盗案件的措施。主要包括：开展使用环节民爆器材储存保管与守卫看守看护管理的检查整治。监督民爆器材生产、经营单位配置使用专用封闭式运输车辆，并为不具备运输安全条件的购买、使用民爆器材的单位实施配送，严防运输途中发生丢失、被盗。对发生的民爆器材丢失、被盗案件逐一落实倒查责任追究。对因安全管理制度不落实，运输车辆、仓储设施不符合安全要求，押运、守护人员不履行职责，导致民爆器材丢失、被盗，构成犯罪的，依法追究责任人的刑事责任；尚不够刑事处罚的，按照《中华人民共和国民用爆炸物品管理条例》和《中华人民共和国治安管理处罚条例》等有关规定，对有关责任人员予以行政处罚。对违法单位依法责令其停业整顿，限期整改。对因民爆器材监督管理工作不到位，检查和督促整改隐患不力导致发生民爆器材丢失被盗的，依法追究责任民警和有关领导的行政责任；构成犯罪的，依法追究刑事责任。6月26日，省公安厅下发《关于做好公安机关收缴的枪支、民爆物品、烟花爆竹、废旧炮弹及危险化学品安全处置工作的通知》，要求对收缴的爆破器材及时组织销毁，避免爆炸物品受潮、霉变导致性能不稳定，引发事故。

2004年4月9日至14日，省公安厅举办全省公安机关枪支、民爆、危险物品管理业务技能培训班。中国刑警学院、中国科技大学及省环境科学研究所有关专家介绍枪支、危爆物品管理使用的技术规程和安全常识。

2005年3月7日，根据中央编办《关于进一步明确民用爆炸物品安全监管部门职责分工的通知》精神，公安机关承担民用爆破器材的公共安全管理和使用、运输环节的安全生产监督管理等新的职能进一步明确。具体包括：监督管理民用爆破器材使用单位的购买、使用及相应储存，监控民用爆破器材流向，许可民用爆破企业和作业人员，监督指导民用爆破器材从业单位安全保卫、工程爆破的安全警戒，许可民用爆破器材运输和确定运输路线，组织销毁处置使用、运输环节废旧和罚没的非法民用爆破器材，侦查非法制造、买卖、储存、运输、邮寄民用爆破器材的刑事案件。7月7日，根据公安部通报精神，省公安厅要求全省公安机关切实加大对民用爆炸物品的安全监管力度，开展安全大检查，严防涉爆案件和事故的发生。对发生爆炸案件和事故的地方，公安机关须尽快查清爆炸原因、事件性质及涉案爆炸物品来源，认真倒查并及时堵塞管理漏洞。监督依法关闭的小煤窑、小矿山、小采石场将库存的民用爆炸物品安全转移储存到民爆物品专用仓库，严禁在其他场所存放民用爆炸物品。加大对硝酸铵的管制力度，及时查处利用硝酸铵私炒炸药的案件。加强对民用爆炸物品使用环节的安全监管，严格民用爆炸物品储存条件和领用、发放制度，严格安全操作要求，坚决避免涉爆从业单位因管理不善发生民用爆炸物品非法流失或安全事故。对重点地区、重点单位、重点人员进行集中排查，逐门逐户，不留死角，全力收缴流散在社会上的民用爆炸物品并及时组织销毁。8月4日至26日，省公安厅会同省工程爆破协会在铜陵市举办一期爆破工程技术人员申请和变更安全作业证考核培训班。铜陵有色金属公司51人，省内其他涉爆单位20人，申请扩大作业范围、升级的爆破工程技术人员36人共计107人参加培训班，公安部专家组负责考核工作。12月17日，公安部督查组在检查安徽省青阳县水务局下属的民爆服务站储存仓库时，发现该库存在严重安全隐患，当即向池州市公安局提出了整改要求。针对存在的问题，省公安厅决定集中1个月的时间在全省组织开展民用爆炸物品储存仓库安全专项大检查，进一步落实监管措施，加强民爆器材安全监督管理，严密防范民爆行业涉爆案件、事故的发生，及时消除安全隐患，确保元旦、春节期间社会治安的稳定。

2005年，全省有民爆器材生产企业11家，即安徽省红星机械厂（合肥市）、安徽皖化民用爆破器材有限公司（合肥市）、安徽雷鸣科化股份有限责任公司（淮北市）、淮南舜泰化工有限责任公司（淮南市）、安徽盾安化工有限公司（当涂县）、安庆向科化工有限公司（安庆市）、安徽省宁国江南化工有限责任公司（宁国市）、安徽恒源技研化工有限责任公司（五河县）、铜陵雷鸣双狮化工有限责任公司（铜陵市）、马钢集团南山矿业有限责任公司（马鞍山市）、铜化集团新桥矿业公司炸药厂（铜陵市）。民爆器材经销企业（换发许可证件）15家，即安徽安力民爆器材有限责任公司、安庆市向科民爆有限公司、马鞍山市雷鸣民爆物资有限公司、淮南市淮物民爆器材销售有限责任公司、肥东县民爆物资有限责任公司、东至县伟力民爆器材有限公司、太湖县民用爆炸物品有限责任公司、舒城县水电局水利物资储运站、霍邱县民爆公司、宣城市宣州区物资民爆器材有限责任公司、泾县民爆器材专营有限公司、绩溪县民用爆破器材公司、郎溪县佳安民爆器材销售有限公司、广德县民用爆破器材专营公司、全椒县合源有限责任公司。民爆器材直供用户10家，即马鞍山钢铁股份有限公司、安徽海螺水泥股份有限公司、国投新集能源股份有限公司、铜陵有色金属集团公司、安徽煤田地质局物探测量队、淮南矿业（集团）有限责任公司、淮北矿业（集团）物资总公司、安徽省恒原煤电股份有限公司、安徽省皖北煤电集团有限责任公司、铜陵市化工集团新桥矿业有限公司。

爆炸物品案件、事故　1986年3月23日，界首县发生一起爆炸杀人案，炸死4人，重伤6人。

1986年6月20日，淮南市潘集区苏嘴乡赵庄村发生一起爆炸案件，致3人死亡，炸毁房屋2间。

1988年8月13日，淮南市潘集区泥河乡黄圩村小李庄队发生一起爆炸案，当场炸死

3人。

1988年10月15日，六安县东河口镇桂花村石桥村民组发生一起爆炸案，当场炸死4人、炸伤3人。

1989年1月9日，含山县林头镇双前村发生一起特大爆炸杀人案，致5人死亡、1人重伤。

1989年5月7日，岳西县长浦乡长浦村发生一起爆炸案，致3人死亡、1人受伤。

1990年1月28日，休宁县岩前镇半源村前山队发生一起爆炸杀人案件，当场死亡3人。

1990年3月29日，怀宁县万桥乡茶树岭村发生一起爆炸案，炸毁房屋6间，致4人死亡、1人受伤。

1990年4月5日，宿松县物资局炸药仓库被盗雷管6.36万发。11日晚，犯罪分子被抓获，被盗雷管全部缴获。

1990年9月2日，淮南市皖淮机械厂仓库被盗雷管4盒（每盒100发，共400发），炸药3箱（每箱20千克，共60千克）。9月7日，犯罪分子被抓获。

1991年8月10日，怀远县马城区新城乡黄町村发生一起爆炸案，当场炸死3人，炸伤1人。

1991年9月3日，怀远县禹庙乡乡办企业唐山洼炸药库被盗采石用的火药雷管3.02万枚。

1993年5月18日，安庆市程良路隆泰和酒店发生一起报复性爆炸杀人案，造成4人死亡、14人受伤。

1993年7月16日，宿州市栏杆乡路町村发生一起爆炸案，当场炸死4人，炸伤5人。

1993年7月22日，肥东县西山驿乡石料厂炸药库发生爆炸案，致7人死亡（其中6名民警）、1辆吉普车被炸毁。

1994年8月，合肥市红星机械厂被盗雷管1万枚、导火索2000米。9月18日，被盗物品全部追回。

1994年12月27日，阜阳市程集镇孙庄行政村发生一起爆炸案，致3人死亡、1人重伤。

1995年2月1日，宿松县孚玉镇下塔路发生一起爆炸案，死亡4人。

1995年9月10日，淮北矿务局910厂炸药库被盗雷管4800发。9月19日，犯罪嫌疑人被抓获，追回雷管4600发。

1996年9月16日，霍山县白莲岩乡良善铺村发生一起爆炸杀人案，造成4人死亡。

1997年1月11日，阜阳市颍州区王店镇十二庙（阜南至阜阳）一辆行驶中的长途客车因载有硝铵炸药发生爆炸，死亡6人，重伤12人。

1997年12月22日，淮南市新集煤矿家属区一居民楼发生爆炸案，造成5人死亡。

1998年6月11日，金寨县青山汤店村发生爆炸杀人案，造成4人死亡。

1998年6月，长丰县物资局民爆公司龙王山雷管、炸药仓库被盗火雷管6万枚、电雷管2.17万枚。

1998年12月26日，定远县化建公司一辆南京跃进1041型客货两用车（装载6万支雷管，4.4万米导火索）由合肥开往定远县，当车行驶至定远连江镇境内时与迎面驶来的一辆华夏客车相撞，装有雷管的跃进货车发生爆炸，致17人死亡，60余人受伤。

1999年3月30日，五河县小溪镇霍庄村发生一起爆炸案件，致6人死亡。

1999年5月18日，淮南市凤台县毛集镇大郢村发生一起爆炸杀人案，7间平房被炸塌，6人死亡，4人受伤。

2000年2月25日，淮北市公安局破获非法制造爆炸物品、非法持有枪支爆炸物品系列案件，缴获猎枪2支、手雷4枚、手雷帽28个、空弹壳11只、猎枪管10根、手雷图纸1张等，摧毁一制造手雷、枪支的地下工厂。

2000年3月4日，定远县西卅店镇工经委采石场仓库被盗雷管7288只。3月27日，犯罪嫌疑人被抓获，被盗雷管全部追回。

2001年12月13日，淮南市大通区上窑镇上窑村供水管道发生一起人为设置爆炸物引发的爆炸案件，致5人死亡，3人受伤。

2002年11月12日，滁州市南谯区腰铺镇庙山村吉丰厚采石厂放炮造成一块飞石砸在拖拉机上，致3人当场死亡。

2002年12月7日，凤阳县城西乡蚂蚁山铁矿修建蓄水池放炮时发生爆炸，造成3人死亡。

2004年4月15日，来安县双塘乡宝山村城郢队火药厂发生爆炸，致3人死亡，厂房倒塌。

烟花爆竹管理　1986年10月15日，省公安厅、省劳动局、省乡镇企业局、省轻工业厅、省物资局、省商业厅、省交通厅、省工商行政管理局、省供销社下发《关于加强烟花炮竹产销旺季安全管理工作的通知》，部署各地对烟花爆竹生产、储存、运输、销售等环节进行一次全面检查整顿。要求各地以县（市）统一组织自查、互查，省、地（市）、县各主管部门组织本系统抽查，按地区分系统进行总结评比。烟花爆竹生产企业、作坊应设在安全地带，布局应小型分散；生产要定员、定量，坚持“少量、多次、勤运”的原则，严禁个人在住房内生产；产品质量及品种规格必须符合标准，严禁使用国家禁止的配方；产品品种及配方必须向主管部门备案。控制氯酸钾使用，对需要掺用氯酸钾生产烟花爆竹的，必须按规定报有关部门批准。严禁使用氯酸钾与雄黄、赤磷的危险配方。物资、商业、供销等有关部门应严格购销管理，严格验证出售。加强销售管理，在县以上城镇（含县级）经销烟花爆竹的单位，必须经供销、轻工、工商和公安等部门协商定点，由公安机关发给销售许可证，工商行政管理机关核发营业执照后方可经营。销售点必须设有专库、专柜，不得与其他商品混放。经销单位在进货时要严格产品质量验收制度，不得购进无证厂、坊生产的产品。在销售旺季，烟花爆竹生产个体户进入集镇销售，必须在工商、公安部门划定的安全区域内出售，不准任意摆摊设点或在人员密集的繁华街道旁设点出售。严禁无证销售，实行凭证运输。除本县（市区）内短途运输免办运输证外，凡跨县（市）或进出省的运输，必须由购货单位向所在地公安机关申领“爆炸物品运输许可证”。

1987年10月19日，根据全国烟花爆竹安全生产工作会议精神，经省人民政府批准，省乡镇企业局、省劳动局、省公安厅联合召开全省烟花爆竹安全生产工作会议。会议要求各地在政府的领导下，由乡镇企业局牵头，公安、劳动、工商、税务等部门参加，立即对烟花爆竹安全管理进行全面的整顿。清理整顿中，各地公安机关有针对性地采取了管理措施。如安庆地区狠抓对个体户的管理，实行5—10户成立安全自治组织，选出有经验的人员担任安全监督员，做好安全监督工作。合肥市公安局对全市172个生产、销售单位及个体户进行了安全业务培训，在全市生产、销售部门建立7个安全委员会，125个安全小组，配备安全员132人，设置消防桶270个，灭火器500个，增建了贮水池等消防设施。

1988年2月4日，省公安厅对合肥市公安局查处巢湖市马厂礼花工艺厂、无为县花炮厂2起非法销售黑色塑料仿真左轮手枪和“英雄花炮”（系仿真左轮手枪火药子弹），没收枪49支、“英雄花炮”17箱等情况进行了通报。据调查，巢湖市少数烟花爆竹厂家生产的“英雄花炮”中含有71%的氯酸钾和2%的赤磷，系危禁化学物品，违反了有关政策规定。少数违法青少年持仿真左轮手枪在公共场所寻衅滋事，恐吓群众，影响社会安定。通报要求，针对全省发生烟花爆竹事故多发的情况，全省公安机关务必高度重视，切实加以整改。省公安厅3次派员分别对六安、枞阳、巢湖等地的重大爆炸事故进行调查，提出处理意见；编印《烟花爆竹产运销安全知识手册》1.6万册；会同有关部门抓好春节运输期间爆炸危险品的查堵工作；在淮北市举办全省公安机关第二期爆炸物品管理人员培训班，培训101人。

1990年1月7日，省政府召开全省烟花爆竹安全生产管理现场紧急会议。9月1日，省公安厅发出《关于东至县尧渡镇老街居委会鞭炮厂发生重大爆炸事故的情况通报》，要求各地公安机关会同有关部门继续严格爆炸物品安全管理，切实加强经常性的检查监督，确保整改措施落实到位。

1993年8月5日，省公安厅印发《安徽省烟花爆竹产品安全与质量检验管理暂行规定》。9月2日，省技术监督局批准在合肥炮兵学院建立“安徽省烟花爆竹质量监督检验站”。12月14日，省公安厅发出《关于开展烟花爆竹产品质量检验送检工作的通知》和《关于启用〈安徽省公安厅爆炸物品管理专用章〉和〈安徽省烟花爆竹产品质量监督检验站专用章〉的通知》。

1998年，为了加强烟花爆竹安全管理，省公安厅先后发出通知、通报，并派出检查组对部分地市查禁非法生产烟花爆竹工作进行督促检查。仅当年冬季，全省公安机关即出动警力1.53万人次，车辆1317台次，对农村生产烟花爆竹地区展开了“地毯式”清理检查，取缔非法生产烟花爆竹厂点5038处，收缴烟花爆竹903箱，黑火药6698千克，其他原材料6045千克、引线2600捆，没收工具980套，治安处罚1397人。全年全省发生烟花爆竹爆炸事故17起，死亡58人、受伤54人。

1999年12月15日，省公安厅在巢湖市召开全省烟花爆竹安全管理工作经验交流会，总结烟花爆竹安全管理工作的经验，研究探讨取缔农村个体作坊非法生产及烟花爆竹安全管理中存在的问题，学习推广江西省广丰县烟花爆竹管理经验，提出在烟花爆竹传统产区倡导开展集体兴办安全规范的烟花爆竹乡镇企业、公司加农户、办专业村等安全生产基地建设的意见。

2000年，按照省委、省政府和公安部的统一部署，3月至6月全省公安机关开展了烟花爆竹集中清理整治行动和7、8、9三个月的烟花爆竹安全生产大检查。在烟花爆竹清理整治和安全生产大检查中，全省出动1.39余万人次，其中公安民警9484人次；印发各种宣传品8.17万件；查处违反烟花爆竹安全管理的案件755件，处理1023人，其中治安拘留200人；收缴烟花29余万个、爆竹211亿头、黑火药1602千克，其他原材料189吨；取缔非法生产、经营厂点1163个。全省564个烟花爆竹生产企业在7、8、9三个月里全部停业整顿，进行复审。检查发现隐患973件，督促整改564件，44家生产厂和58家经营点被吊销许可证。全省按照“疏堵结合”的工作思路，规划建设基本符合安全标准的烟花爆竹生产基地150多个。巢湖市高林镇政府将分布在70个自然村的524户个体非法爆竹生产作坊全部取缔，同时引导和帮助农民建设近50个烟花爆竹安全生产小区，500余间生产工房。安庆市公安局采取分类指导的办法，在6个乡镇建立了烟花爆竹生产基地或联户企业。郎溪县公安局会同乡企、供销、劳动、工商、技术监督等部门对烟花爆竹传统产区的梅渚镇逐村逐户清查，全镇468户非法烟花爆竹作坊全部取缔；梅渚镇政府牵头，规划土地，耗资100多万元，组建了64个烟花爆竹安全小区和基地。通过大力整治，2000年全省发生烟花爆竹爆炸事故15起，死亡36人、受伤45人，较1999年事故起数和死、伤人数分别下降16.7%、43.1%、37.8%。

2001年，为进一步加强烟花爆竹和消防安全管理工作，省公安厅发出通报，指出全省一些地方安全检查工作不落实，尤其是查禁取缔非法生产烟花爆竹和消除火灾隐患工作中存在薄弱环节等问题。同时要求各地公安机关将查禁取缔烟花爆竹非法生产、彻底消除火灾隐患，维护“两节”期间社会治安稳定等工作抓紧抓好，坚决遏制烟花爆竹爆炸和各类火灾事故的发生。

2002年1月至7月，全省烟花爆竹安全生产形势严峻，和县、无为县、枞阳县、利辛县、南陵县、岳西县等11个县（区）相继发生烟花爆竹爆炸事故13起，造成22人死亡、26人受伤，与上年同期相比，事故起数、死、伤人数分别上升30%、69.2%和30%。7月21日晚，中央电视台《焦点访谈》栏目以“隐患不除，难保平安——加大整治力度，规范市场秩序（十五）”为题，对安徽省枞阳县项铺镇非法生产烟花爆竹及发生重大爆炸事故的情况进行了报道。7月15日和23日，省公安厅向全省发出《关于枞阳县“7·2”重大烟花爆竹爆炸事故的通报》和《关于迅速开展安全生产大检查，严厉打击非法生产烟花爆竹违法犯罪活动的紧急通知》，要求各地公安机关从枞阳县项铺镇非法生产烟花爆竹被曝光事件中认真吸取教训，将查禁取缔烟花爆竹非法生产、维护全省社会治安稳定作为公安机关的重要工作来抓，扎实开展烟花爆竹清理检查工作，消除隐患，坚决控制和减少烟花爆竹爆炸事故的发生。省公安厅以整治枞阳县项铺镇非法生产烟花爆竹为突破口，开展全省清查取缔非法生产烟花爆竹行动。同时，列出枞阳县项铺镇等12个全省整治非法生产烟花爆竹的重点地区，进行挂牌整治。经请示省领导同意，全省烟花爆竹生产企业在7、8、9三个月一律停业整顿。7月24日，省公安厅组成4个工作组分赴安庆市及其他重点市、县、区开展指导和督查工作。安庆市政府成立专项整治领导小组，明确了市、县、镇三级领导及有关部门的责任，集中乡镇政府、公安、技术监督等多方面力量对枞阳县非法生产、销售烟花爆竹问题集中整治。枞阳县公安局抽调20名民警长驻项铺镇协同地方政府和有关部门，采取张贴公告、设立举报电话、突击清查等多种形式，对全镇生产、销售烟花爆竹的村户进行“地毯式”清查，集中收缴、销毁烟花爆竹，处理违法人员。9月23日至29日，省公安厅治安总队组织7个督查组，对全省17个市开展国庆及“十六大”期间安全保卫工作及安全大检查情况进行督查。10月19日，省公安厅和省经贸委在安庆市枞阳县联合召开全省烟花爆竹重点地区安全生产工作座谈会。针对媒体反映合肥市长江东路沿街烟花爆竹市场存在安全隐患的问题，11月6日至10日，合肥市公安局瑶海分局、肥东县公安局给该处烟花爆竹批发、零售经营户送发《给烟花爆竹经营户的一封公开信》，宣传国家有关法律、政策。11月11日，合肥市公安局治安支队、瑶海分局，肥东县公安局对长江东路烟花爆竹批发、零售一条街进行集中检查整治，对不听劝阻、顶风非法经营的5家经营户予以取缔，收缴销毁烟花60余个，爆竹20万头。为确保整治成效，严防反弹，合肥市公安局决定从11月12日起，由肥东县公安局、合肥市公安局瑶海分局每日抽调4名民警，对长江东路开展不间断的巡查。全年全省公安机关检查烟花爆竹厂（点）3370个，督促落实整改事故隐患3719件，吊销许可证396户；收缴烟花197万个、爆竹52.3亿头、烟花爆竹原材料15.17万千克。

2003年1月4日至14日，宿州、六安、阜阳、安庆市接连发生4起烟花爆竹爆炸事故，造成5人死亡，5人受伤。1月16日，省公安厅发出通报，要求各地公安机关进一步查找工作死角和管理漏洞，加大力度开展清理检查，严厉打击非法生产烟花爆竹违法犯罪活动。1月28日至30日，省公安厅治安总队派出4个检查组，分赴合肥、巢湖、六安、安庆、淮南、宿州和阜阳市，检查督促节日期间烟花爆竹安全监管工作。5月30日，省公安厅印发《关于濉溪县公安局“5 · 29”爆炸事故情况的通报》，要求各地切实提高对公安机关内部安全防范工作重要性的认识，迅速组织开展内部安全排查，将枪库、易燃易爆、剧毒化学危险物品储存库、存放点等作为检查的重点，切实落实各项安全防护措施。1月至11月，全省发生烟花爆竹爆炸事故13起，死22人，伤16人。与2002年同期相比，事故起数、死亡、受伤人数分别下降了40.9%、15.4%、66%。11月份，合肥、芜湖、六安市接连发生烟花爆竹爆炸事故。省公安厅再次发出通报，要求各地公安机关继续坚持严查、严防、严打、严治方针，迅速组织开展烟花爆竹安全生产检查，严格安全监督管理，及时消除事故隐患，防止和减少事故的发生，以实际行动维护好全省政治稳定和社会治安稳定。同时要求各地公安机关逐级建立烟花爆竹安全监督管理责任制，并按照省公安厅《市级公安机关综合考评办法》的规定，实行“一票否决”，对因不履行职责导致爆炸事故多发的，严肃追究有关领导和专管民警的责任。

2004年5月，省政府办公厅发出通知，明确烟花爆竹安全监管工作职责分工。省公安厅负责烟花爆竹运输通行证发放和烟花爆竹运输路线确定工作，管理烟花爆竹禁放工作，实施烟花爆竹厂点四邻安全距离等公共安全管理，侦查非法生产、买卖、储存、运输、邮寄烟花爆竹的刑事案件。随后，省公安厅与省安全生产监督管理局完成烟花爆竹安全生产监管职能的移交工作，各地也开展了相应的职能移交工作。截至2005年年底，全省17个省辖市公安局完成了烟花爆竹生产、经营监管职能的移交工作。

2005年11月8日，省公安厅转发公安部《关于近期各地接连发生烟花爆竹爆炸事故的情况通报》，要求各地公安机关积极配合有关部门切实加强烟花爆竹的安全监管工作，突出抓好烟花爆竹运输、燃放环节的安全监管。

烟花爆竹事故　1987年9月10日，淮南市潘集区芦集乡秦圩村村民秦某将用于制作爆竹的15千克黑火药放在室外晾晒，因搬运不慎引起爆炸和火灾，死亡3人，重伤4人，轻伤5人。

1988年1月10日，太和县叶棠乡张某家中发生烟花爆竹爆炸事故，炸毁房屋4间，死亡4人、受伤6人。

1988年1月16日，六安市九里沟乡个体烟花爆竹作坊户发生爆炸事故，死亡3人，重伤3人，炸毁房屋5间。

1988年9月21日，巢湖市高林乡叶地自然村一家个体花炮厂（未经批准）因工人违反操作规程导致一起爆炸事故，死亡5人、受伤1人。

1989年2月13日，一辆南京跃进牌货车装载“英雄”花炮和2桶汽油，在巢湖市城区南门大桥北头爆炸，死亡5人，货车被炸毁。

1990年8月24日，东至县尧渡镇老街居委会鞭炮厂发生爆炸，死亡3人、受伤19人（重伤3人）。

1991年10月3日，六安县淠河乡甄流村村民张某在寿县太平乡姚集村借居的一间房屋内制作爆竹，不慎发生爆炸，死亡4人，重伤1人。

1992年5月30日，金寨县白塔畈村老街杨某在家中无证生产兼零售烟花爆竹，不慎发生爆炸，致6人死亡，2人受伤，8间房屋被炸毁。

1992年6月27日，利辛县永兴镇花炮厂工人在搬运成捆的未装捻的爆竹时，撞击地面发生火花，造成爆竹燃烧爆炸，致8人死亡、7人受伤。

1992年11月1日，阜阳县王店镇大张郢村小韩庄邓某与六安县石某合伙非法生产烟花爆竹，因违章操作引起爆炸，当场炸死12人，炸伤3人，炸毁房屋11间。

1993年1月18日，舒城县百圣庙镇狠汉村村民童某在家中非法生产爆竹发生爆炸，致4人死亡、3人受伤。

1993年9月9日，南陵县工山镇猎阳行政村南村村民于某在家中非法生产烟花爆竹发生爆炸，3人被炸死，12间房屋被炸塌。

1993年12月7日，枞阳县项铺镇项铺村村民方某在家中非法生产烟花爆竹，因违反操作规程引起爆炸，当场炸死4人、炸伤12人，炸塌二层楼房1栋。

1994年1月8日，巢湖市沐集乡花炮厂工人在拌药时发生爆炸，炸死3人，重伤1人、轻伤2人，12间房屋被炸毁。

1994年1月23日，太和县肖口镇邢小街行政村村民徐某个体烟花爆竹生产作坊发生爆炸事故，造成6人死亡、4人受伤。

1994年5月12日，霍邱县高塘乡徐东村村民胡某和本村村民张某合伙制作烟花爆竹（未经审批），雇用20余人生产，因违反操作规程发生爆炸，炸毁房屋10间，3人死亡、18人受伤。

1994年10月6日，无为县六店乡王岗行政村傅墩村一家个体烟花爆竹厂因工人搬运成品不慎引起爆炸，炸死5人、炸伤8人（其中重伤3人），炸塌房屋10多间。

1994年11月8日，太和县双庙乡郭寨村村民谢某等人在住宅院内非法生产爆竹，不慎发生爆炸，死亡3人、受伤2人、炸毁16间房屋，另有44间房屋受到不同程度的毁坏。

1995年12月1日，六安市固镇乡牌坊村村民钱某私自在家制作烟花爆竹，操作时发生爆炸，当场炸死4人。

1995年12月16日，寿县三觉镇卫楼村大泽村民组余某在家非法生产烟花爆竹，在切割爆竹引线时发生爆炸，当场炸死4人、重伤1人、轻伤1人。

1996年10月16日，怀宁县雷埠乡刘店村同意组村民陈某家存放7吨左右的烟花爆竹原材料发生爆炸，炸死4人、伤4人，炸塌房屋3间。

1996年10月20日，临泉县谭棚镇白行行政村村办爆竹厂发生爆炸事故，当场炸死12名中小学校学生，炸伤14人。

1996年11月16日，岳西县温泉镇储冲村刘冲村民组王某等2人合伙经营的鞭炮坊（无证经营）发生爆炸，炸死5人、伤2人，5间房屋被炸毁。

1997年1月5日，肥西县聚星乡周公村沈大庄队村民粟某在自家二楼搅拌烟花爆竹火药时引起爆炸，炸死4人、重伤1人，2层楼房被炸毁。

1997年5月1日，肥东县梁园镇东方礼花厂因工人违反操作规程发生爆炸事故，造成3人死亡，6人受伤（其中3人重伤）。

1997年8月8日，无为县严桥镇沈斌行政村一家烟花爆竹作坊爆竹燃烧发生火灾，烧死6人，烧伤3人，其中重伤2人。

1997年9月5日，砀山县关帝庙镇席楼村鞭炮厂胶合封口车间职工在往竹筒装药时，火药摩擦引起爆炸，当场炸死3人、炸伤17人，毁坏大小房屋15间。

1997年12月13日，砀山县良梨镇鞭炮厂因电线起火发生爆炸，造成4人当场死亡，5人受伤。

1998年1月11日，宿松县千岭乡千岭村南北村民组赵某在家中非法生产鞭炮时发生爆炸，造成17人死亡。

1998年1月11日，宣州市棋盘乡一生产烟花爆竹小作坊发生爆炸，炸死4人、重伤4人、轻伤2人，炸毁房屋8间。

1998年5月3日，望江县雷杨镇洪合村村民江某在自家院中非法制造烟花爆竹，不慎引起爆炸，炸死3人、炸伤7人（其中重伤2人），炸毁房屋7间。

1998年8月14日，肥东县梁园镇农民邓某无证生产爆竹发生爆炸，炸死4人、炸伤3人，炸毁平房4间。

1998年11月15日，金寨县沙河乡梓树村杨山居民组张某在家中非法生产烟花爆竹时发生爆炸，当场炸死4人、伤2人，炸毁房屋4间。

1998年11月19日，寿县炎刘镇光村二里半村民组村民王某在家中非法生产烟花爆竹发生爆炸，炸死5人、炸伤1人，2间房屋被炸毁。

1999年1月9日，桐城市卅镇指岐岭小学学生利用假日到该镇金冲村小洼村民组李某家中插爆竹药引子，在操作时发生爆炸，造成14人死亡，3人受伤，5层楼房被炸毁。

1999年1月11日，东至县高山乡奠龙村奠街村一个体鞭炮厂发生爆炸，死亡6人，重伤2人，炸毁平房4间。

1999年1月29日，肥东县梁园镇杨祠村小道村民组村民肖某无证生产烟花爆竹造成爆炸事故，当场炸死4人，炸伤3人，失踪1人，炸毁房屋8间。

1999年2月13日，太和县肖口镇高黄行政村洼王自然村村民王某家非法储存的240千克黑火药被引爆，当场炸死3人，重伤6人，15间住房被炸毁。

1999年7月23日，芜湖县吴某家中非法生产的烟花爆竹引起爆燃，造成爆炸事故，死亡4人，重伤3人，炸塌房屋4间。

1999年12月8日，桐城市陶冲镇军河村村民华某家中发生一起爆竹爆炸事故，致6人死亡。

2000年1月18日，阜南县苗集镇孙庄行政村一非法生产烟花爆竹作坊发生爆炸，致使6间房屋倒塌，砸死7人，重伤1人，轻伤4人。

2000年5月24日，肥东县梁园镇太平南路一非法生产烟花爆竹作坊发生爆炸，当场炸死4人、炸伤1人，炸毁民房21间。

2001年12月6日，蒙城县岳坊镇岳北村后张庄村民张某在家私自生产烟花爆竹时发生爆炸，炸死3人，炸伤2人，炸毁房屋12间。

2001年12月30日，淮南市潘集区芦范村四组村民杨某家中发生烟花爆竹爆炸事故，造成3人死亡，1人失踪，2人受伤，3间房屋被炸毁。

2002年4月14日，无为县严桥镇龙头烟花材料厂发生火药爆炸事故，当场造成3人死亡，9座厂房被毁，并引发山林火灾。

2002年7月2日，枞阳县项铺镇石溪村楼庄组村民王某在自家房屋内非法生产烟花爆竹时发生爆炸，死亡3人，受伤3人。

2002年12月23日，太和县肖口镇毛庄村村民毛某在家中非法生产烟花爆竹，因操作不当引起爆炸，死亡5人，受伤1人，炸毁房屋1间。

2003年1月4日，萧县张庄寨镇崔口村发生一起因非法生产爆竹引发的爆炸事故，造成3人死亡，2人受伤，4间房屋被炸塌。

2003年9月22日，凤阳县武店镇林泉村龙窝队村民王某家非法炒制炸药，造成爆炸事故，当场死亡3人，5间房屋被炸塌。

2003年11月22日，南陵县工山镇桂镇行政村联冲自然村村民吴某私自在家生产烟花爆竹时发生爆炸，炸死4人，炸毁楼房一幢。

2003年11月27日，寿县三觉镇大庄村养殖场院内一非法生产烟花爆竹点发生爆炸事故，造成5人死亡，5人受伤。

2003年12月8日，淮南市田家庵区安成镇芦塘村七组村民陈某在家中非法生产烟花爆竹时不慎发生爆炸，造成2人死亡、1人失踪、10人受伤，10余间房屋被炸毁。

2004年4月15日，来安县双宝烟花材料厂发生爆炸，造成3人死亡，4人受伤，厂房倒塌。

2004年5月14日，淮北市公安局在对收缴的非法火药实施销毁时，发生火药爆燃事故，烧伤6人，其中重伤4人。

2005年3月15日，宁国市方塘粉沫材料厂发生爆炸事故，造成7人死亡，7人受伤，其中重伤1人。

2005年4月28日，舒城县杭埠镇保靖村张氏花爆厂发生爆炸事故，致6人死亡，9人受伤，其中重伤3人，轻伤6人。

剧毒危险化学品管理 1987年2月17日，国务院颁布《化学危险物品安全管理条例》。安徽省公安机关按照该条例的规定，积极参与生产化学危险物品企业新建、扩建、改建事项的审批工作。根据国家经济委员会、公安部等部门《关于加强对氰化钠进口、销售、使用管理的通知》精神，安徽省公安机关加强了对氰化钠管理，规定凡需经销、购买使用氰化钠的单位，须经县级以上业务主管部门出具证明，经所在地公安机关批准，方可经销、购买使用。严禁私人使用氰化钠提取黄金。在地方政府的领导下，公安机关会同黄金生产主管部门开始对集体采金使用氰化钠的情况进行全面检查，堵塞漏洞；对个体提金的小氰化池进行取缔。

2000年，安徽省部分农村地区非法生产、销售和使用禁用剧毒急性鼠药的情况较为普遍，给一些不法分子利用鼠药实施投毒犯罪带来了便利，投毒杀人（畜）案件频发，人民群众生命财产安全遭受严重威胁。2001年4月18日，全省公安机关开展治爆缉枪、查禁“毒鼠强”专项行动（严打整治第二条战线）。这是安徽省在全国率先将治理“毒鼠强”问题纳入治爆缉枪专项行动，得到公安部的充分肯定。根据公安部《关于加强剧毒物品安全管理工作的紧急通知》，全省公安机关对涉及剧毒物品生产、进口、使用、运输、储存、经营的单位进行一次“拉网式”检查，同时确定利辛县等“毒鼠强”问题严重地区为重点整治地区。通过专项整治，非法制贩“毒鼠强”等剧毒急性鼠药的违法犯罪活动有所收敛，危险化学物品管理秩序有所好转。全省清理收缴“毒鼠强”1613千克。

2002年6月4日，铜陵市铜官山区原化纤厂卫生所发生10瓶氰化钠（每瓶25克）被盗案件。6月6日晚，案件成功侦破，3名犯罪嫌疑人被抓获，被盗氰化钠全部被追回。此案的发生，暴露出剧毒化学品安全管理工作存在的薄弱环节和漏洞。对此，省公安厅决定，从6月份开始在全省范围内开展一次为期3个月的剧毒化学品专项清理整顿工作。通过对剧毒化学品全面的清理摸底和检查整顿，规范全省剧毒化学品市场经济秩序，在剧毒化学品生产、储存、经营、运输、使用和废弃处置等各个环节建立健全安全管理制度，消除隐患。同时，落实防范措施，大力收缴散失在社会上的非法剧毒化学品，严厉打击违法犯罪活动。专项清理整顿的重点是氰化物（氰化钾、氰化钠）和砒霜等剧毒化学品；摸排工作的重点范围包括医疗卫生单位，化工生产、科研、经营、仓储和机械加工、电镀、金矿企业等有可能涉及剧毒化学品的企事业单位和工商户。公安机关要求企业单位对所有剧毒化学品都要进行认真登记，掌握品种、数量、用途及保管安全情况，填写《剧毒化学品从业单位备案登记表》，并向县级公安机关备案。对已倒闭或正在关停并转单位存在的废弃剧毒化学品，组织力量认真清理收缴，妥善处置；对确需生产、经营、使用剧毒化学品的单位，会同有关部门加大监管力度，严格各项安全管理措施，落实安全生产责任制，建立健全生产、经营使用各环节的登记制度，做好环节的流向登记记录，切实做好内部安全防范，严防丢失、被盗。在专项整治中，全省公安机关检查可能存有剧毒化学品的企业、事业单位1727个。其中，登记掌握有剧毒化学品的单位537家，共计存有氰化钾619.97千克、氰化钠3.28万千克、砒霜535.61千克。在涉及剧毒化学品的单位中，有112个单位已处于关、停、并、转状况，收缴废弃的剧毒化学品921.69千克。在检查剧毒化学品单位过程中，发现安全隐患619条，督促整改457条，限期整改152条。

2002年，全省各地非法制贩“毒鼠强”等剧毒物品的违法犯罪活动又有所回潮，尤其是利辛县王人镇非法制贩“毒鼠强”活动严重。9月27日，省公安厅部署在全省范围内开展为期2个月（10月、11月）的收缴“毒鼠强”等剧毒物品的专项行动。9月28日，省公安厅印发《关于开展查禁“毒鼠强”等剧毒急性鼠药专项行动的紧急通知》，并将亳州市及利辛县王人镇、巩店镇，阜阳市及颍泉区苏集镇，巢湖市及和县等作为全省专项行动挂牌整治的重点地区，要求亳州、阜阳、巢湖3个市认真组织查禁工作。10月1日至4日，省公安厅治安总队派出督查组对亳州、阜阳、巢湖3个市的查禁工作进行督查。亳州、阜阳、巢湖市公安机关制定具体的行动方案，通过各种宣传媒体，加强对“毒鼠强”的危害和法律责任的宣传，提高群众的责任意识、法律意识；各级治安部门、基层派出所和行政村与销售户签订治安责任书，明确责任，加强管理控制；对在行动中查获的违法人员，各级公安机关与当地法院、检察院积极配合，依法严惩。9月16日至23日，和县公安局在先期开展的专项行动中，治安拘留4人，罚款6人，没收“毒鼠强”粉剂662克，水剂1500毫升。9月30日，和县公安局开展突击行动，收缴一批隐藏较深的“毒鼠强”，治安拘留2人。利辛县公安局在专项行动中，收缴各类鼠药包装袋18.5千克，“毒鼠强”类鼠药500余克、22零包，曲颈安瓶26箱（每箱7200只），氰乙酸钾酯75千克，敌鼠钠盐12千克，甜蜜素5.5千克，鼠药半成品44.1千克及各类鼠药9.1千克；印刷鼠药包装袋机器3台；审查违法人员80余人，治安处罚40人，治安拘留22人，刑事拘留5人。

2002年12月28日，省公安厅印发《关于开展严厉打击涉及“毒鼠强”等非法剧毒化学品违法犯罪活动统一行动的工作方案》，决定从2002年12月28日至2003年1月31日，在全省范围内开展严厉打击涉及“毒鼠强”等非法剧毒化学品违法犯罪活动的统一行动。公安机关在农委、经贸、质检、安监、工商、爱卫会、卫生、供销、环境保护等部门的配合下，加强剧毒化学品生产源头的管理，坚决取缔非法生产、加工“毒鼠强”、氟乙酰胺、氟乙酸钠、毒鼠硅、甘氟等禁用剧毒急性鼠药的厂点，彻底切断“毒鼠强”等非法剧毒化学品的销售渠道，严厉打击制造、买卖、运输、储存“毒鼠强”等非法剧毒化学品的违法犯罪活动，彻底清查收缴流散社会的“毒鼠强”等非法剧毒化学品，最大限度地预防和减少投毒案件、中毒事故的发生，确保人民生命财产安全，维护社会稳定。统一行动中，全省收缴“毒鼠强”342.99千克，其他剧毒鼠药230.83千克，氰化钠等剧毒化学品2731.08千克；查破非法制售、运输和储存案件152件，其中非法制造33件，非法买卖93件，非法运输和储存分别1件和25件；打击处理违法犯罪人员301人，其中刑拘10人，移送起诉8人，治安处罚283人。配合有关部门检查剧毒化学品从业单位827家，发现隐患381处，发出限期整改通知书184份，勒令停业整顿5家，督促整改196家。通过统一行动，有力地打击了涉及“毒鼠强”等非法剧毒化学品违法犯罪活动，规范了全省剧毒化学品市场秩序，有效地遏制了投毒案件、中毒事件的发生，保障了人民群众的生命财产安全。

2003年1月3日至5日，省公安厅会同省环保局对全省17个市公安机关收缴的3045.1千克“毒鼠强”等剧毒急性鼠药进行焚烧销毁。7月4日至14日，由公安部牵头，农业部、国家工商总局、国家质检总局和中央电视台参加的暗访组，在安徽省太和县、利辛县等地发现非法制贩“毒鼠强”重要线索。8月11日，公安部在北京召开了北京、河北、河南、山东、安徽、湖北、江苏7个省市专案工作协调会，将安徽省利辛县非法制贩“毒鼠强”案件列为公安部督办的全国第2号案件。8月13日，安徽省公安厅成立利辛“毒鼠强”专案督办组，抽调精干力量赴利辛县展开案件督办、指导工作。经工作，抓获非法制贩“毒鼠强”的主要犯罪嫌疑人36人；捣毁非法制造“毒鼠强”窝点6处（丹阳市吕城镇长江化工厂、丹阳市吕城镇拉丝厂、丹阳市吕城镇电镀厂、丹阳市练湖农场九分厂练湖合成化工厂、金坛市药物原粉厂、丹阳市云林镇教育助剂厂）；查获“毒鼠强”外销线索1.8余万条；破获利辛县王人镇和阜阳市冉庙镇2个邮政所在2002年2月至2003年5月间，有59人向全国26个省814人邮寄鼠药及同类性药物、包装物1815次，邮出“毒鼠强”等物2.68万千克的案件。通过案件侦查，安徽省“毒鼠强”生产技术来源及流向基本查清，“毒鼠强”销售网络瓦解，主要案犯纷纷落网。截至2003年年底，利辛、阜阳“毒鼠强”专案有近90名涉案犯罪嫌疑人归案，其中移送起诉48人，批准逮捕7人，刑拘2人，取保候审5人，移送外地警方处理4人，作其他处理

20余人。全省公安机关查获并捣毁“毒鼠强”生产窝点11处，收缴生产设备13套，查实邮寄外销线索1.87万条；市场整顿中吊销证、照148个，取缔非法经营摊点1140个；收缴“毒鼠强”2289千克，对286家农药、化工生产加工企业进行了全面彻底核查。中央电视台“今日说法”栏目、中国警务报道、《人民公安报》《农民日报》《法制日报》及多家新闻媒体对案件侦破与审理进行了专题采访报道。

2003年，根据国家环境保护总局和公安部的要求，省公安厅在全省开展清理公安机关收缴和接收的危险化学品，登记造册后集中向当地环保部门移交处理工作。安徽曙光化工集团被国家环保总局确定为安徽省废弃氰化物专业处置单位。

剧毒危险化学品案例　1988年12月26日，安徽油泵油嘴厂供应科油料化工仓库被盗剧毒氰化钠12千克。巢湖行署公安处经过4昼夜的工作，于12月30日将犯罪嫌疑人杨某抓获，缴获全部被盗氰化钠。

1989年1月8日，蚌埠市无线电一厂危险品仓库19瓶氰化钾、4瓶硝酸银、2桶稀释剂、2桶A-13清漆、20瓶丙酮、17桶亚硝酸钠被盗。

1996年11月23日至24日，太和县税镇汪庄村及王星乡刘王庄发生特大投毒案，死亡5人。

2000年8月，合肥、滁州市先后发生2件儿童饮用娃哈哈AD钙奶饮料中毒案件，经检验确定为“毒鼠强”中毒。8月18日，合肥市公安局查明，杭州娃哈哈集团公司分别于6月15日、23日收到2封敲诈信，犯罪嫌疑人勒索娃哈哈集团25万元，否则将在娃哈哈钙奶中投毒。11月9日，合肥市公安局经缜密侦查，成功破获此案，并在上海抓获犯罪嫌疑人季某。

2001年6月17日，颍上县三十铺乡仁和村及相邻的耿棚镇大徐庄有8人因食用捡来的糖果出现中毒，其中6人为不满10岁的小学生。阜阳市公安局、颍上县公安局迅速成立专案组开展案件侦破工作。6月23日，阜阳市公安机关成功侦破此案，一举抓获涉案的2名犯罪嫌疑人。

2002年4月9日，亳州市谯城区张集镇迅达木制品有限公司（民营）发生一件集体食物中毒案件，致39人中毒，其中1人死亡，中毒较重的29人，症状危急的9人。经检验，中毒者食用的稀饭中含有“毒鼠强”成分。经省、市公安机关侦查，抓获投毒犯罪嫌疑人刘某（女）。

2002年6月4日，铜陵市化纤厂原卫生所化验室内10瓶氰化钾（每瓶25克）被盗，此案备受中央和省委、省政府领导关注。6月6日晚，案件成功告破，3名犯罪嫌疑人被抓获归案，被盗的10瓶氰化钠被全部追回。

2002年6月15日，亳州市公安局谯城分局成功破获系列投毒杀人隐案，抓获犯罪嫌疑人李某。经审讯，李某交代了其分别用不同的手段投毒杀死同村4人的犯罪事实。

2002年10月8日，霍邱县朱港乡蒋郢村汪庄队发生投毒案，致2人死亡。经公安机关全力侦破，犯罪涉嫌人许某被抓获。

2002年10月17日，六安市公安局成功破获一件非法出售剧毒物品案件，收缴氰化钾3.7千克。

2005年5月31日，阜南县三塔镇丁湾村发生一件投毒案件，造成6人中毒，其中2人死亡。6月5日，犯罪嫌疑人刘某被抓获。

放射性物品管理 2002年，全省放射源用户达287家，有放射源2407枚。全省77家从事放射工作的单位，经省卫生厅审查验收后核发了“使用许可证”，并报省公安厅办理“放射性同位素工作登记证”。6月27日，舒城县化肥厂仓库中3只密封的放射源“钴60”铅罐被盗。舒城县公安局成功侦破此案，抓获犯罪嫌疑人胡某，追回几经转卖的被盗放射源并进行销毁。8月至10月，省公安厅会同省环保局、省卫生厅在全省部署开展放射源安全管理专项整治工作，对全省所有放射源进行彻底清理检查，消除事故隐患。

2004年，根据国家环保总局、公安部、卫生部的统一部署，省公安厅会同省环保、卫生部门在全省范围内组织开展“清查放射源，让百姓放心”专项行动。历时5个月的专项行动，基本摸清了全省放射源的底数。全省有涉源单位452家，密封放射源2329枚，其中在用源1658枚，闲置源671枚。涉源单位主要分布在辐照中心、医疗机构、科研院校、化工、建材、地质、炼油、公路建设、机械等行业。含源设备、仪器种类包括辐照装、γ刀、探伤仪、Co-60治疗机、γ射线料位计等。涉源种类有铯-137、铱-192、钴-60、碘-125-131、碳-14、镭-226、钷-147、镅-241等。6月20日，省公安厅会同省环保、卫生部门联合召开省“清查放射源，让百姓放心”专项行动新闻通气会。新华社安徽分社、《安徽日报》、安徽电视台和《新安晚报》等媒体刊发了此次专项行动的新闻，并介绍了放射源有关知识，电视台、广播电台对放射源监管工作进行了新闻跟踪报道。6月30日和7月2日，省公安厅、省环保局、省卫生厅两次在《安徽日报》上刊登《关于开展全省放射源申报、登记的通知》和《关于核发放射源安全许可证的通告》，《安徽日报》专门刊登了放射源专项行动专版，并公布了举报电话“12369”。在专项行动中，全省公安机关积极配合环保部门加大对闲置废弃放射源的追缴、收储力度，加强对闲置废弃放射源的管理，防止发生丢失被盗事件。截至10月底，收贮放射源146枚。

2004年9月12日，宿州市淮海物质能源有限责任公司灵璧水泥分公司在检修时，发现一枚“铯-137”丢失。灵璧县公安局立即成立专案组立案侦查，于9月16日破案，及时追回被盗放射源。

2005年10月19日，淮南市皖淮化工厂丢失1枚放射源案件发生后，淮南市公安局召开专门会议，下发了《关于迅速开展以放射源为主要内容的危险物品安全大检查工作的紧急通知》，在全市范围内部署开展以放射源为主要内容的危险物品安全大检查。

第四节　特种行业治安管理

20世纪80年代中后期，随着经济体制改革的深入，城乡经济发展加快，安徽省旅店业、刻字业、收购生产性废旧金属和信托寄卖行业等特种行业有了很大发展。为适应新形势要求，规范和加强特种行业治安管理，全省公安机关积极探索，不断完善特种行业管理的制度、办法，加强特种行业阵地控制，全力打击违法犯罪，服务经济建设。

旅馆业　为了加强旅馆业治安管理，有效地预防、发现和控制违法犯罪活动，全省各级公安机关认真贯彻落实公安部颁发的《旅馆业治安管理办法》，规范旅馆业经营管理，开展清理整顿，强化安全防范，查处违法违规经营行为，打击各类违法犯罪活动。主要做法有：按照“谁主管，谁负责”的原则，加强旅馆的治安管理，落实旅客住宿验证登记等制度。建立健全门卫、会客、报告等各项规章制度，对旅馆内设立的公共服务场所加强巡查，切实落实安全岗位责任制。提高旅馆的安全防范能力，协助旅馆建立保卫机构，充实保卫干部和保安人员，并加强对服务人员的安全业务培训，提高识别违法犯罪分子的能力。旅馆中重要岗位的服务人员，如保安员、登记员，必须经过培训合格后方准上岗。在旅馆开展技术防范工作，建立严密的治安防范机制，提高控制和快速反应的能力。开展专项行动，检查整治安全隐患，查处发生在旅馆内的各种违法犯罪活动。

1986年，全省各地认真贯彻省政府批准的《关于特种行业管理的几项规定》及补充规定，对旅店业进行了认真的清理整顿，保护合法经营，取缔和限制非法经营，打击处理违法犯罪分子。全省有旅店1.16余万家。

1989年，全省有旅馆12272家（国营1087家、集体3531家、个体7652家、中外合资2家）。上半年，全省发生在旅馆业的各类刑事案件815件、治安案件1967件，抓获违法犯罪人员3508人。

1990年9月5日，根据公安部《旅馆业治安管理办法》精神，经省政府同意，省公安厅制定颁布《安徽省旅馆业治安管理实施细则》。

2000年3月，全省公安机关将提供旅客住宿的洗浴单位纳入特种行业进行治安管理，经营单位留宿客人时必须登记和查验客人的身份证件。

2001年，全省有旅馆13093家，总床位27.17万个。公安机关通过旅馆业治安管理查处发生在旅馆业的各类刑事案件889件，其中盗窃706件、诈骗119件、抢劫16件、凶杀4件、其他44件，治安案件1705件，其中卖淫嫖娼694件、吸毒24件、赌博511件，抓获违法犯罪嫌疑人3661人，停业整顿305家、取缔166家。

2004年6月16日，省公安厅印发《安徽省旅馆业治安管理信息系统建设实施方案》，在全省建立起以各省辖市为旅馆业信息汇集点，以公安专网为依托，以公众电话网为辅助手段的省、市、县（市、区）三级旅馆业信息系统管理网络。旅馆业治安管理信息系统是“金盾工程”的基础工程，是整个治安管理信息系统的重要组成部分，也是城市公安综合信息系统建设的重要内容之一。为加强对旅馆业治安管理信息系统建设的领导，省公安厅成立旅馆业治安管理信息系统建设工作领导组。各地也成立相应的领导及办事机构，负责本地区旅馆业信息系统建设的领导和组织实施工作。根据公安部和全省“金盾工程”建设的要求，省公安厅决定用一年半的时间分三个阶段在全省建成旅馆业治安管理信息系统并推广应用。随后，马鞍山、芜湖、黄山、宣城、池州等市陆续启动信息系统建设工作。马鞍山市初步建成了以市公安局数据库为中心，集储存旅馆业数据、管理所有入住旅客、快速核查比对、及时报警等功能于一体的网络管理工作模式，扭转了旅馆业治安管理方式落后、防范失控的状况，开创了旅馆业治安现代化管理的新局面，实现了旅馆业信息跨县市、跨警种共享，强化了旅馆业治安管理工作，极大提高了公安机关快速反应能力，为公安机关惩罚犯罪提供了高效的服务。2005年，马鞍山市通过旅馆业治安管理信息系统，先后破获了一批有影响的案件，抓获网上逃犯13人（其中杀人逃犯1人），破获刑事案件21件，有力维护了旅馆业治安管理秩序，取得了良好的社会效益和经济效益。

2005年，全省有旅馆1.47余万家（星级宾馆303家），其中国有576家、集体978家、个体12796家、独资合资389家，总床位27.33万个；实行旅馆计算机信息系统管理的584家；从业人员8.83万人，设立治保人员1.45万人（经过培训的1余万人）；公安机关受理发生在旅馆业的刑事案件1270件，其中盗窃1070件、诈骗92件、凶杀4件，治安案件2368件，其中卖淫嫖娼679件、吸毒138件、赌博734件；旅馆业提供违法犯罪线索1456条，抓获违法犯罪嫌疑人2394人。

生产性废旧金属收购业 随着城乡经济的快速发展，各地废旧金属收购站点大量增加，收购人员遍及城乡。生产性废旧金属收购业的兴起对于收旧利废，发展生产，起到了积极作用。但由于管理工作没有及时跟上，无证经营、倒买倒卖生产性废旧金属的情况十分突出。一些冶炼、铸造厂甚至饭店、学校、办事处等也都加入收购生产性废旧金属行列，从中渔利。有的收购站点单纯追求利润，违反收购政策，乱收乱购，甚至内外勾结，教唆犯罪，成为犯罪分子销赃场所。生产性废旧金属回收管理失控，不仅冲击了国家收购计划，而且诱发盗窃犯罪。不少地方铁路设备、通讯输电线路、农田水利和市政公用设施以及厂矿机器设备遭受破坏，给社会治安和生产建设带来严重危害。

1986年，省经济委员会、省公安厅、省工商局、省物资局、省供销社转发国家经委、公安部、国家工商局、国家物资局、商业部《关于清理整顿生产性废旧金属收购工作的通知》，部署对全省废旧金属收购站点进行一次全面清理整顿。主要开展了以下工作：调查摸底，对废旧金属收购站点重新进行审查核定。严厉打击盗窃国家物资、破坏生产建设的犯罪活动。把盗窃、破坏生产设施、通讯输电线路、铁路器材等国家财产的犯罪分子，销赃、窝赃以及倒买倒卖、投机倒把分子作为打击的重点。通过清理整顿，发现犯罪线索，查办大案要案，深挖盗窃犯罪分子。严禁个人收购生产性废旧金属，对个人出售拣拾的生产性废旧金属实行专点收购。收购站点由物资、商业部门会同工商行政管理、公安部门确定，钢厂、油田、铁路工程工地、厂矿附近不准设专点。非指定的废品收购站点和其他单位、个人，一律不准收购。对需要以废旧金属作原材料的工厂，由当地计委、经委统一安排，由当地物资、商业部门按计划供应。所有收购站点必须建立严格的管理制度，坚持凭证明登记收购。生产性废旧金属，不准进入集贸市场。加强经常性管理，保护合法经营，取缔和限制非法经营，打击处理违法犯罪分子。

1989年，全省有旧货站点2866家。1989年上半年，全省发生在旧货业的刑事案件44件（盗窃40件、诈骗4件），治安案件136件（销赃111件），抓获261人。

1990年11月8日，省公安厅、省工商行政管理局转发公安部、国家工商行政管理局《关于加强废旧金属收购站点治安管理和打击查处销售赃物活动的通告》（以下简称《通告》）。要求凡经营废旧金属的收购站、点，须经所在地县、市（区）公安机关审查同意，向工商行政管理机关申请登记，经核发营业执照后，方准经营。未经审查、核准登记的废品收购站、点和其他单位一律不得收购生产性废旧金属。禁止个人收购生产性废旧金属。对个人出售拣拾的生产性废旧金属实行专点收购，专点由物资、商业部门会同公安、工商行政管理机关确定。钢厂、油田、铁路工地和厂矿企业附近不准设专点。凡到收购站、点出售生产性废旧金属的，企事业单位需持有单位出具的证明；个人需持有街道居民委员会或村民委员会出具的证明和本人的居民身份证。收购站、点应当认真登记出售单位名称或个人姓名、住址，物品的名称、数量等，以备查验。禁止废旧金属收购站、点收购枪支弹药，爆炸、剧毒、放射性物品及其盛装容器，个人出售的铁路、油田、邮电、市政、军用的设备或者器材等物品。废旧金属收购站、点在收购中发现可疑人员、可疑物品或者公安机关要求检查的赃物，应及时向公安机关报告，并扣留可疑物品、赃物，不得隐瞒、包庇。对无照经营、违法违章经营和违反通告规定从事经营的废旧金属收购站、点以及其他单位和个人，由工商行政管理机关视其情节轻重，给予没收非法所得、处以违法违章经营额20%以内的罚款、停业整顿、吊销营业执照等处罚；构成违反治安管理行为的，由公安机关依照《中华人民共和国治安管理处罚条例》予以处罚；构成犯罪的，依法追究刑事责任。根据《通告》精神，全省公安机关对全省废旧金属收购行业进行全面清理整顿，结合“严打”斗争和反内、外盗专项斗争的开展，切实加强废旧金属收购站点的治安管理，打击收赃、销赃违法犯罪活动。及时查破一大批盗窃、破坏电力、邮电通讯、铁路设施的案件，打击处理违法犯罪分子668人；加强了治安防范，组建治保会672个。1990年下半年，从业单位提供违法犯罪线索230件，查破销赃案件84件，抓获违法犯罪人员200余人，缴获赃款赃物折款14.88万元。芜湖市在统一行动中出动1200多人次，250辆车次，对城乡回收站点、出租私房、个体旅店和流动收购摊点进行了全面清查，对535个废品收购站点和496户个体流动摊点逐一登记清理，摧毁9条地下运输线，14个销赃窝点，31个收购经营户和55家冶炼厂的非法收购活动被依法取缔。通过清查，查破现行盗窃案件12件，查处违法犯罪人员49人，查扣生产性废旧金属520吨，缴获赃款5200元。合肥、蚌埠等市分别将《通告》印发到每个废品收购站点，组织从业人员认真学习，对照自查。池州等地公安机关层层召开从业单位负责人、保卫干部及从业人员参加的动员大会，宣传清理整顿的意义，通报行业现状及存在问题。各地还利用宣传车，邀请新闻媒体广泛宣传政府有关废旧金属收购管理的政策规定，运用典型案例宣传报道摧毁销赃窝点的战果和打击违法犯罪活动情况，教育群众，震慑违法犯罪。

1994年3月22日，省公安厅贯彻实施公安部《废旧金属收购业治安管理办法》，进一步规范废旧金属收购业治安管理，明确生产性废旧金属须按照国务院有关规定由有权经营生产性废旧金属收购业的企业收购。收购废旧金属的其他企业和个体工商户只能收购非生产性废旧金属，不得收购生产性废旧金属。收购生产性废旧金属的企业，应当经其业务主管部门审查同意，向所在地县级人民政府公安机关申请核发特种行业许可证，并向同级工商行政管理部门申请登记，领取特种行业许可证和营业执照后，方准开业。收购非生产性废旧金属的企业和个体工商户，应当向所在地县级人民政府工商行政管理部门申请登记，领取营业执照，并向同级公安机关备案后，方准开业。收购废旧金属的企业应当有固定的经营场所，收购废旧金属的个体工商户应当有所在地常住户口或者暂住户口。收购废旧金属的企业在收购生产性废旧金属时，应当查验出售单位开具的证明，对出售单位的名称和经办人的姓名、住址、身份证号码以及物品的名称、数量、规格、新旧程度等如实进行登记。

1998年10月至1999年4月，根据公安部的统一部署，全省公安机关开展为期半年的机动车修理业清理整顿工作。全省在机动车修理业清理整顿前有10478户，整顿后有8500余户。清理整顿中取缔342户、查封18户、责令整改468户、罚款98户、其他处理983户；通过清理整顿，查获赃车95辆，破获涉车刑事案件45件，查获违法犯罪人员132人，其中逮捕25人、治安拘留31人、其他处理76人。此外，全省原有汽车美容店215家，其中有证（照）的138家，清理后保留111家，有报废汽车回收（拆解）企业52家，其中经资格认证的39家；机动车交易市场20家，清理取缔非法经营的2家。

1999年3月，根据公安部《机动车修理业、报废机动车回收业治安管理办法》精神，省公安厅部署各地公安机关依法规范机动车修理业、报废机动车回收业的治安管理。规定机动车修理企业和个体工商户、报废机动车回收企业的治安管理由所在地市、县公安局、城市公安分局负责，适时开展治安检查，对发现的治安问题及时处理，严禁利用机动车修理业、报废机动车回收业进行走私、销赃等违法犯罪活动。机动车修理企业和个体工商户、报废机动车回收企业，必须建立承修登记、查验制度，如实登记送修车辆的号牌、车型、发动机号码、车架号码、厂牌型号、车身颜色，车主名称或姓名、送修人姓名和居民身份证号码或驾驶证号码，修理项目（事故车辆应详细登记修理部位），送修时间、收车人姓名等。报废机动车回收企业回收报废机动车应如实登记报废机动车车主名称或姓名、送车人姓名、居民身份证号码，按照公安交通管理部门出具的机动车报废证明登记报废车车牌号码、车型、发动机号码、车架号码、车身颜色和收车人姓名等。机动车修理企业和个体工商户承修更换发动机或车身（架）、改装车型、改变车身颜色等项目的，必须查验公安交通管理部门出具的机动车变更、改装审批证明。报废机动车回收企业回收报废机动车，必须查验公安交通管理部门出具的机动车报废证明。机动车修理企业和个体工商户承修车辆、报废机动车回收企业回收报废机动车时，发现可疑情况，应立即报告当地公安机关。

2001年，全省有废旧金属收购站点3722家，其中生产性废旧金属收购站点729家。8月，省公安厅治安总队督促马鞍山市公安局查处马鞍山市江南报废汽车回收公司非法倒卖报废机动车案件。在市工商、公安部门的监督下，对报废的73辆摩托车进行销毁。12月26日，省公安厅下发《关于下放部分特种行业审批权的通知》，决定将拍卖业、报废汽车回收业的“特种行业许可证”审批权下放到地级市公安局。

2005年5月28日，省公安厅、省工商行政管理局联合开展规范机动车交易市场秩序，加强对机动车交易、销售、维修及回收（拆解）企业经营活动的监督管理，依法查处违法经营行为，严厉打击盗窃、抢劫机动车犯罪活动，堵塞销赃渠道，保护经营者和消费者的合法权益。全省有废旧金属收购站点4727个，其中经公安机关批准设立的生产性废旧金属收购站点807个；有机动车修理业6589个，从业人员23790人。上半年，公安机关查处废旧金属收购业销（窝）赃等案件94件，抓获违法犯罪嫌疑人181人，停业整顿15家，取缔9家。

典当业　1986年，全省各地认真贯彻省政府批准的《关于特种行业管理的几项规定》及补充规定，对信托寄卖业进行清理整顿，保护合法经营，取缔和限制非法经营，打击处理违法犯罪分子。全省有信托寄卖业603个。

2001年，全省有典当行3家，其中国营2家、独资合资1家，拍卖行63家。依据国家经贸委、公安部《关于典当业清理整顿的通知》，全省公安机关会同经贸系统从10月初开始，对典当业开展了一个月的集中清理整顿。通过清理整顿，全省清查旧货商店、寄售店97户，其中有58户存在违规经营行为，32户打着“当”字、“抵”字招牌违规从事典当业务的全部被取缔。阜阳市公安局一次取缔非法典当业12家。

2005年，安徽省公安机关按照《商务部、公安部关于贯彻实施〈典当管理办法〉有关问题的通知》要求，对已开办的典当行进行一次全面检查，对安全制度、安全防范设施和经营情况不符合要求的，责令其停业整顿，限期整改。对整改后仍未达到《典当管理办法》标准的，一律收回“特种行业许可证”。对经营的动产或者财产权利质押典当业务逐一登记，确保登记内容详细、完备，并自收当之日起一周内向所在地县级以上公安机关报送“典当物品登记表”。同时，各地公安机关指导督促典当行进一步落实收当、续当、赎当查验证件（照）制度，当物查验、保管制度，通缉协查核对制度，可疑情况报告等制度，加大对不按规定登记的典当行的处罚力度，推动全省典当业持续、健康发展。全省全年注册登记典当行57家，在方便人民群众生活，救急解难、缓解社会矛盾等方面发挥了积极的作用。

印章刻字业 1986年，全省公安机关对刻字业进行清理整顿，保护合法经营，取缔和限制非法经营，打击处理违法犯罪分子。全省有刻字业1036家。

1989年，全省有刻字业1004家。1989年上半年，全省发生在刻字业的伪造印章案件15件，抓获34人。

1990年，全省公安机关积极配合民政、工商行政管理等部门，加强社会团体和企事业单位公用印章的管理。主要包括：严格按照国务院发布的《社会团体登记管理条例》和《企业法人登记管理条例》的规定，加强对社会团体和企业的登记管理工作。对非法成立的社会团体和企业，依法令其解散，并按有关规定收缴其印章。健全社会团体和企事业单位内部公章使用和管理制度。对于违反规定使用公用印章的，建议主管业务部门予以行政处分；造成严重后果的，公安机关依法追究当事人和单位领导的责任。严格社会团体刻制印章的规定，公安机关按照社会团体登记管理机关出具的证明和刻制印章单位的委托书，批准刻制社会团体印章。

1993年10月27日，全省公安机关认真贯彻公安部《关于加强刻字业治安管理打击伪造印章犯罪活动的通告》精神，加强刻字业管理，对全省刻字业进行清理整顿，开展打击伪造印章犯罪活动的工作。要求凡经营刻字业务的单位和个人，须经所在地县、市（区）以上公安机关审查同意，申请经营原子印章的，须经省公安厅审查批准，向工商行政管理部门申请登记、领取营业执照后方准开业。未经审查、核准登记的单位和个人一律不准从事刻制公章业务。禁止在公共场所摆摊经营刻字业务；个体刻字人员须在当地公安机关指定的地点经营刻字业务。需要刻制公章的单位，须凭上一级主管部门出具的证明或工商行政管理部门核发的营业执照，到所在地县、市（区）以上公安机关办理准刻手续。需跨省、市、县刻制公章的，须凭单位所在地县、市（区）以上公安机关出具的证明，到刻制地同级公安机关办理准刻手续。刻字厂、点和门市部承接公章，须查验公安机关出具的准刻证明，对委刻单位和经办人的姓名、住址、居民身份证号码和刻制公章的名称、数量、规格等要逐项登记；不得承接手续不全、无公安机关出具准刻证明的公章；在承接公章中发现有违法犯罪嫌疑人员或公安机关查缉的案犯，及时向公安机关报告，不得隐瞒、包庇。对无照经营刻字业务的单位和个人，公安机关予以取缔，并没收制作工具和非法所得；对违章违法经营刻字业务的单位和个人，公安机关视情节轻重，除没收非法所得外，可处5000元以下罚款、停业整顿、吊销特种行业许可证等处理；构成犯罪的，依法追究刑事责任。

1995年3月27日，经所在地、市公安局初审，省公安厅批准合肥钢模刻字厂、合肥振安印章厂、蚌埠市原子印章厂、固镇县原子印章厂、五河县原子印章厂、怀远县公安局原子印章社、芜湖市原子印章公司、淮南市建淮原子印章厂、淮北市原子印章服务部、濉溪县金盾原子印章厂、安庆市原子印章厂、安庆市宜新刻字社、安庆市金盾原子印章厂、黄山市保安服务公司原子印章部、黄山市歙县原子印章厂、明光腾飞原子印章刻制部、太阳石原子印章厂（宣城地区新田煤矿）、绩溪县保安公司原子印章部等18家原子印章生产企业为安徽省首批定点企业，并核发“特种行业许可证”。

1998年4月，省公安厅、省技术监督局、省国税局、省地税局、中国人民银行安徽省分行联合发出《关于在全省推广使用防伪印章进一步加强印章刻字业管理的通知》。6月，省公安厅印发《安徽省防伪印章制作技术方案》，对印章制作的防伪技术提出要求。7月，省公安厅提请省技术监督局发布安徽省地方标准《防伪印章》。7月15日，省公安厅治安总队召开全省印章刻字业治安工作会议，推动清理整顿印章刻字业和推广使用防伪印章工作。

1999年，全省有50多个市县60多家刻字单位被确定为防伪印章生产厂，其中46家取得防伪印章制作资格证书并正式投产。

2000年4月1日，省公安厅将印章治安管理信息系统建设作为“金盾工程”的一项内容进行部署，要求合肥、蚌埠、芜湖、马鞍山等4市率先实施，在2001年6月底以前完成推广应用，其他市在2002年年底前推广应用。2000年9月4日，太和县公安局破获一起假冒中央电视台记者系列诈骗案，抓获犯罪嫌疑人高某（利辛县人）、江某（女，高某之妻），收缴伪造的“中央电视台”印章和钢印、“中国共产党安徽省委员会”及“中央电视台焦点访谈”印章4枚，以及大量以中央电视台名义准备发往安徽省委、阜阳市委、亳州市委的信封和假记者证、工作证、采访证和特邀通讯员等证件。经查，假印章均系高某在合肥市王某处购买的。9月18日，太和县公安局在合肥捣毁了由王某等6人（均系湖南省双峰县人）组成的涉嫌贩卖假印章犯罪团伙。

2001年，全省有印章刻制企业946家，其中公章刻制企业162家，有15家实行了印章信息系统管理。全年公安机关查处伪造印章证件案件34件。

2002年5月12日，省公安厅下发《关于实施公安部〈印章治安管理信息系统标准〉的通知》，对全省建设印章信息系统工作进行了部署。

2004年12月20日至2005年1月20日，省公安厅决定在全省开展为期一个月的印章业治安管理专项整治行动，严厉打击制贩假印章、假证件、假文凭等违法犯罪活动。各地公安机关采取有效工作措施，广辟案件信息来源，及时发现、清理和取缔街头、路边非法刻字摊点，捣毁制贩假章假证的黑窝点，严厉查处街头兜售假证件和在公共场所张贴制贩假印章广告当事人。对其中涉嫌违法犯罪的，依法予以立案侦查，严厉打击惩处。强化印章业治安管理基础建设，认真开展印章业治安管理清理整顿。对公章刻制企业存在承刻手续不全、无公安机关出具准刻证明而刻制公章的，严肃查处并责令其限期整改，逾期未能整改的，依法取消其刻制公章的资格；有参与伪造印章犯罪的依法追究刑事责任；对其他非印章刻制企业非法承刻公章的，会同工商行政管理部门依法取缔。

2005年，全省有刻字业879个，其中印章刻制企业555个，公章刻制企业206个，其他刻字业118个；实行印章信息系统管理的印章企业25个。

第五节　公安派出所建设

1988年，省公安厅转发公安部《关于改革城市公安派出所工作若干问题的意见》。各市公安局结合当地实际情况，从职责范围、力量部署、勤务制度和工作方法等方面，积极推进派出所改革工作，进一步强化派出所治安管理职能。

1989年10月，全省治安管理工作会议提出继续推进公安派出所工作改革，加强以派出所为重点的各项基层基础工作，进一步发挥派出所在治安管理方面的职能作用。派出所改革的主要内容：正确理解和执行“以治安管理为中心，以户口管理为基础”的工作方针，处理好两者的关系。抓好“三口”管理，即对人口要分层次管理，对暂住人口和流动人口、重点人口的管理要强化。改革勤务制度，精简上层，充实基层，合理地部署警力。在扩大派出所职权的同时，综合考虑派出所的承受能力，并要符合现行法律和法定规定。改革“农转非”户口审批制度，实行“两公开一监督”。进一步提高派出所动员、组织群众维护社会治安的能力。积极改善派出所的工作和生活条件，为派出所解决一些实际困难。加强信息情报工作。配齐配强派出所所长，对民警进行教育和培训，提高业务素质，增强群众观念、法制观念、政策纪律观念，树立良好的职业道德风尚。1989年，全省有公安派出所1040个（不含森林、水上、铁路等302个派出所），民警6849人。全省城市派出所有民警2555人，人均管理人口数为3700余人；集镇和农村民警4294人，人均管理人口1余万人。

1990年6月，全省城市派出所工作改革座谈会召开。会议指出，城市派出所工作改革必须从转变职能入手，将过去单纯的以户口管理为中心的静态管理，转变到以治安管理为中心，以户口管理为基础的动态管理与静态管理相结合，以动态管理为主的方面上来。派出所的主要职能放在治安管理和防范工作上，严密社会面控制，及时预防、发现、控制和打击各种违法犯罪活动，确保一方平安。会议要求，各级公安机关要认真解决派出所工作存在的矛盾，认真解决派出所的人、财、物问题，在公安编制不能大量增加的情况下，可以精简机关干部，充实到派出所。改革勤务制度，增强派出所整体功能、活力，提高工作效率。11月17日，省公安厅组织开展农村公安派出所基础工作调查工作，对全省公安派出所情况进行摸底。

1991年，全省继续积极稳妥推进和完善城市公安派出所工作改革，加强农村派出所建设。根据公安部要求，省公安厅积极组织开展城市派出所电话自动报警系统的试点工作。

1992年1月19日，省公安厅印发《关于农村派出所开展农村社会主义思想教育工作的意见》（以下简称《意见》）。《意见》指出，要坚持党委领导下的专门工作与依靠群众相结合的公安工作方针，发动和依靠群众维护社会治安。确立预防为主的指导思想，充分发挥以治保会为主体的群众性自治组织在维护治安中的作用。适时组织专项区域治理，解决农村中突出治安问题。加强对群众性治安联防组织的管理和指导，充分发挥其在社会治安综合治理中的作用。改革勤务制度，实行“一乡一警”或民警包片的工作制度，建立民警工作考核机制。坚持“从严治警”方针，加强队伍纪律作风建设，接受群众监督，方便群众办事。省公安厅成立农村派出所社会主义思想教育工作联络小组，建立定期汇报和阶段性检查制度。

1993年5月12日至14日，全省农村派出所工作座谈会在太和县召开。会议要求，加快建所工作步伐，认真解决派出所警力和经费紧张的困难。实行农村派出所户口规范化管理，突出人口管理工作。调整培训治保人员，充分发挥治保组织作用。加强治安管理工作，严格查处违法犯罪案件。加强勤政廉洁教育，牢记全心全意为人民服务宗旨，倡导廉洁、勤政和无私奉献精神。全省农村派出所由撤区并乡前的681个增加到1400余个，民警由3800人增加到4400人。

1995年5月，省公安厅召开全省农村公安基层基础工作会议。全省各地认真贯彻落实会议精神，大力推进农村派出所规范化建设，强化农村公安基层基础工作，促进了农村社会治安的明显好转。1995年5月至1996年5月，全省各地市投入派出所建设的资金达1.36亿元。宿县地区支持派出所建设资金1725万元，六安地区拨款3678万元用于派出所建设，阜阳地区投入5091万元为派出所添置各种必要的基本设施。全省有783个派出所新建、改建、扩建了办公用房，建筑面积达24.72万平方米。派出所各种交通、通信设备增长较快，与上年相比，警车增加439辆，摩托车增加814辆，自行车增加1197辆，电话增加561部，基地台增加305台，车载台增加212台，手持台增加1565台，船艇增加9艘，警棍增加1639根，警绳增加1180条，手铐增加1656副，强光手电增加622个，手持喊话筒增加294个，防爆头盔增加728个，防刺背心增加255件，现场勘察箱增加271个，照相器材增加270套。1995年5月前，全省仅有40多个县（市）开展农村户口规范化管理工作。1995年5月以后，各地公安机关都将此项工作摆上议事日程，有71个县（市）、1308个乡镇开展这项业务建设，实行了“一村一图，一户一薄，一户一牌，一人一表”的“四个一”规范化管理。阜阳地区通过农村户口规范化管理，一年来协助破获各类案件1961件，抓获犯罪嫌疑人1406人。1995年，全省农村地区公安机关通过重点人口管理，提供打击处理对象13827人，比1994年增加5444人；提供线索13801件，比1994年增加3224件；破获各类案件8376件。各地还建立帮教小组对部分违法犯罪青少年开展帮教活动，帮教对象停止违法犯罪半年以上的，占总数的44.9%。各地结合派出所规范化建设，狠抓治保人员整顿培训工作，充实人员，健全组织，建立工作制度，有效发挥了治保组织作用。1995年年底，全省公安派出所有民警7201人，比1994年增加1592人。1995年年底，六安地区有一半以上公安派出所达标，阜阳地区有168个派出所达标。

1996年11月22日，省公安厅印发《安徽省农村公安派出所规范化建设考核验收办法（试行）》，规定了农村公安派出所规范化建设考核验收标准、程序及内容。

1997年6月3日，省公安厅下发《关于评选1996年度农村公安派出所规范化建设“十佳派出所”“十佳派出所民警”的通知》，决定在全省农村公安派出所规范化建设单位中开展评选“双十佳”活动。8月14日，省公安厅印发《关于表彰1996年度全省农村公安派出所规范化建设“十佳派出所”“十佳派出所民警”的决定》，对在1996年度创建工作中取得突出成绩的固镇县公安局王庄派出所等10个派出所和肥西县公安局花岗派出所龚正其等10位民警进行了表彰。8月1日，省公安厅转发公安部《关于印发全国公安派出所工作会议上文件的通知》，提出了改革和加强派出所工作的意见。主要包括：把管理和防范作为派出所的主要任务，努力建设发案少、秩序好、群众满意的派出所。把建立科学、严格的责任区民警责任制作为加强派出所工作的关键环节，抓好落实。从树立派出所的良好形象入手，拓宽新形势下贯彻群众路线的新路子。加强派出所队伍建设。随后，省公安厅召开“两改”会议，派出所改革试点工作全面展开，新机制开始运行。安庆市公安局迎江、大观2个分局在城区派出所全面推开改革试点工作，划分出警务区42个，民警责任区197个，警力全部落实到位。合肥市公安局东市分局以700户、实有人口3000人左右划分民警责任区，9个派出所按照上述原则划定出民警责任区96个，比改革前增加18个，民警全部到位，保持3年不变。蚌埠市公安局分别在市区东升派出所、光荣派出所、朝阳派出所开展试点工作，根据居民区、内部单位、集贸市场、复杂场所、郊区接合部等不同情况，在不打乱原户籍段的基础上划分出单一型和混合型警务区，对复杂地段和繁华闹市地区采取了“密集”配警。芜湖市公安局安排所属的镜湖、马塘、新芜、鸠江等4个分局制定出改革方案，在解放西路派出所等13个派出所进行全面试点。宿县行署公安局确定在宿州市三里湾、城东派出所进行城市派出所工作改革试点，在萧县孙圩子派出所开展农村派出所改革试点工作，按照城区每700户、3000人左右，农村每1万至1.5万人的标准，划分358个警务区，责任区民警全部到位。

1998年8月5日，公安部下发《关于公安派出所受理刑事案件有关问题的通知》，对派出所与刑侦部门在办理刑事案件中的职责作出明确规定。派出所主要受理的刑事案件：公民扭送、报案、控告、举报或者犯罪嫌疑人自首的案件；对辖区内因果关系明显，案情简单，无需侦查的案件，或事实清楚、证据充分且犯罪嫌疑人已被查明的案件。派出所接到110指令和公民报案，有发案现场，应迅速赶到现场。对受理或发现的犯罪线索，应迅速进行审查，或按照刑侦部门的要求开展初步调查工作，对不属于自己管辖的案件应及时移送有管辖权的公安机关处理。9月，全省建立派出所所长任职资格培训制度，全省首批100名派出所所长在省警校实施封闭式任职资格培训。其余的派出所所长由行署、市公安局负责培训，经省公安厅统一考核合格后再上岗。11月18日，省公安厅下发《关于开展创建人民满意派出所活动的意见》的通知，决定从1998年开始，省公安厅每年在各地考核评选的基础上，表彰2个派出所工作改革到位、群众对派出所工作满意率高的行署、市公安局和4个县（市）公安局、城市分局，表彰100个人民满意派出所和100名优秀派出所责任区民警，并从中推选出地市级优秀公安局、人民满意派出所和派出所责任区民警报公安部命名表彰。12月2日，省公安厅转发公安部《公安派出所实行公共娱乐服务场所治安管理责任制暂行规定》，进一步明确公安派出所治安管理责任，要求公安派出所加强公共娱乐服务场所治安管理，尽快扭转公共娱乐服务场所治安状况。

1999年1月22日，省公安厅作出在全省公安机关开展向宣州市公安局雁翅派出所学习的决定。9月8日，省公安厅印发《关于命名表彰1998年度创建人民满意派出所活动先进单位和优秀民警的决定》，授予合肥市、马鞍山市公安局为地级市“创建人民满意派出所活动先进公安局”称号，授予灵璧、界首等4个县级公安（分）局为县级“创建人民满意派出所活动先进公安局”称号，授予宣州市公安局雁翅派出所等10个公安派出所为“创建人民满意派出所活动红旗单位”称号，授予合肥市公安局胜利路派出所等90个公安派出所为“创建人民满意派出所活动先进单位”称号。

2000年，全省农村公安派出所基础业务建设、治安管理工作进一步规范，基础设施、装备条件得到很大改善，全省98.2%的农村公安派出所达到了规范化建设标准，办公用房问题基本得到解决。

2001年4月10日，省公安厅印发《公安派出所警务公开规范》，对全省公安派出所警务公开的原则和范围、公开办理的主要事项和要求，警务公开的措施，社会和群众监督作出明确规定。12月6日，省公安厅转发公安部《公安派出所等级评定办法》，决定从2002年开始在全省公安派出所每年开展一次等级评定工作，以此作为衡量公安派出所工作的基本依据。

2002年3月，根据全国公安派出所工作会议精神，省公安厅紧紧围绕“改革和加强公安派出所工作，实施社区警务战略”的主题，在全省范围内进行广泛深入的调研，并在合肥、马鞍山2个市进行“社区警务”工作试点。7月底，合肥、芜湖、马鞍山、铜陵、安庆、滁州、巢湖、池州等8市共建977个社区，依托社区建立社区警务室420个。8月，省公安厅制定《安徽省公安机关社区民警工作规范（暂行）》，要求社区民警以社区为依托，立足社区，服务群众，警民携手，紧密围绕“防范、管理、服务”三大基本职能开展工作，承担收集掌握情报信息、实有人口管理、治安管理、安全防范和服务群众5项职责，努力实现“发案少、秩序好、社会稳定、群众满意”的工作目标。8月，省公安厅印发《安徽省公安派出所等级评定实施细则（暂行）》，评定内容包括人口管理、治安管理、安全防范、执法办案、服务群众、队伍建设、内务管理、后勤保障等8个方面。公安派出所分为5个等级，省公安厅对被评定一级、二级的公安派出所，予以通报表彰，授予铜牌，并颁发奖金。对被评为五级公安派出所的，取消年度参加各种评比表彰的资格，限期整改。

2003年7月21日，省公安厅印发《关于实施派出所民警入户查访工作制度的意见》，规定城市及县城城关派出所、社区责任区民警原则上每天都应进行入户查访工作，每个工作日入户查访原则不少于1户，每周工作日入户查访居民不少于5户。农村派出所责任区民警每月入户查访不少于20户。11月，全省评定二级以上派出所152个，其中公安部命名的一级派出所20个。全省派出所民警比2002年增加816人。5人以下派出所减少146个，3人以下派出所减少214个。全省建成中心派出所134个。省公安厅争取资金120万元，帮扶8个派出所解决办公用房和装备建设。全省建成社区警务室1061个，占已经建成社区的90%，基本与社区建设同步。

2004年8月3日，公安部下发《关于规范统一全国公安派出所外观标识的通知》，决定2004年年底之前统一全国公安派出所外观标识。派出所标识包括标牌和灯箱，标识的内容主要由派出所中文名称和警徽组成。大中城市公安派出所可加英文名称，少数民族地区可加少数民族文字名称。派出所标识灯箱上部为白色，下部为蓝色；上部为警徽图案，下部为白色中文“公安派出所”和英文“POLICE.STATION”。其中，路边标识灯箱下部中文为派出所全称，并附有指示标志和派出所电话。派出所标牌为蓝底白字，由派出所中、英文名称组成，少数民族地区可加少数民族文字名称。其中有门楣横式标牌上部为横排的派出所中文名称，下部为英文名称；竖式标牌上部为竖排的派出所中文名称，下部为英文“POLICE.STATION”。安徽省公安机关及时部署，按时完成了全省公安派出所统一外观标识工作。

为切实增强广大群众安全防范意识，提高社会治安防控工作整体水平，预防和减少可防性、多发性案件的发生，确保社会治安秩序的稳定，省公安厅决定，从2005年5月1日起，在全省公安派出所全面实施治安通报制度。主要包括：治安通报的时间。每周五上午，公安派出所将辖区一周的治安状况向辖区居民通报，社区（责任区）民警将本辖（社）区治安状况向辖区群众通报；对于发生的重大侵财类案件、安全事故，在警情发生后次日，将情况及时通报给辖区群众；公安派出所每月对辖区一个月的治安情况进行分析总结，并于每月月末通报街道（乡镇）、社区（村）居委会、企事业单位和辖区群众。治安通报主要内容包括：辖区入室盗窃、抢劫、盗抢机动车（自行车）、拎包、诈骗等可防性案件发生的数量、特点、规律，重点是作案的手段、时间、地点、对象；涉及用火、用电、用水、用煤气等安全事故及隐患；提醒单位或群众增强自我防范意识，因人、因案、因情施策，有针对性地教授群众自我防范措施和办法。治安通报的形式为：派出所和社区（责任区）的治安通报名称一律统一为《治安周（月）报》；派出所设置专门的“某某派出所治安周（月）报”和“某某社区治安周报”宣传牌，置于派出所和社区显眼位置；宣传牌以县、区公安机关为单位统一外观式样，并根据辖区人员分布、发案时段等治安特点，确定所安装的数量；派出所每个月以书面形式将辖区治安情况通报给有关单位，指导落实安全防范措施；采取召开群众代表会、印发宣传材料及广播、电视等形式，通报给辖区群众。

第六节　巡警、防暴警建设

20世纪80年代中后期，为了严密社会治安局面，加强城市治安巡逻网的建设，合肥、芜湖、蚌埠、淮南、淮北、马鞍山、铜陵、安庆等市公安机关先后成立治安民警大队，主要任务是治安巡逻，处置重大治安事件，维护大型活动的现场秩序。截至

1989年，省辖市均成立了治安民警大队，20个县、市成立了治安民警队。全省有3个省辖市成立了巡警队和治安联防指挥部。1990年之后，根据公安部《城市人民警察巡逻规定》的要求，各地在治安民警大队的基础上，设立治安防暴巡逻警察队。

1990年9月，芜湖市公安局设立防暴巡逻警察大队，编制71名，下设治安队、特警队。

1991年，全省各省辖市公安机关逐步筹备建设防暴巡逻警察队伍。防爆巡逻警察主要任务：开展治安巡逻防范，严密社会面的控制；备勤应急，处置突发治安事件；做好大中型群众性文体活动的安全保卫工作；开展以“除六害”斗争为重点，大力查处各类治安案件；针对突出的社会治安问题，开展专项治理。

1992年1月，阜阳市公安局设立治安防暴巡逻警察大队。

1993年2月，合肥市公安局防暴支队正式成立，有防暴队员276人。支队下设8个大队、3个科（政秘科、作训科、后勤科）。各大队日常工作由分局、县公安局安排调动，遇到重大突发事件和执行重要任务由市公安局指挥中心统一指挥调动。

1993年1月，安庆市公安局将治安大队和特警队合并成立防暴巡逻警察支队，民警50人。支队下设办公室和4个大队。5月，淮南市公安局防暴警察支队正式成立，下设办公室和3个中队。

1994年7月6日，公安部制定《全国城市人民警察巡逻队交通工具装备标准试行规定》，为各地巡警加强装备建设提供了必要的依据。8月24日，淮北市公安局治安大队更名为淮北市公安局治安巡逻警察支队。

1995年，按照省公安厅的部署，全省各地积极采取措施，大力推进巡警体制建设。省辖10个市公安机关全部组建了巡警支队，另有8个县级市和7个县也组建了巡警队伍，共有巡警1905人。各地积极改革巡警勤务制度，合理划分警区、警段，充分发挥巡警队伍维护社会治安、服务群众、预防和打击违法犯罪等多功能战斗实体的职能作用。一些地方还将巡警体制建设与“110”报警台建设配套进行，进一步增强了控制社会面的能力。11月28日至30日，全省巡警工作会议召开。会议要求各地党委、政府和公安机关加快城市巡警体制建设步伐，进一步加强巡警队伍的组织建设，理顺和完善队伍的管理体制，加强巡警队伍的组织建设，充实警力，建立完善与巡警体制相配套的指挥通信系统，全面提高快速反应能力。

1996年5月至6月，全省开展治安整治专项治理行动。巡警防暴警在行动中配合其他警种收缴各类非法枪支8762支，子弹5643发，管制刀具3.77万把。查处嫖娼案件1001件，摧毁卖淫嫖娼团伙41个，取缔卖淫嫖娼窝点27个，查获卖淫嫖娼人员2545人。11月11日，省公安厅转发公安部关于《治安管理工作“九五”计划的通知》，明确巡警体制建设重点是提高快速反应能力，强化对社会治安的动态控制，加速构建巡警和指挥中心、110报警系统紧密结合的动态控制网络。

1997年，全省城市巡警承担110报警后的先期处警任务。在有巡警控制的路段，5分钟内达到现场；没有巡警控制的路段，巡警机动车在10分钟内达到现场。各地城市警察巡逻队还结合当地治安管理工作规划，研究确定了接受公民求助的范围和操作规范。9月5日，省公安厅转发《公安部关于修改全国城市人民警察巡逻队交通工具装备标准的通知》，修改了1994年7月6日公安部制定的《全国城市人民警察巡逻队交通工具装备标准试行规定》中巡逻车和摩托车的标准，改变不适应工作需要的状况。

1998年3月15日，省公安厅印发《1998年度全省巡警规范化管理考核办法》。考核范围是各地级市公安局巡警支队、各县（市）公安局巡警大队。考核内容包括队伍建设、班子建设、制度建设、教育训练、后勤保障、监督措施以及警区布局和警力配备、巡逻勤务及时间安排、接处警工作、执法情况、为民服务情况等。省公安厅成立考核领导小组，由政治部和治安警察总队负责组织实施。

1999年9月10日，全省巡警工作经过各级公安机关的努力，逐步走上规范化轨道，在维护治安和服务群众各项工作中发挥了积极的作用。为表彰先进，促进巡警队伍和巡警工作的健康发展，省公安厅决定对1988年度全省巡警规范化管理考核评比中取得优异成绩的蚌埠、安庆、铜陵市公安局等3个先进巡警支队和宁国市公安局等10个先进巡警大队给予表彰，通过先进巡警队伍的典型示范作用，推动巡警规范化管理工作，提高巡警队伍的政治、业务素质和快速反应能力。

2000年，根据公安部《关于开展巡警防暴队伍全员培训工作的通知》要求，进一步提高公安巡警、防暴队伍的政治业务素质，提高执法水平，增强巡警、防暴警在巡逻盘查工作及处置突发事件中的能力，省公安厅计划用3年时间（2000年1月至2002年12月）对巡警、防暴警队伍进行一次全员培训。1月15日，省公安厅成立巡警、防暴警全员培训工作领导小组，对全省3000名巡警、防暴警开展培训工作。对支队、大队负责人300人（其中支队负责人50人、大队负责人250人）的培训，由省公安厅负责组织实施，每年一期，每期100人；对中队以下2700人的培训，分别由所属市、行署公安局负责组织实施。对经过培训并考试合格的，由省公安厅政治部发给“巡警、防暴警任职资格证书”。

2001年，各地公安机关加大了巡警防暴警队伍建设力度，进一步理顺巡警防暴警队伍管理体制，不断增加巡警防暴警队伍经费投入，改善巡警防暴警的装备。工作中，完善巡逻勤务机制，狠抓警区警段责任制建设和巡警防暴警全员培训工作，不断提高队伍的素质；以深入开展“人民满意”活动，进一步强化队伍的宗旨意识。11月，省公安厅在合肥成功举行了全省巡警防暴警技能比武大赛。全年全省各级巡警部门参与处置各类群体性事件2001件。

2002年，全省巡警防暴警队伍建设基本情况。巡警队伍结构：全省有巡警防暴警3093人，其中巡警2552人、防暴警541人；巡防支队13个、大队120个、中队280个。队伍体制方面：全省有巡警独立机构13个、隶属治安部门3个、交巡警合并1个；队伍管理模式方面，由市局统一管理的11个，市局分局分级管理的6个，其他管理模式2个；处警模式方面，采取一级处警模式的有11个市、采取二级处警模式的有10个市（宿州、马鞍山、宣城等市，同时采取一、二级处警模式）。巡警后勤保障和装备建设。交通工具：全省有巡逻车193辆、指挥车27辆、运兵车27辆、防暴车2辆、摩托车157辆；通信设备：基地台21台、车载台74台、手持台601台；警用武器：手枪927支、微型冲锋枪254支、狙击步枪14支、防暴枪134支；防护器材：防弹背心291具、防暴头盔1024顶、防暴盔甲服82套；特殊器材：破门工具4套、阻车路障15套；场地营建：办公用房2.17万平方米、训练场馆865平方米。2002年上半年，全省巡警防暴警部门接110处警62358次、接刑事治安案件13984件、自办刑事治安案件3153件、处置群体性事件1733件、完成警卫保卫任务1090次、处理各种违章84828件、参加抢险救灾269次；抓获各类违法犯罪人员12828人，收缴枪支129支、管制刀具464把，追缴赃款赃物折合人民币286.86万元。

2003年，全省顺利完成巡警防暴警队伍3年全员培训工作，队伍素质和战斗力得到全面提升。全省巡警防暴警队伍加大路面巡逻力度，逐步建立起“点线面结合、打防控一体、全天候覆盖”的防控网络。加强值班备勤，提高快速反应能力，以最快速度达到现场、控制现场，及时救护群众。以治安报警亭和警务亭为依托，加强对重点路段、治安复杂场所治安的有效控制。

2004年，合肥、淮北、马鞍山、滁州、芜湖、安庆、阜阳、亳州、宿州、宣城、蚌埠、淮南等市12支专职防暴队507人。除合肥市为防暴支队建制属市局领导外，其余11个市防暴队为大队建制，属各市公安局巡警防暴支队领导。主要职责任务：处置重大暴力、恐怖、突发性事件，担负重大警卫任务和大型活动安全保卫工作。非专职防暴队有铜陵、池州、黄山、巢湖、六安等5个市，防暴处突工作由巡警防暴支队承担。

2005年6月2日，根据省委组织部、省委政法委、省公安厅联合印发的关于《全省公安机关派出所所长、刑警队队长、交警队队长、巡警队队长任职资格培训制度》精神，省公安厅治安总队会同有关部门对新任职的巡警队队长进行任职资格培训。7月1日，合肥市公安局举行街面巡控暨夏季社会治安整治行动启动仪式，要求全市公安机关把开展街面巡控作为一项民心工程、“安居”工程，作为事关治安大局稳定、保障经济社会发展的政治任务来狠抓落实。12月，全省公安机关积极推进巡警出警处警、执法和勤务规范化建设，最大限度地把警力摆上街面，切实提高预防、控制和打击街面犯罪特别是盗窃、抢劫、抢夺等可防性违法犯罪活动的能力。截至12月30日，全省城市巡逻民警3807人（包括所辖区、县和县级市），巡警防暴队2313人，其他警种1494人。全年接处警11.25万次、接报刑事治安案件33124件、自办刑事治安案件6545件、处置群体性事件3915件、完成警卫保卫任务2285次、处理各种违章106569件、参加抢险救灾705次、为群众办好事24914人（次）；抓获各类违法犯罪嫌疑人16371人，治安处罚10979人、劳动教养50人、移送起诉196人；收缴枪支13支、子弹209发、管制刀具609件，追缴赃款赃物折合人民币408.57万元。

第七节　保安服务

为适应新形势下社会安全防范工作的需要，强化治安管理，缓和警力不足的困难，全国公安基层基础工作会议提出，由公安机关试办保安服务公司，为社会提供安全咨询服务，收取一定费用。1986年，省公安厅就试办保安服务公司问题组织开展调研。

1987年，安徽省建立9家保安服务公司。其中蚌埠市4家，马鞍山市2家，芜湖市、安庆市和六安市各1家。借调公安民警36人，聘用公安机关离、退人员3人，职工113人，借用外单位职工4人，临时工5人，共161人。服务对象有34家，其中中外合资企业1家，企事业单位27家，集体单位5家，个体户1家。对保安服务公司的领导和管理，主要是公安机关确定一名负责同志分管，并派出民警担任公司及公司各部门的领导和业务骨干。

1988年，省公安厅派员赴广州学习组建保安服务公司的经验，结合安徽省的具体情况，提出了组建保安公司的意见。蚌埠、芜湖、六安、马鞍山、安庆、淮南等6个地市组建保安服务公司11个，员工161人。各保安公司在先培训后使用的基础上开始营业，社会效益较好，深受客户欢迎。

1989年，全省建立保安服务公司11个，员工630人。1月，省公安厅转发公安部《关于加强保安服务公司管理的通知》（以下简称《通知》）。《通知》规定：保安服务公司是为客户提供有偿安全服务的企业；保安服务公司的主管部门是公安机关，业务活动由公安机关指导和监督；组建保安服务公司要根据实际需要，原则上应在城市的区和县一级组建；保安服务公司根据签订的合同为客户提供安全服务，不得行使公安机关的职权；保安服务公司不得配备、使用警用车辆，保安人员不配发武器、警械；保安服务公司招聘保安人员，要严格审查，择优录用，不符合条件的坚决不得录用。年底，国家税务局决定对国营保安服务公司免征当年税收；对个别保安服务公司企业纳税有困难的，按税收管理体制的规定，由税务机关给予适当的减免税。

1990年，省公安厅认真贯彻公安部《关于进一步清理整顿保安服务公司的意见》，成立清理整顿公司领导小组，对保安服务公司集中进行整顿，推动保安服务公司健康发展。

1991年，经省清理整顿公司领导小组研究同意，全省保留了合肥市保安服务公司、芜湖市保安服务公司、蚌埠市保安服务公司、安庆市保安服务公司、马鞍山市保安服务公司、淮北市保安服务公司、铜陵市保安服务处等保安服务公司。保留的公司只从事社会治安服务业务，不得从事任何其他经营项目。收费标准由主管公安机关提出意见，报请物价部门批准。保留的保安服务公司向工商行政管理部门重新申请登记注册。

1992年12月8日至9日，全省第三届保安工作研讨会在合肥召开。全省成立省辖市保安服务公司7家，县（市）保安服务公司7家，共有保安人员1265人。

1993年，省公安厅狠抓保安服务公司的专项技术和专业人员的培训工作，编写保安人员的培训教材，严格考核制度，提高保安人员的政治业务素质。

1994年7月1日，省公安厅转发公安部《关于禁止保安服务公司经营各类枪支的通知》。随后，省公安厅对保安服务公司开展一次彻底检查，对保安服务公司经营、销售、使用钢珠枪、催泪枪、电击枪等问题进行纠正。

1995年，合肥、马鞍山等13家市级保安服务公司营业额累计为2637万元，利税663万元。

1996年5月，全省保安服务公司51家，保安人员5000余人。11月30日，安徽省保安协会成立，并印发《安徽省保安协会会员缴纳会费细则》。

1997年6月4日至30日，省公安厅开展保安骨干人员技术培训。主要课程有防盗、防火报警，监控技术，技防工程管理，技防法规与管理，保安技术服务。

1998年，省公安厅同意成立蚌埠、合肥、安庆、阜阳、芜湖等市和合九铁路保安学校。

1999年，省公安厅同意成立巢湖、池州地区和马鞍山市保安服务公司；同意成立宿州、淮南、铜陵、淮北、马鞍山市和巢湖、池州地区保安学校。6月，省公安厅印发《安徽省保安协会章程》。

2000年3月，全省公安机关按照公安部《关于保安服务公司规范管理的若干规定》的精神，以城市社区服务系统建设为契机，配合安全社区创建，进一步抓好保安服务公司规范化管理，逐步理顺保安公司体制。12月25日，省公安厅、省总工会、共青团安徽省委员会决定，授予芜湖市保安公司为“首届安徽省优秀保安公司”称号；授予马鞍山市、安庆市、铜陵市、亳州市、宿州市、淮南市、宣城市等7家保安公司为“首届安徽省先进保安公司”称号；授予潘国成等10名保安员为“首届安徽省先进保安员”称号。全省组建市级保安公司15家，县（市、区）级公司、分公司55家，保安人员约8000人，公安机关派往公司担任经理、骨干的151人。全省保安公司固定资产2700多万元，利税1500多万元。全省设立保安培训学校15所，保安服装、标志定点厂3家。

2001年3月2日，省公安厅制定《安徽省开展保安服务市场清理整顿工作方案》，决定自2001年3月20日至6月20日在全省开展为期3个月的保安服务市场清理整顿工作。清理整顿的重点是社区各类自建的保安组织，以各种名义从事保安业务的单位和组织以及未经公安机关批准的各类保安培训机构，“黑保安”等。全省依法查处取缔自建保安组织669家，收编保安员4200余人。9月1日，省公安厅印发《安徽省保安服装、标志换发暂行办法》，对全省保安服装、标志进行了规范。

2002年5月，全省有保安服务公司81家，保安人员1余万人，固定资产3000万元，年产值5000万元，年利税850万元，为1800多家单位和企业提供守护押运保安服务。全省批准16个保安培训学校，培训保安人员199期、4947人，颁发“保安人员资格证书”4265人、未录用282人。受到省公安厅集体记功、嘉奖的保安单位142个、保安人员597人，辞退不合格保安队员168人。

2003年10月8日，省公安厅、省工商行政管理局下发《关于对保安公司实行资格年审制度的通知》，决定自2004年起对全省保安服务公司实行资格年审制度。要求各级保安服务公司自2004年起，在每年办理工商年检前要进行资格年审；资格年审由各级公安机关逐级审核，报省公安厅核准。经省公安厅核准合格后，持省公安厅主管部门颁发的资格年审合格证明到当地工商行政管理部门办理工商年检。保安服务公司不按规定到省公安厅办理资格年审的，即视为自动停业，由省公安厅予以撤销，并通过其向所在地工商行政管理部门办理注销登记、缴销营业执照。

2004年8月，为深入了解保安金融押运工作开展情况，进一步规范全省保安武装押运工作，省公安厅对巢湖、马鞍山、芜湖、宣城、铜陵、池州、安庆等7市保安服务公司的金融押运工作进行了检查。9月30日，省公安厅对检查中发现的部分市保安服务公司存在枪支管理不规范、保安金融押运费用偏低、未为保安人员办理相应保险等情况进行了通报，并对全省保安金融押运工作提出意见。同时要求各地治安管理部门认真履行职责，严格开展保安服务公司配枪资格审查、申报工作；进一步督促保安押运公司建立健全各项规章制度，严格枪支弹药安全保管，落实枪支弹药管理责任制；对于没有办理持枪证件的保安服务公司，责令其暂时停止使用枪支弹药，限期办理持枪证件；逾期仍不办理持枪证件的，收回所配枪支，取消公司配枪资格；适当提高押运费用，努力做到社会效益和经济效益双丰收。

2005年8月25日，省公安厅转发公安部关于《保安押运公司管理暂行规定》（以下简称《暂行规定》）。要求从9月1日至11月30日，各市公安机关对保安押运公司认真开展一次清理整顿，对符合公安部《暂行规定》的要进一步完善提高，不符合条件的要责令限期整改；经过整改仍不符合条件的，要以市为单位进行资源整合，推进保安押运公司的规模化、集约化建设。10月，省公安厅举办一期学习贯彻《暂行规定》培训班，对市级公安机关治安、保安管理部门分管负责人和保安押运公司负责人进行了培训。截至2005年12月30日，省公安厅批准成立保安押运公司23家，其中市级公司17家，县级公司6家。

第八节　群防群治

1986年，全省公安机关从维护社会治安的实际需要出发，以加强社会面控制为着力点，坚持专门机关与群众路线相结合，组织以治安民警为主体，多警种参加的治安巡逻队伍，加强群众性专业治安联防组织建设，落实群众自防自治措施，逐步形成多层次、全方位、条块结合的治安巡逻网络，有效地维护城市治安秩序。

1987年，全省加大了城市治安巡逻网建设，形成了有治安、交通、户籍民警和治安积极分子参加，机动车、自行车、徒步巡逻相结合，点、线、面严密控制的治安巡逻网络。在重点地区和复杂场所相继建立了治安岗亭。加强农村治安防范工作，有重点地管好集贸市场、商业服务网点、仓库场院等场所的安全、秩序。加强专业户、个体户和经济联合体的安全防范工作，指导、帮助其提高自防能力，积极推行治安承包责任制。为发挥基层治保组织在维护社会治安秩序中的作用，全省各地开展了为期3个月的整顿和培训工作。城市、农村派出所整顿工作分别由街道和区、乡人民政府牵头，派出所参加并具体落实。对于部分工作处于瘫痪状态的治保组织，及时进行人员调整工作，落实组织和工作制度。对治保组织的工作报酬问题，积极争取当地政府的财政拨款和各种支持，解决工作补贴问题。

1988年，省公安厅要求城市加强治安民警队建设，城乡开展以治安队、派出所和治保会为主体的多层次的治安联防工作，建立治安联防组织，组织民兵参加治安巡逻，维护社会治安。7月，省公安厅对安庆、芜湖、铜陵、马鞍山等市治安民警队建设和治安巡逻工作进行调查。同时，转发公安部《关于继续加强群众性治安联防工作的通知》，下发《关于进一步加强群众性治安联防工作的通知》，部署治安巡逻联防工作。

1989年8月26日，省公安厅下发《关于进一步加强治安巡逻联防工作的通知》，要求全省公安机关把治安巡逻联防作为一项系统工程来抓，加强社会面控制，建立完善治安巡逻联防网络，逐步建立城市巡警队和县治安民警队。全省有3个省辖市成立了巡警队，7个省辖市成立了治安民警队，20个县、市成立了治安民警队。各地普遍建立了群防群治组织，积极开展治安巡逻联防，提高了对社会面的控制能力。9月，淮南市委、市政府根据矿区城市的特点，成立了市治安联防总队。治安联防总队是一支在市、区政府领导下，具有专业性、稳定性、群众性的组织。总队有治安联防队员2650人，6个公安分局设有治安联防大队，派出所和有关厂矿设有71个中队，分队若干个。总队设有38支巡逻队，31个联防办公室，哨卡194处，联防总队还负责指导273个看护小组的防护工作。

1990年，全省群防群治网络初步形成，有专业治安联防组织6913个，联防人员52244人。淮南、芜湖、马鞍山、铜陵等市成立了联防指挥部。全省治安联防组织协助公安机关查破刑事案件7951件，治安案件25036件，抓获违法犯罪分子30017人。

1991年10月19日，省公安厅对寿县、石台县等少数地方治安联防队严重违法违纪情况进行通报。通报要求进一步抓好治安联防组织的整顿、教育工作，凡不符合条件的人员要坚决清除出去；对极个别问题严重的联防队，要立即解散，重新组建。各级公安机关要加强对联防队伍的领导，健全内部管理机制，狠抓各项规章制度的落实。明确治安联防组织的职责，严禁越权行为。严格财经制度，加强监督管理。

1992年5月21日至23日，全省城市治安巡逻工作研讨会在安庆召开。会议要求，尽快建立能昼夜严密控制、统一指挥，快速反应的城市警察巡逻体制。切实加强对治安巡逻工作的领导，各警种和群众性专业联防组织分工配合、协同作战。切实加强对群众性专业治安联防组织的领导，坚持“严格管理，严格训练，严格纪律”，努力提高队伍的政治业务素质。不断完善各项管理制度，制定切实可行的工作方案与措施，使治安巡逻工作逐步规范化。继续抓好治安岗亭建设，加强治安岗亭的监督和管理，落实执勤力量，健全各项制度，充分发挥其维护社会治安的作用。

1993年7月29日，省公安厅下发《关于加强治保会工作的通知》，要求各地充分认识新形势下治保会的意义，切实加强对治保工作的指导。建立健全治保组织，完善各种规章制度。拓宽经费渠道、合理解决治保成员的报酬。

1994年10月20日，省公安厅下发《关于加强治保会整顿培训工作的通知》，要求各地正确认识治保会的地位和作用，加强对整训工作的领导；认真抓好整顿培训，推动治保会规范化建设；帮助解决实际问题，大力开展表彰活动。各级公安机关结合整顿培训工作，积极向所在地党委、政府汇报，提出建议。

1995年，全省各地按照中央综治委、公安部、民政部、农业部《关于加强农村治保会工作的意见》精神，不断改进和加强治保会工作。全省治保会和治保人员分别比1994年的48822个、213811人增加了5124个、9680人，调整配强了一批治保会主任，较好地发挥了治保会的作用。

1996年5月31日，《安徽省乡镇治安联防队管理条例》公布（1997年1月1日起施行）。9月，省公安厅印发《关于认真贯彻〈安徽省乡镇治安联防队管理条例〉的通知》，要求各地公安机关认真组织学习，广泛宣传动员；认真做好治安联防队伍的整顿和组建工作，理顺隶属关系，做好《安徽省乡镇治安联防队管理条例》实施的配套工作；依靠当地政府，想方设法开辟治安联防经费渠道。同时要求各地要在治安联防经费落实后再组建治安联防队，保证组建一个成功一个。

1997年，随着城市警察巡逻制度的建立和完善，全省治安联防工作在城市重点加强了维护单位内部及周边地区治安秩序和防范工作，农村地区的治安联防工作以不增加农民负担为前提，因地制宜，多种形式，开展安全防范工作。

1998年，全省各地将创建“安全社区”“安全村镇”活动纳入派出所民警责任制，“安全社区”“安全村镇”创建工作蓬勃兴起。仅据合肥、六安、阜阳、亳州、安庆5个地市即建成“安全社区”“安全村镇”8906个，社区覆盖率达30%以上。同时，计划在3至5年内，全省“安全社区”覆盖率达居民区的80%以上，农村“安全村镇”60%以上。

1999年1月29日，省公安厅下发《关于认真做好治保会、治安联防队整顿培训工作的通知》，要求从3月份开始，集中一个月的时间，对治保会、治安联防队开展一次整顿培训活动。整训主要内容：进行组织整顿，对不合格的治保会、联防队进行调整；进行思想教育整顿，提高治保、联防人员政治思想觉悟；进行作风整顿，增强治保、联防人员的法制观念。

2000年，全省公安机关通过改革和加强治保会工作，建立健全新时期农村地区以治保会为主体的群防群治工作，推广农村地区开展全员巡逻防范工作。为确保重点工程建设项目的顺利实施，省公安厅决定用3个月时间在全省开展一次重点工程周边治安整治活动。在整治过程中，各地公安机关积极帮助重点工程单位建立和完善各项保卫工作制度，结合开展“创建安全”活动，依靠群众开展群防群治，落实各项防范措施。

2001年3月20日，省公安厅下发《关于加强治保会联防工作的通知》，要求把创建安全社区、安全村镇、社区物业管理等方面纳入治保、联防工作内容，组织广大治保、联防人员参与看楼、护院、巡逻、守护等工作。

2002年12月30日，全省有治安联防组织5737个，其中城市联防组织3004个，农村联防组织2733个；派出所管理2620个，政府部门管理810个，综合治理部门管理2307个。治安联防队员23279人，其中城市8401人，农村14878人。全省有治保会组织37799个，其中单位内部5417个，城镇3224个，农村29158个。治保会有人员198386人，其中退休职工8647人。治安联防组织全年为公安机关提供各类违法犯罪线索19649条，抓获违法犯罪嫌疑人12357人。

2003年，合肥、宣城、阜阳、马鞍山、淮北、亳州等市对治安防控体系建设作了具体部署，并提供了有力的组织、制度、人员、经费保障。蚌埠、芜湖、淮南、宿州、池州、安庆、阜阳、马鞍山、淮北、亳州、铜陵等市公安局成立社会治安防控体系建设工作领导小组，按照统一规划，整体推进，分步实施，逐步完善的方针开展工作。同时，实施社区警务战略，初步形成以民警为主导，社区保安、治安联防队等专业防范力量和离退休人员、治安志愿者等义务防范力量为基础，技术防范措施为补充的群防群治网络。全省以110为中枢，巡警、交警、派出所民警和武警为主导，治安联防队、内部单位保卫人员、治保会、保安员、治安积极分子等辅助力量共同参与的三级治安巡逻防控的模式基本形成。为加强农村治安防范工作，省公安厅印发《加强农村治安防范工作意见》，在城市推行社区警务同时，重点推进农村派出所的民警下沉、警务前移，指导和推广民警驻村制、治安防范承包制、保安服务进农村等农村警务改革模式和防范工作成功经验。

2004年5月16日，省公安厅印发《治安联防队伍管理暂行规定》，对全省治安联防队的组织设置、职责、权限、管理教育、义务纪律、监督管理、经费保障、考核奖惩等作出明确规定。7月30日，省公安厅印发《全省公安机关社会治安防控体系建设三年规划》，决定通过3年的努力，在全省基本建成以公安指挥中心为龙头，以公安基层所队、群众自治组织和机关企事业单位为基础，以公安民警为骨干，以群防群治队伍为依托，以案件多发的人群、区域、行业、时段为重点，点线面结合，人防、物防、技防结合，专群结合，覆盖全省、反应迅速、打击有力、防范严密、控制有效，全时空、多层次、立体化的防控体系。城镇依靠社区居委会建立健全保安、治安联防队，巡逻人员、治安志愿者等各种社区群防群治组织，开展形式多样的社区治安巡防工作；农村地区依靠基层党委、政府建立健全基层群众自治组织，强化对治安防控工作的组织领导，配齐配强治保主任，治保会做到组织、制度、工作、报酬“四落实”。有条件的地方组建军警联防队等专职治安巡逻队伍，建立健全群众性巡逻队伍，推行“治安值日户”等创安活动，完善各种形式的防范措施，配备必要的防范装备和灭火器材，加强户户联防、村村联防；尊重群众的首创精神，大胆探索治安有偿承包多种治安防范形式。9月22日，省公安厅转发《公安部关于公安机关治安队伍进行专项清理的通知》，决定从2004年9月至12月底集中对全省公安机关治安队伍进行专项清理整顿，并制定《全省公安机关治安员队伍专项清理方案》，从指导思想和工作原则、清理整顿工作目标、清理整顿工作安排、工作要求等方面作出明确规定。

2005年，全省以严密社区安全防范，努力减少盗窃、抢劫、抢夺等严重影响群众安全感的可防性案件为重点，组织开展了安全防范宣传“进社区、进企业、进学校、进农村、进家庭”活动。公安机关狠抓《企业事业单位内部治安保卫条例》贯彻落实工作，完善企事业单位内部治安保卫制度，落实各项治安防范措施，完善责任追究制。各级公安机关在摸清本地单位底数的基础上，提出了治安保卫重点单位并报本级政府确定；对确定的治安保卫重点单位，加强治安保卫工作的督促指导，认真研究治安保卫工作方案、预案；认真排查企事业单位内、外部治安隐患，会同有关部门大力整治企事业单位及周边地区治安秩序。按照《全省公安机关社会治安防控体系建设三年规划》阶段目标要求，各地以构建社区、街面、单位内部和农村治安防控网络为切入点，全面启动全省社会治安防控体系建设工作，并由城市进一步向小城镇及农村延伸。截至2005年12月30日，全省有治安联防组织11785个，其中城市联防组织7209个，农村联防组织4576个；隶属派出所管理的5803个，政府部门管理的2353个，综合治理部门管理的3629个。治安联防队员36384人，其中城市13643人，农村22741人；企事业单位抽调5131人，社会招聘8167人，义务工7862人，其他15224人。治安联防组织为公安机关提供各类违法犯罪线索24883条，抓获违法犯罪嫌疑人13747人，挽回经济损失5208.62万元。

第八章　监所设置与管理

1997年以前，在公安机关序列中只有预审部门，没有监所管理部门。当时看守所、收审所、拘役所隶属预审部门，治安拘留所、收容教育所和安康医院隶属治安部门，强制戒毒所隶属刑侦部门。1989年12月，省公安厅预审处内设监狱管理科。1997年，公安部决定实行“侦审合一”改革，撤销预审部门，设立专门的监管部门。公安部监所管理局仍用原预审局序列为第十三局，安徽省公安厅监所管理处仍用原预审处序列为第五处。省公安厅监所管理处职责是：依照《中华人民共和国看守所条例》和《看守所等级评定办法》，指导全省公安机关看守所的建设、管理工作和对在押人员的教育改造工作。监所管理处编制18人，内设：秘书科、一科（管理教育科）、二科（后勤基建科）、三科（监控技术科）。至2005年，全省17个市公安局均设立监管支队（科）。

1998年，公安部决定将公安机关所有限制人身自由的场所全部划归公安监管部门统一管理，安徽省“三所一院”（治安拘留所85个、收容教育所2个、强制戒毒所3个、安康医院1个）随即整体移交公安监管部门。省公安厅监管处内设机构也相应作了调整，设秘书科、一科（看守所管理教育）、二科（行政监管场所管理教育）、三科（后勤基建、监控技术）。1999年，全省有监管场所199个，其中：看守所95个、治安拘留所85个、拘役所9个、强制戒毒所4个、收容教育所5个、安康医院1个。

公安监管场所的职责包括：看守所、拘留所、收容教育所、强制隔离戒毒所、安康医院是依法对被刑事拘留、逮捕、判处有期徒刑余刑1年以下的罪犯，行政拘留、收容教育、强制隔离戒毒和肇事肇祸不负刑事责任的精神病管治人员进行警戒看管、执行刑罚或行政处罚、教育转化、特定疾病治疗、毒瘾戒除及心理与行为矫正的特殊执法机关，是集中体现国家法律、专政职能、保障人权的特殊场所，承担着对被监管人员严密监管、确保安全、教育和劳动改造、矫治挽救以及深挖余罪、惩罚犯罪等任务，保障刑事诉讼和行政执法活动的顺利进行。

1986年至2005年，全省公安系统监所管理体制发生较大变化，管理职能全面调整，看守所管理教育工作逐步规范化、法治化，人权保障水平不断提升。

全省公安监管场所收押统计表

表8-1　　　　单位：人

年度	看守所	治安拘留所	强制隔离戒毒所	收容教育所	安康医院
1986	19628	—	—	—	—
1987	21294	—	—	—	—
1988	27556	—	—	—	—
1989	36142	—	—	—	—
1990	49281	—	—	—	—
1991	38761	—	—	—	—
1992	38190	—	—	—	—
1993	35791	—	—	—	—
1994	38262	—	—	—	—
1995	37803	—	—	—	—
1996	41420	—	—	—	—
1997	64628	—	—	—	—
1998	57959	38590	25	95	49
1999	65866	5031	11	15	—
2000	51137	48549	196	17	343
2001	56885	55337	192	51	284
2002	52038	50223	408	15	542
2003	46263	43626	547	—	336
2004	49183	49017	514	—	187
2005	54925	43384	627	—	209

第一节　看守所

省、市、县看守所　1952年8月，省公安厅设立安徽省看守所，所址位于省公安厅机关院内。1988年，因建筑年久失修已成危房，省看守所关闭，关押任务暂交合肥市看守所承担。1999年7月，新建省看守所建设申请立项，同年8月立项并列入国债重点建设工程。2001年，省编委批准“安徽省看守所”为省公安厅直属机构，副处级建制，编制25名。2003年，省看守所建成（位于合肥市东流路）。12月26日，省公安厅将已建成的省看守所易作省公安厅居民身份证制作中心，省看守所另选址重建。2005年8月，省看守所在长丰县双墩镇南侧重建，总建筑面积4868平方米，监室17间，设计关押量200人。

省看守所主要职责：依据国家法律、法规对被羁押的嫌疑人、被告人、罪犯实行武装警戒看守，保障安全；羁押全省重、特大案件需要羁押的犯罪嫌疑人、被告人；羁押外省及本省各级政法机关因案件需要异地羁押的或本省各市、县看守所投劳中需临时羁押的人员；做好上级领导交办案件、省政法部门直接办理案件的犯罪嫌疑人、被告人的收押、管理、教育转化工作，确保侦查、起诉和审判工作的顺利进行；承担部分已决犯和死刑犯以及余刑一年的留所服刑人员的关押任务。

1986年至2005年，随着安徽省行政区划的不断调整，全省看守所的数量也随之发生变化。主要是“地改市”期间，看守所合并或上划。如原六安地区有地区看守所、六安县看守所、县级六安市看守所共3个所，地改市后3个所合并为一个地级六安市看守所；原宿县地区有地区看守所、宿县看守所、县级宿州市看守所共3个所，地改市后3个所合并为一个地级宿州市看守所。宣城市、池州市均将原来县级宣州市、贵池市看守所上划为地级市看守所。1986年，全省设有97个看守所。2000年5月，安徽省设立亳州市，原亳县看守所改为亳州市看守所。

2005年年底，全省共有看守所89个（安徽省看守所、安庆市第二看守所、宿州市看守所、淮北市第一看守所、阜阳市第二看守所、马鞍山市第二看守所、芜湖市第二看守所等7个看守所未承担关押任务）。

基础设施建设　1986年至2005年，中央、地方财政总计向全省看守所投入基础设施建设经费4.72亿元，其中中央投资2.13亿元、地方配套投资2.59亿元。全省看守所基础设施建设分两个阶段；1986年至1997年为第一阶段，全省看守所建设经费投入较大，财政部、国家计委和地方财政总共向看守所投入建设经费3721万元，全省看守所完成迁建（新建）、扩建（改建、翻建）项目185个，维修项目335个。1998年至2005年为第二阶段，国家将监所建设项目列为国债投资重点建设项目，全省61个看守所建设项目获国家发改委批准，其中迁建、新建项目49个，扩建、改建、翻建项目12个。全省看守所共计投入建设资金4.34亿元，其中，中央预算内（国债）投资1.76亿元，地方配套投资2.59亿元。全省看守所基础设施总建筑面积26.4万平方米。

规范化建设　1990年，国务院颁布《中华人民共和国看守所条例》（以下简称《看守所条例》）。1991年，公安部制定《中华人民共和国看守所条例实施办法》，看守所及其管理工作逐步走上规范化法制化轨道。为深入贯彻执行《看守所条例》及公安部一系列配套的规章制度，省公安厅也制定若干规范性文件。如1992年下发《关于贯彻执行看守所条例及其实施办法的通知》，1994年印发《看守所留所服刑犯人回家探望的暂行规定》，1996年印发《看守所监控技术工程建设暂行规定》，1997年印发《关于犯罪嫌疑人异地关押有关问题的通知》，1998年印发《关于看守所组织在押人员劳动管理的暂行办法》等。

1997年，公安部颁布《看守所等级评定办法》，看守所率先实行等级化管理。随后，省公安厅出台《看守所等级评定办法实施细则》，对看守所各项工作、各个环节的执法活动实行全面规范化管理，变无序管理为有序管理，变被动管理为主动管理，变粗放管理为科学管理。

1998年，公安部在全国开展“严格执法、文明管理”看守所创建活动，要求依法保障在押人员的合法权益。对被关押者不得称“人犯”，而称“犯罪嫌疑人、被告人”，或统称“在押人员”；尊重在押人员人格，禁止剃光头，禁止在服装上印有“囚”“犯人”等字样和侮辱性的图案；杜绝打骂、体罚、侮辱、虐待在押人员；制定了看守所“严格执法、文明管理”八项承诺。2004年3月，全省看守所和驻所监察室积极开展了加强监管执法、加强法律监督、保障刑事诉讼法顺利进行、打击“牢头狱霸”、保障在押人员合法权益的“双加强、双保障”（加强监管执法、加强法律监督、保障刑事诉讼顺利进行、保障在押人员合法权益示范单位）活动。

管理与教育 1986年至2005年，全省看守所按照严密警戒看管与教育改造相结合的方针，牢固树立“监所安全第一”的思想，高度重视监所安全管理工作，做到警钟长鸣、居安思危。日常工作中做到严把“四关”，即入所检查关、凭证收押关、随身物品检查关和提审会见关；坚持“四查”，即日检查、周检查、每半年大检查和节日前重点检查，为确保监所安全奠定了坚实的基础。1989年4月，为进一步加强看守所安全工作，省公安厅要求看守所将安全检查工作与武警安全警卫工作进一步细化和分离，按时顺利完成武警安全工作的“内转外”工作，即监区内的安全工作由公安负责、监区外的安全工作由武警负责。同时，将经常性检查与突击性检查相结合，年终考核与年中检查相结合，明访与暗访相结合，将安全工作纳入和贯穿到监管工作的始终，常抓不懈，监管工作实行“一票否决”。1990年3月17日，《看守所条例》颁布。为贯彻落实《看守所条例》，全省各看守所更加注重教育工作。教育的目的主要是：消除看守所不安定因素，配合预审、诉讼、审判工作，防止恶性事故发生，争取在押人员家属和社会舆论支持，有利于在押人员判刑后的改造。教育方法主要是：采取理论联系实际、因人施教、以理服人、循序渐进的方法。教育的主要内容是：在押人员监规教育、入所教育、法律法规教育、权利义务教育、政策教育、理想前途教育、公民知识教育、文化知识教育、劳动技能教育和出所教育。教育形式上有：集体教育、个别教育、谈话教育。一般教育与个别教育相结合，以个别教育为主；务虚教育与务实教育相结合，以务实教育为主；言教与身教相结合，以身教为主；长远教育与现实教育相结合，以现实教育为主；面授教育与自学相结合，以自学为主。

1986年至2005年，全省看守所关押在押人员64.45万人。至2005年年底，全省看守所涌现出1个30年以上安全无事故看守所（金寨县看守所），7个20年以上安全无事故看守所（南陵县看守所、含山县看守所、界首市看守所、砀山县看守所、纵阳县看守所、太湖县看守所、岳西县看守所），21个10年以上安全无事故看守所（凤台县看守所、黄山区看守所、泾县看守所、泗县看守所、当涂县看守所、蒙城县看守所、怀远县看守所、和县看守所、广德县看守所、旌德县看守所、肥东县看守所、阜南县看守所、颍上县看守所、无为县看守所、绩溪县看守所、望江县看守所、石台县看守所、休宁县看守所、祁门县看守所、铜陵县看守所、东至县看守所）。1986年至2005年，全省看守所共发生事故309起（其中逃脱事故306起）；全省看守所成功制止逃脱、自杀等事故104起，无冻饿、中暑等事故发生。2003年“非典”期间，全省各看守所加强值班，积极筹集药品、资金、物资，改善监区卫生、通风、饮食等工作，全省未发生一例“非典”感染的在押人员死亡事故。

信息化建设与应用　2001年8月，公安部下发《监管信息系统建设试点任务书》，将安徽省列为全国首批13个省级监管信息系统建设试点单位之一。2002年3月，省公安厅成立监管信息系统建设领导小组。同年5月，省公安厅向各市公安局下发《全省公安监管信息系统建设任务书》，拨出专项经费120多万元。省财政厅在中央政法装备补助专款中为全省部分县级看守所配发了41套计算机局域网设备，总价值220余万元。2005年年底，全省83个看守所配备计算机314台，服务器79台，数码相机79台，扫描仪79台，83个看守所全部安装了管理信息系统，79个看守所组建了内部局域网，78个看守所完成接入公安网建设，80%以上的看守民警熟练掌握计算机及管理信息系统的操作使用。2005年10月10日至18日，省公安厅组织有关专家对监管信息系统硬件建设、管理保障和系统应用情况进行检查验收，全省看守所监管信息系统建设工程通过检查验收。

2004年年初，公安部要求安徽省公安机关完成上传3万条“违法犯罪人员信息”工作任务。4月20日至21日，省公安厅监管处在黄山召开全省监管支队长、科长会议，将数据采集、上传任务分解到市、落实到看守所。7月至9月，省公安厅集中开展违法犯罪人员信息数据采集、录入会战工作。全省有42个看守所圆满完成省公安厅下达的工作任务，采集上传数据近5万条，其中入库合格数据3.5余万条，提前3个月超额完成公安部下达的年度采集、上传任务，安徽数据采集上传在全国排名第六位。10月9日，公安部专门发来贺电，对安徽省提前超额完成年度违法犯罪人员数据采集上报任务表示祝贺。2004年11月5日，省公安厅召开全省公安机关“违法犯罪人员信息采集会战”

总结表彰电视电话会议，通报表彰22个先进集体和12名先进个人，分别向获奖单位和个人颁发了荣誉证书和奖金。2004年12月14日，《人民公安报》以“大会战带来大跨越”为题，宣传报道了安徽监所信息化建设及数据采集会战工作成果。

2000年至2005年，省公安厅监管处分别在合肥、阜阳、马鞍山、黄山市、黄山区连续5年举办全省监管信息技术骨干培训班5期，为各市监管部门、各看守所培训系统管理员350余人。合肥、阜阳、蚌埠等市公安监管部门还专门举办监管信息系统管理使用培训班，开展多种形式的计算机培训活动，基本实现“全员上岗、全员培训”的工作目标。

2005年年底，全省有61个看守所安装了监控设备，其中，省财政利用中央政法装备补助经费为县级看守所解决监控设备35套，26个市、县自筹经费为看守所安装了监控设备。

全省看守所关押情况统计表

表8-2　　　　单位：人

年度	上年度末结转数	本年度新收押数	本年度处理数	本年度末实有数
1986	4327	15301	14992	4636
1987	4636	16658	15216	6078
1988	6078	21478	19984	7572
1989	7572	28570	25878	10264
1990	10264	39017	28618	10399
1991	10399	28362	26988	11773
1992	11773	26417	26856	11334
1993	11334	24457	23809	11982
1994	11982	26280	24731	13531
1995	13531	24272	25164	12639
1996	12639	28781	27659	13761
1997	13761	50867	50971	13657
1998	13657	44302	43041	14918
1999	14918	50948	64493	13768
2000	13768	37369	35375	15762
2001	15762	41123	39975	16910
2002	16910	35128	33904	18134
2003	18134	28129	32831	13432
2004	13432	35751	35510	13673
2005	13673	41252	39760	15165

第二节　拘留所

新中国成立初期，全省公安机关未设置专门的拘留所，而是将违法人员关押在看守所里，与其他被监管人员分监羁押。1957年10月，根据公安部规定，安徽省开始设立拘留所。“文化大革命”期间，全省公安机关各项工作受到不同程度的冲击，已有的拘留所被撤销。被治安拘留人员除关押在看守所外，有的还被关押在强劳所、收审所，甚至关押在群众组织自设的场所。1978年，全省公安机关开始逐步恢复拘留所建制，由治安部门管理。1985年，公安部规定，各地应将逮捕、刑事拘留人犯同治安拘留人员分开关押，并下发《治安拘留所工作制度（试行）》《拘留所规则（试行）》。全省公安拘留所的设置主要是以县、市行政区划为依托设置格局。

1990年1月，公安部下发《治安拘留所管理办法》，进一步明确拘留所由市、县公安局、城市公安分局设置，公安机关的治安管理部门负责管理。1999年，省公安厅对公安监管职能进行了调整，将公安机关限制人身自由的“三所一院”（治安拘留所、收容教育所、强制戒毒所、安康医院）统一归口由监管部门管理，省公安厅监所管理处内设“三所一院”管理科，具体负责拘留所、强制隔离戒毒所、安康医院和收容教育所的业务指导工作。全省有拘留所85个，民警330余人。2005年年底，公安部下发《关于将治安拘留所更名为拘留所的通知》，全省治安拘留所统一更名为拘留所。全省有拘留所88个，启用85个，未启用3个（池州市九华山拘留所，淮南市毛集区拘留所，六安市叶集区拘留所）。启用的85个所中，大型所1个，中型所10个，小型所74个；正科级所15个，副科级所39个，股级所31个；与看守所合设的所17个。拘留所共有民警440余人。

拘留所主要职责是：依法对被决定治安拘留、行政拘留、司法拘留的人员和被拘留审查的外国人执行拘留处罚。

2003年，按照公安部统一部署，安徽省开展了拘留所“达标”活动，共评出达标治安拘留所25个。2005年，全省公安机关开展“治安拘留所规范化建设示范单位”创建活动，先后评出全国示范治安拘留所1个，全省示范治安拘留所7个，达标治安拘留所41个。

2005年年底，全省36个拘留所迁建（扩建）项目获国家发改委批准。全省拘留所共计投入建设资金8377万元，其中，中央预算内（国债）投资4548万元，地方配套投资3532万元。全省拘留所基础设施总建筑面积4.97万平方米。

第三节 其他监管场所

强制隔离戒毒所 强制隔离戒毒所是公安机关运用行政强制措施，依法对吸食、注射毒品成瘾人员在一定时期内提供科学规范的戒毒治疗，使其生理脱毒、身体康复训练、心理得到矫治，并进行卫生、法律、道德教育，职业技能培训的场所。强制隔离戒毒所的任务是：在一定时期内通过行政强制手段，坚持戒毒治疗与教育康复相结合的方针，遵循依法、严格、科学、文明管理的原则，实现管理规范化、治疗医院化、康复多样化、帮教社会化、建设标准化，对戒毒人员进行药物、心理治疗和法制、道德教育，使其戒除毒瘾。

1999年，全省有强制戒毒所4个，归口公安监所部门管理。至2005年，全省有强制戒毒所（后更名为强制隔离戒毒所）7个，均为正科级建制。其中4个所（合肥、阜阳、蚌埠、马鞍山）投入使用，有民警49人。芜湖、黄山、淮南3市强制戒毒所完成基建任务。全省7个强制戒毒所总计投入基础设施建设资金3300万元，其中，国债建设资金2210万元，地方配套资金890万元；总建筑面积25550平方米；全省强制戒毒所总设计收治容量1192人，投入使用的4个强制戒毒所有床位872张。此后，根据省委政法委文件精神，整合全省戒毒资源，没有设置公安强制隔离戒毒所的地方或者公安强制隔离戒毒所设置不规范的地方可以将强制隔离戒毒人员投送到司法机关管辖的强制隔离戒毒所（设置在南湖），全省仍在使用的强制隔离戒毒所仅有3个。

安康医院 安康医院是根据社会治安管理的需要，由普通精神病医院逐渐演变而来的。其工作职能是：对收治住院的危害社会的精神病人进行强制性管理，对精神病人进行医疗，开展精神疾病司法鉴定工作，开展精神卫生心理咨询和心理检测工作，开展戒毒工作，配合开展精神疾病社区防治工作，开展对其他强制羁押场所对象的医疗服务工作。工作方针是：依法管理，科学治疗，管治结合，维护治安。

新中国成立初期，由于精神病医院数量很少，有关部门对精神病人也没有采取有效的管理措施，因而许多精神病人得不到应有的治疗与管理，致使一部分精神病人游荡街头，肇事肇祸，影响社会治安和稳定。在较长一段时间里，各级政府对精神病人采取了收容、教育和家属管束的办法，即公安机关将流散在社会上的精神病人收容起来，然后视情况分别处置。对有家庭并能约束管理的，交给其家属严令管束；能收治的，送进医院治疗；无家可归的，则交给民政救济部门管理。1985年，卫生部、民政部、公安部专门召开全国第一次精神病防治工作会议，提出由卫生、民政、公安部门分别建立收治扰乱社会治安、肇事肇祸精神病人的场所。一些地方的卫生和民政部门针对精神病人不断行凶闹事，扰乱社会秩序，危害公共安全且对社会治安和社会稳定造成影响的情况，逐步加强了对危害社会治安的精神病人的管理和治疗工作，建立了专门收治肇事肇祸精神病人的场所。一类归卫生部门管理，称精神病院；一类由民政部门管理，称精神病疗养院。后根据工作需要，这些场所逐步转向以公安机关管理为主，有的地方公安机关还组建了精神病管治院或精神病管理诊疗所。1986年10月，卫生部、民政部、公安部联合召开全国第二次精神卫生工作会议，会议提出将精神卫生工作纳入社会主义精神文明建设的范畴，将精神卫生事业纳入有关部门和地方的事业发展规划，并予以财政支持；开展精神卫生立法和司法鉴定以及加强对精神病人的管治工作；成立由公安机关管理的强制收治精神病人的安康医院。

1987年12月，全国公安机关第一次精神病管治工作会议在天津召开。根据会议精神，合肥市精神病收容管理所更名为合肥市公安局安康医院，科级建制，事业编制15名。

1998年11月，公安部决定将安康医院的业务工作由公安机关治安部门划归监管部门统一归口管理和指导。

2003年，安康医院迁建至合肥市双凤工业区，占地40亩，设计床位300张，建筑面积1.3万平方米。内设综合科、医务科、护理科、门诊部4个职能科室。

收容审查所 1975年，根据国务院文件精神，公安机关设置收容审查所，收容审查对象为流窜犯。安徽省共设16个收审所，由刑侦部门管理。1978年，公安部明确收容审查范围，即“只能收容现行的流窜犯罪分子、重大的流窜犯罪嫌疑分子、为流窜犯提供落脚点、销赃的窝主、逃避监督改造、流窜作案的四类分子，以及逃跑的劳改犯、劳教分子和通缉犯”。1980年，国务院规定将收容审查交劳动教养部门管理。规定收容审查对象只限于两种人：一是有轻微违法犯罪行为又不讲真实姓名、住址，来历不明的人；二是有轻微违法犯罪行为又有流窜作案、多次作案、结伙作案嫌疑，需要收容审查查清罪行的人。1983年，公安部决定，自1984年1月1日起，收容审查所交由公安机关预审部门领导。按照要求，全省收容审查所统一移交归公安预审部门管理。当年，全省有收容审查所16个。1985年，根据公安部《关于整顿收审所的通知》精神，省公安厅在全省部署整顿收审所工作，大部分收容审查所面貌有了改观，逐步正规化、制度化。

1996年，省公安厅下发《关于进一步做好收审所改为看守所的有关问题的通知》。年底，全省16个收容审查所全部改为看守所（大多数地市改为第二看守所）。

全省收容审查情况统计表

表8-3　　　　　　　　　　　　　　　　　　　　　　　　　　　　单位：人

年度	上年度末结转数	本年度新关押数	本年度处理数	本年度末实有数
1986	1513	13950	14019	1444
1987	1444	16002	15471	1975
1988	1975	22820	21001	3794
1989	3794	35779	34679	4894
1990	4894	31262	32453	3703
1991	3703	30298	29393	4608
1992	4608	27204	27728	4084
1993	4084	26605	26571	4120
1994	4120	28593	28836	3877
1995	3877	22590	22247	4220
1996	4220	20055	24087	188

拘役所　1979年，《中华人民共和国刑法》将“拘役”设立为刑罚的一种，公安部在《关于管制、拘役、缓刑、假释、监视居住的具体执行办法的通知》中要求：“公安机关对人民法院判处拘役的罪犯，有条件建立拘役所的放在拘役所执行”。1979年年底，安徽省在每个地、市建立1个拘役所。

2005年，公安部下发《关于做好撤销拘役所有关工作的通知》，主要原因是被判处拘役罪犯的数量相对较少，单独设置拘役所难以形成关押规模，致使拘役所普遍以关押留所服刑罪犯为主，名不符实，因此决定撤销拘役所。

第四节　深挖犯罪

公安监所深挖犯罪工作是公安监管部门及其民警通过对被监管人员进行管理、教育、感化，获取犯罪线索，查明犯罪事实、破案追逃的专门工作。1997年前，由预审部门承担深挖线索、挤清余罪的职能。1997年“侦审合一”改革后，深挖犯罪工作一度受到影响。

1996年，省公安厅下发《关于增强“严打”力度加强预审破案和“两所”政治攻势的通知》，部署在看守所、收审所开展深挖犯罪工作。

1997年，侦查与预审合并，监所深挖犯罪职能主要是深挖线索，传递给侦查部门查证。

1998年6月18日，省公安厅下发《关于全省看守所积极参与夏季治安整治斗争有关问题的通知》，部署在全省看守所开展深挖犯罪工作。

2001年4月，省公安厅印发《关于建立看守所深挖犯罪机制的暂行规定》，对犯罪线索的收集、转递、查证、反馈、奖励等作出了具体规定。2002年，安徽省公安厅成立看守所深挖犯罪工作领导小组。各市、县公安局也成立了以“一把手”为组长的领导小组，并制定实施方案。同年，阜南县看守所、蚌埠市看守所、宿州市埇桥区第二看守所被公安部授予“全国公安监管战线深挖犯罪先进集体”称号，3名民警被公安部评为“深挖犯罪能手”。

2002年4月至12月，全省各级公安机关及所辖看守所按照公安部和省公安厅的统一部署，充分发挥看守所惩罚犯罪“第二战场”职能作用，集中开展深挖犯罪工作。12月，省公安厅政治部下发《关于表彰全省看守所集中开展深挖犯罪工作先进集体、先进个人的决定》，全省16个单位被评为“全省看守所集中开展深挖犯罪工作先进集体”，10名民警被评为“全省看守所集中开展深挖犯罪工作先进个人”。

2004年10月，省公安厅印发《安徽省公安机关深挖犯罪奖励办法》，对深挖犯罪工作的奖励范围、奖励标准、奖励办法、经费来源、奖励报批程序作出明确规定。

2005年10月7日，省公安厅政治部下发《关于表彰全省公安监管系统深挖犯罪工作先进集体和先进个人的决定》，表彰6个单位为“全省公安监管系统深挖犯罪工作先进集体”，6名监管民警为“全省公安监管系统深挖犯罪工作先进个人”。

全省监管场所深挖犯罪统计表

表8-4

年度	提供线索（条）	破获刑事案件（件）	抓获犯罪嫌疑人（人）
2001	3436	770	487
2002	3748	882	306
2003	1998	585	—
2004	2786	706	168
2005	2172	708	178

第五节　先进监管场所和重大事故选记

先进监管场所

凤台县看守所　1948年9月，设立凤台县看守所，所址位于凤台县城古城菜市场附近。1989年至2005年，连续17年安全无事故。1997年，在全国看守所实行等级评定中，凤台县看守所被评为三级所。1998年被评为二级所。2001年被评为全国一级看守所，并连续五年获此殊荣。该所先后荣立集体二等功3次，集体三等功2次，先后涌现出全国优秀人民警察、个人一等功等一批先进个人。该所高度重视科技应用对监管工作的促进作用。1992年，该所安装了监控、广播、电视设备；1998年，安装了全方位多媒体监控、红外线周界报警；1999年，开始将计算机应用于日常管理；2001年，在全省第一批次使用看守所管理信息系统；2003年，在全省违法犯罪信息采集会战中获得先进单位；2004年，接入公安网，安装了在押人员报告装置、民警巡更系统。该所管理严格，所内各项工作、各个岗位、各个环节都制定有十分严密的规章制度，真正做到“制度恢恢，疏而不漏”。民警纪律作风过硬，坚持按规章制度办事，多年来没有一人违法违纪。1999年，该所推行在押人员准军事化管理。2003年，此种监管模式在全省监管工作会议上被推广。该所实行人性化管理，坚持把在押人员当“人”看，坚决禁止打骂体罚、侮辱人格和滥用警戒具等行为；专门开设少年、妇女和老弱病残人员监房，对特殊对象进行特殊帮教和管理；在饮食上保证在押人员“吃足，吃熟，吃得卫生”；在医疗服务上保证在押人员有病得到及时治疗。

金寨县看守所　1974年，设置金寨县看守所。1988年新建的看守所位于县城梅山镇西南高山巷，占地面积2000多平方米，属山区小型看守所。该所看守民警视忠诚为警魂，以安全为天职，在条件简陋、环境艰苦、岗位清贫的看守工作岗位上，实现看守目标35年安全无事故。1997年，该所抢抓机遇，迎难而上，以等级管理为主线，以《看守所民警执勤行为规范》为标准，改革勤务模式，创新警务机制，提高队伍素质，抓基层、打基础、苦练基本功，形成了独具特色的“管教并举促发展、双轨运行保安全”的管理模式。该所荣立集体一等功1次，集体二等功2次。2002年，该所被省政府授予“先进集体”称号。至2005年年底，该所8次被评为全国一级看守所。31年间，该所始终将监管安全作为核心问题，采取各种措施将安全落实到监管工作的各个环节，做到安全之钟长鸣，安全之弦紧绷，确保看守目标万无一失。主要做法是：其一，打牢头，树正风。该所始终实行面对面直接管理，始终保持对牢头狱霸露头就打的高压态势，使牢头狱霸行为没有释放邪恶的机会和空间。其二，把“五关”，促规范。严把收押关、跟踪考察关、检查关、监区出入关、生活保障关，形成规范有序、固若金汤的安全保障体系，最大限度地挤压危及安全的空间。其三，抓教育，重人性。坚持以人为本，宜时宜人施教，形成“人、理、情、合”四字教育模式，有效地消除了在押人员躁动心理，唤醒其理性回归，确保安全。“人”即尊重人格，注重人性，因人施教；“理”即言之以理，晓之以法，以理施教；“情”即真情感化，情为石开，以情促转；“合”即动用一切可动用力量，调动一切可调动因素，形成合力，求教育效果最大化。

淮北市拘留所 1998年，设立淮北市拘留所，所址位于淮北市相山脚下，年收拘约1500人。该所于2002年、2003年、2004年、2005年连续4年被省公安厅评为达标单位；2004年，该所被省公安厅评为全省拘留所示范单位，并荣立集体二等功；2005年7月，该所党支部被市公安局党委授予“基层先进党组织”荣誉称号；2005年9月，全省拘留所示范单位现场会介绍和推广了淮北市拘留所的创建经验；2005年，该所被公安部评定为全国拘留所规范化建设示范单位；同年，被省公安厅评为全省优秀基层单位。实现连续8年安全无事故。该所在对被拘留人员教育转化上作了探索和尝试，开展“四会”工作：训话会，精心准备训词，对拘留人员进行训诫；认错会，定期召开被拘留人员认错会，增强和检验教育效果；宣誓会，拟定《被拘留人员誓词》，每周组织一次拘留人员列队面对国旗，举手庄严宣誓；讲评会，每天早晨交接班前，组织全体拘留人员在操场上对被拘留人员的表现、学习、劳动、守纪情况进行讲评；同时，开展文艺帮教演出活动，向“感动中国人物”和“全国道德模范人物”学习活动。拘留人员回归社会后，重新违法的大大减少，经回访改好率达99.3%。该所规范“管理关”，大力推行精细化管理，在加强被拘留人员行为规范、一日生活制度、入出所等各项管理措施的同时，突出人性化管理，保障被拘留人员的合法权益，把善待被拘留人员作为建设和谐拘留所、和谐社会的重要组成部分，做好感化、挽救工作。开通亲情电话、亲情餐厅、周三会见日、每月一次警察公共关系实践开放日活动，多层次多形式地做好被拘留人员的思想转化工作，营造和谐氛围。对有病的被拘留人员及时医治，安排食堂做好病号饭；对有思想问题的进行有针对性的个别谈话教育；对没有被褥和生活用品的设法帮助解决；对个别没有路费回家的发放路费；管教民警不厌其烦地帮助被拘留的聋哑人与亲友打电话联系，学习用哑语手势或用文字交流方式进行沟通。以上做法被公安部以《普法育德的特殊学校》在互联网“中国警务报道”专栏予以介绍。

临泉县拘留所 1979年，设立临泉县公安局行政拘留所，所址位于县轮窑厂。2005年5月16日，新建成的拘留所投入使用，所址位于临泉县田桥经济开发区，占地1.32万平方米，总建筑面积2600平方米。该所是一个布局合理、设计规范、设施先进、功能齐全、美观适用的现代化拘留所，由拘留区、办公区、生活区和生产区等区域组成。该所先后26次立功受奖。其中，1998年、2005年两次荣立集体三等功；2002年，被省政府妇女“巾帼建功”领导小组授予“全省巾帼文明示范岗”；2005年，被省公安厅授予“全省拘留所规范化建设示范单位”。该所对被拘留人员信息实行微机化管理，民警每天为被拘留人员上法制教育课，生活中从每件小事做起，体贴、关心被拘留人员，让他们感受到政府的温暖，引导他们回归社会后做一名守法公民。该所严格执行有关法律、法规，坚持依法、科学、文明管理，把好入所、出所关，按照《拘留所管理条例》有关规定，认真履行登记手续。入所后，按照《被拘留人员行为规范》的要求，规范被拘留人员的言行，落实《行拘人员一日生活学习制度》，确保拘留所的管理教育规范化、制度化、科学化。

重大事故选记

淮南市看守所重大脱逃事故 1989年12月2日2时30分，淮南市看守所3号监房的杀人犯杨某、流氓伤害犯邹某、抢劫犯唐某、盗窃犯朱某等4人从监房楼顶翻墙脱逃。随后，4名脱逃嫌疑人分别被抓获。

宿松县看守所重大脱逃事故 1994年12月28日，宿松县看守所分发早餐时，发现关押在10号监房的12名人犯（其中逮捕8名，收审4名）全部脱逃。经查，10号监房的睡铺下面，墙角及卫生间堆有大量泥土、砖块，一条长达6.5米的地道通向监外，现场留有铁锹、铜钎、细钢条及手电筒、电池、蜡烛等用于挖洞、照明的作案工具。1995年3月30日，9名案犯被缉捕归案。

六安市公安局第二看守所重大脱逃事故 1996年9月28日2时15分，六安市公安局第二看守所一号监房4名在押犯挖洞集体脱逃。10月2日21时40分，4名逃犯全部被抓获归案。

第九章 法制与信访

第一节 法制工作

新中国成立之初，中央人民政府先后制定和颁布了一系列有关公安工作的法律、法令，为建立和发展公安法制工作奠定了基础。在此时期，安徽省公安厅根据当时斗争形势的需要，发布了一些规范性文件，初步构建起安徽省公安法规体系。社会主义建设初期，全国人大常委会先后制定并颁布了《中华人民共和国逮捕拘留条例》《中华人民共和国人民警察条例》《中华人民共和国治安管理处罚条例》。1957年8月，经全国人大常委会批准，国务院颁布了《关于劳动教养问题的决定》。另外，国务院和公安部也先后制定、颁布了一些有关公安工作的行政法规和部门规章。安徽省公安机关以行政法规和部门规章为依据，建立健全各项规章制度，严厉打击刑事犯罪，重点整顿治安秩序，为安徽省政治、经济、文化建设创造了稳定的政治和治安环境，取得了良好的效果。“文化大革命”时期，许多公安法规被诬蔑为“反动制度”而被加以否定，各种规章制度被视为“资本主义‘管、卡、压’的反动枷锁”而被砸烂。直至中共十一届三中全会召开，社会主义民主法制建设逐步加强，有法可依、有法必依、执法必严、违法必究的要求明确提出，安徽省公安法制工作随之逐步建立健全。

1988年8月，省公安厅恢复成立法律政策研究室，主管全省公安法制工作。主要任务是与各业务部门密切配合，围绕公安机关的中心工作，开展法制调查研究，组织执法监督检查。

1992年11月，在法律政策研究室的基础上，正式成立省公安厅法制处。法制处主要职责任务是：负责执法监督检查；负责省公安厅行政案件应诉和公安行政诉讼业务指导；地方性公安法规的拟制；清理汇编公安法规；指导劳动教养审批、复查工作等。全省各市、县公安机关也逐步建立健全了法制机构。

1993年，省公安厅制定下发《安徽省公安机关法制部门职责范围暂行规定》，安徽省公安法制工作迈入了全面发展的新阶段。

地方公安法规拟制

参与起草地方性法规 1986年至2005年，省公安厅起草并协助省人民政府提请立

法机关制定颁布公安法规7件，分别是：1986年，省公安厅起草并协助省政府提请立法机关制定《安徽省禁止赌博条例》，1986年3月1日安徽省第六届人民代表大会常务委员会第二十次会议通过，1989年1月28日安徽省第七届人民代表大会常务委员会第八次会议修改，2010年8月21日安徽省第十一届人民代表大会常务委员会第二十次会议决定废止。1990年，省公安厅起草并协助省政府提请立法机关制定《安徽省实施〈中华人民共和国集会游行示威法〉办法》，1990年4月13日安徽省第七届人民代表大会常务委员会第十六次会议通过。1995年，省公安厅起草并协助省政府提请立法机关制定《安徽省劳动教养实施条例》，1995年4月24日安徽省第八届人民代表大会常务委员会第十六次会议通过，1995年6月22日安徽省第八届人民代表大会常务委员会第十七次会议修改。1996年，省公安厅起草并协助省政府提请立法机关制定《安徽省乡镇治安联防队管理条例》，1996年5月31日安徽省第八届人民代表大会常务委员会第二十四次会议通过。1999年，省公安厅起草并协助省政府提请立法机关制定《安徽省实施〈中华人民共和国消防法〉办法》，1999年8月1日安徽省第九届人民代表大会常务委员会第十一次会议通过，2004年6月26日安徽省第十届人民代表大会常务委员会第十次会议修订。2003年，省公安厅起草并协助省政府提请立法机关制定《安徽省禁毒条例》，2003年8月23日安徽省第十届人民代表大会常务委员会第四次会议通过。2005年，省公安厅起草并协助省政府提请立法机关制定《安徽省实施〈中华人民共和国道路交通安全法〉办法》，2005年10月21日安徽省第十届人民代表大会常务委员会第十九次会议通过。

拟制地方政府规章　1987年，省公安厅协助省政府起草制定《安徽省企事业单位安全保卫责任制暂行办法》，1987年6月26日颁布实施。1989年，省公安厅协助省政府起草制定《安徽省道路交通管理实施办法》，1989年10月21日安徽省人民政府令第10号发布，2004年8月2日安徽省人民政府令第172号宣布废止。1993年，省公安厅协助省政府起草制定《安徽省预防和控制计算机病毒管理暂行办法》，1993年9月16日施行。1993年，省公安厅协助省政府起草制定《安徽省消防管理办法》，1993年4月16日安徽省人民政府令第43号发布，2001年12月28日安徽省人民政府令第137号宣布废止。1995年，省公安厅协助省政府起草制定《安徽省〈道路交通事故处理办法〉实施细则》，1995年10月26日安徽省人民政府令第67号发布，2008年4月22日废止。1997年，省公安厅协助省政府起草制定《安徽省暂住人口治安管理办法》，1997年1月12日省政府发布，2008年4月3日省人民政府第4次常务会议修改，2013年3月1日废止。2003年，省公安厅协助省政府起草制定《安徽省道路交通违章行为处罚办法》，2003年11月15日省政府发布，2007年5月1日废止。2005年，省公安厅协助省政府起草制定《安徽省企业事业单位内部治安保卫办法》，2005年11月9日省人民政府第28次常务会议讨论通过。

公安内部执法制度建设　全省公安机关在加强公安法规建设的同时，还结合自身工作实际，制定出台了大量执法制度规范。

1995年12月，省公安厅制定下发《安徽省公安机关内部执法监督工作暂行规定》《安徽省公安机关人民警察错案责任追究暂行规定》《安徽省公安机关办理国家赔偿案件暂行规定》。1999年10月，省公安厅制定下发《安徽省县级公安机关执法质量考评办法》。2002年1月，省公安厅制定下发《安徽省公安机关办理治安案件暂行规定》。2002年1月，省公安厅制定下发《安徽省公安机关办理劳动教养案件规定》。2002年7月，省公安厅制定下发《安徽省公安机关落实执法过错责任追究实施意见》。2003年5月，省公安厅制定下发《安徽省公安机关值班备勤制度》。2003年6月，省公安厅制定下发《安徽省公安机关办理毒品案件有关问题的规定》。2003年7月，省公安厅制定下发《看守所安全工作若干规定（试行）》。2003年8月，省公安厅制定下发《治安拘留所安全管理工作规定（试行）》。2005年6月，省公安厅制定下发《关于办理故意伤害案（轻伤）若干问题的意见》。

法规清理　1986年11月，省公安厅开展全省公安法规清理工作。清理范围：一是省人大和人大常委会制定和颁布的与公安工作有关的地方性法规。二是省人民政府及省人民政府所在地的市人民政府制定的与公安工作有关的规章（实施细则、办法、规则、通告等）。三是经省人民政府及省人民政府所在地的市人民政府批准，以公安机关名义发布或者以公安机关与其他部门联合发布的各种规章（实施细则、办法、规则、通告等）。清理步骤：第一步，清理中共十一届三中全会以来制定、发布的地方性法规和规章；第二步，在年底前把新中国成立以来、中共十一届三中全会以前制定、发布的地方性法规和规章清理出来，对继续有效的汇集成册并收集上报，需要修改的提交修改，已经失去效力的宣布废止。

1990年6月12日，省公安厅下发《关于清理规范性文件的通知》，对1949年至1988年的有关地方行政法规和规范性文件进行清理，共清理出规范性文件289件，并对省政府办公厅交办的36件地方性法规、规章、规范性文件按时提出审理意见。

1992年7月，省公安厅重点清理1988年至1992年间的公安法规文件，共清理出各类法规、规范性文件379件（新中国成立初期至1992年），其中拟继续适用的270件，拟失效、废止的109件。清理的内容集中在出入境管理、交通管理、社会治安管理、户籍管理等方面，以治安管理方面最多，约占61%。

2005年，省公安厅对厅机关制定出台的执法制度进行收集、清理，共清理各类规范性文件100余件，组织汇编《安徽省公安机关执法制度汇编（一）》。之后，建立了执法制度定期清理制度。

第二节　行政复议与应诉、国家赔偿

行政复议　1987年1月，《中华人民共和国治安管理处罚条例》实施，公安机关开始行政复议工作，当时只限于治安案件。

1991年，《中华人民共和国行政复议条例》实施，对申请复议范围、复议管辖、复议机构、复议参加人、申请与受理、审理与决定、期间与送达、法律责任等作出具体规定。

1999年，《中华人民共和国行政复议法》正式颁布实施。省公安厅下发《关于贯彻〈中华人民共和国行政复议法〉有关问题的通知》，确定由公安法制部门依法办理公安机关的有关行政复议事项，公安机关的其他业务部门不再承办行政复议案件。同时，进一步调整充实法制部门的力量，有条件的地方在法制部门设置复议机构，专司行政复议工作。根据《中华人民共和国行政复议法》的规定，省公安厅直接承办的行政复议案件范围进一步扩大，包括公民、法人或其他组织对行政处罚决定不服提出的复议案件，以及省政府劳动教养管理委员会的复议案件等，复议案件数量大幅增加。对此，省公安厅积极争取省政府行政复议专项经费60万元，省政府将行政复议工作的专项经费列入正常财政预算立项，为行政复议工作提供了充分的经费保证。

2000年，全省公安机关受理行政复议案件1490件，办结行政复议案件1476件，其中：维持798件、撤销352件、变更119件、撤回复议申请205件、限期履行2件。在复议案件中，因不服治安拘留或罚款提出复议的分别为532件和284件；复议作出撤销原决定的181件；经复议后提件行政诉讼的121件。

2001年4月23日，省公安厅发出《关于开展行政复议法贯彻实施情况检查的通知》，对进一步加强行政复议法宣传和学习培训，完善行政复议工作制度，加强复议机构建设，充实复议工作人员，规范行政复议案件办理程序，积极争取复议经费等项工作提出明确要求。

2003年4月2日，省公安厅转发公安部《公安机关办理行政复议案件程序规定》，并结合安徽省公安机关实际提出贯彻意见。主要包括：严格贯彻执行《公安机关办理行政复议案件程序规定》，依法复议，确保严格公正文明执法；抓好学习培训，使从事公安行政管理和行政复议工作的民警全面掌握公安行政复议案件的办案程序，熟练运用；依据《公安机关办理行政复议案件程序规定》确定公安行政复议案件的管辖。其中，对公安交通管理机构下设的公安交通警察支队、大队作出的具体行政行为不服的，由其上一级公安交通管理机构负责复议，各市公安机关根据《公安机关办理行政复议案件程序规定》，及时将不服公安交通管理机构具体行政行为的复议案件转由业务部门管辖，公安机关法制机构不再受理。严把案件事实关、证据关、程序关、法律关和量罚关，确保复议案件质量，对不按规定办理行政复议案件，存在执法过错的，严格追究有关人员的执法过错责任。

2003年4月16日至19日，省公安厅召开全省公安行政复议工作会议，并举办部分县（分）局提高执法质量局长培训班。会上传达贯彻公安部行政复议工作会议精神，总结全省10年来行政复议工作。会议结合全省公安行政复议工作实际，决定成立安徽省公安厅行政复议办公室，挂牌厅法制处，在法制处增设行政复议科，负责审议全省行政复议案件，指导全省公安行政复议工作。各市、县、区公安局（分局）也设立相应的行政复议机构，负责本地区的公安行政复议工作。

全省公安机关行政复议案件简明统计表

表9-1 单位：件

年度	新受理							复议机关			复议结果													
	合计	治安	交通	消防	出入境	法制	其他	省级公安机关	地级公安机关	县级公安机关	合计	维持	撤销或确认违法								变更	限期履行	驳回申请	撤回申请
													小计	事实不清证据不足	适用依据错误	违反程序	超越或滥用职权	行政行为不当	限期重作	不提交依据				
1991	844	844	—	—	—	—	—	—	—	—	823	392	204	—	—	—	—	—	—	—	114	—	—	113
1992	807	713	4	—	—	—	90	—	—	—	806	419	169	—	—	—	—	—	—	—	103	1	—	114
1993	670	614	13	—	—	—	35	—	—	—	596	313	128	—	—	—	—	—	—	—	75	2	—	78
1994	717	700	8	1	—	—	9	—	—	—	697	377	141	—	—	—	—	—	—	—	76	1	—	102
1995	785	758	6	—	1	—	20	—	—	—	778	405	165	—	—	—	—	—	—	—	78	5	—	125
1996	226	221	2	—	—	1	2	16	210	—	230	119	71	30	5	4	—	4	27	—	17	—	—	23
1997	936	899	12	—	—	6	19	—	908	28	913	461	264	113	33	19	6	16	77	—	82	1	—	105
1998	1147	1110	22	—	—	31	2	3	1116	46	1145	617	289	99	28	31	6	12	113	—	100	—	—	139
1999	1298	1194	19	1	—	71	13	6	1271	21	1291	690	374	133	22	30	6	28	155	—	79	5	—	143
2000	939	817	58	2	—	56	6	1	865	73	915	518	181	90	19	24	3	4	39	2	82	1	—	133
2001	955	744	37	—	—	73	2	7	791	62	867	536	94	36	13	15	1	10	18	1	67	3	—	167
2002	729	713	82	—	—	31	2	—	828	3	798	489	22	41	6	15	1	6	3	—	67	—	—	170
2003	727	635	38	—	—	54	—	—	702	25	727	427	36	17	5	5	—	1	8	—	67	—	2	195
2004	707	535	67	—	—	99	6	—	615	92	686	427	40	25	—	3	—	3	9	—	50	2	—	167
2005	1029	621	267	1	1	138	1	54	947	82	1089	838	22	8	6	5	—	1	8	—	48	2	—	8

行政诉讼　《中华人民共和国行政诉讼法》颁布前，全省各级公安机关的法制部门承担着涉及本部门行政诉讼案件的应诉工作，应诉范围仅为单一的治安案件，涉及《安徽省高级人民法院关于审理治安行政案件的试行意见》《安徽省禁止赌博条例》和《合肥市文化市场管理办法》3件公安法规和规章。1989年4月4日，《中华人民共和国行政诉讼法》颁布以后，公民、法人或者其他组织认为行政机关和行政机关工作人员的具体行政行为侵犯其合法权益，有权依法向人民法院提起诉讼。公安行政诉讼的受案范围从单一的治安案件扩大到不服颁发、吊销许可证、执照，没收财物，劳教，收审，不作为等行政行为的案件。

1989年2月3日，省公安厅下发《关于调查公安行政诉讼有关情况的通知》，在全省组织开展深入调研，全面了解掌握全省公安机关行政诉讼基本情况，并于同年9月28日向公安部法制局报送《安徽省公安行政诉讼有关情况的调查报告》。报告对容易引起行政诉讼的行政处罚进行了深入分析。最容易引起行政诉讼的有：因民事纠纷引起的违反治安管理而给予的治安拘留；妨害执行公务和轻微伤害案件；因赌博等而受治安处罚没收财物、罚款数额较大的案件。

1989年9月7日，省公安厅转发公安部《关于认真做好〈行政诉讼法〉实施前准备工作的通知》，要求认真组织广大民警学习《中华人民共和国行政诉讼法》，抓紧建立公安法制机构，配备、充实法制工作干部。至1993年10月1日，全省17个地市公安机关都组建了法制机构，113个县级公安机关中有93个建立了法制科（股）；蚌埠铁路、安庆石化、省民航公安处和铜陵、安庆市公安局交警支队也设立了法制机构，配备法制干部305名；没有设立法制机构的单位，也都配备专职、兼职法制员。

1990年3月13日，省公安厅发出《关于收集公安行政诉讼案例的通知》，对15个行政诉讼典型案例的成功经验与失败教训进行分析、点评并汇编成册，供广大民警学习参考。

1990年11月17日，省公安厅转发公安部《关于公安机关贯彻实施〈行政诉讼法〉若干问题的通知》，对执行地方规范性文件问题，劳动教养的审批依据和复查问题，收容审查的审批依据和复议问题，强制戒毒的依据和复议问题，收容教育卖淫妇女嫖娼人员的依据和复议问题，省级公安机关作出的具体行政行为的复议问题，委托出庭应诉问题，铁道、交通、民航、林业公安机关复议问题，设在企业单位的公安机构行政复议问题，安全答复、履行职责及颁发许可证或执照问题，治安管理中当场处罚的使用问题，违反治安管理行为造成损失或者伤害的处理问题，公安机关的业务部门行使公安机关行政裁决权问题，公安机关行政执法中的法律文书的制作问题，公安派出所参与行政诉讼问题，公安机关重新裁决问题，纠正已发生法律效力的错误裁决问题，公安机关依法履行法定职责问题进行了明确。

自《中华人民共和国行政复议条例》《中华人民共和国行政诉讼法》实施至1991年8月，全省受理应诉案件149件。为提高案件质量，各地均开展案件评查活动。如潜山县公安局法制科配合有关部门对案件卷宗进行检查，合格、基本合格和不合格的比例为10%、60%和30%；宿县行署公安处法制科对17件行政案件进行审核，认为应当给予刑事处罚的3件，变更的3件，撤销的5件。

全省公安机关行政诉讼案件统计表

表9-2 单位：件

年度	上诉人				涉及部门				诉讼结果			
	合计	相对人一审原告	公安机关一审被告	一审第三人	治安	交通	法制	其他	合计	胜诉	败诉	其他
1992	33	23	8	2	29	2	—	2	24	13	8	3
1993	31	20	11	—	29	—	—	2	20	13	6	1
1994	41	27	14	—	41	—	—	—	26	19	4	3
1995	40	19	21	—	40	—	—	—	29	15	12	2
1997	24	19	5	—	22	—	—	2	19	12	4	3
1998	17	15	2	—	13	1	—	—	17	9	5	3
1999	27	23	4	—	25	2	—	—	22	10	7	5
2000	24	13	11	—	18	—	4	2	16	9	3	4
2001	37	30	5	2	32	1	2	2	36	28	6	2
2003	27	20	7	—	25	1	1	—	30	21	4	5
2004	50	39	5	6	33	2	6	9	43	31	4	7
2005	9	8	1	—	8	—	1	—	16	15	1	—

国家赔偿 1994年7月28日，省公安厅转发《公安部关于认真做好实施〈中华人民共和国国家赔偿法〉准备工作的通知》，并提出具体贯彻要求。10月5日，省公安厅下发《关于认真落实〈国家赔偿法〉实施准备工作的通知》，并于11月7日至8日在淮北市召开了《国家赔偿法》实施准备工作片会。11月14日，省公安厅下发《关于对〈国家赔偿法〉实施准备工作开展检查的通知》，对全省贯彻《国家赔偿法》的准备工作开展检查。

1995年1月1日，《中华人民共和国国家赔偿法》正式施行。2月28日至3月3日，省公安厅法制处在合肥市召开《国家赔偿案件理赔程序规定》讨论会。3月30日，省公安厅转发《公安部关于公安机关贯彻实施〈国家赔偿法〉有关问题的通知》。12月20日，为规范全省公安机关办理国家赔偿案件程序，切实做好理赔工作，根据《中华人民共和国国家赔偿法》《中华人民共和国人民警察法》及其他有关法律、法规规定，结合安徽省实际，省公安厅制定出台《安徽省公安机关办理国家赔偿案件程序规定》。

1998年7月14日，省公安厅法制处对《关于不服裁决赔偿损失或者负担医疗费用的申诉期限问题的请示》作出批复，确定治安案件的当事人不服公安机关做出的赔偿损失、负担医疗费用裁决的，应当告知当事人到人民法院民事起诉，公安机关不予复查。

全省公安机关赔偿案件统计表

表9–3　　　　单位：件、万元

年度	合计		地级公安机关		县（市区）级公安机关		刑侦		治安		交警		派出所		其他		赔偿金	返还财物
	件	万元	件	万元	件	万元	件	万元	件	万元	件	万元	件	万元	件	万元	万元	万元
1997	5	17.53	—	—	5	17.53	1	2.2	1	0.33	—	—	3	15	—	—	17.53	—
1998	18	15.36	1	0.7	17	14.66	6	2.79	—	—	1	2.24	7	9.09	4	1.24	15.36	0.21
1999	12	121.5	1	0.73	11	120.8	5	10.7	1	7	2	37.68	3	65.4	1	0.73	121.5	—
2000	7	8.41	3	1.16	4	7.25	3	6.95	—	—	—	—	1	0.3	3	1.16	7.61	0.8
2001	3	11.05	—	—	3	11.05	1	6.9	—	—	—	—	1	0.5	1	4.1	11.05	—

第三节　劳动教养与少年收容教养

劳动教养　劳动教养是对被决定劳动教养的人实行强制性教育改造的行政措施。1984年10月11日，劳动教养工作划归省司法厅管理后，省政府决定调整省人民政府劳动教养管理委员会成员，办公室设立在司法厅，负责处理日常工作。劳动教养审批办公室设立在省公安厅，负责审查批准需要劳动教养的人员。

1986年11月21日，政府机构改革。省政府将省劳动教养管理委员会作为非常设机构予以撤销。

1987年7月27日，省人民政府同意恢复省劳动教养管理委员会。

1993年5月，省人民政府劳动教养管理委员会审批办公室工作业务划归省公安厅法制处管理，一个机构、两块牌子。6月22日，省公安厅召开全省劳教审批工作座谈会，就近几年来安徽省劳教批准数持续下降的原因及如何准确、充分地运用劳教手段维护社会治安，进一步做好劳教审批工作等问题进行研究和探讨。

1995年4月24日，省第八届人民代表大会常务委员会第十六次会议通过《安徽省劳动教养实施条例》。这是中国第一部关于劳动教养方面的地方性法规。《条例》规定：年满16周岁以上（含16周岁）的人，有符合国家法律、法规规定劳动教养条件的；违反治安管理，受到2次治安拘留后，3年内又有应予治安拘留的新的违法行为的；违法行为已构成犯罪，但情节轻微，尚不够刑事处罚或依法不追究刑事责任的；人民检察院免予起诉、人民法院免除刑事处罚并且符合劳动教养条件的，应当收容劳动教养，其审批机构设在公安部门，其管理机构设在司法行政部门。省辖市公安分局、县（市）公安局的业务部门和公安派出所，是基层办案单位，负责劳动教养案件的调查取证工作。省辖市公安分局、县（市）公安局是呈报单位，负责劳动教养案件的呈报工作。对需要劳动教养的人，办案单位必须查明违法犯罪事实，取得确实充分的证据，经省辖市公安分局、县（市）公安局审核后，报省辖市、行署劳动教养管理委员会审批。8月8日至10日，全省劳教工作会议在合肥市召开。会议就进一步贯彻落实《安徽省劳动教养实施条例》，更好地运用劳教手段维护安徽省的社会治安进行了讨论。

1996年7月9日，省劳动教养管理委员会对《安徽省劳动教养实施条例》有关条款进行了解释，对一些具体条款进行了详细说明。

1999年11月16日，省公安厅下发《关于严格办理劳动教养案件有关问题的通知》，对安徽省劳动教养呈报、审批、执行及保护公民诉权等方面提出要求。同年12月1日，省劳动教养管理委员会启用“安徽省人民政府劳动教养管理行政复议专用章”。

2000年8月21日，省政府办公厅批准调整省劳动教养管理委员会成员。委员会办公室设在省司法厅，委员会审批办公室设在省公安厅。

2001年3月12日，省公安厅、省人民政府劳动教养管理委员会联合下发《关于切实提高办理劳动教养案件质量通知》。内容包括：严把案件质量关，必须做到事实清楚，证据确凿，适用依据正确，程序合法；重证据、重调查研究，严禁刑讯逼供；对在办理或审批案件中存在的刑讯逼供等违法办案问题，经查证属实，不仅要撤销已作出的具体行政行为，还要依法追究相关责任人的责任。

2001年12月，省公安厅法制处、督察处和省劳教审批办公室对阜阳、宿州、亳州、安庆、巢湖5市进行执法检查，重点检查各地劳教工作审批所外执行情况，所外执行备案情况，投所执行中遇到的问题和困难及劳动教养审批工作存在的突出问题，未投所执行情况。

2002年5月13日，省公安厅转发公安部《公安机关办理劳动教养案件规定》，要求尽快设立劳动教养审批委员会。9月27日，省公安厅下发《关于加强劳动教养审批工作的通知》，对基本事实清楚，基本证据确实充分，符合劳动教养条件的案件，按照《公安机关办理劳动教养案件规定》的程序及时呈报、审核、决定。

2005年，省公安厅下发《关于进一步加强和规范劳动教养审批工作的通知》。10月，省劳教审批办公室在全省组织开展了劳教所外执行及有关劳动教养审批情况专项执法检查。11月25日，省公安厅劳教审批办等9个单位被省劳动教养管理委员会评为“2005年全省劳教审批收容管理工作先进集体”。

少年收容教养　1979年7月1日，第五届全国人大第二次会议通过的《中华人民共和国刑法》第14条规定：“因不满16周岁不处罚的，责令他的家长或者监护人加以管教；在必要的时候，也可以由政府收容教养。”

1982年3月23日，公安部下发《关于少年犯管教所收押、收容范围的通知》，对收容教养的期限和审批机关、执行场所等问题作出规定。

1987年8月10日，省公安厅、省司法厅联合下发《关于认真执行政府收容教养规定的通知》，决定从1987年10月1日起对犯罪少年执行政府收容教养的规定。对不满16周岁，有违法行为，尚未构成犯罪的少年实行劳动教养工作，自该通知到达之日起停止执行。对确有必要由政府收容教养的犯罪少年，由行署公安处或者省辖市公安局审批。长航、民航、蚌铁、铁四局办理的此类政府收审教养案件由所在地公安机关审批。犯罪少年不满14周岁等特殊情况，须报请省、市、自治区公安厅、局审批。收容教养的时限一般为1至3年。少年犯管教所做好接收收容教养人员的准备工作，保证收容教养工作顺利进行。8月25日，省公安厅、省司法厅联合下发《关于认真执行政府收容教养规定的补充通知》，规定凡经行署公安处或者省辖市公安局批准的收容教养的男性犯罪少年，直接送安庆丁村少年犯管教所执行，女性犯罪少年直接送合肥市省少年犯管教所执行。针对收容教养工作中出现的问题，1988年3月11日，省公安厅、省司法厅再次联合下发《关于进一步做好政府收容教养工作的补充通知》，进一步明确犯罪少年在犯罪时不满16周岁，处罚时超过16周岁，应按不满16周岁处理；犯罪时超过16周岁的，按《中华人民共和国刑法》第14条的规定处理。对年龄不满14周岁的犯罪少年，按照《公安部关于少年犯管教所收押、收容范围的通知》文件规定，报请省公安厅审批。对犯罪少年决定政府收容教养，应按规定由地区行署公安处或者省辖市公安局审批，劳动教养管理委员会或其他机关不得审批。同时要求凡符合规定的，少管机关不得以任何理由拒收；凡不合规定，少管机关可以拒收。

1991年9月4日，第七届全国人大常委会第二十一次会议通过《中华人民共和国未成年人保护法》，从对未成年人的司法保护角度出发，规定“已满14周岁的未成年人犯罪，因不满16周岁不予刑事处罚的，责令其家长或者其他监护人加以管教；必要时，也可以由政府收容教养”。

1993年4月26日，《公安部关于对不满十四周岁的少年犯罪人员收容教养问题的通知》明确规定：“我国《刑法》第14条第4款规定，对犯罪人‘因不满16周岁不处罚的，责令他的家长或者监护人加以管教；在必要的时候，也可以由政府收容教养’，此处‘不满16周岁’的人既包括已满14周岁犯罪，应负刑事责任，但不予刑事处罚的人，也包括未满14周岁犯罪，不负刑事责任的人。对未满14周岁的人犯有杀人、重伤、抢劫、放火、惯窃罪或者其他严重破坏社会秩序罪的，应当依照《中华人民共和国刑法》第14条的规定办理，即在必要的时候，可以收容教养。”

1995年10月23日，公安部发布的《公安机关办理未成年人违法犯罪案件的规定》第28条规定：“未成年人违法犯罪需要送劳动教养、收容教养的，应当从严控制，凡是可以由其家长负责管教的，一律不送。”

1997年3月14日，经第八届全国人大第五次会议修订后的《中华人民共和国刑法》第17条第4款保留了收容教养，仅将1979年《中华人民共和国刑法》第14条第4款中的“因不满16周岁不处罚的”修改为“因不满16周岁不予刑事处罚的”。

1999年6月28日，第九届全国人大常委会第十次会议通过的《中华人民共和国预防未成年人犯罪法》第38条重申了1997年《中华人民共和国刑法》第17条第4款的原则规定。

2005年7月8日，公安部法制局对山西省公安厅法制处《关于少年收容教养范围的请示》进行了电话答复，明确收容教养的范围：1.已满14周岁不满16周岁实施了《中华人民共和国刑法》规定的犯罪行为，但因不满16周岁而不予刑事处罚的；2.不满14周岁实施了《中华人民共和国刑法》第17条第2款规定的八种犯罪行为，因不满14周岁不予刑事处罚的。无论哪种情形，都必须是“在必要的时候”，才可以收容教养，尤其是对在校学生、初犯，且其父母或其他监护人有实际管教能力的，不得决定收容教养。

第四节　执法监督

执法检查　1988年7月至8月，全省公安机关采取业务系统普遍自查与领导机关重点抽查相结合的办法，对1987年至1988年法律执行情况进行全面检查。检查结果表明，全省公安机关执法守法的情况基本上是好的，但也存在一些有法不依、执法不严、违法不究的问题，少数民警法律意识、法制观念淡薄，工作中违法的现象时有发生。

1993年年初，省公安厅制定下发《安徽省公安机关执法监督工作暂行规定》，明确内部执法监督的性质、任务、职责，规定操作程序，全省公安机关内部执法监督工作逐步迈上制度化、规范化轨道。各级公安机关以实行执法责任制为核心，建立健全执法监督机制，充分运用案件审核、听证、复议应诉、执法检查等监督手段，从事前、事中、事后等不同环节实行多方面的监督，使监督工作贯穿于公安执法活动全过程。同时，针对执法中存在的突出问题，有计划、有重点地开展执法执纪情况的综合检查工作。1993年上半年，主要针对收审中存在的问题和一些公安派出所设“小黑屋”的问题，组织有关部门认真进行检查和纠正。9月20日，省公安厅下发《关于对〈治安管理处罚条例〉执行情况开展检查的通知》，通过阅卷、召集座谈会等多种形式，收集信息，加强执法监督，改善执法活动，提高办案质量。10月，公安部《关于深入开展执法大检查的通知》下发后，省公安厅及时成立了执法大检查领导小组，制定实施方案。各地也针对办理刑事案件和治安案件等执法活动中存在的问题，普遍开展自查和互查活动。在自查和互查中，各县、市公安局调阅各类案卷2.47万卷、3.05余万人，各地市公安局抽查阅卷5991卷、8276人，抽查中发现办案有问题需要重新处理的有419卷、652人。

1994年1月，省公安厅派出工作组先后对合肥、阜阳等11个地市的22个县公安局、分局和40个派出所进行了抽查，调阅各类案卷1440卷，对22件降格处理和久拖不处案件分别提出处理意见和建议。5月，省公安厅再次对33个县（分）局、49个城乡派出所、18个收审所等进行检查，共审阅1622件案卷。

1995年6月18日，省公安厅下发《关于在全省公安机关开展执法检查的通知》，要求对《中华人民共和国人民警察法》《中华人民共和国国家赔偿法》颁布施行后的学习贯彻情况，1994年7月份以来办理的治安、收审、劳教、交通肇事和刑事案件情况，省公安厅《关于公安法制机构工作职责范围》的落实和各地公安法制工作的开展情况，执法监督机制和规章制度建设情况开展检查。

1996年，为深入了解全省公安机关的执法情况，促进执法状况的改善，省公安厅组织检查组对全省各地市公安机关的执法情况进行检查。检查人员通过阅卷、听取汇报、实地查看等方式，对41个县（市、区）公安机关、8个交警（巡警）支队、68个派出所、36个看守（收审、行拘）所的执法情况进行了检查。

1998年3月，省公安厅对全省公安机关实施《中华人民共和国刑事诉讼法》情况开展检查。检查内容包括：《中华人民共和国刑事诉讼法》的学习、宣传、培训情况；《中华人民共和国刑事诉讼法》实施以来，办理刑事案件的总体情况；取保候审、监视居住、刑事拘留3种强制措施的执行情况；立案程序是否符合法律规定，有无该立案而不予立案的案件，有无违反管辖规定，不该立案而立案的情况；《中华人民共和国刑事诉讼法》第96条和公安部《关于律师在侦查阶段参与刑事活动的规定》的执行情况；执法中适用各种司法文书是否规范，是否严格依法制作，依法送达，在执法实践中，各种建章立制工作的情况；执法中是否严格依法办案，是否有效地防止了刑讯逼供现象的发生等。

2000年8月，省公安厅对6个省辖市12个县级公安机关的执法情况进行了抽查，调阅治安行政案卷360卷和刑事案卷240卷，对管制、剥夺政治权利、缓刑、假释、保外就医等刑罚执行情况进行检查。检查中发现公安执法中存在一些问题。行政执法方面：执法主体不合格；领导审批意见与裁决书开具不一致；部分案件违反法定程序；部分案件处罚失当，有降格处理现象；留置盘问措施超范围；适用法律与证据方面仍存在问题；《行政复议法》贯彻落实不到位。刑事执法方面：超期羁押现象较为普遍，取保候审违反有关规定，有些案件降格处理或不处理，一些案件在办理程序中存在问题。省公安厅检查组及时将存在的执法问题向被检查单位反馈，对于典型的案件，要求予以整改，进行倒查，落实错案追究。

2001年5月，省公安厅对全省公安机关行政复议法贯彻实施情况进行检查。检查内容主要是：行政复议法宣传、学习和培训情况，行政复议制度建设情况，行政复议机构、人员、经费和工作条件，行政复议案件办理情况。

2002年至2005年，执法检查主要结合每年的执法质量考评进行。

案件审核　1993年，省公安厅下发《安徽省公安机关法制部门职责范围暂行规定》，要求各行署、市公安处、局法制部门承担“承办领导交办的刑事、行政案件的审核工作，参与研究、办理重大疑难案件，指导下级公安法制部门的案件审核工作”职责。各县（市、区）公安局（分局）法制部门承担“承办县（市、区）局（分局）裁决的治安处罚和劳动教养、收容教养、收容审查及领导交办的其他案件的审核工作，参与研究、办理疑难案件”职责。

1996年，新修订的《中华人民共和国刑事诉讼法》颁布实施后，全省公安机关法制部门不断加大执法监督检查力度，逐步摸索出一套“事前监督、事中监督、事后监督”的工作方法，全方位开展执法监督工作。1999年公安部《公安机关内部执法监督工作规定》和《公安机关人民警察执法过错追究规定》颁布实施后，全省公安机关进一步明确了法制部门的职责，逐步建立健全了内部执法监督制度，完善内部执法监督工作机制。在日常工作中，严格执行法制部门审核行政案件的制度，使之成为办理行政案件的必经程序。未经法制部门审核的行政案件，局领导一律不予审批。此外，不少地方公安机关还根据需要，将审核范围延伸到刑事执法的部分环节，把好犯罪嫌疑人的“出口关”。

2000年之后，全省公安机关法制部门平均每年审核案件16余万件，纠正了一批有过错的案件，其中有代表的案件5件：

滁州市公安局琅琊分局办理的周某涉嫌故意伤害案件。1999年1月29日，周某（女，滁州市人）因与滁州宾馆服务员戴某夫妇发生纠纷继而相互殴打。1月31日，周某被刑事拘留；2月15日被逮捕。3月24日，滁州市琅琊区检察院以周某涉嫌故意伤害罪向琅琊区人民法院提起公诉。5月14日，琅琊区人民法院判处周某有期徒刑2年，并赔偿戴某夫妇14188.7元人民币。周某不服，上诉到滁州市中级人民法院，8月12日滁州市中级人民法院判决维持原判。周某及家人对法院判决不服，长期向有关部门申诉。对此，省公安厅高度重视，要求对此案进行认真复查。2000年8月，经省人民检察院和公安厅专案组调查核实，周某故意伤害案因事实不清，证据不足发回重审，无罪释放。办案民警受到执法过错责任追究。

阜南县公安局办理的张某一家3口涉嫌公然侮辱他人案件。2000年6月20日，阜南县公安局以扰乱机关工作秩序对张某、孟某、张某某分别治安拘留15日，以公然侮辱他人对张某、孟某分别治安拘留15日。同年11月30日，《安徽市场报》以《一家三口竟收到五张拘留证》为题报道了张某案件。经省公安厅法制处审核，认定该案为错案。2001年1月4日，省公安厅督察处向阜南县公安局发出2001年1号督察决定书，认为该案事实不清，证据不足，要求阜南县公安局撤销裁决，待查清事实后，重新作出具体行政行为。

阜南县公安局办理的赵某涉嫌职务侵占案。2000年7月19日，阜南县许堂乡郜庄村3名干部联名向许堂乡派出所控告赵某（许堂乡郜庄村黄庄村民组会计）侵占公款18535.89元，请求派出所处理。经县公安局领导批准，许堂乡派出所对赵某以涉嫌职务侵占立案侦查。后派出所依法对赵某留置盘问，因赵某态度较好，于7月28日被担保放回。赵某先后退出涉嫌职务侵占款1.14万元，派出所代收了退款并给赵某开具了收条，后将此款悉数交到了许堂乡政府。此后4年间，赵某不断到省、市、县有关部门上访，要求公安机关退还他交给派出所的1.14万元，并追究办案人的责任。2004年8月9日，省公安厅法制处经调查后认为，此案是错案，要求予以纠正。10月12日，阜南县公安局作出决定，赵某涉嫌职务侵占案事实不清、证据不足，撤销案件，并退还扣押赵某的1.14万元。

蒙城县公安局违反法定程序办理的经济诈骗案。2004年3月19日，蒙城县万佛塔水泥有限公司向蒙城县公安局经侦大队报案，称被合肥市郊区建筑安装公司利用虚构工程诈骗工程款34余万元。6月11日，蒙城县公安局经侦大队将该案立为刑事案件，开展侦查。经查，蒙城县万佛塔水泥有限公司与香港必利安投资有限公司合资成立了安徽鸿佛水泥有限公司，鸿佛公司与合肥市郊区安装建筑公司于2002年2月26日签订了建筑工程施工合同，价款500余万元。工程完工后，因鸿佛公司拖欠部分工程款，合肥市郊区安装建筑公司于2003年10月30日向合肥市仲裁委员会申请仲裁，合肥市仲裁委员会裁决鸿佛公司向合肥市郊区安装建筑公司支付工程款297余万元，鸿佛公司向合肥市中级人民法院申请撤销仲裁裁决，法院维持仲裁裁决。2004年6月29日，省公安厅接到合肥市郊区安装建筑公司信访材料后，要求经侦、法制部门调查案件情况。经调查发现，蒙城县公安局经侦大队在办理该案过程中违反了法定程序，对已经进入法院执行程序的民事案件，立为刑事案件，系插手经济纠纷的行为。蒙城县公安局经侦大队根据省公安厅的意见，及时撤销了该案。2004年8月19日，亳州市公安局党委决定，对蒙城县公安局经侦大队在全市范围内予以通报批评，责令蒙城县公安局经侦大队负责人写出书面检查。

阜阳市公安局颍州分局办理的党某诈骗案。2004年11月5日，孙某（男，阜南县人）向颍州分局控告刘某（女，黑龙江省人）、党某（女，黑龙江省人）诈骗。2004年3月，孙某让刘某在东北采购3车皮大米。3月6日，孙某向刘某提供的账户汇款20万元，3月7日、8日又2次向刘某提供的账户汇款27万元。由于多方经济纠纷，孙某汇给刘某的购粮款不但未收到粮食，钱款也未要回。12月13日，颍州分局经初查后决定对党某等诈骗进行立案侦查，同日决定对党某刑事拘留。12月19日，颍州分局对党某以结伙多次作案为由延长刑事拘留至30日。2005年1月4日，颍州分局对党某提请逮捕。1月20日，颍州区人民检察院以事实不清、证据不足不批准逮捕。1月24日，省公安厅要求法制处调查案件情况。经调查后认定该案为错案，要求阜阳市公安局及时纠正。1月31日，阜阳市公安局责令颍州分局撤销该案，并解除对党某的监视居住，同时决定对颍州分局通报批评，责令办案人写出书面检查。

执法质量考评　1999年，安徽省在全国公安机关率先组织开展县级公安机关执法质量考评工作。同年10月，省公安厅印发《安徽省县级公安机关执法质量考评办法》，明确了考评的目的、范围、内容、标准、考评年度及结果运用等。

2000年9月17日至20日，省公安厅举办全省公安机关执法质量考评培训班。全省104个县级公安机关接受考评。其中，考评成绩70分以上的有31个，执法质量考评成绩不合格的有4个。省公安厅对25个年度执法质量80分以上的县级公安机关予以通报表彰。安徽省执法质量考评工作的做法为公安部制定出台《公安机关执法质量考核评议规定》提供了参考依据。

2001年，省公安厅对执法质量考评的具体项目和评分标准进行了修改，首次组织了半年执法质量考评。同时，召开全省公安机关执法质量考评汇报会，对考评中发现的执法问题进行评析。当年，考评优秀率同比增长40%，不达标单位增至10个。

2002年，全省公安机关综合考评工作启动，市级公安机关也被纳入执法质量考评范围。同时，对县级公安机关执法质量考评复核工作也进行了重大修改，设定了市级考评与省公安厅复核之间30%的误差率，并将刑事批捕率、退查率、起诉率等“三率”纳入执法质量考评范围。全年对105个县级公安机关进行考评和复核，抽查刑事案件4880卷、行政案件9760卷、台账2.44万份，评出优秀单位49个、达标单位52个，符合不达标情形的单位4个。随后，省公安厅对全省县级公安机关执法质量的基本情况进行了通报，对16个连续3年考评优秀单位给予记功和嘉奖，对连续2个年度考评70分以下或不达标的县级公安机关主要负责人进行集中培训。

2003年10月至11月，省公安厅组织全省县级公安机关执法质量考评复核工作，评出优秀单位43个，占被考评复核单位的40.95%；达标单位59个，占被考评复核单位的56.19%；复核“一票否决”不达标的3个，占被考评复核单位的2.86%。规范日常监督和年终考评工作，建立健全执法监督长效机制，严格落实执法责任制和错案责任追究制，执法质量进一步提高，基本扭转立案不实现象，抽查420个基层科所队1.26万份接报警记录及110报警指令，准确率98.67%。同时，对刑事执法方面存在的问题进行了纠正。

2004年，省公安厅对考评办法作了相应修改，增加了执法档案建设考评内容，加大了对立案不实、随意销案等项目的考评分值。省公安厅对全省107个县级公安机关执法质量情况进行了考评、复核，评出优秀单位53个，占总数的49.53%；达标47个，占总数的43.93%；一票否决的7个，占总数的6.54%。优秀单位数量较2003年增长8.58%。考评的具体项目上，刑事执法抽查在侦案件3210余卷，平均成绩82.92分，较2003年增加4.94分。行政执法行为被复议机关决定限期履行、撤销或确认违法的11件，同比下降59%；治安行政案件抽查6420余卷，平均成绩83.56分，较2003年增加0.46分。

2005年，省公安厅在执法质量考评工作中，将打击处理绩效纳入考评范围。省公安厅对全省105个县级公安机关进行了考评，达到优秀等次的58个，达标等次的45个，符合“一票否决”情形被确定为不达标的2个。全年全省公安机关打击处理违法犯罪人员2.69万人，较前3年打击处理平均数上升8.5%；全省公安机关侦查、检察院提起公诉的案件与前5年平均数相比增长13.36%，在全国排名18位，较2004年提高12个位次；刑事案件“三率”排名仍在全国前列。2005年12月4日，省公安厅在全省公安机关组织开展民警执法素质测评工作，全省抽考2684名民警，其中成绩达到优秀的（90分以上）1738名，良好（80分以上）706名，合格（60分以上）234名，不及格6名，分别占参考人员的64.8%、26.3%、8.7%和0.2%。全年度考评抽查3150余卷刑事在侦案件，扣分516.8分。按百分制计算，全省105个县级公安机关的刑事执法成绩为83.6分，较上年增加0.68分。

执法过错认定　1994年，全省各地陆续出台一系列错案责任追究的相关制度。4月1日，安庆市公安局出台对民警不依法履行法定职责进行追究的暂行规定（试行）；7月1日，舒城县公安局出台错案责任追究规定（试行）；9月21日，蚌埠市公安局出台警官错案责任追究暂行规定；9月26日，贵池市公安局出台民警错案责任追究制度；10月20日，利辛县公安局出台对不依法履行法定职责的警官进行追究的暂行规定。

1999年，根据《中华人民共和国行政监察法》《中华人民共和国人民警察法》和公安部印发的《公安机关追究领导责任暂行规定》等法律、法规，结合安徽省实际，省监察厅、省公安厅制定《关于公安民警执行职务违纪行为行政处分规定（试行）》。7月20日，省公安厅下发《关于贯彻落实公安部〈公安机关内部执法监督工作规定〉和〈公安机关人民警察执法过错责任追究规定〉有关问题的通知》，明确执法责任人，落实执法责任制，进一步健全完善内部监督制度。随后，全省公安机关对上半年的执法情况进行全面自查。12月15日，为进一步强化全省公安消防机构中消防执法人员的责任意识，杜绝和减少消防执法中的违法行为，省公安厅制定下发《全省公安消防机构消防执法过错责任追究办法》，明确了消防人员在执行职务中故意或过失造成的认定事实错误、适用法律错误、违反法定程序或其他执法错误的行为。

2001年，省公安厅制定下发《安徽省公安机关追究执法过错责任意见书》，规范民警执法行为，解决公安执法工作中存在的问题，强化公安机关及人民警察依法行政的意识和能力。至2003年年底，全省公安机关人民警察在执法过程中被法制部门认定错案违法的有280件370人，其中辞退17人，其他相关责任人受到离岗培训、延期晋职、停止执行职务、通报批评等方式的处分。

第五节　公安信访

新中国成立后，全省公安机关在办公室、秘书部门设专人负责处理人民来信来访工作。1978年，省公安局设立信访科，隶属省公安局办公室。2000年，办公室信访科改称省公安厅办公室信访办公室，正科级建制，编制8人。2005年年底，全省10个市公安局设立信访处、科，7个市公安局信访机构设在办公室（指挥中心）。

信访制度

办信、办访、办案制度 1984年10月，省公安厅召开全省公安信访工作会议。会议要求，各级公安机关实行分级负责、归口办案、就地处理信访问题。即属于哪一级、哪一个部门职权范围内的问题，就应由哪一级、哪一个部门负责解决；凡是要立案侦查的信访案件，应归口办案；凡是对原处理不服的申诉案件，由原处理单位的上一级机关复查，作出结论，不得推诿或矛盾上交。信访工作的指导思想是以正确解决问题为目的，凡属于人民群众检举违法违纪犯罪的，必须及时受理，认真查办；凡属冤假错案，一经发现，必须坚决纠正；凡属按照党的政策应当而又有条件解决的问题，必须认真解决；凡属提出过高要求的，必须给予说服教育，做好思想工作；凡属无理取闹而又不听劝告的，必须严肃处理，不能姑息迁就或放任不管。

2000年4月，省公安厅制定下发《安徽省公安机关办信办访及查办信访案件暂行规定》。

2001年5月，省公安厅下发《关于进一步加强对群众初信初访问题查办工作的通知》，要求各级公安机关提高认识，把加强对群众初信初访问题查办工作作为开创公安信访工作新局面的大事来抓，从源头抓起，减少信访量，进一步畅通受理渠道，改善服务态度，努力提高初信初访问题的查办效率和质量。

2003年4月，为进一步做好公安信访工作，规范工作程序，使群众的来信来访“件件有着落，事事有回音”，减少越级上访和重复来信，更好地为信访群众服务，省公安厅制定下发《关于加强对群众来信来访问题答复工作的通知》，要求自2005年5月1日起，各级公安机关的信访部门，对群众来信来访，除继续按照《信访条例》及公安机关受理控告申诉有关规定外，在调查处理后给信访群众告知性答复。

信访长效机制 1975年7月，省公安局召开全省公安信访工作会议，决定建立健全信访机构，按编制配备信访干部，充实和加强信访力量。地、市、县公安机关信访部门除坚持日常办信接待外，要保持一定的力量经常深入群众，调查研究，及时处理信访中反映的问题。对一些重大问题要尽快查处结案，对上级交办要处理结果的信件要按时上报。建立必要的检查制度，对一般信件不能一转了事，务必要做到“事事有交代，件件有落实”。

1995年2月16日，省公安厅召开全省公安信访工作会议，传达贯彻公安部《关于加强公安信访工作的意见》和《公安机关受理控告申诉暂行规定》的精神，要求各级公安机关结合实际，设立相应的信访机构，配备必要的信访干部。地、市公安（处）局原则上都要设立信访办事机构，干部配备不少于3人，信访任务重的要适当多配。县级公安机关，信访任务重的、有条件的也要设立信访办事机构；不设立机构的，除至少配备一名专职信访干部外，还要确定一名兼职信访干部。同时要求把基层信访工作与做好派出所工作有机结合起来，为加强整个公安信访工作打下坚实的基础，逐步建立起渠道畅通、职责分明、有法可依、有章可循的信访工作机制。

1997年12月，省公安厅下发《关于深入贯彻落实信访条例依法做好信访工作的通知》，要求全省公安机关广泛开展宣传活动，进一步扩大信访条例的宣传覆盖面；增强依法信访意识，不断提高依法做好信访工作的水平；自觉维护法规尊严，把奖惩激励机制真正落到实处。

1998年5月，为落实公安部提出的“建立和坚持厅、局领导接待群众来访制度”的要求，及时处理新形势下各类矛盾，维护社会稳定，根据国务院《信访条例》《安徽省信访条例》和省委省政府《关于实行信访工作领导责任制的决定》及《公安机关受理控告申诉暂行规定》，结合安徽省实际情况，省公安厅制定《安徽省公安厅厅长接待群众来访日制度》。规定每月的第一个工作日为“厅长接待日”，采取预约接访的形式，接待群众来访。厅长接待日批办的信访案件在15个工作日内向接待厅长报告办理结果。1998年6月2日，安徽省公安厅第一个“厅长接待日”，厅长赵正永接待4件7人群众来访。6月，厅长接待群众来访日制度实行以后，效果良好，受到社会各界的广泛称赞。随后，省公安厅向全省公安机关发出《关于在全省公安机关建立公安局局长接待群众来访日制度的通知》，要求全省公安机关迅速建立起“公安局局长接待日制度”并向社会公布。至1998年年底，全省市、县公安局全部建立了“局长接待日”制度。6月，省公安厅制定《安徽省公安厅信访工作领导小组工作制度》，明确了信访工作例会、通报、督办、协调、信访网络和信息反馈、回访等6项制度。

1999年11月，省公安厅实行“厅领导下访制度”。厅长下访制度的建立是厅长接待日制度的深化和发展，是省信访工作实行“请上来，走下去”工作方法的一项具体措施。制度规定：厅长每月定期深入到重点地、市接待群众来访，听取和解决来访反映的实际问题，提出整改意见，帮助基层提高对信访工作的认识，增加就地化解矛盾的能力，减少重信重访，引导群众逐级上访，依法信访。

2000年12月，省公安厅制定下发《安徽省公安厅信访工作联络员制度》。

2005年，省公安厅制定下发《安徽省公安厅关于在公安机关集中处理群众信访问题工作中实行过错责任追究的办法》。没有坚持“一把手亲自接访处理”的，对市、县公安局长给予通报批评，并责令作出书面检查，取消该市、县（市、区）公安（分）局局长评选先进的资格，必要时采取停止执行职务措施。没有在规定时间内实现集中处理群众信访问题工作目标的，对市公安局予以通报批评，对该市公安局局长给予党纪政纪处分。没有在法定时限内履行法定信访职责，依法处理信访案件，对该公安局予以通报批评，视情对该公安局局长给予党纪政纪处分。造成严重后果的，从重处理。没有严格依法办事引发信访问题的，实行责任倒查，对直接责任人、直接领导给予党纪政纪处分，直至追究刑事责任；对主要领导视情给予党纪政纪处分；引起附带国家赔偿的，依法责令有关责任人承担部分或全部赔偿责任。省公安厅各工作组对所联系的市公安局负有连带责任，该市公安机关集中处理群众信访问题工作存在上述问题的，对厅直单位主要负责人、工作组组长予以该市公安局局长同等处理，并取消单位评选先进资格。3月，省公安厅下发《安徽省公安厅信访督导员管理暂行办法》的通知，规定了信访督导员的职责、任职条件及工作期限、工作考核等。9月，省公安厅印发《安徽省公安厅实施<公安机关信访工作规定>的意见》，规定了省、市、县公安机关信访工作机构和专职信访人员，厅、局长接待日制度，首接责任制度，“四访”（开门接访、主动约访、带案下访、上门回访）工作制度，“一包三定”（包案领导，确定责任单位和责任人，确定工作措施，确定办理期限）制度，公开听证制度，专家会诊制度，倒查追究制度，离任审查制度，信访事项督办，责任追究，考核奖励。

办理群众来信来访　1987年，全省县以上公安机关受理群众来信4.42万件，接待群众来访3.26万人次。

1995年1月15日，省公安厅设立公安信访工作领导小组，加强对信访工作的领导。5月中旬，全省公安信访工作总结表彰大会在合肥召开，对1994年度信访工作中成绩显著的43个单位和121名个人进行了表彰。

省公安厅办理来信来访数量统计表

表9–4

年度	信访总数（件）	办理来信（件）	处理来访（件）
1959	1011	988	23
1960	454	443	11
1978	14527	8812	5715
1982	7330	4819	2511
1983	8322	6174	2148
1989	3340	2483	857
1994	2435	2033	402
2000	8349	4967	3382
2001	5209	3241	1968

续表9-4

年度	信访总数（件）	办理来信（件）	处理来访（件）
2002	4304	2574	1730
2003	3956	2631	1325
2004	3575	1868	1707
2005	5641	2087	3554
总计	68453	43120	25333

信访专项治理活动

涉案陈尸问题专项治理活动　1999年5月，为确保新中国成立50周年和澳门回归期间社会秩序稳定，公安部向全国公安机关下发《关于河南省公安机关对涉案陈尸问题开展专项治理工作的情况通报》，要求各地要借鉴河南省经验，认真解决和处理陈尸积案问题，消除不安定因素，维护当地和首都的治安稳定。安徽省根据公安部通知精神，要求各地主动争取地方党委、政府支持，认真解决和处理陈尸积案问题。通过摸底调查，清理出53具涉案陈尸，32具得到处理。

重点信访问题专项治理活动　2000年3月至9月，省公安厅在全省公安机关开展重点信访问题专项治理活动。全省摸排出重点信访问题922件，其中省公安厅摸排124件，公安部交办41件，各地自行摸排757件。至专项治理工作结束时，全省摸排的922件重点信访问题全部查结，查结率为100%，停访息诉率为81.7%，居全国先进行列。省公安厅信访办被公安部评为全国先进集体。专项治理中，解决了一批信访老户问题，全省查破各类案件142件，处理违法犯罪人员228人（其中拘留、逮捕134人，劳教10人，治安处罚84人），追捕逃犯23人，解救被拐卖妇女儿童15人，解救被绑架人质1人，帮助上访人员解决实际问题314件，为群众挽回经济损失505万元，处理无理闹访35件。同时，通过查处重点信访问题，全省纠正错案24件，纠正执法过错26件，先后有25名民警分别受到通报批评、书面检查、赔偿经济损失等处理，5人被调离。重点信访问题专项治理活动的有效开展，为保障人民群众的合法权益，促进队伍建设，维护社会稳定，密切公安机关同人民群众的联系，起到了积极作用。

“抓初信初访开展信访隐患排查调处工作”专项活动　2001年，公安部办公厅下发《关于进一步加大对群众初信初访问题查办工作力度的通知》，要求公安机关信访工作的重点要放在切实为信访群众解决实际问题上，特别要高度重视群众的初信初访，加大对初信初访问题查办工作的力度。5月，省公安厅召开全省初信初访督办工作会议，要求加强初信初访工作，从源头抓起，减少信访量，同时要求对摸排来省到部信访人员情况及存在的问题，做好查处和稳控工作，努力降低和减少进京到省的信访

量。

“排查信访隐患，集中清理信访遗留问题”专项整治活动　2002年3月至11月底，省公安厅在全省公安机关组织开展了排查信访隐患，集中清理信访遗留问题的专项整治活动。全省公安机关排查出信访隐患1365件，及时化解、消除信访隐患345件，清理查处信访遗留问题1020件（其中省公安厅交办173件，市公安局排查347件，县、分局排查500件），解决了一批信访老户问题，消除了一批信访隐患。排查清理中，信访当事人明确表示停访息诉的834件，停访息诉率为81%（其中省公安厅交办的120件，市公安局排查的268件，县、分局排查的446件，停访息诉率分别为63%、77%、89%）；全省通过清理信访遗留问题，查破各类案件310件（其中省公安厅交办案件43件、市公安局排查案件75件，县分局排查案件192件），占应排要清理总件数的30%；帮助信访人解决实际问题292件，占应排要清理总件数的28%（其中省公安厅交办案件48件，市公安局排查案件111件，县、分局排查案件133件）；纠正执法过错15件，处理无理取闹47件，疏导教育254件，转外单位处理91件；纠正错案12件，查处各类违法犯罪人员328人（其中逮捕或拘留134人，劳动教养4人，治安处罚130人，追捕逃犯60人），挽回经济损失246万元，对5名民警追究了错案责任。全年全省公安信访量同比下降19%（其中，来访下降12%，来信下降23%），到部上访下降37%，排名由年初的全国第6位下降至第12位。省公安厅筹措12万元奖励经费，对16个先进集体和60名先进个人进行了通报表彰。

“信访举报积压件清理”专项治理活动　2003年，省公安厅在全省公安机关开展为期8个月的“集中清理信访举报积压件”工作。在集中清理工作中，各级领导包案605件（其中省公安厅包案17件，市公安局包案264件），业务单位办案468件（省公安厅办案70件，市公安局办案122件），派驻工作组267批次（省公安厅14批，市公安局112批），参加办案人员1762人（省公安厅52人，市公安局501人），回复上访人608次（省公安厅31次，市公安局186次），投入专项经费55.96万元。至2003年12月31日，全省各级公安机关查结摸排出的所有信访遗留案件560件（其中公安部交办9件，省公安厅交办168件，市、县公安局自排383件），追捕逃犯31人，处理各类违法犯罪嫌疑人124人，纠正错案7件，挽回经济损失88.48万元。

“集中处理涉法涉诉信访问题”专项治理活动　2004年2月开始，全省公安机关开展集中处理涉法上访问题专项活动。经过6个月的努力工作，全省公安机关排查出或受理上级交办的涉法上访问题789件，查结721件，查结率91.4%，停访息诉479人，停访息诉率达66%；其中公安部交办8件，办结8件，查结率100%，停访息诉4件，息诉率50%；省委政法委交办258件，查结258件，查结率100%，停访息诉207件，息诉率80%；省公安厅交办93件，办结93件，办结率100%，停访息诉48件，息诉率52%。通过专项治理，纠正执法过错案件17件，处理违法违纪民警6人；查破各类案件159件，处理违法犯罪人员288人（其中逮捕或者刑事拘留149人，治安处罚138人，劳动教养1人），追捕逃犯35人；为涉法上访人员解决实际问题181件，处理无理取闹人员34人，处理涉案陈尸3具，挽回经济损失547.5万元，依法赔偿、补偿上访人员58余万元。专项活动中，全省公安机关探索出许多好的经验和做法，如对疑难涉法上访案件实行公开听证和群众评议；推行信访案件领导包案责任制、首办责任制以及办事、办案公开制度；制定专项活动工作标准和案件的办理、结案标准等，为建立处理涉法上访经常性工作机制打下基础。

“大接访”　2005年年初，中共中央决定在全党开展以实践“三个代表”重要思想为主要内容的保持共产党员先进性教育活动。公安部将安徽省公安厅及合肥市公安局作为先进性教育活动的联系点，要求安徽先行启动集中处理群众信访问题工作（即“大接访”工作），创造经验，在全国推广。4月5日，省公安厅党委决定在全省公安机关组织开展“大接访”工作，召开动员部署会议，对“大接访”工作作了全面动员和精心部署。4月21日，合肥市公安局率先启动了县、区公安（分）局长“大接访”工作。全省其他各县（市）、区公安（分）局也于4月23日陆续开展“大接访”工作。按照公安部的统一部署，从7月18日开始，“大接访”工作转入第二阶段即市公安局局长开门接访阶段，随后转入第三阶段即省公安厅主要负责人接访阶段。“大接访”期间，全省接待来信来访1余万件、1.27万人次，结案9943件，结案率为99.2%；停访息诉9761件，息诉率为97.4%，走在全国的前列，全省“大接访”工作取得显著成绩。通过“大接访”，安徽省到部上访人数由过去的前10位下降到15位。

“大接访”工作中，全省公安机关按照公安部“人人受到局长接待，件件得到依法处理”及省公安厅党委“清理旧账，不欠新账”的目标和要求，结合实际，采取了许多行之有效的方法和措施。如“四访”，即“开门接访，主动约访，带案下访，上门回访”。各地也创新接访方式，进行“电话约访，登报约访，民警寻访，流动信访车接访”等多种有效形式，确保人人受到接待。为使接访事项得到件件依法处理，对每件信访案件落实“一包三定”，即明确包案领导，确定责任单位和责任人，确定工作措施，确定办理期限。对重大、复杂、疑难信访案件，组织专家会诊或举行公开听证；针对涉案在逃犯罪嫌疑人，开展破案追逃专项行动；加强协调联动，依靠各级党委、政府，加强与检、法、信访等相关部门的沟通联系与协调配合，解决信访问题。为确保各项工作措施落到实处，省公安厅狠抓督查工作，落实接访工作责任，省、市、县（市、区）三级公安机关“一把手”层层签订责任状，立下“军令状”。省公安厅向17个市公安局、各市公安局向所辖县（市、区）公安局派驻工作组，进行蹲点调研、专项指导和督查。开展督查和明察暗访，督促各地扎实工作。实行过错责任追究，制定和实施《关于在公安机关集中处理群众信访问题工作中实行过错责任追究的办法》。实行责任倒查，重点倒查“大接访”期间来省赴京上访案件。将“大接访”纳入综合考评，实行“一票否决”。

通过“大接访”，一批信访问题得到解决，化解了社会矛盾，密切了警民关系，锤炼了公安队伍，提升了工作水平，社会效果显著。全省公安机关在“大接访”工作中创造的经验，得到上级领导充分肯定和社会各界广泛赞誉。

第十章　边防与出入境管理

第一节　边防管理

安徽省公安边防部队自1988年9月组建至2005年，坚持以执法执勤为中心，认真履行边防管理职能，全力维护开放口岸安全，为安徽省改革开放和经济社会发展创造了安全、和谐、畅通的口岸通关环境，展示了安徽边防良好形象。全省公安边防部队牢记执法为民宗旨，坚持“管理服务化、服务规范化”的工作方针，坚持“人本、专业、安全”的服务理念，坚持“效率、亲切、严格”的工作信念，先后开展“抓大站、树新风”“争创执法为民窗口、争当执法为民标兵”“三访四见”（访贫问苦、访疾问难、访外问弱，看见、敢见、愿见、想见）“提高边检服务水平”等活动，全面实施“爱民固边”战略，在服务中实施管理，在管理中体现服务，拓展服务领域，创新勤务模式，转变工作作风，推出各类便民服务措施82项，执法执勤规范化建设水平和边检服务水平得到提升，警政、警民关系更加融洽，有效促进和推动了开放口岸的经济发展。至2005年12月，检查出入境旅客、员工127.9万人次，检查监护出入境交通运输工具2.4万艘（架）次，检查监护价值250亿元人民币的出入境货物3000万吨，查获在控对象452人，查处违法违规人员618人，查获偷渡案件61件76人，圆满完成126场次重大活动的边防检查和安全保卫任务，为往来安徽投资、考察、商贸等1.59余万人次提供礼遇服务。

1990年6月，合肥边防检查站查获1件4名浙江籍公民持伪假证件偷渡案。10月，查获1件6人团伙仿造证件偷渡案。1992年5月，芜湖边防检查站（筹）在江西九江日本籍“浔阳”号远洋轮上截获2名偷渡人员。1993年6月，合肥边防检查站查获1件7人团伙偷渡案。1994年12月，合肥边防检查站查获1件持伪造美国护照的偷渡案。1995年，全省公安边防部门检查入出境旅客1.93万人次，查出手续不符13人次，阻止出境1人次，依法处理涉外事件320件，检查入出境飞机243架次，办理国轮入出境边防检查117艘次，外轮入出境边防检查和监护63艘次。1997年5月，芜湖边防检查站查获1件1人偷渡案。7月，芜湖边防检查站历时162天，协助武汉海事法院完成看押“伯利丝”籍毕加索1号货轮任务。1998年4月，黄山边防检查站查获1件1人偷渡案。2000年5月，合肥边防检查站破获“5 · 29”偷渡案，抓获偷渡及组织运送他人偷渡分子4人。2000年11月，合肥边防检查站查获1名偷渡到香港人员。2001年12月，安徽边防总队与江苏边防总队联合破获公安部督办“富源”轮偷渡案，抓获犯罪嫌疑人5人。2004年2月，合肥边防检查站查获1件持骗领签证非法出境案。

全省公安边防部队建立以信息为支撑的现代警务工作模式，为推进部队现代化、正规化建设，提高部队执法执勤能力，顺利完成各项任务提供强有力的保障。至2005年，全省公安边防部队基本建成“纵向贯通、横向整合、资源共享、业务协同、安全保密”并与各级公安机关互联互通的应用体系，边防总队到边检站、边检执勤现场三级主干有线网络传输带宽大幅提升，超短波无线通信覆盖面进一步扩大，在软件一体化平台下建设的涵盖边防主要业务的应用系统得到部队深度应用，总队、边检站两级指挥中心更加完备，形成“全警采集、全警应用、全警共享”的公安边防部队信息化应用格局，实现了边防工作数字化、日常办公自动化、信息应用网络化、指挥作战扁平化、应急处置可视化的目标。

全省公安边防总队出入境边防检查统计表

表10–1

类别 年份	出入境人员（人次）	旅客（人次）	员工（人次）	出入境交通工具（辆）	飞机（架次）	船舶（艘次）	查获偷渡（人次）	发现查获违法违规（人次）	查获在控（人次）
1992–1997	140000	120000	20000	2200	1600	600	20	170	22
1998	21807	17773	4034	393	268	125	2	28	11
1999	32206	26384	5822	528	347	181	4	33	13
2000	36649	29929	6720	607	403	204	3	40	16
2001	43161	34712	8449	741	491	250	0	51	24
2002	50415	39805	10610	911	581	330	0	45	32
2003	33892	23790	10102	754	388	366	0	38	23
2004	47729	38217	9512	760	456	304	0	12	32
2005	45921	34920	11001	803	399	404	0	67	25

第二节　出入境管理机构

出入境管理是中央事权。改革开放前，由于受“左”的思想影响，中国在出入境管理上主要靠政策调整，各种限制多、关卡多，处于无法可依的状况。其间，中国公民出国难、外国人入境难的现象较为普遍，全省年均出入境量仅有百余人次。1985年11月，第六届全国人大常委会第十三次会议审议通过《中华人民共和国公民出境入境管理法》《中华人民共和国外国人入境出境管理法》（以下简称“两法”）。1986年12月，公安部、外交部、交通部联合公布《中华人民共和国公民出境入境管理法实施细则》《中华人民共和国外国人入境出境管理法实施细则》（以下简称《实施细则》）。“两法”及其《实施细则》的颁布实施，使公安出入境管理工作步入法制轨道，并由经验型、政策型上升到科学化、法律化，出入境管理工作进入新的时期。

安徽省公安厅出入境管理处　1975年10月，安徽省公安局政保处虚设外事科（无编制、未配人员）。1978年，为适应改革开放的新形势，省公安局政保处正式设立外事科。1990年8月，省公安厅设立出入境管理处，下设秘书科、涉外管理科、出入境管理科，实有民警13人。2000年6月，增设制证科。2005年，下设秘书科、境外人员管理科、出国境管理科、证照管理科，编制18人，实有民警17人。

公安机关出入境管理部门的主要职责是：受理、审批、制作、签发普通护照、出入境通行证、中国公民往来内地与港澳地区通行证件、中国公民往来大陆和台湾地区通行证件等；受理、审批、制作、签发外国人签证、居留许可，对外国人居（停）留进行管理；华侨、港澳台居民定居管理；国籍管理；中介管理；实施出入境控制对象管理；对违反出入境管理的行为进行处理；组织协调公安机关外国人管理工作等。

市、县（区）公安出入境管理机构

合肥市公安局出入境管理机构　1979年7月，设立合肥市公安局外事科，正科级建制，编制民警5名。1995年更名为合肥市公安局出入境管理处，正科级建制。2003年6月，设立肥东县公安局出入境管理科，股级建制。

淮南市公安局出入境管理机构　1996年5月，设立淮南市公安局出入境管理处，正科级建制，编制民警10名。2005年5月，设立凤台县公安局治安大队出入境管理办公室，副科级建制，编制民警5名。

马鞍山市公安局出入境管理机构　1993年10月，设立马鞍山市公安局出入境与外国人事务管理科，正科级建制，编制民警6名。

芜湖市公安局出入境管理机构　1990年9月，由芜湖市公安局外事科更名为芜湖市公安局出入境管理科，正科级建制，编制民警9名。2005年10月，设立南陵县公安局出

入境管理科（与国保大队合署办公），正股级建制，编制民警2名。

黄山市公安局出入境管理机构　1989年1月，由徽州行署公安处外事科更名为黄山市公安局出入境管理科，正科级建制，编制民警9名。1986年10月，设立黄山风景区公安局出入境管理科，正科级建制，编制民警5名。1987年2月，设立休宁县公安局出入境管理科，正股级建制，编制民警3名。

铜陵市公安局出入境管理机构　1996年9月，设立铜陵市公安局出入境与外国人事务管理科，正科级建制，编制民警5名。2002年10月，设立铜陵县公安局出入境管理科，正股级建制。

安庆市公安局出入境管理机构　1989年3月，由安庆市公安局外事科更名为安庆市公安局出入境管理科，正科级建制，编制民警7名。1999年10月，设立枞阳县公安局出入境管理科，正股级建制。1990年6月，设立太湖县公安局出入境管理科。1987年6月，设立宿松县公安局出入境管理股（与国保大队合署办公），正股级建制。2001年11月，设立望江县公安局出入境管理科（与国保大队合署办公）。1997年7月，设立岳西县公安局出入境管理科。

宣城市公安局出入境管理机构　1994年8月，设立宣城行署公安处出入境管理科，正科级建制，编制民警7名。2001年1月，更名为宣城市公安局出入境管理科。2001年8月，设立宁国市公安局出入境管理大队，副科级建制，编制5名。

六安市公安局出入境管理机构　1997年1月，设立六安行署公安处出入境管理科，正科级建制，编制民警7名。1999年10月，更名为六安市公安局出入境管理科。2004年12月，设立霍邱县公安局出入境管理股，正股级建制，与治安大队合署办公，编制2名。

滁州市公安局出入境管理机构　1998年9月，由滁县行署公安处外事科更名为滁州市公安局出入境管理科，正科级建制。2003年4月，设立定远县公安局出入境管理股（与国保大队合署办公）。

巢湖市公安局出入境管理机构　1986年10月，设立巢湖行署公安处外事科，正科级建制，编制民警5名。2001年1月，更名为巢湖市公安局出入境管理科。1998年9月，设立无为县公安局出入境管理科，股级建制，编制民警4名。2002年7月，设立和县公安局出入境管理科，正股级建制，编制民警4名。

池州市公安局出入境管理机构　1994年7月，设立池州行署公安处外事科，正科级建制，编制民警5名。2001年2月，更名为池州市公安局出入境管理科。

淮北市公安局出入境管理机构　1995年3月，设立淮北市公安局出入境管理科，正科级建制，编制民警6名。1994年8月，设立濉溪县公安局外事科，编制民警2名。

亳州市公安局出入境管理机构　2002年1月，设立亳州市公安局出入境管理科，正科级建制，编制民警8名。1991年10月，设立利辛县公安局出入境管理股，正股级建制。

阜阳市公安局出入境管理机构　1994年9月，设立阜阳行署公安处出入境管理科，正科级建制，编制民警5名。1996年2月，更名为阜阳市公安局出入境管理科。

蚌埠市公安局出入境管理机构　1992年7月，设立蚌埠市公安局出入境管理科，正科级建制，编制民警10名。

宿州市公安局出入境管理机构　1986年5月，设立宿县行署公安处出入境管理科，正科级建制，编制民警6名。1999年5月，更名为宿州市公安局出入境管理科。1987年12月，设立砀山县公安局出入境管理股，正股级建制，编制民警2名。1998年5月，设立萧县公安局出入境管理股，正股级建制，编制民警3名。1998年3月，设立灵璧县公安局出入境管理股，正股级建制，编制民警3名。2002年8月，设立泗县公安局出入境管理股，正股级建制，编制民警2名。

第三节　外国人入出境管理

改革开放前，受国际国内政治环境的影响和制约，中国的国际交往主要限于一些友好国家，往来中国的外国公民数量很少，目的地主要限于政治、经济、文化中心类的大城市。在此期间，国家对外国人管理没有制定专门法律，长期靠政策调整，外国人入境手续烦琐，入境后的活动受到多种限制，管理的基本理念是“管紧管严”。安徽省属内陆省份，对外国人的管理更是“从紧从严”，因而每年往来安徽省的外国公民数量极少。

外国人入境管理　1986年至1989年，来安徽省的外国人达22.5万人次，位居全国第14位。

2000年，省公安厅出入境管理处在全省公安机关出入境管理部门普遍举办业务培训，组织出入境民警学习和熟悉规范，确保新规范和贴纸签证的顺利实施。贴纸签证的启用，有利于实行计算机管理，使签证信息更加全面，数据更加规范，且增加了签证的防伪性能。实现了外国人签证签发和管理与国际接轨。

2004年1月，根据公安部印发《外国人签证和居留许可工作规范》和《外国人口岸签证规范》（以下简称“两个规范”）精神，省公安厅出入境管理处撰写培训教材，举办全省出入境管理部门业务培训班，为“两个规范”的正式实行打下基础。12月，省公安厅出入境管理处就外国人管理系统升级改造、移印机盖章以及《外国人签证和居留许可工作规范》的实施，新版证件和签注的启用等问题再次进行了业务培训。12月29日，全省启用2003版外国人居留许可和2003版外国人贴纸签证。

2005年11月，省公安厅出入境管理处下发《关于停止签发旧版外国人签证的通知》，决定自2005年12月1日起，全省公安机关出入境管理部门停止签发旧版外国人签证，确保新版外国人签证正式启用。“两个规范”进一步简化了签证的操作方法，简化了居留审批程序。全年临时入境的境外人员33余万人次。

外国人居留管理 1993年，省公安厅出入境管理处决定将“三资”（中外合资、中外合作、外商独资）企业以及常住外国人申请多次入出境有效签证受理审批权下放到地市公安处、局。

1994年，省公安厅决定将外国人管理工作纳入县（区）公安（分）局、派出所等基层公安机关的日常业务范围，提出依法对“三资”企业内的外国人进行管理，要求各级公安出入境管理部门准确掌握“三资”企业及企业内外国人的基本情况，加强与经贸、工商等部门的联系和配合，在企业内实行联络员制度。至1994年年底，全省有“三资”企业2131家，外企61家，外方常住人员367人。

1995年6月底，合肥、黄山两市公安出入境管理部门基本实现了同涉外宾馆、饭店的计算机联网，提高了住宿登记的申报率和准确率，提高了对外国人管理能力。至年底，全省“三资”企业发展到3230家，外企近80家。

1996年年初，省公安厅下发《关于进一步加强基层公安外管工作的通知》，并在马鞍山市召开全省落实基层公安机关外管工作现场会。9月，省公安厅在安庆市召开省辖10个市座谈会，研究解决外管工作中遇到的新情况、新问题。按照省公安厅“推行三级管理机制，强化基层外管工作”的思路，各地狠抓工作措施的落实，按规定将外管工作纳入公安分局、派出所基础工作的考核之中，并制定了具体的检查、考核办法和评分标准。至年底，芜湖、蚌埠、滁州、黄山风景区先后与31家涉外宾馆、饭店实现了计算机联网。

1997年，各地根据省公安厅《关于加强户管组织、户管员管理工作的意见》，继续做好户管组织和户管员、联络员、信息员的管理工作。年底，全省共建户管员1668人，联络员1300人，信息员3400人。10月，马鞍山、淮北、淮南、铜陵、阜阳等5个城市出入境管理部门与涉外宾馆、饭店计算机联网。至此，全省10个省辖市、黄山风景区公安局全部实现了出入境管理部门与涉外宾馆、饭店计算机联网，联网宾馆、饭店总数63家，占全省涉外宾馆总数的42.8%，占已联网城市涉外宾馆、饭店总数的81.4%。

1997年，省公安厅出入境管理处下发《关于进一步推动我省落实基层公安机关境外人员管理工作的通知》，明确基层公安机关境外人员管理工作的主要职责和任务，提出境外人员管理工作要与其他各项公安工作同部署、同检查、同考核、同评比的“四同”要求和实现境外人员管理“底数清、情况明、信息灵，管理控制有效，漏管失控减少”的工作目标，并积极与有关部门协商，将基层外管工作列为“安徽省城市派出所工作考核办法”中的一项重要内容。1999年，马鞍山、合肥、蚌埠3市全面完成达标任务，其余各地市所辖县的达标率达到66.7%。6月，省公安厅对基层外管工作成绩突出的马鞍山公安局向山分局等5个公安分局，巢湖市公安局卧牛派出所等13个基层公安派出所予以通报表彰。2001年，省公安厅出入境管理处先后深入合肥、巢湖、蚌埠、宿州、六安、亳州、阜阳、池州、芜湖、宣城等地进行调查研究，督促各地开展基层境外人员管理达标工作。省公安厅下发《关于进一步加强基层境外人员管理工作的通知》，强调加强业务培训，实行分类指导，建立有效的激励机制，并下放涉外治安案件的处罚权限。11月，省公安厅出入境管理处设立基层外管达标考核小组。至年底，全省各市的基层外管工作全面达标。全省初步建立以出入境管理民警为骨干，基层民警为基础，各警种分类负责，专门工作与群众路线相结合的境外人员管理网络，基层公安机关境外人员管理能力和水平有了较大提高。2002年，全省各地大力加强外管基层基础工作，将境外人员纳入实有人口管理。

2000年10月，省公安厅授予合肥日立挖掘机有限公司总经理木川二郎等5名外国人“永久居留资格”。这是安徽省首次也是全国率先授予外国人“永久居留资格”。11月2日，省公安厅在合肥市举行授予外国人“永久居留资格”仪式。安徽电视台、《安徽日报》《新安晚报》等十多家新闻媒体对授予仪式进行了详细报道。

2001年，省公安厅会同省旅游局、省国家安全厅联合下发《关于取消旅游涉外饭店审批事项的通知》，取消了对涉外宾馆饭店的审批，放宽了对境外人员落脚点的限制，方便境外人员在安徽省居留和旅行。全省常住外国人为566人。7月，合肥市率先取消境外人员定点住宿限制。2002年，黄山、马鞍山、阜阳3市及黄山风景区等第二批试点单位也取消境外人员定点住宿限制。

2002年，全省公安出入境管理部门在治安部门“住宿登记管理信息系统软件”中增加境外人员的住宿登记信息，实现与治安部门的信息共享。4月，根据国务院办公厅《转发公安部等部门关于为外国籍高层次人才和投资者提供入境及居留便利规定的通知》精神和省政府办公厅的要求，省公安厅召开由省直有关部门负责人参加的座谈会。会后，省政府办公厅转发了会议纪要。省公安厅出入境管理处出台了符合安徽省实际情况的改进措施，为在安徽的外籍高级管理和科技人才、数额较大投资者居留和出入境提供了便利。9月，省公安厅授予棚桥敏彦等7名外国人“永久居留资格”。

2003年6月，省公安厅决定在全省一律取消境外人员定点住宿限制。至9月底，省辖市及黄山风景区、九华山风景区均取消了境外人员定点住宿限制，方便了来安徽省的境外人员住宿，获得境外人员好评。

2004年4月，《外国人签证和居留许可工作规范》开始实施，进一步简化了外国人居留审批程序，同时也调整了公安、外事部门为外国人办理居留业务的分工。依据公安部的授权，省辖市公安机关出入境管理部门负责受理境内持有职业、学习、记者签证或者免签入境的外国人以及持有旅游、访问、临时记者签证并持有相关材料的外国人办理居留许可的申请，接受和查验相关申请材料、证明，签发申请回执；对申请材料进行审核，审查申请人是否具有不予签发居留许可的情形，依法作出审批决定；对符合签发条件的，制作、签发相应的居留许可。此外，持证人提出变更、延期申请的，也由省辖市公安机关出入境管理部门负责审批，依法进行变更或签发新的居留许可。省级公安机关出入境管理部门在特殊情况下也可以受理、审批、制作和签发外国人居留许可。当年，共为316名外国人办理了居留许可。5月，省公安厅出入境管理处下发《关于全面取消境外人员定点住宿限制工作的通知》，决定在全省范围内对所有开放县、市取消境外人员定点住宿限制。8月，根据公安部、外交部关于《外国人在中国永久居留审批管理办法》的规定，凡符合规定条件的外籍投资者、高级管理人员以及对中国有重大、突出贡献或国家特别需要的外籍人员可申请在中国永久居留（即中国"绿卡"）。8月20日，省公安厅出入境管理处下发《关于转发〈外国人在中国永久居留审批管理办法〉实施规定对外公开稿的通知》和《关于受理外国人在中国永久居留申请有关事项的补充通知》，将各类申请表格下发到各市公安机关，在全省迅速开展受理外国人在中国永久居留工作。9月8日，滁州市公安局受理原永久居留资格获得者迪威雅克的换证申请，安徽省"绿卡"制度正式启动。全省全年批准9名外国人换发"外国人永久居留证"。

2005年8月，省公安厅出入境管理处下发《关于加强外国人在中国永久居留受理审核工作的通知》，对全省省辖市出入境管理部门规范上报材料作出专门规定，要求全省公安机关出入境管理部门加强宣传，扩大外国人在中国永久居留的影响，增加外国投资者或高级管理人才对中国的归属感。至11月，全省受理外国人申请永久居留证27人，其中15人获得批准。12月22日，省公安厅出入境管理处举行仪式，为首次申领"绿卡"的5名外国人集中颁发了永久居留证件。至年底，全省常住外国人增至1150人。

外国人旅行管理　为适应中国对外开放的需要，简化外国人去各地旅行的审批手续，1982年10月，国务院、中央军委批转《公安部、总参谋部、外交部、国家旅游局关于外国人在我国旅行管理的规定》，将外国人旅行地区分为甲、乙、丙、丁四类，其中安徽省合肥市、芜湖市、马鞍山市、青阳县（九华山）、黄山游览区、蚌埠市、屯溪市被列为乙类地区，外国人前往上述地区，仍需办旅行证，一般均可批准。1985年12月，取消对外开放地区的甲、乙类之分，统称对外国人开放地区，原丙、丁类地区称为控制开放地区和非开放地区。安徽省合肥市、芜湖市、黄山市、蚌埠市、屯溪市、马鞍山市、安庆市、淮南市、淮北市、滁州市、巢湖市、歙县、凤阳县、泾县、九华山游览区等地被划为对外国人开放地区。

1986年年底，阜阳市、宿州市、六安市、亳州市、阜阳县被列为对外国人开放地区，贵池县、宿松县、潜山县被列为控制开放地区。

1987年，铜陵市、休宁县被列为对外国人开放地区。

1988年3月，省公安厅、省外办、省军区司令部联合下发《关于办理外国人去非开放地区有关问题的通知》，对外国人到安徽省非开放地区的报批手续、申报内容等作出详细规定，加强了对外国人到非开放地区的归口管理。

1989年，宣州市、潜山县、宿松县、桐城县、东至县、枞阳县、涡阳县、蒙城县、宿县、萧县、天长县、全椒县、寿县、舒城县、六安县、和县、宁国县、广德县等18个市、县被列为对外国人开放地区。

1993年，怀宁县、望江县、太湖县、颍上县、太和县、界首市、庐江县、无为县、绩溪县、郎溪县被列为对外国人开放地区。

1994年，贵池市被列为对外国人开放地区。

1995年，阜南县、临泉县、利辛县、砀山县被列为对外国人开放地区。

1996年，青阳县、旌德县、霍山县、霍邱县、灵璧县被列为对外国人开放地区。

1998年，明光市、岳西县被列为对外国人开放地区。

2000年7月，省公安厅向省政府上报《关于我省最后七个县对外开放的情况报告》。同年，定远县、含山县经国务院批准对外国人开放。

2001年8月，省公安厅向省政府上报《关于对金寨等5个县对外开放工作意见的报告》，提出了金寨等5个县对外开放的具体工作意见。

2002年，省公安厅向省政府上报《关于进一步规范和加强非开放地区管理的请示》，研究制定了外国人前往非开放地区管理意见。

2003年，省公安厅、省军区司令部联合下发《关于进一步加强已开放地区军事设施管理工作的意见》，就做好已对外开放地区的军事禁区和军事管理区的管理工作以及黟县、祁门、石台等3县对外开放等问题进行了研究。

2005年，随着对外开放区域的不断扩大，来皖商务、考察、留学、就业特别是旅游的外国人日渐增多，全省年均达10万人次，扩大了安徽省在世界各国的影响，加速了招商引资和对外交流活动的进程，促进了安徽省旅游事业的发展。

外国人出境管理 1986年《中华人民共和国外国人入境出境管理法》（以下简称《外管法》）颁布实施前，在中国境内的外国人出境必须办理出境签证。但国际上的通常做法是外国人出境不需要办理签证。因此，一些外国人对此规定不适应，经常发生不办签证出境，到口岸被阻留的情况。1986年后，依据《外管法》规定，外国人出境，凭本人有效护照或者其他有效证件，不需再办理出境签证。此项规定与国际通行做法接轨，简化了外国人出境手续，方便了外国人合法出境。

1987年，省公安厅积极贯彻落实最高人民法院、最高人民检察院、公安部、国家安全部《关于依法限制外国人和中国公民出境问题的若干规定》，对限制外国人出境的方法和审批程序进行规范，有效阻止和避免了一些刑事、民事案件的诉讼当事人借出境之机逃避司法机关追究法律责任的问题。

1992年8月，省高级人民法院、省人民检察院、省公安厅、省外办、省司法厅、省财政厅联合转发最高人民法院、公安部等部门的《关于强制外国人出境的执行办法的规定》，对强制外国人出境的适用范围、执行机关、执行期限、执行方式等作出详细规定，理顺了全省各相关部门执行强制外国人出境的工作分工。

1986年至2005年，根据《外管法》及其《实施细则》的有关规定，公安机关出入境管理部门依法对违反出入境管理法律法规的外国人采取缩短停留期限、取消居留资格、遣送出境、限期出境或驱逐出境等强制外国人出境的措施。全省查获并遣送出境497名非法入境、非法居留的外国人（2005年全省即查获并遣送69名非法入境的外国妇女。其中，越南23人，缅甸45人，朝鲜1人）。此外，全省公安出入境管理部门严格依据法律法规，对违反《实施细则》有关规定，不按要求缴验居留许可，不随身携带护照或居留证件，或者拒绝民警查验证件的外国人，处警告或者500元以下的罚款；情节严重的，并处限期出境。对非法入境、出境的，在中国境内非法就业、非法居留或停留的，未持有效旅行证件前往不对外国人开放的地区旅行的，伪造、涂改、冒用、转让、买卖签证、证件的外国人，经省级公安机关上报公安部，由公安部作出限期出境的决定。对非法入境、出境的，在中国境内非法就业、非法居留或停留的，未持有效旅行证件前往不对外国人开放的地区旅行的，伪造、涂改、冒用、转让入境、出境证件情节严重的外国人，经省级公安机关上报公安部，由公安部决定对其驱逐出境。

国籍管理　1980年9月10日，中华人民共和国第五届全国人民代表大会第三次会议审议通过了《中华人民共和国国籍法》（以下简称《国籍法》），并于同年9月13日公布施行。

1992年9月，公安部出入境管理局下发《关于受理审批国籍申请的程序和注意事项》，规范了国籍受理、呈报的程序。国籍的受理审批程序为：在国内由县（市）公安机关出入境管理部门受理入籍、退籍和复籍的申请，市级公安机关出入境管理部门负责进行初审，省级公安机关出入境管理部门负责再次审核后上报公安部审批。

1998年，淮南市公安局出入境管理部门受理了一起外国人要求加入中国国籍的申请。申请人多嘎·阿查娅，女，原籍尼泊尔。1998年7月，多嘎·阿查娅与中国公民王某登记结婚，经省公安厅出入境管理处审核并报公安部批准，多嘎·阿查娅成为安徽省第一位加入中国国籍的外国人。

2003年7月，铜陵市公安局出入境管理科通过对金某（持瑙鲁护照）有关材料的审查发现，金某于1997年7月24日出生于泰国，其父亲持基里巴斯护照居住在加拿大温哥华，其母亲（中国籍）于1996年以劳务为由前往泰国但未取得国外定居资格。1997年，其父亲以投资移民的方式为金某申办了瑙鲁国护照。省公安厅出入境管理处经过研究并请示公安部，根据《国籍法》的有关规定，认定金某虽出生在国外但仍具有中国国籍，对于其在国外取得的瑙鲁护照，中国不予承认，由此妥善解决了一起国籍冲突事件。

2004年4月，马鞍山市公安局出入境管理部门受理了一起中国儿童退出中国国籍的申请。经查，申请人金某某的父亲为韩国人，母亲为中国人但定居在韩国。根据《国籍法》第10条规定，金某某符合退出中国国籍的条件，经报公安部批准，省公安厅出入境管理处及时为其办理了退出中国国籍的手续，并将退籍证书交给其本人。

2004年，蚌埠市和阜阳市公安局出入境管理部门受理恢复中国国籍的申请。申请人均于20世纪80年代后期出国并取得了外国国籍，其本人要求回国并恢复中国国籍。省公安厅出入境管理处经过复审后，将申请材料上报公安部审批，依法及时恢复了申请人的中国国籍。

第四节　中国公民出入国管理

出国证件签发　改革开放前，中国对公民因私事出国长期采取严格限制的政策，公民出国十分困难。1986年《中华人民共和国公民出境入境管理法》（以下简称《管理法》）及其《实施细则》颁布实施后，明确规定公民在出入境活动中的权利及义务、出入境的事由、应履行的手续以及所要提交的相关材料、公民在违反出入境规定时应受到的相应处罚。同时明确出入境管理机关的权利和职责，取消过去在公民出国护照上加盖出境签证的做法以及对公民出境前往国家和出境的限制，规定了公安机关受理审批护照的时限。

1989年9月和1990年12月，省公安厅先后下发《关于增加出入境管理透明度的通知》《关于进一步增加出入境管理工作透明度的通知》，公布了《出入境管理部门办理公民出境申请制度》《国内公民申请出境须知》《出入境管理干警守则》，并要求全省公安出入境管理部门向社会和申请人公开因私事申请出国条件；公安出入境管理部门要在受理公民出国申请30天内作出批准或不批准的决定，并向社会公布。

1990年4月，中国国内一些公民不具备出国勤工俭学的条件，却大量筹借资金，变卖财产，私自倒卖外汇，高价购买外国入学通知及经济担保，盲目申请出国。为防止公民出境受理审批过程中的弄虚作假行为，省公安厅出入境管理处转发公安部六局

《关于审批公民出国勤工俭学（含留学）工作的意见》，规定全省公安机关在受理出国勤工俭学人员申请时，要求申请人必须提交经该国公证机关公证及该国外交部或外交部授权的机关认证并经中国驻该国使馆的认证。同时，积极配合新闻宣传部门进行正确的宣传引导，认真审查出境申请材料，依法查处弄虚作假骗取出境证件的违法行为。

1992年6月，省公安厅下发《关于“三资企业”中方人员、私营企业人员申请出国（境）有关问题的通知》，规定“三资企业”中方人员、私营企业人员申请出国开展经济贸易、技术交流、业务培训等活动，可凭外国有关单位的邀请函、所在企业营业执照和企业出具的证明等向其户口所在地的市、县公安机关申请。对申请出国的，经批准后发给护照。省公安厅还先后转发《关于简化公民因私事再出境手续的通知》《公安部关于简化中级高级科技人员因私出境手续的通知》《关于印发受理公民因私出境申请接待工作规范的通知》，对持有因私普通护照人员出国后再出境和中高级人员申请因私出境手续实施简化。与此同时，全省公安出入境管理部门主动服务改革开放和经济建设，简化手续、下放权限，先后取消了共青团员申请出境须经共青团安徽省委批准手续的规定以及公民因私出境审批工作中层层填报的“程序表”；将县委书记、县长因私出国、中级以上职称人员出国定居、涉外人员（含配偶、子女）出国留学由原来的省公安厅审批下放到地市公安局、处审批；协助劳务、旅游部门开拓市场，研究制定了劳务出国人员出境的受理、审批办法，缩短了受理审批时限。省公安厅依据公安部通知精神，进一步扩大了公民因私出国申办护照人员范围，规定工商联会员由市级以上工商联出具证明、个体工商户和私营企业人员因商务和其他私人事务出国（境），由市县级个体劳动者协会或私营企业协会出具意见，即可向公安出入境管理部门申请办理因私普通护照。全年全省公安出入境管理部门批准出国人数3184人，较上年增长了69%。

1993年4月，省公安厅下发《关于公民受理审批工作中的几个具体问题的通知》及《安徽省公安机关受理公民因私出境申请接待工作规范》，明确规定公安机关受理公民因私出境申请要有专门接待场所，接待人员要着警服，并佩戴统一制作的外事警官证，在接待室设立公布栏，公开申请、审批条件和审批结果，接受社会、群众监督。同时，为方便申请人申请办理护照，经报公安部批准，确定省公安厅、合肥、芜湖、蚌埠4个发照点，后又新增黄山、安庆、滁州、宿县4个发照点。

1995年7月，省公安厅出入境管理处在滁州市召开公民因私事出境管理工作座谈会。会议研究制定了受理审批企事业单位人员因业务活动需要申办因私护照的办法。省公安厅印发《关于内地公民出境受理审批工作中有关问题的意见》，对在安徽省买户口或外省（市）迁入安徽省人员申请出国（境）受理审批的有关问题作出相应的规定。9月，省公安厅出入境管理处决定将公派留学人员及“三资”企业和私营企业人员因商务活动出国（境）申办因私普通护照的审批权限下放给地、市公安处、局。全年批准6953名公民出国出境。

1996年，省公安厅转发公安部《公民因私事出国护照申请、审批管理工作规范》（以下简称《规范》），对公民因私事出国实行统一申请办法、统一审批条件、统一办事时限、统一收费标准的“四统一”申请、审批管理工作制度，并首次对非本省常住户口人员办理出国商务手续作出规定。

1997年6月，省公安厅出入境管理处转发《公安部六局关于公民因私出国护照申请、审批、管理工作规范有关规定的补充说明》，规定申请人凭本人居民身份证、户口簿或其他有效户籍证明三者之一即可领取“公民因私事出国（境）申请审批表”。此外，对被邀请人及人数、邀请人在前往国居住证明等作了具体规定。省公安厅出入管理处先后转发《公安部六局关于加强出入境证件签发管理工作的通知》《关于进一步加强证照签发管理工作的通知》，要求各地市公安出入境管理部门在颁发护照或其他有持证人签名栏的出入境证件时，须由持证人亲自领取证件，并当面签署本人姓名；对因年迈、年幼、文盲等特殊情形不能由持证人领取证件并签名的，可由持证人的监护人（或亲属）或委托人代领证件代签名并进行登记；团队出国旅游人员持用的护照在回国后10日内由组团社送省公安厅出入境管理处核销；给外省有经营权的旅行社代办的证照，持证人也必须当面签名，并在入境后1个月内送省公安厅出入境管理处核销。

2000年4月，省公安厅出入境管理处下发《关于改革出入境管理工作进一步简化出入境手续的通知》，决定自2000年5月1日起，取消公民申请自费出国须提交国外经济担保书以及公民申请出国探望国外居住的子女、父母、配偶须提交国外亲属的邀请信和居住证明的规定；公民出国的申请，须在15个工作日内办结。5月，公安部制定下发《中华人民共和国普通护照审批、签发管理规范》。经公安部批准，8月10日，安徽省实行新规范，并于同日启用97版“中华人民共和国护照”及新版出境登记卡。结合新规范的实施及97版护照的启用，安徽省对原有的护照发照点进行了全面调整，取消了合肥、芜湖、蚌埠、黄山、安庆、滁州、宿县等7个发照点，改由省公安厅出入境管理处统一制作、签发全省公民出入境证件。至此，全省实行了县市公安机关受理，地市公安机关审批，省级公安机关监督指导并集中制作、颁发护照的三级管理模式。全年全省批准公民因私出国15573人次，较上年增长57.5%，其中出国旅游增幅高达111.6%，占出国总人数的32.2%，首次居各类出国事由人数首位。出国留学、探亲等也有较大幅度增长。

2002年7月，省公安厅出入境管理处决定在全省取消公民出国旅游申请须提交4000

美元或等值外汇存款证明及境外邀请函，不再签发护照出境卡及办理出境卡的换发和补发；将经境外就业服务机构协助办理出国就业的受理审批权下放，改由县、市公安机关出入境管理部门受理，省辖市公安机关出入境管理部门审批。

2004年5月，公安部再次修订下发《中华人民共和国普通护照受理、审批、签发管理工作规范》。省公安厅出入境管理处据此进一步简化公民因私出国出境申请手续，并明确规定：公安机关不再要求申请人提供与出境事由相应的证明；在按需申领护照的地区，普通群众在申请护照时无须提交所在单位或者派出所意见；取消了人户分离人员异地申办护照的做法。新规范实施后，极大地方便了申请人申领护照，全年全省申领因私普通护照人数达到4.8万人，较上年增长30%。

2005年8月，省公安厅出入境管理处决定开始受理内地居民通过电话和互联网预约申请，取消安徽省居民参团旅游须出具本省旅行社发票的规定，改为持有由出境游组团社出具的自费出境旅游发票，即可向公安出入境管理部门申办护照。上述各项改革和便民利民措施的陆续出台，有力地促进了安徽省改革开放和经济建设发展。

按需申领护照

公民凭居民身份证、户口簿按需申领护照　2001年11月，公安部召开全国出入境管理工作会议。会议明确提出2005年前在全国各大中城市实行公民凭居民身份证、户口簿按需申领护照的工作目标。

2002年，根据公安部部署并经省政府同意，安徽省决定在合肥、芜湖、蚌埠3市开展公民凭居民身份证、户口簿按需申请中华人民共和国普通护照试点工作。2003年4月16日，全省按需申领护照试点工作会议召开。8月1日，合肥、芜湖、蚌埠3市实行公民凭居民身份证、户口簿按需申领护照。

2003年9月5日，省公安厅出入境管理处召开淮北等9市公民凭居民身份证、户口簿按需申领护照筹备工作会议，部署按需申领护照的筹备工作。2003年，全省公安出入境管理部门签发因私普通护照37013本；2004年，签发护照48426本；2005年，签发护照53450本。至2004年年底，淮北、阜阳、淮南、滁州、安庆、马鞍山、巢湖、黄山、池州、亳州、宿州、六安、铜陵（含铜陵县）、宣城（含宁国市）等14个省辖市先后实行公民凭居民身份证、户口簿按需申领护照。全省17个省辖市全部实现在2005年年底前各大中城市实行按需申领护照的工作目标。2005年12月30日，肥东、涡阳、颍上、怀远、五河、南陵、繁昌、芜湖、怀宁等9个县被批准实行公民凭居民身份证、户口簿按需申领护照。

因私出入境中介　改革开放以后，中国公民因私出国定居、探亲、访友等从事非公务活动人数逐年增多，大量申请因私事出国人员需要有专门机构为其提供法律咨询、沟通联系、协助办理签证等服务，一些专职从事此类业务的因私出入境中介机构

应运而生。

2000年12月，公安机关对全省出入境中介机构进行清理整顿。按照清理整顿的标准和要求，全省公安出入境管理部门取缔20家非法出入境中介机构，对合法中介机构按要求进行了整顿。2001年2月，公安机关对加拿大海外集团有限公司、安徽省国际交流服务公司等2起非法出入境中介活动进行了查处，有效地遏制了非法出入境中介活动，维护了正常的出入境管理秩序。

2001年6月，根据公安部、国家工商总局制定下发的《因私出入境中介活动管理办法》精神，省公安厅出入境管理处结合安徽省清理整顿出入境中介机构活动开展的情况，明确规定出入境中介机构受理标准、审批办法、备用金数额，设立因私出入境中介机构的受理、审批程序。8月，省公安厅出入境管理处开始受理因私出入境中介机构经营许可证申请。经审核，省公安厅出入境管理处对安徽国际交流服务公司等10家因私出入境中介机构进行了资格认定，并于11月报公安部出入境管理局审批。2002年，经公安部出入境管理局核准，安徽省国际交流服务公司等9家公司被批准从事因私出入境中介活动，准予其在全省范围内从事为中国公民出国定居、探亲、访友、继承财产和其他非公务活动提供信息介绍、法律咨询、沟通联系、境外安排、签证申办及相关服务的经营活动。

2003年，受非典型肺炎（简称“非典”）疫情影响，全省绝大部分因私出入境中介机构业务量急剧下降，营业收入锐减，其中安徽省诚英达出国咨询有限公司等3家公司业务基本停止，安徽康辉出入境中介服务有限公司年营业额仅2余万元，其余5家中介公司也基本处于亏损状态。为帮助中介公司渡过难关，经报公安部出入境管理局批准，省公安厅出入境管理处决定允许各出入境中介机构在“非典”期间动用备用金20万元，解决各中介公司的资金周转困难，帮助其渡过难关。

2004年4月，安徽省公安、外事等部门联合开展了清理整顿非法出入境中介活动专项工作（即“春雷”行动）。省公安厅成立清理整顿非法出入境中介活动领导小组，制定清理整顿方案，确定合肥、芜湖、蚌埠3市为清理整顿工作重点。其间，全省查处、取缔35家各类非法中介机构，没收各类虚假宣传材料5000余份。通过专项行动，进一步规范了全省因私出入境中介市场，真正做到了“敞开明渠，堵住暗道”，全省出入境中介活动秩序明显好转，广大申请人的合法权益得到切实保护。

公民出国旅游　1990年，国务院批准广东、海南等地开办公民赴东南亚三国（泰国、新加坡、马来西亚）旅游业务，并于1991年在全国范围内开展此项业务。按照规定，在泰国、新加坡、马来西亚有亲友并愿意担保和承付其旅游费用的中国公民，可凭其亲友寄回的交款收据和担保书副本以及单位证明、本人身份证、户口簿和本人近照，到承办此项业务的旅行社（或旅游总公司）办理有关申请手续，由有关省、自治区、直辖市公安厅局为其签发因私普通护照，同时附发2张出境卡，并在护照备注页上加盖“限壹次旅游出入境”字样蓝条章。1991年，安徽省第一个泰港旅游团成行。后经批准，安徽省又新开办了东南亚三国旅行团。

1992年，省内公民出国旅游人数逐年增加。部分旅行社受经济利益驱动，在办理组团出国手续时，不按规定办理，把关不严，公费旅游问题比较普遍，更有少数县级以上党政干部隐瞒身份，提供假证明办理出国旅游。如1995年，安徽省出入境管理部门审核发现并制止了4起4名县级党政干部隐瞒身份，提供假证明办理出国旅游的问题。

1996年12月，省公安厅转发《公安部关于加强公民出国旅游证件申请审批工作的通知》。明确规定：为防止党政干部公费出国旅游，对党政干部参加团队出国旅游的，申请人所在单位除签署同意意见外，还需注明系自费出国旅游。违反规定或费用来源不明的，一律不予受理、审批。依据公安部通知精神，省公安厅出入境管理处决定将公民出国旅游由原来的旅行社代为受理申请改为由户口所在地县市公安局出入境管理部门直接受理；在参游人员护照备注页加盖“限随旅游团队一次出入境有效”蓝色条章；将审批发照权由省公安厅下放给行署、市公安处（局）。出国护照则由省公安厅确定的8个发照点就近制作后寄送旅行社。为方便随团队出国旅游人员，持证人领取护照签名由各旅行社代省公安厅出入境管理处监督办理。旅行团返回后10天内，护照由组团旅行社集中收回送交省公安厅出入境管理处销毁。此外，关于外省有经营权的旅行社代办的证件，持领人则需当面签名，并在入境后1个月内送省公安厅出入境管理处核销。

1997年年初，省公安厅出入境管理处专门召开有组团出国旅游资格的旅行社管理人员座谈会，征求意见，交流情况，提出要求。3月，省华夏国际旅行社违反规定，擅自将领队交给外单位人员担任，在未收取费用的情况下，随意开具了旅游全额发票，导致发生弄虚作假、骗取护照的问题。省中国旅行社为无团队出国旅游经营权的安徽光大旅行社代办护照16本，使该社擅自组团出境，造成不良影响。省公安厅出入境管理处严肃查处了这两起违规行为，决定于4月17日至6月30日停止为该2家旅行社组织的团队出国旅游人员签发护照，以示惩戒。

1998年8月，安徽省开始受理赴韩国团队旅游护照申请。安徽省海外旅游总公司和安徽省中国旅行社等各自作为其总社在安徽省代理出国旅游业务的代办点，先后开展赴越南、缅甸、柬埔寨、文莱、印度尼西亚、马耳他等国家旅游业务。为促进旅游业发展，全省公安出入境管理部门逐步取消了出国旅游人员申请办理护照时所要提交的境外邀请函、经济保证书等一系列相关材料。

1999年6月，省公安厅出入境管理处下发《关于公民随团队出国旅游有关问题的情况通报》，对少数地方在受理、审批公民出国旅游工作中存在的不按规定受理审批、超时出照等违规违纪行为予以严肃批评。

2000年6月，省公安厅向省政府呈送《关于制止公费出国（境）旅游有关情况的报告》，汇报了全省公安出入境管理部门受理、审批出国（境）旅游申请的情况，重申对于使用公费或费用来源不明出国（境）旅游的，一律不予受理、审批。

2002年1月，按照公安部通知要求，省公安厅出入境管理处取消公民出国旅游申请须提交4000美元或等值外汇存款证明的规定，并统一为团队出国旅游人员签发5年有效的普通护照。随着对中国开放旅游目的地的国家不断增加，人民生活水平不断提高，安徽省公民出国旅游的人数逐年大幅增加。2002年，安徽省公民出国旅游申领护照人员比上年增长283%。

2003年3月，印度、斯里兰卡、马尔代夫、南非成为安徽省公民团队旅游目的地国家。至年底，经国务院批准为安徽省公民团队旅游目的地国家达到19个（亚洲国家14个，欧洲国家3个，非洲国家2个）。11月1日起，克罗地亚、匈牙利、巴基斯坦、古巴成为安徽省公民团队旅游目的地国家。

2005年，安徽省公民出国旅游申领护照人员达3万人次，约占全年申领因私普通护照人员总数的60%，居各类申领因私普通护照人数首位。

出国劳务、就业　改革开放初期，安徽省居民出国劳务、就业人员数量很少，且多以对外承包工程或劳务合作等国家派出形式为主。

1987年6月，省公安厅转发公安部出入境管理局《关于零星劳务人员出国使用因私普通护照的通知》，规定在外国民间机构或外国私人企业工作的中国公民出国（均不含去港澳地区），按因私出国手续向公安机关申请办理；零星劳务人员出国可凭省级主管部门的证明函件，由公安机关受理审批。

1992年，省公安厅出入境管理处制定下发《劳务出国人员出境的受理、审批办法》，规定出国劳务申请的政审和审批手续及申办程序。其间，由于出国劳务仍基本属于公派形式出国，个人零星申领因私出国劳务护照人员很少。

1993年，国家劳动部确定安徽省劳动部门开展境外就业试点。省公安厅出入境管理处主动提供信息，积极协助省劳动部门开辟就业市场，拓宽出国渠道。劳务人员申领因私出国护照人数开始逐步增加。

1997年2月，省公安厅、省外办和省外经贸厅转发外经贸部、外交部和公安部联合制定的《关于办理外派劳务人员出国手续的暂行规定》，进一步明确了外派劳务人员持用因公护照和因私护照的范围，简化了外派劳务出国任务审批和申办护照的手续，增加了跨地区、跨部门选派劳务人员及特区人户分离者申办护照等内容，为对外劳务合作逐步与国际劳务市场接轨、外派劳务人员原则上持因私普通护照创造了条件。全年全省批准出国劳务人员311人。

1998年，依据公安部通知精神，省公安厅出入境管理处决定从8月1日起，外派劳务人员申请护照一律由户口所在地县、市公安出入境管理部门受理，地、市公安局审批发照；省外派劳务公司选派安徽省人员劳务出国，“外派劳务出国报批表”须经省公安厅出入境管理处认证。

2000年12月，省公安厅出入境管理处转发公安部、对外贸易经济合作部《关于进一步简化劳务人员办理出国手续有关问题的通知》，结合安徽省实际情况，提出了贯彻落实意见，并将受理审批劳务人员的出国劳务申请权限下放至各地市公安出入境管理部门办理。

2002年3月，省公安厅出入境管理处转发《公安部六局关于执行办理劳务人员出国手续办法有关问题的通知》，决定自4月1日起，安徽省外派劳务人员由过去持用因公普通护照或因私普通护照改为一律持用因私普通护照；外派劳务公司在申请办理护照时，应提交经营公司出具的劳务合作项目说明、申请人的身份证、户口簿或其他户籍证明和填写完整的“中国公民因私出国（境）申请审批表”、经营公司对外经济合作经营资格证书复印件等材料；取消对经营公司出具的对外经济合作经营资格证明（复印件）进行确认的做法，由受理单位直接通过公安网核对对外经济合作企业名录。7月，省公安厅、省对外贸易经济合作厅、省外办在合肥联合召开对外劳务经营公司办理外派劳务人员护照情况座谈会。

2003年4月，省公安厅决定对劳务公司组织的人数多且跨地区的省内居民出国劳务由省公安厅直接受理审批；减少部门审批程序，取消跨地区选派劳务人员的限制，简化劳务人员办理护照的手续；规定在暂住地连续工作半年以上的暂住人员，允许由经营公司按规定直接向暂住地公安机关出入境管理部门集中申请办理护照。上述各项政策和便利措施的先后出台，促进了安徽省对外劳务工作健康有序开展，出国劳务人数逐年增加。1990年至2001年，全省批准出国劳务就业人员2079人；2005年，全省批准出国劳务就业人员5844人。

出国留学　1986年12月，国务院批转国家教育委员会《关于出国留学人员工作的若干暂行规定》。国家教育委员会负责归口管理全国出国留学人员工作，公安机关受理审批自费出国留学申请。

1987年至1989年，省公安厅先后转发公安部、教育部《关于公安部门受理自费出国留学等问题的通知》和《公安部关于受理自费留学申请应注意的几个问题的通知》，进一步明确了公民申请自费出国留学的范围、申办程序和条件，要求公民申请自费出国留学必须持有正当、合法、可靠的经济担保书、入学通知及有关证明材料。1987年，全省公安出入境管理部门开始受理审批自费出国留学申请。1989年，受理审批出国留学政策继续放宽，对近似劳务输出的勤工俭学人员，只要前往国接受，即可依法受理审批。全年全省批准224人自费出国留学。

1990年2月，公安部下发《关于办理具有大学学历的人员申请自费出国留学有关手续的通知》，规定凡具有大学学历的人员申请自费出国留学，归口当地省、自治区、直辖市一级教育委员会审核，经核准后方可到公安部门申办出国手续。

1993年，国家教委、公安部、外交部联合下发通知，规定国家公派和单位公派留学人员出国留学，除因学术和社会地位较高的高级访问学者或前往国家（地区）要求必须持用因公普通护照的公派人员外，原则上持用因私普通护照。省公安厅出入境管理处采取有效措施，为公派留学人员改办因私护照。

1994年10月，根据中国政府和新加坡驻华大使馆达成的关于选派高中毕业生以自费留学方式赴新加坡留学的协议，省公安厅出入境管理处为由中国科技大学代招的30名赴新加坡自费留学的学生协助办理了出国护照。此后，通过此类途径出国自费留学的人员，全省公安出入境管理部门均按规定为其及时办理了出国护照。

1997年4月，省公安厅、省教育委员会转发公安部、国家教委《关于公安部门受理自费出国留学等问题的通知》，规定公派出国研究生、进修人员、访问学者的配偶、子女不是在职职工的申请出国探亲，由所在街道（乡）或派出所出具证明，公安机关按《管理法》及实施细则的规定审批；如父母都是公派出国留学人员，未成年儿童单独申请出国探亲，应由父母单位同意，并原则上由其父母回国探亲时带领；对父母一方是公派留学，一方是自费留学的（或出国探亲后中国驻外使领馆证明确实在学习的），未成年儿童出国探亲并有人带领，可以签发护照。

1999年10月，省教委、省公安厅、省工商局联合转发教育部、公安部和国家工商总局《自费出国留学中介服务管理规定》及其《实施细则》，规定经批准具备一定条件的中介服务机构开办公民自费出国留学中介业务，负责为已完成高级中等教育或高等教育后申请自费出国留学的居民提供留学的相关信息和法律咨询、代办入学申请、提供签证服务、进行出国前培训等。

2003年2月，省公安厅转发公安部《关于取消中国公民因私出国（境）从事文化活动及具有大专以上学历人员申请自费出国留学行政审批的通知》，决定取消居民申请因私出国（境）从事文化交流活动须提交省级以上文化主管部门出具的同意证明，具有大专以上学历人员申请自费出国留学须提交省级教育主管部门出具“自费留学资格审核证明”的规定。自此，自费出国留学申请手续更加便捷，出国求学的人数日渐增多。1996年至2005年，全省批准出国留学人员1.04万人。

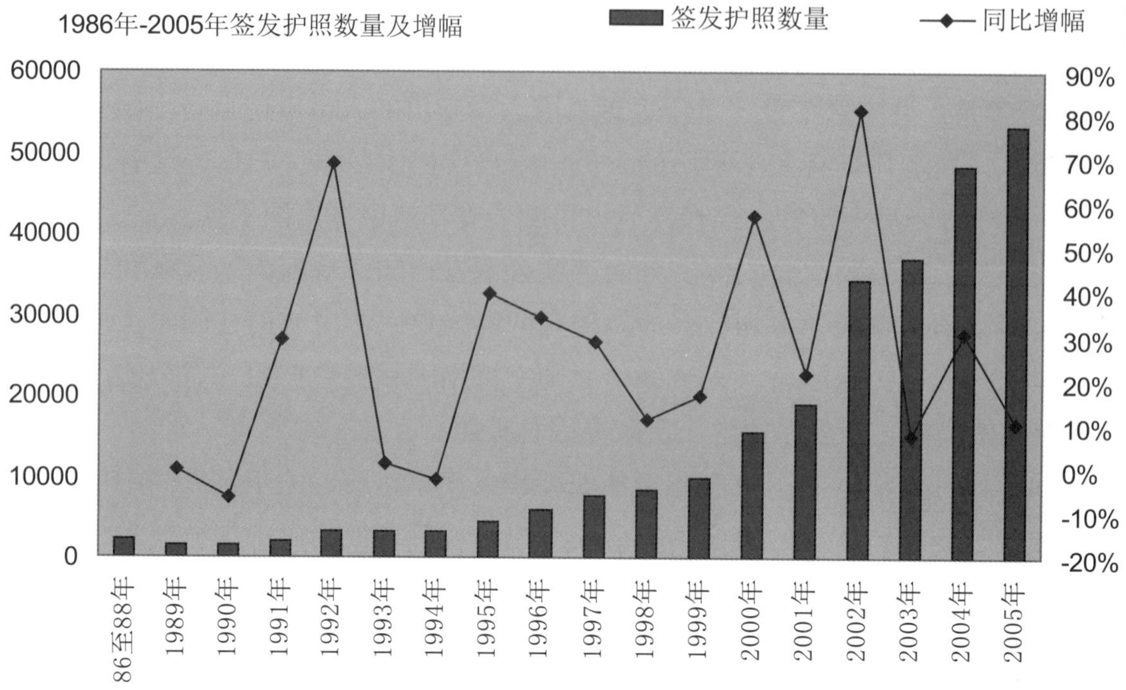

图10-1 安徽省公民因私出国批准情况趋势图（1986—2005年）

出入境管控 1986年，《管理法》及《实施细则》颁布实施后，公民只要不具有法律、法规规定的不准出境的情形，凭本人居民身份证、户口簿和相关证明材料即可按需要向公安机关申领出入境证件。

1998年12月，省公安厅、省高级人民法院、省人民检察院、省国家安全厅、省司法厅联合下发《关于贯彻执行关于实行对法定不批准出境人员通报备案制度的通知》，决定对《管理法》中规定的5种法定不批准出境人员实行通报备案制度，通报备案机关和接受通报备案的公安机关根据通报备案对象的不同情况采取相应的禁止、限制、控制措施。从1999年开始，全省公安出入境管理部门逐步建立完善了法定不批准出境人员报备数据库，全年全省报备法定不批准出境人员1020人，依法阻止4名法定不批准出境人员申领证照出境。至2001年年底，全省报备法定不批准出境人员21962人，依法阻止14名法定不批准出境人员申领证照出境。如2001年10月，阜阳市公安局出入境管理科受理该市居民凌某等2人出国申请时，经核对报备名单，发现2人系刑拘未归案人员，该科立即通知刑侦部门将2人抓获，并依法不批准其申请出境，成功阻止一起潜逃事件的发生。

2003年，省委组织部、省委企业工委、省公安厅、省人事厅联合转发中共中央组织部等五部委《关于加强国家工作人员因私事出国（境）管理的暂行规定》，对国家公务员以及参照、依照公务员管理的国家工作人员，国有公司、企业中从事公务的人员和国家机关、国有公司、企业、事业单位委派到非国有企业单位、社会团体从事公务的人员，实行登记备案制度。

华侨回国定居　根据国务院侨办规定，各级人民政府侨务办公室与同级公安机关共同受理审批华侨回国定居管理工作。

1987年，国务院侨办下发《关于华侨回国定居的审批意见》，明确规定对符合下列情况之一的予以受理审批：一是夫妻一方在国外，国内一方能自行解决对方回国定居后的工作或住房等问题的；二是在国外无依无靠的孤寡老人，国内有亲人能解决住房、赡养等生活问题，不增加国家负担的；三是在国外的老人用外汇已在国内购买住房、又有外汇积蓄或退休金、养老金可转回国内领取，国内有亲属（该亲属的户口不得由农转非或由小城镇迁入大城市）协助料理生活等问题的；四是在国外受到迫害，失去谋生条件，使馆认为其必须回国，并服从分配接受安置的。此外，对国内公民出国定居后在短期内又要求回国定居的，以及个别老人因水土不服，生活不习惯等原因，坚决要求回国定居的，也作了详细规定。全省公安出入境管理部门依据职责分工，密切配合侨办部门，认真贯彻落实国务院侨办《关于华侨回国定居的审批意见》精神，严格执行华侨回国定居受理审批政策，对符合政策规定的定居申请均予以受理审批，切实保障了广大华侨回国定居的合法权益。

第五节　两岸居民往来管理

安徽省是台胞、台属人数较多的省份之一。1991年统计，新中国成立前安徽省去台人员3.5万人，全省共有台属20余万人。由于台湾当局长期对大陆实行不接触、不谈判、不妥协政策，海峡两岸同胞的亲情联系和往来被迫中断。改革开放以后，中共中央根据建设社会主义现代化的总体战略，确立了“和平统一”“一国两制”等解决台湾问题的基本方针，制定了一系列正确的对台工作方针，改变了两岸关系的僵持状况。1987年11月后，台湾当局也相应采取了一些便于民间交流的措施，海峡两岸关系由紧张对峙到逐步缓和，由长期隔绝到民间互相交往，被割裂中断的同胞情谊逐步得到了恢复和发展。其间，来皖探亲、旅游、商务和从事交流活动的台湾居民每年均在数万人次，去台湾探亲、奔丧、文化学术交流的省内居民年均也达到数千人次。为促进海峡两岸人员的往来，全省公安出入境管理部门为海峡两岸同胞的往来提供便利，依法实施管理，增进了台湾居民对祖国大陆的信任感和向心力，为促进海峡两岸民众交流发挥了积极作用。

台湾居民往来大陆　20世纪80年代后，台湾岛内民众要求取消限制、增进两岸往来的呼声日益高涨。其间，台湾居民开始避开台湾当局到香港或澳门与其在大陆亲属会面。1982年，中共中央书记处批准《关于接待台湾同胞回来探亲参观及其在大陆亲属到港澳和国外会亲问题的规定》。但会亲双方因交通和联系不畅等原因，经常错过会亲时间，加之台湾当局对大陆的态度及政策使赴港会亲出现了许多不便和问题。为此，台湾岛内居民已不再仅仅满足于赴港澳会亲，要求进一步放宽台湾与大陆之间的往来限制，要求台湾与大陆实现直接“三通”（通邮、通航、通商），许多台湾居民也开始经港澳或绕道别国回大陆探亲、访友和投资。

1987年11月，台湾当局同意开放台湾居民赴大陆探亲。省公安厅下发《关于贯彻公安部关于台胞来大陆探亲旅游几个问题的通知》，提出接待台胞探亲的要求和注意事项。本着方便往来、维护稳定和社会秩序、加强管理的原则，省公安厅经征求省台办意见并专题请示公安部出入境管理局同意后，下发《关于加强台胞管理工作的初步意见》，明确规定各项管理工作措施，要求各级公安主管部门重点加强探亲台湾居民的户口申报工作，把散居在社会面上的入境台湾居民管理工作落实到基层，确保户口申报质量和重点人物查找率。为方便台湾居民就近申报户口，省公安厅决定将来皖探亲台湾居民的住宿登记管理工作由原来的县（市）公安局受理申办，改由城镇公安派出所和乡政府代为办理。按照省公安厅工作部署，全省公安机关总结推广了县、乡、村三级管理网络和派出所民警、路段民警、街道干部相结合的管理办法，把散居在社会面上的入境台湾居民管理工作落实到基层。在办理住宿登记时，各地还对一些行动不便、年老体弱的台湾居民采取上门办理住宿登记的措施，对少数故意违反住宿登记的，依法进行了教育处理。1987年11月至12月，安徽省接待台胞回乡探亲旅游390人次。1988年32025人次，1991年达到77830人次。

1990年年底，台湾居民在安徽省投资兴建企业170家，企业常住台湾居民74人。为方便解决台湾居民因经营企业需长期居住在大陆的问题，省公安厅为“三资”企业（中外合资经营企业、中外合作经营企业、外资企业）中的常住台湾居民特制了“暂住证”，并于1990年9月开始为此类人员受理审批一年多次入出境证件，受到有关部门和常住内地台湾居民的普遍欢迎。

1992年4月，省公安厅决定将台湾居民在大陆延期停留签注权、台胞1年以下暂住加注权下放到市（县）公安局办理。5月，公安部下发《关于执行中国公民往来台湾地区管理办法若干问题的通知》。《中国公民往来台湾地区管理办法》是新中国成立后国家出台的第一部处理两岸人员往来问题的法规性文件，充分体现了“一个中国”原则和“一国两制”方针，兼顾了台湾的历史和现实的特殊性。《办法》明确规定中国公民往来台湾与大陆之间是中国公民的国内旅行，但又不同于大陆居民在大陆地区的旅行，体现了既方便往来，又加强管理的施政理念。

1993年年底，全省发现滞留台湾居民93人。全省公安出入境管理部门先后多次组织警力深入街道、乡村，对滞留人员情况进行调查摸底，对滞留台湾居民的现状、滞留原因进行认真分析，根据不同情况采取相应的处置措施。对其中25人有返台意向的，配合对台部门做好劝返工作，并帮助办理返台证件和机票；对一些年老体弱或有特殊情况的台湾居民，及时掌握情况，主动采取措施为其办理签注延期；对38名符合申请定居条件的台湾居民，配合对台部门为其办理了申请定居手续。由于每年均有新增滞留人员，至1995年年底，全省仍有49名滞留台湾居民，且基本都是老弱病残人员。1996年6月，省公安厅出入境管理处专题向公安部出入境管理局上报《关于我省台胞定居审批和滞留情况的报告》，分析了滞留原因，提出了加强宣传、改进基层基础工作、增加查处和遣返力度等3项工作意见。在征得公安部出入境管理局同意后，全省公安出入境管理部门加大清理遣返工作力度，并对符合定居条件的申请人予以审批，台湾居民滞留不归的问题逐步得到了解决。

1999年，根据公安部文件精神，省公安厅出入境管理处结合安徽省实际情况，制定了一系列放宽台商出入境措施。如给台商办理2至3年有效多次入出境签注，方便台商入出境，改善了安徽省的投资环境，受到了各级台办部门和台商的欢迎和好评。2002年，省公安厅又将审批签发台湾居民多次入出境签注的权限下放至各市公安局办理。

2003年"非典"疫情期间，省公安厅出入境管理处下发《关于为台湾居民在大陆停留期间提供便利的紧急通知》。全省公安出入境管理部门认真落实各项措施，积极为不便返台的台湾居民提供便利，先后为10余名在安徽省停留的台湾居民办理了暂住加注、停留延期等手续。各级公安出入境管理部门还积极采取"请进来、走出去"的方式，虚心听取台商、台生、台属及台办、统战等部门对出入境管理工作的意见和建议，不断提高服务质量。

2004年3月，省公安厅出入境管理处转发公安部出入境管理局《关于进一步简化台湾居民来往大陆及在大陆居留手续的通知》，决定扩大长期居留和多次入出境签注适用范围，简化台湾居民办理在大陆居留签注及多次入出境签注手续，为不在大陆常住但需要多次往返大陆的台湾居民提供便利。11月，经公安部批准，安徽省先后启用了新版一次有效台湾居民来往大陆通行证（1997版）及台湾居民来往大陆签注（2003版）和台湾居民居留签注（2003版）。

2005年7月25日，《台湾居民来往大陆通行证、签注受理审批签发工作规范》（以下简称《规范》）开始实施，对台湾居民入出境和在大陆居留手续作了简化调整。主要包括：一是简化操作办法。台湾居民在大陆期间，签注有效期即将届满，而又不能及时出境，申请停留延期的，按不同事由受理、审批，签发相应的来往大陆签注或居留签注。二是扩大多次来往大陆签注签发范围。授权市级公安机关出入境管理部门签发多次来往大陆签注。三是放宽来往大陆签注有效期限和有效次数限制。台湾居民临时来大陆停留1年（含）以下，可根据申请人需要签发3个月、1年一次或多次有效来往大陆签注，无须再办理居留手续。四是简化台湾居民在大陆居留手续。台湾居民在大陆居留1年以上，根据申请人需要签发1年以上、5年以下居留签注；台湾居民凭居留签注在大陆居留和入出境，无须再办理来往大陆签注。全省公安出入境管理部门以新版证件、签注的启用和《规范》的执行为契机，进一步加强台湾居民在大陆的管理，通过证件、签注的审核、审批，切实加强对台湾居民住宿登记工作的监督、检查，促进对台基层基础工作的顺利开展。2005年7月至年底，全省公安机关出入境管理部门为9名台湾居民办理了一次有效来往大陆通行证，为654名台湾居民办理了来往大陆签注，为191名台湾居民办理了居留签注。

大陆居民往来台湾 1982年5月，中共中央书记处批准《关于接待台湾同胞回来探亲参观及其在大陆亲属到港澳和国外会亲问题的规定》。经公安部批准，安徽省公安机关开始受理台胞在大陆亲属赴港澳会亲申请，审批名额为平均每天不超过1人。由于受去港名额的限制，难以解决众多申请赴港会亲的台属要求。为此，公安部决定取消台湾同胞在大陆亲属去香港会亲专用名额，改由各地在公安部分配给各地的双程名额中解决。

1986年2月，省公安厅下发《关于进一步做好去香港会亲审批工作的通知》，对赴港会亲条件、须办理的手续、应注意的问题作了进一步明确规定。后期审批名额不再受限制，大陆居民一般只需持有台湾亲属的信件，有明确的会亲时间和地点，均可以批准赴香港或澳门会亲。依据规定，公安出入境管理部门为被批准赴港澳会亲的申请人颁发“往来港澳通行证”，同时签发“会见台湾亲属证明”。

1988年11月，台湾当局决定，大陆公民有父、母、配偶或子女在台死亡或者患重病、受重伤而有生命危险或者年高患病行动困难的情形之一者，允许去台湾奔丧或探病。去台奔丧，以死者亡后6个月为限；探病以医院诊断书之日后的2个月为限。同时规定，大陆公民去台奔丧、探病须有台湾亲友担保，由在台亲属或者到“第三地区”办理入台手续，备有回程机、船票及“第三地区”再入境许可，在台停留期为2个月。11月，省公安厅转发公安部《关于内地公民申请去台湾探亲等问题的规定》，对内地公民申请去台湾作出规定：内地公民因在台父母、配偶、子女患病或死亡等，要求前往探望或奔丧并能提供邀请函电的，均可向户口所在地的县、市公安局出入境管理部门提出申请；申请时须提交本人户口簿或其他户籍证明、在台亲友邀请前往探亲、探病或奔丧等的函电、所在单位意见并填写申请表，没有单位的，提交户口所在乡、镇人民政府或城市街道办事处或公安派出所证明；入台手续由在台亲友或香港亲友办理或委托香港中国旅行社代办；经批准由香港赴台湾并已获得入台许可的，由公安出入境管理部门签发“往来港澳通行证”并加注“经香港去台湾”字样蓝条章；内地居民由台湾再入境香港，须在从罗湖口岸出关时提前办理香港再入境手续。1988年

12月，安徽省开始受理审批省内台属经港澳赴台探亲、探病和奔丧申请，同时停止签发“会见台湾亲属证明”。1988年，全省批准经香港去台湾6人。1989年，全省批准赴港澳会亲人员429人，批准经香港去台湾151人。自1988年11月台湾当局有限制地允许大陆居民进入台湾起至1992年3月，全省批准910人经港澳赴台探亲、探病和奔丧。

1992年，全省公安出入境管理部门对居民应邀赴台审批发证程序等进行了简化，省内居民凭国务院台办批件、所在单位同意证明、有效身份证件、入台许可证即可向户籍所在地公安出入境管理部门提出赴台申请。4月，省公安厅召开全省贯彻《中国公民往来台湾地区管理办法》会议，并下发《关于印发贯彻中国公民往来台湾地区管理办法有关文件的通知》，规定大陆居民申请前往台湾，仍按现行办法签发“往来港澳通行证”。同时，为加强大陆公民赴台进行经贸、交流等活动，省公安厅、省台办、省外办、省财政厅联合下发《转发国务院台湾事务办公室、外交部、公安部、财政部关于大陆公民赴台进行经贸、交流等活动的暂行规定》，规定大陆公民赴台进行经贸活动和文化、教育、学术、科技、卫生、体育、新闻等各项交流活动及参观、访问、考察、采访、举办展览等，均需报国务院台湾事务办公室审批。国台办批准后，申请人持批件向户口所在地公安机关申办赴台手续。

1994年3月，公安部取消赴台出境口岸限制，规定持证人可从任何开放口岸经香港赴台湾。鉴于内地居民须经香港去台湾，中间要办理、领取入台证明等实际情况，根据公安部通知精神，全省公安机关出入境管理部门适当延长了内地赴台人员证件签注的有效期。对因私去台的，签发一年有效签注；对应邀赴台的，签发半年有效签注；申请人可以办理英文姓名加注；不再办理12岁以下儿童的“往来港澳通行证”偕行加注。

1996年8月1日，经公安部批准，安徽省正式启用“大陆居民往来台湾通行证”，不再使用加盖“经香港去台湾”的“往来港澳通行证”。

1997年10月，台湾当局放宽65岁以上或有中度残疾台湾居民的大陆配偶赴台探亲的停留期和在台无子女的大陆亲属在台探病的停留期限。全省从1998年2月5日起，开始调整居民赴台证件签注有效期限，规定对安徽省居民申请赴台湾探亲、探病，在签发“大陆居民往来台湾通行证”的同时，签发3年有效的往来台湾签注；对应邀赴台讲学、工作等超过半年的，根据国务院台办赴台批件批准的在台停留期限，签发相应有效期限的往来台湾签注；赴台返回的大陆居民，凡持有效证件、签注逾期的，边检站凭有效证件查验放行。1998年2月，公安部再次放开大陆居民赴台证件签注有效期限，对前往台湾探亲、探病的，公安机关在批准签发“大陆居民往来台湾通行证”的同时，签发3年有效的往来台湾签注；大陆居民经批准应邀赴台讲学、工作等超过半年的，公安机关根据国务院台办批件批准的在台停留期限签发相应有效期限的往来台湾签注。全省去台人数大幅增加，全年批准2190人去台湾。

2002年7月1日，省公安厅出入境管理处将安徽省公民应邀赴台受理审批权限下放至省辖市公安出入境管理部门。2003年，省公安厅出入境管理处规定在已实行按需申领护照的地区，省内居民可凭本人居民身份证、户口簿及“入台许可”申请办理“大陆居民往来台湾通行证”及签注；省内居民申请前往台湾居留，公安机关可视需要为其签发3年有效多次前往台湾签注；省内居民在台湾期间自行取得台湾居民身份证件的，可以自愿选择保留大陆居民身份，或者保留台湾居民身份，但不得具有双重身份。

2003年11月，为规范“大陆居民往来台湾通行证”及签注的受理、审批、签发及其管理工作，根据《中国公民往来台湾地区管理办法》及有关规定，公安部与国务院台湾事务办公室研究制定《大陆居民往来台湾通行证、签注审批签发管理工作规范》（以下简称《规范》），对大陆居民往来台湾通行证的受理、审批、签发、工作时限、证件的补换发及吊销和宣布作废工作作出明确规定。经公安部批准，安徽省于2004年4月1日开始实施该《规范》。全省公安出入境管理部门依据公安部出入境管理局下发的《关于进一步简化台湾居民来往大陆及在大陆居留的相关手续的通知》精神，简化省内居民往来台湾手续，对省内居民赴台不再限定在台的期限。1986年至2005年，全省批准省内居民赴台湾2.82万人次。

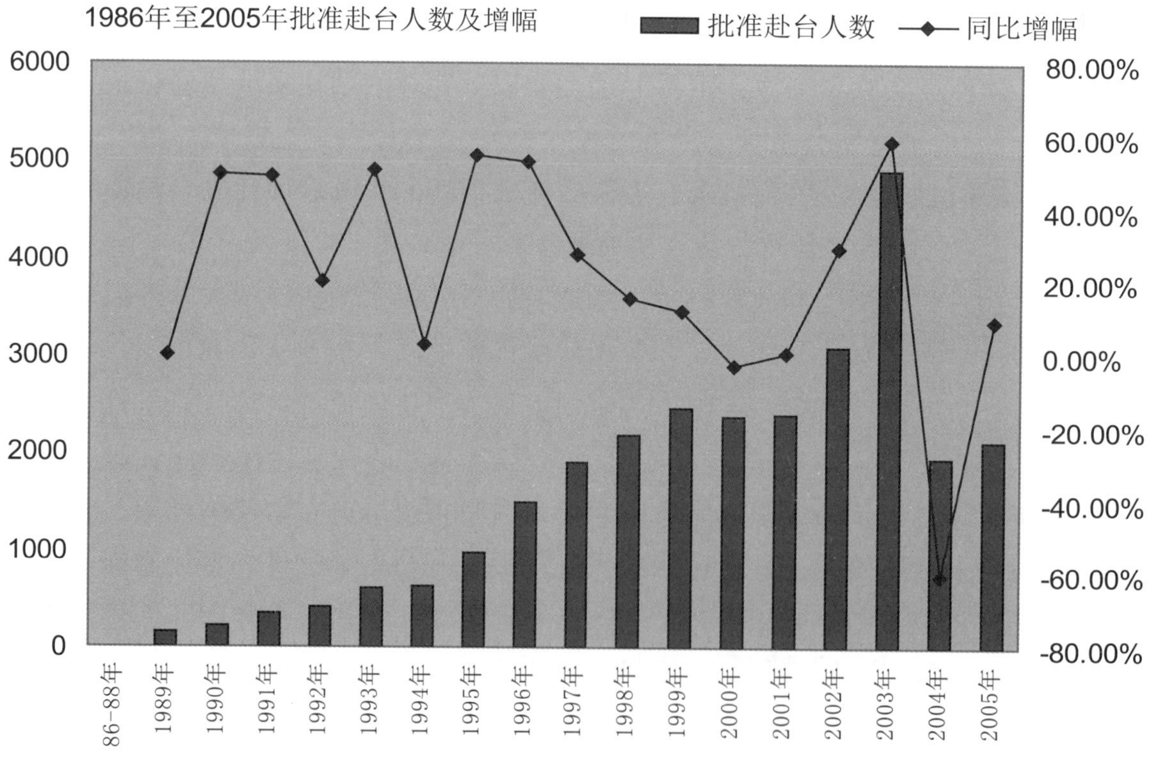

图10-2　安徽省批准赴台人数及增幅比较图（1986—2005年）

台湾居民定居大陆　1987年11月，台湾当局开放岛内居民赴大陆探亲，至1988年5月底，全省接待探亲台胞5469人次。由于探亲人员多是退役老兵，其离家多年，思乡心切，且多年老体弱，很多人希望叶落归根，回乡定居。1987年10月，中共中央办公厅、国务院办公厅转发中央对台工作领导小组《关于做好台胞来祖国大陆探亲工作的意见》，明确规定：对台胞要求来大陆定居的，要从严掌握，尽量做耐心细致的工作，向他们说明定居后可能会遇到的各种实际困难，劝其返回。对于情况特殊且有定居条件的，可按照中央的有关规定妥善安置。

1988年1月，省对台办和省公安厅联合下发《关于台胞申请定居具体审批程序的意见》，明确规定：对申请定居的台胞，由所在县（市）对台办受理，会同当地公安局提出意见，送地、市对台办会同公安处（局）研究后，报省对台办会同省公安厅审批后由省公安厅签发“台胞定居证”。受理审批的条件为须同时符合3个条件:在台孤身一人，无人赡养；在大陆拟定居地有直系亲属，该亲属有能力赡养并保证赡养；生活费用及住房能够自理。全省公安出入境管理部门积极配合对台工作部门，按照“从严掌握”审批原则，至1995年，先后为437名符合申请条件的台湾居民办理了定居手续。对不具备受理审批条件的申请人，公安出入境管理部门配合对台部门做好劝返工作，并及时为申请人办理出境返台手续。

1996年4月，省公安厅出入境管理处下发《关于变更台湾居民申请来我省定居受理渠道的通知》，决定从4月1日起，将台湾居民定居申请由对台部门受理，台办、统战、公安3部门会签改为由县（市）公安机关直接受理定居申请，然后在征求同级对台部门意见后逐级上报至省公安厅审批。此项措施的实施，使安徽省成为当时全国唯一的由公安机关直接受理台湾居民定居申请的省份。公安机关直接受理台湾居民定居申请，解决了受理渠道不畅、拖延审批时间等问题，保护了台胞申请定居的合法权益，受到了公安部的肯定和申请人的赞誉。

为总结公安机关受理、审批台湾居民定居管理工作，分析研究在受理审批工作中发现的问题，进一步规范和改进台湾居民申请来安徽省定居受理、审批工作，1998年7月，省公安厅出入境管理处在黄山市召开部分地市公安机关台湾居民定居管理工作研讨会。会后，省公安厅出入境管理处下发《关于公安机关受理、审批台湾居民申请来我省定居工作的补充通知》，提出改进措施，并明确规定：县市公安机关受理台湾居民定居申请后逐级上报至省公安厅审批，受理、审批应在45个工作日内完成并公开对外承诺。全年全省批准57名台湾居民来皖定居。

2000年8月，公安部、中央统战部、国务院台办下发《关于台湾居民来祖国大陆定居受理审批工作的通知》，决定从2000年10月1日起，将台湾居民申请来大陆定居由过去的台办、统战部门、公安机关共同审批调整为由公安机关受理审批。审批依据改为须具备下列条件之一：一是在台孤身一人，无人赡养，且在大陆拟定居地有父母、配偶（须符合下述第二项规定）、子女等直系亲属，该亲属有能力赡养并保证赡养，本人的生活费用及住房等能够自理；二是与大陆居民结婚3年以上（包括3年）的台湾居民及其未成年子女；三是其他。受理、审批程序为：县级（市）公安机关出入境管理部门负责受理回大陆定居的申请，市级公安机关出入境管理部门负责初审，省级公安机关出入境管理部门负责再次审批，决定是否批准定居，签发“批准定居通知书”“台湾居民定居证”或“不批准定居通知书”。获准定居的台湾公民在“批准定居通知书”规定的时限内持“批准定居通知书”“台湾居民定居证”到定居地户口登记机关办理常住户口登记手续，申请领取居民身份证。

2001年3月，为贯彻《公安部关于台湾居民来祖国大陆定居受理审批工作有关意见》，省公安厅决定：凡在安徽省投资经济效益较好或投资金额为50万美元以上的台湾居民以及安徽省急需的科技、教育、文化、医学、农业等领域的台湾籍人才及其配偶、未成年子女均可申请来皖定居。为方便台商入出境，将原先台湾居民办理多次入出境签注的受理标准由原来的200万美元下调为50万美元。台湾居民申请来皖定居人员逐渐由退伍老兵为主变为申请投靠、夫妻团聚、投资为主。1987年11月至2005年年底，全省受理台湾居民定居申请900余人，批准定居871人。

第六节　大陆、港澳居民往来管理

1997年之前，港英、澳葡当局对内地居民赴港澳地区实行严格的名额控制。由此，内地主管部门对内地居民申请往来港澳相应采取了严格的定额审批制度。按照规定，内地居民申请往来港澳不仅要提交身份证、户口簿等身份证明材料，还要提交各种相关证明材料，申请事由也限定在探亲、会见国外及台湾地区亲属等极少数情形。依据公安部每年分配给安徽省的名额，全省公安出入境管理部门坚持公开、公正、效率和便民的原则，依法为急需赴港澳的安徽省居民签发赴港澳证件。随着香港和澳门先后回归祖国，赴港澳名额逐年增加直至取消名额限制，三地居民往来更加便捷、更加密切。2002年7月1日起，安徽省推出内地居民往来港澳地区管理7项改革措施，省内居民短期往来港澳地区更加方便快捷。

往来港澳证件签发　改革开放初期，全国每天去香港人数限定在150人之内，去澳门的名额更少。

1986年，安徽省双程赴港名额平均每天2.5人。1987年增至每天3人。此后，安徽省双程赴港名额大致以每年每天0.5人速度递增。双程赴澳门名额平均每月0.5人，1994年增至每月1人，1998年为每月2人。单程赴澳门则长期保持在每年6人左右。

1986年，安徽省中国旅行社受中旅总社委托，开始组织安徽省居民赴港澳地区探亲旅游。申请参加探亲旅游的人员条件随着双程去港澳的名额逐年增多，探亲范围也由直系亲属、近亲属扩大到旁系亲属。此举既满足了省内居民前往香港、澳门探亲、会亲的愿望和要求，又缓解了双程去港澳探亲名额不足的矛盾。针对赴港澳旅游团的不断增多，广东省以外地区人员由于路程远希望能够延长在澳门停留时间的情况，省公安厅决定将赴澳门探亲旅行团的签证期限由6天增加至10天。但由于各地在赴港澳停留时间上掌握不一，公安部于1988年3月下发通知，要求在为港澳旅游团签注签发时间上要根据其在港澳活动的实际起止日期签发，不能多签也不能少签。为防止赴港澳探亲、会亲人员因逗留时间长造成非法滞留的问题，省公安厅依据公安部《关于缩短在港澳探亲、会亲停留时间的通知》精神，决定采取增加名额、缩短探亲时间的办法，即由一人一次3个月，缩短为一人一次1个月（探望在港澳定居的配偶除外）。

1986年12月，国务院颁布《中国公民因私事往来香港地区或者澳门地区的暂行管理办法》（以下简称《管理办法》），对内地及香港居民因各种事由需往来内地与港澳之间的必备条件、办理“往来港澳通行证”须履行的手续、证件管理等作出明确规定。1987年2月，公安部取消以往双程去港探亲或会亲的严格按定额审批制度，各地可根据实际情况并在规定名额之内，逐步放宽，不要求全国一致；内地居民要求自费去港澳留学暂不受理；外国驻华使领馆、通讯社及其他驻华机构聘雇的中方雇员受该驻华机构派遣去港澳的，按公民因私出境办理护照；归国华侨、侨眷去港澳探望居住外国的亲属，只限于探望印度尼西亚、马来西亚等一般不允许中国公民入境的国家的亲属。

1987年7月，省公安厅下发《关于执行中国公民因私事往来香港地区或者澳门地区的暂行管理办法的通知》，规定：夫妻一方在香港、澳门定居，另一方申请前往团聚的，夫妻分居时间需满2年以上；在香港、澳门定居的无依无靠老人需内地直系亲属前往照料的；申请去香港、澳门探亲，除已规定的亲属关系外，还包括公婆、岳父母、外祖父母、叔伯、姑、姨、舅父母等，对一户多人同时申请探亲的，一般一次只批1至2人；去澳门探亲，一般只批直系亲属；去香港、澳门会见台湾亲属的，除已规定的直系亲属和近亲属外，如台湾同胞在内地已没有直系亲属和近亲属等，可以考虑叔伯、姑、姨、舅等，一般一次只批1至2人；对去香港、澳门探会亲返回后，再申请双程去港澳者，一般要在返回内地满1年后再审批。

为适应内地居民前往港澳地区探亲和旅游需要，按照公安部出入境管理局的部署，1988年5月，安徽省启用新版“往来港澳通行证”。新版“往来港澳通行证”分为8页版和16页版，其中8页版为“港澳游”旅行团专用证件，16页版与原32页版用途相同。两种新版“往来港澳通行证”中的“签证”页均改为“签注”，注意事项也做了修改，与《管理办法》一致。12月1日，全省公安出入境管理部门开始为经香港去台湾的内地居民签发加注有“经香港去台湾”字样的“往来港澳通行证”，并于1989年4月为经香港去台湾的内地居民在证件备注页进行持证人姓名的繁体字加注“持证人×××（证件姓名的简化字）即是×××（繁体字）”，加注的繁体字姓名尽可能与入台许可证的姓名一致。

1989年，全省批准赴港澳探亲、会亲1018人，去港澳旅游43人。

1990年12月，省公安厅下发《关于进一步增加出入境管理透明度的通知》（以下简称《通知》），要求全省公安出入境管理部门对公民因私去香港和澳门地区实行“五公开”，即公开审批条件、公开审批名额、公开批准名单、公开审批时限、公开收费标准。《通知》规定：夫妻一方定居香港、澳门，分居多年，定居香港、澳门的父母、祖父母年老体弱无人照料，必须由内地子女或孙子女前往照料等5类情形可申请单程赴香港；短期探望定居在香港、澳门的亲属，短期去香港、澳门会见定居在台湾的亲属等4类情形可申请双程赴香港；各地公安出入境管理部门在收到单程赴港澳证件后，要立即将被批准人姓名、单位、批准事由公示15天后，发给申请人；双程证件在发证的同时公布批准名单。1991年3月1日，省公安厅决定在全省统一使用申请去港澳的“出境申请办理程序表”，并于当年内将公民申请赴港澳的审批情况向社会公布，接受申请人和社会监督。

1993年3月，省公安厅下发《关于简化公民因私事再次申请双程去香港、澳门、台湾地区手续的通知》，对公民再次申请双程去香港、澳门、台湾地区的，规定除提交境外亲属的邀请信件外（去台湾的还须提交入台许可证），无需再提交证明其亲属关系的证明材料。此外，简化公安机关受理、审核、审批环节，并将受理审批发证时间缩短为1个月。8月，香港入境事务处决定简化中国公民过境香港的出入境手续，规定凡持有“中华人民共和国护照”、前往国的有效签证以及已确定机位的联程机票者，在香港过境时无须签证且可在港停留7日；凡符合上述条件的内地居民，可从任何开放口岸进入香港。12月，为缓解罗湖口岸出入境压力，经公安部与港方商定，内地居民持“往来港澳通行证”（探亲签注、多次签注）去香港人员，除空港外可从其他任何海路、陆路口岸去香港。公安部又分别于1995年12月和1996年5月增加了“香港游澳门游”旅行团出境口岸，规定参加“香港游”“澳门游”旅行团的内地人员可以从空港口岸乘飞机去香港或澳门。

1994年，省公安厅出入境管理处召开合肥等10个地市出入境管理工作座谈会。会议决定于7月1日将双程去香港和台湾的审批权下放给设有专门出入境管理机构的合肥等10个地市。同时，为方便申请人出境，省公安厅出入境管理处要求各地在签发证件时，统一在“壹次往来港澳签注”的编号前加上各地区地名的头一个字，以便甄别。1995年、1997年，省公安厅出入境管理处又先后将此项审批权下放给成立了专门出入境管理机构的阜阳、宣城、淮北及淮南、铜陵和六安等6个地市公安局。

1996年12月，省公安厅出入境管理处在蚌埠市召开全省公民因私事出国（境）管理工作会议。会议研究决定：对外省市居民在安徽省购买户口或将户口迁移到安徽省后申请赴香港、澳门地区探亲的，不再要求稳定居住满2年才受理；取消夫妻团聚的受理时间限制。

为适应形势发展变化，认真落实“一国两制”的方针，促进安徽省与香港地区人员往来及经贸、文化交流，1998年9月，省公安厅出入境管理处转发《公安部六局关于为在香港工作的外籍人、华侨的内地亲属等人员赴港签发往来港澳通行证及探亲签注的通知》，开始为应聘在香港工作的外籍人、华侨的内地亲属赴港探亲等人员签发“往来港澳通行证”和探亲签注。

1999年12月，香港特区政府实施《输入优秀人才计划》，拟从内地引进掌握高新技术或科技人才，不设限额，同时允许其配偶及21岁以下未婚子女随同前往。省公安厅出入境管理处转发《公安部六局〈关于印发内地居民应聘赴香港就业审批管理办法〉的通知》，规定赴港就业人员及其配偶、21岁以下未婚子女向其户口所在地县（市）公安机关出入境管理部门提出赴港申请，提交填写完整并贴有近期正面免冠照片的“内地居民往来港澳地区申请审批表”、香港入境事务处签发的就业或家属进入许可、居民身份证和户口簿或其他户籍证明以及工作单位对申请人赴香港就业的意见（没有工作单位的由公安派出所出具意见），地市公安出入境管理部门经审核后签发往来港澳通行证和相应签注。12月20日，安徽省停止签发8页版“往来港澳通行证”“入出境通行证”；12月31日停止签发16页版“往来港澳通行证”“前往港澳通行证”，并于同日启用新版“往来港澳通行证”“前往港澳通行证”和“入出境通行证”。

2000年3月1日，省公安厅出入境管理处决定按照统一确定的赴港澳探亲条件、须履行的手续、审批程序和时限开始受理审批赴港澳申请，并对外公布赴香港、澳门探亲名额及使用情况。

2002年3月，省公安厅转发公安部关于《中华人民共和国往来港澳通行证签注审批、签发管理工作规范》及其《有关问题的说明》。决定启用新版（2000版）前往港澳通行证、往来港澳通行证及签注；放宽企业申请赴港澳从事商务活动的受理审批标准；授权省辖市公安出入境管理部门依法受理、审批安徽省公民赴港澳团队旅游、赴澳门探亲申请。此外，省公安厅出入境管理处还就受理、审批、签发“往来港澳通行证”和签注的工作时限及其他事项的各个环节和要求作出明确规定。8月6日，省公安厅出入境管理处将赴香港、澳门1年多次往返商务签注的审批权限下放至省辖市公安局；对持有效证件再次申请短期往来港澳的，本人确有困难不能前往办理的，允许书面委托其亲友办理。2002年12月、2003年12月，省公安厅出入境管理处再次放宽了部分申请赴香港、澳门地区探亲人员的签注时限，对于申请赴香港或者澳门探望父母的18周岁以下（不含）及申请赴香港或者澳门探望子女的内地居民，签发3个月多次探亲签注。

2004年，依据公安部、国务院港澳事务办公室、商务部通知精神，安徽省开始受理审批居民赴港澳地区从事劳务的申请。

2005年6月，为方便在港澳中资机构人员的内地亲属赴港澳探亲旅游，省公安厅出入境管理处开始为港中旅组织的此类人员赴港探亲签发有效期为28天的旅游签注。7月15日，全省公安出入境管理部门开始为赴香港就读的内地居民签发往来港澳通行证和学习类签注。9月1日，开始为在澳门从事劳务人员的内地亲属办理往来港澳通行证及签注。11月1日，开始为在澳门就业的内地居民办理赴香港其他类签注。至此，安徽省与港澳联系日益密切，省内居民前往港澳人数大幅增加。2005年，全省批准108689人次前往港澳，是1979年至2001年间批准总数的近3倍。

内地居民赴港澳定居　长期以来，内地居民去港澳地区定居实行配额限制，每年配额人数由公安部年初下达指标。依据配额人数，全省公安出入境管理部门按照规定条件和标准，受理审批去港澳定居申请。

1987年7月，省公安厅下发《关于执行中国公民因私事往来香港地区或者澳门地区的暂行管理办法的通知》，规定夫妻一方在香港、澳门定居，另一方申请前往团聚的，夫妻分居的时间需满2年以上；在香港、澳门定居的无依无靠老人需内地直系亲属前往照料的，可申请赴港澳定居。

1993年7月，省公安厅出入境管理处下发《关于公民申请去香港定居受理审批条件及有关手续的几点说明》，对申请去香港夫妻团聚、申请携行12周岁以下子女去香港定居、申请去香港照顾父母及无依无靠老人和儿童投靠在香港的直系亲属和近亲属等情况作出明确规定。为加强对单程去港澳地区的管理工作，12月29日，公安部决定各地在签发“前往港澳通行证”时，必须将持证人的姓名、性别、出生日期、证件号及签发日期、签署人签字式样电传深圳和拱北口岸备查。

1993年10月，根据《中华人民共和国香港特区基本法》第24条的规定以及中英双方达成的原则协议，在香港特别行政区成立以前或以后在香港以外出生的中国籍人士，其出生时其父母任何一方是在香港有居留权的中国公民，即香港特别行政区永久居民，其本人即可享有香港特别行政区的居留权。为做好香港永久居民内地子女去港定居审批工作，省公安厅依据公安部通知精神，制定了受理审批规定：香港永久性居民内地子女的出生日期必须早于香港永久性居民的身份证日期，1997年前只考虑未成年儿童；父母双方为香港永久居民，留在内地的子女，可按年龄排队，年龄小的为第一优先审批；父母一方为香港永久居民，另一方移居香港未满7年，留在内地的子女，可按年龄排队，年龄小者优先审批；一方为香港永久居民，另一方尚在内地，夫妻团聚按分居年限排队，分居年限长的可与子女一并审批，但子女须按儿童名额审批。

1996年5月，针对在港中资机构个别人在港工作期间私自向香港移民事务处申领入境许可证的情况，省公安厅出入境管理处转发《公安部六局关于不准港澳中资机构内地人员在港定居等问题的通知》，明确规定：对于港澳地区中资机构由内地派出的人员，未经批准，私自领取香港永久居民身份证件或在港澳地区居留许可，回内地后要求赴港定居的，一律不予批准并记录在案；其配偶、父母、子女以该外派人员已取得香港居民身份证或居留许可证为由，申请赴港澳地区团聚、投靠定居的，一律不予受理。12月，省公安厅转发公安部《关于改进和加强赴港澳地区定居审批工作的通知》，决定自1997年1月1日起取消夫妻团聚类赴香港、澳门定居人员的申请领表时间限制；对符合条件的申请，按照公安部打分标准，将名单通过计算机软件处理后排出先后顺序依次审批；根据安徽省赴香港定居审批每天0.5人，全年183人，赴澳门定居全年6人的定额按顺序逐月公布获准放行的申请人名单，并接受申请人和社会监督。

1997年5月，省公安厅转发公安部出入境管理局关于《内地居民赴港澳地区定居审批管理工作规范》，开展对赴港澳地区受理审批定居的试点工作，规范审批管理。对经审核符合赴港澳定居条件人员实行分类电脑打分，依得分高低排队放行。健全内部监督制约机制，坚持"两公开、一监督"制度。定期公开审批名额和比例，公开审批结果，依照排队先后顺序每月公布放行赴港澳定居人员名单；签发证件前15天，在申请人户口所在地和最初受理申请人的出入境管理部门接待室张榜公布申请人姓名等，实行"阳光"作业，增加审批工作透明度。12月10日，安徽省对香港永久居民在内地所生子女赴港定居政策进行了调整：对取得香港特别行政区"居留权证明书"的香港永久居民在内地所生子女，签发带有"R"字母标识的"前往港澳通行证"，同时取消了香港永久居民在内地所生子女申请赴港定居的年龄限制（原规定为20岁以下）。

1998年1月，省公安厅出入境管理处下发《关于1998年度内地居民赴港澳定居审批管理办法的通知》，规定外省市居民在安徽省购买户口或将户口迁移到安徽省后申请去港澳定居的，不再要求稳定居住满5年后才受理。安徽省居民赴香港、澳门地区定居由原来按公安部分配的定额审批，改由根据公安部划定的分数线进行审批。1998年安徽省夫妻团聚类赴港定居分数线为201分，澳门237分。之后，安徽省居民夫妻团聚类申请赴香港、澳门地区定居分数线又逐步降低为182.5分。

1999年1月29日，香港终审法院就香港永久居民在内地所生子女赴港居留作出终审判决。判决扩大了香港永久居民在内地所生子女的范围，改变了香港永久居民在内地所生子女赴港定居经内地审批的制度。为维护社会稳定以及内地与香港的正常出入境秩序，省公安厅出入境管理处及时转发公安部通知，要求全省公安出入境管理部门加大宣传力度，教育申请人遵守法规，遵循正常途径赴港；同时加强双程去香港的审批管理，对滞港人员暂缓批准去港。随后，根据公安部授权，安徽省通过广东省公安厅深圳出入境签证办事处与香港入境事务处直接核查申请人的香港永久居民子女身份，由香港入境事务处审核确认并签发“居留权证明书”后，为申请人签发单程证。

2000年5月6日，根据《中华人民共和国澳门特别行政区基本法》第24条规定，澳门永久性居民在内地所生中国籍子女自1999年12月20日起享有澳门特别行政区居留权。根据公安部《澳门永久性居民在内地所生中国籍子女赴澳门定居审批办法》，全省公安出入境管理部门开始受理审批在内地的澳门永久居民子女的赴澳门定居申请。依据规定，申请人须在户籍所在地县、市公安出入境管理部门提出定居申请，受理部门审核后再由省公安厅与澳门身份证明局核实，作出批准澳门定居与否的决定。

2001年7月，针对在审批香港永久性居民子女赴港定居工作中一些申请人的亲子关系难以确认，少数申请人为达到赴港定居目的提供假证明、假材料弄虚作假等情况，经公安部与香港入境事务处商定，决定共同对亲子关系存疑的香港永久性居民子女申请进行亲子鉴定。根据鉴定结果，香港入境事务处审批申请人“居留权证明书”申请，内地公安机关审批申请人赴港定居申请。8月，为加强内地居民赴澳门夫妻团聚类定居审批工作，防止弄虚作假问题的发生，安徽省出入境管理部门对申请赴澳门团聚类定居人员澳门一方的配偶婚姻情况向澳门身份证明局核实，决定是否批准定居申请。

2002年4月，全省公安出入境管理部门开始办理对亲子关系存疑的澳门永久性居民子女申请人进行亲子鉴定事宜。

内地居民赴港澳商务 1995年8月，省公安厅印发《关于“三资”企业人员因商务活动出境的管理办法的通知》，规定“三资”企业人员因商务活动申请出境，应依法向户口所在地的市、县公安出入境管理部门申请，由地、市公安机关审批；批准去港澳地区的，一般签发5年有效期护照。

1998年，省公安厅出入境管理处先后走访了工商、税务、外贸等单位，了解安徽省企业状况，在广泛征求意见的基础上，结合安徽省实际，制定赴香港商务的审批标准，并于7月3日开始为“三资”企业、集体和私营企业、股份合作制企业的管理、业务、技术人员审批签发往来港澳通行证以及商务、培训、就业签注。同时，取消为赴港从事商务、培训、就业等非公务活动的内地居民签发护照的做法。由于内地居民赴港从事商务活动实行限额审批，全年全省被批准赴港商务人员仅34人。12月，省公安厅出入境管理处根据公安部出入境管理局《关于印发部分省市内地居民赴港澳从事商务活动审批管理工作会议纪要的通知》精神，决定于1999年下调申请赴香港商务签注的各类企业标准，同时规定对有发展潜力的高科技企业、符合当地产业政策的重点企业，可根据企业的实际情况和需要受理、审批，不受受理、审批标准的限制。1999年，全省批准134人赴港商务。

1999年12月20日，中国对澳门恢复行使主权。依据公安部授权，安徽省自2000年1月1日起审批签发赴澳门商务签注。

为方便内地居民赴港澳地区从事商务活动，促进内地与港澳地区经济共同发展，自2001年11月开始，省公安厅出入境管理处先后采取了简化手续、放宽条件、下放权限等多项便民利民措施，将15天一次和3个月多次赴港澳地区商务签注审批权下放到省辖市公安机关出入境管理部门。2002年2月1日，取消赴港澳商务签注邀请函，对申请有效期3个月以下商务签注的，免予提交纳税或创汇证明。2003年8月，再次将居民赴香港、澳门1年多次往返商务签注的审批权下放至省辖市公安局，并对受理、审核、审批时限作了明确规定。同时，进一步放宽企业申请商务签注的注册资金标准，将往来港澳商务签注的申请范围由原来的具有独立法人资格省内企业的员工，扩大到省内个体工商户和在港澳地区注册企业的员工。由于各项便民利民措施的贯彻落实，赴港澳商务活动的人数逐年大幅增加。2005年，全省公安出入境管理部门批准17078人次赴港澳商务。

内地居民赴港澳旅游　1986年，为缓解内地居民去港澳探亲的紧张状况，安徽省中国旅行社受中旅总社委托开始组织安徽省居民赴港澳地区探亲旅游。由于安徽省双程赴香港名额有限，申办往来港澳通行证手续烦琐，且必须由深圳罗湖口岸入境香港，故当年安徽省居民赴港澳旅游人数仅有数十人，参团人员主要为到香港会亲、探亲人员。随着双程去港澳名额的增加，安徽省居民赴港澳地区旅游人数有所增长，但增长幅度不大。1986年至1996年，安徽省批准赴港澳旅游人数1404人。

1997年，亚洲金融危机爆发。为缓解东南亚金融危机对香港、澳门旅游业的影响，中央决定采取措施支持香港、澳门旅游业的发展。为此，国家旅游局决定新增中国国际旅行社为内地居民赴香港、澳门团队旅游组团社。

1998年8月19日，经公安部批准，全省公安出入境管理部门开始受理安徽省中国国际旅行社、黄山中国国际旅行社组织的赴香港团队旅游人员的“往来港澳通行证”申请。12月8日，开始受理中国国际旅行社组织的赴澳门团队旅游申请。其中，安徽省中国国际旅行社组织的赴香港、澳门团队旅游人员的“港澳通行证”由省公安厅出入境管理处直接受理、审批、发证；黄山中国国际旅行社组织的黄山市居民赴香港、澳门团队旅游人员的“往来港澳通行证”，委托黄山市公安局负责受理、审批、发证。安徽省居民赴港澳旅游人员开始大幅增加，全年全省受理旅游类往来港澳通行证申请713人，较上年增长218%。

2000年，为方便内地居民赴港澳旅游，促进港澳两地旅游事业发展，根据公安部通知，安徽省开始为赴香港及澳门旅游人员签发“L”签注（旅游签注）。

自2002年10月1日起，安徽省对赴港澳旅游人员申请往来港澳通行证和签注条件进行了调整，规定申请人凭国家旅游局批准的528家出国旅游组团社出具全额旅游发票，以及本人身份证、户口簿及其复印件，即可向常住户口所在地公安机关出入境管理部门申请办理“往来港澳通行证”及签注。12月，全省公安出入境管理部门对申请需要2次进入香港或者澳门的人员，给予2次进入有效的赴香港或者澳门旅游签注。

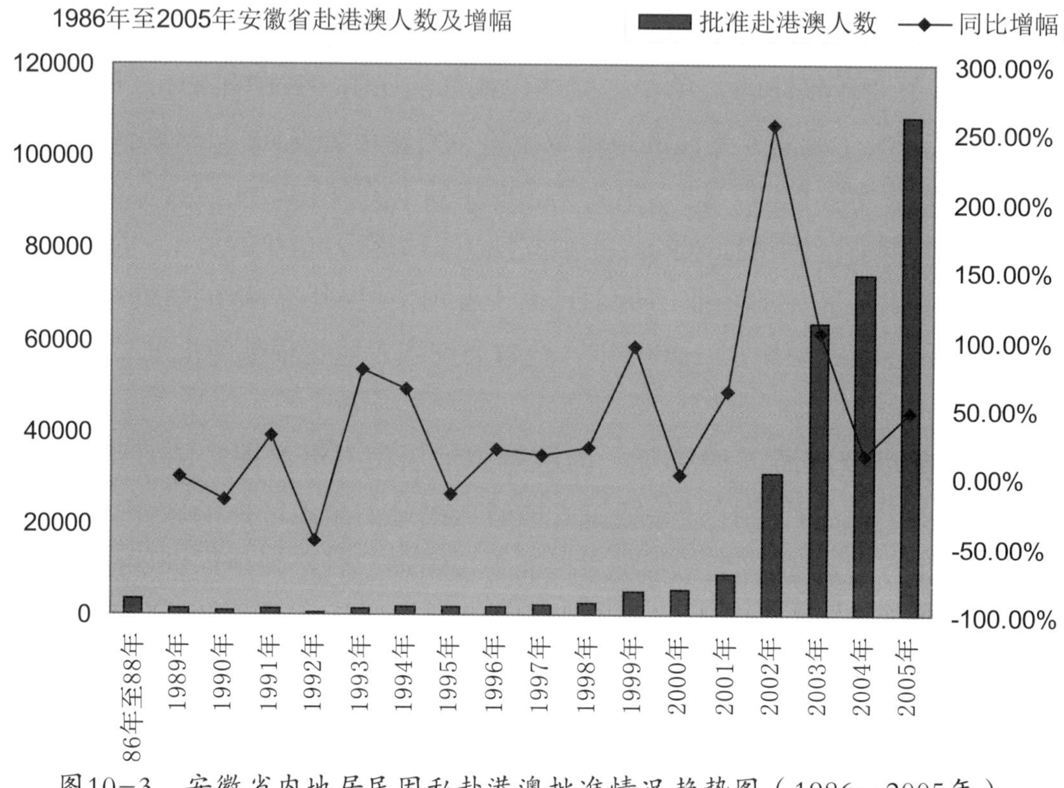

图10-3　安徽省内地居民因私赴港澳批准情况趋势图（1986—2005年）

为方便内地与港澳地区人员往来，促进经济发展，经中央批准并与香港、澳门特别行政区协商，2003年7月28日，公安部决定开始在广东省试办居民个人赴港澳地区旅游。2005年，安徽省决定在合肥、芜湖、马鞍山3市开展居民个人赴港澳地区旅游申办工作，并积极开展各项筹备工作。2005年，安徽省居民赴港澳旅游申办往来港澳通行证、签注人数达80624人次，为1986年至1999年赴港澳旅游人员总数的15.67倍。

第七节　出入境案（事）件查处

改革开放初期，安徽省公民出入境和外国人入出境数量很少，违反出入境管理的案（事）件极少发生。随着省内因私出境人数不断增多和来皖进行经济、贸易、科技文化交流、投资兴办企业、探亲旅游活动的境外人员大量增加，出入境领域违法犯罪活动和涉外案（事）件也逐渐呈上升趋势。全省公安机关出入境管理部门依据法律规定，严肃查处并积极协助配合各有关部门查处违反出入境管理行为的案（事）件，维护了国家主权和社会稳定，保障了中外公民出入境正当权益。

涉外案（事）件查处　1986年至1990年6月，全省发生涉外案（事）件300余件。由于公安机关办理涉外案件业务生疏，且办案条件受限制，一些地方对发生的涉外案（事）件，存在不敢处理（怕引起涉外纠纷），不愿处理（怕费时、费力、费钱），不会处理（不懂处理策略和方法）的情况。针对办理涉外案（事）件存在的“三不”问题，省公安厅加强业务检查、指导和督促，各业务主管处室参与和指导办案，各级公安机关也不断强化执法意识，改善办案条件。经一段时间的努力，“三不”问题逐步得到了解决，此间发生的涉外案（事）件基本做到了依法处理，妥善解决。

1990年，省公安厅决定在办理涉外刑事、治安、交通等案（事）件时，由各有关主管部门负责，出入境管理部门给予积极配合并统一掌握情况，统一对外交涉。当年入境安徽省的外国人2.12余万人次，发生涉外案（事）件127件，涉案175人。发生涉外案（事）件主要是外国人违章居留、旅行、非法入境、财物证件被盗、非法采访等案（事）件。全省公安机关均按照案件办理工作分工进行了及时、认真、依法查处。

1991年，全省查处63件涉外案（事）件，其中治安案（事）件48件，发现非法入境、非法居留的越南妇女9人。针对涉外案件出现的新情况，全省公安出入境管理部门坚决贯彻执行公安部关于清理遣返“三非”（非法入境、非法居留、非法就业）人员的通知规定，排除各种干扰，做到发现一起，处理一起，遣送一起。至2001年年底，全省依法查处“三非”案件323件，遣返非法入境、非法居留、非法就业的外国人317人。

1994年至1995年，全省发生涉外案（事）件572件。依据工作分工，全省公安出入境管理部门依法查处各类违反出入境管理行为的案（事）件，并积极协助刑侦、治安、交通、法制、安全等主管部门查处涉外案（事）件，保护了境外人员的合法权益，维护了国家主权和法律尊严。特别是成功处理了几件有影响的涉外案（事）件，受到了公安部出入境管理局的表扬。例如，黄山风景区公安局在接到一起日本人被持刀抢劫的报案后，仅用4个小时就将2名犯罪分子抓获，并将被劫物品归还受害人。蚌埠市公安局接到有4名外国人用假美元在夜总会行骗报案后，仅用1小时时间就在另一家卡拉OK舞厅将正在行骗的4名巴基斯坦人抓获，当场搜出假美元和作废的美国、德国、巴基斯坦旅行支票，以及大量在其他国家根本不流通的厄瓜多尔纸币。蚌埠市公安局依法对4名巴基斯坦人各治安拘留15天，期满后将4人遣送出境。

1996年，马鞍山、合肥、宿县等地公安机关先后发现多起境外宗教势力在安徽省从事非法宗教活动案件。如1996年4月21日凌晨，马鞍山市公安局金家庄分局塘西派出所民警和联防队员在巡逻时发现一形迹可疑人员，经盘查询问，发现此人系澳大利亚公民，随身携带境外宗教宣传品2000余份，正在沿街散发。经查，当事人丹尼尔·克里斯托弗一行3人于1996年4月14日入境，4月20日晚到达马鞍山后，分别在该市散发宗教宣传品。根据3人的交代，马鞍山市公安局依法收缴了其携带的宗教宣传品3.3万份，追缴了80余份已散发的宣传品。鉴于丹尼尔·克里斯托弗等3人从事了非法宗教活动，马鞍山公安局依法缩短3人在华停留期限，并经报批将3人列入不准入境人员。1996年12月，芜湖市公安局出入境管理科接到报告，称2名境外人员疑似贩毒。市公安局立即成立专案组，于12月17日在案犯交易毒品时现场抓获10人。经审讯，10人中有2名缅甸人。2名缅甸籍毒犯对参与贩毒事实供认不讳，芜湖市公安局依法对2人进行了处罚，并于12月29日将2人遣送出境。

1998年1月，不准入境人员王某潜回国内，从事颠覆破坏活动。全省公安出入境管理部门立即开展排查。随后，王某在蚌埠市被查获，其非法携带的反动宣传品录音带、录像带等进行破坏活动的证据被依法收缴。蚌埠市公安局依法将其遣送出境。1999年9月，安庆市公安局出入境管理科在工作中获悉一名外国人到326地质队考察，其手中持有涉密地图的重要信息后，及时反馈给国家安全部门。经安全部门查证，成功破获一起向外国人非法提供国家秘密案，追回涉密地图及复印件8份。

1999年，随着招商引资工作的开展，外资企业开始逐步进入安徽省，涉外劳资纠纷也随之出现。全省公安出入境管理部门积极协助政府部门和辖区公安机关，耐心细致地开展调解工作，化解矛盾，消除对立，维护公平正义。全省相继发生的涉外劳资纠纷事件都得到了妥善处理和解决。如1999年5月，德资企业滁州博西扬制冷有限公司解雇中方员工，引起中方雇员不满。工人围堵厂房和外方人员办公室，致使企业停产。事件发生后，滁州市公安局出入境管理部门积极协助市政府和相关部门，耐心细致地开展调解工作，化解劳资双方矛盾，圆满解决了劳资纠纷。

2003年，来皖的境外人员9.62万人次，在皖常住外国人1016人。全省出入境管理部门查处违反《中华人民共和国外国人入境出境管理法》的外国人85人次，遣送“三非”（非法入境、非法居留、非法就业）人员45人次。

2003年10月至2004年3月8日，全省公安出入境管理部门根据公安部和省公安厅的统一部署，结合本地实际，认真开展反偷渡专项行动。行动中发现“三非”外国人25人（其中越南人17人，缅甸人8人），遣送14人（其中越南人11人，缅甸人3人），审查待遣送11人（其中越南人6人，缅甸人5人）；查处国内公民骗取出入境证件2起7人。其中，颍上县公安局破获一起拐卖越南妇女案，抓获犯罪嫌疑人10人，解救被拐卖的越南妇女6人。此案受到公安部打击边境地区违法犯罪活动暨反偷渡专项行动指挥部的通报表扬，奖励人民币5万元。

2004年，来安徽省的境外人员158297人次，其中常住外国人1210人。全省公安出入境管理部门查处违反《外国人入境出境管理法》的外国人131人次，其中遣送“三非”人员47人，遣送刑期已满的加拿大籍人员1人。

2004年3月，省公安厅转发公安部《外国人管理工作分工配合机制规定》，要求全省公安机关进一步明确本部门案件管辖权和对违法犯罪外国人的处置程序，制定和完善工作预案，加强与其他部门的协作配合，依法、及时、妥善处理各类涉外案件。全省公安机关各业务部门密切配合，公安出入境管理部门积极参与、主动协调，先后成功办理了几起影响较大的案件。如2004年4月28日，越南妇女刘氏容向公安机关报警，称其被拐卖到当涂县，要求解救。当涂县公安局立即立案调查，发现有5名非法入境越南妇女居留在该县境内。7月，马鞍山市公安局成立专案组，全力侦查此案，并于9月6日将涉嫌组织偷渡的犯罪嫌疑人秦某抓获。经审讯，秦某交代了自2001年起，先后将11名越南妇女偷渡入境，带至当涂县嫁给当地村民的犯罪事实。随后，11名非法入境的越南妇女分2批被马鞍山市警方遣送出境。

2005年5月，亳州市公安局发现一起跨国拐卖缅甸妇女案件线索，经立案侦查，涉案人数不断增加。6月26日，省公安厅召开打击拐卖缅甸妇女专题工作会议，决定由刑侦部门对近年来安徽省发生的拐卖缅甸妇女犯罪情况进行摸底调查，对在亳州、阜阳、滁州、巢湖等地发现的拐卖缅甸妇女案件进行串并案侦查，出入境管理部门配合并负责联系核实身份及遣送工作。根据会议的部署，亳州市公安机关先后解救23名被拐卖的缅甸籍妇女，抓获6名涉嫌拐卖妇女的缅甸籍犯罪嫌疑人。经安徽省公安厅与云南省公安机关协调，被拐卖的23名缅甸妇女于7月30日顺利移交缅甸警方。

2005年7月5日，中国驻马来西亚大使馆领事部给安徽省外办发来传真，告知由安徽省国际交流中心中介至马来西亚吉隆坡凯·伊莱克瑞管理公司就业的工人与境外雇主发生劳资纠纷，部分工人围堵中国驻马大使馆，要求安徽省派员处理。省公安厅立即会同省外办组成工作组于7月12日至17日赴马协助处理纠纷。据了解，2004年年底起，省国际交流中心在合肥招收50名瓦工，并签订了境外就业中介协议，中介至马来西亚吉隆坡凯·伊莱克瑞管理公司就业，收取每人4万元的中介服务费。2005年6月，50名工人分3批陆续抵达吉隆坡市，并与境外雇用方凯·伊莱克瑞管理公司签订合作合同，从事贴瓷砖工作，约定合格的瓷砖工月收入不低于5000元人民币。但由于工人与境外雇用方就完成工作量定额产生分歧，双方多次协商都无法达成一致，导致工人停工。7月2日下午，20余名工人携带行李围堵中国驻马大使馆，要求协助解决纠纷。由于围堵大使馆人员较多，引起马警方注意，并扣留中方工人。围堵大使馆事件发生后，中国驻马大使馆、中介方高度关注，经与境外雇用方协商，境外雇用方作出让步，同意工人前3个月工作量可低于每天14平方米，月工资仍按不低于5000元人民币支付，但工人仍不同意上工，要求回国。经反复说服教育，绝大部分工人仍然坚持要求回国。境外雇用方因工程误工，不同意办理工人回国相关手续，要求追究工人违约责任。根据马来西亚移民法，雇用方一旦取消工人工作准证，工人由合法劳工变为非法滞留者，将导致罚款和监禁处罚。经反复协商，境外雇用方同意办理相关手续，41名工人于7月16日前相继回国。回国人员数次到省国际交流中心，要求退还收取的相关费用，在双方协商无效情况下，回国人员开始采取过激方式闹访，挤占交流中心办公室，强行锁上交流中心大门，禁止交流中心工作人员出入等，致使交流中心无法正常办公。事发后，合肥市公安局依法及时出警，劝阻闹访行为。

1990年至2005年，全省依法妥善处理涉外行政和刑事案件2135件，维护了国家主权和法律尊严，保护了境外人员的合法权益。

全省涉外案件统计表

表10–2　　单位：件

年份	案件件数	年份	案件件数
1990	127	1998	142
1991	63	1999	188
1992	48	2000	110
1993	46	2001	104
1994	252	2002	202
1995	320	2003	150
1996	126	2004	49
1997	78	2005	130

中国公民出入境案件查处　1986年2月，《中华人民共和国公民出境入境管理法》开始施行。随着安徽省公民出国（境）人员数量逐年增加，涉及公民出国境的各类案件也随之增多。这些案件主要是涉及居民在申请出境手续过程中提供假材料、弄虚作假，买卖出境证件、非法移民、从事各类非法出入境中介活动、组织运送他人偷渡等问题。

1987年11月，台湾当局同意开放台湾民众赴大陆探亲。解禁之初，来大陆探亲的台湾居民疑虑较多，各级公安出入境管理部门根据政策，对台湾居民在管理上给予从宽掌握，处理违法违章时以教育为主，对个别需要处理的，规定须报经省公安厅批准。之后，来大陆探亲、投资、经商的台湾居民日渐增多，各种违法案件和正常死亡事件也逐渐增多。1987年11月至1991年年底，全省发生台湾居民非法传教、倒卖外汇、嫖宿等治安案事件21件。1988年，省公安厅下发《关于加强台胞管理工作的初步意见》，逐步调整对台湾居民的管理政策，强调对台湾居民同境内公民一视同仁，在法律面前一律平等，依法实行管理。1990年4月，台湾尼姑旅行团在黄山风景区西海饭店大厅公开进行佛事活动，并在饭店工作人员中发展教徒。接报后，黄山风景区公安局立即向旅行团宣传大陆宗教政策，指出其错误，要求立即停止违规的宗教活动。1991年4月，台湾居民胡某在芜湖中江饭店公开为40多人传教。芜湖市公安局出入境管理部门配合政保部门查处了此案。其间，全省还发生了台胞证件和财物丢失、被窃被劫、交通事故等案事件42件，各级公安出入境管理部门接报后均及时赶赴现场，协助有关部门立案查处。

1990年，全省公安出入境管理部门发现和查处弄虚作假骗取出国（境）证照34起34人。其中，福建省福清县居民王某为达到去香港定居的目的，先后私刻包括公安出入境管理部门、派出所在内的各种公章27枚，伪造境内外各种证明材料60余份，并以安徽省利辛县居民的身份申请赴香港定居。经省、市公安出入境管理部门侦查，成功破获此案。

1993年2月，国务院侨办、外交部、公安部、监察部、劳动部、外经贸部联合下发文件，对打击非法移民活动作出工作部署。1994年3月，全国人民代表大会常务委员会公布《关于严惩组织、运送他人偷越国（边）境罪的补充规定》，加大了制止和打击的力度。根据中央和公安部的工作部署，安徽省公安出入境管理部门依照有关法律、法规，采取有力措施，严格依法审批并把好受理关。全年全省发现并查处16件21人的骗领证照案件。

1995年，针对弄虚作假骗领证照案件有所增加的情况，省公安厅出入境管理处下发《关于几起弄虚作假申领出境案件的情况通报》，对福建省居民董某在安徽省利辛县伪造材料申请去香港定居、合肥居民张某等4人伪造身份骗取出境证件等几起典型案例进行了剖析。同时，滁州市召开座谈会，专门就公民因私事出境申请中弄虚作假问题进行研究。

1997年4月，公安部出入境管理局在上海召开部分省、区、市公安机关查处出入境违法犯罪活动经验交流会，部署打击、查处弄虚作假骗领护照证件，伪造、变造护照证件，买卖护照等违法犯罪行为。根据公安部和省公安厅部署，全省公安出入境管理部门加大打击查处力度，及时发现和查处了多起大案。如黑龙江省方正县居民王某等17人通过违法手段弄虚作假，在安徽省宿县行署公安局骗领了护照。省公安厅出入境管理处在工作中发现疑点，17人被及时边控和吊销护照。太湖县公安局查处该县居民吴某伪造证件为浙江籍吴某某等3人骗领护照案件，涉案人员均被依法惩处。1997年全省查处弄虚作假、骗取出入境证件案件156件248人。

1998年12月，省公安厅出入境管理处下发《关于公民因私出入境活动中几起违法案例的情况通报》，将安庆、蚌埠、合肥、宣城等地市发生的5件弄虚作假、骗领护照的典型案例通报全省，要求全省公安出入境管理部门加大对公民出入境领域违法犯罪活动的打击力度，做到发现一起，查处一起。根据省公安厅出入境管理处的工作部署和要求，全省公安出入境管理部门加大了对公民出入境违法犯罪活动的打击力度，先后发现和查处了一批典型案件。如1999年4月，合肥市公安局出入境管理处在工作中发现安徽建工集团有限公司存在提供假证明为非本单位人员申请出国商务，骗领出国护照的情况。合肥市公安局报经省公安厅批准，对安徽建工集团有限公司弄虚作假情况予以通报批评，并暂停其出具证明权。1999年8月，肥西、萧县公安局出入境管理科先后查处2件福建、江苏居民利用在安徽省捐资购买当地农转非户口，伪造材料企图骗领护照出国的案件，肥西、萧县公安局依法对3名当事人进行了处罚。1999年10月下旬，台湾居民毕某先后6次在合肥市多家桑拿沐浴中心趁客人熟睡之机，用剪刀剪下客人手牌钥匙，然后开柜实施盗窃。合肥市公安机关经过侦查，抓获犯罪嫌疑人毕某，收缴了被窃赃物，并依法将其刑拘，强制遣返。

2001年，按照公安部和省公安厅关于“严打”整治斗争的部署，省公安厅出入境管理处下发通知，要求全省公安出入境管理部门积极参加“严打”整治集中统一行动，在信息沟通、线索传递、协查办案等方面主动加强与刑侦、经侦、国保等警种协作配合。为配合“追逃”专项斗争，省公安厅出入境管理处下发《关于做好在逃人员报备工作的通知》，并主动与刑侦部门联系，将网上追逃人员名单下载录入报备人员数据库，防止在逃人员取得出入境证件。11月底，全省报备18575人，并利用报备系统成功阻止2名法定不准出境人员出境。结合“严打”整治斗争，全省公安出入境管理部门先后查处公民出入境违法案件30余件。如2000年年初，犯罪嫌疑人孙某找到原阜阳一中校长周某，联系该校师生前往加拿大参加夏令营活动有关事宜。周某和副校长常某在收取孙某3万元人民币后，指派该校工作人员为37名学生办理了护照。孙某以代办签证的名义骗取了护照，并将护照的照片揭换，于2000年8月22日组织35名偷渡者从陕西咸阳国际机场出境。此案是安徽省有史以来性质最严重的一起组织他人偷渡案。2001年7月，安徽省公安机关配合陕西警方侦破此案，周某和孙某等人被追究刑事责任。

2002年3月19日，合肥市公安局分别在长丰县和合肥市相继查获韩国人朴某等3人从事非法传教活动，当场查获书籍、光盘、磁带等宗教宣传品。报经省公安厅批准，合肥市公安局缩短了3名韩国人在华停留期限。6月，安徽农业干部管理学院外事处办事员李某提供虚假材料为合肥中振商务有限公司董事长申某等8人办理因公普通护照，随后办理了赴加拿大签证。李某与申某商定，每办成1本护照，农业干部管理学院可获利5000元人民币。9月16日，姜某等3人在入境加拿大后向加方申请难民资格。此案发生后，省公安厅出入境管理处组织专案调查，并依法追究申某、李某的刑事责任。

2003年，香港居民叶某等4人在合肥等地频繁使用信用卡进行诈骗。此案经合肥市公安局侦查，于年底侦破。2004年1月6日，叶某等4人被合肥市公安局逮捕。

2005年1月，省公安厅出入境管理处转发公安部六局下发的《关于召开查处内地居民在港澳地区从事违法活动工作协调会的情况通报》。全省各市公安出入境管理部门及时比照公安部发布的在港澳违法人员信息，对本地违法人员办证情况进行倒查。4月至11月，全省公安出入境管理部门统一开展违法违规办理出入境证件的专项清理整治工作，加大对公民出入境违法犯罪活动的打击力度。8月19日，阜阳市公安局出入境管理科在受理张某申请往来港澳商务通行证时，发现此人系网上刑拘在逃人员，随将其当场抓获并移交给办案单位。8月24日，铜陵市公安局出入境管理科在受理该市居民章某申请办理护照延期手续时，发现其是法定不批准出境人员，该科依法收缴其护照。淮南、亳州市公安局出入境管理部门在受理审批公民出国（境）申请工作中，严格审查、把关，先后发现、查处10人弄虚作假骗领出入境证件案件。安庆市公安局出入境管理科先后查破8件11人骗领出入境证件案，抓获高某等3名犯罪嫌疑人。当年全省查处24件违法案件，抓获2名网上在逃人员，依法阻止6名法定不批准出境人员申请出国（境）。

第十一章　道路交通管理

第一节　管理机构

安徽省公安厅交通警察总队　1986年，省公安厅治安处内设：交通管理科、车辆管理科，负责全省部分城市交通管理业务工作指导，对管辖的合肥、芜湖、蚌埠、马鞍山、屯溪5个市车辆管理所工作进行协调、监督。

1986年10月7日，国务院下发《关于改革道路交通管理体制的通知》，决定全国城乡道路交通管理工作由公安机关统一管理。1987年6月4日，安徽省人民政府决定全省城乡道路由公安机关统一管理。7月11日，安徽省公安厅交通警察总队成立，内设办公室、政委办公室、财务装备科、交通管理科、车辆管理科、宣传科等6个科室，在编人员27人。8月8日，省公安厅、省交通厅举行道路交通管理工作交接仪式，原交通部门所属的交通监理机构成建制划归公安机关，全省17个地市先后组建公安处（局）交通警察支队，76个县（市）组建公安局交通警察（大）队。全省共有交通警察3279人，其中交通监理移交监理人员1265人。

1993年，省公安厅交警总队政委办公室改为政工科。1996年，增设报刊科，负责总队机关的《安徽交通安全报》《现代交通管理》期刊的编辑、印刷、发行工作。1997年6月，安徽省道路交通安全协会成立。2000年，增设科技科、事故对策指导科，办公室改为秘书科，政工科改为政治处。报刊科撤销，《现代交通管理》期刊成建制划归省公安厅宣传处统一管理。高速公路交通安全管理机构成建制划归属地管理，省公安厅交通警察总队高速公路直属支队撤销，改设高速公路管理科。2004年，增设法制科；高速公路管理科升格为高速公路直属支队（副处级建制），在编人员40人。高速公路直属支队内设综合、秩序管理、机动、勤务督查、事故对策指导等5个大队，负责全省高速公路交警队伍的管理教育、指导协调工作。至2005年年底，全省各市公安机关相继成立高速公路交通管理机构，组建高速公路交警大队21个，在岗民警489人。省公安厅交通警察总队内设科室9个，编制80人（含高速公路直属支队）。

省公安厅交通警察总队主要职责任务是：制定全省道路交通管理政策法规；指导监督地方公安机关依法查处道路交通违法行为，预防和处理交通事故，维护道路交通秩序和公路治安秩序；指导监督机动车登记、安检和驾驶人考试发证工作；组织、指导交通安全宣传工作；指导地方公安机关管理城市道路交通，参与城市道路交通规划和建设，道路交通安全设施的规划；指导地方公安机关实施对剧毒化学品的道路运输审批。

各市公安局交通警察支队 2005年，合肥市公安局交通警察支队内设11个科级单位，辖区内共有18个大队、83个中队，在编人员953人。

2005年，淮北市公安局交通警察支队内设6个科级单位，辖区内共有10个大队、7个中队，在编人员249人。

2005年，亳州市公安局交通警察支队内设8个科级单位，辖区内共有6个大队、27个中队，在编人员314人。

2005年，宿州市公安局交通警察支队内设8个科级单位，辖区内共有9个大队、47个中队，在编人员631人。

2005年，蚌埠市公安局交通警察支队内设11个科级单位，辖区内共有12个大队、38个中队，在编人员427人。

2005年，阜阳市公安局交通警察支队内设8个科级单位，辖区内共有13个大队、59个中队，在编人员433人。

2005年，淮南市公安局交通警察支队内设14个科级单位，辖区内共有8个大队、25个中队，在编人员365人。

2005年，滁州市公安局交通警察支队内设科级单位7个，辖区内有12个大队，40个股级机构，人员646人。

2005年，六安市公安局交通警察支队内设7个科级单位，辖区内共有9个大队、40个中队，在编人员527人。

2005年，马鞍山市公安局交通警察支队内设10个科级单位，辖区内共有10个大队、29个中队，在编人员290人。

2005年，巢湖市公安局交通警察支队内设8个科级单位，辖区内共有10个大队、43个中队，在编人员587人。

2005年，芜湖市公安局交通警察支队内设7个科级单位，辖区内共有7个大队、25个中队，在编人员340人。

2005年，宣城市公安局交通警察支队内设9个科级单位，辖区内共有10个大队、31个中队，在编人员399人。

2005年，铜陵市公安局交通警察支队内设7个科级单位，辖区内共有6个大队、20个中队，在编人员201人。

2005年，池州市公安局交通警察支队内设8个科级单位，辖区内共有8个大队、27

个中队，在编人员228人。

2005年，安庆市公安局交通警察支队内设10个科级单位，辖区内共有16个大队、61个中队，在编人员576人。

2005年，黄山市公安局交通警察支队内设8个科级单位，辖区内共有8个大队、31个中队，在编人员381人。

第二节　法规、规章

1988年和1991年，国务院分别颁布实施《道路交通管理条例》《道路交通事故处理办法》等行政法规，公安部制定《交通管理处罚程序规定》及补充规定、《道路交通事故处理程序规定》《高速公路交通管理办法》《机动车驾驶证管理办法》《机动车驾驶员考试办法》等部门规章。

1989年9月29日，省政府第30次常务会议审议通过《安徽省道路交通管理实施办法》，明确了道路交通安全执法主体，从车辆、车辆驾驶员、车辆装载、车辆行驶、行人和乘车人、道路、处罚等方面对道路交通管理工作进行了规范。

1994年7月13日，合肥市人大常委会通过《合肥市城市道路交通管理规定》。

1995年10月26日，省政府第67号令发布《安徽省〈道路交通事故处理办法〉实施细则》，自1996年1月1日起实施。该细则共26条，从执法主体、现场勘察、扣留事故车辆、预先支付抢救费用、处罚、赔偿责任、赔偿标准、肇事逃逸的认定等方面对《道路交通事故处理办法》进行了细化。

1997年1月30日，省第八届人民代表大会常务委员会第二十九次会议审议通过《安徽省高速公路管理条例》，自1997年5月1日起实施。其中第四章“交通管理”部分对高速公路交通秩序管理、交通事故处理工作作出具体规定。11月7日，淮南市人大常委会颁布实施《淮南市道路交通管理条例》。

2003年，省公安厅制定下发《安徽省公安交通管理部门执法质量考评办法》及评分标准。从2003年开始，全省公安交通管理部门每年开展执法质量考评，表彰执法质量优秀交警支队、大队，确定重点整改单位，促进了公安交通管理执法规范化建设。10月28日，第十届全国人大常委会第五次会议通过《中华人民共和国道路交通安全法》，于2004年5月1日起实施。随后，国务院颁布实施《道路交通安全法实施条例》，公安部也制定了相应的部门规章。11月3日，根据《中华人民共和国道路交通安全法》及其配套法规的规定，省政府常务会议通过《安徽省道路交通违章行为处罚办法》（省政府令第160号），自2004年1月1日起施行。该办法共28条，对《中华人民共和国道路交通安全法》中罚款处罚部分进行了细化，增加了可操作性。

2005年10月21日，省第十届人大常委会第十九次会议通过《安徽省实施〈中华人民共和国道路交通安全法〉办法》。该办法共8章86条，明确各级政府及相关部门在道路交通安全管理工作中的职责；规定电动自行车、残疾人机动轮椅车等非机动车的登记种类由省政府确定；规定校车的标准和资质要求，实行机动车驾驶人交通安全信息记录制度；规定高速公路交通安全设施、服务区以及公安机关交通管理部门高速公路交通安全管理机构的办公用房应当与高速公路同时规划、设计、施工、验收与投入使用；进一步明确道路通行规则；确定交通事故处理及赔偿责任的分担原则；规定交通违法行为的具体处罚标准。

第三节　安全宣传教育

1987年8月，省公安厅交通警察总队下设宣传科，指导全省交通管理部门的交通安全宣传教育工作。

1988年3月9日国务院出台的《中华人民共和国道路交通安全条例》（以下简称《条例》）和1989年9月29日安徽省人民政府出台的《安徽省道路交通管理实施办法》（以下简称《办法》），为公安交通民警规范执法提供了法律依据。1988年7月25日，省公安厅交通警察总队召开第一次贯彻实施《条例》新闻发布会，要求全省公安交通管理部门迅速掀起《条例》宣传教育工作热潮。1988年至1992年，省公安厅交通警察总队翻印《条例》和《办法》小册子128万本，举办各类学习培训班132期，与安徽电视台联合播出宣传节目167期，与《安徽法制报》联合举办宣传专版56期，《交通安全报》刊登宣传文章1059篇，《道路交通管理》刊发宣传文章（图片）958篇（幅）。各地组织播放宣传《条例》和《办法》的纪录片218场，悬挂宣传横幅2958条、标语27余万条，散发宣传资料36余万份。通过宣传教育，有力促进了广大人民群众和交通参与者对《条例》和《办法》的认识、理解，提高了全社会的交通安全意识。

1993年至1999年，全省公安交通管理部门充分利用开展普法教育的有利时机，把宣传道路交通安全法规及交通安全常识作为提高公民法制意识的重要部分和维护道路交通安全的治本措施，普遍加强与报社、电视台、广播电台等新闻媒体的联系，开辟交通安全专题节目，广泛开展交通安全宣传教育。省公安厅交通警察总队联合共青团安徽省委员会、省保险公司成立交通安全法规宣传办公室，制作交通安全宣传磁带20万盘，印制各种宣传手册100万本，在全省开展交通事故图板巡回展254场。与省文艺团体联合举办反映交警执法管理、预防道路交通事故、宣传交通安全的大型文艺晚会。合肥、安庆、芜湖等市开设交通安全广播每天播放节目，马鞍山市开展了“小手拉大手”交通安全活动，蚌埠、淮南市成立少年交警学校。

1996年至1999年，省公安厅交通警察总队制定下发《安徽省交通安全宣传教育三年规划》，计划用3年时间在全省基本普及交通安全法规知识和交通安全常识。各地开展以“增强交通安全意识，预防交通事故”为主题的“交通安全宣传月”活动，全省有2600多万人直接参与了各种宣传活动。

2000年，省公安厅交通警察总队下发《关于强化“平安大道”宣传教育工作的通知》，与省电视台、《新安晚报》联合报道全省创建“平安大道”工作情况，选树了一批典型交警大队、中队。芜湖、六安、宣城、黄山、池州、淮北、淮南、滁州、阜阳、宿州、亳州等市交通警察支队与公路路政部门、沿线“安全村”“安全学校”、派出所、运输企业等单位签订交通安全责任状。合肥、安庆、蚌埠、马鞍山、巢湖等市通过中央电视台、中央人民广播电台、安徽电视台、《人民公安报》等媒体加大宣传力度，让广大群众了解、关心、支持创建“平安大道”工作。

2002年6月至9月，为推动创建“平安大道”和实施“畅通工程”工作深入开展，省委宣传部、省公安厅与省级新闻媒体联手在全省开展“奇瑞伴你行——交通安全在我心中”大型知识竞赛宣传教育活动，刊登交通安全知识答题卡110万份，动员社会各界群众广泛参与，全省有110万人参加知识竞赛。2002年9月，“奇瑞伴你行——交通安全在我心中”知识竞赛抽奖仪式在安徽电视台演播大厅举行。省政府办公厅、省公安厅、省安全生产监管局、省保险公司等单位和企业界负责人出席抽奖仪式。

2003年，全省各地统一开展创建“交通安全宣传示范社区”和“交通安全宣传示范村”活动。省综治委、省文明委、省公安厅、省安监局联合下发《安徽省“交通安全村”和“交通安全社区”建设指导意见》和《创建标准》，并于当年组织省级考核验收，在全省评选表彰了14个“交通安全社区”、15个“交通安全村”。铜陵市“朝阳交通安全社区”、淮南市“百花园交通安全社区”、亳州市“羊庙交通安全村”、合肥市肥东县“鲁岗交通安全村”受到公安部、国家安全生产监督管理局表彰和奖励。

2004年至2005年，全省各地以“交通安全，防患未然”为主题，广泛开展《道路交通安全法》及配套行政法规宣传活动。活动中，发放宣传资料500万份，翻印《道路交通安全法》宣传册200万份，张贴标语400万张，悬挂宣传横幅2890幅，出动宣传民警26821人次，在各地电视台播出宣传《道路交通安全法》新闻3127条，在报纸刊登宣传文章1694篇，在广播电台播出宣传稿件9621篇，在互联网络发布宣传信息3452条。全省公安交通管理部门还组织开展了“千场电影进农村”活动，深入农村放映交通安全知识电影1285场，受教育人数达1000万人次。

2005年，全省公安交通管理部门突出道路交通安全法规和安全常识等重点内容，突出“反三超（超速、超载、违章超车）”“治三无（无牌、无证及乘坐摩托车未戴头盔）”等重点工作，突出机动车驾驶人、城乡居民和中小学生等重点群体，突出“春运”“五一”、暑假和“十一”等重点时间段，积极探索开展交通安全宣传新方法，努力开拓宣传工作新领域，不断掀起交通安全宣传新高潮。至2005年年底，全省公安交通管理部门开展交通安全宣传“五进”（进家庭、进学校、进农村、进单位、进社区）工作，共投入警力4.6万人次，出动警车1.9万辆次，安排专项经费3800万元，进家庭1.5万户，进学校1.1万所，进农村1.7万个，进单位1.7万个，进社区7000多个，直接受教育人数3900万人。

第四节　交通秩序管理

1987年6月4日，省政府根据《国务院关于改革道路交通管理体制的通知》精神，将省、地、县交通部门所属的交通监理机构成建制划归公安部门，由公安部门负责组建全省统一的道路交通管理机构，依法统一管理城乡道路交通。新的道路交通管理机构仍保留原交通监理机构级别。8月8日，省政府召开清除路障电话会议，全省公安机关设立公安交通检查站74个，与有关部门紧密配合，坚持“有法必依，有令必行，有障必清”的原则，落实清障工作，清除公路打场晒粮2.2余万处、各种堆放物10余万吨、摆摊设点3.6余万处，拆除违章建房5372间，迁移骑路集市410处。

1988年，全省公安机关逐步在国省县道统一设置检查站，并招聘合同制协警，扩大管理队伍，加强路面管理，基本保证全省主要干道安全畅通。全省公安机关围绕省政府列出的38处阻车路段，组织力量进行治理，清除违章建筑，搬迁骑路市场和停车场，解决了一批“卡脖子”路段。

1989年，为确保主要干线和旅游线路的畅通，杜绝1小时以上道路交通阻塞，省公安厅在全省设置公路公安交通检查站131个，其中城市道路出入口设置公安交通检查站25个。

1990年，全省公安交通管理部门以“压事故，保畅通”为中心，实施全方位目标管理责任制，增强路面控制能力。同时，以治理省政府列出的全省38处阻车路段为重点，进一步推动全省复杂路段综合治理，路阻现象得到缓解。

1991年，全省各地开始逐步转变公安检查站的职能，改定点检查为路面巡逻，加强公路交通管理，大力整治城市交通秩序，重点整治城市主干街道、市郊接合部和自行车通行秩序。

1992年1月至7月，全省道路交通事故死亡人数比1991年同期净增100人，道路交通安全形势严峻。全省公安交通管理部门组织开展“大战一百天，迎接十四大，整顿交通秩序”活动，依法严管重罚，广泛动员和发动群众，实行综合治理，全面加强路面控制，全省城乡交通环境得到明显改善。4月20日前，公安交通检查站全部撤销，实行撤站建队，变定点检查为路段巡逻执勤，维护交通秩序，保障安全畅通。全省公安交通管理部门先后在省内6条国道上每30公里设置一个报警点，聘请当地群众充当报警员，及时了解道路交通情况。省公安厅交通警察总队集中人员、时间和财力，指导合肥市和长丰县公安交通管理部门开展治理合淮路“攻坚战”，成效显著。

1993年，针对无牌无证车辆违章突出、交通事故频发的问题，根据公安部要求，省公安厅在全省范围内开展了无牌无证机动车专项整顿工作。经过3个多月的工作，全省共查扣各类无牌、无证机动车辆21235辆，其中小型车辆3654辆，大型车783辆，其他车辆9914辆；强制报废1413辆，办理入户车辆13743辆，补办牌证22742辆。

1994年，全省开展城乡道路交通秩序整顿和夏季道路清障工作。7月至9月，全省组织开展夜间路查工作，重点查处疲劳驾驶、超速行驶、无证开车和赤足、穿拖鞋驾驶车辆等违章行为。

1995年，全省各地进一步落实队伍建设、交通秩序、车辆管理、安全宣传、后勤保障等目标管理制度，狠抓公路“三乱”（乱设站卡、乱罚款、乱收费）、交通安全宣传教育、整顿城乡交通秩序等项工作，全年全省道路交通安全形势平稳。认真执行《安徽省道路交通事故处理办法实施细则》，全省道路交通事故处理工作逐步走上规范化、法制化轨道。

1995年，根据公安部《关于整顿道路交通秩序的通告》和《关于进一步加大力度掀起整顿交通秩序高潮的通知》要求，省公安厅交通警察总队在全省组织开展交通秩序整治，并提请政府牵头，调动相关部门和社会各界力量，共同参与整顿道路交通秩序。

1996年，省公安厅在全省范围内对特种车辆警报器和标志灯具进行整顿，并换发使用证。同年，按照省纠风办要求，省公安厅抽调人员加入全省治理公路“三乱”巡查大队，对各地治理公路“三乱”工作进行日常监督检查。

1997年，根据公安部《关于组建公路巡逻民警队在公路上实施统一执法工作的通知》要求，省公安厅确定206国道安庆至淮南段为组建公路巡逻民警队试点路段。9月24日，省公安厅在合肥市召开全省组建公路巡逻民警队工作会议，要求206国道试点路段的组建工作必须在10月底前完成，各地市在年底前至少选择1个县（市）或1条国道、省道开展组建公路巡逻民警队试点工作。11月10日，省公安厅举行安徽省公安机关公路巡逻民警队授牌仪式，向全省16个地、市公安局公路巡逻民警支队负责人授牌。同年，全省还开展了“进一步整治交通秩序，深入开展‘讲文明、树新风’活动”，紧紧围绕“治乱、治堵、提高全民遵守交通法规意识，树立交通法规权威”的目标，大力整治城市交通秩序，交通违章现象大幅减少，交通秩序明显好转。

1998年5月28日，省公安厅在公路巡警工作开展较好的舒城县召开全省公路巡警工作座谈会，通报全省组建公路巡逻民警队工作情况，至8月10日，全省组建公路巡逻民警支队17个、大队98个、中队229个，公路巡警2125人，覆盖全省国、省道的公路巡逻网络初步建立。9月，省公安厅在全省开展“反违章、压事故、保安全，大干100天，全力整治公路交通秩序”专项工作，取得阶段性成果。

2001年1月至2002年9月，省公安厅以预防道路交通事故为重点，在全省开展道路交通事故多发点段排查及整治工作。截至2002年6月底，省、市公安交通管理部门排查出的252个事故多发点、段，有97处整改完毕（其中5处省级“黑点”中由省公安厅督办的3处）。2002年1月至6月，5个重点区域中长丰县、怀宁县、天长市、桐城市的道路交通事故主要指标都较上年同期有所下降，天长市、怀宁县、长丰县的事故死亡人数下降幅度达10%以上；3条示范路206、312、104国道事故发案数和死亡人数分别较上年下降了22.7%和3%。

2002年，全省公安交通管理部门以实施“畅通工程”、创建“平安大道”为契机，全面加大治理交通事故“黑点”工作力度，对1998年至2000年3年内发生的道路交通事故主动进行认真细致梳理，向各级政府及有关部门发出119份整改建议报告或通知书，对1106公里长的道路施划标线，增设标志1815块、红绿灯59组，购置测速仪、酒精测试仪300余台。

创建“平安大道”工作　1999年5月，省公安厅在全省开展“创平安大道，当合格交警，建满意中队”活动。各地公安机关迅速行动，采取有力措施，创建活动取得明显成效，特别是206国道和慈张线沿线交通与治安秩序明显好转，群众安全感明显增强，基本达到了“交通安全畅通，治安秩序良好，执法公正文明，警务保障有力，人民群众满意”的预期目标。

2000年1月17日，省公安厅在阜阳召开全省开展“创平安大道，当合格交警，建满意中队”活动总结部署暨电话表彰大会，总结创建活动情况，表彰奖励先进单位，要求全省各地以104国道、312国道、高速公路和“绿色通道”等路段为主开展创建活动。7月，省公安厅交通警察总队暗访组沿104国道、206国道等路段，对沿线10个交通警察支队、6个交通警察大队、33个交通警察中队创建“平安大道”工作进行明察暗访，行程1800公里，所到之处道路交通秩序良好。

2001年，省公安厅专门下发通知，要求全省公安机关认真贯彻执行公安部《公路巡逻民警中队警务规范》。从5月1日起至年底，省公安厅在全省组织开展道路交通安全秩序整治工作，从严整治超载运输，对交通安全秩序开展全面整治，减少各种交通违章行为，有效遏制了群死群伤特大交通事故上升的势头。

2002年，全省进一步深化开展创建“平安大道”活动，公路巡逻民警中队布局趋于合理，装备逐步改善，内务管理进一步规范，战斗力明显提升。全省公路巡警新增雷达测速仪118台、酒精测试仪111部，公路交通监控设备达到30台，174个中队通过公安网专线实现了四级网连接。全省公路巡警充分发挥一警多能的作用，全年抓获违法人员、犯罪嫌疑人248人，其中在逃、通缉人员66人，当场处理治安案件5481件、处罚当事人5626人次，移交治安、刑事案件344件、涉案人员683人，服务群众3.24万人次。

2003年，全省公安交通管理部门结合开展创建“平安大道”活动，积极推行以“民警巡逻签到、执法量化考核、大队督查登记、支队组织联勤”4项制度为主要内容的公路勤务改革，在8条国道、17条省道3000多公里的公路干线上设置巡逻登记箱145个，实行错时巡逻，进一步提高了一线交警的上路率、管事率。全省以交通流量大、行车秩序乱、安全隐患突出的104、206、312国道为重点，开展“严管示范路”创建活动，集中优势警力，实行重兵把守，不断加大路面管控力度。

2004年，全省公安交通管理部门继续落实“交警要上路、上路要管事、管事要规范”的要求，深化“平安大道”创建活动，大力推进勤务制度改革。以国道、省道和高速公路为重点，对机动车超速行驶、疲劳驾驶、客车超员、驾驶摩托车不戴头盔、驾驶机动车不系安全带等严重交通违法行为进行专项整治，有力震慑了各种交通违法行为。开展了为期2个月的“遏制重特大交通事故专项整治行动”，进一步强化路面管控，对严重交通违法行为按法律规定上限进行处罚，全省查处违法驾驶人45余万人次，暂扣驾驶证13684本，拘留严重违法驾驶人704人，道路交通事故死亡人数较上年同期下降了9.49%。

2005年，全省公安交通管理部门先后组织开展了“反三超”“治三无”专项整治，无牌无证、挪用号牌、假牌假证机动车集中整治以及重特大交通事故预防“百日竞赛”等一系列专项整治工作。

实施“畅通工程”工作　2000年，根据《国务院办公厅转发公安部、建设部关于实施全国城市道路交通管理“畅通工程”意见的通知》精神，省公安厅确定在合肥、蚌埠、马鞍山3个地级市和桐城、明光2个县级市开展实施“畅通工程”工作。在年底公安部、建设部综合评价中，马鞍山市达到三等良好管理水平，合肥、蚌埠市和桐城、明光市达到四等合格管理水平。

2001年，全省有19个城市参与实施“畅通工程”工作评价。其中，马鞍山市保持三等管理水平，芜湖市达到三等管理水平，合肥、蚌埠市和桐城、明光市保持四等合格管理水平，安庆等9市达到四等合格管理水平。

2002年1月，省政府专门召开全省电视电话会议，明确提出“畅通工程”是政府工程、政府行为，要求推动建立全省城市交通综合治理工作机制，全省道路基础设施建设力度进一步加大。在公安部、建设部实施“畅通工程”工作综合评价中，合肥、安庆、蚌埠、淮南、淮北5市达到三等良好管理水平，宿州市和桐城、界首市达到四等合格管理水平。

2003年，全省各地借助城市交通综合治理机制，积极筹措资金，加快道路建设和改造，优化城市交通结构，提高道路通行能力，大力推进实施“畅通工程”工作。全省公安交通管理部门针对行人、非机动车乱穿乱行，机动车、非机动车乱停、乱放、乱掉头，违章占用道路和交通营运不文明行为，本着先易后难、循序渐进、重点攻坚的工作方针，在广泛宣传教育的基础上，分阶段进行重点整治。专项整治活动中，全省出动警力31余万人次，查处各类交通违章403余万起，行政拘留违章人员1427人次，暂扣和吊销驾驶证28605本。在年底的“畅通工程”评价中，合肥、马鞍山两市首次进入二等优秀管理水平行列，安庆市被评为进步明显的城市，铜陵、阜阳、六安市和明光市达到三等良好管理水平，巢湖、池州市和宁国市达到四等合格管理水平。

2004年，全省各地结合“文明城市”创建活动，从交通管理规划、静态交通管理、解决交通拥堵问题入手，进一步完善城市交通设施，改善城市交通环境，大力整治城市路面交通秩序，提高科学管理城市交通的水平，推进“畅通工程”建设。在公安部、建设部开展的实施“畅通工程”工作综合评价中，安庆、铜陵两市晋升为二等优秀管理水平，黄山市和桐城市达到三等良好管理水平，全省仅剩的宣城市和天长市两个等外管理水平城市也达到四等合格管理水平。

2005年，全省共有8个城市实现了道路交通“规建管”（规划、建设、管理）一体化，6个城市编制了《公共交通规划》，7个城市编制了《交通管理规划》；投资1.46亿元新建公交场站，投资1.3亿元新增公交车辆612辆，增设公共交通专用道14条；有12个城市建立了交通指挥中心；全年增设灯控路口99个、电子警察128个、电视监控点159个、交通隔离护栏21.242公里。在公安部、建设部畅通工程评价中，宣城市达到三等良好管理水平。

第五节 车辆与驾驶人管理

车辆管理所等级化管理 1985年7月4日，公安部印发《关于城市车辆管理工作会议情况的报告》，明确规定车辆管理工作的具体任务，即检验车辆、考试驾驶员，核发牌证；监督车辆的制造、保养、维修；监督管理驾驶员的培训工作；对驾驶员进行安全教育，开展安全行车活动；管理车辆和驾驶员技术档案，统计分析车辆、驾驶员资料；管理非机动车。

1987年7月11日，省公安厅下发《关于全省启用新的车辆管理业务印章的通知》，决定从7月30日起在全省启用新的车辆管理业务印章，原交通监理和公安部门的业务印章同时废止。8月24日，省公安厅交通警察总队内设车辆管理科（所）等机构。全省各地（市）、县公安机关也相继成立交通管理部门，内设车辆管理所、非机动车管理所。

2001年8月9日，省公安厅下发《关于全省公安机关车辆管理所统一更名的通知》，决定将原安徽省公安厅及各市、县公安局车辆管理所更名为安徽省公安厅交通警察总队车辆管理所及XXX市（县）公安局交通警察支队（大队）车辆管理所。

2005年11月，根据公安部《车辆管理所等级评定办法》和《车辆管理所等级评定方法和标准》等规定，省公安厅决定对全省市、县级车辆管理所实行等级化管理。同时决定，将车辆管理所等级评定工作纳入对各市公安局年度综合考评范围和交警支队正规化建设考核指标，建立奖优罚劣机制，并要求各市公安局成立相应的机构，建立相应的工作机制。12月，省公安厅对全省17个市级车辆管理所进行评定并报公安部复核。

机动车管理

机动车登记管理　1986年7月1日，安徽省更换、启用新的机动车号牌，年底更换结束。新号牌取消省代号，直接用汉字表达省（市、区）名称。

1987年9月15日，省公安厅交通警察总队下发《关于各级公安交通车辆管理所业务分工的通知》，界定了各级车辆管理所的机动车管理业务范围，即地、市车辆管理所负责办理各类汽车、摩托车（不含轻便摩托车，下同）的注册登记、初次检验、核（换、补）发号牌（含试车、临时挂车号牌、补牌证）和行车执照，管理车辆档案；审核办理各类汽车、摩托车异动登记；核发教练车号牌和行车执照；审批各类机动车技术改造、变更总成。县（市）车辆管理所负责办理拖拉机、挂车、专用机械、轻便摩托车、电瓶车、农用运输车、机动三轮车及其他机动车辆的注册、异动登记、检验、核（换、补）发号牌（含试车、临时号牌、补牌证）、行车执照及管理车辆档案；车辆年度检验（含地、市车辆管理所管理的汽车、摩托车），初审各类汽车、摩托车变更、过户、改装、报废等情况并在相关表格上签署意见。省车辆管理所负责审批各类机动车改型及改装特种车、专用车。10月12日，省公安厅交通警察总队下发《关于统一轻便摩托车牌证的通知》，规范了轻便摩托车的范围。10月，安徽省启用“交通警察”号牌，专用于处理交通事故、维护交通秩序车辆，同时废止原交通部门使用的“中国交通监理”号牌。1988年7月1日起，安徽省启用公安专用号牌。

1988年4月21日，省公安厅交通警察总队印发《全省车辆管理业务工作程序》，规定全省车辆管理业务分别由业务室、档案室负责办理。业务室负责机动车检验、签发行车执照；档案室管理技术档案，保管车辆号牌、证件章。

1989年1月7日，省公安厅交通警察总队下发《关于限制右置方向盘机动车使用的通知》，规定方向盘设置在右侧的机动车经年检合格的，可以继续使用至报废，但不准转卖、改装和改型；不得为右置方向盘新车及从外地转入的该种新、旧车辆办理入户和转入手续。全省各机动车生产厂家和经营单位，不得生产和销售方向盘设置在右侧的机动车。5月1日起，省公安厅根据公安部《临时入境机动车辆与驾驶员管理办法》有关规定，决定各地、市公安处（局）车辆管理所在核发机动车临时牌、证和外籍驾驶员临时驾驶证前，须报省公安厅车辆管理所审批。5月6日，中国汽车工业联合会、公安部发布《全国汽车、民用改装车和摩托车生产企业及产品目录管理暂行规定》，决定对全国汽车、民用改装车和摩托车生产企业及产品实施目录管理；目录由中国汽车工业联合会、公安部联合审批，在全国统一公布，作为各地公安机关车辆管理部门办理车辆牌照的依据。7月1日，省公安厅决定启用、核发新的"特种车辆警报器和标志灯具使用证"。

1994年6月15日，省公安厅决定自1994年7月1日起至1995年12月31日，除拖拉机外，分阶段、分车种启用、更换"九二"式机动车号牌和行驶证。1996年1月1日起，旧号牌及行车执照停止使用。

1997年3月1日，省公安厅决定对切诺基牌越野车和红旗牌、奥迪牌、捷达牌、桑塔纳牌、富康牌系列轿车的新车，在办理临时号牌或初次注册登记时免予车辆安全性检测。3月28日，省公安厅和南京军区后勤部决定自1997年4月1日至6月30日，在安徽省境内长期行驶的军队（武警）所属各类公司、运输队、宾馆等生产经营单位的车辆一次性改挂地方车辆号牌。改挂手续以军队军以上单位出具的审批件和原有关车辆档案作为车辆来历凭证，由公安机关核发民用机动车号牌。改挂地方号牌车辆的驾驶人员，按相关规定申请换领民用机动车驾驶证。12月22日，省公安厅施行《安徽省机动车注册登记工作规范》，对全省机动车检验及机动车注册登记的内容、程序、办事人员职责进行明确。同时明确省、地（市）、县公安厅、局车辆管理所的业务范围、权限和职责。

1998年5月15日，省公安厅交通警察总队对助动车驾车人申请驾驶证有关问题作出明确规定：助动车已纳入机动车管理，驾驶人必须持有轻便摩托车驾驶证；对原有助动车驾车人员年龄超过60周岁的，允许初次申请轻便摩托车驾驶证，但只限于1998年5月1日以前已有助动车的驾车人员。对助动车驾车人员申请轻便摩托车驾驶证，其身体条件不宜放宽。

1999年9月10日，省公安厅交通警察总队制定《安徽省车辆管理所业务岗位规范》，明确机动车管理业务必须设立机动车检验岗（可分设为机动车查验、安全技术检测、检验审核岗）、登记审核岗（可分设为登记受理、登记复核岗）、档案管理岗（可分设为档案审核、档案保管岗）、牌证管理岗（可分设为发牌发证、牌证库房管理岗）和机动车业务监督岗、业务领导岗、嫌疑车辆调查岗、计算机管理岗、咨询岗；规定各岗位的职责和业务流程；业务岗位的上岗人员必须参加总队组织的业务培训，经考试合格后，核发统一的上岗证和统一编号、刻制的业务经办人印章，方可上岗，各负其责。

2001年8月27日，省公安厅交通警察总队印发《关于贯彻实施〈中华人民共和国机动车登记办法〉和〈机动车登记工作规范〉有关工作的通知》，要求各级公安交通管理部门于10月1日建立全省统一的机动车登记信息数据库；向机动车所有人增发“机动车登记证书”并使用专用设备打印；开办机动车抵押登记业务；各级公安机关车辆管理所名称变更为公安机关交通管理部门车辆管理所，并启用全国统一格式的印章；原《安徽省机动车登记工作规范》废止。同时，完善县（市）车辆管理所受地、市委托对本辖区除汽车以外的其他机动车进行登记的委托方式，并与委托的市公安局交通警察支队签订委托责任书。8月3日，合肥、安庆两市开展试点工作。

2002年11月1日，省公安厅交通警察总队规定，在全省摩托车整治统一行动期间（10月至12月），摩托车所有人确因保管不善，无法提交机动车销售发票和产品合格证的，凭其户籍所在地的街道（村委会）和派出所提供来源合法的证明，经安全技术检验合格的，给予注册登记，但不核发“机动车登记证书”，不准过户、转籍。12月16日，省公安厅交通警察总队下发《关于贯彻国家经贸委公安部进一步加强车辆公告管理和注册登记有关事项的具体意见的通知》，从12月31日起废止《2000年全国汽车、民用改装车和摩托车生产企业及产品目录》（包括总目录、补充第一期和第二期。其中，摩托车《目录》从2003年6月30日废止）。《目录》废止后，凡实行《公告》管理的车辆，一律依据最新一批《公告》文本和配套光盘的汇总数据库办理注册登记。车辆管理部门的职责是严格执行行驶准入制度，重点把握车辆是否符合《公告》及光盘汇总数据库的车型和参数、是否符合国家标准《机动车运行安全技术条件》（GB7258-1997）以及是否符合国家经贸委、公安部《关于在生产和使用环节治理整顿载货类汽车产品的通知》的规定。

2003年12月2日，省公安厅交通警察总队下发《关于凭暂住证办理车辆登记有关事项的通知》，规定在经常居住地居住1年以上的人员，凭公安机关核发的有效期1年以上的“暂住证”，除可以申请办理9座以下小型客车、摩托车的注册登记外，可以办理上述车型车辆的转入和过户登记。

2004年5月24日，省公安厅交通警察总队对5月1日施行的《机动车登记规定》（公安部令第72号）提出具体实施意见。一是因《中华人民共和国道路交通安全法》有关第三者责任强制保险的具体规定暂未出台，车辆管理所在办理注册登记和定期检验时，应登记机动车所有人提供的有效机动车第三者责任保险的保险种类、日期、凭证编号和保险公司名称。二是机动车转移登记、注销登记等暂按原规定办理，待公安部的新软件和流程下发后，按新规定执行。三是机动车所有人申请补发、换发机动车号牌的，为确保在15日内办结，各地车辆管理所应于受理的5日内将制作号牌通知报总队车辆管理所，并于受理的10日后15日内到省公安厅标牌厂领取和发放。四是机动车检验应按《道路交通安全法实施条例》规定期限执行，车辆管理所可在行驶证副证上按规定的期限进行签注。6月9日，全省各级车辆管理所依据国家发改委公告“载货类汽车质量参数调整更正表”（2004年第29号公告），对在用的“大吨小标”车辆恢复吨位。7月9日，省公安厅交通警察总队规定，电动三轮车不属于非机动车，应按照修订的国家标准《机动车运行安全技术条件》（GB7258），把设计时速大于等于20公里／小时且小于50公里／小时的电动三轮车归入“轻便摩托车”类，其产品应由国家机动车产品主管部门批准；未经国家批准的电动三轮车不能办理注册登记。

拖拉机及农用运输车管理　1987年7月16日，省公安厅转发公安部《关于加强农用运输车道路交通管理问题的通知》，要求各地车辆管理所加强对农用运输车及机动三轮车生产监督、管理；凡未经省级鉴定和不符合公安部“机动车辆安全检验标准”的农用运输车和机动三轮车，一律不予核发牌证。同时规定，农用运输车核发拖拉机号牌，机动三轮车核发淡黄底黑字的号牌（与拖拉机号牌相同）；农用运输车和机动三轮车驾驶员学习时间及考试科目分别按公安部《城市机动车驾驶员考试暂行办法》中拖拉机和三轮摩托车的规定执行，经考试合格，在核发的驾驶证上分别签注“相应的方向盘式拖拉机准驾记录”和“准驾机动三轮车”；用于临时载客的机动三轮车，车厢必须有固定栏板和布蓬以及固定的座位，其核定载客人数不得超过6人。

1988年8月12日，省公安厅交通警察总队下发《关于农用运输车管理工作的通知》，决定全省农用运输车及机动三轮车车辆检验、发牌，驾驶员考核、发证以及行车安全管理，一律由公安交通管理机关负责。农用运输车核发拖拉机号牌，但必须是国家机械工业委员会工程农业机械局定期公布的农用运输车《产品目录》中的产品。

1989年7月4日，省公安厅交通警察总队《关于严禁拼装农用运输汽车的通知》规定，非国家产品目录中的农用运输车不得核发牌照；新通过省级鉴定但尚未上产品目录的农用运输车，凭省公安厅交通警察总队证明核发牌照。凡发现利用老旧车拼装农用运输车的单位，车辆管理所要配合工商等部门，责令卖主赔偿买主经济损失，并追究有关人员责任。

1990年12月21日，省公安厅、省农牧渔业厅下发《关于农用拖拉机道路交通管理问题的通知》，决定除城市（不包括郊区、乡、镇）、县城的机关团体、工矿企业、运输联社和非农个体户专营运输的拖拉机外，其余上道路行驶专门从事运输和既从事农田作业又从事运输的拖拉机安全技术检验、驾驶员考核和核发道路行驶牌、证等工作，委托省农机管理局负责，由全省各级农机监理部门具体实施。同时决定，1991年3

月31日前，各级公安、农业（农机）部门办好拖拉机及农用运输车的交接手续。4月1日，启用全国统一式样的号牌、行驶证，8月31日换牌、换证工作结束，9月1日起旧牌证无效。拖拉机号牌、行驶证和驾驶证由省公安厅统一编号，并套印“地、市车辆管理机关”印章，由省农机管理局具体办理发放。

1993年6月16日，省公安厅转发公安部《关于农用运输车道路交通管理的规定》和《农用运输车安全基准》，重申农用运输车由公安交通管理部门按机动车统一管理。农用运输车新产品鉴定、安全技术检验、核发道路行驶牌证等执行《农用运输车安全基准》。从1994年1月1日起，新车入户启用“九二”式农用运输车号牌。

1998年8月27日，省公安厅交通警察总队转发公安部交通管理局《关于加强农用运输车和拖拉机道路交通管理工作的通知》，强调农用运输车（包括三轮、四轮农用运输车）的注册登记、检验及核发牌证等工作由公安交通管理部门统一管理，不得委托农业（农机）等其他部门管理；对于已经在农业（农机）部门领取农用运输车号牌、行驶证或农用运输车驾驶证的，必须在11月30日前换发公安机关车辆管理所核发的牌证。

2004年10月1日，全省各级车管部门根据国家标准《机动车运行安全技术条件》（GB7258-2004）的相关规定，将“三轮农用运输车”更名为“三轮汽车”“四轮农用运输车”更名为“低速货车”“运输用拖拉机”更名为“拖拉机运输机组”。

进口机动车管理　1986年以前，进口机动车必须凭商检局、处签发的“进口机动车辆检验登记通知单”，方可办理车辆登记入户、核发牌证手续。

1993年11月12日，省公安厅交通警察总队《关于加强外籍机动车管理问题的通知》规定，外籍机动车管理业务由总队车辆管理所办理。安徽省外籍机动车号牌的核发范围是：外商独资企业进口汽车、摩托车，中外合资企业中的外商自用进口汽车、摩托车。其他车辆核发民用号牌。外籍机动车年检由地（市）公安处（局）车辆管理所审核、检验车辆并在“机动车定期检验表”上签章后，到总队车辆管理所签证。外籍机动车未经监督机关批准，不得擅自转卖。11月25日，省公安厅转发公安部《关于进一步做好进口汽车牌证管理工作几个问题的通知》，要求各地自1993年9月4日起进口机动车在办理核发牌证手续时，要查验海关签发的“货物进口证明书”或公安机关、海关、工商行政管理部门签发的“没收走私汽车、摩托车证明书”和销售部门的专用发票，并存入车辆档案。

1998年2月9日，省公安厅下发《安徽省进口汽车、摩托车注册登记审批工作规范的通知》，规范进口汽车、摩托车的范围。即办理新车注册登记和转籍、过户登记手续的内容、程序，规定车辆档案管理、注册登记通报制度，进一步明确省、地（市）公安厅、局车辆管理所的业务范围、权限和职责。

1999年10月11日，公安部交通管理局下发《关于印发〈进口机动车登记审批管理规定〉和〈全国进口机动车计算机核查系统管理规定〉的通知》（简称《审批规定》和《核查规定》），对进口机动车登记实行特殊的审批制度，分为受理审核、初审、复审、批准4个环节。市公安局交通警察支队车辆管理所负责受理审核，支队进口机动车审核领导小组负责初审，总队车辆管理所负责复审，总队进口机动车审批领导小组负责批准；规定进口机动车范围，办理初次登记必须具备的合法来历凭证的内容，4个环节的具体办理程序和使用的表格等。《核查规定》要求建立和规范“全国进口机动车计算机核查系统”，明确公安部交通管理局及省（区、市）、地（市）公安交通管理部门职责，以及各部门系统管理员、应用操作员的职责和操作程序等。

民用机动车牌证管理　上道路行驶的机动车必须申领号牌和行车执照（即行驶证）。机动车号牌分为正式号牌、临时号牌、试车号牌3种，按照使用性质分为民用机动车号牌和公安、警用机动车号牌2种；机动车行车执照分为行车执照、临时执照（即临时行驶证）2种。机动车号牌和行车执照的编号相同。

1986年3月10日，省交通厅、省公安厅转发交通部、公安部《关于使用新的机动车号牌通知》，决定自7月1日至1987年12月31日启用、更换新的机动车号牌。在此期间，新旧号牌均有效，1988年1月1日后旧号牌作废。新号牌牌面采用上、下排结构，上排用省（市、区）名称的汉字取代原用阿拉伯数字表示的省代号，同时用2个阿拉伯数字表示地（市）发牌机关代号；下排用5位阿拉伯数字表示县（市）及车辆编号。发牌机关代号分配采取公安系统使用00～29，交通系统使用30～99（见表11-1）。同时，对全省各地、市发牌机关代号进行统一分配，并启用教练车号牌，专供用于训练驾驶员的机动车使用。

全省各地、市民用机动车发牌机关代号表（1986年3月10日）

表11-1

公安部门		交通部门					
市	代号	地、市	代号	地、市	代号	地、市	代号
合肥市	01	合肥市	46	徽州地区	40	安庆市	30
蚌埠市	02	蚌埠市	50	滁县地区	55	阜阳地区	70
芜湖市	03	芜湖市	90	宣城地区	56	淮南市	75
马鞍山市	04	马鞍山市	45	六安地区	60	淮北市	80
屯溪市	05	黄山市	95	巢湖地区	65	宿县地区	85
		铜陵市	35	安庆地区	66		

1988年4月，省公安厅交通警察总队统一全省民用车辆发牌机关代号。1990年9月

3日，启用“安徽99”机动车号牌代号，并由省公安厅车辆管理所核发。号牌颜色为黑底白字的用于外籍车辆及跨地区行驶，进行新车定型、鉴定试验的机动车。

1989年12月5日，省公安厅交通警察总队下发《关于使用“实习车”标牌等问题的通知》，决定启用“实习车”标牌。该标牌是实习驾驶员驾驶机动车的标志，不能代替号牌使用。标牌为白底红字，字体为仿宋字，尺寸为300毫米×160毫米。由省公安交通警察总队统一制作，各地实行租用制。

1993年5月13日，公安部《机动车号牌生产管理办法》规定，生产号牌的企业必须申请号牌准产证，准产证自批准之日起5年内有效；取得准产证的企业应当在号牌上加防伪合格标记，防伪合格标记不得转让。号牌产品质量，必须达到行业标准《中华人民共和国机动车号牌》（GA36–92）的要求。省（市、区）公安机关交通管理部门负责审批、发放和管理准产证，核发号牌防伪合格标记，监督号牌产品质量；公安部交通管理局负责审查、监督其委托的号牌产品质量检测机构，监督制作号牌防伪合格标记，抽查、监督号牌产品质量。

1994年5月10日，省公安厅交通警察总队印发《关于启用换发“九二”式机动车牌证的规定等四个文件的通知》规定：“九二”式机动车号牌分为汽车、摩托车、挂车、农用运输车、拖拉机、临时行驶车6类22种。牌面字符由单一的双排字符结构改为前号牌为单排字符与后号牌为双排字符相结合的方式，牌面颜色组合选用黄底黑字符、蓝底白字符和黑底白字符的基本组合形式，取代原红底白字和绿底白字的组合。启用新的发牌机关代号。用一个汉字表示省（市、区）的简称，如安徽省简称为“皖”；用大写拼音字母表示发牌机关，即省（市、区）、地（市）公安机关车辆管理所代号（见表11–2）；县级车辆管理所使用地、市发牌机关代号，并对其使用的号牌号码进行分配（见表11–3、11–4）。启用新的机动车行驶证，分为行驶证和临时行驶证2种。机动车行驶证由证夹、主页、副页三部分组成，主页由专用防伪塑膜密封；临时行驶证为单页卡片，由专用防伪塑膜密封。

全省民用车辆发牌机关代号表（1994年5月10日）

表11-2

发牌机关	代号	发牌机关	代号	发牌机关	代号
合肥市	01	池州市	12	巢湖市	65
蚌埠市	02	安庆市	13	阜阳市	70
芜湖市	03	铜陵市	35	淮南市	75
马鞍山市	04	滁县地区	55	淮北市	80
黄山市	05	宣城地区	56	宿县地区	85
		六安地区	60	省公安厅	99

全省发牌机关代号（GA36-92附录A）（1992年7月1日）

表11-3

车辆注册机关	发牌代号	备注
安徽省公安厅车辆管理所	O	
合肥市公安局车辆管理所	A	
芜湖市公安局车辆管理所	B	
蚌埠市公安局车辆管理所	C	
淮南市公安局车辆管理所	D	
马鞍山市公安局车辆管理所	E	
淮北市公安局车辆管理所	F	
铜陵市公安局车辆管理所	G	
安庆市公安局车辆管理所	H	
黄山市公安局车辆管理所	J	
阜阳市公安局车辆管理所	K	
宿县行署公安局车辆管理所	L	
滁州市公安局车辆管理所	M	
六安行署公安局车辆管理所	N	
宣城行署公安局车辆管理所	P	
巢湖行署公安局车辆管理所	Q	
池州行署公安局车辆管理所	R	
亳州市公安局车辆管理所	S	1998年启用

全省市、县“九二”式机动车号牌号码分段表

表11-4

0	1	2	3	4	5	6	7	8	9
00001	10001	20001	30001	40001	50001	60001	70001	80001	90001
合肥市	合肥市	合肥			肥东县	肥西县	长丰县		
芜湖市		芜湖县	繁昌县	南陵县					
蚌埠市					怀远县	固镇县	五河县		
淮南市			淮南市				凤台县		
马鞍山市			当涂县						
淮北市	濉溪县								
铜陵市		铜陵							
安庆市	桐城市	枞阳	怀宁县	潜山县	岳西县	太湖县	望江县	宿松县	
黄山市屯	歙县	黄山	祁门县	黟县	休宁县				
阜阳市	界首市	亳州	临泉县	阜南县	颍上县	利辛县	蒙城县	涡阳县	太和县
宿县地直	宿州市	灵壁	泗县	肖县	砀山县				
滁州市直		来安	全椒县	天长市	定远县	凤阳县	明光市		
六安地直	六安市	舒城县	霍山县	金寨县	霍邱县	寿县			
宣州市	郎溪县	广德县	宁国县	泾县	绩溪县	旌德县			
巢湖市		和县	无为县	庐江县	含山县				
池州地直	贵池市	东至	石台县	青阳县	九华山				

说明：1.挂车号段相同，但号牌编号为四位数；2.本表只列出号段起号

1994年6月1日，省公安厅下发《关于启用换发“九二”式机动车号牌及行驶证有关问题的通知》，决定从7月1日起启用、换发汽车及其挂车号牌及行驶证，1995年5月1日停止使用该类车旧号牌及行车执照；从9月1日起启用、换发汽车及其挂车、外籍机动车以外的其他机动车号牌及行驶证，1996年1月1日停止使用该类车旧号牌及行车执照。拖拉机牌证暂不换发。

1995年2月10日，省公安厅交通警察总队下发《关于启用换发“九二”式教练车牌证的通知》，决定从4月1日至6月30日启用、换发“九二”式教练车牌证；7月1日未换发“九二”式教练车牌证的车辆，不得用于驾驶教练。8月21日，省公安厅交通警察总队、省农机安全监理总站下发《关于启用换发“九二”式拖拉机号牌及行驶证的通知》，决定自11月1日至1997年6月30日，凡是专门从事运输作业和既从事运输作业又从事农田作业的拖拉机一律换发“九二”式号牌及行驶证。换发牌证期间新旧牌证同时有效，1997年7月1日起旧号牌及行驶证废止。

公安、警用机动车牌证管理　1987年10月27日，省公安厅交通警察总队下发《关于启用交通警察专用号牌的通知》，决定在全省启用“交通警察”专用号牌（表11-5），专门用于处理交通事故、维护交通秩序。每车只挂一块，原车号牌不动。同时，“中国交通监理”式样号牌停止使用。

全省交通警察专用号牌各地、市号码分配表（1987年10月）

表11-5

总队、市	号牌号码	地区	号牌号码
总队	000～099		
合肥	100～150	滁县	250～280
蚌埠	200～240	巢湖	350～380
芜湖	300～340	徽州	450～490
马鞍山	400～430	安庆	550～590
安庆	500～530	宣城	650～670
铜陵	600～630	阜阳	750～800
淮南	700～730	宿县	850～880
淮北	800～830	六安	950～980

1988年5月7日，省公安厅下发《关于核发公安专用车辆号牌的通知》，要求从7月1日起启用公安专用车辆号牌和行驶证（全省公安专用车辆号牌实际上是从9月20日开始核发，号码分配见表11-6、11-7）。公安机关侦查、治安、消防、交通、预审、

警卫部门以及民航、铁路、森林公安机关车辆，用于警卫开道、维护社会治安秩序、处理治安、刑事案件和勘查火灾、交通事故现场的，均核发公安车辆专用号牌和行驶证，其他行政、生活用车一律不得核发专用号牌。申领专用号牌的车辆，公安系统由用车单位申请，经地、市公安处、局审核签章及其车辆管理所办理车辆技术档案转出手续后，到省公安厅车辆管理所办理公安专用车辆牌证手续；消防系统由使用单位报省消防总队审批和统一办理。公安专用车辆号牌分为汽车（不分大、小型）、摩托车号牌2种。汽车号牌每副2面，牌面为单排字结构，由“公安”汉语拼音缩写“GA”和公安部、省（市、区）代码（安徽省代码为“34”）与4位阿拉伯数字组成。牌面尺寸为430毫米×125毫米，颜色为白底（反光）红“GA”，黑色阿拉伯数字及横杠。摩托车号牌每副1面，安装在车辆尾部号牌架上。牌面为上、下双排字结构，上排为“GA”和公安部、省（市、区）代码，下排为5位阿拉伯数字；牌面尺寸为220毫米×120毫米，颜色同汽车号牌。

全省公安专用车辆号牌号码分配表（1988年5月7日）

表11-6

地（市）	公安机关GA34		交警系统GA34	
	汽车	摩托车	汽车	摩托车
省公安厅	0001–0099	00001–00999		
交警总队			2000–2099	20000–20099
合肥市	0100–0199 5001–5099	01000–01999	2100–2199	20100–20199
蚌埠市	0200–0299	02000–02999	2200–2299	20200–20299
芜湖市	0300–0399	03000–03999	2300–2399	20300–20399
马鞍山市	0400–0499	04000–04999	2400–2499	20400–20499
黄山市	0500–0599	05000–05999	2500–2599	20500–20599
六安地区	0600–0699	06000–06999	2600–2699	20600–20699
阜阳地区	0700–0799	07000–07999	2700–2799	20700–20799
淮北市	0800–0899	08000–08999	2800–2899	20800–20899
宿县地区	0900–0999	09000–09999	2900–2999	20900–20999
淮南市	1000–1099	10000–10999	4000–4099	21000–21099
滁县地区	1100–1199	11000–11999	4100–4199	21100–21199
池州地区	1200–1299	12000–12999	4200–4299	21200–21299
安庆市	1300–1399	13000–13999	4300–4399	21300–21399
铜陵市	1400–1499	14000–14999	4400–4499	21400–21499
巢湖地区	1500–1599	15000–15999	4500–4599	21500–21599

续表11-6

地（市）	公安机关GA34		交警系统GA34	
	汽车	摩托车	汽车	摩托车
宣城地区	1600–1699	16000–16999	4600–4699	21600–21699
铁路、森林、民航	1700–1790	17000–17090		

全省公安专用车辆号牌号码分配表（消防系统）（1988年5月7日）

表11-7

单位	号码	
	汽车	摩托车
省消防总队	3000–3049	30000–30199
教导大队	3050–3099	30200–30299
合肥市支队	3100–3179	30300–30399
蚌埠市大队	3180–3239	30400–30499
淮南市大队	3240–3309	30500–30599
六安地区大队	3310–3359	30600–30699
滁县地区大队	3360–3409	30700–30799
芜湖市大队	3410–3479	30800–30899
马鞍山市大队	3480–3529	30900–30999
铜陵市大队	3530–3579	31000–31099
巢湖地区大队	3580–3619	31100–31199
宣城地区大队	3620–3669	31200–31299
淮北市大队	3670–3719	31300–31399
阜阳地区大队	3720–3789	31400–31499
宿县地区大队	3790–3839	31500–31599
安庆市大队	3840–3909	31600–31699
池州地区大队	3910–3939	31700–31799
黄山市大队	3940–3989	31800–31899
黄山风景区	3990–3999	31900–31999

1993年8月8日，省公安厅下发《关于整顿换发全省公安专用车辆号牌的通知》，决定自11月1日至1994年6月30日，全省启用、换发新的公安专用车辆号牌（简称“新号牌”）和“九二”式机动车行驶证。新号牌将原公安号牌编号的第一位改为英文字母，作为地、市发牌机关代号及有关警种代号（见表11-8）；原号牌的规格、

式样不变。每副汽车号牌分前、后2块，前号牌在“GA34”后加一黑色圆点，后号牌在“GA34”后加一黑色短横杠。摩托车公安号牌，只核发三轮摩托车，二轮摩托车核发民用车号牌。全省公安专用车辆号牌按地、市定编，限额核发。每年各地新增车辆申领公安号牌，须凭《公安专用车辆号牌定编证》办理；不符合核发范围和超定额的车辆，一律换发民用机动车号牌。新号牌安装时，一律使用带有“皖O”字样的固封装置固封。1994年7月1日后未按规定换发新号牌和行驶证的车辆，按无牌无证处理。

全省公安专用车辆号牌编号表（1993年8月8日）

表11-8

单位	汽车	摩托	备注
省公安厅	O001—O999	O0001-O9999	取每个地区“900号”以后为交警号牌
合肥市	A001—A999	A0001-A9999	
芜湖市	B001—B999	B0001-B9999	
蚌埠市	C001—C999	C0001-C9999	
淮南市	D001—D999	D0001-D9999	
马鞍山市	E001—E999	E0001-E9999	
淮北市	F001—F999	F0001-F9999	
铜陵市	G001—G999	G0001-G9999	
安庆市	H001—H999	H0001-H9999	
黄山市	J001—J999	J0001-J9999	
阜阳地区	K001—K999	K0001-K9999	
宿县地区	L001—L999	L0001-L9999	
滁州市	M001—M999	M0001-M9999	
六安地区	N001—N999	N0001-N9999	
宣城地区	P001—P999	P0001-P9999	
巢湖地区	Q001—Q999	Q0001-Q9999	
池州地区	R001—R999	R0001-R9999	
消防	X001—X999	X0001-X9999	
铁路、民航、林业、交通	Z001—Z999	Z0001-Z9999	

1995年9月25日，省公安厅下发《关于换发警车号牌和皖“O”专段民用号牌的通知》，决定自11月1日至12月31日对全省公安机关、国家安全机关、监狱、劳动教养管理机关和人民法院、人民检察院用于执行紧急勤务的车辆换发警车号牌和行驶证；对全省公安机关除警车以外的在编车辆，换发皖“O”（英文字母）专段民用号牌和行驶证。1996年1月1日起，原公安专用号牌和行驶证废止，摩托车警车号牌和皖“O”专段民用号牌与行驶证暂不启用。警车号牌分汽车、摩托车2种，汽车号牌1副2面，摩托车号牌1副1面，使用固封装置安装。警用汽车号牌牌面为单排7位字符结构，第一位为省

（市、区）简称；第二位为字母表示地（市）；第三位为A、B、C、D和阿拉伯数字，分别表示人民法院、人民检察院、国家安全机关、监狱和劳动教养管理机关、公安机关；第四位至第六位为车辆注册编号；第七位为红色反光“警”。第一位与第二位之间为间隔符，前号牌为圆点，后号牌为横杠。号牌尺寸为440毫米×140毫米，颜色为白底（反光）黑字（警字为红字）。警用摩托车号牌为双排排列，第一位至第二位在上排，第三位至第七位在下排；尺寸为220毫米×140毫米；颜色同汽车号牌。警车号牌核换发范围：公安机关（包括列入公安机关序列的铁路、交通、民航、林业公安机关）用于侦查、警卫、治安、交通管理的巡逻车、勘查车、护卫车、囚车以及其他执行勤务的车辆；国家安全机关用于执行侦察和其他特殊勤务的车辆；监狱、劳动教养机关用于押解罪犯，运送劳教人员的囚车或者专用车和追缉逃犯的车辆；人民法院用于押解人犯的囚车、刑场指挥车和法医勘查车；人民检察院用于侦查刑事犯罪案件的现场勘查车和押解人犯的囚车。皖“O”专段民用号牌核换发范围：公安机关行政单位在编的机动车辆；公安机关事业单位中与公安业务有关的部分机动车辆；列入公安机关编制序列的铁道、交通、民航、林业公安机构中的业务车辆。全省交通警察系统的车辆统一换发皖“O”专段民用号牌（注册编号第一位数字为“9”），前号牌上部制有白底红字的“交通警察”专用标志，与号牌成为一体；原不干胶“交通警察”标志同时废止。公安机关的消防车不使用警车号牌，使用武警号牌或者皖“O”专段民用号牌，并设警种代号为“X”（英文字母）。

2000年4月20日，省公安厅交通警察总队车辆管理所规定，给中国人民银行全省各市（地）中心支行专用运钞护卫车核发号段为“皖Z·8001警—皖Z·8020警”警车号牌，以及警灯警报器使用证。

2003年9月1日起，根据公安部通知精神，省公安厅交通警察总队车辆管理所将核发试验车号牌的权限下放给各市公安局交通警察支队车辆管理所，使用各市发牌机关代号；对已核发的皖“O”号牌试验车可继续行驶到行驶证签注的有效日期为止。2004年1月1日起，悬挂皖“O”试验车号牌的车辆不得上路行驶。

机动车检验　机动车检验是车辆管理部门为提高车辆技术状况，避免发生机械事故，确保行车安全，按照相关“检验标准”规定的内容，对车辆安全技术状况进行的检验。一般分为初次检验、定期检验和临时检验3种。初次检验是机动车辆在初次申请领取号牌、行驶证时进行的检验；定期检验是对已领取号牌、行驶证和机动车辆按规定时间（如按季、半年、1年、2年等）进行的检验；临时检验是车辆申请领取临时号牌，或者遭受严重损坏修复后投入使用、发生交通事故后及交通管理部门开展交通安全专项整治时进行的检验。

1987年5月15日，省公安厅下发《关于开展1987年度机动车辆及驾驶员检审工作的通知》（以下简称《通知》），决定自6月15日至11月30日，对全省机动车辆和驾驶员进行年度检验、审验工作，同时换发、使用新的机动车号牌和行车执照。《通知》要求，各级公安机关要高度重视道路交通管理体制改革后第一次由公安机关统一负责的机动车及驾驶员的年检审工作，设立领导机构及办公室，负责办理具体业务。检审期间，车辆管理所各项业务均照常进行。同时规定：机动车辆检验执行公安部《城市机动车检验暂行标准》，辖区内各类汽车、拖拉机、专用机械、摩托车、机动三轮车、挂车等（含封存车、报停车）均须参加年度检验，经检验合格后，按照交通部、公安部有关标准换发新的机动车号牌、行车执照，同时发给检验合格证，用于贴在车辆挡风玻璃右上角。对1971年（含）以前投入使用的各类汽车，按有关文件规定，应予强制报废，不参加年检和换发新号牌；1971年以前（含）投入使用的汽车经大修后使用未满1年的或个体户购买后使用未满2年的，以及1972年和1973年投入使用的各类汽车，当年可暂不予报废，参加年检和换发新号牌。此类车辆，一律不准转籍、大修和改型、改造，并在“行车执照”附记栏中注明：“该车××年投入使用，限于八八年报废。”凡未按规定缴纳公路养路费的各类机动车，待补缴后再办理年检和换发号牌手续。从1987年7月1日起，各类教练车经检验合格后，收回原号牌，换发新的教练车专用号牌，号牌实行租用制度。各类特种车辆，必须符合公安部《关于特种车辆安装、使用警报器和标志灯具的规定》，凡违反规定的，一律不准换发新号牌。9月21日，公安部下发《关于实施〈机动车运行安全技术条件〉国家标准的通知》，规定从1988年1月1日起，全国各地机动车辆安全检验统一执行国家标准《机动车运行安全技术条件》（GB7258-87），1985年公安部发布的《城市机动车辆安全检验暂行标准》同时废止。

1991年1月5日，根据公安部《机动车辆安全技术检测站管理办法》规定，省公安厅决定自2月1日起，机动车检测站对社会机动车辆进行安全技术检测，须经当地公安处（局）车辆管理所审核并报省公安厅车辆管理所批准，办理《机动车辆安全技术检测委托书》；未经委托的机动车检测站，不准承担对社会机动车的检测任务。4月23日，省公安厅下发《关于开展公安专用车辆号牌整顿和车辆检验工作的通知》，从5月6日至11月3日，对全省公安专用车辆号牌进行一次整顿和车辆检验工作。重点检验车容、车辆技术状况，并摸清老旧车情况。不符合悬挂公安专用号牌的车辆，一律拆除其号牌上交省公安厅。

1993年2月12日，省公安厅交通警察总队下发《关于开展1993年度机动车及驾驶员检审工作的通知》，从3月1日至10月31日对机动车开展检验工作（不含有关车辆的第二次检验），检验标准和要求按1992年规定执行，检验重点仍是客运车辆、个体车辆、三轮农用运输车。对1974年年底以前投入使用的汽车，均强制报废；对使用年限达到14年的汽车，在行车执照变更记录栏内签注“不得变更、转籍”字样；1993年1月1日以后入户的新车在办理入户的同时办理检验签证。

1997年1月7日，省公安厅交通警察总队转发公安部《关于做好1997年度机动车定期检验工作的通知》，规定各级车辆管理所的检验范围以发牌车辆为准（省直机关以外的悬挂公安专段号牌的车辆及警车，委托所在地、市车辆管理所检验）；检验时间以车辆上次检验有效期满的当月为准，逾期按规定处以罚款；1982年（含）以前投入使用的汽车以及符合报废条件的老、旧、杂汽车一律予以报废；贯彻落实《公安部关于打击盗窃、抢劫汽车犯罪活动的通告》精神，严格审核车辆基本特征、参数、照片等项内容，发现有盗窃、抢劫汽车嫌疑的，要立即将人、车扣留移交刑侦部门查处；凡经检验合格的，核发全国统一式样的“1997年度机动车定期检验合格证”。

2000年7月14日，省公安厅交通警察总队转发《公安部关于加强机动车、驾驶员委托检、审验管理的通知》，规定机动车因故不能回注册登记地车辆管理所检验的，除大型客车、右置方向盘汽车、延缓报废的机动车外，机动车所有人可以向注册登记地车辆管理所申请委托检验。车辆管理所应当接受机动车所有人的申请，在机动车计算机登记系统中记载委托检验事项，填写“机动车委托检验通知书”，在“机动车行驶证”副证上加盖“委托检验”章，交机动车所有人；受委托地车辆管理所凭“机动车委托检验通知书”检验车辆合格后，核发“机动车定期检验合格证”，在“机动车行驶证”副证上加盖机动车检验专用章，填写“机动车委托检验通知书”回执，与“机动车检验单”一并寄注册登记地车辆管理所。

2001年12月，省质量技术监督局、省公安厅、省交通厅经省政府批准联合印发《安徽省机动车辆检测机构计量认证管理暂行办法》，规定自2001年12月7日起，在本省行政区域内从事机动车辆安全性能检测、综合性能检测工作的检测机构，须通过计量认证评审取得合格证书后，方可为社会提供机动车辆检测数据；对未取得计量认证合格证而对社会开展机动车辆检测业务的，由质量技术监督部门按照《中华人民共和国计量法实施细则》第55条的规定进行处罚。同时规定省质量技术监督部门负责对全省机动车辆检测机构计量认证的监督管理，负责会同省公安、交通主管部门制定机动车辆检测机构计量认证评审规范等。

2002年2月20日，省公安厅转发《公安部关于集中整顿机动车检测站的通知》，要求各地立即组成由公安纪检、政工、督查和交通管理等部门参加的专门工作班子，对本地所有在用机动车安全检测站进行清理整顿。对利用职务之便，弄虚作假，谋取私利，坑害群众的检测站（线）民警严肃处理；对缺乏依据的各种“搭车检查、搭车收费”项目坚决清理取消；对强迫车主在指定修理厂修理、调试车辆，以及只收钱不检车、乱收费、乱检测等群众反映强烈的问题查纠不力的，省公安厅将不再委托其从事本年度的机动车安全检测任务。

2004年5月14日，省公安厅交通警察总队下发《关于实施中华人民共和国公共安全行业标准〈机动车安全检验项目和方法〉（GA468-2004）有关意见的通知》，要求贯彻实施“标准”中对机动车检验的各项规定；各机动车检测站要按照“标准”规定规范机动车检验工作，并对检验结果负责；车辆管理所依据检测站出具的合格证明，按照《机动车登记规定》相关内容进行确认，符合规定的，对机动车进行登记或在行驶证上签注定期检验记录，发给机动车检验合格标志。

2005年6月3日，省公安厅交通警察总队下发《关于在机动车注册登记和核发机动车检验合格标志时查验第三者责任保险凭证的通知》，规定在国家第三者责任强制保险制度制定实施之前，各地公安交通管理部门车辆管理所在办理机动车注册登记和核发机动车检验合格标志时，应检查有效的机动车第三者责任保险（即保险公司称为“商业险种”）凭证，并将保险卡或保险单的复印件存入车辆档案。对于未提交第三者责任保险凭证的，不得办理相应手续。

机动车检验标准　自1988年1月1日起，全省公安车辆管理所根据公安部文件规定，在对机动车辆进行检验时统一执行国家标准《机动车运行安全技术条件》（GB7258-87），同时停止执行《城市机动车辆安全检验暂行标准》。

1997年4月9日，国家标准局发布《机动车运行安全技术条件》（GB7258-1997）。1998年1月1日实施。

2001年7月6日，省公安厅交通警察总队下发《关于继续做好机动车临时检验工作的通知》，要求全省各地于7月15日前完成机动车临时检验工作；对临时检验不合格的车辆，应滞留机动车行驶证；临时检验的内容、范围和处理方法严格执行《安徽省道路交通安全秩序整治工作实施方案》，检验的重点是该《实施方案》中规定的几种非法改装车辆；对于以“二吨王”为典型车型等“大吨小标”（即大车小吨位）车辆，只要属于定型车型且车辆外廓尺寸符合国标GB7258规定，用户没有非法改装和改变外廓尺寸的，暂时视为检验合格，签发“临时检验合格证”；对于非法改装车辆、大吨小标车辆以及不规范的重型、超重型半挂车，一律暂停办理入户登记。

2002年4月23日，省公安厅下发《关于开展2002年度全省机动车安全技术检测站计量认证和委托工作的通知》，明确机动车安全技术检测站计量认证的目的、任务和范围，以及计量认证的基本条件。同时规定，从2002年起不再委托社会性检测站承担机动车安全技术检测任务；原直属市、县公安局的检测站在认证之前纳入同级公安交通管理部门管理；从2003年1月1日起，未受省公安厅交通警察总队委托的检测站及流动检测设备不得承担机动车检测任务。

2003年7月11日，省公安厅交通警察总队下发《关于开展2003年度机动车安全技术检测站设备检定、计量认证和委托工作的通知》，决定2003年度机动车检测设备检定工作从8月1日开始至11月7日结束。2004年1月1日起，未领取“检测设备检定合格证”的检测设备、未受交通警察总队委托的检测站及流动检测设备，均不得承担机动车安全性能检测工作。同时要求各地在新建、更新、改造检测线时，应积极升级现有的控制系统软件，实现检测站与车辆管理所联网；检测设备检定工作仍由省质量技术监督局计量检测机构进行，检定范围是新建、改造及上年度检定有效期已满的所有检测设备（包括流动检测设备）。

2004年7月12日，国家质量技术监督检验检疫总局和国家标准化管理委员会批准并发布国家标准《机动车运行安全技术条件》（GB7258-2004）。自10月1日起，机动车检验执行该标准。该标准是对国家标准GB7258-1997的修订，适当提高了乘用车的安全技术要求和允许其拖带挂车，以及提高大型客车、中重型货车和高速机动车的安全技术要求；增加气体燃料汽车、两用燃料汽车和双燃料汽车及其他基本安全技术要求等。

机动车报废管理　1986年10月，省交通厅、省公安厅转发并执行国家经委、计委、交通部、公安部等10个单位《关于加速老旧汽车报废更新的暂行规定》，决定将老旧汽车报废更新作为一项长期任务，计划在“七五”期间每年报废更新10万—15万辆老旧汽车。对持报废证明的购车单位，一年内给予贷款和税收优惠、车辆购置附加费减半征收、一次性增加供应汽油1.5吨，优先或免办控购手续、优先供应新车并实行优惠价格等政策；报废汽车由国家指定单位收购，并及时进行解体加工，不得进入旧机动车辆市场或转卖其他单位和个人。

1997年11月27日，省公安厅转发《公安部关于实施〈汽车报废标准〉有关事项的通知》，准予部分汽车延缓报废的期限、检验次数，规定延缓报废的汽车不准办理过户、转籍登记；1998年8月1日起，对逾期不按规定进行定期检验的延缓报废汽车，按《道路交通管理条例》第77条第3项规定进行处罚；2000年9月1日起，右置方向盘汽车不得在道路上行驶。

1998年7月20日，省公安厅交通警察总队下发《关于执行调整轻型载货汽车报废标准的通知》，要求各行署、市公安局交通警察支队执行国家经贸委、发展计划委、公安部、环保总局等4个部门于7月7日发布的《关于调整轻型载货汽车报废标准的通知》规定，即中轻型载货汽车（含越野型）的行驶里程、使用年限及办理延缓的报废标准调整为累计行驶40万公里或使用10年；达到使用年限，汽车性能仍符合有关规定的，允许办理最长不超过5年的延缓报废。延缓报废的审定工作，按国家经贸部的有关规定办理。轻型载货汽车是指厂定最大总质量大于1.8吨、小于等于6吨的载货汽车。

2001年1月21日，省公安厅转发《公安部关于实施调整汽车报废标准若干规定有关问题的通知》，决定实施调整后汽车报废标准的审批和定期检验。对旅游载客汽车和9座以上非营运载客汽车报废作出详细明确规定。3月13日，国家经贸委、计委、公安部、环保总局等4个部门下发《关于〈农用运输车报废标准〉的通知》，规定农用运输车（包括三轮、四轮农用运输车）报废标准。对三轮农用运输车和装配单缸柴油机的四轮农用运输车的报废作出详细明确规定。

2002年10月8日，省经贸委、省发计委、省公安厅、省环保局联合下发《关于我省摩托车使用年限的通知》，对轻便两轮摩托车、轻便三轮摩托车、两轮摩托车和边三轮摩托车报废作出详细明确规定。

全省机动车辆统计表

表11–9

年份	汽车	运输用拖拉机	摩托车	其他机动车	载货挂车	农用运输车	机动车（辆）	与上一年增减
	辆	辆	辆	辆	辆	辆	合计	
1986	112887	18343	32277	123004	——	——	187630	——
1987	121105	19678	34627	25880	——	——	201290	7.28
1988	136780	15115	43798	23987	——	——	219680	9.14
1989	141032	14001	44982	33441	——	——	233456	6.27
1990	153655	11439	57248	40497	——	——	262839	12.6
1991	168866	7091	66670	59123	——	——	301750	14.8
1992	190109	5262	82186	59283	——	——	336840	11.63
1993	210164	5402	105330	71134	——	——	392030	16.38
1994	211063	3614	136654	63368	18316	——	433015	10.45
1995	244639	2712	173011	63603	18991	——	502956	16.15
1996	281047	3202	268738	69394	20182	——	642563	27.76
1997	283630	470	311876	70699	16201	——	682876	6.27
1998	308044	421	424310	103897	11739	——	848411	24.24
1999	324821	406	566677	85792	16738	——	994434	17.21
2000	386706	4118	686782	311	14909	106279	1199105	20.58
2001	449640	503	1052132	193	22394	158886	1683748	40.42
2002	546601	1259158	501	18395	26515	982168	2833338	68.27
2003	650786	610193	1594612	226	33093	416182	3309052	16.79
2004	1749626	90240	1924738	190	37092	——	3801886	14.89
2005	1058535	1470294	2464978	195	46486	——	5040488	32.58

机动车驾驶人管理　对驾驶人的管理是车辆管理所的重要任务之一。主要包括：对申领驾驶证的人按照规定的科目与内容进行考试、核发驾驶证和管理驾驶人档案；监督与管理驾驶人的培训工作；对驾驶人进行安全教育和开展安全行车活动等。

机动车驾驶证申领和使用　1985年9月1日，全国各城市公安车辆管理所统一试行《城市机动车驾驶员考试暂行办法》。《办法》规定：报考大客车、无轨电车者年龄为20—40周岁；报考轻便摩托车者年龄为16—55周岁；报考其他车类者年龄为18—50周岁，应具有初中毕业以上文化程度和满足身高、视力、辨色力、听力等规定的身体条件。申请学习驾驶机动车者，应凭单位和个人身份证明，填写“驾驶员登记表”，进行体检，经车辆管理机关审查合格后，发给“机动车学习驾驶证”，且在1年有效期内只准学习驾驶一种车辆。报考机动车驾驶员应考科目视报考车种而定，考试科目及顺序为：交通法规及安全驾驶常识、机械常识、场内驾驶和道路驾驶。学习驾驶员经全部科目考试合格后，由车辆管理所签章转为实习驾驶员，实习期1年，期满换发“机动车驾驶证”。军队退役驾驶员，凭军车驾驶证、退役证明、接受单位证明和个人身份证明，经车辆管理所审查考核合格后换领“机动车驾驶证”。持外国和港澳地区驾驶证，在国内有服务、接待单位或居住期超过半年者，可申请换领中国的“机动车驾驶证”。

1987年9月15日，省公安厅交通警察总队下发《关于各级公安交通车管所业务分工的通知》，界定各级车辆管理所的机动车驾驶员管理业务：各类汽车、摩托车（不含轻便摩托车）驾驶员的考核、核（换、补）发驾驶证，缴（吊）销驾驶证，异动登记等，由地、市车辆管理所办理；各类汽车、摩托车驾驶员的年审和复试工作，其他机动车驾驶员的考核、核（换、补）发驾驶证，缴（吊）销驾驶证，异动登记等管理工作均由县（市）车辆管理所负责。办理汽车、摩托车增驾记录以及汽车、摩托车驾驶员申请补发驾驶证、异动登记等，经当地县（市）车辆管理所签署意见后，由地、市车辆管理所办理。

1988年4月21日，省公安厅交通警察总队印发《全省车辆管理业务工作程序》，规定全省车辆管理业务分别由业务室、档案室负责办理。业务室负责机动车驾驶员审验、签发驾驶证；档案室管理技术档案，保管证件章。具体业务办理程序：初学驾驶员应符合公安部《城市机动车驾驶员考试暂行办法》规定的条件，持单位介绍信办理准考证后到驾训队学习，学习期满办理考试手续，考试合格，考验员在成绩表上签名由所长审批后加盖业务章转实习。实习驾驶员1年内不发生违章、肇事，填写转正表，经审核后加盖公章，转为正式驾驶员。驾驶员异动应凭单位介绍信（调令、合法合同、转籍通知单）到车辆管理所办理驾驶员变更、转籍和转入手续。驾驶员增驾时凭单位介绍信，经所长批准后，办理相应的增驾手续。

1989年5月15日，省公安厅交通警察总队《关于对助动车驾车人申请驾驶证有关问题的答复》指出，鉴于助动车由非机动车管理纳入机动车管理，驾驶人从1998年5月1日起必须持有轻便摩托车驾驶证的特殊情况，决定对原有助动车的驾车人员年龄超过60周岁的，允许初次申请轻便摩托车驾驶证。但只限于1998年5月1日以前已有助动车的驾车人员；对于助动车驾车人员申请轻便摩托车驾驶证，其身体条件不宜放宽。

机动车驾驶人考试和发证　1988年4月16日，省公安厅交通警察总队下发《关于驾驶员管理业务的补充通知》，进一步规范驾驶员管理业务。规定办理驾驶员报考、培训、考试、学习驾驶员转正、增驾、复试、驾驶员异动等业务，必须按公安部《城市机动车驾驶员考试暂行办法》办理。驾驶员办理变更、转籍手续时，应当填写异动登记表；调出辖区，新单位所在辖区凭车辆管理所“转出通知单”接受技术档案，换发驾驶证。9月15日，省公安厅下发《关于核发使用〈中华人民共和国机动车教练员证〉的通知》，规定从10月1日起，凡在安徽省城乡道路上进行教练的各类机动车教练员，必须持有统一的“中华人民共和国机动车教练员证”（简称“教练员证”）和有效的“中华人民共和国机动车驾驶证”，方准教练。同时规定，凡按相关规定批准的机动车驾驶员培训单位，其专职教练员经所在地、市车辆管理所审核符合教练员条件的，发给“教练员证”；未经批准的培训单位和“以运代训”的教练员，不得发“教练员证”。“教练员证”的有效期间为各类机动车学习驾驶员的培训时间；在有效期内，如遇培训单位停办或教练员工作调动、解除聘用合同，以及教练员因交通违章、责任交通事故，按《道路交通管理条例》处罚吊扣驾驶证者，必须收回“教练员证”。

1989年1月7日，省公安厅交通警察总队下发《关于机动车驾驶员准驾车类规定的通知》，统一规定全省机动车驾驶员各类准驾记录允许驾驶的车辆。对持有军队、武警驾驶证者，只准驾驶悬挂军队、武警号牌的车辆；持有地方驾驶证者，不得驾驶悬挂军队、武警号牌的车辆。

1989年7月28日，省公安厅交通警察总队下发《关于清理驾驶员档案的通知》规定：驾驶员档案按正式、实习、学习驾驶员分别建档，归类管理，档案编号必须与驾驶证证号一致；驾驶员档案应具备学习、实习和正式驾驶员档案等基本资料，同时必须统一使用公安部规定的“机动车驾驶员登记表”。驾驶员转籍应在3个月内办妥档案转籍手续；驾驶员死亡、驾驶证被吊销以及按《关于整顿驾驶员队伍的通知》规定“不予换证”的，其档案应予销毁；销毁清册应长期保存备查。临时驾驶证和机动车教练员证，由地、市车辆管理所核发；“教练员证申领表”及其考核情况，应放进驾驶员档案。

1989年7月28日，省公安厅下发《关于启用新机动车驾驶证的通知》（以下简称《通知》），决定自7月1日起启用全国统一的新机动车驾驶证。新证分为正式、实习、学习、临时驾驶证4种，其有效期分别为：4年、13个月、2年、3个月；制作标准为《中华人民共和国机动车驾驶证证件》（GN43-88）；换发时间为1990年1月1日至12月31日。从1989年10月1日起，旧证一律停止签发；1991年1月1日起对持旧证驾驶车辆者，按无证驾车论处。《通知》规定，新证和"机动车教练员证"一律由地、市公安处、局车辆管理所签发；持有正式驾驶证的驾驶员，需增驾其他车型时，经车辆管理机关审核同意，在原驾驶证副证栏内签增驾车型并加盖发证机关业务扁章，方可进行增驾学习。考试合格后，有实习期的，在副证上打印实习期；无实习期的，换发与原证号相同的新证；"临时驾驶证"由申请人到入境地的地、市公安处、局车辆管理所办理，同时到省公安厅车辆管理所备案；新证启用后需要扣证时，应使用《扣留机动车驾驶证凭据》，其与驾驶证正证配合，允许驾驶员驾驶车辆；学习驾驶员一般不采取扣证方式处罚。

1991年4月6日，省公安厅交通警察总队转发公安部《关于启用机动车驾驶证待办凭证的通知》，决定从1991年4月1日起启用机动车驾驶证待办凭证，只限于车辆管理所不能及时办理审验凭证、正式驾驶证有效期满换发新证、实习驾驶员实习期满换发正式驾驶证3种业务时使用，且必须与驾驶证正证联合使用才能有效，签发的有效期不得超过7天。

1996年8月23日，省公安厅下发《关于实施〈中华人民共和国机动车驾驶证管理办法〉和〈中华人民共和国机动车驾驶员考试办法〉的通知》，对从9月1日起施行的两个办法作出具体规定。主要包括：加强对机动车驾驶证的管理，简化手续，放宽限制，方便群众，把"严格执法，热情服务"落实到日常管理工作中。对本辖区内机动车驾驶证管理业务进行分工：地（市）车辆管理所负责本辖区内A、B、C、N、P准驾车型（表11-10）驾驶证管理业务，其他准驾车型由县（市）车辆管理所负责。各级公安交通管理部门须于年底前完善车辆管理所的考试职能和考试场地建设，建立计算机管理系统，以实现机动车驾驶员考试工作的规范化。驾驶员考试执行全国统一的科目—考试题库（省公安厅车辆管理所结合安徽省实际情况增加5%的题目）、桩考图和"汽车、摩托车道路考试项目和扣分标准"；考试内容和考试方法应向社会公布，对于科目一的内容实行咨询服务。从1996年9月1日起，机动车驾驶证按新的规定签注；9月1日前已签发的机动车驾驶证继续有效，到期换证时按新的规定签注。持有学习驾驶证者可以自由选择学习驾驶技能的方式；申请从事驾驶教练必须符合规定条件并经考核合格领取"教练员证"。

全省机动车驾驶员准驾车型规定表（1996年9月）

表11-10

准驾车型代号	表示的车辆	准予驾驶的其他车辆的代号
A	大型客车	B.C.G.H.J.M.Q
B	大型货车	C.G.H.J.M.Q
C	小型汽车	G.H.J.Q
D	三轮摩托车	E.F.L
E	二轮摩托车	F
F	轻便摩托车	
G	大型拖拉机	H
H	小型拖拉机	
K	手扶拖拉机	
L	三轮农用运输车	
J	四轮农用运输车	G.H
M	轮式自行专用机械车	
N	无轨电车	
P	有轨电车	
Q	电瓶车	

1997年3月10日，省公安厅印发《安徽省机动车驾驶员考试中心及考试场地管理办法》和《安徽省机动车考试员管理办法》，规定各地、市公安机关车辆管理所均应设立机动车驾驶员考试中心，并可根据需要建立若干考场，驾驶员考试工作应在考试中心进行；从事机动车驾驶员考试工作的人员必须具备规定的条件，经培训考试取得省公安厅交通警察总队颁发的“考试员证书”，并承担相应的职责。《通知》对考试中心的任务、应具备的条件和考试场地、道路建设以及考试车辆的技术状况等均作出具体规定。

2003年4月14日，省公安厅交通警察总队下发《关于加强机动车驾驶员管理有关工作的通知》，要求各地应严格按照公安部规定及《安徽省机动车驾驶员考试中心及考试场地管理办法》，为考生提供必要的考试设备场地，严禁利用驾驶员培训学校的场地进行考试；自2003年开始，驾驶证审验日期一律以驾驶证初领日期为准。

2004年5月1日，公安部施行《机动车驾驶证申领和使用规定》，进一步规范了机动车驾驶员各类准驾记录允许驾驶的车辆（表11-11）。

全省机动车驾驶员准驾车型规定表（2004年5月）

表11-11

准驾车型	代号	准驾车辆	准予驾驶的其他准驾车型
大型客车	A1	大型载客汽车	A3、B1、B2、C1、C2、C3、C4、M
牵引车	A2	重型、中型全挂、半挂汽车列车	B1、B2、C1、C2、C3、C4、M
城市公交车	A3	核载10人以上的城市公共汽车	C1、C2、C3、C4
中型客车	B1	中型载客汽车（含核载10人以上、19人以下的城市公共汽车）	C1、C2、C3、C4、M
大型货车	B2	重型、中型载货汽车；大、重、中型专项作业车	
小型汽车	C1	小型、微型载客汽车以及轻型、微型载货汽车；轻、小、微型专项作业车	C2、C3、C4
小型自动挡汽车	C2	小型、微型自动挡载客汽车以及轻型、微型自动挡载货汽车	
低速载货汽车	C3	低速载货汽车（原四轮农用运输车）	C4
三轮汽车	C4	三轮汽车（原三轮农用运输车）	
普通三轮摩托车	D	发动机排量大于50ml或者最大设计车速大于50km/h的三轮摩托车	E、F
普通两轮摩托车	E	发动机排量大于50ml或者最大设计车速大于50km/h的二轮摩托车	F
轻便摩托车	F	发动机排量小于等于50ml，最大设计车速小于等于50km/h的摩托车	
轮式自行机械车	M	轮式自行机械车	
无轨电车	N	无轨电车	
有轨电车	P	有轨电车	

2004年5月21日，省公安厅交通警察总队下发《使用桩考仪进行科目二考试的工作方案》，要求各市在年底前完成汽车类驾驶人科目二考试桩考仪的选型、安装和调试工作，确保2005年1月1日起所有汽车类驾驶人科目二考试均使用桩考仪考试。

2004年5月24日，省公安厅交通警察总队下发《关于贯彻实施〈中华人民共和国道路交通安全法〉有关机动车登记和机动车驾驶证管理暂行意见的通知》，就5月1日施行《机动车驾驶证申领和使用规定》提出了具体实施意见。主要包括：鉴于公安部正在编制全国统一的机动车驾驶证计算机管理软件及相关表、证，除科目一、二、三的约考及考试间隔时间按《机动车驾驶证申领和使用规定》执行外，其余仍暂按原规定办理。除有效期满换证外，机动车驾驶证暂不进行审验。在暂住地初次申领机动车驾驶证和申请增加准驾车型的，只能申请小型汽车、小型自动挡汽车、低速载货汽车、三轮汽车的机动车驾驶证。持军队、武警部队机动车驾驶证的人申请驾驶证，不再要求申请人提交机动车驾驶技术档案。

机动车驾驶人审验和记分　1987年5月15日，省公安厅下发《关于开展1987年度机动车辆及驾驶员检审工作的通知》，决定自6月15日起至11月30日止，对全省机动车辆和驾驶员进行年度检审工作，同时换发、使用新的机动车号牌、行车执照。其中关于驾驶员审验的规定是：1986年12月31日前领取机动车驾驶证的驾驶员（含轻便摩托车、机动三轮车驾驶员），均按指定地点参加审验。驾驶员学习时间不得少于24小时；学习（实习）驾驶员只参加学习，不参加签证。2年未参加审验和1年内不从事驾驶工作的，不参加审验。1年内发生一般事故负主要责任、重大事故负一定责任或受扣证在半年（不含）以内处分的，复试交通规则及安全驾驶常识；一般事故负全部责任、重大事故负次要责任以上或受扣证半年（含）以上至1年处分的，复试交通规则及安全驾驶常识、道路驾驶。复试科目以2次为限。

1989年7月28日，省公安厅《关于启用新机动车驾驶证的通知》规定：驾驶员在每年审验合格后，应在驾驶证副证审验纪录栏盖地、市车辆管理所业务扁章。

1993年2月12日，省公安厅交通警察总队下发《关于开展1993年度机动车及驾驶员检审工作的通知》，决定驾驶员年度审验工作从3月1日起至10月31日止，审验的重点是客运车辆、个体车辆、三轮农用运输车驾驶员，以及1年来有违章、肇事记录的驾驶员。1993年1月1日以后转正的驾驶员，在办理转正手续时，同时办理审验签证；审验期间对驾驶员全面进行一次交通法规和安全驾驶常识考试，采取统一试卷，达不到80分的不予签证。

2000年3月6日，省公安厅下发《关于贯彻公安部〈机动车驾驶员违章记分办法〉和〈交通违章处理程序规定〉的实施意见》，要求各级公安交通管理部门自3月1日起，在全省全面贯彻实施《机动车驾驶员违章记分办法》和《交通违章处理程序规定》；严格按照公安部及省公安厅的具体要求，实施违章记分、违章处理，加强监督检查。公安部《机动车驾驶员违章记分办法》规定：记分周期为1年度，总分为12分，从机动车驾驶员初次领取机动车驾驶证之日起计算。一个记分周期满后，记分分值累加未达到12分且每次违法行为均接受处罚的，该周期内的记分分值予以清除，不转入下一个记分周期。记分分值已满12分的，应参加交通法规与相关知识和道路驾驶学习，在一个记分周期内被再次记满12分的，除须重新参加交通法规与相关知识和道路驾驶考试外，还须增考场地驾驶。机动车驾驶员如被记满12分，经公安机关交通管理部门通知后，无正当理由逾期3个月不参加考试的，撤销其机动车驾驶证；如连续2个、5个、10个记分周期内无交通违章记分的，分别给予免审验一次、延长驾驶证有效期2年、20年内免审验和换证等奖励。依据违章行为严重程度，将一次记分分值定为：12分、6分、3分、2分、1分五种，并规定按其记分的违章行为分别有9种、13种、23种、17种、12种。驾驶员造成交通事故尚不够刑事处罚的，除按照道路交通安全法规处理和对违章行为记分外，还根据驾驶员造成交通事故的等级和所负事故责任追加记分1—3分；如被处吊销驾驶证的，不予记分。在《实施意见》中，省公安厅根据《安徽省道路交通管理实施办法》有关规定，对持有安徽省公安机关车辆管理所核发的驾驶证的驾驶员，有违反地方道路交通法规、规章行为的，给予一次记6分、2分、1分，并规定按其记分的违章行为分别有2种、4种、5种。7月14日，省公安厅交通警察总队转发《公安部关于加强机动车、驾驶员委托检、审验管理的通知》，指出驾驶员因故不能回到发证地车辆管理所审验的，可委托外地车辆管理所代审。

2004年5月1日，《道路交通安全法实施条例》正式施行。其中第26条规定：公安机关交通管理部门在机动车驾驶人换发机动车驾驶证时，应当对机动车驾驶证进行审验。同日，公安部发布第71号令，决定自5月1日起施行《机动车驾驶证申领和使用规定》，重新规定了驾驶证的审验和记分，即记分周期为12个月，满分为12分，从机动车驾驶证初次领取之日起计算。一个记分周期内记分未达到12分，所处罚款已经缴纳的，记分予以清除；记分虽未达到12分，但尚有罚款未缴纳的，记分转入下一个记分周期。在一个记分周期内累计记分达到12分的，应接受为期7天的道路交通安全法律、法规和相关知识的教育与科目一考试。考试合格的，记分予以清除；考试不合格的，继续参加学习和考试。如在一个记分周期内2次以上达到12分的，还须增加科目三考试。机动车驾驶人记分达到12分，拒不参加公安机关交通管理部门通知的学习，也不接受考试的，由公安机关交通管理部门公告其机动车驾驶证停止使用。依据交通安全违法行为严重程度，将一次记分分值定为：12分、6分、3分、2分、1分五种，并规定按其记分的违法行为分别有7种、16种、13种、8种。机动车驾驶人在驾驶证6年有效期内，每个记分周期均未达到12分的，换发10年有效期的驾驶证，其后每个记分周期仍均未达到12分的，换发长期有效期驾驶证。取消驾驶证每年进行一次审验的规定，改在有效期满换发驾驶证时进行审验。

2004年10月8日，省公安厅交通警察总队下发《安徽省新版道路交通违法记分管理系统运行暂行规定》（简称《暂行规定》），于10月18日起执行。该《暂行规定》根据《中华人民共和国道路交通安全法》及其配套法规，结合安徽省实际，对本省开发、运行新版违法记分管理系统的一些问题进行了规范。

机动车驾驶人培训与教育　机动车驾驶人驾驶技术培训。1987年9月15日，省公安交通警察总队下发《关于各级公安交通车管所业务分工的通知》，规定新成立的机动车驾驶员培训学校，需由申请单位将组织机构、教育大纲、教学计划报当地地、市车辆管理所审核后，转报省车辆管理所审批。第二期继续招生培训的，由地、市车辆管理所审批。

1988年1月5日，省公安厅下发《关于加强机动车驾驶员培训管理工作的通知》（以下简称《通知》），进一步规范了机动车驾驶员培训单位的办学条件，即有固定的教学地点和健全的管理机构；有一定数量符合国家标准《机动车运行安全技术条件》的教练车和必要的教具、教学实物等；有一定数量具有本专业中专毕业以上（或相当学历）文化程度和理论水平的学科教员，以及具有3年或5万安全公里驾驶资历的品学兼优的科目教练员；办学申请和教学计划等资料，按审批权限上报审批后，方可招生。《通知》要求，各地车辆管理部门加强对培训单位的监督和管理，以确保教学质量；学员的学习时间和考试，执行公安部《城市机动车驾驶员考试暂行办法》。学员转入实习期的考试，由所在地地、市车辆管理所主办，聘请其他地、市车辆管理所1至2名考验人员参加。12月1日，省公安厅交通警察总队下发《关于核发〈安徽省机动车驾驶员培训许可证〉的通知》，规定从1989年1月1日起，凡在安徽省开办面向社会招收学员的机动车驾驶员培训单位，必须领取“培训许可证”；“培训许可证”由省公安厅交警总队核发，有效期2年；培训单位利用各种媒体做广告时，须出示“培训许可证”；培训单位停办半年以上的，必须交回“培训许可证”。

1989年5月30日，省公安厅交通警察总队关于印发《安徽省机动车驾驶员培训单位目录》的通知，公布了经批准的41家机动车驾驶员培训单位。《通知》要求，公安交通管理部门继续对全省机动车驾驶员培训单位进行全面清理和整顿，并在此基础上核发“培训许可证”；对办学条件差、培训质量低的培训单位，坚决采取停办措施；对不符合办学要求的培训单位，应从《目录》中注销。

1990年2月8日，省公安厅交通警察总队下发《关于继续清理整顿机动车驾驶员培训学校（班、队、中心）的通知》，决定对全省机动车驾驶员培训学校（班、队、中心）继续进行清理整顿，凡未经总队批准的培训单位，一律停办；已经批准的，核发“培训许可证”。

1991年5月31日，省公安厅交通警察总队公布了30家培训单位《机动车驾驶员培训许可证目录》，废止了1989年的《安徽省机动车驾驶员培训单位目录》。

1992年11月4日，省公安厅下发《关于加强机动车驾驶员培训质量管理的通知》，决定改革机动车驾驶员培训方式。主要包括：所有汽车驾驶员培训单位面向全省招生，不受行政区划限制；凡具备培训条件的大型厂矿、企业准许自训本单位汽车驾驶员，由各地考察后报省公安厅审批；非以驾驶员为职业的小型汽车驾驶证申领者可实行“计时训练”的方法培训。

1993年8月5日，省公安厅印发《1993年全省汽车驾驶员培训证书目录》，公布了40家驾驶员培训单位目录，废止了1991年《安徽省机动车驾驶员培训许可证目录》。同时规定，全省汽车驾驶员培训除自训单位外，汽车驾驶员培训单位凭“培训证书”办理学员学习证和驾驶技术考试；所有培训单位实行全省招收学员，其实习驾驶员允许在本省内转籍，各地、市不得拒绝转入及重新收取培训管理费；各级公安交通管理部门要加强管理和技术监督，及时整顿或报请注销培训质量达不到要求的培训单位的“培训证书”。

1994年2月15日，省公安厅交通警察总队印发《全省汽车驾驶员培训证书补充目录》，补充了21家培训单位。

2004年8月23日，省公安厅、省发改委、省交通厅、省农委、省商务厅、省安监局、省质监局联合下发通知，规定公安、交通、农业（农机）部门等行政管理部门不得开办或者参与开办驾校。9月24日，省公安厅、省交通厅、省农委下发《关于印发〈安徽省机动车驾驶员队伍整顿工作实施方案〉的通知》，进一步强调公安部门整顿工作的主要任务，即督促检查本系统所办和参与开办的驾校与行政管理部门脱钩情况，并按照“具有独立的法人资格、财务独立、国家机关工作人员退出”三项标准，于10月底配合交通部门完成验收工作。

机动车驾驶人安全教育　1995年9月16日，省公安厅交通警察总队下发《关于改革全省机动车驾驶员年审教育管理办法的通知》，决定改革全省驾驶员年审教育办法，建立宣传与车管相结合的管理体系。从1996年起驾驶员年审教育实行“先教育后审验、宣传和车管相配合”的办法，切实加强对驾驶员源头教育和管理的力度。驾驶员年审教育及平时安全教育由各级公安交通管理部门的宣传机构主办，省公安厅交通警察总队宣传教育科为业务主管部门；各级公安车辆管理所以静态管理为主，把好审核办理车辆和驾驶员证照关。各地、市交通警察支队宣传教育科统一组织对驾驶员的年审教育，其内容包括集中学习交通法规和安全常识，检验平时参加安全教育学习活动记录、考核平时安全行车和遵章守纪情况、审核一年的安全行车公里数等。

全省机动车驾驶员统计表

表11-12

年份	机动车驾驶员（人）			
	合　计	与上一年增减	其中汽车驾驶员	与上一年增减
1986	218485	—	117417	—
1987	240989	10.3	142673	21.51
1988	278333	15.5	182717	28.07
1989	311191	11.8	212082	16.07
1990	334118	7.37	224178	5.7
1991	388808	16.37	254873	13.69
1992	424672	9.22	294517	15.55
1993	481224	13.32	330426	12.19
1994	606467	26.03	420415	27.23
1995	746628	23.11	511252	21.61
1996	968694	29.74	659618	29.02
1997	1048966	8.29	709075	7.5
1998	1277475	21.78	832733	17.44
1999	1423692	11.45	912234	9.55
2000	1476907	3.74	941399	3.19
2001	2019583	36.74	1705456	81.16
2002	2256720	11.74	1729150	1.39
2003	3079816	36.47	1637334	–5.31
2004	3265809	6.04	2128753	30.01
2005	4397258	34.65	2466620	15.87

机动车和驾驶人专项整治　1995年4月3日，省公安厅交通警察总队下发《关于停止使用〈机动车驾驶员聘（借）用证〉的通知》，决定从4月3日起停止使用“机动车驾驶员聘（借）用证”，同时执行公安部交通管理局关于“持有中华人民共和国机动车驾驶证的驾驶员，可以在全国道路上驾驶机动车，除国家有关部门规定的以外，准许按准驾车型驾驶其他单位或个人的机动车。不得将驾驶员单位与车辆单位不一致作为违章行为对驾驶员进行处罚”的规定，纠正少数地方交通警察以行驶证上的车辆单位与驾驶员单位不一致为由，乱扣车、乱扣证、乱罚款的“三乱”行为。

2001年6月11日，省公安厅交通警察总队印发《关于集中治理严重超载违章若干具体问题的意见》，对在用车“非法改装”界定、“大车小吨位”车辆要求变更车型、箱式载货车车厢封顶、自卸车车厢栏板高度核定、客车减少座位（或卧铺）数、卧铺客车改变卧铺形式等问题，提出指导性意见。同时，重申新车入户初次检验应增加临时检验的内容，对不符合规定的，不予入户。

2001年7月11日，省公安厅交通警察总队印发《关于开展整治假牌假证、无牌无证专项行动的方案》，决定从2001年7月1日至8月30日在全省开展整治假牌假证、无牌无证的专项活动，对专项行动的指导思想，工作目标、步骤和要求，工作程序和具体处理规定等作出了进一步明确。

2001年9月11日，省公安厅交通警察总队下发《关于执行在生产及使用环节治理整顿载货汽车产品有关问题的通知》，对各地在执行国家经贸委、公安部有关文件时的相关问题作出统一规定，即公安车辆管理所对申请办理注册登记的载货汽车，经核对、计算不符合《整顿载货汽车产品有关限值要求》的，不得办理注册登记手续。对于“大吨小标”的载货汽车，用户主动要求更改标定载重量的，应提出申请，车辆管理所依据国家经贸委提供的更正对照表办理变更手续。省公安厅交通警察总队《关于集中治理严重超载违章若干具体问题的意见》中第2款关于解决“大车小吨位”车辆的意见不再执行。

2003年11月17日，省公安厅交通警察总队印发《全省开展集中整顿车辆和驾驶员管理工作实施方案》，明确规定全省集中整顿车辆和驾驶员管理工作的主要任务和要求。主要包括：一是开展六项清理工作。围绕车辆及驾驶员管理业务的各个环节，对车辆管理所、考试中心、检测站存在的不考试就发证、缩短法定考试间隔时间、不验车就签章、减少检测项目、不比对盗抢信息就办理登记和乱收费等突出问题进行全面排查；对车辆管理所及考试中心、检测站等相关单位的聘用人员进行全面清理；以大客车驾驶证和摩托车驾驶证档案为重点，对2000年以来的驾驶证档案进行全面清理；会同交通部门对全省驾驶员培训单位进行专项检查；对达到报废标准未及时办理报废注销手续的汽车、农用运输车和摩托车进行全面清理；结合车辆年检开展“大吨小标”车辆和非法拼装改装车辆清理。二是建立和完善八项制度。建立驾驶员考试员人才库制度，实行驾驶证考领人员随机选考官；完善驾驶员考试发证监督机制；建立交通事故当事驾驶员驾驶证核发情况倒查制度；建立异地买卖驾驶证情况报告和协作查处制度；完善报废车辆监管机制；建立车辆管理主要业务每月统计通报制度；建立机动车违规生产厂家报告和定期通报制度；完善交警支队对大队车辆管理业务的委托和监管工作机制。三是组织一次全省车辆管理民警全员轮训。四是积极推行计算机控制的驾驶员考试设备。

2004年6月11日，省公安厅交通警察总队下发通知规定：自7月1日起，市级公安交通管理部门的考试员全部实行持证上岗。进一步规范驾驶证申请、考试、发证程序，提高科技含量，堵塞管理漏洞，严把考试质量关。各级车辆管理所做到“三不受理”，即不见申请人身份证明原件不受理，未经县级或部队团级以上医院体检合格证明不受理，申请人情况与所提供的资料不一致不受理。使用统一的驾驶证管理软件办理驾驶证业务，并实行科目一考试无纸化、汽车类科目二考试使用桩考仪考试。强化驾驶员考试监督制约机制，明确责任追究，杜绝违规办证。各市公安机关组建考试监督小组，对驾驶员考试工作进行定期抽查；对驾龄在3年以下的驾驶员发生交通死亡事故的，由事故处理部门和发证地公安机关共同对发证地车辆管理所考试、发证情况进行责任倒查，并形成责任倒查的书面材料，存入驾驶证档案；建立违规办证责任追究制，对不考试就发证，考场纪律松弛等违规办证的，将停止其考试业务，并对直接责任民警和负有领导责任的车（驾）管所及市、县公安机关交通管理部门领导给予行政处分，取消当年道路交通管理各项评先评优资格，全省通报批评。建立驾驶员培训和考试环节的衔接机制，强化对驾驶培训单位的监督。各市车辆管理所在受理申请时录入驾驶员培训单位名称等信息，建立其对驾驶员培训和考试情况、驾龄在3年内的驾驶员违法情况、事故情况定期分析通报制度；积极配合交通部门加强对驾驶员培训单位的管理和监督，所有驾校必须增加由交通警察讲授的交通安全法规及安全知识入门教育。

2005年5月29日，省公安厅交通警察总队印发《安徽省贯彻〈关于开展整治无牌无证、挪用号牌、假牌假证机动车集中行动的通知〉的实施意见》，决定从6月1日至30日在全省开展为期1个月的无牌无证、挪用号牌、假牌假证机动车集中专项整治工作。

2005年5月31日，省公安厅交通警察总队下发《关于进一步做好与刑侦部门交接涉嫌被盗抢机动车工作的通知》，要求公安机关交通管理部门查获的嫌疑机动车应及时移交查获地刑侦部门处理。在刑侦部门反馈审查结果后，认真做好涉嫌盗抢机动车的处理工作，同时加强与刑侦部门的信息沟通工作。

2005年，省公安厅交通警察总队下发《关于开展整治报废机动车集中统一行动的通知》，决定从2005年12月27日起，在全省范围内开展一次为期20天的整治报废机动车集中统一行动。

便民利民措施　1996年3月2日，省公安厅交通警察总队下发《关于简化办事手续改革车管业务的通知》，要求全省车辆管理所改革部分车辆管理业务，公开办事程序、业务规定和收费标准；调整业务窗口，实现“一个窗口进、一个窗口出”的作业程序；禁止利用行政手段给任何单位或个人推销产品。同时，进一步简化办事手续，即减少车辆检验次数。当年出厂的新车，在核发临时号牌和办理入户手续时免予检验；当年检验合格的过户车辆，在省内转籍免予检验。调整部分农用运输车、军队退役机动车入户、核发号牌的业务规定。自5月1日起取消实习驾驶员转正手续，改为学习驾驶员经考试合格后，直接核发正式驾驶证并在副证上加盖“实习期一年”字样印章。简化驾驶员转籍手续。

2003年8月10日，省公安厅交通警察总队印发《安徽省公安机关贯彻落实交通管理便民利民措施实施方案》，要求认真落实公安部23项便民利民措施。其中公安部的17项便民利民措施是：1.考领小型汽车驾驶证人员的年龄上限由60周岁放宽到70周岁。持有小型汽车准驾车型驾驶证人员超过70周岁的，每年审验1次驾驶证并进行身体检查，符合驾驶条件的，可以继续驾驶。2.现役军人、武装警察凭军人、武装警察身份证件和团以上单位出具的有关证明，可以申请考领地方驾驶证。3.增加小型自动挡载客汽车准驾车型，允许考领小型、微型自动挡载客汽车驾驶证。4.允许左下肢残疾人员考领小型、微型自动挡载客汽车驾驶证。5.取消驾驶证丢失登报声明和30天后补领的规定，对申请补领的，48小时内补发。6.暂住人员申请考领驾驶证的，由向其户籍所在地的书面发函查询改为网上核对，及时办理。7.驾驶证有效期满换证和审验业务，由地级车辆管理所下放到具备联网条件的县级车辆管理所办理。8.试行县级车辆管理所办理汽车牌证业务，试行交警中队办理四轮农用运输车、三轮农用运输车、普通摩托车、轻便摩托车和拖拉机等车辆牌证业务。9.车辆管理所在具备条件的车辆交易市场，设置办理车辆牌证业务的窗口。10.从注册登记之日起6年内，小型、微型非营运载客汽车的检验由1年1次改为2年1次。11.凡海关进口的车辆和通过国家汽车生产主管部门审查的国产小型、微型载客汽车，在办理新车注册登记时一律免上检测线检测，并不收取上线检测费用。12.缩短进口车数据通报周期，提高国产车公告传递速度，使进口车和新公告的国产车等待办理车辆牌证的时间，由原来的1个月减少到48小时。13.所有车辆号牌号码实行电脑公开自动选号，并可以选择2次。14.申请办理车辆转籍，部分登记事项不够规范的，由转入地车辆管理所负责更正，不得退档；需要核对有关情况的，由两地车辆管理所内部协调。15.简化车辆注册登记程序，不让群众在检测场和车辆管理所之间多次往返。16.在互联网上建立交通管理信息主页，方便群众上网查阅办理车辆牌证的有关规定及考试模拟题库，下载、使用有关表格及填写式样。17.群众可以自愿选择有资质并在车辆管理所备案的中介机构，代办各种车辆牌证业务，开办发牌发证邮寄、速递业务，供群众自愿选择，推行办理车辆牌证“一站式”服务。省公安厅6项便民利民措施：1.取消驾驶证有效期满换证前安全教育的规定。2.建立机动车驾驶员考试员人才库，逐步实行驾驶证考领人员电脑自选考官（9月1日起在马鞍山市试行，11月1日起在全省实行）。3.缩短办理机动车牌证时限，凡手续齐全、车辆合格的国产机动车注册登记由原来的3个工作日办结缩短为1个工作日办结。4.将机动车制造企业申领试验车号牌审批项目下放至各市公安局交警支队车辆管理所。5.试行机动车临时行驶车号牌网上审批并委托大型机动车生产和销售企业发放（9月1日起在合肥市试行，11月1日起在全省实行）。6.开展驾驶员违章记分信息手机短信服务。

2003年8月20日，省公安厅交通警察总队下发《关于开通全省机动车驾驶员违章记分信息手机短信服务系统有关情况的通知》，决定自9月1日起开通全省机动车驾驶员违章记分信息手机短信服务系统。其服务的内容是：每月驾驶员违章积分情况；实时违章记分提示；驾驶员年审提示；驾驶员违章记分满12分以上进行催告。

2005年8月22日，省公安厅交通警察总队下发《关于深入实施便民利民措施进一步完善公安交通管理执法告知程序的通知》，规定：对技术监控设备拍摄到的交通违法行为及时有效告知，书面告知交通违法记分情况、拟吊销被扣驾驶证当事人的有关权利、车辆强制报废期限。

第六节　非机动车管理

1987年7月至2002年6月，马鞍山、淮南、合肥、芜湖、蚌埠、亳州、滁州等市公安局交通警察支队先后设立非机动车管理所。1987年至1990年，屯溪市（现为屯溪区）、休宁县、蒙城县、芜湖市所属县公安局交通警察大队先后成立非机动车管理所。

1993年5月4日，省公安厅交通警察总队《关于加强残疾人专用车管理的通知》规定，残疾人专用车仅供下肢残疾，身体其他部位正常，矫正视力4.8以上的残疾人做代步工具，不得从事营运；各级公安交通管理部门对其按非机动车进行管理。同时，规定从6月1日起全省启用统一式样的残疾人专用车号牌和行车证，每2年审验并换发行车证1次；规定残疾人专用车应符合国家有关规定或经省内省级鉴定合格的产品。

1995年7月25日，省残联、省公安厅、省建设厅、省劳动厅、省民政厅、省工商局转发《中国残联等部门关于加强对残疾人专用机动车运营管理的通知》，规定：残疾人专用机动车是下肢残疾人的代步工具。原则上不应用于运营，但在安排就业确有困难的城市，可适当放开。非残疾人和未经批准的残疾人不准驾驶残疾人专用机动车运营。从事运营的残疾人必须是下肢残疾，身体其他部位正常，年龄在18至50周岁，双眼视力为0.7以上；经区、县民政局或残联和劳动局审核确属无业或生活困难者。从事运营的残疾人应先向所在地残联申请，经核准后，通过公安交通管理部门的交通规则、驾驶技术考试和车辆检验合格，领取证件和号牌，并向公共交通客运管理部门申报批准书和向工商局申请营业执照。运营的残疾人专用机动车只准载运1人，不得人货混载；在非机动车道内行驶，最高时速不得超过15公里。

1997年6月23日，省公安厅交通警察总队《关于助动车管理有关问题的通知》规定：助动车汽油发动机工作容积应小于等于36立方厘米，最高设计时速应小于等于24公里；助动车必须经县级以上公安交通管理部门检验合格，申领专用牌照，方准上道路行驶；申领牌照的助动车，必须是通过省级以上技术鉴定，并经省级以上公安交通管理部门认定的产品。专用牌照式样由各地、市公安局交通警察支队自定，其规格应小于摩托车号牌，颜色为白底红字。

全省非机动车辆统计表

表11-13

年份	自行车	电动自行车	残疾人车	残疾人机动轮椅	机动车（辆）	
	辆	辆	辆	辆	合计	以下市交警支队无数据
1986	1625905	51	550	396	1626902	蚌埠、阜阳、淮南、滁州、六安、马鞍山、芜湖、铜陵、池州、安庆
1987	1718847	50	702	441	1720040	蚌埠、阜阳、淮南、滁州、六安、马鞍山、芜湖、池州、安庆
1988	2194922	52	852	515	2196341	阜阳、淮南、滁州、六安、芜湖、池州、安庆
1989	2119551	55	979	594	2121179	阜阳、淮南、滁州、六安、马鞍山、芜湖、池州、安庆
1990	2287320	241	1142	691	2289394	阜阳、淮南、滁州、六安、马鞍山、芜湖、池州、安庆
1991	2652567	337	911	797	2654612	阜阳、淮南、滁州、六安、马鞍山、芜湖、池州、安庆
1992	3059580	642	1620	871	3062713	阜阳、淮南、滁州、六安、马鞍山、芜湖、池州、安庆
1993	3813098	961	1810	1050	3816919	阜阳、淮南、滁州、六安、马鞍山、芜湖、池州、安庆
1994	4561417	1159	2092	1792	4566460	阜阳、淮南、滁州、六安、马鞍山、芜湖、池州、安庆
1995	5349930	5623	2241	2461	5360255	阜阳、淮南、滁州、六安、马鞍山、芜湖、池州、安庆
1996	6236709	6539	2479	2724	6248451	阜阳、淮南、滁州、六安、马鞍山、芜湖、池州、安庆

续表11-13

年份	自行车	电动自行车	残疾人车	残疾人机动轮椅	机动车　（辆）	
	辆	辆	辆	辆	合　计	以下市交警支队无数据
1997	7058657	8847	2647	3368	7073519	阜阳、淮南、滁州、六安、马鞍山、芜湖、池州、安庆
1998	7357592	11310	2830	4703	7376435	阜阳、淮南、滁州、六安、马鞍山、芜湖、池州、安庆
1999	7514717	22090	3050	5458	7545315	阜阳、淮南、滁州、六安、马鞍山、芜湖、池州、安庆
2000	7783450	33119	3236	6659	7826464	阜阳、淮南、滁州、六安、马鞍山、芜湖、池州、安庆
2001	7946670	43069	3650	8447	8001836	阜阳、淮南、滁州、六安、马鞍山、芜湖、池州、安庆
2002	7987700	61566	4038	9743	8063047	阜阳、淮南、滁州、六安、马鞍山、芜湖、池州、安庆
2003	8028200	88694	5354	11201	8133449	阜阳、淮南、滁州、六安、马鞍山、芜湖、池州、安庆
2004	7998860	140522	4820	12375	8156577	阜阳、淮南、滁州、六安、马鞍山、芜湖、池州、安庆
2005	7323900	255580	5122	14727	7599329	合肥、阜阳、淮南、滁州、六安、马鞍山、芜湖、池州、安庆

第七节　高速公路交通管理

1991年4月6日，安徽省第一条高速公路——合（合肥）宁（南京）高速公路肥东龙塘至全椒吴庄段建成试通车，全长103公里。11月，省公安厅交通警察总队设立高速公路直属支队，下设肥东、全椒2个直属高速大队，负责合宁高速公路通车段交通安全管理。

1995年11月和12月，合宁高速公路合肥大蜀山至肥东龙塘段（全长30公里）和合巢芜高速公路合肥肥东至和县沈巷段（全长83公里）先后建成通车。省公安厅交通警察总队高速公路直属支队设立合肥、巢湖、含山高速大队。

2000年5月，根据《安徽省公安厅机关人员定岗实施办法》，省公安厅交通警察总队高速公路直属支队改称为高速公路管理指导科，副处级建制。

2002年1月18日，省政府下发《关于省高速公路交通管理体制等有关问题的通知》，确定全省高速公路交通管理体制实行“省市共管，行政属市、业务属条”的管理体制，机构、编制由省统管。省公安厅交通警察总队高速公路管理指导科和有关市公安局交警支队均下设高速公路交警大队。高速公路管理指导科管理全省高速公路道路交通业务，具体管理、执法由高速公路交警大队承担。高速公路管理指导科的组织、行政、人事关系由省公安厅负责，各大队的组织、行政、人事关系由市级公安机关负责。

2003年3月，省编委下发《关于全省高速公路交通警察机构设置、编制核定的通知》，确定省公安厅交通警察总队原直属的合肥、肥东、全椒、巢湖、含山5个高速公路交警大队成建制划交所在市公安局交通警察支队。省公安厅交通警察总队成立高速公路直属支队。同时规定高速公路交通管理警察机构的名称、级别和领导职数，明确高速公路交警编制按每公里1人核批，并对已通行的合宁、合巢芜、合界、合徐、连霍、芜宣广、界阜蚌等高速公路设置交通警察机构，重新核定人员编制。

2004年8月，省公安厅交通警察总队高速公路管理指导科撤销，成立高速公路直属支队，负责全省高速公路交通管理业务指导，副处级建制，编制40人，内设综合、秩序管理、勤务督察、机动、事故对策指导5个大队。

2004年11月，省公安厅会同省高级人民法院、省人民检察院下发《关于全省高速公路交通管理执法有关问题的通知》，明确高速公路交警大队对辖区内的交通管理和治安管理实行统一执法，其权限与市、区、县公安局交通警察大队一致；明确对违法行为人的行政拘留审批权和民事、刑事诉讼管辖权等有关法律问题，解决了高速公路交警大队执法权限问题。

2005年1月，省公安厅交通警察总队下发《高速公路交通管理若干暂行规定》，明确交警总队高速公路直属支队、各市公安局交通警察支队高速公路大队的职责权限、勤务与交通秩序管理、交通事故处理、经费管理、信息报告等有关规定，为全面开展高速公路交通安全管理工作提供了制度保证。

2005年，全省已通车高速公路有合宁、合巢芜、宣广、合徐、合安、合界、连霍安徽段、庐铜、界阜蚌、徽杭、马芜等11条，里程达1400公里。

2005年，省公安厅交通警察总队投资100多万元建立“高速公路GPS勤务管理系统”和高速公路交通管理指挥控制中心，全省高速公路路面巡逻警车全部安装GPS车载前端设备，加强对全省高速公路交警的指挥、调度，加大了对路面巡逻勤务的监管和调控力度。各高速公路交通警察大队均安装了系统平台，指挥员在办公室即可对所属路面巡逻警车进行监督。省公安厅交通警察总队高速公路支队每周对各大队警车巡逻里程、巡逻时间、夜间巡逻里程及时间分别进行统计并在网上进行排名、公布，每季度进行考核评比，引导勤务向重点管理时段倾斜，确保巡逻勤务制度落实。在全省高速公路统一规划设置144个测速点，安装121台各式测速雷达、6套区间测速系统，为路面民警配发近1000多台数码相机，要求巡逻民警积极使用相机抓拍实施非现场处罚，加大对超速行驶、不按规定分道行驶、违反规定停车等交通违法行为的查处力度。建设高速公路交通违法行为非现场处罚系统，对全省高速公路交通违法行为实行全省异地联网查处，既方便违法行为人接受处理，又提高了违法行为处罚率。投资150多万元规划建设10个交通治安自动报警（道口拦截）系统，加大了对盗抢车、肇事逃逸车、外省违法车辆的查处力度。投入100多万元规划建设“高速公路350兆无线通讯系统”，为基层大队配发巡逻车321台、执法记录仪1080台，487部车载台、991部手持台和59套基地台，解决了全省高速公路交警通讯不畅、统一调度不便的问题。投入500多万元，在合肥绕城高速试点建设了高速公路智能高清视频监控系统，将高速公路路面视频监控信息成功接入总队高速公路交通管理指挥中心，实现了对省高速公路总公司和省交通投资集团公司所属的高速公路路况的实时监控。与装备的103套车载移动视频车共同组成了高速公路综合管控平台，实现了高速公路交通安全工作的智能化管理、可视化调度、扁平化指挥。

第八节　交通事故统计和处理

交通事故统计　1986年至2005年，全省发生道路交通事故23.2万起，造成5.81万人死亡、18.74万人受伤、直接经济损失150523.5万元。机动车驾驶人违法驾驶是引发交通事故的最主要原因。2005年，因机动车驾驶人违法驾驶发生交通事故1.68万起，造成4172人死亡，占事故总数的96.1%、95.8%。其中三年以下驾龄的驾驶人发生交通事故8417起，造成1582人死亡，占事故总数的48.2%和36.3%。驾驶人无证驾驶机动车发生交通事故2955起，造成851人死亡，占事故总数的16.9%和19.5%。

全省交通事故统计表

表11-14

年度	事故起数(件)	死亡人数(人)	受伤人数(人)	财产损失（万元）
1986	7963	1763	7374	564.3
1987	10110	2288	7128	911.3
1988	10980	2431	7542	1104.5
1989	8961	2102	6182	1030.9
1990	7399	1854	5055	948.9
1991	7556	1970	5520	1053.9
1992	5777	2033	4210	1226.8
1993	4917	2099	3564	1613.4

续表11-14

年度	事故起数(件)	死亡人数(人)	受伤人数(人)	财产损失（万元）
1994	4504	2130	3194	1774.2
1995	4438	2337	2782	1697.6
1996	5424	2719	3614	2575
1997	5733	2774	3985	3018.8
1998	5887	2707	4715	3303.6
1999	8233	2952	6729	3445.5
2000	20870	3787	17891	6478.9
2001	27845	4333	20386	8863.9
2002	28114	4557	21292	9462
2003	21791	4155	18572	8560.9
2004	18006	4794	17880	6996
2005	17474	4355	19771	6118

交通事故处理　1992年8月10日，公安部颁布《道路交通事故处理程序规定》，对统一处理道路交通事故工作程序作出明确规定。《规定》明确，交通警察须有3年以上交通管理实践，经过专业培训考试合格，由省、自治区、直辖市公安交通管理部门颁发证书，方准处理一般事故以上交通事故。

1995年10月26日，根据国务院颁布的《道路交通事故处理办法》和公安部通知精神，省政府发布《安徽省〈道路交通事故处理办法〉实施细则》。公安部《关于修订道路交通事故等级划分标准的通知》规定，交通事故分为四类：一是轻微事故，是指一次造成轻伤1至2人，或者财产损失机动车事故不足1000元，非机动车事故不足200元的事故；二是一般事故，是指一次造成重伤1至2人，或者轻伤3人以上，或者财产损失不足3万元的事故；三是重大事故，是指一次造成死亡1至2人，或者重伤3人以上10人以下，或者财产损失3万元以上不足6万元的事故；四是特大事故，是指一次造成死亡3人以上，或者重伤11人以上，或者死亡1人，同时重伤8人以上，或者死亡2人，同时重伤5人以上，或者财产损失6万元以上的事故。

2000年10月17日，公安部下发《关于进一步加强道路交通事故公开公正处理工作的通知》，就进一步加强道路交通事故公开处理，严格按照《道路交通事故处理程序规定》依法办案，切实加强执法监督，积极推行交通事故处理预约制等方面提出要求。

2002年6月7日，公安部交管局下发《道路交通事故现场安全防护规范》，对维护道路交通事故现场抢救、勘查和清理秩序，保障处理交通事故现场人员的人身安全等作出明确规定。12月10日，省公安厅交通警察总队印发《安徽省道路交通事故处理管理办法》，对规范道路交通事故处理工作，加强对道路交通事故处理人员的管理，提高办案质量，保证公正执法，保护当事人的合法权益提出明确要求。

2004年4月30日，公安部根据《中华人民共和国道路交通安全法》及其实施条例，制定下发《交通事故处理程序规定》，适用于处理车辆在道路上因过错或者意外造成的人身伤亡或者财产损失的事故。

2005年3月8日，公安部制定《交通事故处理工作规范》，就进一步规范公安机关交通管理部门依法公正处理交通事故，提高办案质量和工作效率，保护当事人的合法权益提出明确要求。8月2日，公安部、交通部、国家安全监管总局联合下发《预防群死群伤特大道路交通事故工作意见》。8月19日，省公安厅印发《预防群死群伤特大道路交通事故工作实施意见》，结合本省实际，进一步细化预防群死群伤特大道路交通事故的各项工作措施。

第九节　道路交通事故选记

1986年5月31日10时许，歙县绍濂乡山顶公路上1辆拖拉机翻车，当场死亡12人、伤1人。

1987年2月6日14时30分，铜陵市一客车载客51人，由九华山返回铜陵，因车速过快翻入31.5米深的山沟里，造成3人死亡，15人重伤，29人轻伤，车辆报废。

1987年9月5日9时，省客运服务公司一辆龙江牌大客车从合肥载客去安庆，行至合安路68千米+100米处，与迎面驶来的一辆北京212吉普车相撞，造成北京吉普车上6人死亡，大客车上2人受伤，吉普车报废。

1987年10月14日16时15分，徽州地区汽车运输公司一辆东风牌客车由浙江开化县返回屯溪，因驾驶员注意力不集中，在休宁县境内客车翻入735米深的半山谷，造成23人死亡、30人受伤。

1988年7月16日13时许，河南周口市汽运公司一辆客车与涡阳化肥厂一辆东风带挂货车迎面相撞，造成8人死亡，10人受伤。

1989年11月22日零时许，阜阳市第二运输公司司机张某酒后驾驶东风带挂货车从阜阳县欧庙乡大窑行政村拉生姜（客货混装，载客18人），汽车在机耕道上只开出4米左右即翻下6米高2米深的水沟内，造成车内9人死亡、3人轻伤。

1990年3月1日，合肥市运输公司一辆大客车载客58人，由合肥开往南京。当晚8时许，客车在江蒲县高里店村发生翻车，引发客车后油箱起火爆炸，造成乘客22人死亡，26人受伤。

1992年11月8日16时20分，泾县第一运输公司一辆东风货车与泾县城关一辆个体载客三轮车迎面相撞，致6人死亡、2人受伤。

1993年1月16日1时许，肥东县一辆大客车载客51人（核载25人），行驶至312国道江苏省丹阳县境内不慎翻入路边水塘内，造成30人死亡。

1993年7月5日17时许，黟县一辆大客车因油路发生故障引发火灾，造成车内24人死亡、6人受伤。

1993年7月10日，桐城县汽运公司一辆大客车载客由桐城开往安庆，行至罗岭乡花园村时翻入路边塘中，车上11人死亡。

1993年9月29日13时25分，黄山市汽车运输公司黟县分公司一辆661型大客车行驶至七都返回黟县路段14千米+900米处，坠入160米深的山谷，造成12人死亡，21人受伤。

1993年10月29日2时许，湖北省黄梅县汽运公司一辆大客车（载客44人）由浙江返回途经贵池市铜山乡时，翻车起火，造成10人死亡，18人受伤（其中2人重伤）。

1994年1月21日13时30分，黄山市汽车运输公司一辆大客车由屯溪开往合肥，行驶至合芜公路含山县太湖山路段时翻车，造成10人死亡、28人受伤。

1994年2月24日5时10分，阜阳市客运公司一辆客车（载客64人）行至宁杭公路宜兴市宜城镇北边张师桥处时，撞断桥栏，翻入河内，造成20人死亡。

1994年10月1日3时20分，肥西县化建公司一辆东风拖挂货车与该县一辆中巴客车相撞，造成两车32名乘客中8人死亡、24人受伤。

1995年2月20日1时许，界首市太平洋日化公司一辆仪征双排座车行至阜蚌路利辛县双桥处时，与蒙城县一辆桑塔纳轿车交会时相刮擦，桑塔纳轿车坠入路边水沟内，致7人死亡，1人受伤。

1996年2月3日3时50分，灵璧县个体户驾驶员张某驾驶一辆大客车从温州运载88名返乡民工回安徽，当车行至泗县境内104国道915千米处时，与江苏一辆大型拖拉机迎面相撞，造成18人死亡，16人重伤，11人轻伤。

1996年2月13日14时50分，歙县汽车运输公司一辆东风大客车（载客52人）由县城开往该县大谷运路6公里处时，坠入50多米深的山沟，造成11人死亡、36人受伤。

1996年2月16日22时30分，六安市苏埠镇苏南乡八里村个体驾驶员黄某驾驶一辆面包车途径蒙城县境内省道307线159千米+900米处桥上时，因会车处置不当翻入桥下，造成车内9人死亡、6人受伤。

1996年7月15日23时许，怀宁县汽车运输公司一辆大客车由浙江慈溪载客63人返回怀宁县，途经318国道293千米处（宣州市新河大桥路段）时，由于路面被洪水淹没，不慎翻入路边河沟沉没，造成63名乘客全部落水，其中26人死亡。

1996年9月26日16时30分，江苏省扬州市三力电器集团一辆解放牌货车由阜阳市沿307省道自西向东行驶，当车行至怀远县双沟乡95千米+200米处超车时，造成4车相撞，致7人死亡，13人受伤，直接经济损失17余万元。

1996年11月4日16时30分，淮南市运输公司一辆中巴车在长丰县双凤大道10千米+50米处，与太和县一辆解放带挂货车迎面相撞，造成8人死亡，2人重伤，3人轻伤。

1997年4月20日5时10分，南陵县城关镇个体驾驶员唐某驾驶中巴客车（载客20人）由南陵开往九华山，途经青阳县境内318国道393千米处车后起火，致车上13人被烧死，1人重伤，3人轻伤，车辆报废。

1997年9月9日零时许，江苏省如东县运输公司一辆大客车（载乘50余人）由南通开往阜阳，在行至滁州定远公路一弯道处翻下公路，引起车辆燃烧，造成车上乘客7人被烧死，8人重伤。

1998年1月5日8时50分，枞阳县枞阳镇长安村个体驾驶员殷某驾驶解放牌货车从祁门县新安乡运木材返回枞阳，途经东至县洪方乡境内231省道33公里处，因货车左后轮碾压塌陷路基，致使货车翻入深67.4米深的山沟，造成车上5人当场死亡。

1998年1月7日7时许，阜阳市公路运输公司一辆大客车从上海行至颍上县城东颍凤路S102线88千米+400米处，由于雨天路滑，客车严重超载，驾驶员违章超速行驶，导致翻车并引起油箱燃烧爆炸，造成10人死亡，8人重伤，6人轻伤，直接经济损失30万元。

1998年3月26日11时15分，芜湖县殡仪馆一辆面包车在该县石硊镇魏家山无人看守铁路道口处，与755次客运列车（南京—铜陵）相撞，造成面包车上5人当场死亡，2人经医院抢救无效死亡，3人重伤，2人轻伤，面包车报废，列车中断运行22分钟。

1998年5月8日7时许，一辆中巴车在歙县王村至小洲乡镇公路上起火爆炸，造成8人当场死亡，18人受伤。

1998年8月2日15时10分，湖北省武汉钢铁公司一辆丰田8座吉普车行至省道310线225千米+800米处的史河新桥上（霍邱县孙岗乡境内），车辆坠入10米深河中，车上8名乘员全部死亡。

1998年9月15日15时15分，六安地区一辆依维柯客车在合安公路（怀宁县境内）1175千米+900米处，与一辆亚星大客车交会时相撞，造成8人死亡，3人重伤，3人轻伤。

1998年9月18日12时40分，安徽省汽车运输总公司合肥分公司一辆亚星大客车在桐城市小关206国道117千米处，与合肥汽车运输总公司一辆解放半挂大货车交会时相撞，造成10人死亡，10多人受伤。

1998年9月19日10时50分，临泉县一辆大客车在长丰县206线948千米+550米处超越一辆手扶拖拉机时，与迎面行驶的一辆大货车相撞，造成7人死亡、17人受伤（其中重伤2人）。

1998年10月30日4时40分，合宁高速公路下行线肥东段29公里处连续发生26起交通事故，造成6人死亡，13人受伤，82辆机动车受损，直接经济损失达55万元。

1998年11月18日7时30分，休宁县驾驶员汪某驾驶一辆箱式农用客车（载客27人），在行驶到休宁县璜尖乡政府1.5公里处一个弯道时，翻入路左侧62米深的山沟内，造成7人当场死亡，5人重伤，15人轻伤。

1998年12月26日15时20分，巢湖市一辆华夏AC6630型大客车在定远县境内连江中心村S101线48千米+450米处，与定远县化建公司一辆客货车（车上装有44000米导火线和60000只普通雷管）正面相撞后，货车爆炸，造成18人死亡，30余人受伤。

1999年2月21日19时50分，浙江省湖州汽车运输公司一辆大客车（载客75人）由太湖开往湖州，途经繁昌县孙村镇境内时，将停靠在路边的一辆农用车撞翻，造成该农用车内7人死亡，8人重伤。

1999年4月20日6时50分，在省道103线青阳县境内，一辆青阳县大货车与一辆中巴车因大雾发生相撞，造成8人死亡，3人重伤，3人轻伤。

1999年9月3日16时30分，一辆解放加长大货车在206线979千米处（长丰县土拐乡境内）附近与一辆夏利车和一辆金杯面包车迎面相撞，造成13人当场死亡，3人受伤。

2000年9月21日11时12分，宁国市一辆开往杭州的大客车（载客24人）行驶至宁国狮桥镇境内S104线272千米+200米处翻入路边河沟，造成9人死亡，34人受伤（其中重伤4人）。

2000年11月19日16时许，青阳县一辆中巴车在该县城关收费站附近318国道411千米处，与对面驶来的一辆占道行驶的大货车相撞，造成中巴车上6人死亡，6人受伤。

2000年11月29日16时20分，含山县东关水泥厂一辆大货车在合蚌路肥东县境内与明光市女山新村焦某驾驶的依维柯客车相撞，造成7人死亡，17人受伤。

2001年4月7日7时30分，在亳州市涡阳县青町镇铁路道口（青龙山—阜阳线46千米+500米处）发生一起火车头与大客车相撞事故，造成7人死亡，17人受伤。

2001年10月1日2时许，河南省永城县一辆农用运输车在涡阳县境内S202线105千米+120米处与一辆无牌照丰田皇冠车迎面相撞，造成皇冠车内7人当场死亡，两车共有3人受伤。

2001年12月24日4时15分，五河县公路局车队驾驶员李某因疲劳驾驶，导致其驾驶的东风大货车与同向行驶的一辆解放牌大货车追尾，两车翻倾后引起交通堵塞。5时许，一辆山东号牌的大货车撞到停靠在行车道上的江苏号牌的大货车尾部，造成5辆车追尾相撞，致4人死亡。

2002年1月16日16时40分，一辆阜阳号牌的桑塔纳轿车行至合淮公路长丰县拐集镇境内时，撞上一群放学回家的小学生，造成4人当场死亡，3人受伤。

2002年2月21日17时24分，滁州市汽车运输总公司直属分公司一辆解放牌加长大货车在省道312线20千米+500米处（来安县四里岔），与来安县汽车客运公司的一辆扬子中巴客车交会时相撞，造成中巴车上12人死亡，9人受伤。

2002年7月4日13时30分，太湖县百里镇杜山村个体驾驶员王某驾驶农用三轮车行至省道211线61千米+980米（太湖县山区九田乡路段）处，因车速过快，遇弯道操作不当，导致三轮车翻入14米深的山谷，造成5名学生当场死亡，驾驶员重伤。

2002年7月17日8时20分，巢湖市第三运输分公司一辆卧铺大客车在合巢芜高速公路上行线44千米+80米巢湖段试刀山隧道内，违章超越河南省焦作市运输公司的一辆大货车时发生追尾相撞，造成大客车内13名乘客当场死亡，23人受伤。

2002年9月27日11时50分，六安市运输总公司一辆亚星大客车在合宁高速公路上行线83千米+750米处撞上一辆因故障停在路边的解放牌大货车，造成客车上5人死亡，47人受伤。

2002年10月26日15时20分，一辆浙江号牌的大客车在歙县七里头S215线216千米+700米处与一辆昌河牌面包车（出租车）迎面相撞，造成面包车上6人当场死亡，数人受伤。

2002年11月25日7时许，一辆江苏无锡市东风大货车行至庐江县合铜公路泥河段78千米+300米处时，与庐江县一辆飞彩农用三轮车相撞，造成农用三轮车上10人死亡，13人受伤。

2003年1月25日6时40分，东至县方某驾驶一辆中型普通客车由浙江湖州开往东至方向，在行驶至国道318线340千米+380米处（南陵县境内），与逆向行驶的安庆市汽运集团一辆大型客车相撞，导致中型客车侧翻，造成10人当场死亡，7人受伤。

2003年1月25日23时30分，一辆上海号牌的松花江牌面包车在206国道1000千米+820米处（长丰县境内）与一辆浙江号牌的解放牌大货车追尾相撞，造成9人死亡，2人受伤。

2003年3月7日6时许，安庆市运输公司桐城分公司一辆大客车在途经桐城市卅新路4千米处时翻入路边水塘中，造成11人死亡，7人受伤。

2003年8月3日9时20分，合肥市汽车运输总公司第四分公司一辆安凯大客车由合肥市驶往阜阳市，行驶至G206线995千米+371米处（长丰县境内），与对面行驶的河南省安钢集团矿业有限责任公司一辆解放大货车相撞，造成6人当场死亡、25人受伤。

2003年10月24日11时50分，阜阳市第一客运公司一辆金龙大客车在206国道1008千米+660米处（长丰县杨庙境内）与长丰县长茂运输公司一辆平头解放货车迎面相撞，造成9人死亡，30人受伤。

2003年10月26日17时许，霍邱县一辆大客车在省道S101线（固镇县唐南集段）与蚌埠市一辆面包车发生相撞，造成10人死亡，数人受伤。

2003年12月7日零时20分，亳州市汽运集团总公司利辛县长途公司一辆大客车在途经104线1026千米＋160米处（明光境内）与一辆解放牌带挂拉煤大货车相撞，导致大货车起火，造成6人死亡，15人重伤，20人轻伤，两车严重损坏。

2004年1月2日17时37分，一辆芜湖号牌的油罐车在205国道芜湖县芜南路牌坊岭处与一辆三轮车相撞，造成8人死亡，9人受伤。

2004年1月29日7时25分，枞阳县交通运输公司一辆由枞阳开往南京的大客车在省道105线92千米+815米处（巢湖市和县境内）与一辆面包车相撞，造成9人死亡，27人受伤。

2004年3月13日21时25分，一辆蚌埠号牌的北京现代牌小车在蚌埠至固镇S101线152千米+650米处（太平岗公铁立交桥附近），与对向行驶的一辆江淮牌大货车相撞并起火，造成7人死亡、2人受伤。

2004年5月30日14时20分，一辆淮北号牌宇通大客车在S303线85千米+281米处（宿州市埇桥区境内），与一辆宿州号牌解放带挂货车正面相撞，造成客车上9人当场死亡，23人受伤。

2004年8月5日6时45分，一辆固镇县大货车在S304线2千米处（五河县境内）与一辆五河县中巴车相撞，造成7人死亡，10余人受伤。

2004年9月30日5时40分，江苏省徐州市一辆解放牌大货车在合徐高速公路97千米+800米处（凤阳县境内），撞上绿化带护栏驶入对向车道，与亳州市利辛县海港客运公司的一辆大客车相撞，造成26人死亡，46人受伤。

2004年10月3日4时许，合徐高速公路怀远县境内123公里处发生一起4车相撞事故，造成7人死亡，5人受伤。

2005年3月23日6时33分，在合肥至徐州高速公路定远段上行线57公里处，因局部路段有浓雾，相继发生16起多车追尾交通事故，涉及车辆57台，共造成8人死亡，31人受伤。

2005年3月28日7时55分，一辆由涡阳驶往阜阳的依维柯客车行至省道202线105千米+100米处（利辛县汝集镇境内），因大雾超车占道行驶，与对向行驶的一辆带挂大货车正面相撞，造成依维柯车上9人当场死亡，16人受伤。

2005年6月9日16时许，滁州市汽车运输总公司明光公司一辆宇通客车行至国道104线1046千米+800米处一桥梁时，车辆发生侧滑，撞断桥梁护栏坠入桥下水中，造成客车上9人死亡，20人受伤。

2005年8月25日11时25分，一辆运沙的东风大货车在南陵县境内与一辆中巴车发生侧撞后，又与另一辆东风大货车发生碰撞，造成7人死亡，14人受伤。

第十二章　消防管理

第一节　消防组织

安徽省防火安全委员会　为加强对消防工作的领导，1980年，省政府批准成立安徽省防火安全委员会。省防火安全委员会由省政府分管负责人任主任，省政府分管副秘书长、省公安厅主要负责人、省委宣传部负责人任副主任，省公安厅、省计划委员会、省财政厅、省商务厅、省交通厅、省建设厅、省民政厅、省卫生厅、省文化厅、省教育厅、省林业厅、省安全生产监督管理局、省工商行政管理局、省粮食局、省旅游局、省广播电影电视局、安徽保监局和省公安消防总队的负责人任成员，省防火安全委员会办公室设在省公安消防总队，成员根据省政府和各部门负责人变动情况进行调整。主要职责是：贯彻国家和省政府有关消防工作政策，研究本省消防工作，检查贯彻执行情况；督促各单位、各部门确定消防负责人，落实消防安全责任制；根据季节特点和消防安全的需要，组织有关部门，开展群众性的消防宣传教育和安全检查；督促有关部门、单位及时消除火灾隐患。省防火安全委员会成立以来，有力地推动各级政府、各部门、各行业开展消防安全工作，督促落实消防安全责任制，对组织领导各方面力量加强消防工作起着重要作用。

20世纪90年代初，省政府在制定下发的《安徽省贯彻〈消防改革与发展纲要〉实施意见》中明确规定：必须将消防工作纳入政府工作日程，纳入社会治安综合治理，实行各级政府消防工作责任制。各单位法定代表人是本单位防火安全第一责任人，负责本单位的消防工作，依法对消防安全承担法律责任。为此，省防火安全委员会下发《关于落实消防安全责任制的通知》，要求全省各级政府把建立与落实消防安全责任制作为加强本地区消防工作、改善消防安全条件、增强全社会抗御火灾能力和推进消防事业快速发展的一个重要突破口来抓。由政府以责任书的形式将消防工作任务和目标明确到下级政府和单位，并由政府负责人与下级政府、部门和单位负责人签订责任书；各行业主管部门也将消防安全责任和消防安全目标分解到基层单位并与之签订了责任书；企事业单位还将消防安全责任书签订到车间、班组和个人。各地在签订消防安全责任书的同时，不断完善对责任制落实情况的监督考评机制，制定了相应的奖惩措施，每年对责任制落实情况进行考评验收。各地普遍建立了政府与职能部门、行业主管部门与企业、企业与下属部门之间的消防安全责任制，并把消防工作目标完成情况与责任单位和责任人的工作政绩、经济利益挂钩，兑现奖惩，在全省范围内建立了“年初签订责任书、年终组织考评”的良好机制。

多种形式消防队伍　1987年2月，省经济委员会、省公安厅、省劳动局、省人事局、省编制委员会、省财政厅6部门转发国家经委、公安部、劳动人事部、财政部制定的《企事业单位专职消防队组织条例》。在地方各级党委、政府和公安机关的重视下，安徽省专职消防队伍迅速发展。至1990年，全省建立专职消防支队4个、大队42个、中队779个，队员1.5万人，执勤消防车250辆。

1993年4月16日，省人民政府颁布实施《安徽省消防管理办法》，为全省多种形式消防队伍组织的发展提供了有力的法律保障。《办法》第6条规定：企事业单位和街道、乡（镇）根据需要成立义务消防队或设立义务消防员，负责本单位、本地区的防火和灭火工作。第8条规定：经济开发区、高新技术开发区等，应根据需要成立专职或义务消防队，也可由开发区建站，公安消防队进驻执勤。

1998年9月1日，《中华人民共和国消防法》（简称《消防法》）颁布实施。安徽省结合实际，大力推进多种形式消防队伍建设，积极在乡镇、农村建立政府专职队。省消防总队专门召开了全省非兵役制消防队建设经验交流会，研讨在社会主义市场经济条件下建立和发展非兵役制消防队伍的有效途径和方法。截至2005年年底，全省建有企业专职消防队80个，队员1644人；政府专职队150个，队员969人。全省157个乡镇建有专（兼）职消防力量。

第二节　消防训练与装备

消防训练　20世纪80年代，重特大火灾时有发生，火灾特点和规模发生重大变化。1985年，公安部消防局在秦皇岛灭火战术研讨会上提出了消防业务训练要从技术训练向战术训练重点转移，提出了对重点单位开展“六熟悉”（交通道路、消防水源情况，消防安全重点单位的数量、分类和分布情况，消防安全重点单位建筑结构和使用情况，消防安全重点单位重点部位情况，消防安全重点单位内部消防设施和消防组织情况，主要灾害事故的类型和处置对策、基本程序）活动，要求消防队伍制定重点单位灭火作战计划，开展实地演练。各地针对不断出现的火灾新课题，大兴灭火战术研究之风，纷纷举办高层、地下、油罐、化工等灭火战术研讨会，并组织灭火演练。

20世纪90年代，消防队伍训练改革呈现出新的特点。一是着手改变部队“低级循环”的技能训练状况，制定颁发了技能等级训练规定。公安部消防局颁发《消防部队教育训练大纲》，进一步规范了技能训练。二是结合市政公共消防设施、消防车辆装备建设和个人防护器材配备，消防部队组织开展了器材装备的熟悉操作，并面向火场开展适应性、应用性训练。三是针对消防部队承担社会抢险救援任务、职能的扩展，组建了消防特勤队，配备了特殊装备，进行了扑救特殊火灾和处置各种灾害事故的特殊训练。四是消防总队及部分支队建造了一些移动式、固定式模拟训练设施，并着手开展消防模拟训练。

进入21世纪后，公安消防部队陆续修订了《执勤战斗条令》和《训练大纲》，以及《公安消防部队灭火救援行动安全要则》和《公安消防部队灭火救援战评规定》等一批规范指导灭火救援行动的法规性文件，消防训练更加趋向科学性和实用性。这一时期，随着灭火救援的新技术、新装备被广泛应用，消防特勤力量日益壮大，全省消防部队对特勤器材的熟悉操作更加重视，作战能力日益增强。省公安消防总队和部分支队加强消防模拟训练基地建设，为消防业务训练的模拟化、基地化奠定了基础，广大消防官兵的消防技能训练更趋向应用性、实战化。全省各地结合重点单位"六熟悉"，消防重点危险源调查评估活动广泛开展，编创了一些应用性消防车操，灭火救援预案。省公安消防总队开展了各种形式的网上练兵活动，以重大战例分析研讨和典型火灾扑救专题研讨等灭火救援战术研讨活动取得了重要成果。

消防装备　1986年，全省仅有消防车322辆，其中以黄河、解放等老式水罐车居多，举高车、抢险救援车、排烟车、通信指挥车等特种车辆以及特种防护装备配备率几乎为零。合肥市公安消防支队从德国引进波浪涛曲臂云梯消防车，曲臂可伸高32米，填补了全省无举高消防车的空白。

1992年，合肥市政府批准进口一台价值67万美元的50米直臂登高车。

1999年，合肥市公安消防特勤大队作为全国第一批建设的消防特勤队伍，投资1000多万元购买了多功能抢险破拆车、防化抢险救援车、化学洗消车各1辆装备部队。

2002年，芜湖、蚌埠市公安消防特勤中队被列入全国第二批建设消防特勤队伍，3年投入1040万元加强消防特勤装备建设。合肥市公安消防支队利用外国政府贷款280万欧元，从奥地利购置了云梯、AT水罐等进口特种车辆6台及随车特勤器材。

2003年6月4日，省政府决定，从2003年开始，省级财政分4年每年投入经费1500万元，省市按1：2比例配套，共投入1.8亿元人民币，进一步加强全省消防特勤装备建设。

截至2005年年底，全省实有消防车529台，其中举高等特种消防车20余辆；用于处置地下、高层建筑火灾以及地震、化学泄露等抢险救援的特勤器材从无到有，配备了生命探测仪9台、无齿锯52台、移动排烟机52套以及其他特勤器材，为确保灭火和抢险救援任务的完成提供了坚实的装备保障。

第三节　消防宣传与培训

1987年6月，省消防总队组织《安徽日报》社、安徽电视台、安徽人民广播电台等多家省直媒体，开展了首届“消防宣传江淮行”采访活动。

1987年11月，省消防总队联合《安徽日报》社、安徽电视台、安徽广播电台、《安徽法制报》社等单位，开展了首届“消防好新闻”评选活动。1995年至2005年，“消防好新闻”评选活动共举办9届，收到参评稿件1.2万多篇（件）。

1988年至1998年，省公安消防总队连续10年在安徽电视台开播消防《广而告之》栏目，在全国首开消防公益广告宣传之先河。省消防总队在全国消防宣传工作会议上作了题为《一分钟里天地宽》的经验介绍，10多个省市前来参观学习。

1989年12月，《安徽消防》杂志正式向全国出版发行，发行量一度高达14万份。该杂志先后获得全省科技进步三等奖，华东地区科技期刊二等奖、一等奖，成为消防宣传的重要阵地之一。

1995年，省消防总队组织开展了《安徽省消防管理办法》颁布2周年宣传活动，组织专门人员编写消防培训教材，对2.9余万名企事业法人代表、歌舞厅管理人员以及特殊岗位等方面的人员进行了培训。11月9日，全省首届消防知识竞赛在合肥市举行，全省16个地市100多名选手参与角逐，安徽电视台全程录制播放。

1996年11月9日，全省“119文艺晚会”在安徽大剧院举行。省委、省政府、省人大、省政协、省军区等主要负责人及社会各界数千名群众观看了晚会。

1997年11月9日，省消防总队举行全省首届家庭消防知识竞赛，全省16个地市选派代表队参赛。

1999年11月9日，省消防总队选送的消防小品《最后一个军礼》，展现了安徽消防官兵忠于职守、奉献人民、服务社会的良好形象。该小品获得了全国消防小品大赛二等奖，并在中央电视台播出。

2005年11月，省消防总队整理上报马鞍山“8•2”灭火英雄群体事迹，参加公安部消防局和中央电视台举办的首届《中国骄傲》评选，并最终当选。

2005年11月9日，大型消防童话剧《老巴克与小巴克》在安徽剧院首演。随后，该剧在上海、北京、南京等城市及省内各地市巡演300余场，近20万观众观看了此剧，接受消防教育。该剧获得全国童话剧展演最佳剧目奖，公安部金盾文化工程奖，安徽“五个一工程”奖。该剧导演荣获金狮奖导演奖、主演小巴克荣获金狮奖表演奖。

第四节　灭火与抢险救援

20世纪80年代中后期，随着经济社会的快速发展，火灾对象发生了重大变化，火灾形势严峻。省公安消防总队不断加强队伍建设，创新工作思路，加强对高层、地下、人员密集场所、石油化工等特殊火灾扑救战术战法的研究工作，不断探索新形势下的灭火救援工作，不断提高战斗力。1996年，省公安消防总队召开战训工作会议，研究分析典型火灾扑救案例，制定《高层建筑火灾扑救行动要则》。

在扑救各类火灾战斗中，消防队伍坚持执行公安部《灭火战斗条令》等有关规定，运用“先控制、后消灭，集中力量打歼灭战”的战略战术，认真贯彻“包围堵截、重点突破、穿插分割、逐片消灭”的十六字方针，成功处置了1986年的滁州市百货公司第一商店特大火灾、1998年的安庆石油化工总厂炼油厂爆炸火灾、2000年的合肥市城隍庙市场庐阳宫特大火灾、2002年的安徽佳通轮胎有限公司火灾、2005年的蒙牛乳业（马鞍山）有限公司北冷库火灾等，收效显著。

20世纪90年代以前，消防部队执勤工作任务是单一的灭火。1991年11月，公安部消防战训工作会议提出：“消防部队不仅主要是担负灭火任务的战斗队，而且也是处置突发事件的机动队和担负抢险救灾的突击队”的任务。1995年，中共中央、国务院对消防工作高度重视，要求消防部队进一步加强抢险救援工作。1996年，公安部消防局在全国消防部队抢险救援工作会议上提出“三队建设”，即把消防部队建设成为“防火灭火的专业队、抢险救援的突击队、处置突发事件的机动队”。1998年，颁布的《中华人民共和国消防法》赋予了公安消防部队承担社会抢险救援的责任。消防部队庄严承诺“有警必接、有灾必救、有险必抢、热情服务”，标志着消防部队从火灾扑救延展到抢险救援和社会救助中去。《国务院关于进一步加强消防工作的意见》进一步拓展了消防部队的职能，要求：“充分发挥公安消防部队作为应急抢险救援专业力量的骨干作用。公安消防队在各级地方人民政府统一领导下，除完成火灾扑救任务外，要积极参加以拯救人员生命为主的危险化学品泄漏、道路交通事故、地震及其次生灾害、建筑倒塌、重大安全生产事故、空难、爆炸及恐怖事件和群众遇险事件的救援工作，并参与配合处置水旱灾害、气象灾害、森林、草原火灾等自然灾害，矿山、水上事故、重大环境污染、核放射事故和突发公共卫生事件。”

从1997年开始，省公安消防部队逐步加强消防特勤队伍建设，不断完善发展消防队伍抢险救援的职能，消防特勤队伍初具规模，消防部队处置灾害事故的能力进一步增强。面对日益繁重的抢险救援任务，省公安消防部队在重点工作思路、作战理论纲要、教育训练计划等方面作出及时、有效的调整，在研究制定各类火灾扑救预案的同时，研究制定了处置各类突发灾害事故的预案和参与社会联动机制的协同作战预案，每年组织开展典型战例研讨，丰富实战经验，锻炼实战救援能力，以应对严峻的抢险救援形势。1999年，省消防总队召开灭火救援暨计划指挥研讨会，研究制定《安徽省消防部队处置毒气和化学危险物品泄漏事故行动要则》。2002年，省公安消防总队召开全省消防部队抢险救援工作会议，传达公安消防部队抢险救援工作会议精神，总结交流全省消防部队抢险救援工作经验，改进和加强新形势下抢险救援工作。2004年，省公安消防总队研究制定《应急救援体系建设方案》《跨区域灭火救援若干规定》，将全省划分为4个作战片区，督促指导各个片区抓好跨区域灭火救援实战演练，提高部队的协同作战和实战攻坚能力。

从20世纪90年代开始，省公安消防部队承担政府综合应急救援职能。1991年和1998年，安徽省长江与淮河流域均遭受百年不遇洪涝灾害，在灾情、水情、险情最危急的时刻，全省消防官兵与洪水展开顽强搏斗，出动警力3400多人次，抢救遇险群众1.35万人次，抢运各类物资价值数亿元，运送饮用水1万多吨。

1998年以前，社会性救助活动仅仅限于助人为乐、见义勇为的范畴，但随着消防部队职能性质的转变，社会性的救助活动逐渐成为消防部队的主业之一。为更好地服务群众，省公安消防总队先后制定规范了取钥匙、摘除蜂窝、解救自杀群众、救助动物等方面的处置程序，为广大官兵有效处置社会救助工作，保障官兵在处置中的人身安全提供了规范依据。2000年至2005年，全省消防部队参与社会救助的数量逐年上升，占每年接警总量的50%左右。

第五节　消防监督

依法开展消防安全专项治理和检查，是加强消防监督管理的根本措施。查隐患、促整改，始终是消防监督管理的重要内容。每年，全省消防部门均在麦收季节、高温季节和元旦、春节、“五一”、国庆等节假日组织开展防火检查。2002年5月1日，《机关、团体、企业、事业单位消防安全管理规定》（公安部令第61号）正式施行，改变了以往消防部门对单位消防安全管理大包大揽的模式，逐步形成了“消防安全自查，火灾隐患自改，法律责任自负”的消防监督管理模式，突出单位的消防安全主体责任。全省对消防安全重点单位实行三级消防监督管理，由各地公安消防机构、公安派出所具体负责。

1985年，全省消防工作贯彻“以防为主、防消结合”的方针，加强了消防监督和重点单位的防火工作。各地消防大队借鉴企业经验，积极主动地推行防火承包责任制，既调动了防火人员的积极性、主动性，又使“防”与“消”结合得更为紧密。各地对重点防火单位按消防安全“十项标准”（一是有领导负责的逐级防火责任制，做到层层有人抓。二是有生产岗位防火责任制，做到处处有人管。三是有专职或兼职的防火安全干部，做好经常性的消防安全工作。四是有与生产班组相结合的义务消防队，有夜间住厂（仓）值勤备防的义务消防队，配置的消防器材和设施，做到既能防火又能有效地扑灭初起火灾；规模大、火灾危险性大和离公安消防队较远的企业，有专职消防队，做到自防自救。五是有健全的各项消防安全制度，包括门卫、巡逻，逐级防火检查，用火用电、易燃易爆物品安全管理，消防器材维护保养，以及火警、火灾事故报告、调查、处理等制度。六是对火险隐患，做到及时发现，登记立案，抓紧整改；一时整改不了的，采取应急措施，确保安全。七是明确消防重点部位，做到定点、定人、定措施，并根据需要采用自动报警、灭火等新技术。八是对新工人和广大职工群众普及消防知识，对重点工种进行专门的消防训练和考核，做到经常化、制度化。九是有防火档案和灭火作战计划，做到切合实际，能够收到预期的效果。十是对消防工作定期总结评比，奖惩严明）的要求，进一步健全各项防火制度。全省827个重点防火单位，经检查验收，有80%达到消防安全的“十项标准”。各消防部队还以执勤为中心，以训练为重点，广泛开展了“创纪录，破纪录”活动，普遍提高了部队的训练素质。在省消防总队组织的统一考核中，成绩良好的占89.5%。

1993年4月，全省各级消防部门对建筑内部可燃物装修问题进行了专项治理。1994年1月，省政府组成检查团分别对部分地区的外商投资企业安全生产情况进行重点抽查。

1994年12月，省政府组织检查组对全省16个地、市贯彻国务院办公厅《关于坚决防止发生重大特大火灾事故的紧急通知》情况进行检查。

1995年，全省各级消防部门广泛开展了对公共娱乐场所、易燃易爆危险品和成品油市场的消防安全专项治理工作，加大了消防执法力度。全年整改火险隐患1.79万处，责令593个单位停产、停业整改。在处理重大火灾事故中治安处罚115人，刑拘10人，逮捕6人，另有65人受到党纪、政纪处分。同时，认真贯彻落实国务院《消防改革与发展纲要》，按照“谁设计、谁负责”“谁签字、谁负责”的要求，严格对建筑工程和消防产品的质量监督。

1996年4月，根据国务院5部、局的统一部署，全省开展了“建筑消防设施专项治理宣传月”活动，对建筑消防设施进行专项治理。12月，省政府组织3个消防执法检查组，对合肥、芜湖、蚌埠、淮南、阜阳、马鞍山、滁州、铜陵、巢湖等地的消防安全责任制、城市公共消防设施、建筑消防设施、消防装备建设等4个方面工作情况进行检查，及时向当地反馈意见。

2001年，全省部署开展公众聚集场所消防安全专项治理工作。8月，省政府组成6

个督查组，对全省17个市公众聚集场所专项治理工作进行了督查，并以省政府《政办通报》对全省95处重大火灾隐患进行督办整改。

2003年，全国抗击“非典”疫情期间，全省消防部门通过媒体广泛宣传过氧乙酸等消毒药液生产、运输、储存、使用方面的安全知识，并会同安全生产监管及卫生防疫等部门，组织开展了消防安全大检查。

第六节　消防产品管理

1985年，经省公安厅批准，省消防总队设立科技处。2003年改为技术处，统一组织和指导全省消防科研活动，对全省消防产品管理工作实行归口管理。

安徽省消防产业原有基础相对薄弱。20世纪80年代初期，全省仅有9家消防企业，只能生产灭火器、灭火剂和消防接口等少量消防产品。随着经济社会的发展，全省消防企业发展迅猛，至2005年，全省从事消防车、火灾报警设备、自动灭火设备、消防应急灯具、防火门、灭火器等消防产品生产及维修的企业有174家，消防行业年产值近10亿元。通过每年组织开展“3•15消防产品市场专项整治行动”，大力打击生产、经营、维修、使用不合格消防产品的违法行为，有效保障了全省消防产品健康有序发展。

省公安消防总队积极组织和参与消防应用研究和技术开发。1985年，研制的簧片式喷雾水枪项目荣获国家科技进步三等奖；1995年，研制的多功能水罐消防车项目荣获公安部科技进步一等奖；2004年，研制的无卤复合阻燃剂及阻燃聚合物纳米复合材料项目荣获省科技进步三等奖。另外，协调中国科技大学火灾科学国家重点实验室、中科院合肥智能所、电子部41所、省化工研究院等科研单位积极从事消防科技研究，一大批消防科研成果得到推广应用。

1987年至2005年，省公安消防总队先后与中国科技大学等单位多次组织学术交流活动，举办了“中日俄火灾科学研讨会”“中日火灾科学研讨会”“国际火灾科学前沿研讨会”等学术研讨、交流活动。

第七节　消防责任事故罪、失火罪案例

1986年1月26日10时20分，广德县柏垫乡造纸厂因工人程某上班时私自将火炉带进车间烤火，碎纸被风吹入炉中燃烧成灾，烧毁房屋10间，造纸机、打浆机各1台，电动机8台，火灾直接财产损失5.43万元。事故责任人程某因失火罪被追究刑事责任，判刑3年，缓刑4年。

1986年3月8日9时20分，六安市制革厂皮鞋车间因一职工将未熄灭的火柴梗扔到氯

丁胶桶上引起火灾，烧毁房屋10间以及成品半成品皮鞋、工具、原料、工作台等，火灾直接财产损失4.5万元。肇事者任某以失火罪被判处有期徒刑3年，缓刑4年。

1986年3月22日20时5分，萧县杜楼镇供销社因电线短路造成火灾，烧毁房屋8间以及百货、文具等商品，火灾直接财产损失7.4万元。当班营业员孟某、何某以失火罪分别被判处有期徒刑2年，缓刑2年和有期徒刑1年，缓刑1年。

1987年1月31日2时许，太湖县黄镇区供销社李杜供销站门市部经理刘某在二楼宿舍烘烤鞋垫不慎引起火灾，烧毁房屋210平方米和仓库内商品及私人财物，火灾直接财产损失5余万元。火灾责任人刘某被判有期徒刑2年、缓刑2年。

1987年4月19日9点30分，马钢机修厂工人潘某和市纺织厂工人胡某结婚，其租用的某旅行社中型客车在行驶过程中，因放鞭炮引燃车上的汽油桶造成火灾，当场烧死3人，重伤2人，火灾直接财产损失2.57万元。肇事者苏某被判处有期徒刑2年。

1987年6月10日13时20分，枞阳县城关凤凰山小商品市场发生火灾，烧毁棚屋23间共225平方米，烧毁大量五金百货，火灾直接财产损失5.47余万元。火灾责任者张某等2人分别被判处有期徒刑6个月和8个月。

1993年7月5日19时10分，黟县洪宏（公路）线7千米+600米处一公共汽车发生火灾，烧毁汽车1辆，烧死24人，烧伤6人，火灾直接财产损失4余万元。该火灾是由于汽车油路发生故障，驾驶员用桶装汽油直接向化油器供油，化油器回火造成的。公共汽车驾驶员汪某被判处有期徒刑7年。

1994年1月31日15时许，黄山风景区玉屏楼宾馆因厨师凌某使用明火不慎发生火灾，烧毁房屋800平方米和食品、电器设备等，火灾直接财产损失152.7万元。凌某因失火罪被依法判处有期徒刑3年。

1995年11月27日19时50分，怀远县锦绣综合楼因个体户钮某使用“热得快”不当引发火灾，烧毁建筑1820平方米以及大量服装、鞋帽、家具等，直接财产损失95.6万元。肇事者钮某因失火罪被判处有期徒刑4年。

1996年4月3日，歙县金马集团奔越贸易中心仓库发生火灾，烧毁建筑物152平方米，摩托车112辆以及其他物资，火灾直接财产损失33.6万元。孙某因失火罪被判处有期徒刑3年，缓刑4年。

2001年2月18日19时30分，马鞍山市粮贸公司仓库职工马某进入仓库时使用蜡烛照明，离开时未将蜡烛熄灭造成火灾，烧毁仓库15间和所有库存物资，火灾直接财产损失97.7万元。马某被判处有期徒刑2年。

2001年9月16日18时30分，肥西县三河木材市场因木材加工户张某生活用火不慎，引燃周围可燃物造成火灾，烧毁简易木工棚2860平方米以及6台带锯机、30台平板刨、320立方米木材，直接财产损失62.1万元。张某因失火罪被判处有期徒刑2年。

2002年11月19日23时，安庆光彩大市场三区四栋因经营户王某乱接电线发生故障，引燃其违章搭建的木质阁楼引发火灾，造成1人死亡，2人受伤，烧毁建筑面积4616.7平方米，直接经济损失900余万元。王某因失火罪被判处有期徒刑3年，缓期4年。

2004年2月13日，芜湖市果品批发市场因经营户陈某忘记关电热毯电源，蓄热引燃可燃物引发火灾，烧死2人，烧毁水果、家电、家具、日常生活用品及建筑物等，过火面积726平方米、受灾户7户、直接财产损失18.6万元。肇事者陈某因失火罪被判处有期徒刑2年。

第八节　重大火灾选记

1986年1月26日6时，寿县众兴街道居民汪某用明火烘烤凝固柴油引起爆炸燃烧，汪某等3人被烧死。

1986年2月8日22时，枞阳县陈湖供销社吴桥供销站因附近居民燃放花炮引发火灾，直接财产损失11.5万元。

1986年3月3日13时，寿县张集乡徐楼村湖安队因儿童玩火引发火灾，烧毁房屋33间，烧死儿童2人，直接财产损失2.4万元。

1986年4月24日15时15分，淮南市长青乡舜耕村4户农民联办的制镜厂因购进不符合质量标准的无标号汽油，在开启桶盖时喷出大量油蒸汽，遇静电火花引起爆炸燃烧，烧死10人，烧伤12人，直接财产损失2.1万元。

1986年9月27日3时许，岳西县来榜区供销社仓库因烟蒂点燃库内纸张引发火灾，烧毁房屋18间以及大量五金百货，直接财产损失20万元。

1986年12月3日14时45分，淮南市麻纺厂厂外临时堆垛因卖麻农户吸烟引起火灾，烧毁红麻和麻刀等，直接财产损失12万元。

1986年12月16日18时10分，滁州市第一百货商店因照明线路漏电滋火引发火灾，烧毁营业厅2100平方米，以及各类针织品、五金交电、日用百货、烟酒服装等商品，直接财产损失154万元。

1987年4月9日20时，萧县吴丛乡老王庄运输户张某使用煤油灯靠近柴油桶引起爆炸着火（无标号柴油），烧死2人，烧伤6人，烧毁房屋、家具等物品，直接财产损失6000余元。

1988年1月22日0时45分，宁国县宁国水泥厂制造车间工人违章操作导致电收尘设备发生火灾，直接财产损失228余万元。

1988年5月16日13时20分，黄山市焦村乡陈家祠堂因一精神病患者吸烟发生火灾，导致该祠堂（黄山市第一批重点文物保护单位）被全部烧毁，直接财产损失122余万元。

1988年6月6日22时26分，蚌埠市液化石油气公司储备站新建的12号储罐因施工人员违章焊接发生爆炸起火，炸死2人，炸伤7人，直接财产损失80余万元。

1989年12月17日10时，休宁县汪村乡小连坑村村民余某（女）在家烘烤衣物后外出劳动，炭火烤着衣物起火。火灾发生时全村人员均外出上山劳动，无人扑救，一小时左右全村被大火吞没，烧毁房屋42幢，建筑面积2万平方米，受灾62户265人，直接财产损失100万元。

1990年2月5日4时，芜湖市时新木器厂因电线短路发生火灾，烧毁房屋5000平方米以及大量木材、半成品和成品家具等，直接财产损失50余万元。

1991年6月26日22时30分，蚌埠市烟草分公司西仓库4号仓闷顶内因照明电线绝缘老化引燃泡沫塑料吊顶发生火灾，烧毁香烟6754箱46条、去湿机2台、立式空调2台、窗式空调7台，直接财产损失186.8万元。

1991年7月31日19时25分，六安市造纸厂料场因送货车辆排气管喷出火星点燃草料引发火灾，烧毁麦草5700吨、芭王草2768吨、稻草1600吨、麻秆130吨、推草吊车4台及避雷针16根，直接财产损失165万元。

1991年12月22日18时13分，皖北矿务局刘桥一矿330米水平65号采风区变电所1号变压器因年久失修，导致温度升高后油蒸汽爆炸，引燃变电室内电缆及木支架，燃烧产生的大量烟雾和有毒气体随风流动，造成27人死亡，全矿停产10天，直接财产损失78.6万元。

1991年12月23日，淮北市刘桥一矿井下一采煤机起火引燃井下易燃物品，导致井下作业的27名职工死亡24人，3人失踪。

1991年12月25日1时20分，滁县地区商业局禽蛋仓库（出租给滁州电视机厂）储放电视机的仓库起火，造成9445台电视机及部分“燕舞”牌音响、计算机和3栋库房被烧毁。

1992年5月1日14时25分，涡阳、蒙城县6条运草船在淮南市造纸厂河下码头用煤球炉做饭，其中一条船因炉火外漏引起火灾，烧毁水泥船6条、麦草18吨；火灾烧死7人，烧伤8人，直接财产损失12.3万元。

1992年11月8日2时45分，安庆市宜城大厦锦江经贸商场吊顶内电气线路故障引发火灾，直接财产损失79.5万元。

1992年12月29日5时许，当涂县当涂塑料总厂合成纤维分厂纺丝车间2号联苯胺箱压力表爆裂，联苯胺喷到电气控制柜上遇电火花着火，烧毁厂房892平方米，纺丝机2套、打包带机2台、原料11吨、成品20吨，直接财产损失148万元。

1993年2月2日1时35分，祁门县城东郊七里亭新兴路44号塑料厂临时小仓库内的火桶死灰复燃引发火灾，烧毁房屋19间726平方米，机械设备49套、聚乙烯原料14.75吨和塑料编织袋5.18万条，直接财产损失66万元。

1993年9月12日13时30分，滁州市乌衣镇远征鞋厂因配电盘电线故障引起火灾，烧毁生产线1条及一批运动鞋，直接财产损失170万元。

1994年1月1日22时10分，金寨县和平旅社发生火灾，烧毁房屋39间及大量电器等，直接财产损失36.16万元。

1994年1月2日4时20分，马鞍山市花山区解放路中段金芭蕾歌舞厅发生火灾，舞厅内大部分音响灯光、空调设备及装潢等被烧毁，直接财产损失25.4万元。

1994年1月21日21时32分，合肥市金寨路哈罗快餐店因精神病人在仓库边点火照明引起火灾，烧毁房屋76平方米，空调4台，纺织制品4280件，直接财产损失42万元。

1994年1月29日8时，滁州无线电厂程控交换机生产车间因电源变换器被击穿发生火灾，烧毁800门程控交换机1台，直接财产损失64万元。

1994年2月5日3时40分，一辆满载乘客的合肥市大兴镇面包车在合裕路47千米+150米处（巢湖市中焊乡境）突发火灾，当场烧死7人，烧伤12人，面包车及乘客携带的物品全部烧毁，直接财产损失4余万元。

1994年2月17日23时40分，阜南县地城镇地南行政村熊某因使用蜡烛不慎引燃篱笆墙，烧毁整栋简易房屋280平方米，受灾22户，直接财产损失30.1万元。

1994年5月8日21时50分，阜阳地区棉种场纺织厂清花车间抓花机内待加工的散棉因停电后未及时清理，致使棉花长时间受热引起自燃起火，烧毁建筑110平方米，各类机器设备7台，棉花7664千克，直接财产损失38万元。

1994年5月27日21时50分，巢湖市高林乡礼花工艺厂药库成品亮珠发热自燃爆炸引发火灾，烧毁厂房、仓库、办公室39间及礼花成品、半成品、原料、机械设备、汽车等，直接财产损失74万元。

1994年7月10日3时40分，巢湖市安徽量具刃具厂因电线老化短路引发火灾，烧毁厂房180平方米，烧损机电设备16台及其他物品，直接财产损失68.5万元。

1994年7月21日19时，安庆石化二期在建工程（腈纶厂）发生火灾，烧毁（损）石化设备建筑材料等，直接财产损失92万元。

1994年8月21日19时许，安庆石化总厂二期丙烯腈循环水冷却塔工地因工人违章焊接引发火灾，烧毁冷却塔玻璃钢面板46吨，PVC填料48吨，电机3台，风机4台，电缆600米，以及部分钢材，直接财产损失92万元。

1995年1月16日3时30分，合肥市哈罗快餐厅一楼大厅南侧的打卡机插头与插座插口之间拉弧引燃可燃绝缘层引发火灾，烧死2人，烧伤1人，烧毁建筑351平方米、餐饮设备13台、电子产品6件、空调5台、纺织产品329件及其他餐饮用品，直接财产损失

88.8万元。

1995年7月5日17时3分，六安市蚕业厂发生火灾，烧毁漂白粉42吨、简易房10间、机器6台及半成品、成品及原材料等，直接财产损失46余万元。

1996年3月22日，当涂县湖阳供销社小太平商场发生火灾，过火面积250平方米，烧毁百货、五金、交电等7个柜组的商品，直接财产损失42万元。

1996年4月26日，石台县土产公司棉花加工车间因打包机上的开关打出火星引燃棉绒发生火灾，烧毁建筑物350平方米、棉花5.5吨、打包机2台，直接财产损失19.7万元。

1996年5月24日，马鞍山市斯维特服装有限公司因居民吸烟引起火灾，烧毁简易仓库80平方米，缝纫机、空调、电风扇100余台，直接财产损失35万元。

1996年7月31日，天长市饮料厂仓库发生火灾，烧毁房屋238平方米以及缝纫机、塑料制品等物品，直接财产损失32.5万元。

1996年8月25日，六安市“一品斋”大楼顶部广告牌因内部元件过热引起火灾，直接财产损失39万元。

1997年11月29日，繁昌县孙村镇江南彩印有限责任公司（私营）因电热烘干上光设备引燃纸箱等可燃物发生火灾，烧毁厂房14间及大量成品、半成品和生产设备，直接财产损失95万元。

1998年4月16日，湖北黄梅航运公司201拖船拖了4条在上海各装了200吨进口黄麻的驳船驶往武汉，当晚行至芜湖市黄泌滩水域时，因风大致其中一条船上黄麻被掀起。该船2名船员找来雨布和塑料绳进行固定，其中一名船员用打火机烧断多余的塑料绳时不小心引燃干枯的黄麻，烧毁黄麻价值约200万元。

1998年4月23日，霍邱县姜家湖乡残疾人柳编厂因松香水在太阳下暴晒爆炸起火，烧伤9人（其中重伤6人），烧毁厂房8间，柳编产品7000件套，红白柳原料1.1万千克，直接财产损失36.5万元。

1998年9月9日13时许，宁国市虹龙乡坳川村村民烧荒植树引发森林火灾，烧毁森林面积100多亩，死亡7人。

1998年12月31日，合肥美菱股份有限公司因电源线短路引发火灾，烧毁大量冰箱箱体、门体、内胆及门体发泡机、箱体发泡机、控制柜、空调等，过火面积535.7平方米，火灾直接财产损失67.6万元。

1999年1月27日，阜南县新村镇百郢村孙某家因儿童玩火发生火灾，烧死3人，重伤1人，烧毁房屋3间、小麦1000千克、玉米400千克、红薯干300千克。

1999年2月2日，宁国市星河商场二层溜冰场因烟蒂引燃一、二层间的胶合板隔墙，火星下落引燃棉织经营户的棉被后引发火灾，烧死1人，烧毁二层溜冰场内所有设施和一层电器门市部、棉织门市部、医药门市部，直接财产损失81万元。

1999年7月17日23时许，芜湖市一建公司建材贸易公司外租的原料加工食品仓库发生火灾，10间砖木结构平房（约400平方米）以及存放的碱、明矾、面粉等加工原料被烧毁，直接财产损失近100万元。

1999年11月1日，庐江县绣溪园商城发生火灾，烧毁建筑713平方米及五金、服装等大量日用百货，直接财产损失96.9万元。

2000年1月11日，合肥市城隍庙市场庐阳宫107号门面内电源线路短路引发火灾，烧死1人，烧毁建筑面积10523平方米及大量布匹、服装、搪瓷制品、塑料制品等，直接财产损失2178.9万元。

2001年5月17日，宣城市明珠大酒店因电线漏电引燃软包引发火灾，烧死5人，烧伤13人，过火面积215平方米，直接财产损失27万元。

2001年9月23日13时48分，宿州科苑药业有限公司因施工工人在进行气割操作时引燃风管保温材料引发火灾，烧毁三楼全部装修材料及旋转式压片机、硬胶囊充填机等制药设备11台，直接财产损失198.5万元。

2002年7月11日3时48分，合肥市安徽佳通轮胎有限公司半钢子午胎车间成品库因人为纵火发生火灾，过火面积17280平方米，烧毁轮胎33余万只及轮胎货架等，直接财产损失2692.1万元。

2003年7月9日4时30分，芜湖市吉和市场童装大厅顶部遭受雷击引起火灾，烧毁大量鞋帽、服装等商品，直接财产损失90万元。

2003年10月18日14时30分，安庆市怀宁县独秀包装有限责任公司彩色印刷机在生产过程中电热管掉落地油槽中造成火灾，烧毁电脑复合机和印刷机，直接财产损失82万元。

2004年1月5日零时15分，六安市裕安区固镇镇政府附近一民宅因使用电热毯发生短路造成火灾，烧死4人，直接财产损失7.25万元。

2004年4月4日10时15分，合肥市瑶海区合裕路935号安徽华阳家具有限公司院内一幢四层楼房因村民燃放烟花爆竹不慎发生火灾，造成1人轻伤，烧毁厨房洁具3500余套、卫生洁具2100余套，直接财产损失80.4万元。

2004年5月11日13时许，阜阳华源纺织有限公司原棉堆垛因彩棉自燃发生火灾，烧毁大量的美国棉、新疆棉、彩棉，直接财产损失292.34万元。

2004年5月17日8时46分，阜阳市太和县火柴厂半成品车间由于工人包装过程中操作不慎，引起氯酸钾、石英粉、硫磺、二氧化锰等化学物品爆燃起火，造成3人死亡，5人受伤，直接财产损失5000元。

2004年8月4日23时43分，安庆市水利局依托长江防洪墙而建的36号、37号门面房因违章使用不防爆电器，工作人员在抽油过程中产生电火花引燃油品蒸汽发生火灾，造成3人死亡，2人受伤，烧毁船舶配件、五金灯具、家具等，直接财产损失7万元。

2005年6月6日4时16分，亳州市云海车业服务部仓库因配电线路滋火引燃周围可燃物发生火灾，烧伤2人，烧毁摩托车253辆及摩托车配件和家具家电等，直接财产损失90.9万元。

2005年8月2日10时17分，蒙牛乳业（马鞍山）有限公司冰激凌厂北冷库因照明电气线路短路引燃保温材料发生火灾，烧毁钢结构冷库1座，直接财产损失361.53万元。3名消防战士因搜救工人不幸壮烈牺牲。

全省火灾统计表

表12-1

年份	起数	死人	伤人	经济损失（万元）
1986	1526	102	136	713.3
1987	912	55	73	552.7
1988	945	85	99	1169
1989	685	40	75	709
1990	1334	59	197	1217
1991	1130	47	140	2002
1992	1282	59	119	1817
1993	999	72	80	1772
1994	1832	46	142	3675
1995	2021	53	139	2966
1996	1245	41	87	2669
1997	4438	64	173	4176
1998	4786	61	165	4043
1999	6289	69	153	3957
2000	4161	79	148	5860
2001	7470	77	140	4874
2002	8200	83	125	7511
2003	6883	71	106	4891
2004	7214	96	123	4669
2005	9207	92	100	3421

说明：1.1990年1月1日以前，具有下列情形之一的火灾，为重大火灾：一次火灾损失在1万元以上；一次死亡3人以上或死伤5人，或烧伤10人以上；一次受灾30户以上。2.1997年1月1日以前，具有下列情形之一的火灾，为重大火灾：死亡3人以上；重伤10人以上；死亡、重伤10人以上；受灾30户以上；直接财产损失5万元以上。3.1997年1月1日至2005年，具有下列情形之一的火灾，为重大火灾：死亡3人以上；重伤10人以上；死亡、重伤10人以上；受灾30户以上；直接财产损失30万元以上

第十三章　经济文化保卫与警卫

第一节　经济文化保卫

1986年，安徽省列入国家和省重点工程在建项目33个。对此，全省各级公安机关认真贯彻“预防为主、确保重点、打击敌人、保障安全”的方针，积极开展各项安全保卫工作为重点建设项目提供安全保障。首先，建立健全重点工程项目的安全保卫机构。因国家重点工程规模大、施工单位多、建设时间长，为指挥协调各施工单位保卫组织的工作，各重点工程建设指挥部设置保卫处或企业公安机构。各施工单位则根据工作需要设立相应的保卫组织或配备专职保卫干部，负责所担负工程和管辖区域的安全保卫工作。同时，省公安厅还在重点工程所在地增设公安派出所、公安分局、刑警队等公安机构，扩充民警编制，增配警械装备。其次，围绕重点建设工程各个阶段的要害部位和关键环节，落实具体安全保卫措施。针对土建施工阶段工程量大、时间长、施工现场条件差、人员流动性大、治安情况复杂、社会面难以控制等情况，各重点工程所在地公安机关协助工程单位的保卫组织研究制订施工现场和重点部位的保卫方案及应急措施，建立工农联防组织，召集治安联防会议，协调处理施工现场的治安问题及纠纷等。针对重点工程设备大都具有大型、精密、成套和超长、超重、超高、超宽等特点，按照省委、省政府提出的“大件运输要完整无损，万无一失，保证安全”要求，切实做好安全运输保卫工作。省公安厅在大件运输过程中，发动运输沿途各级公安机关，抽调民警参加押运，维护沿途交通和治安秩序，确保重点工程设备运输安全。为保证宁国水泥厂从国外引进年产150万吨大型水泥生产装置全套设备的运输安全，省公安厅及芜湖、宣城等沿途各地公安机关负责人亲自指挥，参加押运，在19次超限件运输中，先后出动公安干警744人次，完成超限件644件、计8592箱，总重1.4余万吨的全套设备运输任务，受到国家建材局的表扬。在设备安装阶段，以重点部位的设备安装为保卫重点，做好安全保卫工作。如淮南洛河电厂一、二号主机安装，平圩电厂60万千瓦发电机定子吊运等重要设备安装时，淮南市委、市政府和市公安局负责人坐镇现场指挥，公安民警现场执勤，维持治安和交通秩序。蚌埠平板玻璃厂在设备安装期间，采取设置警戒区、重点看护、封闭式安装等，设立10个看护点，抽调8人巡逻守护。在试车投产、竣工移交时，提出安全要求，落实预防和处置紧急情况的措施，协同技术安全部门对设备进行全面检查。试车投产后，公安机关协助有关部门健全内部保卫组织体系，严密安全防范措施，做好日常安全保卫工作。

1986年，省公安厅根据安徽省要害三级管理的实际情况，专门制定了14份要害保卫业务档案表格，并派员到51个省级经济保卫要害单位和部位收集业务档案资料数十份，摄制彩色照片100多张；完善了省级要害的档案资料，规范了管理；利用举办学习班、培训班向参训的内保干部及保卫干部宣讲建立要害档案的意义和办法，规定了要害档案规范化、正规化管理的要求。1986年，省公安厅在全省厂矿、企业、机关、学校等内部单位推行安全保卫责任制，有9846个单位实行了各种形式的安全保卫责任制，占应建单位总数的95%。11月10日至13日，省公安厅与省经委在合肥联合召开全省内部单位安全保卫责任制工作会议。会议根据全省厂矿、企业、机关、学校保卫工作的实际情况，对如何加强和改革公安保卫工作提出要求。根据省公安厅的要求，各级公安机关调整保卫管理范围，逐步完善省、地（市）、县三级管理体系。至1986年12月，全省7336个内部单位和重点要害部位列入公安内保范围，其中省级55个，地市级1118个，县（市）级6163个。

1981年至1987年，各地内部单位按照省公安厅和省经委的部署，建立健全各种形式的安全保卫责任制，严格执行各项安全管理制度，内部单位治安状况进一步好转。巢湖、滁县、六安、宣城、安庆、铜陵、马鞍山、淮北等8个地市内部单位刑事案件的发案率均有所下降。

1987年，全省共有重点建设工程项目31个（其中国家项目9个，地方项目22个），除续建项目外，新增项目8个，计划当年建成投产或基本建成的有13个项目，主要集中在能源、交通和科研方面。全省公安机关继续贯彻全国、全省重点建设工程保卫工作座谈会精神和国家重点建设项目施工现场安全保卫工作的基本要求，以稳定施工现场治安秩序为目标，以加强现场管理为重点，不断深入施工现场，检查督促，调查研究，解决问题，确保安全。1987年6月，省政府批准省经委、省公安厅联合制定的《安徽省企事业单位安全保卫责任制暂行办法》，对企事业单位行政领导、保卫部门职责、安全管理职责、奖惩办法等作出具体规定。12月9日至11日，全省经济民警工作会议在合肥召开，会议总结了3年来全省经济民警工作的基本情况，交流了经验。至1987年上半年，全省建立经济民警（简称“经警”）单位达572个，经济民警编制人数10071人。

1988年5月，省公安厅经济文化保卫处（简称“经文保处”）增设重点工程和军工保卫科，专门负责对重点项目和军工生产的安全保卫工作。

1989年11月，省公安厅抽调12名民警组成3个文物安全检查组，分淮北、江淮、江南3个片，在各地市文化、公安部门普查的基础上，对36个市县80余个文博单位进行重点抽查，凡是不符合安全要求的，责令有关单位限期整改。1989年，全省经文保部门坚持“预防为主、确保重点”的指导思想，贯彻“谁主管、谁负责”的原则，在继续推行安全保卫责任制，狠抓基层基础建设，大力加强情报信息的收集和动态的掌控，打击违法犯罪活动和制止动乱等方面做了大量工作，取得良好成效。

1990年，省公安厅下发通知重申经济民警的着装范围，狠抓“乱生产、乱销售、乱着新式警服”现象。1月9日，全省经济文化保卫工作会议召开，要求大力加强隐蔽斗争和情报信息工作，密切掌握社会治安动向，严格控制社会面，及时搜集和上报情报信息。各地将工作的重点放在停产半停产和问题较多的单位，指导单位保卫组织制定处置方案，防患于未然。4月24日至25日，全省军工生产、科研保卫工作座谈会在合肥召开。会议对加强全省军工保卫工作提出意见：加强领导，进一步提高对军工保卫工作重要性和必要性的认识。根据“以块为主，条块结合”的原则，进一步理顺保卫工作的管理体系。继续完善、落实各种形式的安全保卫责任制，加强要害管理和安全防范工作。进一步加强重点人口管理和情报信息工作。贯彻“严打”方针，及时打击各种危害内部安全的违法犯罪活动。进一步健全联防组织，加强单位与乡、群的联防工作。1990年上半年，全省公安机关经警管理部门结合本地实际，在稳定和发展经警队伍，加强组织建设的同时，努力提高经济民警的政治、业务素质，普遍开展各种形式的训练活动。至7月，铜陵、蚌埠、黄山、合肥、马鞍山、六安、滁县、阜阳、宣城、池州等10个地市均组织开展了经警骨干训练班。为加强经济民警队伍的训练和管理工作，10月24日至12月6日，全省首届经济民警骨干培训班在合肥市举办。培训班开设队列、擒敌技术、步手枪射击、经警业务、警队管理、消防基础知识、现场保护、法律常识、形势教育等课程，全省16个地市117人参加培训并全部合格结业，培训课目总成绩良好率达88.7%。

1992年，省公安厅制定《安徽省安全防范技术管理工作规定（暂行）》，印发各地执行。

1993年，全省公安经济文化保卫部门围绕中共十四大确定的建立社会主义市场经济文化系统的任务，积极地发挥职能作用。重视和加强情报信息工作，主动开展调查研究，充分发挥参谋助手作用；从实际出发，打击与防范并举，以打促防，解决内部突出的治安问题；强化内部防范机制，采取多种形式，进一步落实安全保卫责任制，确保要害部位的安全；加强全省技防管理和社会公共安全产品管理；狠抓企事业公安保卫和经济民警队伍建设。全年全省内部单位政治稳定，治安状况平稳，4845个要害部位和44个重点建设项目的安全得到有效保障。

1994年4月，省公安厅制定《安徽省文化保卫部门秘密力量建设发展规划》，提出要从“打基础、建网络、攻重点”三个层次组织实施。同时，根据《安徽省安全防范技术管理工作规定（暂行）》，省公安厅制定了《安徽省安全防范技术行业从业资格证书实施细则（试行）》《安徽省安全防范报警技术系统工程管理细则（试行）》《安徽省安全防范报警技术系统工程管理细则（试行）》。

1995年，全省公安经文保部门积极在内部单位开展“创安”活动，认真落实“谁主管、谁负责”的原则，加强对要害部位和重要系统保卫工作的监督、检查和指导，狠抓军工、文物、银行等单位安全防范报警系统工程的安装使用工作，并采取措施保护安徽省地方产品的开发与生产。同时，重视经济民警队伍的建设与管理，通过举办经警骨干训练班等形式，提高经警队伍战斗力。如芜湖、安庆等地经文保部门主动侦办一些刑事案件，做到防范、打击两手抓。合肥、芜湖、蚌埠3市经文保部门及时发现并妥善处置突发事件、闹事苗头27起，取缔非法组织1起、破获各类刑事案件44件。同年，省公安厅狠抓全省金融系统基层营业网点风险等级和防护级别对应工作，派员赴全省15个地、市，抽查230个营业网点，分地、市召开金融安全保卫工作座谈会，通报检查情况，针对存在问题，研究解决办法，强化基层营业网点防护达标工作，推动金融系统安全防范工作。

1996年5月，省公安厅对全省6家大中型钢铁企业及周边地区治安状况进行调查摸底，决定从5月初开始，集中3个月时间，重点整治全省大中型钢铁企业及周边地区治安秩序。整治行动中，破获各类刑事案件205件，其中重特大案件24件，查处治安案件240件，查处各类违法犯罪嫌疑人员573人，查封取缔废品收购站点82个，查封、没收各类废旧金属280吨，清理出租私房或闲置工棚523间、外来盲流人员1617人，清除各类治安隐患91处。经过集中整治，全省大中型钢铁企业及其周边地区治安秩序明显改观，各大中型企业各项规章制度普遍建立，治保组织和治保队伍建设进一步加强，内部治安防范机制进一步完善，企业的治安环境得到切实改善。5月，根据省委、省政府电话会议精神，全省各地开展高校校园及周边治安秩序整治工作。合肥地区高校对校内115个商业文化摊点进行了清理，与103个文化摊点签订“治安责任书”。马鞍山市在高校内抓获盗窃自行车嫌疑人21人，追缴被盗自行车3辆，制止流氓斗殴事件5起，清理校园商业摊点15家、出租屋40户，签订租房治安责任书24份，整顿舞厅、娱乐场所3家。安徽师范大学先后抓获11名违法犯罪嫌疑人员，摧毁盗窃团伙2个，清理暂住人口530人。8月，省人民政府发布《安徽省要害保卫规定》。

1997年，省公安厅要求各军工单位对存放机密文件的场所和要害部位进行一次全面的安全检查，看制度、措施、管理上有无漏洞，对存在的隐患认真进行整改。同时决定，在全省内部单位开展为期2年的创“安全财会室”活动。截至1997年年底，全省有303个内部单位财会室验收合格，占参加活动财会室总数的52%。

1998年，省公安厅、中国人民银行安徽省分行联合下发《关于进一步加强全省金融系统安全防范设施建设的通知》。《通知》要求，各级公安机关要加大严厉打击暴力侵害金融系统犯罪活动的力度，加强对金融单位安全保卫工作的督促、检查、指导，对未达标的营业场所要按有关规定不准开业或停业整改。各金融单位要加大对安全保卫工作的投入，强化自身的安全防范设施，建立有效的安全防范体系，落实各项安全防范措施。各金融单位使用的运钞车必须达到《GH164-1997专用运钞车防护技术要求》的标准，省公安厅会同人民银行安徽省分行将根据这一标准对全省运钞车进行统一管理，实行《安徽省金融运钞车合格证》制度。各金融单位负责人尤其是作为安全工作的第一责任人，要提高对安全防范工作的认识，既要加强对安全防范工作的领导，又要在人力、物力、财力上给予支持，确保把安全防范设施落实到位。全年全省经济民警抓获各类违法犯罪嫌疑人1.67余万人；堵截查获各类物资器材价值2490.3余万元，发现及排除事故隐患3346次，协助公安刑侦、治安部门破获案件1811件；抽调经济民警执行任务、参加专项斗争42158人次。

1999年，省公安厅要求全省各地认真做好重点建设项目的安全保卫工作，努力为重点工程建设创造良好的施工环境，保障重点工程施工的顺利进行。同年，省公安厅转发公安部《关于清理企事业单位保卫人员和经济民警配枪加强守护押运用枪管理的紧急通知》，对企事业单位保卫人员和经济民警配枪清理检查、守护押运枪支配备审批和管理工作提出要求。

2000年，省公安厅下发《关于加强我省金融运钞车管理的通知》，就加强全省金融单位运钞车监管工作提出要求。金融单位用于运钞的车辆，必须是按照国家颁布的运钞车行业标准审验定型的专用制式运钞车和符合中国人民银行、公安部规定要求的车辆。对车况差、没有改造价值的运钞车辆一律停止行使运钞职能。省公安厅制作使用期为1年的“121免检通行证”，废止正在使用的一次性免检通行证。切实加强运钞车及专用“免检通行证”的日常管理工作。金融保卫部门要加强本单位运钞车辆和专用免检通行证的日常使用和管理工作，定期对驾驶人员进行安全和防范技能教育；各金融单位要加强对运钞车辆的保养，保证车辆性能和防抢防暴设施处于良好状态；各级公安机关会同人民银行不定期地实施监督、检查。同年，省公安厅召开南北2个片会，落实属地治安管理工作制度，对不同规模、性质、形式经济组织的治安保卫工作进行分类指导，改革和加强新形势下的经保工作。全省公安经文保部门加强单位营业网点和金库库点的技防建设，不断建立和完善人防、物防、技防相结合的防范体系，确保安全；逐步改革金融单位运钞车押运体制向社会化、专业化、集约化方向发展，预防和减少抢劫案件的发生；加强金融单位安全防范意识和防爆、防盗、防抢、防诈骗工作的指导，落实防范措施。加强国家、省重点工程、要害部位和军工单位安全保卫工作，开展“重点工程保卫工作创安”活动；狠抓保密工程保卫工作。同年，省公安厅在全省范围内组织开展国有大中型企业内部及周边秩序整治，严厉打击哄抢、破坏国有资产和窃电、“铁耗子”以及报复企业负责人等违法犯罪，推进企地共建安全社区活动，为国有大中型企业的改革和发展创造良好的治安环境，服务经济建设。

2001年，省公安厅和中国人民银行合肥中心支行组织2个检查组在全省范围内进行抽查，检查金融营业场所3558个、金库249座、运钞车867辆、枪弹若干；发出治安隐患整改通知书15份，发现安全隐患120处，整改80处；5个市公安机关和金融单位联合进行了反抢劫实战演习。

2003年，省公安厅印发《安徽省保安武装守护、押运管理工作暂行规定》，对保安服务公司开展武装守护、押运业务应当具备的条件，保安人员素质，管理人员素质以及管理方式等作了具体说明。1月15日至3月15日，根据公安部《关于切实加强高校及周边安全保卫工作的通知》精神，省公安厅在全省开展了为期2个月的校园及周边交通治安秩序整治工作，检查学校8481所，整改隐患2884处；增设交通标志1492处，施划交通标线610处，整改交通隐患1102处；检查周边娱乐场所4580所，取缔672个，整改隐患759处；破获犯罪团伙34个，查破刑事案件166件，治安案件407件，抓获违法犯罪嫌疑人673人（其中强制措施99人，治安处罚574人）。

2004年9月27日，国务院公布《企事业单位内部治安保卫条例》，于2004年12月1日起施行。11月，省公安厅转发《公安部贯彻实施〈企业事业单位内部治安保卫条例〉的通知》，要求把贯彻实施《企业事业单位内部治安保卫条例》作为一项重要工作，列入议事日程。按照属地管理原则，认真指导、督促单位依据《企业事业单位内部治安保卫条例》规定制定切实可行的治安保卫制度，落实各项治安防范措施。认真调研，准确提出治安保卫重点单位。积极开展治安保卫人员业务培训，切实提高单位内部治安保卫队伍的整体素质。

2005年，省公安厅和省国防科工办联合对全省军工单位上报的军工产品储存库风险等级进行审定，认定二级风险储存库（场所）5个单位（7处），三级风险储存库（场所）11个单位（16处）。8月，安徽省油气田及输油气管道安全保护工作联席会议建立，下设联络员工作组（设在省公安厅治安总队），负责日常工作。同时，转发全国油气田及输油气管道安全保护工作部际联席会议《2005年整治油气田及输油气管道生产治安秩序专项行动工作方案》，部署开展2005年整治油气田及输油气管道生产治安秩序专项行动工作。必须做到专项行动由省油气田及输油气管道安全保护工作省际联席会议领导和督办指导。西气东输管道沿线各地区，要按照《方案》要求，认真摸排影响天然气输气管道的安全隐患和治安突出问题，确定整治工作的重点和范围，有针对性地开展专项整治。各地在整治行动中要加大输气管道占压物的清理力度，坚决拆除占压输气管道的建筑物和植物，消除一切安全隐患，力争做到输气管道上方“零障碍”。严厉打击涉油涉气违法犯罪活动，确保安徽省境内天然气输气管道的安全。另外，切实加强西气东输管道的巡防工作，建立警企共建机制，力争做到不发生涉油涉气案件。

2005年12月，省政府颁布《安徽省企业事业单位内部治安保卫办法》（以下简称《办法》），2006年1月1日起施行。《办法》明确规定，单位内部治安保卫工作实行“单位负责、政府监管”的机制，确定各级人民政府应当加强对本行政区域内单位内部治安保卫工作的领导，支持、督促公安机关和有关部门依法履行职责，将单位内部治安保卫工作纳入社会治安综合治理责任制考核，将重点单位治安保卫工作纳入单位领导任期责任制考核，并及时协调解决单位内部治安保卫工作中的重大问题。《办法》具体规定了单位主要负责人的治安保卫责任，并将其纳入单位管理目标，与生产、经营、教学和科研等任务同布置、同检查、同考核、同奖惩。《办法》要求公安机关做好指导、监督单位的安全技术防范工作；依法妥善化解重大不安定因素，及时消除治安隐患；整治单位周边治安秩序，创造良好治安环境。《办法》对单位违反规定、存在治安隐患的行为，作出具体的处罚规定，对强化单位内部治安保卫工作，消除治安隐患，保障单位安全起到了重要的作用。

第二节　警　卫

1987年4月，省公安厅作出加强和改进警卫工作的决定，明确省委、省人大、省政府、省政协召开的重要会议和重要节日的庆祝活动、重要集会等安全保卫工作由省公安厅负责。大型群众性文娱、体育活动和非营业性展览等活动的安全保卫工作，按照“谁主管、谁负责”的原则，由举办单位负责，所在地公安机关负责检查指导。领导人外出集体活动，由所到单位负责安全工作，公安部门给予指导和协助。领导人单独活动时安全工作由随行秘书、司机和所到单位负责。领导人的住地安全由住地保卫部门负责；居住在其他单位的领导人由所在地公安机关重点保卫。省党政领导机关和中央、省领导人经常活动的场所，地市以上政府列为参观旅游点的单位以及宾馆、重点招待所，建立单位行政领导主管的安全保卫工作责任制，把安全保卫工作列为行政领导的任期目标之一，做好机要保密、治安保卫、防火防盗、门卫值班、行车安全、食品检验等各项安全保卫工作。凡中央政治局常委、顾委主任、军委主席、国家主席和副主席、全国人大常委会委员长、国务院总理、政协主席和外国元首、执政党领袖等重点警卫对象的警卫任务，在省主要负责人领导下，组成警卫、接待专门班子。任何单位和个人都不准不经审批擅自下达重大警卫接待任务。警卫对象的活动路线、时间、地点和警卫、交通安全部署，由公安警卫部门根据党政领导人的指示与有关部门研究后拟定方案，统一部署。接待、外事、新闻等部门在业务安排上涉及警卫对象安全、保密事宜的，应事先征求公安警卫部门意见，警卫部门按照既确保安全、又要方便领导人联系群众的原则主动协商，提供便利。

1989年1月31日，省公安厅印发《关于警卫工作若干问题的规定》，对警卫人员的职责、警卫部署和执行、警卫基础工作、纪律等作出具体规定。3月4日，省公安厅印发《关于执行警卫任务中道路安全工作有关问题的意见》，对道路安全工作的任务和部署、随行警卫车辆的职责、措施、交接和有关事宜等作出规定。

1990年11月8日，省公安厅下发《关于黄山市和黄山风景区公安局警卫体制和业务管理有关问题的通知》，对黄山市和黄山风景区的公安警卫部门编制、业务、行政经费、干部提拔、任免、调配等有关事宜作了具体规定。为使警卫工作规范化、制度化，保证警卫任务的圆满完成，省公安厅警卫处先后起草了《专列警卫工作条例》《住地警卫工作细则》《现场警卫工作细则》《重要会议警卫工作细则》和《专机警卫工作细则》，并于1990年10月27日印发全省，广泛征求各单位的意见和建议。11月22日至26日，全省警卫工作会议在黄山召开。会议讨论并通过了《安徽省专列警卫工作暂行规定》《住地警卫工作细则》《现场警卫工作细则》《重要会议警卫工作细则》和《专机警卫工作细则》等。这些规定和细则是全省各地多年来警卫工作的经验总结，对克服警卫工作上的随意性、部署上的盲目性，促进警卫工作的制度化、程序化提供了制度保障。1990年12月22日，省公安厅警卫处向公安部请示，计划对警卫任务较重的宾馆、饭店等重要警卫阵地派遣警卫干部，并将此项工作作为警卫基础工作的一项重要措施稳步推行。

1992年1月1日，为加强队伍正规化建设，规范机关内务，实现工作规范化，省公安厅警卫处印发《警卫处机关工作条例》，主要内容包括文书、档案、阅文、器材、财务、车辆管理、执勤、纪律、奖惩等。7月24日，省委办公厅印发《安徽省警卫工作暂行规定》。11月4日，省公安厅印发《警卫任务方案（试行）》，根据不同警卫对象的规格和安全措施，研究制定了一、二级和一般警卫任务的9套工作方案试行意见。11月30日，根据《安徽省警卫工作暂行规定》精神，省公安厅印发《警卫工作暂行细则》，对全省住地、现场、重要会议、专列、专机等警卫工作作出详细规定。

1993年2月，省公安厅转发公安部、交通部《关于加强长江航运安全警卫工作的通知》，进一步规范了水上警卫勤务的组织实施。7月13日，公安部下发通知，省公安厅警卫处由副师级升格为正师级建制。9月，根据公安部通知精神，安徽省各地、市公安局警卫现役机构除合肥、芜湖、蚌埠、黄山和黄山风景区外，其余全部转为非现役建制，隶属于各地、市公安局。

1994年7月，中共中央办公厅、国务院办公厅印发《警卫工作规定》。《规定》明确了警卫工作的主要任务、方针、指导思想、原则、组织指挥等内容，确定了内宾、外宾警卫对象以及警卫范围，对警卫规格以及相应规格所采取的安全措施、紧急情况处置作出说明和规定，对警卫人员提出了明确要求及奖惩措施。省公安厅及时将此《规定》转发至全省各行署、市、县公安局贯彻执行。

1995年，省委召开会议研究进一步改进警卫工作形式。省公安厅警卫处根据会议精神就改进警卫形式提出5点意见：严格执行中共中央办公厅、国务院办公厅《警卫工作规定》，省委、省人大、省政府、省政协《重要内宾来皖接待试行办法》等文件规定，简化各级领导干部外出活动接待警卫工作；精简接待工作组人员；领导人外出活动期间，从严控制陪同人员；在确保安全的前提下，尽可能缩小警戒范围，不得清园封馆，合理部署警力，避免岗哨林立；严格新闻报道纪律。4月8日至9日，省公安厅召开全省警卫工作会议，总结了全省警卫工作，研究部署警卫工作任务。

1996年2月，省公安厅下发《关于进一步加强警卫工作措施的通知》。省公安厅警卫局印发《安徽省公安厅警卫局机关工作条例》。7月，省公安厅印发《安徽省省级领导机关警卫工作暂行规定》。8月，省公安厅警卫局配套制定了《省级领导机关安全警卫工作量化管理计分考核意见》，并印发省委、省人大、省政府、省政协办公厅保卫处，对省级领导机关警卫工作的范围、职责和安全措施等进行了规定。

1997年7月，为规范安徽省公路路线警卫方案制图工作，省公安厅警卫局依据国家测绘制图图例和《中国人民武装警察部队常用标号》的有关要求，结合安徽省实际，制定《安徽省警卫方案图例》，并下发各地市公安局警卫处（科）和局机关各部门执行。12月，省公安厅警卫局制定《安徽省公安厅警卫局机关公文处理及密、明码电报使用管理细则》，修订了《警卫局机关工作条例》和与之配套的文书、财务、车辆管理和考核制度。

1998年6月，为进一步加强省级领导机关及省领导驻地安全警卫工作，省公安厅向合肥、马鞍山、淮南、安庆市公安局警卫处、科下发《关于认真落实居住在社会面上的省领导驻地安全措施的通知》，要求各市公安警卫部门将居住在本市社会大院的省领导列为安全工作重点对象，负责经常性的安全工作指导、检查和协调工作。为加强全省公安警卫队伍建设和实现警卫业务的规范化，进一步落实警卫工作条例、细则和规定，省公安厅警卫局制订下发《行署、市公安局警卫处、科工作量化计分考核标准》，对公安警卫部门的队伍建设、业务工作进行了细化和量化。7月，省公安厅、省外办、省民航管理局联合转发公安部、外交部、民航总局《关于重要外宾乘坐专机有关安全检查工作的通知》。9月，为进一步加强警卫通信建设，实现警卫系统无线通信全省覆盖，省公安厅警卫局制订《安徽省公安警卫系统350兆专用频点组网规划方案》并报省公安厅批准。11月，为保卫警卫对象乘汽车外出时的安全，保障道路安全警卫工作的实施，省公安厅印发《安徽省公安厅道路安全警卫工作规定》。12月，省公安厅转发公安部《关于对元首级重要外宾警卫勤务进行适当调整的通知》，对警卫任务中精简礼仪、改进警卫形式、警力部署等方面进行了调整。

1999年1月18日，省公安厅举行省公安厅警卫局警卫队成立大会。警卫队在原武警安徽省总队警卫队的基础上重新组建，为正团级建制，设立党委，编制55人，隶属于省公安厅警卫局，负责省公安厅机关的内卫和警卫任务的执勤。3月，省公安厅下发《关于加强警卫工作的通知》，要求各市、行署公安局充分认识加强党政领导机关保卫工作和确保警卫对象安全的重要性；加强警卫基础工作，严密安全措施；严格执行《警卫工作规定》，不得擅自提高警卫规格，努力改进警卫形式；进一步加强省级领导机关的安全警卫措施。8月9日至14日，华东六省一市警卫业务理论研讨会在合肥召开。会议研究讨论了新时期警卫工作面临的形势、任务和发展，警卫训练基地建设和警卫人员训练的经验做法。

2000年7月，省公安厅党委研究同意厅警卫局成立党委。经省公安厅批准，在全省警卫部队贯彻执行《安徽省公安警卫部队落实条令条例考核标准》，以此作为考核、检查“条令”“条例”达标依据。11月，为进一步加强部队正规化建设，省公安厅警卫局制订下发《安徽省公安警卫部队兵员管理规定》，对新兵征集、士兵调动、士官选改、士官晋级、士兵退伍、士官复员、士官转业作了详细规定。同时，省公安厅印发《安徽省公安厅随卫工作规定》《安徽省警卫安全检查工作规定》，对警卫任务中的安全检查工作作了详细规定。12月，为规范警卫任务执勤，根据《警卫工作规定》和《安徽省警卫局工作条例》，省公安厅制订了警卫任务10套工作方案。1至3号方案适用于一级警卫对象，4至7号方案适用于二级警卫对象，8至10号方案适用于一般警卫对象。12月13日，省公安厅召开全省公安警卫正规化建设会议，确定2001年为“全省公安警卫正规化建设年”。

2001年11月21日，公安部颁发《公安警卫部队省以下单位编制方案》的命令。《方案》规定，安徽省公安厅警卫局为正师级。局机关设办公室、政治处、后勤处，均为副师级；下辖若干勤务处，为正团级。根据警卫任务和编制员额等情况，安徽省公安厅警卫局为二类局。

2002年2月，公安部下发《关于按照新的文件规定统一调整公安警卫部队省以下单位相应领导职务称谓的通知》，要求各地按照《公安警卫部队省以下单位编制方案》规定，统一将公安厅、局警卫处现任的处长、副处长改称局长、副局长，将原警卫处内设科的科长、副科长和地级市警卫科的科长、副科长分别改称处长、副处长，公安部不再重新任命。5月，省公安厅警卫局党委研究决定，厅警卫局警卫队成立处置突发事件分队，作为警卫部队的“尖刀分队”担负警卫执勤中的应急特勤任务。9月16日，公安部下发《关于新增设市地级警卫机构的通知》，池州市公安局警卫处改为现役编制，为正团级。

2003年5月20日，省公安厅警卫局印发《安徽省警卫部队干部申请本科以上学习管理规定》，鼓励警卫干部利用业余时间学习科学文化知识，提高综合素质，适应新时期警卫工作的需要。5月21日，省公安厅警卫局印发《安徽省警卫部队干部假期实施办法》，规定全省警卫部队干部休假、探亲假、婚假和产假等相关内容。11月18日，省公安厅下发《关于我省县级公安机关警卫职能归属治安部门的通知》，统一了基层警卫工作的组织领导和业务管理，提升了公安机关的警卫整体作战能力。11月21日，省公安厅警卫局印发《安徽省警卫局干部综合考评实施办法》，完善了干部考评工作。

2004年7月，省机构编制委员会办公室下发《关于规范全省市级公安机关公安警卫机构名称的通知》，规定全省市级公安机关非现役警卫机构名称统一改为XX市公安局警卫处，其机构级别不变，处长高配为副县级。

2005年9月13日，省公安厅、省交通厅联合下发《安徽省高速公路道路安全警卫工作实施意见》，为全省高速公路道路警卫任务的安全提供了保障。12月16日，省公安厅警卫局机关迁至新办公楼办公，新办公楼暨警卫训练基地位于合肥市沿河西路238号。

第三节　重要领导人到皖警卫工作选记

乔石视察安徽期间的安全警卫工作。1988年5月6日至18日，中共中央政治局常委、中央纪律检查委员会书记乔石到皖先后视察合肥、马鞍山、芜湖、泾县、黄山、九华山、铜陵、安庆等地，听取各地的工作汇报，行程1600多公里。各地公安机关周密部署，加强防范，实行警卫安全责任制，确保警卫任务圆满完成。乔石在皖南山区视察时，道路交通状况复杂，存在许多不安全因素。为此，公安部门提前巡逻，对沿线容易塌方堵塞地段、集市贸易、交叉路口加强交通检查，排除路障。在住地因地制宜，合理设置哨位，不闭馆，不停业，确保群众正常生活、活动。乔石在黄山视察时，同游客一起游览、亲切交谈。

宋平视察安徽期间的安全警卫工作。1989年10月16日至25日，中共中央政治局常委宋平一行9人到皖视察六安、阜阳、蚌埠、滁县、合肥5个地市和21个县市，开展考察淮河、淠史杭以及召开村党支部座谈会等47项活动，行程1700多公里。各地公安机关建立警卫班子，严格分工，严格警卫措施，发挥公安整体作战效能，确保警卫对象的绝对安全。

李鹏视察安徽期间的安全警卫工作。1991年6月9日至16日，中共中央政治局常委、国务院总理李鹏到皖视察安庆、黄山、马鞍山、芜湖、滁县、合肥等地，深入17个基层单位调查研究，行程1200多公里。视察期间，恰逢雨季，山区塌方、滑坡不断发生，路面情况较为复杂。警卫部门在铁路、民航、长航等公安机关的密切配合下，采取定岗监视、加强道路检查、划区限速行驶、车队应急联络等措施，确保了行车安全。对视察临时变点，改变活动路线，警卫部门立足于变，组织部署准备充分，在较短的时间内及时作出反应，完成应变部署。

朱镕基视察安徽期间的安全警卫工作。1993年12月14日至21日，中共中央政治局常委、国务院副总理朱镕基一行视察安徽省合肥、芜湖、黄山、安庆、滁州等地，行程1000多公里。为确保安全，各地公安机关在部署警卫时，多方设想，区别现场、路线变化情况，分类制定预案，适应变化，确保安全。朱镕基在深入基层调查研究，广泛接触群众时，警卫部门坚持因地制宜，既保证安全，又根据不同情况尽量方便领导接触群众。外出时，既要做到确保安全又不干扰人民群众的正常工作、生活秩序。

李瑞环视察安徽期间的安全警卫工作。1997年11月17日至18日，中共中央政治局常委、全国政协主席李瑞环一行15人乘专机到安徽省黄山市出席“97中国黄山国际旅游节”开幕式。为确保安全，警卫部门严密部署，重点防范。提前介入积极准备；加强情报信息工作，争得安全工作主动权；开展严打整治，为任务提供良好治安环境；多警种联合作战；严格安全检查、重点控制。在活动现场，不封山、不清场，与游客一同参观、游览。

胡锦涛视察安徽期间的安全警卫工作。1999年12月4日至5日，中共中央政治局常委、书记处书记、国家副主席、中央军委副主席胡锦涛一行深入安徽省萧县白土镇考察基层组织建设。省公安厅抽调精干力量深入细致地开展任务前各项准备工作，强化警卫前站工作，对住地、活动现场、行车路线及交通工具进行严格的安全检查，任务所涉市成立由公安局局长为组长的警卫组。在全体公安警卫执勤人员的共同努力下，圆满完成了警卫任务。

江泽民视察安徽期间的安全警卫工作。2001年5月17日至24日，中共中央总书记、国家主席、中央军委主席江泽民一行视察安徽黄山、宣城、芜湖、合肥等市。行程1500多公里。省公安厅成立警卫组，下设4个小组，分工明确，扎实开展前期准备工作。任务期间，警卫组全面加强住地、路线、现场警卫工作。由于安全警卫工作组织严密，措施得力，圆满完成警卫工作任务。

吴邦国视察安徽期间的安全警卫工作。2003年11月14日至19日，中共中央政治局常委、全国人大常委会委员长吴邦国一行到安徽合肥、蚌埠、淮南、阜阳市视察企业发展和灾后重建工作，慰问企业工人和灾区干部群众。省公安厅及任务所涉各级公安机关精心组织，周密部署，因地制宜，协同作战，圆满完成了安全警卫任务。

吴官正视察安徽期间的安全警卫工作。2004年2月6日至11日，中共中央政治局常委、中央纪律检查委员会书记吴官正一行到安徽阜阳、芜湖、宣城、合肥等市视察。省公安厅及任务所涉各级公安机关精心组织，周密部署，因地制宜，协同作战，圆满完成了警卫任务。

贾庆林视察安徽期间的安全警卫工作。2004年12月17日至21日，中共中央政治局常委、全国政协主席贾庆林一行到安徽合肥、芜湖、马鞍山、巢湖等市视察。省公安厅超前部署，要求各市公安机关加强组织领导，全面排查不安全因素，加强信息收集和对基层的业务指导，制定严密、操作性强、切合实际的警卫方案，保证任务安全和道路畅通。任务所涉单位和各警种在省公安厅统一指挥下，协调有序，在做好前站工作和住地、现场、路线警卫工作的同时，始终坚持以人为本，不断改进警卫形式，方便贾庆林广泛接触群众。

温家宝视察安徽期间的安全警卫工作。2005年8月11日至12日，中共中央政治局常委、国务院总理温家宝一行到安徽芜湖、马鞍山市视察。省公安厅及任务所涉及的市公安机关精心组织，周密部署，充分做好应急处置工作。由于预案准备到位，公安机关机动灵活、快速反应，确保警卫对象的绝对安全。

党和国家领导人到皖视察时警卫工作简况

表13-1

时间	姓名	主要职务	活动地点	警卫概况
1986.6.5—6.21	邓力群	中共中央书记处书记		省公安厅派员随卫，所到地公安机关实施住地、现场警卫
1986.8.14—8.15	王震	中华人民共和国副主席		省公安厅随卫5人，所到地公安机关实施住地、现场警卫
1986.10.26—10.28	万里	国务院副总理		省公安厅派员随卫，所到地公安机关实施住地、现场警卫
1986.11.29—12.1	万里	中共中央书记处书记		省公安厅随卫3人，所到地公安机关实施住地、现场警卫
1986.12.11—12.22	陈丕显	全国人大常委会副委员长		省公安厅随卫4人，所到地公安机关实施住地、现场警卫
1987.5.15—5.23	谷牧	国务委员		省公安厅随卫4人，所到地公安机关实施住地、现场警卫
1987.9.21—9.27	田纪云	国务院副总理		省公安厅随卫3人，所到地公安机关实施住地、现场警卫
1988.5.6—5.18	乔石	中共中央政治局常委、中纪委书记		省公安厅随卫4人，所到地公安机关实施住地、现场警卫
1989.10.7—10.22	孙起孟	全国人大常委会副委员长		省公安厅派员随卫，所到地公安机关实施住地、现场警卫
1989.10.16—10.25	宋平	中共中央政治局常委		省公安厅随卫3人，所到地公安机关实施住地、现场警卫
1990.10.14—10.17	乔石	中共中央政治局常委		省公安厅随卫4人，所到地公安机关实施住地、现场警卫

续表13-1

时间	姓名	主要职务	活动地点	警卫概况
1991.6.9—6.16	李鹏	中共中央政治局常委、国务院总理	安庆、黄山、马鞍山、芜湖、滁县、合肥	省公安厅派员随卫，所到地公安机关实施住地、路线、现场警卫
1991.7.7—7.8	江泽民	中共中央总书记、国家主席、中央军委主席	蚌埠、淮南、凤阳、六安、阜阳	省公安厅派员随卫，所到地公安机关实施住地、路线、现场警卫
1991.7.20	李鹏	中共中央政治局常委、国务院总理	滁县、巢湖、合肥、蚌埠、淮南、六安、阜阳	省公安厅派员随卫，所到地公安机关实施路线、现场警卫
1991.8.13—8.18	李铁映	国务委员	蚌埠、淮南、颍上、凤台、寿县、凤阳、合肥	省公安厅随卫3人，所到地公安机关实施住地、路线、现场警卫
1991.8.16—8.19	陈俊生	国务委员	金寨、霍邱、六安、寿县、淮南	省公安厅派员随卫，所到地公安机关实施住地、路线、现场警卫
1991.11.18—11.23	江泽民	中共中央总书记、国家主席、中央军委主席	蚌埠、淮南、巢湖、芜湖、马鞍山、滁县、合肥	省公安厅派员随卫，所到地公安机关实施住地、路线、现场警卫
1991.12.13—12.21	乔石	中共中央政治局常委	合肥、淮南、阜阳、淮北、宿县、蚌埠、滁县	省公安厅派员随卫，所到地公安机关实施住地、路线、现场警卫
1992.3.12—3.18	吴学谦	中共中央政治局委员、国务院副总理	合肥、黄山、芜湖、安庆、池州、马鞍山	省公安厅派员随卫，所到地公安机关实施住地、路线、现场警卫

续表13-1

时间	姓名	主要职务	活动地点	警卫概况
1993.5.3	杨汝岱	全国政协副主席		省公安厅派员随卫，所到地公安机关实施住地、路线、现场警卫
1993.6.3—6.10	李瑞环	中共中央政治局常委、全国政协主席	芜湖、宣州、池州、黄山、合肥	省公安厅随卫5人，所到地公安机关实施住地、路线、现场警卫
1993.12.14—12.21	朱镕基	中共中央政治局常委、国务院副总理	合肥、芜湖、黄山、安庆、滁州	省公安厅派员随卫，所到地公安机关实施住地、路线、现场警卫
1994.5.23—5.27	宋健	国务委员	阜阳、淮南、蚌埠	省公安厅随卫4人，所到地公安机关实施住地、路线、现场警卫
1994.6.1—6.11	洪学智	全国政协副主席	合肥、六安、马鞍山	省公安厅随卫2人，所到地公安机关实施住地、路线、现场警卫
1994.6.8—6.12	邹家华	中共中央政治局委员、国务院副总理	芜湖、黄山、马鞍山	省公安厅随卫5人，所到地公安机关实施住地、路线、现场警卫
1994.8.18	安子介	全国政协副主席	安庆、池州	省公安厅随卫4人，所到地公安机关实施住地、路线、现场警卫
1994.9.1—9.9	孙孚凌	全国政协副主席	合肥、池州、安庆、黄山	省公安厅随卫2人，所到地公安机关实施住地、路线、现场警卫
1994.11.19	马万祺	全国政协副主席	合肥	省公安厅派员随卫，所到地公安机关实施住地、路线、现场警卫
1994.12.16—12.21	姜春云	中共中央政治局委员、中央书记处书记	阜阳、蚌埠、滁州、巢湖、合肥	省公安厅随卫5人，所到地公安机关实施住地、路线、现场警卫
1995.8.16—8.22	温家宝	中共中央政治局候补委员、中央书记处书记	大别山区4县19个乡镇	省公安厅派员随卫，所到地公安机关实施住地、路线、现场警卫

续表13-1

时间	姓名	主要职务	活动地点	警卫概况
1995.9.17—9.20	田纪云	中共中央政治局委员、全国人大常委会副委员长	合肥等1市4县	省公安厅派员随卫，所到地公安机关实施住地、路线、现场警卫
1996.4.13—4.18	李岚清	中共中央政治局委员、国务院副总理	阜阳、淮南、合肥	省公安厅派员随卫，所到地公安机关实施住地、路线、现场警卫
1996.4.15—4.22	宋健	国务委员、国家科委主任	宣城、黄山、九华山、芜湖、巢湖、合肥、滁州	省公安厅随卫3人，所到地公安机关实施住地、路线、现场警卫
1996.7.28—8.4	雷洁琼	全国人大常委会副委员长	黄山市、黄山风景区	省公安厅随卫2人，所到地公安机关实施住地、路线、现场警卫
1996.8.19—8.20	安子介	全国政协副主席	黄山	省公安厅派员随卫，所到地公安机关实施住地、路线、现场警卫
1996.10.29—11.4	李贵鲜	国务委员	合肥、铜陵、芜湖、马鞍山	省公安厅派员随卫，所到地公安机关实施住地、路线、现场警卫
1996.11.6—11.10	布赫	全国人大常委会副委员长	阜阳、利辛、蒙城、蚌埠、凤阳、合肥	省公安厅派员随卫，所到地公安机关实施住地、路线、现场警卫
1997.1.23—1.25	姜春云	中共中央政治局委员、国务院副总理	安庆、池州	省公安厅派员随卫，所到地公安机关实施住地、路线、现场警卫
1997.3.22；1997.10.15	邹家华	中共中央政治局委员、国务院副总理	芜湖、阜阳	省公安厅派员随卫，所到地公安机关实施住地、路线、现场警卫

续表13-1

时间	姓名	主要职务	活动地点	警卫概况
1997.4.20—4.22	杨汝岱	全国政协副主席	合肥、六安	省公安厅派员随卫，所到地公安机关实施住地、路线、现场警卫
1997.5.23—6.2	洪学智	全国政协副主席	六安、合肥、淮南	省公安厅派员随卫，所到地公安机关实施住地、路线、现场警卫
1997.6.28—6.30	朱镕基	中共中央政治局常委、国务院副总理	蚌埠、滁州、宿县	省公安厅派员随卫，所到地公安机关实施住地、路线、现场警卫
1997.7.20—7.21	宋健	国务委员	阜阳、淮北、宿县	省公安厅派员随卫，所到地公安机关实施住地、路线、现场警卫
1997.10.4—10.7	丁关根	中共中央政治局委员、书记处书记、中宣部部长	六安、合肥	省公安厅派员随卫，所到地公安机关实施住地、路线、现场警卫
1997.10.9—10.12	费孝通	全国人大常委会副委员长	马鞍山	省公安厅派员随卫，所到地公安机关实施住地、路线、现场警卫
1997.10.15—10.20	李铁映	中共中央政治局委员、国务委员	合肥、滁州、黄山	省公安厅派员随卫，所到地公安机关实施住地、路线、现场警卫
1997.11.12—11.18	孙孚凌	全国政协副主席	合肥、滁州	省公安厅派员随卫，所到地公安机关实施住地、路线、现场警卫
1997.11.17—11.18	李瑞环	中共中央政治局常委、全国政协主席	黄山	省公安厅派员随卫，所到地公安机关实施住地、路线、现场警卫
1997.11.23—11.29	温家宝	中共中央政治局委员、书记处书记	合肥、芜湖、巢湖、铜陵	省公安厅派员随卫，所到地公安机关实施住地、路线、现场警卫

续表13-1

时间	姓名	主要职务	活动地点	警卫概况
1997.11.30—12.7	张思卿	最高人民检察院检察长	合肥、淮南、阜阳	省公安厅派员随卫，所到地公安机关实施住地、路线、现场警卫
1998.4.12—4.17	姜春云	中共中央政治局委员、全国人大常委会副委员长	合肥、黄山、池州	省公安厅派员随卫，所到地公安机关实施住地、路线、现场警卫
1998.5.21—5.25	朱镕基	中共中央政治局常委、国务院总理	芜湖、巢湖、合肥	省公安厅派员随卫，所到地公安机关实施住地、路线、现场警卫
1998.7.29—7.30	温家宝	中共中央政治局委员、书记处书记、国务院副总理	安庆	省公安厅派员随卫，所到地公安机关实施住地、路线、现场警卫
1998.8.17	安子介	全国政协副主席	黄山	省公安厅派员随卫，所到地公安机关实施住地、路线、现场警卫
1998.9.17—9.20	钱伟长	全国政协副主席	合肥	省公安厅派员随卫，所到地公安机关实施住地、路线、现场警卫
1998.9.17—9.22	彭珮云	全国人大常委会副委员长	合肥、铜陵	省公安厅派员随卫，所到地公安机关实施住地、路线、现场警卫
1998.9.19—9.20	周光召	全国人大常委会副委员长	合肥	省公安厅派员随卫，所到地公安机关实施住地、路线、现场警卫
1998.9.22—9.25	江泽民	中共中央总书记、国家主席、中央军委主席	蚌埠、淮南、滁州、合肥	省公安厅派员随卫，所到地公安机关实施住地、路线、现场警卫
1998.10.2—10.9	陈锦华	全国政协副主席	亳州、阜阳、池州、安庆、合肥	省公安厅派员随卫，所到地公安机关实施住地、路线、现场警卫
1998.11.21—11.24	彭珮云	全国人大常委会副委员长	宣城	省公安厅派员随卫，所到地公安机关实施住地、路线、现场警卫

续表13-1

时间	姓名	主要职务	活动地点	警卫概况
1998.11.25—12.1	司马义·艾买提	国务委员	合肥、安庆、池州、黄山	省公安厅派员随卫，所到地公安机关实施住地、路线、现场警卫
1999.4.9；1999.5.14—5.19；1999.9.8—9.11	陈锦华	全国政协副主席	合肥、安庆、铜陵、巢湖、池州、黄山、宣城、六安	省公安厅派员随卫，所到地公安机关实施住地、路线、现场警卫
1999.4.18—4.21	毛致用	全国政协副主席	黄山	省公安厅派员随卫，所到地公安机关实施住地、路线、现场警卫
1999.5.13—5.18	王文元	全国政协副主席	合肥、芜湖	省公安厅派员随卫，所到地公安机关实施住地、路线、现场警卫
1999.7.26—7.29	朱镕基	中共中央政治局常委、国务院总理	安庆、池州、合肥	省公安厅派员随卫，所到地公安机关实施住地、路线、现场警卫
1999.8.2—8.15	董寅初	全国政协副主席	黄山	省公安厅派员随卫，所到地公安机关实施住地、路线、现场警卫
1999.8.9—8.12	温家宝	中共中央政治局委员、书记处书记、国务院副总理	亳州、阜阳	省公安厅派员随卫，所到地公安机关实施住地、路线、现场警卫
1999.9.6—9.10	吴邦国	中共中央政治局委员、国务院副总理	合肥、池州、铜陵、安庆	省公安厅派员随卫，所到地公安机关实施住地、路线、现场警卫
1999.10.11—10.17	韩杼滨	最高人民检察院检察长	合肥、芜湖、马鞍山	省公安厅派员随卫，所到地公安机关实施住地、路线、现场警卫
1999.10.14—10.19	李贵鲜	全国政协副主席	合肥、蚌埠、淮南、安庆	省公安厅派员随卫，所到地公安机关实施住地、路线、现场警卫

续表13-1

时间	姓名	主要职务	活动地点	警卫概况
1999.10.15—10.16	丁光训	全国政协副主席	合肥	省公安厅派员随卫，所到地公安机关实施住地、路线、现场警卫
1999.10.15—10.23	张思卿	全国政协副主席	芜湖、铜陵、池州、安庆、滁州、马鞍山	省公安厅派员随卫，所到地公安机关实施住地、路线、现场警卫
1999.12.4—12.5	胡锦涛	中共中央政治局常委、书记处书记、国家副主席、中央军委副主席	宿州（萧县）	省公安厅派员随卫，所到地公安机关实施住地、路线、现场警卫
2000.4.11—4.14	温家宝	中共中央政治局委员、国务院副总理	蚌埠、芜湖	省公安厅派员随卫，所到地公安机关实施住地、路线、现场警卫
2000.5.2—5.4	钱正英	全国政协副主席	黄山	省公安厅派员随卫，所到地公安机关实施住地、路线、现场警卫
2000.5.5—5.10	钱其琛	中共中央政治局委员、国务院副总理	蚌埠、滁州、淮南、六安、合肥、池州、黄山	省公安厅派员随卫，所到地公安机关实施住地、路线、现场警卫
2000.5.22—6.1	万国权	全国政协副主席	合肥、蚌埠、巢湖、芜湖、黄山、铜陵	省公安厅派员随卫，所到地公安机关实施住地、路线、现场警卫
2000.6.9—6.15	杨汝岱	全国政协副主席	黄山、池州、安庆、合肥	省公安厅派员随卫，所到地公安机关实施住地、路线、现场警卫
2000.9.14—9.15	周光召	全国人大常委会副委员长	合肥	省公安厅派员随卫，所到地公安机关实施住地、路线、现场警卫

续表13-1

时间	姓名	主要职务	活动地点	警卫概况
2000.11.17—11.19	布赫	全国人大常委会副委员长	黄山	省公安厅派员随卫，所到地公安机关实施住地、路线、现场警卫
2001.4.24—5.3	陈锦华、毛致用	全国政协副主席	六安、合肥、巢湖、安庆、铜陵、池州、芜湖、马鞍山	省公安厅派员随卫，所到地公安机关实施住地、路线、现场警卫
2001.5.14—5.21	吴阶平	全国人大常委会副委员长	合肥、蚌埠、芜湖、池州	省公安厅派员随卫，所到地公安机关实施住地、路线、现场警卫
2001.5.17—5.24	江泽民	中共中央总书记、国家主席、中央军委主席	合肥、芜湖、宣城、黄山	省公安厅派员随卫，所到地公安机关实施住地、路线、现场警卫
2001.5.21—5.30	张思卿	全国政协副主席	合肥、巢湖、芜湖、宣城、黄山	省公安厅派员随卫，所到地公安机关实施住地、路线、现场警卫
2001.5.27—5.30	肖扬	最高人民法院院长	合肥、六安	省公安厅派员随卫，所到地公安机关实施住地、路线、现场警卫
2001.6.15—6.20	万国权	全国政协副主席	合肥、巢湖、池州、芜湖、马鞍山	省公安厅派员随卫，所到地公安机关实施住地、路线、现场警卫
2001.7.18—7.21	朱镕基	中共中央政治局常委、国务院总理	阜阳、合肥、巢湖	省公安厅派员随卫，所到地公安机关实施住地、路线、现场警卫
2001.8.28—8.29	张万年	中共中央政治局委员、中央军委副主席	黄山	省公安厅派员随卫，所到地公安机关实施住地、路线、现场警卫
2001.10.12—10.16	王文元	全国政协副主席	合肥、淮南	省公安厅派员随卫，所到地公安机关实施住地、路线、现场警卫

续表13-1

时间	姓名	主要职务	活动地点	警卫概况
2001.10.20—10.24	陈锦华	全国政协副主席	黄山、宣城	省公安厅派员随卫，所到地公安机关实施住地、路线、现场警卫
2001.11.9—11.15	王兆国	全国政协副主席	合肥、芜湖、黄山、安庆、池州	省公安厅派员随卫，所到地公安机关实施住地、路线、现场警卫
2001.11.11—11.20	经叔平	全国政协副主席	安庆	省公安厅派员随卫，所到地公安机关实施住地、路线、现场警卫
2002.4.4—4.9	罗干	中共中央政治局委员	合肥、巢湖、铜陵、黄山	省公安厅派出随卫，所到地公安机关实施住地、路线、现场警卫
2002.4.8—4.12 2002.12.11—12.14	吴阶平	全国人大常委会副委员长	蚌埠、黄山、芜湖、宣城	省公安厅派出随卫，所到地公安机关实施住地、路线、现场警卫
2002.4.10—4.12	张万年	中央军委副主席	合肥	省公安厅派出随卫，所到地公安机关实施住地、路线、现场警卫
2002.4.10—4.13	温家宝	中共中央政治局委员、书记处书记、国务院副总理	蚌埠、滁州	省公安厅派出随卫，所到地公安机关实施住地、路线、现场警卫
2002.5.19—5.23	司马义·艾买提	国务委员	合肥、阜阳、亳州	省公安厅派出随卫，所到地公安机关实施住地、路线、现场警卫
2002.5.27—5.29， 2002.7.26—8.1	许嘉璐	全国人大常委会副委员长	合肥、巢湖、池州、芜湖、马鞍山	省公安厅派出随卫，所到地公安机关实施住地、路线、现场警卫
2002.6.2—6.5	钱伟长	全国政协副主席	宣城、黄山	省公安厅派出随卫，所到地公安机关实施住地、路线、现场警卫

续表13-1

时间	姓名	主要职务	活动地点	警卫概况
2002.6.11—6.13	朱镕基	中共中央政治局常委、国务院总理	安庆、池州、铜陵、芜湖	省公安厅派员随卫，所到地公安机关实施住地、路线、现场警卫
2002.6.15—6.17	何鲁丽	全国人大常委会副委员长	合肥	省公安厅派出随卫，所到地公安机关实施住地、路线、现场警卫
2002.7.1	李贵鲜	全国政协副主席	合肥	省公安厅派出随卫，所到地公安机关实施住地、路线、现场警卫
2002.7.8—7.12	王文元	全国政协副主席	合肥、巢湖、铜陵、黄山	省公安厅派出随卫，所到地公安机关实施住地、路线、现场警卫
2003.1.19	贾春旺	最高人民检察院党组书记、副检察长	天长	所到地公安机关实施路线警卫
2003.2.6—2.7	吴邦国	中共中央政治局常委、国务院副总理	滁州、蚌埠、宿州	省公安厅及途经地公安机关按一级警卫方案实施各项警卫措施
2003.4.10—4.13	刘云山	中共中央政治局委员、书记处书记、中宣部部长	合肥、芜湖、黄山、宣城	省公安厅派员随卫，所到地公安机关实施住地、路线、现场警卫
2003.4.10	江泽民	中央军委主席	宿州、蚌埠、滁州	省公安厅及途经地公安机关按一级警卫方案实施各项警卫措施
2003.4.17—4.19	韩杼滨	最高人民检察院原检察长	黄山	省公安厅派员随卫，所到地公安机关实施住地、路线、现场警卫
2003.5.27—5.28	路甬祥	全国人大常委会副委员长、中科院院长	合肥	省公安厅派员随卫，所到地公安机关实施住地、路线、现场警卫

续表13-1

时间	姓名	主要职务	活动地点	警卫概况
2003.5.30—5.31	回良玉	中共中央政治局委员、国务院副总理	阜阳、六安、蚌埠	省公安厅派员随卫，所到地公安机关实施住地、路线、现场警卫
2003.7.2—7.5	张怀西	全国政协副主席	合肥、六安、安庆、池州	省公安厅派员随卫，所到地公安机关实施住地、路线、现场警卫
2003.7.5—7.6	回良玉	中共中央政治局委员、国务院副总理	阜阳、六安、淮南、蚌埠、滁州	省公安厅派员随卫，所到地公安机关实施住地、路线、现场警卫
2003.7.12—7.13	温家宝	中共中央政治局常委、国务院总理	阜阳、蚌埠、天长	省公安厅派员随卫，所到地公安机关实施住地、路线、现场警卫
2003.8.15—8.19	曾庆红	中共中央政治局常委、书记处书记、国家副主席	阜阳、六安、合肥	省公安厅派员随卫，所到地公安机关实施住地、路线、现场警卫
2003.8.20	许嘉璐	全国人大常委会副委员长	天长	所到地公安机关实施路线警卫
2003.10.1—10.2	温家宝	中共中央政治局常委、国务院总理	阜阳	省公安厅派员随卫，所到地公安机关实施住地、路线、现场警卫
2003.10.10—10.11	江泽民	中央军委主席	宿州、蚌埠、滁州	省公安厅及途经地公安机关按一级警卫方案实施各项警卫措施
2003.10.25—11.10	李贵鲜	全国政协副主席	黄山、芜湖	省公安厅派员随卫，所到地公安机关实施住地、路线、现场警卫
2003.10.27—10.28	黄孟复	全国政协副主席	合肥	省公安厅派员随卫，所到地公安机关实施住地、路线、现场警卫
2003.10.30—11.3	王忠禹	全国政协副主席	合肥、巢湖、安庆、池州	省公安厅派员随卫，所到地公安机关实施住地、路线、现场警卫
2003.10.31	江泽民	中央军委主席	滁州、蚌埠、宿州	省公安厅及途经地公安机关按一级警卫方案实施各项警卫措施

续表13-1

时间	姓名	主要职务	活动地点	警卫概况
2003.11.14—11.17	吴邦国	中共中央政治局常委、全国人大常委会委员长	合肥、蚌埠、淮南、阜阳	省公安厅派员随卫，所到地公安机关实施住地、路线、现场警卫
2004.1.31—2.1	温家宝	中共中央政治局常委、国务院总理	马鞍山	省公安厅派出随卫，所到地公安机关实施住地、路线、现场警卫
2004.1.31—2.1	回良玉	中共中央政治局委员、国务院副总理	马鞍山	省公安厅派出随卫，所到地公安机关实施住地、路线、现场警卫
2004.1.31—2.1	华建敏	国务委员，国务院秘书长	马鞍山	省公安厅派出随卫，所到地公安机关实施住地、路线、现场警卫
2004.2.6—2.11	吴官正	中共中央政治局常委、中纪委书记	阜阳、芜湖、宣城、合肥	省公安厅派出随卫，所到地公安机关实施住地、路线、现场警卫
2004.4.14—4.21	周铁农	全国政协副主席	合肥、安庆、池州、黄山	省公安厅派出随卫，所到地公安机关实施住地、路线、现场警卫
2004.5.3—5.8	回良玉	中共中央政治局委员、国务院副总理	黄山	省公安厅派出随卫，所到地公安机关实施住地、路线、现场警卫
2004.6.2—6.6	江泽民	中央军委主席	芜湖、铜陵、池州	省公安厅派出随卫，所到地公安机关实施住地、路线、现场警卫
2004.8.6—8.9	阿不来提·阿不都热西提	全国政协副主席	合肥、淮南、黄山	省公安厅派出随卫，所到地公安机关实施住地、路线、现场警卫
2004.9.11—9.18 2004.12.26—12.27	李蒙	全国政协副主席	蚌埠、阜阳、六安、安庆、合肥、池州	省公安厅派出随卫，所到地公安机关实施住地、路线、现场警卫

续表13-1

时间	姓名	主要职务	活动地点	警卫概况
2004.10.2—10.17	李贵鲜	全国政协副主席	黄山	省公安厅派出随卫，所到地公安机关实施住地、路线、现场警卫
2004.10.3—10.7	丁光训	全国政协副主席	安庆、池州、芜湖	省公安厅派出随卫，所到地公安机关实施住地、路线、现场警卫
2004.10.22	黄孟复	全国政协副主席、工商联主席	蚌埠	省公安厅派出随卫，所到地公安机关实施住地、路线、现场警卫
2004.10.23—10.24	曾培炎	中共中央政治局委员、国务院副总理	阜阳、蚌埠	省公安厅派出随卫，所到地公安机关实施住地、路线、现场警卫
2004.12.17—12.21	贾庆林	中共中央政治局常委、全国政协主席	合肥、芜湖、马鞍山、巢湖	省公安厅派员随卫，所到地公安机关实施住地、路线、现场警卫
2005.3.18—3.20	华建敏	国务委员、国务院秘书长	滁州、蚌埠	省公安厅派员随卫，所到地公安机关实施住地、路线、现场警卫
2005.3.27—4.6	罗豪才	全国政协副主席	合肥、安庆、九华山、黄山风景区、黄山	省公安厅派员随卫，所到地公安机关实施住地、路线、现场警卫
2005.4.6—4.9	顾秀莲	全国人大常委会副委员长	合肥	省公安厅派员随卫，所到地公安机关实施住地、路线、现场警卫
2005.4.11	贺国强	中共中央政治局委员、中央组织部部长	天长	所到地公安机关实施路线警卫
2005.5.8—5.10	梁光烈	中央军委委员、总参谋长	合肥	省公安厅派员随卫，所到地公安机关实施住地、路线、现场警卫
2005.5.17—5.22	何鲁丽	全国人大常委会副委员长	合肥、马鞍山、黄山	省公安厅派员随卫，所到地公安机关实施住地、路线、现场警卫

续表13-1

时间	姓名	主要职务	活动地点	警卫概况
2005.5.17—5.22	周铁农	全国政协副主席	合肥、安庆、池州、黄山	省公安厅派员随卫，所到地公安机关实施住地、路线、现场警卫
2005.5.26—6.5	罗豪才	全国政协副主席	合肥、六安、安庆	省公安厅派员随卫，所到地公安机关实施住地、路线、现场警卫
2005.6.11—6.16	许嘉璐	全国人大副委员长	六安、淮南、合肥、铜陵、九华山	省公安厅派员随卫，所到地公安机关实施住地、路线、现场警卫
2005.7.4—7.6	乔清晨	中央军委委员、空军司令员	合肥	省公安厅派员随卫，所到地公安机关实施住地、路线、现场警卫
2005.8.4—8.5	回良玉	中共中央政治局委员、国务院副总理	阜阳、蚌埠	省公安厅派员随卫，所到地公安机关实施住地、路线、现场警卫
2005.8.11—8.12	温家宝	中共中央政治局常委、国务院总理	芜湖、马鞍山	省公安厅派员随卫，所到地公安机关实施住地、路线、现场警卫
2005.9.14—9.16	贺国强	中共中央政治局委员、书记处书记、中央组织部部长	合肥	省公安厅派员随卫，所到地公安机关实施住地、路线、现场警卫
2005.9.20—9.27	李贵鲜	全国政协副主席	合肥、黄山	省公安厅派员随卫，所到地公安机关实施住地、路线、现场警卫
2005.10.8—10.11	张榕明	全国政协副主席	合肥	省公安厅派员随卫，所到地公安机关实施住地、路线、现场警卫
2005.10.8—10.11	成思危	全国人大常委会副委员长、民建中央主席	合肥	省公安厅派员随卫，所到地公安机关实施住地、路线、现场警卫
2005.10.24—10.26	张思卿	全国政协副主席	黄山、合肥、马鞍山	省公安厅派员随卫，所到地公安机关实施住地、路线、现场警卫

第四节　重要外宾到皖警卫工作选记

丹麦王国首相施吕特访问安徽期间的安全警卫工作。1986年3月26日至28日，丹麦王国首相保罗•施吕特携夫人一行34人访问安徽。省委宣传部、省公安厅、省卫生厅、省文化厅、省行管局、旅游局、合肥市公安局根据任务分工，各负其责，开展认真细致的安全检查，排除不安全因素，消除隐患。合肥市公安局将警卫任务落实到各分局、派出所、武警支队和交警、消防、治安、刑警大队，任务明确，责任到人。省暨合肥市公安机关出动800余名公安民警和武警战士，指挥交通，维护秩序，保证了外宾安全。

外交部驻华使节团访问安徽期间的安全警卫工作。1990年，外交部组织驻华使节团分别于5月12日至17日、5月19日至24日到安徽省参观旅游。来自60个国家的外宾88人，陪同人员约110人，参观活动点28处，使用车辆23台，行程2000多公里。其中，驻华使馆商务参赞35人于5月25日至6月1日到安徽省7个地市参观，行程1300多公里。3次任务时间紧，活动点多，礼仪要求高。根据使团和商务参赞团警卫任务的特点，警卫任务注重与严密社会治安管理、严格交通管理、缜密细致的警卫专项部署相结合，做到部署严密，形式轻松、自然。在全体警卫人员的努力下，圆满完成了安全警卫工作任务，确保了外宾的安全。

赞比亚共和国总统奇卢巴访问安徽期间的安全警卫工作。1993年10月10日至11日，赞比亚共和国总统奇卢巴一行41人到合肥市进行为期一天的参观访问。奇卢巴总统在合肥参观了美菱冰箱厂、荣事达洗衣机厂和淝河钢窗厂，并观看了文艺演出。省暨合肥市公安机关警卫部门合理部署警力，根据实际情况采取分段、分时对车辆进行分流，缩短车辆堵塞时间。精心组织，合理安排外宾下榻宾馆。同时，充分做好安全应急准备，随时处置可能发生的突发事件。经各有关部门互相配合、密切协作，确保了外宾的安全。

马里共和国总理凯塔访问安徽期间的安全警卫工作。1994年8月28日至29日，马里共和国总理凯塔一行乘专机到安徽省合肥市参观访问。凯塔一行参加了5项礼仪活动，参观了2个工厂、1个开发区。省暨合肥市公安机关警卫部门在狠抓各项安全措施落实的同时，要求各部门按照分工，周密配合，制订严密的警卫工作方案和应急预案，扎实做好前期准备工作。警卫部门制定最佳行车路线方案，尽量减少对群众正常生活的影响；严格会客验证、登记制度，加强住地周围警戒，确保安全。经各方努力工作，确保了外宾的安全。

莫桑比克共和国总理莫昆比访问安徽期间的安全警卫工作。1997年10月8日至10

日，莫桑比克共和国总理帕斯•科亚尔•曼努埃尔•莫昆比和夫人一行11人到安徽省合肥、六安市参观访问。莫昆比总理一行先后参观了合肥美菱集团、合肥高新技术开发区、舒城县孔集镇稻田、孔集镇竹木工艺品厂、舒城瓷厂、合肥包公祠、包公墓及安徽商之都等地。省公安厅设立安全警卫工作领导小组，下设住地、现场、随卫、交通4个小组，召开警卫工作会议，明确任务责任。警卫工作中，警卫组注意根据不同时间、场所，做到因时因地制宜，灵活部署。经过全体执勤民警的共同努力，确保了外宾的绝对安全。

也门共和国总统阿里•阿卜杜拉•萨利赫访问安徽期间的安全警卫工作。1998年2月17日至18日，也门共和国总统阿里•阿卜杜拉•萨利赫一行92人乘专机到安徽省合肥市访问。萨利赫总统一行参观了合肥高新技术开发区、经济技术开发区。省公安厅警卫局积极做好随卫、现场、住地、交通各小组的前期准备工作，对总统活动场所等要害部位，提前介入，超前控制，严格进行安检。针对外宾活动变化大的情况，警卫部门将应急、应变列为工作重点，机动灵活地开展工作。各部门通力协作，圆满完成了警卫任务。

莫桑比克总统阿金•阿尔里托•西萨诺访问安徽期间的安全警卫工作。1998年3月31日至4月1日，莫桑比克总统阿金•阿尔里托•西萨诺一行52人乘专机到安徽省合肥市访问。西萨诺一行先后视察了合肥高新技术开发区、经济技术开发区和美菱二厂等。省公安厅按随卫、交通、现场、住地对全体警卫执勤人员进行了分工，分别对参观现场、行车路线进行了勘察；同时制定了详细的应急预案，对住地、现场进行了细致地安全检查。在严密部署现场、随卫、住地、交通警卫的同时，合肥市公安局抽调武警战士和巡警作为应急机动力量，随时处置突发事件。经各方努力工作，确保了外宾的安全。

科特迪瓦总统洛朗•巴博访问安徽期间的安全警卫工作。2002年4月26日至27日，科特迪瓦总统洛朗•巴博一行55人乘专机到安徽省合肥、六安市访问。省公安厅设立警卫组，从随卫、住地、现场、路线等各方面分工落实，周密部署，制定各项警卫实施方案，绘制警力部署图、示意图。在全体执勤人员的共同努力下，圆满完成了警卫任务。

朝鲜劳动党总书记、共和国主席金日成专列过境的安全警卫工作。2002年10月10日和10月13日，朝鲜劳动党总书记、共和国主席金日成乘专列沿津浦线南下和北上。专列警卫任务间隔时间短、要求高，期间沿线地市抗洪救灾恢复家园和确保救灾物资运输安全的任务十分繁重，公安机关克服人员少、任务重的困难，广大民警发扬连续作战的精神，确保了专列的安全。

越共中央总书记农德孟访问安徽期间的安全警卫工作。2003年4月9日至10日，越共中央总书记农德孟，越共中央书记处书记、政府副总理武宽等一行49人到安徽省黄山市访问。公安机关先后5次召开有关单位协调会，专题研究部署警卫工作，将任务细化分解到人，将安全工作责任制落实到各个具体环节。黄山市公安局警卫处会同交警部门对任务所涉路线进行了全面的实地勘察，及时发现并排除安全隐患。警卫任务中，全省投入警力1400余人次，出动车辆339台次，总行程400多公里。全体执勤人员严格按照外事礼仪，规范、文明执勤，圆满完成警卫工作任务。

重要外宾到皖访问时警卫工作简况

表13-2

时间	姓名	职务	活动地点	警卫概况
1992.10.2—10.4	李光耀	新加坡内阁资政	黄山景区、屯溪	省公安厅随卫3人，所到地公安机关实施住地、路线、现场警卫
1994.5.30—6.2	干拉娅妮·瓦塔娜	泰国王姐	黄山、齐云山、西递等景区，屯溪	省公安厅派出随卫，所到地公安机关实施住地、路线、现场警卫
1996.8.22—8.25	诗琳通	泰国公主	黄山	省公安厅派出随卫，所到地公安机关实施住地、路线、现场警卫
1998.5.24—5.26	哇集拉隆功	泰国王储	黄山	省公安厅派员随卫，所到地公安机关实施住地、路线、现场警卫
1998.9.24—9.26	若斯潘	法国总理	合肥	省公安厅派员随卫，所到地公安机关实施住地、路线、现场警卫
1998.11.15—11.18	布雷德·恩齐曼迪	南非共和国共产党总书记	合肥、六安	省公安厅派员随卫，所到地公安机关实施住地、路线、现场警卫
1999.9.12—9.14	戴斯蒙德·霍伊特	圭亚那前总统、人民全国大会党领袖	合肥、六安	省公安厅派员随卫，所到地公安机关实施住地、路线、现场警卫
2000.3.24—3.26	萨苏	刚果（布）共和国总统	合肥、黄山	省公安厅派员随卫，所到地公安机关实施住地、路线、现场警卫

续表13-2

时间	姓名	职务	活动地点	警卫概况
2000.8.19—8.21	卡帕罗	肯尼亚国会议长	合肥、滁州	省公安厅派员随卫，所到地公安机关实施住地、路线、现场警卫
2000.11.5	谢尔顿	美国参谋长联席会议主席	滁州	省公安厅派员随卫，所到地公安机关实施路线、现场警卫
2001.11.23—11.24	伊贝里科	秘鲁国会副主席	合肥	省公安厅派员随卫，所到地公安机关实施住地、路线、现场警卫
2002.4.24—4.25		各国驻华武官及夫人	黄山	省公安厅随卫3人，所到地公安机关实施住地、路线、现场警卫
2002.11.21—11.24	卢泰愚	韩国前总统	合肥、池州、黄山	省公安厅派出随卫，所到地公安机关实施住地、路线、现场警卫
2004.5.9—5.11	马尔库高斯基	芬兰议会副议长	合肥、宿州	省公安厅派出随卫，所到地公安机关实施住地、路线、现场警卫
2004.6.15—6.17	马里.卡德盖	布隆迪共和国副总统	合肥、六安	省公安厅派出随卫，所到地公安机关实施住地、路线、现场警卫
2004.8.25—8.27	穆什瓦纳	南非监察专员	黄山	省公安厅派出随卫，所到地公安机关实施住地、路线、现场警卫
2004.10.10—10.12	蒙杜里	阿尔及利亚全国经社理事会主席	黄山	省公安厅派出随卫，所到地公安机关实施住地、路线、现场警卫
2004.11.25	菲利普	比利时王储	蚌埠	省公安厅派出随卫，所到地公安机关实施住地、路线、现场警卫
2005.9.22	安妮	英国王室公主	合肥	省公安厅派员随卫，所到地公安机关实施住地、路线、现场警卫
2005.12.19—12.21	安托瓦内特.巴图穆布维拉	布隆迪对外关系与合作部长	合肥	省公安厅派员随卫，所到地公安机关实施住地、路线、现场警卫

第十四章　公安科技

1990年6月，省公安厅成立科技工作领导小组，下设办公室，挂靠在厅刑警总队刑科所。其主要任务是：组织推荐申报公安部和省公安厅科研项目立项，制定厅级公安科技进步奖评审办法，负责厅级科学技术进步奖的评审、批准、授予工作，负责省、部级科学技术进步奖的初审、推荐、申报工作，省公安厅计划项目和科研单位自选项目所完成的科技成果的组织鉴定工作，办理其他有关科技工作事项。

1991年年底，省公安厅经济文化保卫处内设安全技术防范管理办公室，负责全省安全技术防范管理工作。1999年5月，安全技术防范管理办公室（科）划归刑事技术处（科技处）管理。2000年4月，省公安厅信息通信处内设科技管理科，负责科技管理与技防管理。2000年9月2日，省公安厅科技处成立，编制6名。安全技术防范管理职能交由科技处负责，对外仍保留安徽省公安厅安全技术防范管理办公室。

科技处主要职责任务：研究拟定公安科学技术发展规划；组织科技立项、成果鉴定和技术推广；组织研究、开发公安专用装备；拟定公共安全行业技术标准，实施技术监督；指导安全技术防范工作。

第一节　刑事科学技术

机构职责　1983年7月，省公安厅刑侦处设立刑事技术研究所（内设4个室）。1984年6月，刑事技术科和刑事技术研究所合并成立刑事科学技术研究所（以下简称“刑科所”），隶属于省公安厅第四处。刑科所下设法医室、毒物化验室、痕迹指纹室和刑事照相室。1989年增设文检室，各室均为正科级建制。刑科所主要任务：承担各行署、市、县公安机关关于各种疑难刑事证据的送检，大要案鉴定复核，组织疑难案件会诊；开展刑事科学技术研究；指导二、三级技术点业务和建设。随后，刑科所改称安徽省公安厅刑事科学技术研究管理中心，对外加挂“安徽省公安厅物证鉴定中心”牌子。1996年至2000年，刑事技术从刑侦处分出，成立省公安厅刑事技术处（科学技术处），序列第六处。下设照相科、法医科、痕检科、毒化科、文检科和科技管理科（秘书科）。2000年撤销刑事技术处，恢复安徽省公安厅刑事科学技术研究所，隶属公安厅刑警总队（第四处），2002年加挂“安徽省公安厅物证鉴定中心”牌子。

省公安厅物证鉴定中心负责全省刑事技术管理、指导，重特大案件现场勘查和疑难案件检验等。市级刑事技术部门17个，称XX市公安局刑事科学技术研究所，对外加挂“XX市公安局物证鉴定所”牌子。主要职责是：检验鉴定、现场勘验和管理指导。内部设置法医检验、痕迹检验、理化检验、文件检验、影像技术专业实验室。县级刑事技术部门111个，称XX县（市、区）公安局刑事科学技术室，对外加挂“XX县（市、区）公安局物证鉴定室”牌子。主要职责是：以现场勘验为主，常规检验鉴定为辅，并负责案件现场信息采集和资料管理工作。内部设置法医检验、痕迹检验和影像技术专业实验室。

技术室建设 1981年下半年至1982年，省公安厅试建6个三级刑侦技术点（技术室）。1983年，新建12个三级刑侦技术点。1984年至1985年，全省新建65个三级刑侦技术点。芜湖市公安局建立全省第一个二级刑事技术点。1986年，全省74个县全部建立三级刑侦技术点，实现了省、地（市）、县三级技术管理，形成多层次、阶梯式的检验鉴定和复核网络（其中，一级刑事技术点1个，二级点15个，三级点65个）。同时，芜湖市二级刑事技术点升级为一级点，黄山风景区三级刑事技术点升级为二级点。1986年，省公安厅转发公安部《刑事技术三级点的职责和技术人员的岗位责任制度（试行）》，明确刑事技术三级点的职责范围，规定三级点技术人员岗位职责，制定了奖惩制度。全年全省三级点对重大案件现场勘查率达到94%，提取率占84.5%，利用率占75%；受理刑事技术鉴定8436件，占全省受理技术鉴定总数的69.6%；检验刑事案件尸体1064具，占全省检验刑事案件尸体总数的83.1%；检验活体1011人，占全省检验总数的88.3%，有效地配合侦查破案。9月6日，合肥市公安局建立全省第一个一级刑事技术点，淮南市建立二级刑事技术点。1987年年底，省公安厅对全省74个三级刑事技术点开展了自上而下的检查评比，共评出28个优秀三级点。1983年至1987年年底，全省受理刑事技术鉴定62395件，经过检验认定28949件，占46.3%。1988年，全省有专业技术干部537人，各地刑事技术部门均配有法医、照相、痕迹、化验和文检专业技术人员，县级公安机关配备专职法医。1993年11月8日，省公安厅下发通知，决定在全省9个城市中16个公安分局建立三级技术点。2003年2月13日，省公安厅转发公安部《公安刑事科学技术室等级评定办法（试行）》。7月3日，省公安厅要求2005年以前全省公安刑事科学技术室全部达到三级以上标准。2005年7月15日，省公安厅下发通知，要求全省公安刑事科学技术室达标率不低于85%；全省科技强警示范建设试点县（市）公安机关的刑事科学技术室全部达到一级。

全省刑事科学技术室等级一览表

表14-1

序号	申报单位	2003年评审等级	2005年评审等级
1	合肥市公安局蜀山分局	三级	三级
2	合肥市公安局庐阳分局	三级	一级示范
3	合肥市公安局瑶海分局	未达标	三级
4	合肥市公安局包河分局	未达标	三级
5	合肥市公安局经开分局	未达标	三级
6	合肥市公安局高新分局	未达标	三级
7	合肥市公安局新站分局	未达标	三级
8	肥东县公安局	三级	一级
9	肥西县公安局	一级示范	一级示范
10	长丰县公安局	三级	一级
11	淮北市公安局相山分局	三级	一级
12	淮北市公安局杜集分局	未达标	三级
13	淮北市公安局烈山分局	未达标	三级
14	淮北市公安局淮海分局	未达标	三级
15	濉溪县公安局	三级	二级
16	亳州市公安局谯城分局	未达标	三级
17	涡阳县公安局	二级	二级
18	蒙城县公安局	三级	三级
19	利辛县公安局	未达标	三级
20	宿州市公安局埇桥分局	三级	二级
21	砀山县公安局	三级	二级
22	泗县公安局	三级	二级
23	灵璧县公安局	三级	二级
24	萧县公安局	未达标	未达标
25	蚌埠市公安局龙子湖分局	三级	二级
26	蚌埠市公安局蚌山分局	未达标	三级
27	蚌埠市公安局淮上分局	未达标	三级
28	蚌埠市公安局禹会分局	未达标	三级
29	固镇县公安局	三级	二级
30	五河县公安局	未达标	一级
31	怀远县公安局	未达标	三级
32	阜阳市公安局颍泉分局	三级	三级
33	阜阳市公安局颍东分局	未达标	三级
34	阜阳市公安局颍州分局	未达标	二级
35	太和县公安局	一级	一级
36	临泉县公安局	二级	一级

续表14-1

序号	申报单位	2003年 评审等级	2005年 评审等级
37	阜南县公安局	三级	一级
38	界首市公安局	未达标	三级
39	颍上县公安局	未达标	三级
40	淮南市公安局田家庵分局	三级	三级
41	淮南市公安局大通分局	未达标	三级
42	淮南市公安局潘集分局	三级	三级
43	淮南市公安局谢家集分局	未达标	三级
44	淮南市公安局八公山分局	未达标	三级
45	淮南市公安局淮舜分局	未达标	三级
46	凤台县公安局	未达标	三级
47	滁州市公安局琅琊分局	未达标	三级
48	滁州市公安局南谯分局	未达标	三级
49	天长市公安局	三级	一级
50	来安县公安局	三级	三级
51	全椒县公安局	三级	一级
52	凤阳县公安局	未达标	三级
53	明光市公安局	未达标	三级
54	定远县公安局	未达标	三级
55	六安市公安局金安分局	三级	三级
56	六安市公安局裕安分局	未达标	三级
57	霍邱县公安局	二级	一级
58	霍山县公安局	三级	一级
59	寿县公安局	三级	二级
60	金寨县公安局	未达标	二级
61	舒城县公安局	未达标	三级
62	马鞍山市公安局花山分局	三级	三级
63	马鞍山市公安局雨山分局	三级	三级
64	马鞍山市公安局金家庄分局	未达标	三级
65	马鞍山市公安局楚江分局	未达标	三级
66	当涂县公安局	二级	二级
67	芜湖市公安局镜湖分局	三级	二级
68	芜湖市公安局马塘分局	三级	二级
69	芜湖市公安局鸠江分局	三级	二级
70	芜湖市公安局新芜分局	三级	二级
71	芜湖县公安局	二级	一级

续表14–1

序号	申报单位	2003年 评审等级	2005年 评审等级
72	繁昌县公安局	一级	一级
73	南陵县公安局	三级	一级
74	巢湖市公安局居巢分局	未达标	二级
75	无为县公安局	三级	二级
76	含山县公安局	未达标	二级
77	和县公安局	未达标	未达标
78	庐江县公安局	三级	二级
79	宣城市公安局宣州分局	三级	三级
80	宁国市公安局	三级	三级
81	广德县公安局	三级	三级
82	泾县公安局	三级	三级
83	郎溪县公安局	三级	三级
84	绩溪县公安局	未达标	三级
85	旌德县公安局	未达标	三级
86	铜陵市公安局铜官山分局	未达标	三级
87	铜陵市公安局郊区分局	未达标	未达标
88	铜陵市公安局狮子山分局	未达标	未达标
89	铜陵县公安局	三级	一级
90	池州市公安局贵池分局	未达标	三级
91	青阳县公安局	三级	三级
92	东至县公安局	三级	三级
93	石台县公安局	未达标	未达标
94	安庆市公安局迎江分局	未达标	未达标
95	安庆市公安局大观分局	未达标	三级
96	安庆市公安局宜秀分局	未达标	三级
97	安庆市公安局菱北分局	未达标	未达标
98	枞阳县公安局	一级	一级
99	桐城市公安局	二级	二级
100	潜山县公安局	三级	三级
101	望江县公安局	未达标	三级
102	岳西县公安局	未达标	三级
103	怀宁县公安局	未达标	一级
104	太湖县公安局	未达标	一级
105	宿松县公安局	未达标	三级
106	黄山市公安局屯溪分局	三级	三级
107	黄山市公安局黄山分局	未达标	三级

续表14-1

序号	申报单位	2003年 评审等级	2005年 评审等级
108	黄山市公安局徽州分局	未达标	三级
109	祁门县公安局	三级	三级
110	歙县公安局	未达标	三级
111	休宁县公安局	未达标	三级
112	黟县公安局	未达标	未达标

法医 指导重、特大疑难人身伤亡案（事）件现场勘查，开展法医病理组织学、尸体和活体损伤的检验鉴定工作。1980年，全省仅有40余名法医。1980年至1983年上半年，省公安厅为全省公安机关培训235名法医。经公安部评审，10人被评为高级法医师、17人被评为高级工程师。1985年，省公安厅开展“以师带徒”培训，培训6名法医物证、毒物化验和痕迹检验干部。1987年，省公安厅与皖南医学院法医系合作，培训40名专职法医。1988年1月，省公安厅举办在职法医专业进修班。1990年，省公安厅召开全省法医物证工作研讨会，交流介绍法医物证检验的经验、规范化建设及存在的问题，推广科技研究成果，引进新技术、新方法。1991年，淮北市公安局血清研究所被确定为公安部所属血清基地。1992年11月25日至30日，省公安厅举办全省法医物证新技术讲习班，传授酶标检验、酶型检验等5项新技术、新方法。

DNA实验室 1997年，省公安厅建立DNA实验室。主要职能是面向全省公安机关为刑侦、治安、交通等各类案件提供生物物证个体识别和亲缘鉴定等技术服务以及为各市级DNA实验室进行业务指导和人员培训。2001年，省公安厅投资500万元对实验室进行升级改造和扩建。实验室拥有AB310、AB3100型全自动DNA荧光分析仪各1台，PCR扩增仪3台，自动化工作平台1台，疑难检材提取仪1台；专职检验人员4人（其中高级职称3人）。实验室不仅能够对人体的血液、唾液斑、精斑等常规现场样本进行检验，而且针对腐败尸体的骨骼、牙齿及现场脱落细胞均能达到较高的检出率。

痕迹检验 负责指导重特大、疑难案（事）件现场勘查工作，开展疑难手印、足迹、工痕、枪弹等痕迹物证检验、鉴定及枪支建档工作。1981年，省公安厅举办全省第一期专职痕检技术干部训练班，培训学员133人。1987年，省公安厅举办全省第二期专职痕检技术干部训练班，培训学员135人。1989年11月30日，省公安厅召开盗窃保险柜案件并案研讨会，与会人员交流各地发生盗窃保险柜案件情况，分析此类犯罪活动的规律特点，研究侦、防盗窃保险柜案件的对策，同时对犯罪分子的作案手段、现场痕迹物证等进行了串并。1991年3月19日，省公安厅向公安部上报安徽省“502”胶显现手印技术使用情况。1991年1月至4月，为促进痕迹物证检验工作，充分发挥各级刑侦技术点的作用，提高痕检技术人员业务能力，更好地为侦查破案服务，省公安厅在全省范围内开展利用痕迹物证查破案件评比竞赛活动。活动中，侦破各类刑事案件67件，其中重、特大案件48件。1994年，省公安厅举办全省第三期痕检专业技术干部岗位培训班，培训学员141人。1997年，省公安厅举办全省第四期痕检技术干部培训班，培训学员161人。2001年9月5日，省公安厅转发公安部《公安机关涉案枪支弹药性能鉴定工作规定》，要求各地刑事技术部门认真贯彻执行。2002年，省公安厅举办全省第五期痕检技术干部岗位培训班，培训学员135人。2004年，省公安厅举办全省第六期痕检技术干部岗位培训班，培训学员155人。

影像　开展疑难物证的特种照相、模糊图像处理、模拟画像以及人像、数字图像的人身分析和声学检验鉴定等工作。1985年，省公安厅刑侦处举办4期刑事技术专业训练班。1989年9月2日，省公安厅召开人像组合技术经验交流座谈会。1989年11月14日，省公安厅举办刑事照相技术研究班。1993年3月2日，省公安厅举办刑事录像培训班。2003年3月，省公安厅开展模拟画像工作，此项技术在侦查破案中作用显著，协助破获省内外大量案件。

理化　负责指导重、特大爆炸、投毒、放火及其他疑难案（事）件的现场勘查工作，开展毒物、毒品、微量物证的检验鉴定工作。1981年以前，省公安厅，合肥、芜湖、黄山、蚌埠市公安局受理理化检验。1981年2月，省公安厅举办刑事化验培训班，培训学员19人。1982年，省公安厅完成杀虫双、杀虫单检验研究。1984年，省公安厅完成原子光谱对油漆中微量元素的定量分析和激光在刑事技术中的应用。1986年，省公安厅毒化室新增红外光谱仪、紫外光谱仪、原子发射光谱和国产气相色谱仪等检测设备。全省共有理化检测人员25人。为总结交流化验工作经验，开展学术交流，提高技术干部的业务水平，1986年11月4日至8日，省公安厅举办全省化验专业技术讲学班。1989年，省公安厅举办2期毒化训练班，23名毒化专业技术人员参加培训。1990年完成AES小平头对电极法的应用和用微量扩散法检验煤油方法。1992年完成汞化物塞入阴道内中毒及检验；涂料分析；PGC检验微量粘合剂；超大剂量口服自制阿片中毒检验；溴化氰中毒检验；一擦灵脚气水毒性成分分析。1990年至1996年，全省各市公安局理化室配备了气相色谱仪、紫外光谱仪、原子发射光谱仪和荧光显微镜，理化检测人员增至31人。1993年，省公安厅举办全省气相色谱讲习班。1994年，由省公安厅理化科承担并完成了科研项目《强灭威、二嗪农药的提取与检验方法》任务。1997年，省公安厅理化科安装了傅里叶红外光谱仪，灵敏度和检测限有较大提高。安庆市公安局理化室安装了气质联用仪和高效液相色谱仪，气质联用仪定性结果准确，灵敏度高，检测范围广，与以前的检验方法相比快速简便，更利于普及和推广。1998年至2006年，阜阳、芜湖、合肥、蚌埠、六安、安庆、宿州、马鞍山和亳州市公安局理化室分批装备了进口气质联用仪。2005年，省公安厅理化科购置了扫描电镜—能谱仪和离子色谱仪，在微量物证检验方面发挥了主要作用。

文检 开展笔迹、印章、票证及伪造文件和电子数据的检验鉴定工作。1991年，省公安厅第一期全省文检技术培训班。1993年5月17日，省公安厅举办静电复印文件检验新技术讲习班。1998年，省公安厅在合肥举办全省文检疑难案件检验技术研讨班。

科研成果 1981年至1983年，省公安厅与合肥工业大学联合开展“激光痕量检验在刑事技术中的应用”研究，并获得成功。1987年，省公安厅开展“微量血痕多项检验”和“扩展型气相色谱仪”2项课题的研究分别通过省级、部级鉴定。1989年，省公安厅刑事科学技术研究所完成“偏振光拍照深色纺织品和粗糙客体上微弱痕迹”项目研究，并于7月通过部级鉴定，1991年获国家科技发明三等奖。1990年，省公安厅刑事科学技术研究所完成了小型多用焚化炉、偏振光勘验仪2项课题研究并通过鉴定。1991年，省公安厅痕检室研发的《WZK－I型偏振光勘验仪》项目获国家科技成果和省级科技成果证书，1992年获省科技进步四等奖。1991年，淮北血清研究所《抗M、抗N免疫血清的研制》技术成果获得国家发明三等奖。1992年12月，省公安厅照相室承担的“同轴光反射器”项目通过部级鉴定。1997年，淮南市公安局购置指纹自动识别系统，同时录入指纹资料5000余份，直接破案3件（特大案件1件、重大案件2件），2002年获公安部科技三等奖。2002年，省公安厅文检科承担的《文件上油质印文绝对形成时间的研究》项目通过验收。2004年，省公安厅照相科承担的安徽省“十五”科技攻关项目“公安刑侦图像信息处理系统”（基于图像序列的犯罪现场重现系统）项目通过鉴定。2005年，省公安厅文检科承担的《多次测定法检验文件绝对形成时间的研究》通过验收。

第二节 刑侦工作信息化建设与应用

随着刑侦信息化建设与应用的不断深入，破案方式逐步从传统被动的由案到人，转变到由人到案、由人到人、由物到案、由物到人等多种破案模式相结合。在多种破案模式下，随着信息系统的不断建设和应用范围不断扩大，应用手段不断增多，拓展了案件认定和发现犯罪嫌疑人员的机率，在预防和打击刑事犯罪中发挥着越来越重要的作用，是新形势下创新刑侦工作的重要标志。

刑侦信息化的信息来源可分为3类：第一类是违法犯罪信息，主要是违法犯罪案件本身的信息（即案件基本属性）以及与案件有关的人员、物品等信息。这些信息既有传统意义上的情报资料，也有来自刑事技术部门现场勘查、检验鉴定过程中采集的各种痕迹物证信息，还有来自刑事特情部门利用秘密力量搜集的各类情报线索等，这是刑事侦查破案所依托的核心信息，其要求是数质并举。第二类是其他公安管理信息，如常住、暂住、实有人口信息，机动车入户信息，旅馆业住宿信息，网吧上网信息等，这些信息对侦查破案起到极大的支撑作用，其要求是高度整合。第三类是社会信息，如银行开户信息、机场安检信息、房地产登记信息、劳务市场信息等等，这是侦查破案所依托的基础信息，其要求是充分拓展。

安徽省刑侦信息化建设与应用大体分为3个阶段：一是起始阶段。以部分市引进指纹自动识别系统和“网上追逃”新机制实施为标志。二是创建整合系统阶段。根据新形势下刑事犯罪呈现的动态化（大范围流窜性）、智能化、有组织化等特点，对DNA数据库系统、指纹查询比对系统进行整合和扩展，对综合应用信息开展网上研判等。三是广泛应用阶段。以创建全国“资源整合、整体联动、高效率、低成本”的惩罚犯罪新机制和重点人员动态管控工作机制为代表。“资源整合、整体联动、高效率、低成本”是刑侦信息系统建设与应用的目标。全省各类信息系统建设始终坚持“边建边用”和“谁办案、谁负责，谁管理、谁负责”的原则，紧密贯彻“以需求为导向，以应用为核心”的战略，在各类系统日臻完善之前，从未停止过对原先系统最大限度的利用。

20世纪90年代前，全省犯罪信息管理基本上是传统的人工实地取证、手工查档、人工串并等，费时、费力、成本大。其间，各地采取多种措施，改进和加强了犯罪信息工作。

1987年7月至8月，省公安厅在安庆市开展集中搜集刑事犯罪人员资料试点工作，搜集了近4000套人员资料卡片。对此，公安部给予了肯定。

1988年4月8日至12日，省公安厅在安庆市召开全省刑事侦查工作会议。会议总结交流了刑侦工作经验，推广了安庆市刑事犯罪情报资料工作试点和徽州地区枪弹痕迹建档工作试点的做法。5月，省公安厅成立公安信息应用领导小组，确定安庆市作为试点单位，并给安庆市公安局配发1台计算机，帮助安庆市实现犯罪情报资料计算机管理。10月5日至13日，省公安厅刑侦处在合肥市举办全省刑事犯罪情报资料专业管理干部讲习班。讲习班系统讲授了刑事犯罪情报资料工作的基本概念、基础知识和方法、技术等方面问题。

1989年，省公安厅刑侦处设立情报资料科，负责承担全省情报资料指导工作。1991年以后，安徽省部分城市公安机关刑侦部门相继设立情报资料管理机构。

1990年，全省9个省辖市和22个县（市）完成违法犯罪人员资料的集中搜集工作。截至1990年年底，全省搜集各类违法犯罪人员资料近20万套。11月，省公安厅刑侦处编辑出版《刑事犯罪情报资料案例选编》。

1991年3月27日至28日，省公安厅召开全省刑事犯罪情报资料工作经验交流会。会议总结交流了经验，研究部署了全省违法犯罪人员资料搜集工作。

1996年，省公安厅开始试用《案件资料管理软件》单机版。1997年，安徽省应用刑事案件信息管理系统和公安部1989版人员信息管理系统单机版管理软件。1999年下半年，省公安厅开始使用网络版“刑侦综合信息系统”。

1997年上半年，全省刑侦部门开展“CCIC”（中国犯罪信息中心）快速查询系统建设，在全省30个单位建立了“CCIC”工作站。

1999年7月至9月，公安部在全国部署开展“网上追逃”行动。安徽省公安机关充分发挥信息系统优势，共抓获各类在逃人员14672人，其中：网上逃犯10790人，部、省、地级督捕逃犯284人（部级督捕逃犯28人，省公安厅级督捕逃犯70人，市（地）级督捕逃犯186人），4174名在逃人员投案自首。通过专项斗争，全省各级公安机关破获案件15676件，抓获多名潜逃在外的逃犯。当年，安徽省的追逃工作在全国排名第五位，在华东排名第一位。

1999年至2005年，全国公安机关相继组织开展了“网上追逃”“网上打拐”“指纹破案会战”、打击“两抢一盗”等专项行动。安徽省刑侦信息化建设紧紧抓住全国公安机关开展“金盾工程”建设的机遇，制定规划，由小到大，逐步发展。同时，通过专项行动，创新“网上作战”技战法。

2001年至2003年，全省公安机关根据公安部“科技强警、信息导侦”的战略，以需求为导向，以应用为核心，以全面实施“金盾工程”和公安信息化建设为契机，积极推进刑侦信息化建设。经过3年左右的建设，基本实现了刑侦信息由手工管理向计算机管理、单机版管理向网络化管理、单纯引进软件被动适应向系统提出需求主动创新的转变。

2002年年初，安徽省建成网络版“刑侦综合信息系统”。

2003年，省公安厅在狠抓全省“破案追逃”新机制贯彻落实工作的同时，制定规章制度和实施办法，对全省在逃人员信息采集、上网、在逃人员撤销、密码申领、抓获在逃人员移交、撤销和追逃工作考核评比等工作作出具体、详细的规定，全省“网上追逃”工作逐步走上规范化发展轨道。

至2005年，全省各市、县（区）、基层刑侦部门（除芜湖市以外）全部建立了“刑侦综合信息系统”。主要信息系统有：网上追逃、NEC指纹自动识别、协同办案、重大刑事案件、被盗抢机动车5个系统和1个DNA数据库。

网上追逃系统 1999年2月，建成在逃人员信息库，为全省公安机关提供在逃人员信息上网追逃、信息管理、查询比对、网上撤销等功能。自公安部2002年开展考核评比开始，安徽省网上追逃工作一直名列全国先进行列，2005年度取得全国第六的好成绩。

NEC指纹自动识别系统 1980年5月，根据公安部通知精神，省公安厅决定恢复指纹管理工作，在刑侦处成立痕迹指纹室，调配专职干部，指导全省公安机关业务部门对违法犯罪人员指纹捺印管理工作。至1986年年底，全省捺印十指指纹数有较大提升，达10万枚。1991年8月，省公安厅建成十指纹档案25.25万份，全省建成单指纹档案18.96万份。1996年开始，省公安厅在全省推广应用指纹自动识别系统。9月18日，省公安厅召开全省首次指纹自动识别系统演示报告会。至年底，全省建立人员资料41余万套，指纹资料42万套，案件资料近2万套。1997年，为加快指纹系统建设步伐，省公安厅先后对系统建设步骤、经费、人员、机房、使用及联网等方面工作，提出了具体要求。年初，安徽省第一家指纹自动识别系统在芜湖落户。年底，省公安厅选择较早开展指纹自动识别系统并在破案中发挥作用的淮南市公安局，召开了全省指纹自动识别系统经验交流会。1999年至2000年年底，全省指纹自动识别系统建设全面启动。全省15个市、1个县公安机关各自建立了一套指纹自动识别系统（黄山、池州两市未建立），指纹系统库容量分别为10万、5万、2万人。但由于系统之间不联网，形成"信息孤岛"，整体作战效能未得到有效发挥。为落实"科技强警"战略，提高侦查破案的水平，2001年3月，省公安厅引进日本NEC公司PC•AFIS指纹自动识别系统，经4期扩容、升级和改造，系统的设计容量达十指指纹库容量为200万份、现场指纹库容量为20万枚、比对速度为22.7万指/秒的规模。另外，建成市级NEC指纹倒查分库9个、NEC指纹远程查询终端113台、NEC活体指纹采集仪332台，形成"省公安厅指纹大库、市公安局指纹分库、县公安局查询终端"的三级查询网络，实现全省指纹远程联网采集建库、查询比对和统计考核。从2001年3月至2005年，全省通过NEC指纹系统比对认定案件1.1余万件，带破各类刑事案件1.6余万件，一大批久侦未破的刑事案件及危害严重、影响恶劣的大要案通过NEC指纹系统查询比对认定后得以侦破。2003年，在全国"指纹破案会战"中，安徽省指纹破案会战取得了较好成绩，总分列全国第五，其中抓捕第一，比对第六，受到公安部表彰。

协同办案系统　2003年下半年，全省刑侦部门从侦查破案工作最关注的人员和案件信息入手，联合信通、科技等部门，在广泛征求治安、经侦、禁毒、法制等部门需求的基础上，着手研发"强化信息采集、方便侦查破案、规范执法办案，业务流、信息流融于一体"的协同办案系统。该系统作为省公安厅金盾工程一期建设重点项目，从2003年开始研发。该系统的应用全面提高了全省公安机关执法办案质量，规范了执法行为，为打击各类违法犯罪提供强大的情报信息支持。

重大刑事案件系统　2004年，公安部部署开展侦破命案专项斗争，建立了全国杀人案件信息系统。经过不断发展与完善，杀人案件信息系统升级为重大刑事案件信息系统，公安部、省公安厅两级建库，管理全国、全省命案、涉枪案件、爆炸或投放危险物质敲诈犯罪案件、拐卖妇女儿童案件等四类重大刑事案件信息，并提供查询、比对功能。

被盗抢机动车系统 2004年11月，安徽省建成了全省被盗抢机动车信息系统，部、省两级建库，管理全国、全省被盗抢汽车信息，并提供查询、比对功能。该系统为2005年开展全国打击“两抢一盗”专项斗争的顺利开展奠定了基础。

DNA数据库 2000年，公安部开展了网上打拐专项斗争，同时建立全国DNA数据库。2005年，省公安厅建立DNA数据库，全省各市公安局均建立了DNA数据库并与省公安厅联网，实现数据共享，顺利实现DNA检验技术由被动检验到主动破案的转变。

第三节 警 犬

1960年，安徽省警犬工作的发展已具有一定规模，在侦查破案方面发挥了积极作用。在当年成功侦破大别山追捕空降特务案和省交通厅院内碎尸案中，警犬均起到关键作用。

1980年，公安部批示尽快恢复和发展警犬工作。1987年4月，全省已恢复建立了省、地两级警犬工作点，除安庆和徽州地区外，其他地市均已开展了警犬工作，并有7个县和地辖市也配备了警犬，全省有警犬技术干部40人，配备警犬51头，其中工作犬37头。

1987年4月14日至16日，全省警犬工作会议在合肥召开。12月18日，省公安厅建立警犬基地。省武警总队将3幢平房拨给警犬基地使用。省财政拨款修建警犬基地围墙、道路等基础设施，兴建了16间工作用房和18间犬舍以及5亩地面积的训练场。

1989年，省公安厅举办了一期为期8个月的警犬作业培训班，受训的8头幼犬追踪、鉴别作业能力都达到了公安部规定的结业指数。年底，全省有14个地市、14个县（市）开展了警犬工作。

1990年11月，省公安厅刑侦处举办“警犬追踪、步伐追踪、足迹检验三结合培训班”。

1990年至1995年，安徽省警犬工作坚持“合理布局，稳步发展”的战略，基础建设及警犬现场使用上均取得较好成绩。至1994年年底，全省有警犬基地（含工作点）33个，警犬专业人员52人，警犬95头，警犬出现场3084次，发挥作用1901次，其中直接破案671件，协助破案1230件。宿县地区根据地处江淮平原，土壤松软，适应警犬作业的有利条件，大胆改革，打破“单人单犬”的警犬工作模式，发展为“3人3犬”或“多人多犬”，把警犬工作点发展到各个县（市），建立了由地区实施统一管理的警犬工作格局。警犬工作相对薄弱的南片地区，省地（市）加大了工作力度，建成以宣城基地为中心，辐射带动周边地区的警犬工作网络。

1995年，省公安厅在灵璧县成立“皖北警犬训练基地”。该基地占地近百亩，外部环境良好，十分有利于对警犬进行实战训练。针对各地地理环境及发案特点，省公安厅有选择地在北、中、南片举办区域性培训、复训班，使训导员和警犬更加适应现场环境，提高使用率。

1996年10月15日，省公安厅同意亳州市公安局建立警犬基地。12月25日，省公安厅同意界首市公安局建立警犬基地。至1996年年底，全省有警犬基地36个，警犬训导员72人，警犬96头（其中工作犬40头）。

2000年5月18日至22日，安徽省首届警犬技术比赛在宿州市灵璧县举行。10月，公安部在南京举办全国警犬技术比赛，安徽省获得团体总分第三名，奖杯、奖牌数居全国之首。11月15日，省公安厅举行阅警式，刑警总队组成警犬方队接受检阅，汇报表演了警犬搜毒、搜捕、搜爆等技能。警犬方队获得了分列式和业务技能汇报表演2个优秀奖。

2000年12月至2001年1月，凤阳县凤淮路段连续发生20余件抢劫案件。2001年1月14日夜，警犬训导员丁长武带警犬“微乔”在该路段巡逻时发现一辆客车停在路边，车上旅客被抢劫。“微乔”经过仔细嗅闻，顺线追踪2公里，现场抓获犯罪嫌疑人，破获系列案件26件。在抓捕犯罪嫌疑人时，警犬“微乔”被打伤。2001年4月，公安部授予“微乔”“功勋犬”称号。

2001年1月，省公安厅对5头警犬授予全省“功勋犬”荣誉称号：全省特级优秀训导员端防震的警犬“红牛”、全省优秀训导员李峰的警犬“王仔”、全省优秀训导员石建强的警犬“海龙”、全省优秀训导员杨隆义的警犬“捷克”、全省优秀训导员朱坤的警犬“警暴”。

2002年6月下旬，公安部“国家二级繁育单位”复检组来安徽省进行考核复检。10月12日，全国警犬繁育委员会第3次会议正式批准通过安徽省公安厅警犬基地为“国家二级警犬繁育单位”，并进行了授牌。7月，公安部南京警犬研究所在安徽省举办4个多月警犬技术培训班，26头警犬受训，作业能力均达到了结业指标。

2003年10月28日至30日，全省第二届警犬技术比赛在省公安厅皖北警犬基地举行，全省有12个市，50头警犬参加了追踪、鉴别、搜捕、搜毒、搜爆5个项目的比赛。经激烈角逐，淮北、滁州、合肥代表队分获团体第一、第二、第三名，淮北代表队的张向阳携警犬“黑豹”夺得搜捕第一名，蚌埠代表队的殷福长携警犬“丝苔”获得追踪第一名，合肥代表队的王传海携警犬“护卫”获得搜毒第一名，滁州代表队的马克福携警犬“存在”获得搜爆第一名。

2003年年底，省公安厅初步完成迁建警犬基地的立项选址工作。

2004年3月到8月，省公安厅举办全省警犬技术训导员培训班，对全省警犬训导员携犬作业进行培训。

第四节　交通管理技术

智能交通控制中心　2002年年底，安庆市公安局交通警察支队建成适合中小城市规模的智能交通控制中心，自主开发了系统的交通流量检测、闯红灯自动抓拍、122接处警、GIS（Geographic Information System，地理信息系统）、交通事故多发点段排查、交通违章处理等城市ITS（Intelligent Transport System，智能交通系统）主要功能。该系统采用视频检测技术监测交通流量，确保了采集信息的可靠性；利用光纤技术实现了一市七县的数据、语音、图像等多媒体信息传输，确保了数据传输稳定、完整，能适应公安交通管理系统的实践要求；应用GIS技术实现事故多发点段排查，事故分析结果直观，为及时准确地预防和减少交通事故工作提供了较好的技术分析手段。系统整体技术处于国内同类系统集成技术领先水平，其中视频检测等技术部分达到国际先进水平，事故多发点段排查系统填补了国内空白，为全国中小城市ITS建设起到了较好的示范作用。同时，此项目的建设被公安部确定为“2003年度全国中小城市智能交通控制系统建设引导项目”。系统建成后，安庆市主干道机动车遵章率达到96.71%，主干道非机动车遵章率达88.8%，主干道行人遵章率74.11%，主干道平均车速提高到35.62公里／小时；交通事故逃逸案破案率由原来的75%提高到82.5%；简易处理程序事故率由原来的82.76%提高到83.05%；机动车定期检验率达到81.5%，机动车登记率达到99.9%；群众对公安交通管理工作满意率达到85.7%。

随后，合肥、淮南等市的智能交通控制中心相继建成。合肥市公安局交通警察支队还建设了经开大队、蜀山大队和高新大队分控中心，实现了对辖区内交通状况实时监控和非现场抓拍。智能交通控制中心的投入使用，提高了交通管理服务水平，增强了应急指挥和预防交通事故能力，交通违法行为得到了有效治理，城市交通秩序明显好转，在公安交通管理工作中发挥了重要作用。

公路电子监控系统　1998年，全省公安交通警察系统开始了交通技术监控系统的建设和应用。省公安厅交通警察总队每年分批建设相关交通技术监控系统，加上各市县自建的交通技术监控系统，全省有交通技术监控系统200多处。

公安交警网络建设　1998年，根据公安部的部署，安徽省公安交警信息系统建设开始启动，并被列入全国公安交管信息系统建设5个试点省份之一。全省公安交通警察系统投入1000多万元建成交警二级网，省公安厅交通警察总队及17个市公安局交通警察支队均建立了局域网并联入公安网。

2000年，依托公安主干网与覆盖全省17个市公安局交通警察支队的二级网，安徽省公安机关在全国率先建成全省67个县级大队的公安交警三级网，覆盖率达100%。

2002年、2003年，全省326个公路巡逻中队的公安交警四级网建成，覆盖率达100%，在全国处于领先地位。

2004年至2005年，安徽省公安交通管理部门有计划、有步骤地在全省范围内部署大规模信息化基础设施建设，全省公安交通管理信息系统配备21台小型机、360台服务器、657台路由器和交换机等硬件设备。各支队机动车登记、驾驶证管理系统实现在小型机上运行，部分支队建立完善了数据备份机制。全省公安交通管理信息系统二级网和三级网的带宽分别达到100兆和10兆以上，四级网带宽全部达到2兆以上，60%的交警四级网带宽达到10兆。

公安交警信息应用　1999年年底，省公安厅根据全国公安交通管理信息总体设计方案，明确了安徽省公安交通管理信息系统建设的基本需求任务以及网络、软硬件平台设计总体框架体系；建立了全国机动车和驾驶人查询系统；组织推广了全国交通事故统计信息系统、全国进口车核查系统二期工程等项目。

2003年，省公安厅在全省推广应用交通事故处理系统（C/S版）。

2004年，省公安厅在全省推广应用全国统一的机动车登记和驾驶人管理系统、机动车、驾驶人信息资源数据库，规范了车管所业务岗位流程，奠定了安徽省交通管理信息系统核心框架，并将以往分散运行的业务系统集成在以资源库为核心的系统环境中。至2005年，省公安厅交通警察总队资源库共储存全省机动车数据357.05万条，驾驶人数据458.04万条。

科技装备应用　1996年至2000年，安徽省公安交通管理部门在原有通信设备的基础上，不断完善和发展，形成了适合地方特色、较为完备的交警无线通信系统。全省公安交通管理部门在无线通信系统应用上投入资金900多万元。同时，按标准为基层交警特别是优先为国（省）道、高速公路执勤大中队配备计算机、测速仪、酒精检测仪、数码照相机等装备，有效提升了基层交警的一线执法能力，保护交警执法权益。

交通信号控制　至2005年年底，全省各市城区大部分主干道路口安装了交通信号控制系统。信号联网控制系统根据路网结构、交通流分布、关键路段及交叉口交通拥堵情况，实现对信号系统的单点感应控制、单点多时段定时控制、干道线协调控制、区域协调控制、绿波控制和特勤控制。2005年，马鞍山市着手建设智能交通信号控制系统，逐步实现了交通管理与控制策略。

第五节　消防技术

火灾预防技术　1987年《建筑设计防火规范》国家标准（GBJ16—87），对多层和高层建筑的消防设计均有明确、具体的技术规定。省消防总队结合安徽实际，会同省建设厅、省质量技术监督局、建筑设计研究院等相关单位，制定审议并颁布了一系列地方标准，为各类新型灭火系统的应用提供了技术依据。2004年6月，颁布实施《EBM气溶胶灭火系统设计、施工及验收规范》（DB34/T436—2004）、《七氟丙烷灭火系统设计、施工及验收规范》（DB34/T437—2004）、《IG—541惰性气体灭火系统设计、施工及验收规范》（DB34/T438—2004）、《SDE气体灭火系统设计、施工及验收规范》（DB34/T439—2004）。2005年4月，颁布实施《细水雾灭火系统设计、施工及验收规范》（DB34/T493—2005）、《脉冲超细干粉自动灭火装置设计、施工及验收规范》（DB34/T494—2005）。

2003年，省消防总队制定《工程项目消防设计技术论证工作暂行规定》，进一步规范了全省工程项目消防设计技术论证工作。2000年和2005年，省消防总队分别会同设计单位、建设单位、设计研究院有关专家对安徽国际会展中心、安徽佳通日产3万条半钢子午轮胎和阜阳快乐面粉有限公司制粉车间、仓库等项目的超规范消防设计举行了专家论证会，帮助企业解决了消防技术难题，确保了消防设计的安全、可靠。

根据公安部、建设部通知要求，1997年至2000年，全省有400余名设计人员参加全国消防设施专项工程设计人员消防专业考试。2001年，公安部组织有关单位对《建筑设计防火规范》《高层民用建筑设计防火规范》《建筑内部装修设计防火规范》《人民防空工程设计防火规范》等4项国家标准进行了局部修订。省公安厅、省经贸委、省教育厅、省监察厅、省建设厅、省文化厅等11个厅、委、局联合开展了公众聚集场所消防安全专项治理，重点对全省各大影剧院、夜总会、录像厅、舞厅、宾馆、饭店、商场市场、大专院校等人员聚集场所的消防安全进行检查。通过专项整治行动，整改了大量火灾隐患，查处了一批未经消防部门行政许可擅自营业的公众聚集场所，改善了消防安全环境。

灭火技术　20世纪80年代前，消防员个人技能还局限于以攀登墙角、撑杆走壁、徒手登楼等“硬功夫”上。受当时装备和灭火剂等各方面因素的影响，消防队灭火时所运用的技术也仅仅停留在相对原始的水枪连接水罐车出水灭火的层面，虽然当时泡沫灭火剂已经应用于火场，但出泡沫时一般用泡沫桶、吸液管，通过水罐车给泡沫管枪供泡沫混合液。

90年代后，随着科学技术的发展，灭火技术也得到了显著的提升。这一时期，各种特种车辆和各类灭火剂大规模装备（配备）部队，如举高喷射、云梯、登高平台等消防车，二氧化碳、干粉等灭火用剂。与此同时，消防部队结合当时条件，开展了一系列的技能训练，如侦检、破拆、堵漏、输转、排烟、照明、特种车辆操作等，灭火技术有了飞跃性的发展，逐步确立了“救人第一、科学施救”的灭火指导思想。经过数次的改革和创新，消防车远距离供灭火剂、云梯车举高灭火救人、高层建筑内攻等灭火技术应运而生，在灭火过程中得到广泛的应用。

消防信息通信技术　1987年，省公安厅消防总队购置第一台电脑，用于机关统计工作。1990年，省公安厅消防总队与公安部消防局实现计算机联网。1993年，总队机关开始建设局域网。1994年，配备程控交换机，并开发应用了全省财务系统软件，首次为全省各支队配备1台电脑，开通了全省联网邮件收发系统用于财务管理。1997年，部署城市消防通信调度指挥系统建设，对119接处警控制台、与社会单位联动等有关内容进行规范。1999年4月，开发“安徽省计算机信息网络系统软件”，启用新版“火灾统计信息系统软件”。

2000年，省公安厅消防总队机关计算机局域网和安徽消防网站工程获省计委立项，总队机关完成了信息机房的装修改造，全省消防计算机二、三级网建设全面启动。2004年，制订出台《安徽省消防总队三级网建设指导意见》，启动全省消防部队视频会议系统和全省消防部队内部视频督查考核系统建设。2005年，新建总队机关视频会议室，开通了省公安厅至总队的2兆视频会议系统专用电路和总队、支队两级视频会议系统；依托公安网建设的全省二、三级网全部完成，总队机关2个2兆接入省公安厅，支队、大队2兆接入市公安局；全省公安消防部队全部接入互联网，总队机关接入带宽为100兆，支队接入带宽为10兆，基层中队接入带宽为2兆。

第六节　边防技术

1989年10月，省公安厅边防总队开始启用自行研发的边防检查查控系统，边防检查查控工作告别纸质查控本查验方式。1993年3月，停用自行研发的边防检查查控系统，开始启用网络版边防检查综合信息系统1.0版（XENIX）。1998年3月，停用边防检查综合信息系统1.0版（XENIX），开始启用边防检查综合信息系统2.0版（NETWARE），边防检查数据采集率和查控工作准确率大幅提升。2000年12月，边防检查综合信息系统升级为3.0版。2001年6月，开始启用边防检查综合信息系统统计模块和交换平台（WINDOWS操作系统）。

2001年11月，省公安厅边防总队建设完成至公安部边防管理局、合肥、合肥机场、黄山、黄山机场、芜湖、铜陵、安庆边检站8条2兆边防专网线路。开通了数据、IP语音传输系统，总队及所属5个边检站网站上网运行。12月，总队所属合肥、黄山、芜湖、铜陵、安庆边检站开始启用边防检查综合信息系统统计模块和交换平台。

2002年11月，省公安厅边防总队开通至公安部边防管理局明传电报系统。12月，开通至公安部边防管理局视频会议系统。

2003年6月，省公安厅边防总队开通至合肥、黄山、芜湖、铜陵、安庆边检站公安边防部队明传电报系统。9月，边防总队机关从省公安厅搬迁至新办公楼，开通至公安部边防管理局直通2兆公安网专线线路。12月，开通至合肥、黄山、芜湖、铜陵、安庆边检站标清视频会议系统。

2005年10月，省公安厅边防总队开展新边防检查综合信息系统（即“梅沙系统”）推广应用硬件建设和技术储备工作。

第七节 信息通信建设

1985年，省公安厅设立机要通信处，内设有线科、无线科、机要科。1993年增设秘书科、计算机科。1996年初，厅机要通信处改名为计算机通信处。同年5月，增设计算机安全监察科。

2000年5月，省公安厅计算机通信处改称厅信息通信处，定编28人，下设秘书科、通信科、网络信息中心。原机要科划归厅办公室管理，原计算机安全监察科单独设立机构。2000年11月，增设科技管理科。2001年2月，启动并代管安徽省计算机安全技术研究所（事业编制）。2004年1月，增设应用指导科。

公安有线通信

省公安厅机关通信 1987年，省公安厅更换400门纵横自动交换机，由人工转接改为自动拨号。

1999年年底，省公安厅安装一台2000多线的局用交换机ZXj10，加入电信公网，成为合肥市电信局公安厅市话分局，实现与电信公网等位拨号，号段为“2801000-2803999”。同时该交换机实现与专网交换机的互联，保证了市话交换机具有拨打专网电话的功能。

2002年11月6日，省公安厅与省电信公司在合肥举行VDSL宽带接入协议签字仪式，厅机关宽带信息通信网正式建成。厅机关宿舍区用户可以办理宽带上网业务。

公安专网通信 1990年，省公安厅安装开通800门南斯拉夫产OMNI-S3型数字程控交换机，实现自动化接入公安专网，至公安部语音专线达到5路。

1991年，芜湖市公安局安装开通数字程控交换机。之后，全省各市、县陆续安装开通了数字程控交换机，并实现全省联网。全省二、三级有线通信网基本形成规模，省公安厅到地、市公安局语音专线达2路，地、市公安机关到县公安局语音专线为1路，电话会议开到县级公安机关。截至1999年4月底，全省17个市、52个县（市）公安局安装使用程控交换机，总容量达到11640门。

1992年5月，马鞍山、芜湖、合肥、铜陵等市公安机关相继开通了“110报警服务台”。1996年8月，公安部召开“110报警服务台现场会”，安徽省公安机关迅速掀起了“学习漳州110、建设110”的热潮。1997年1月，全省公安计通工作暨110报警服务台系统技术建设工作会议召开，进一步推动了全省公安机关110报警服务台建设工作。

至1999年，全省17个市全部安装并开通了110报警服务台，全省所有的县级公安机关开通了110报警服务台或报警电话。

2002年5月，省公安厅至芜湖、蚌埠市公安局语音由2路模拟载波更改为30数字VOIP数字电路，并先后改造。随后，省公安厅陆续进行各市公安局语音专线由模拟向VOIP数字改造工作。2003年11月，省公安厅至淮北市公安局语音VOIP改造完毕。至此，全省公安二级网17个地市语音全部由2路模拟电路改造为30路VOIP数字电路。

2003年6月，全省政法信息通信网在省、芜湖市、芜湖县三级中心开展试点建设，省政法部门与中心站（省公安厅）线路连通，全省政法、公安、检察、法院、司法开展数据、语音、视频业务的试点建设工作，标志安徽省政法信息通信网建设的开始。2004年，全省政法信息通信专网经过二、三、四、五期建设，数据、语音、视频开通到省直政法部门、17个市政法部门及76个县区政法各单位。

公安无线通信　1984年，全省公安机关开始建设公安无线通信系统。

1986年，全省15个地市公安处局开通了无线通信网，基本完成了地市和城市公安分局无线通信的主体工程。省公安厅与地市公安处局开通了图片传真业务。

1986年至1990年，全省公安机关建设无线150兆通信，全省所有市、县和30%的派出所开通公安无线通信网，有电台7000多部，总投资1400万元。

1991年至1995年，全省公安150兆网络进一步向全省公安派出所发展。同时，公安350兆集群通信系统开始组建。1991年，省公安厅无线电管理委员会成立。1992年，合肥市公安局4信道350兆无线集群系统建成，标志安徽省公安350兆集群系统建设开始。1993年，省公安厅800兆集群通信系统建成。1996年至1999年，蚌埠、淮南、淮北、芜湖、宿州、阜阳等市公安局陆续建设350兆集群通信系统。

2001年7月，省公安厅开展无线通信需求调研论证工作，并从全省实际情况出发，以实际需求和经济发展为本，确立了以应急通信发展为龙头，带动和促进整个公安无线指挥调度系统发展的思路，制定了安徽省应急指挥系统建设规划，确立了350兆无线通信的建设模式。全省各级公安机关根据实际工作需求，利用中央政法补助经费，多方积极筹备经费，加快公安350兆的建设步伐。截至2005年年底，合肥市公安局完成350兆集群系统的升级改造，并建设了12信道的集群通信系统；15个市、32个县公安局完成了公安350兆无线通信系统的建设，配置350兆无线电台1余万部。

公安视频通信　1998年12月，省公安厅至公安部卫星通信正式开通。

2000年6月，省公安厅利用卫星通道开通至公安部电视会议及声像传送系统，带宽768千比特/秒。9月，开通省公安厅到公安部地面2兆视频会议系统，卫星通道为备份通道。

2003年5月，全省公安二级网视频会议系统建设陆续开展，先后开通芜湖、宿州、六安、宣城、巢湖、池州、安庆等市公安局的视频会议系统。2005年2月底，全省公安二级网视频会议系统全面建成投入使用。

2005年12月，公安部开通到各省8兆高清视频会议系统，同时作为公安一级网指挥中心可视指挥调度系统。

公安应急通信 2004年12月，全国公安应急通信研讨会在安徽省合肥市召开，标志全国公安应急通信建设拉开序幕。安徽省公安应急通信系统完成招标工作，该系统包括卫星通信车、通信预警车、卫星地面站等。2005年6月，安徽省公安应急通信系统由重庆迪马股份有限公司建设完毕并交付使用。

公安信息通信网络建设 公安信息通信网是各种与公安业务有关的应用系统提供信息交流与共享的平台。公安信息通信网分为一级网、二级网、三级网、四级接入网。一级网是公安部到各省公安厅信息通信网络；二级网是省公安厅到各市公安局的网络；三级网是各市公安局到分县局的网络；四级接入网是县公安局（分局）到基层所队的网络。

全省公安信息网以二、三级网为骨干，以局域网为依托，覆盖全省，连接全国，四通八达，形成了较为完备的计算机信息网络系统，极大地推进了全省公安信息的高度共享和综合利用，促进了全省公安工作的现代化建设。

公安一级网建设 1993年，省公安厅协助公安部建成省公安厅到公安部的DECNET网，通过DECNET网向公安部传输各类数据。

1997年，按照公安部统一部署，省公安厅完成一级网协议改造工作，将原来的DECNET改为先进的TCP/IP协议。

2000年，省公安厅完成公安计算机一级网从64千比特/秒到128千比特/秒的提速工作。

2001年5月，省公安厅完成了公安计算机一级网从128千比特/秒到2兆DDN数据专线提速。

2002年4月，省公安厅完成了公安计算机一级网从2兆DDN到8兆DDN数据专线提速，

2004年3月，按照公安部统一部署，省公安厅安装一级网接入路由器CISCO7609，顺利完成了一级网改建任务，到公安部的电路由8兆提速到155兆，圆满完成公安部“金盾工程”第一个项目。

2005年，按照公安部统一部署，省公安厅增加到上海的一级网155兆迂回备份线路。安徽省与公安部连接除了安徽省公安厅节点到华东大区节点的155兆线路外，又增加了一条高速冗余链路。网络调整后，扩大了网络的传输能力，增强了节点处理和交换能力，一级网更加高效、安全。

公安二级网建设　1998年5月，省公安厅在蚌埠召开全省公安计算机二级网建设工作会议，正式启动安徽省二级网建设。

1998年1月至2000年1月，全省完成各市二级网建设，带宽为64千比特/秒，为公安信息化建设打下坚实的基础，极大地推进了全省公安信息的高度共享和综合利用，促进了全省公安工作的现代化建设。

2001年12月，全省进行二级网提速改造工作。至2003年4月，全省17个市二级网带宽全部提至4兆。

2004年，合肥市公安局二级网电路提速至100兆。

2005年，省公安厅充分利用政法网工程建设的机遇，将其余16个市公安局由二级网原来4兆数据线路扩充6兆数据线路加2兆语音线路。

2005年9月3日，省公安厅至芜湖市公安局开通155兆电路。

公安三级网建设　2000年3月，全省公安机关全面启动公安计算机三级网建设。公安三级网建设采取省公安厅投资和各县（市）公安局自筹经费结合的方法解决建设资金问题，统一标准集中采购设备。从12月开始建设，到2001年4月结束，全省公安三级网64千比特/秒DDN线路全部开通，提前完成了省公安厅规定的三级网建设任务，全省66个县（市）公安局全部联入公安网。

2003年，全省各市三级网提速2兆以上。

公安四级接入网建设　2001年3月，全省启动公安四级接入网建设。

2004年，省公安厅充分利用“人口会战”、中央政法补助专款等有利条件，将24个县资金统一起来，集中力量建设四级接入网。至2005年，四级接入网接通率已提高到98.7%，进入全国先进行列。

政府网站　1999年9月6日，安徽省公安厅政府网站正式开通。政府网将公安机关各部门能够公开的执法依据、办事程序、颁证条件、收费标准、工作要求及监督渠道等内容网上公开，实行警务公开，推行“阳光执法”，提高公安工作的透明度，使人民群众充分享有知情权、发言权、监督权。1999年至2005年，省公安厅政府网站连续7年在安徽省政府网站评比中获“优秀政府网站”称号。

省公安厅局域网　1999年，省公安厅完成厅机关局域网建设，成为全国公安系统第一个千兆局域网。2000年，省公安厅对厅千兆局域网进行大规模扩容。

2004年，省公安厅完成厅机关局域网改造工作，更换了核心交换机，对局域网进行了改造和优化，提高网络使用效率，增强抵抗网络病毒能力。

公安信息化应用　安徽省公安信息化建设起步于1984年，大致经历了单机应用、网络应用、综合应用、协同应用4个阶段。2003年“金盾工程”建设项目正式启动，全省公安机关紧紧围绕“金盾工程”建设总体目标，统一思想，转变观念，科学规划，抓住机遇，整体推进，结合实际，积极主动地开展工作，取得较好成效。一是公安信息网络全部建成。全省17个市公安局及104县、区公安局（分局）、2690个基层所队全部接入公安信息网；二级网带宽提升到155兆；三级网带宽均在8兆以上，其中7市达100兆。全省联网计算机数达到28896台，百名民警拥有的计算机数为65台。二是主要公安业务工作均建成相应的信息系统。已投入运行的全省性信息系统有：人口信息系统、机动车/驾驶人信息系统、交通违章记分/事故系统、违法犯罪人员信息系统、人事信息系统、在逃人员信息系统、被盗抢车辆系统，重大刑事案件系统、现场指纹系统、经济犯罪案件系统、失踪人员及无名尸体系统、民警违纪系统、邪教及有害气功人员信息管理系统、国保基本信息系统、国保情报信息系统、禁毒信息系统、消防安全重点单位信息系统、公民出入境管理系统、境外人员管理系统、边检系统、被装管理信息系统、信访信息管理系统、DNA数据库信息系统、互联网公安政府网站、指纹自动识别系统、派出所基础信息系统等30多个。各市、县公安局及主要业务部门均建立了自己的网站。部分市、县公安局结合实际建成警用地理信息系统、信息研判系统、信息指导平台、执法监督系统、智能办案系统等区域性信息系统，在本地公安实战中发挥了积极作用。三是全省信息资源库基本建成。全省人口、机动车/驾驶员、出入境人员、在逃、被盗抢汽车、警员、违法犯罪人员等信息资源库建成并投入使用。人口信息资源库加载人口信息数据6515万条，违法犯罪人员信息资源库存储9.6万条记录，警员基本信息资源库存储4.4余万名警员基本信息，机动车/驾驶员信息资源库登记399余万辆机动车、433余万名驾驶人数据，在逃人员信息资源库内登记在逃人员1.3万人，被盗抢汽车信息资源库有1.56万条记录，刑事案件信息库有81万条记录，指纹信息库有171万条指纹记录，出入境人员/证件信息资源库内有59万多条记录。四是全省公安通信系统建设快速发展。全省有29个县公安机关开通350兆集群、18个县公安机关开通350兆常规通信。全省开通47个县公安局、30个分局、支队视频会议系统；另有霍山、和县、临泉等8个县公安局开通了至派出所的视频会议系统。全省17个市公安局建设程控交换机、54个县建设了程控机。公安四级网VOIP专线电话已开通820个基层所、队共计5000多部内线电话。五是公安信息安全保障体系建设进展顺利。省公安厅建成了防火墙、入侵检测、网络版杀毒软件、一机两用监控等安全设施，从技术上保障了网络的安全，初步建成了安全防范体系。大部分市公安局购置了防火墙、网络版杀毒软件，网管系统和数据交换平台系统，保证了网络的安全。省公安厅身份认证和访问控制管理系统（PKI/PMI）于2005年8月建成，全省发放数字证书1.4万张。改造完成警员系统、综合查询系统、办公自动化系统、芜湖执法办案系统的PKI/PMI等工作，警员系统实现单轨制。六是应急通信保障体系初步建成。2005年6月，省公安厅建成了以应急通信车为主、包括350兆无线通信、卫星通信、图像采集传输等在内的应急通信系统，在全省多次重大活动中进行现场直播，确保了图像、语音清晰畅通，圆满完成通信保障任务。七是公路智能交通取得快速发展。全省建成闯红灯自动抓拍系统400多处，道路卡口监控系统116处，其中全省33个省际公路卡口系统全部建成，全省两条主干206国道和205国道部分重点路段实现联网卡口监控；全省配备车载移动电子警察320套。

1988年，以马鞍山市公安局"市级人口信息管理系统"、安庆市公安局"违法犯罪人员信息管理系统"试点经验为起点，全省公安信息化应用开始了单点、单业务的应用起步阶段。

1991年，省公安厅在芜湖市公安局中江桥派出所开展"派出所人口信息管理系统"试点工作，取得经验后在全省范围内推广。全省公安信息化应用开始了单业务的普及阶段，步入良性运转的轨道。

1999年11月，合肥、芜湖、马鞍山、安庆、蚌埠、淮北6个市公安局完成全国人口信息系统"百城联网"任务。12月，在全国公安机关"网上追逃"专项斗争中，安徽省公安计算机网络和系统发挥重大作用，追逃成绩在全国评比中名列第五位。全省公安信息化应用发生质的转变，步入网络化多警种应用阶段。

2001年，省公安厅建成省公安厅通知通报系统，发布不涉密工作简报、文件、明传电报等，信息周转时间由原来的10天左右变为即发即至，工作效率大幅提高，节约了办公经费。

2002年10月30日，省公安厅组织开展了以防范网上反动宣传煽动和保护重要网站免受攻击破坏为重点的互联网上突发事件应急处置演练行动。通过演练，提高了各地公安机关网上应急处置的实战能力和快速反应能力，找出了网络安全管理工作中需要加强的环节和部位，明确了努力方向，演练达到了预期目的。

2003年10月，省公安厅在芜湖市召开全省公安科技暨"金盾工程"建设工作会议，全面启动安徽省公安"金盾工程"建设，金盾工程一期23个一类应用全面开展。12月，省公安厅综合查询系统正式建成并投入使用。

2004年3月，省公安厅网管系统投入运行，形成了整套适合公安系统的网络运行监控体系、事件管理体系、配置管理体系、维护工作管理体系及网管中心运行报告体系。

2005年9月，全国公安信息化应用现场会在芜湖召开。全国各地公安信息化应用开始学习"芜湖经验"，安徽省公安信息化应用在全国处于领先地位。

公安信息通信网安全建设　公安信息通信网安全是对公安信息通信网中的硬件、软件以及系统中的数据进行保护，保证公安信息通信网物理安全与网络运行安全。

2004年，省公安厅初步建成防火墙、入侵检测、网络杀毒相结合的网络安全防范体系，保障全省公安信息网络的安全。

2005年7月31日，省公安厅完成全省公安信息网身份认证与访问控制管理系统（简称“PKI/PMI系统”）建设工作。9月14日，完成安徽省综合查询系统PKI改造工作。2005年12月30日，全省公安机关发放PKI/PMI身份卡达9000张。PKI/PMI系统的建成实现全省公安民警“单点登录，全网漫游”的目的，提高公安信息系统的安全性，促进跨地区、跨部门的信息共享。

2005年，省公安厅完成信息中心备份系统和存储系统建设，安装了IBM FAST600T磁带机；部署了Veritas备份软件及存储扩容工作，确保了公安网上各类数据的安全。

第八节 科技管理

1992年4月，省公安厅召开第一次全省公安科技工作会议。11月，省公安厅印发《安徽省安全防范技术工作管理规定（暂行）》。

1994年4月，省公安厅制定《安徽省安全技术防范工程管理办法》和《安徽省安全技术防范产品管理办法》。

1999年8月17日，省公安厅制定下发《安徽省公安厅关于实行专家组制度暂行规定》，设立3个专家组，即刑事侦查和刑事技术专家组、公安法律专家组、计算机信息技术及安全管理专家组，并明确了专家组的职责、任务以及活动方式。专家组成员均为省内本专业领域一流水平或者在省内本专业有较大影响的专家学者。省公安厅向专家组成员颁发聘书，聘期2年；外聘专家待遇和本系统内聘请的退休专家每半年发给补贴；对带徒的专家发给带徒补贴。9月10日，省公安厅首次聘请专家组成员3人。

2001年3月7日，省公安厅印发《安徽省公安科研项目管理办法》和《安徽省公安科技建设项目管理办法》。11月26日，省发展计划委员会、省公安厅联合印发《安徽省公安科技发展“十五”计划》。年底，省人民政府颁布《安徽省公共安全技术防范管理规定》，从2002年2月1日起施行。

2003年10月13日至14日，省公安厅在芜湖市召开全省公安科技暨“金盾工程”建设工作会议。会议全面总结了“九五”以来全省公安科技工作取得的成绩，客观地分析了公安科技工作面临的形势和存在的突出问题，对全省公安科技暨信息化工作提出了明确、具体的任务。会议同期举办了“首届安徽公安科技成就展”。

2004年，省公安厅组织编制了安徽省地方标准《安全技术防范工程检验规范》《住宅小区安全防范系统设计规范》。4月25日，省公安厅印发《安徽省公安机关贯彻〈全国公安机关2003—2008年科技强警工作规划〉实施意见》，全面推动“金盾工程”建设。6月19日，芜湖市被公安部、科技部确定为全国第一批开展科技强警示范城市建设工作的城市。芜湖市公安局制定《芜湖市科技强警示范城市建设实施方案》，从基础设施、信息系统、指挥系统、侦查技术、交通管理技术、安全防范技术、消防技术、警用技术装备以及科技强警管理体制、工作机制等方面全方位展开建设，初步形成了以科技为支撑的新型警务工作模式，提高公安队伍的战斗力。2005年12月31日，芜湖市被公安部、科技部授予“科技强警示范城市”称号。

2005年4月17日，省公安厅、省科技厅决定在肥西县、芜湖县、繁昌县、怀宁县、枞阳县、阜南县、临泉县、天长市、全椒县、萧县、霍山县等11个县（市）开展科技强警示范县（市）建设试点工作。上述11个县（市）按照省公安厅《安徽省科技强警示范县（市）建设指导意见》，分别制定了《科技强警示范县（市）建设实施方案》，从科技基础设施、科技手段应用、科技强警体制机制等方面进行了为期2年的建设。2005年年底，根据公安部的统一部署，省公安厅在全省开展城市报警与监控系统建设试点工程，确定合肥、芜湖、马鞍山3市公安局和淮北相山等19个县（区）公安局（分局）为试点单位，其中马鞍山市公安局为公安部确定的全国试点单位。

第十五章　公安宣传

1986年10月，省公安厅政治部设立宣传科。1988年，人民公安报安徽记者站设立。

2000年5月，省公安厅政治部设立宣传处，处内设新闻宣传科、思想文化科、秘书科、新闻信息中心（下设《警探》杂志社、《现代交通管理》杂志、《警方天地》电视栏目、《安徽警方》）。2005年，影视宣传从新闻宣传科中分离，新闻宣传科取消了影视方面对外宣传的职能。

2004年1月6日，省公安厅正式实施新闻发布制度并召开首次新闻发布会，就省公安厅和省辖市公安局建立新闻发言人和实行定期新闻发布制度等有关情况向中央、省、市三级新闻媒体进行通报。人民日报、中央人民广播电台、法制日报驻皖记者站、新华社安徽分社、《安徽日报》、安徽电视台、安徽人民广播电台、《新安晚报》《安徽法制报》《安徽商报》《安徽市场报》《江淮晨报》《安徽青年报》《安徽工人报》《合肥晚报》、合肥电视台等16家中央、省、市三级新闻单位的领导和记者35人等参加了新闻发布会。

公安新闻宣传工作的职能任务：全省公安队伍建设、业务工作和先进典型的对外新闻宣传工作，全省公安宣传工作的规范化和制度化建设，对各市公安机关宣传工作的指导、协调和对公安宣传通讯员队伍建设、培训。思想文化工作的职能任务：组织、指导各市公安机关理论学习、政治教育、民警思想状况调研，组织、指导各市公安机关开展警察公共关系活动和公安文化工作，与省工、青、妇等单位联合开展创建活动等。

第一节　宣传载体

电视栏目　1994年，省公安厅与安徽省经济电台合办《警民桥》专题直播节目；在省电视台《今晚一刻钟》节目中开设“警方行动”专栏。1999年12月26日，省公安厅创办的《警方天地》电视栏目在安徽有线电视台开播。节目时长30分钟，由“一周警方动态”“案件追踪”等版块组成，每周日20:05分首播，周一13:00重播。2001年1月，《警方天地》电视栏目改在省电视台经济生活频道播出。节目定位为新闻故事栏目，时长15分钟，取消了“一周警方动态”版块，每周日22:10分首播，周一8:00重播。当年，《警方天地》栏目被省委宣传部评为安徽省广播电视政法类十大品牌栏目之一。2001年3月，《警方天地》栏目主持人何贵平在中央电视台主办的“荣事达”杯全国电视节目主持人大赛中获优秀奖。11月，省公安厅举行《警方天地》电视栏目开播百期座谈会。2002年，在全国社会治安综合治理好新闻评选中，《警方天地》栏目徐磊编导的作品《斩断毒品交易的黑手》被中央社会治安综合治理委员会、中华全国新闻工作者协会评为二等奖。2005年度，在全省社会治安综合治理好新闻评选中，《警方天地》栏目徐磊编导的作品《聚焦特大拐卖外籍妇女案》获电视类一等奖。在第八届全国公安系统“金盾文化工程”优秀作品评选中，《警方天地》栏目何贵平编导的电视专题《今天我来当警察》获新闻类电视专题三等奖。

报纸 1986年，安庆市公安局创办《蓝盾报》（内刊发行），为安徽省最早的内刊报纸。1993年，阜阳市公安局创办《阜阳公安报》，为安徽省最早的公安自办报纸。1994年，省公安厅在《安徽日报》开设《金盾之光》专栏，与《安徽法制报》联办“警察风采”征文活动。1995年，省公安厅与《新安晚报》开办“警方行动”专栏。全省公安机关主办报刊共9家，其中地市公安机关3家。2000年1月9日，《安徽警方》创刊。由省公安厅与新安晚报合作办报，每周日出报。2001年1月，省公安厅确立《安徽警方》办刊宗旨：立足公安，面向社会；关注民警，服务大众。4月至6月，《安徽警方》面向全省读者组织开展“我说110”讨论活动，连续刊发16篇社会各界人士的来信摘要，围绕非警务工作“110”该不该出警，各界人士见仁见智，发表各自看法，在社会上引起了强烈反响。4月至10月，《安徽警方》与合肥江淮汽车公司合作开展了“JAC江淮汽车杯•我看车管所”征文活动。广大车主、驾驶员和车辆管理民警踊跃来稿，《安徽警方》选登了其中18篇，活动评出一等奖2名、二等奖4名、三等奖6名，征文有表扬有建议有批评，产生了很大的社会反响，促进了争创活动的开展。2002年1月18日，公安部副部长罗锋为《安徽警方》题词：“宣传公安工作，树立警察形象，弘扬警察文化，架设警民桥梁”。2002年6月至2005年7月，省公检法三家报纸专刊联合开展“红三环杯政法好新闻大赛”。3年时间，《安徽警方》获得一等奖13个、二等奖17个、三等奖28个、好策划奖16个，在三家报纸专刊中获奖数位列第一。2003年5月11日，《安徽警方》用四个整版的篇幅推出“抗击非典”专刊，通过新闻特写、图片、情感故事、法律知识解答、公益广告等多种形式，反映全省公安民警舍小家、为大家，冒着生命危险日夜坚守在“抗非”第一线，有力地维护了社会稳定。2004年6月27日，《安徽警方》在全省开展“大练兵”有奖征文活动，用文字记录“大练兵”活动中的人和事。11月19日，活动评出一、二、三等奖，共有6篇文章获奖。2005年12月至2006年12月，《安徽警方》开展历时一年的“我身边的好民警”有奖征文活动。经评委会认真评选，活动评出一等奖2名，二等奖4名，三等奖6名。征文活动中刊发的作品，质量好、角度新、立意高，从不同侧面折射出安徽公安民警的精神风貌。

杂志　1982年1月，省公安厅党委决定《安徽公安》（月刊）复刊，先后由省公安厅政策研究室、办公室主管。1988年11月，《安徽公安》改版为《安徽公安（社会版）》，面向社会公开发行。1990年3月，《安徽公安（社会版）》改版为《警探》。1990年，《安徽公安》停刊。1991年复刊，内部发行双月刊，主要面向全省公安机关和企业保卫单位发放。1994年，省公安厅党委决定，《安徽公安》由省警察学会主办（双月刊），既是省公安厅业务指导刊物，又是学会会刊。1996年，省公安厅决定成立《安徽公安》编辑部，科级建制，隶属于厅办公室。1997年10月，《安徽公安》编辑部划归省警察学会管辖。2000年6月，《警探》杂志划归省公安厅政治部宣传处管理。《安徽公安》编辑部划归办公室管理，与办公室调研室合署办公。截至2005年12月，《安徽公安》合计出刊319期。1990年、1991年度，《警探》杂志荣获1990年、1991年度“安徽省优秀期刊”称号。1992年4月、7月，《警探》刊载的《阅案沉思》《洪涛英雄谱》获安徽省社科类期刊优秀作品一等奖；《辉煌的瞬间》《比基尼事件》获安徽省社科类期刊优秀作品三等奖。《阅案沉思》和《未曾公开的办案日记》获全国公安期刊优秀作品奖。1993年，《警探》杂志荣获安徽省1992—1993年优秀期刊一等奖。3月，《警探》杂志荣获首届华东地区优秀期刊一等奖。6月，《警探》杂志刊载的《蜕变》获“第二届全国公安报刊优秀作品评选”纪实二等奖，《能仁寺的枪声》获纪实三等奖，《东陵血泪》获纪实鼓励奖，《婚恋三题》获言论三等奖，《人性污染与公安文学》和《马谡的上诉词》获言论鼓励奖。1995年3月，《警探》杂志荣获1995年度“安徽省优秀社科类期刊一等奖”和“安徽省优秀期刊一等奖”，并晋京参加全国社科类优秀期刊评选，被评为全国重点联系期刊。1996年5月，《警探》杂志荣获首届公安部“金盾报刊奖”，《警探》杂志刊载的长篇小说《时代悲歌》获金盾文学二等奖。1997年10月，《警探》杂志荣获第二届华东地区优秀期刊奖。1998年，《警探》杂志被公安部确定为直接报送国务院领导审阅的4种省级公安杂志之一。11月，《警探》荣获首届全国侦探小说大赛“伯乐奖”。12月29日，《警探》杂志召开创刊10周年座谈会。1999年5月，《警探》杂志选送的《海瑞抓治安》荣获“98安徽省社会治安综合治理好新闻奖”二等奖；《苍天有眼与无眼》《潘汉年的预感》《贪官与酒》分别获得“98安徽省报纸（刊）副刊好作品奖”二、三等奖。2000年6月，《警探》杂志刊发的《觉悟》等3篇文章分别获得“99安徽省报（刊）、副刊好作品奖”特别奖、三等奖。《警探》杂志第11期开辟《世纪留言》专栏，邀请近百位作家、读者畅言新世纪。《警探》杂志第12期用4个彩版报道了2000年安徽公安大阅警。2001年3月，

《警探》杂志刊载的《老刑警遇上了摩登案》荣获公安部金盾文学三等奖。6月，《警探》杂志社因出色承办全国第二届侦探小说大赛颁奖大会获组织贡献奖。同时，《警探》杂志1999年第9期刊发的《魂断夫差河》荣获最佳短篇小说奖；2000年第6期刊发的《目击证人》荣获新作奖；2000年第12期刊发的《情死真相》荣获提名奖。8月，《警探》杂志在第六届全国公安系统“金盾文化工程”优秀作品评选活动中荣获“金盾报刊奖”最佳期刊奖、最佳装帧奖，“讽刺与幽默”栏目荣获最佳栏目奖。9月，《警探》杂志创刊100期，收到各单位、各界人士的贺电、贺信。2002年9月，《警探》杂志荣获第三届华东地区优秀期刊奖。年底，《警探》杂志推荐的《警坛霸王花》等3篇作品分获2002年度安徽省报刊副刊优秀作品一等奖、特别奖。2003年5月，《警探》杂志社成立社委会。《警探》杂志社出资15万元，对口帮扶明光市公安局涧溪刑警中队。6月，《警探》杂志社组织改版调查、论证，征集刊徽活动，先后收到读者意见表2000多份，设计刊徽样式200多份。10月，《警探》杂志创办15周年，累计发行1600万册，创利税1600万元，杂志社以资助30名“春蕾女童”入学的形式庆贺生日。年底，全国开展报刊治理整顿工作，《警探》杂志停刊。12月，《警探》杂志出版“告别版”。2004年1月，省公安厅党委决定将《警探》杂志社的人、财、物和内刊《安徽公安》编辑部的人员力量进行整合，出版新版《安徽公安》。改版后的《安徽公安》恪守“服务公安工作，反映警学动态，传播公安文化”的宗旨，坚持“切合业务实际，贴近公安民警”的办刊方针，指导性与新闻性并重，知识性与思想性结合，传播新观念、新知识，反映新举措、新成就。新的《安徽公安》杂志，保留原《安徽公安》和《警探》杂志名牌、特色栏目，采用期刊界流行的版块式编目，设“警务”“资讯”“文化”三大版块。杂志由双月刊改为月刊，大16开、64页，套色印刷，四封彩印。赠阅至上级领导机关、县级以上公安机关负责人、厅直单位领导及各科室、离退休干部、警察学会会员。2005年1月，《安徽公安》栏目进行部分调整。分资讯、纪实、文化三大版十六个专栏，以刊登公安资讯、警务纪实、公安文化类稿件为主。12月，《安徽公安》以“指导性强、信息量大、出版质量高”在全省500余家内刊中脱颖而出，成功入选安徽“十佳内刊”，受到省新闻出版局通报表彰。

第二节　新闻宣传

宣传公安中心工作和重大事件　1987年，省公安厅宣传部门认真贯彻全国公安宣传工作会议精神，遵循“立足公安、面向社会、解放思想、开拓进取”的宣传工作方针，将坚持四项基本原则、反对资产阶级自由化的宣传作为工作重点，在发动全省民警撰写批判资产阶级自由化的文章的同时，积极组织各市公安机关政工部门向社会宣传公安机关的宗旨、职责和在斗争中涌现出的感人事迹。

1987年1月1日，《中华人民共和国治安管理处罚条例》（以下简称《条例》）正式施行。全省公安机关政工、宣传部门广泛开展宣传周活动。为确保《条例》在安徽省的贯彻实施，使广大干部群众真正做到知法、懂法、守法、用法，做社会主义守法公民。1月上旬，省公安厅宣传部门专门派员深入芜湖、铜陵市公安机关，采访报道公安机关学习《条例》情况。1月26日，省公安厅和省电视台联合举办首次宣传讲座。

1987年6月4日，省政府决定，全省城乡道路交通由公安机关负责统一管理。7月11日，省公安厅交通警察总队成立。8月8日，省公安厅、交通厅正式交接道路交通管理工作。省公安厅宣传部门积极协助交警总队，在省内媒体进行集中宣传，重点介绍全省道路交通形势和交警总队的工作职责。8月起，全省车辆牌号管理全部由公安部门负责，省公安厅宣传部门重点开展了宣传工作。

1987年6月，省人民政府批准公布省经委、省公安厅联合制定的《安徽省企事业单位安全保卫责任制暂行办法》。省公安厅宣传部门围绕企事业单位行政领导、保卫部门的安全保卫职责、安全管理职责、奖惩办法等面向社会作了广泛宣传。9月，省公安厅宣传部门紧密结合社会治安现状，持续开展《安徽省民用枪支管理办法》这一地方法规的对外宣传工作。11月，公安部制定印发《旅馆业治安管理办法》。全省各地公安治安、宣传部门迅速行动，在对旅馆业主进行学习教育的同时，大力宣传公安机关在指导监督旅馆建立各项安全管理制度和落实安全防范措施、协助旅馆对工作人员进行安全业务知识的培训、依法惩办侵犯旅馆和旅客合法权益的违法犯罪分子等方面的职责和取得的成绩。

1988年，省公安厅、省司法厅、省文化厅、省广播电视厅、省教育委员会、中国人民保险公司安徽省分公司、省总工会、共青团安徽省委、省妇联等9单位联合发出《关于宣传贯彻〈中华人民共和国道路交通管理条例〉的通知》，要求各级公安、司法、文化、广播电视、教育、保险部门和工、青、妇组织，把宣传贯彻《条例》作为社会主义精神文明建设的重要内容，掀起宣传《条例》的高潮，使《条例》的内容家喻户晓，人人皆知。在8月1日《条例》正式实施前，全省公安交警、宣传部门广泛开展了安全教育学习活动，并根据职工、农民、干部、学生、妇女、老人、儿童等不同人员特点，选择驾车、骑车、停车、走路、占道等情况造成的交通事故案例，编写了一批有感染力的宣传材料。另外，举行新闻发布会、记者招待会等，为新闻单位提供交通安全宣传材料。12月，省人民政府批准公布实施《安徽省烟花爆竹安全管理暂行规定》。全省公安机关在普遍开展专项检查的同时，加大宣传教育力度，利用报纸、电视等形式进行普法宣传，并对检查中发现违反《规定》的典型案例进行宣传，造成强大声势。

1989年，全省公安宣传干部始终保持清醒的头脑，在加强政策宣传的同时，深入一线采访报道公安民警的英勇事迹，并按照领导要求和工作部署，全力开展内部学习教育工作。省公安厅宣传部门要求各级公安政工部门务必保持高度警惕，充分认识这场斗争的严重性和复杂性，迅速组织全省公安民警学习4月26日《人民日报》社论，统一思想，统一认识。同时，引导社会舆论，及时通过新闻媒介公布事实真相，充分揭露犯罪，争取广大群众的理解和支持。

1990年，省公安厅宣传部门组织全省公安政工部门向社会广泛宣传报道公安工作部署、人民群众关注的重大案件情况和公安民警中的先进模范人物，加深社会各界对公安工作的理解和支持。同时，紧密结合公安工作和广大民警的思想实际，开展形势教育，使民警认清东欧和苏联局势急剧变化的性质、原因和教训，坚定在共产党领导下中国社会主义事业必定胜利的信念。10月，省公安厅宣传部门广泛向社会宣传《中华人民共和国行政诉讼法》的目的、意义和安徽省公安机关开展培训班、提高民警认识等情况。

1991年，全省公安机关把治理“三乱”、切实纠正不正之风，作为从严治警、加强公安队伍建设的一个重要问题来抓。公安宣传部门深入基层采访，发掘并报道了一批廉政爱民的先进典型。

在1991年初夏的抗洪救灾中，全省广大公安民警经受了公与私、生与死的严峻考验，涌现出许多可歌可泣的动人事迹。省公安厅宣传部门先后编写了5期《抗洪救灾先进事迹快报》，一些内容被新华社采用；摄像组深入灾区拍回200多分钟的资料片，在中央和省电视台播发了9条新闻；被省以上新闻媒体采用稿件10多篇，向中央有关部委、新闻单位和省内新闻单位推荐选送了一大批文字、图片稿件；在抗洪抢险后期，组织4个采访组分赴重灾区突击采访，搜集了许多珍贵的历史资料，编辑制作《风雨同舟铸警魂》电视资料汇报片。1991年8月底，全省公安系统抗洪救灾先进集体和先进个人表彰大会在合肥市举行，省公安厅宣传部门全力以赴，圆满完成了会议的宣传任务。

1991年10月至11月，全省公安机关开展了纪律作风教育和整顿，省公安厅宣传部门结合教育整顿工作，大力开展了“岗位学雷锋、行业树新风”及“爱民月”活动。

1992年，省公安厅宣传部门以《中共中央关于加强公安工作的决定》和邓小平视察南方时讲话为指针，认真贯彻落实“十八公”会议部署，深入开展了反“和平演变”、坚定社会主义信念教育活动。同年，开展了评定和授予警衔工作的对外宣传。

1994年1月25日，《废旧金属收购业治安管理办法》颁布实施。省公安厅宣传部门在宣传新法规的同时，结合安徽省现状，对此项专门工作在省内作了广泛宣传。

1994年入夏后，安徽省遭遇罕见旱情，全省公安机关积极开展工作，维护受灾地区社会稳定。省公安厅宣传部门牢固树立一切为抗旱斗争服务的思想，大力开展了打击盗窃、破坏水利、电力、通信等设施和器材设备的专项活动的新闻宣传活动。

1995年2月28日，《中华人民共和国人民警察法》（以下简称《人民警察法》）正式公布施行。《人民警察法》是公安工作和公安队伍正规化建设的里程碑，在确立和完善人民警察制度，规范人民警察工作，加强人民警察队伍建设，保障人民警察依法履行职责等方面发挥重要作用。全省公安政工、宣传部门通过组织专题讲座、座谈研讨等多种有效形式，认真组织广大民警深入学习《人民警察法》。省公安厅宣传部门还积极指导各地公安政工、宣传部门，结合新法颁布，大力宣传中共十一届三中全会以来公安执法工作和队伍建设工作的成绩和变化，形成了舆论热潮，促进了全省公安机关和民警的学法用法工作。

1995年10月15日，江泽民视察济南交警并题词“严格执法，热情服务”，全省公安机关迅速掀起学济南交警热潮。省公安厅宣传部门大力宣传各级公安交通管理部门坚持从严治警方针，抓班子、带队伍，内强素质、外树新风的新举措，大力宣传公安机关文明执法，积极开展便民、利民服务的先进事迹，赢得了社会各界和广大群众广泛赞誉，取得了显著的社会效果，为推动新时期公安队伍建设和建立人民警察形象做出了积极贡献。

1998年，省公安厅宣传部门认真谋划，随警采访，组织开展公安队伍集中教育整顿、抗洪抢险救灾战斗的宣传报道和多项重大宣传活动。在抗洪救灾宣传中，省公安厅宣传部门成立抗洪救灾宣传小组，建立应急采访小分队，多次深入一线，与基层民警并肩作战，将发现、总结、宣传抗洪抢险救灾先进典型、先进事迹作为重中之重，全面反映公安机关在抗洪抢险救灾工作中作出的贡献，热情讴歌公安民警不怕牺牲、一心为民的崇高精神。全省各级公安政工、宣传部门积极争取党委宣传部门的支持，加强与各新闻媒体的沟通、合作，充分利用报纸、电视、广播、网络等多种载体和形式，扩大宣传工作的社会影响力，在省以上新闻媒体刊发稿件3000余篇。

自2000年3月起，省公安厅宣传部门积极配合“三项教育”的开展，按照各个阶段的工作部署，做好内部教育引导和对外宣传工作。

2001年，省公安厅宣传部门紧紧围绕“加快发展，富民强省”这一省委、省政府确定的安徽省“十五”规划主题，积极开展各项公安宣传思想工作。

2002年6月至9月，省公安厅宣传部门重点突出打击“两抢一盗”专项斗争的宣传，在中央级媒体共刊发稿件800余篇，在省级媒体刊发稿件7000余篇（条），形成“大造声势，突出成果，立体宣传，轰轰烈烈”的宣传势头。

2003年，为全力做好抗击“非典”斗争的宣传，省公安厅宣传部门组织大量新闻稿件在省以上新闻媒体刊发，并在媒体上开辟6个专版，图文并茂，对各地公安机关和民警抗击“非典”的事迹进行深入报道，社会影响很大。全省公安宣传部门在省级以上媒体刊播稿件500余篇，公安部宣传局对安徽省公安宣传部门的抗非宣传工作给予肯定。

2004年2月，全省各市公安局长实行异地交流任职。省公安厅宣传处及时组织稿件在中央、省级媒体刊发，将这一加强安徽公安工作的新举措向社会公布。

2005年4月上旬，安徽省公安机关率先开展“开门大接访”工作。根据省公安厅党委部署，宣传处在活动伊始即制定下发“开门大接访”宣传方案，随后又3次下发通知，组织协调全省各级公安机关积极开展对外宣传工作。在“开门大接访”活动期间，宣传处民警多次深入一线，掌握第一手资料，搜集报道线索，采访典型案例，同时组织协调新闻媒体深入基层进行采访。截至同年9月底，中央、省级媒体刊发安徽省大接访稿件800余篇（条）。

宣传公安业务工作 1986年2月21日至3月4日，全国政法工作会议部署严打斗争第三次战役；4月下旬，安徽省组织开始“严打”第三次战役。省公安厅和各地宣传部门及时印发“严打”通告和宣传提纲，利用广播、电视、报刊、图片、标语、黑板报等多种宣传工具和形式，宣传发动群众同违法犯罪分子做斗争，敦促犯罪分子投案自首。全省有310名干警被聘为各级新闻单位的特约记者、通讯员，发表5000余份稿件。

1986年7月20日，省公安厅发出《关于继续抓紧查处传播淫秽录像案件的通知》，要求各级公安机关把查处此类案件作为“严打”的一个重要内容。省公安厅和各地公安宣传部门结合因观看淫秽录像而走上犯罪道路的典型案例，开展普法教育，帮助群众提高识别能力，自觉抵制资产阶级的精神污染。

1986年，省公安厅筹建安徽省特种证件制作中心，承担全省居民身份证制作任务。省公安厅宣传部门结合1985年颁布的《中华人民共和国居民身份证条例》，对开展居民身份证办理工作进行了广泛的宣传。

1987年，省公安厅宣传部门继续宣传依法从重从快惩处严重危害社会治安的犯罪分子的方针，大力宣传严打斗争取得的成果，揭露少数敌视社会主义制度的敌对分子、“江青反革命集团”残余势力、非法组织成员的破坏活动。2月，全省刑侦、治安部门开展打击流氓滋扰、流窜犯罪、盗窃扒窃、卖淫嫖娼、拐卖妇女、查处私种罂粟等斗争。省公安厅宣传部门紧密结合工作部署，深入报道公安机关所做的工作和取得的成绩。

1987年2月19日，合肥市1路公共汽车售票员陆忠在工作中被流氓团伙用三角刮刀捅死。合肥市公安机关经过两昼夜奋战，将主要犯罪嫌疑人沈某、梅某抓获。省政府追认陆忠为革命烈士，团省委、团市委追认陆忠为“新长征突击手”，市总工会追授“五一劳动奖章”，其生前班组被命名为“陆忠车组”。省公安厅宣传部门和合肥市公安局政工部门通力合作，大力宣传陆忠的先进事迹，并对合肥市公安局连续开展的惩办殴打司机售票人员的流氓不法分子、严厉打击流氓滋扰活动进行了跟踪报道。7月，根据省政府《关于整顿城乡道路交通秩序的通告》和全省整顿交通秩序电话会议精神，各地交警部门全面开展“清路障、纠违章、压事故”为中心的整顿工作。省公安厅宣传部门紧密配合工作部署，组织各地大力开展交通安全宣传教育，保证清障工作顺利进行。各地在整顿期间放映电影、幻灯和电视节目1500场，墙报图片展览1399余场次，印发通告和各种宣传材料25.5万份。

1988年，省公安厅分别在马鞍山、安庆两市进行“人口基本信息系统”和“违法犯罪信息系统”开发应用试点。省公安厅宣传部门以高度的新闻敏感性对试点工作进行了深入报道。当年，全国开始使用统一的新机动车驾驶证。省公安厅宣传部门结合换证工作，对交警部门清理驾驶员档案、整顿驾驶员队伍作了重点宣传报道。

1989年8月26日，省公安厅发出《关于进一步加强治安巡逻联防工作的通知》。省公安厅宣传部门指导各市公安政工部门大力宣传公安机关在严厉打击严重危害社会治安犯罪、开展治安巡逻联防工作方面的成功经验和取得的突出成绩。1989年，一些城市的基层治安巡逻联防人员配合公安民警，控制社会面，严防打砸抢烧事件的发生，发挥了积极的作用，省公安厅宣传部门结合《通知》精神，对此进行了重点报道。9月，省公安厅召开省直34个爆炸物品主管部门负责人会议，部署开展民用爆炸物品的安全检查和清查收缴工作。全省公安宣传干部对清查收缴工作随警采访，省、市主流媒体均刊发了大量稿件，有力地引导了社会舆论，推动了工作的顺利进行。

1989年，全省公安微机应用工作现场会在马鞍山召开，总结了马鞍山、芜湖两市的经验，要求在2—3年内全省各市的微机应用工作全面开展。会议标志着安徽省公安基础管理和情报信息由手工开始转向自动化。省公安厅宣传部门派出宣传报道小组驻会进行了采访报道。11月，省公安厅抽调12名民警组成3个文物安全检查组，分淮北、江淮、江南3个片区，对36个市县80余个文博单位进行重点抽查。省公安厅宣传部门配合内保部门，对检查总体情况进行了宣传报道。

1989年，省公安厅和各级公安机关将元旦、春节、“五一”、国庆等重大节日前夕作为安全检查的主要时机，开展安全大检查。节日安全检查成为全省内部单位安全防范工作的一项重要制度，对安全大检查的宣传成为公安宣传的一项常规工作。

1989年至1990年，党中央、国务院部署开展多次集中“扫黄”行动。省公安厅宣传部门在部署各地公安政工部门用健康向上、喜闻乐见、丰富多彩的精神产品占领公安思想文化阵地的同时，对安徽省行动的斐然战果进行集中且有深度的宣传。

1990年6月下旬，公安部、交通部统一部署长江流域的安徽省和其他七省、市公安机关开展集中打击流窜犯和“江盗水贼”统一行动。6月26日，铜陵市公安机关密切配合江芜134号轮，将先后伙同9名歹徒持刀抢劫作案7起、持刀强奸4起后潜逃的首犯梅某抓获归案。省公安厅宣传部门对统一行动开展情况进行了连续报道。下半年，省公安厅宣传部门开展了保卫亚运会、“严打”斗争、继续扫除“六害”、打击拐卖妇女儿童和卖淫嫖娼活动的新闻宣传工作。10月，省公安厅与省电视台联合举办道路交通安全知识电视大奖赛。11月9日，全省经济民警军事技术比赛在合肥举行。省公安厅宣传部门派出照相、文字宣传干部，并邀请电视台记者现场采访，新闻稿件陆续在省内主流媒体刊播。11月15日起，全省公安机关在江淮、江南9个地市部署开展以打击“流动赌场”“车匪路霸”为主要内容的专项斗争。省公安厅宣传部门开展了广泛的群众宣传工作，发动群众检举揭发不法分子，并对舒城县公安局、芜湖市公安局的突出成果进行了重点报道。

1991年4月，省公安厅召开全省户口整顿工作会议，部署开展全省户口清理整顿工作。为使户口整顿工作家喻户晓、深入民心，省公安厅宣传部门和治安部门紧密配合，通过报刊、广播、电视、公开信、发放宣传材料等形式，广泛宣传户口整顿工作的重要意义，争取群众的理解、支持和配合，为顺利完成清理整顿创造了良好的外部条件。

1992年，芜湖市公安局中江桥派出所“派出所人口信息管理系统”试点经验在全省范围内推广。省公安厅宣传部门与芜湖市公安局政治处密切配合，广泛邀请中央、省、市新闻媒体赴芜湖采访报道，掀起了安徽省公安信息化宣传的高潮。4月，省公安厅召开全省公安科技工作会议，部署公安科研主攻方向。省公安厅宣传部门与科技部门联合拟定了宣传方案，对安徽省公安机关尊重知识、尊重人才和公安科技创新等方面工作进行了宣传报道。11月，合肥市连续发生多起流氓团伙持械斗殴案件，给安定的社会罩上阴影，成为群众议论的焦点。合肥市公安局抽调精干警力，于12月2日晚成功摧毁危害最大的张某犯罪团伙，缴获3支自制手枪、钢珠炮，9支火药枪和大量刀、棍等凶器。省公安厅宣传部门联合合肥市公安局政治部对该案进行深入采访，《人民公安报》于12月22日以《“12•2”秘密行动》为题进行了重点报道。

1992年年底至1993年年初，全省公安机关开展打击车匪路霸专项行动。省公安厅宣传部门对行动进行持续报道，并于1992年11月21日、1993年3月27日在《人民公安报》对当涂、宣城公安机关破获合宁高速团伙抢劫案进行了跟踪报道。

1993年，省公安厅宣传部门对安徽省公安内保工作进行了集中宣传，4月13日，《人民公安报》以“马钢连续五年无大事故”为题进行了报道。

1994年3月，利辛县警方成功破获一起川皖两省70多名犯罪分子结伙拐卖妇女120多人的特大案件，一举摧毁这一特大拐卖妇女犯罪团伙。省公安厅宣传部门广泛邀请中央、省、市主流媒体记者，及时报道了公安机关打击拐卖、残害妇女犯罪的战果，大力宣扬民警克服困难、顽强拼搏的精神。新华社记者和省公安厅宣传干部联合采写了通稿《金盾护我红颜归—安徽利辛“9•25”特大拐卖妇女团伙案侦破纪实》，省内外多家媒体进行转载。3月29日，《人民公安报》在头版进行了报道，6月11日，《人民公安报》以大案通讯的形式进行了重点报道。

1994年，省公安厅交警总队改革交通管理工作，将原先以事故起数、死亡人数、受伤人数、经济损失为主的4项考核指标，转变为“四项指数”、队伍建设、秩序管理、安全宣传、车辆管理、后勤建设等6大块。省公安厅宣传部门对此进行了前瞻性的宣传。4月5日，《人民公安报》以《安徽交警不以“四项指标”论英雄》为题在头版头条进行了报道。4月至6月底，按照公安部等九部委部署，全省开展了打击盗窃破坏铁路油田电力通信器材设备犯罪活动专项斗争，并结合斗争整顿废旧金属收购业。省公安厅宣传部门会同刑侦、治安部门，采取多种形式向社会开展了广泛的宣传教育。5月至7月，全省公安政工、宣传部门紧紧围绕“破大案、打团伙、追逃犯”这个中心，通过多角度、全方位的对外宣传工作，全力营造舆论氛围，号召群众检举揭发，敦促违法犯罪分子投案自首。专项斗争开展1个月，全省群众就扭送案犯95人，在逃犯主动投案自首116人。1994年年底，芜湖市公安局利用新闻媒体发布对27名逃犯的通缉令，15名逃犯或投案自首或被群众检举揭发落入法网。7月，全省公安机关开始启用新式公安车牌并废止旧车牌。省公安厅宣传部门与交警总队密切配合，及时召开了整顿公安车牌新闻发布会，呼吁舆论监督。8月，全省公安机关组织执法队对全省悬挂公安车牌上路的车辆进行突击检查，收回车牌3233副。厅宣传部门及时跟进，在《人民公安报》等媒体进行了报道。

1997年，省公安厅宣传部门加大对“两改”（即刑侦和派出所工作改革，主要内容是转移派出所工作重点，建立责任区刑警队）、警务督察、队伍教育整顿等工作的宣传，先后有9篇在《人民日报》、中央人民广播电台、《法制日报》《人民公安报》等媒体刊播。在对警务督察报道中，先后制作播出了两部电视专题片《警务督察在行动》和《督察现象透视》，在群众中引起很大反响。在教育整顿期间，组织新华社安徽分社《政法内参》《人民公安报》《安徽日报》等媒体报道，制作了电视专题汇报片《部分地市110明察暗访纪实》。当年，省公安厅宣传部门与刑警总队联合开展了声势浩大的禁毒宣传，分别在铲除罂粟阶段、“6•26”国际禁毒日和禁种阶段掀起了三次宣传热潮。

1998年1月1日，犯罪嫌疑人王某杀害滁州市来安县公安局巡警大队大队长，抢走其“五四”式手枪和子弹。此案被列为安徽1998年第一大案，引起了公安部和省领导的高度重视。1月8日晚，在上海警方的协助下，安徽警方在上海浦东一饭店活捉王某，当场缴获“五四”式手枪1支、子弹23发、弹匣3只。整个案件侦破过程中，省公安厅宣传部门密切联系省内报纸、电台、电视台刊播通缉令，并派出文字、照相、摄像人员到围捕、押送、审讯现场进行采访拍摄。案件侦破后，在迅速向新华社、《人民日报》《法制日报》等中央主流媒体传发通稿的同时，精心采写侦破通讯在省内外媒体刊发，树立了安徽省公安民警英勇善战的光辉形象。

1998年2月10日，蚌埠市某厂工人李某枪击5人并致2人死亡。2月11日，合肥、蚌埠警方联手出击，在合肥市安庆路上一警用器材商店将其生擒，从其手中缴获子弹已经上膛的“五四”式手枪1支、子弹40余发。省公安厅宣传部门及时协调中央、省主流媒体对此案侦破情况进行了专题报道。

1998年，省公安厅宣传部门结合对中共十五届三中全会精神的贯彻落实，组织中央、省主流媒体深入农村改革发源地凤阳县小岗村采访，及时报道了当地公安机关维护农村治安的事迹。省公安厅宣传干部与《人民公安报》记者深入到滁州市和来安、天长等县调研采访，并在《人民公安报》头版连续报道安徽省公安内保工作改革情况。5月，省公安厅在蚌埠召开全省公安计算机二级网建设工作会议，全省17个市信息化网络建设正式启动，公安信息化建设迎来了质的转变，这是安徽省公安信息化建设的第三次飞跃。省公安厅宣传部门加大公安信息化宣传力度，引导广大民警充分认识到信息化给公安工作带来重大改变，提高广大民警应用信息化的积极性和主动性。

1999年，公安部在全国范围内开展“网上追逃”专项斗争。安徽省公安机关在专项斗争中抓获逃犯14762人，其中网上逃犯10790人，直接通过网上比对抓获1809人，位列全国第五位。省公安厅宣传部门在《人民日报》、新华社、中央人民广播电台、《法制日报》等中央主流媒体对专项斗争取得的成绩大张旗鼓地进行了宣传报道。5月29日，合肥市双岗邮政储蓄所被歹徒持枪抢劫21万元现金。省公安厅、公安部先后将此案列为挂牌大案。经侦查，锁定了犯罪嫌疑人邓某。2000年3月3日，省公安厅刑警总队和合肥市公安局刑警支队周密部署，在湖北荆州成功将其抓获，缴获“五四”式手枪2支，子弹70余发，带破了持枪抢劫案6件，涉案价值100多万元。省公安厅宣传部门指导合肥市公安局新闻中心对此案的成功侦破进行了报道。

2000年，在全国“打拐”专项斗争中，安徽省公安机关抓获“人贩子”2543人，破获拐卖儿童案件2132件，成绩位居全国第五。省公安厅宣传部门在广泛邀请中央、省、市新闻媒体采访报道安徽省“网上打拐”突出成绩的同时，全程跟踪报道省公安厅集中送返被拐者行动，推出了一批重点稿件。当年，省公安厅宣传部门还加强了为国企改革服务、创建平安大道、百城畅通、安全文明小区、金盾工程建设等工作的宣传。6月，省公安厅宣传部门与中央及省内新闻媒体联系，重点组织对“打黑除恶”、禁毒等专项斗争的宣传报道。

2001年，全省公安机关及时发布一些反映当时公安工作新动向的稿件，如“《中华人民共和国婚姻法》作了哪些重大修改”“安徽推出改革户籍管理制度新举措”“制作、贩卖、购买假文凭都要治罪”等。

2002年，公安部部署在全国公安机关实施社区警务战略，省公安厅党委高度重视，作出了先试点，再召开全省会议部署的决定。按照厅党委的决定，省公安厅宣传处精心准备，制定周密宣传方案，上半年对合肥、马鞍山2个试点市公安局开展的社区警务工作进行阶段性动态报道，先后在中央和省级多家媒体刊发报道50余篇（条）。8月份全省公安机关社区警务战略会议前后，对社区警务工作进行全方位、多角度、深层次的集中宣传。

2003年，省公安厅组织中央、省、市各级媒体记者9人和公安宣传干部随同“万名民警访平安”工作组深入现场采访，集中向社会宣传公安队伍和民警的新形象。针对公安部、省公安厅颁布并实施30条、23条便民利民措施，组织宣传干部和新闻媒体记者深入合肥、芜湖、马鞍山采访，集中刊发了60余篇高质量稿件。

2004年，为加强对全省公安机关“大练兵”活动示范点和典型经验的宣传，6月份，省公安厅宣传部门邀请新华社记者、《人民公安报》记者赴六安、滁州、宣城、合肥等市公安机关采访，采写重头稿件刊登。9月份，又组织省内主流媒体记者，分南北两片，对“大练兵”活动深入开展、措施扎实的基层公安机关进行了集中采访报道，引起了部、省领导的关注。

2005年，省公安厅宣传部门在《安徽警方》报组织了“命案侦破”专版，集中宣传安徽省警方在侦破命案方面取得的成绩；组织开展了打击网上色情活动专项斗争的宣传。在对安徽省公安机关牵头侦破“99情色论坛”网络大案的宣传上，邀请新华社记者提前介入采访，并于1月5日由新华社发通稿，当天便有108家媒体采用此稿，产生良好的宣传效果。

宣传先进典型　1987年，省公安厅宣传部门配合普法教育，加强对在同反革命分子、刑事犯罪分子做斗争以及维护国家安定团结、维护社会治安秩序中涌现出来的英雄模范等先进典型的宣传。12月11日，省警校合肥教学班86级学生毛成志在回家途中勇斗盗窃团伙光荣负伤。厅宣传部门及时进行报道，在公安内部和社会上引起了强烈反响。

1988年，省公安厅宣传部门承担了安徽省出席中宣部、公安部联合召开的“人民群众见义勇为先进分子代表大会”2个英雄群体的材料收集整理及宣传工作。9月9日，省公安厅会同省委宣传部联合召开第一次全省“人民群众见义勇为与犯罪分子做斗争先进分子表彰大会”，对大会表彰的72名先进分子分层次进行了对外宣传，并对1986年获全国表彰的宿州市城东乡农民席虎等8人追捕抢劫逃犯的事迹重新整理、宣传。同时，对评选出的2名全国优秀公安局局长、13名全省优秀公安局局长和4名省劳模进行了集中宣传工作。

1989年，省公安厅宣传部门与各市公安局政工部门分层次、有重点地对总结表彰中荣立二等功、三等功的19个集体、25名公安民警，受到嘉奖的41个集体、515名民警和受到各级政府记功奖励的5个集体、125名民警进行了集中而深入的宣传。12月19日至20日，省公安厅召开全省治保、治安联防先进集体和个人表彰大会，对表现突出的37个治保、治安联防集体和75名个人进行了宣传。厅宣传部门在进行总体宣传的同时，部署相关市公安局政工部门，重点宣传了霍邱县叶集镇治安联防队、长丰县水湖镇治安联防办公室、安庆市大观区高花亭治保会等优秀集体和全椒县赤镇街道治保会主任唐再田、淮北市杜集区牛眠乡劭庄村治保会主任杨保金、芜湖市朝阳公安派出所治安联防队队长赵治民等先进个人。《人民公安报》以“安徽省群众性治安联防组织在维护社会治安中发挥重要作用”为题进行了报道，还对宿县地区整治治安联防队伍的成功经验进行了重点报道。

1990年8月10日至15日，第二次全国人民群众见义勇为与犯罪分子作斗争先进分子表彰大会在北京召开。省公安厅宣传部门对获表彰的安徽省当涂县乌溪镇麻碾村村民谷常普、石台县横渡供销社职工朱建根等在全省范围内进行了集中宣传。

1991年，在中共建党70周年纪念活动中，省公安厅宣传部门积极组织宣传公安战线上优秀共产党员的先进事迹，采拍了一部反映合肥市公安局普通户籍警、优秀共产党员王星全先进事迹的电视专题《为了人民的安宁》在省市电视台播出，并获得合肥电视台专栏优秀作品三等奖。当年，省公安厅宣传部门结合全省公安机关治理“三乱”、切实纠正不正之风工作，大力宣传涌现出的廉政爱民的先进典型，在省、市主流媒体重点宣传了被公安部授予廉政建设先进单位的合肥市公安局杏花派出所、霍邱县公安局石店派出所、宿州市公安局市北派出所等单位。9月，省公安厅宣传部门对抗洪救灾先进集体和个人进行了集中宣传，重点宣传了顽强奋战导致不幸流产的怀远县公安局女民警宋丽彬和在抗险救灾中被授予“全国公安战线二级英雄模范”称号的肥西县公安局三河分局交警中队中队长曹自和。

1992年，省公安厅宣传部门重点对阜阳县见义勇为英雄刘振江先进事迹、淮南市社会治安综合治理工作成效等进行了对外宣传。《人民公安报》等媒体对为企业深化改革和经济发展提供良好服务的寿县公安局等典型进行了宣传。

1993年，省公安厅宣传部门组织全省公安机关开展学习雷锋30周年纪念活动，宣传了一批学雷锋先进集体和先进个人，对荣获全国公安系统学雷锋先进个人称号的马鞍山市公安局慈湖派出所民警李海源、阜南县公安局交警大队民警乔印成作了重点宣传，并开展“第三次全省人民群众见义勇为与犯罪分子作斗争先进分子表彰大会”和受表彰个人的宣传报道工作。

1995年、1996年，全省公安机关普遍开展了学济南交警活动，省公安厅机关专门成立办公室，厅宣传部门连续开展了对学习情况和涌现出的先进集体和个人的宣传。1996年9月5日，公安部发出《关于评选表彰全国公安机关学习济南交警先进集体、先进个人的通知》，安徽省8名个人，3个集体获表彰，省公安厅宣传部门进行了重点宣传。

1996年11月30日，合肥市公安局常青派出所女民警李素珍因积劳成疾，病逝在工作岗位上，年仅41岁。12月31日，公安部追授李素珍“全国公安系统一级英雄模范”荣誉称号，李素珍为安徽省新中国成立以来第一位获此荣誉称号的民警。省公安厅宣传部门精心组织策划了系列宣传活动，《人民日报》《瞭望》周刊、中央人民广播电台、《人民公安报》《安徽日报》《安徽法制报》《合肥晚报》等中央、省、市主流媒体连续刊播了李素珍的先进事迹。1997年3月1日，李素珍被追授为“全省优秀党员”。省委书记卢荣景作出批示：“李素珍同志的模范事迹，十分感人。在普通的工作中，做出不平凡的事业。‘捧着一颗心来，不带半根草去。’她那种对党忠心、对群众真心、对工作热心、对困难恒心的可贵精神，值得我们每个人学习。”3月6日，在李素珍命名表彰大会召开之际，再次掀起了宣传高潮。此后，厅宣传部门组织编写《心贴群众的好民警—全国公安系统一级英模李素珍事迹材料汇编》一书发各地公安政工、宣传部门学习。

1997年，省公安厅宣传部门组织全省公安机关广泛开展“为人民服务、树公安新风”活动，并对活动中涌现出的合肥市公安局胜利路派出所等10个职业道德先进集体、蚌埠市公安局交警支队东区大队张耀良等10名职业道德先进个人进行广泛宣传。省公安厅宣传部门与省总工会合作开展窗口行业评选活动，对绩溪县公安局交警大队二中队等全省十大窗口行业先进集体和萧县公安局交警大队况保华等全省十大窗口行业先进个人进行了宣传和表彰。

1998年，省公安厅宣传部门加强正面典型宣传，组织各地公安政工、宣传部门连续开展了对二级英模、全国特优民警张圣峰，纪检干部的楷模曹锦强，负伤后勇擒犯罪嫌疑人的南陵县公安民警敬炜、实习生俞昌辉，身患绝症坚持工作的公安战线劳模部登福等的对外宣传工作。对抗洪抢险救灾中表现突出的芜湖市公安局赭山路派出所民警白德华等先进个人和无为县公安局等先进集体进行了重点宣传。

1999年，省公安厅宣传部门典型宣传的重点是“一警一所”，即荣获“全国人民满意派出所”“全国百佳班组”等称号的宣城市公安局雁翅派出所和二级英模、原蚌埠市公安局党委委员、纪委书记曹锦强。

2000年，围绕省公安厅党委工作中心下移、抓好基层三所队建设的工作思路，省公安厅宣传部门重点对涡阳县公安局刑警中队、淮南市公安局上窑交警中队、马鞍山市公安局采石派出所的改革经验和抓好队伍建设的做法进行了宣传，并有选择地宣传全国、全省优秀公安局和全国特级优秀人民警察的先进事迹。当年，省公安厅宣传部门对侦破1999年“5•29”双岗持枪抢劫案做出突出贡献的合肥市公安局刑警支队一大队大队长杨援军进行了重点宣传。

2001年，省公安厅宣传部门宣传了《警探》杂志社推出“江淮十大女杰”“安徽省十佳女警”王敏、全国优秀人民警察杨敏、“2000年全国跨世纪人才十大新闻人物”李保湘等模范人物和淮南市公安局大通分局等先进群体。

2002年3月下旬，省公安厅宣传处与省委宣传部共同推出因公殉职民警、五河县公安局东刘集镇派出所所长陈先家的先进事迹，在省内主要媒体以较大篇幅和黄金时段连续刊播。蚌埠、宣城等市公安局也围绕陈先家的事迹和“肖玉泉式好民警”的宣传，开展了“立功创模”活动，营造与时俱进、奋发进取的良好氛围。

2003年，省公安厅有计划，有步骤推出了一批先进典型。如对在追捕罪犯、与歹徒英勇搏斗时壮烈牺牲和负伤的铜陵市公安局民警任飞、望江县公安局民警王红卫、太和县公安局原桥派出所教导员郭怀钦、定远县公安局民警唐学银，以及在抗击非典一线劳累过度而猝然倒下的界首市公安局巡警大队教导员罗汇广、和县公安局联防队员陈兆贵等6人。

2004年3月5日，省公安厅与省妇联联合开展了全省公安机关100名“好警嫂”评选表彰活动。受表彰的100名“好警嫂”于“国际劳动妇女节”前在省妇联召开的表彰大会上隆重亮相。各家媒体纷纷报道了这次表彰奖励活动，在社会上产生了较大的影响。

2005年，省公安厅宣传处与人事处建立了2000年至2005年公安宣传先进典型库。省公安厅刑警总队打黑队民警黄发明于2004年12月30日不幸牺牲后，省公安厅宣传部门连夜撰写出5000余字的长篇通讯《永不陨落的打黑新星》，作为通稿发给中央、省、市媒体。黄发明被公安部授予二级英模称号。8月，安徽省出席全国公安保卫战线英雄模范立功集体代表大会代表团载誉归来。宣传处制定周密的宣传方案，组织省内主流媒体记者，分南北两片对公安英模代表的事迹进行集中采访，在省主流媒体上宣传报道。

第三节　公安文化

安徽省公安机关在坚持从严治警、依法治警的同时，以凝聚警心、提高素质、展示形象、弘扬警察精神，促进公安工作和队伍建设为目标，大力倡导文化育警、文化强警，围绕公安工作和公安队伍建设的实际需要，大力开展公安文化建设和文化活动。

1988年，省公安厅组织全省公安系统“金盾文学奖”初评工作，从征集的近30件作品中评出2件送公安部参评。

1989年，省公安厅组织开展安徽省参加第二届“卫士之光”展览的作品征集评选工作。举办全省公安系统书画、摄影展览。

1994年，在全国公安系统“卫士的追求”演讲比赛中，由省公安厅宣传部门选送的芜湖市南陵县公安局民警梅斌获三等奖。

1997年，根据公安部金盾文化工程优秀作品推选要求，省公安厅选送的作品5件获奖，其中2件获一等奖。

1998年，省公安厅在全省范围内开展了评选季度“十佳事迹”活动。组织民警参加省总工会开展的十大窗口行业职业道德竞赛活动。在“全国班组职工职业道德知识竞赛”活动中，公安系统参赛率达98.5%，名列前茅。成功举办全省公安系统“人民警察爱人民”演讲比赛。组织4名公安先进集体、个人代表参加全省政法先进事迹巡回报告团。

1999年9月21日，省公安厅举办“全省公安系统庆祝建国50周年，迎接澳门回归文艺汇演”。这是新中国成立以来安徽省公安系统首次大规模文艺会演，是对全省公安文艺战线的一次集中大检阅。

2000年，省公安厅组织“第五届金盾文化工程”评选、上报工作。指导基层开展“读书育人活动”。推进基层民警开展小型化、经常化的群众性文化体育活动。1月，省公安厅以开展“爱民月”活动为契机，对广大民警进行宗旨观念教育。

2001年，省公安厅建立安徽省公安系统文化人才库，对全省公安系统书法、绘画、摄影、文学、演讲、音乐、戏剧、舞蹈等方面人才进行登记入库。6月，为纪念中共建党80周年，全省公安系统“歌唱党，歌唱祖国”演唱会在合肥举行。6月18日，由公安部政治部主办的“京、津、皖、川、渝警察书画摄影展”在北京中国历史博物馆开幕，安徽省公安系统52幅作品参展。8月，第六届全国公安系统“金盾文化工程”获奖名单公布，安徽省获得6个奖项。

2001年，由省公安厅宣传处民警张成功创作、编剧，省公安厅与北京金英马影视公司、山西电影制片厂联合拍摄的电视连续剧《黑洞》拍摄完成。此前由张成功创作的电视连续剧《黑冰》在全国多家省级电视台播出，好评如潮。

2002年2月至11月，公安部在全国公安机关组织开展《人民警察必读丛书》知识竞赛活动。安徽省各级公安机关全警动员、全警参与。安徽省公安厅荣获优秀组织奖提名，获得全国第八的佳绩，同时有10人获奖。10月28日，“全省公安机关迎接党的十六大文艺会演”在安徽大剧院举行，演出用欢庆的歌舞向中共十六大献上全省公安民警深深的祝福，充分展示公安民警火热的战斗生活和良好的精神风貌。11月18日至12月16日，公安部在北京举办“激情飞越——2002年全国公安系统文艺会演”。安徽省公安厅报送的节目《鼓重奏：鼓韵欢腾》和黄梅小戏《棋牌室风波》被公安部选中参加演出。

2003年1月，公安部政治部发出《关于印发2002年全国公安系统文艺汇演获奖名单的通知》，安徽省公安厅推荐的8个节目分别获金、银、铜奖和鼓励奖。金奖：黄梅小戏《棋牌室风波》（安庆市公安局）；银奖：小品《警营夜话》（淮北市公安局）；铜奖（4个），鼓励奖（2个）。11月，第七届全国公安系统“金盾文化工程”获奖作品中，安徽省有11件作品获奖。12月4日，由省公安厅推荐的消防总队选手汪苏云在全国公安机关“学习‘三个代表’重要思想，坚持执法为民”演讲比赛中荣获一等奖。

2004年1月6日至11日，公安部在国家博物馆举办第三届全国公安系统“卫士之光”书法、美术、摄影作品展。安徽省公安机关有14件参展作品获奖，阜阳市公安局民警史文涛获书法作品一等奖。3月29日至30日，第十一届全国青年歌手电视大奖赛公安系统选拔赛在北京举行。全国各地公安机关推选150名歌手参加选拔，最终选拔出8人代表公安部参加电视大奖赛，安徽省公安机关推荐的选手童天念获得选拔赛三等奖。6月至9月，省公安厅和省摄影家协会联合举办“全省公安机关大练兵活动摄影作品比赛”，评选出获奖作品33幅。7月15日至16日，安徽省公安机关“中铁四局杯”执法为民知识竞赛在合肥举办。省公安厅机关代表队获得一等奖，合肥市公安局、亳州市公安局代表队获得二等奖，黄山市公安局、阜阳市公安局、蚌埠市公安局代表队获得三等奖。9月，省公安厅选送的节目在全省政法机关庆祝新中国成立55周年文艺会演中获得多个奖项，其中黄梅小戏《霞飞满天》分获表演一等奖和创作二等奖，省公安厅也是获奖最多、所获奖项最高的单位。12月，省公安厅推荐报送、安庆市公安局组织创作的男女声对唱的黄梅歌《警盾的光华》在公安部政治部组织的2004年警察歌曲创作暨演唱大赛中获得“创作优秀奖”。

2005年6月29日，省公安厅在合肥举办全省公安机关“歌唱党、歌唱祖国”警察歌手比赛活动。10月，第八届全国公安系统“金盾文化工程”优秀作品评选揭晓，安徽省公安民警有9件作品获奖。10月17日至18日，安徽省创建文明行业活动指导委员会在合肥举行“全省行业优质规范服务比赛”，来自全省窗口行业和执法部门的17支代表队围绕“展示优质规范服务新风采，弘扬规范文明执法新风尚”主题，展开激烈角逐。公安代表队获得演示赛第二名的优异成绩，获得演出的团体铜奖。12月22日晚，安庆市公安局精心选排的黄梅戏专场文艺节目在安徽省黄梅戏剧院艺术中心举行。

第四节　公安理论研究

1994年3月2日，省公安厅下发《关于加强公安理论研究工作的通知》，回顾了安徽省公安理论研究工作情况，对加强公安理论研究提出了意见、要求。4月，《安徽公安》杂志社和省公安厅二处联合发出《关于举办“新形势下企业公安保卫工作问题与对策”有奖征文活动的通知》。截至1995年5月底，收到论文37篇，其中13篇论文在《安徽公安》杂志上刊发，并评出一等奖1名、二等奖3名、三等奖3名、鼓励奖6名，颁发了获奖证书和奖金。6月8日，省警察学会秘书处向全省发出“关于约请撰写论文的函”，约请30多名民警参与撰写论文。10月15日至20日，省警察学会派员参加在大连市召开的“中国警察学会公安学基础理论专业委员会首届年会暨学习邓小平人民民主专政思想探讨公安工作战略新思路研讨会”，省警察学会的1篇论文被评为三等奖。12月7日，省警察学会印发中国警察学会与《光明日报》共同举办的“警察•社会•公众”征文活动的通知，省警察学会的1篇论文被选登并获得三等奖。

1995年5月12日，省警察学会和省法学会联合下发《关于召开全省青少年犯罪研讨会的通知》，研讨会收到论文71篇。8月22日，省警察学会4篇论文参选中国警察学会“社会主义市场经济与公安工作”论文评选研讨会。其中，尹曙生的《运用邓小平的战略思想加强公安工作为社会主义市场经济服务的几点思考》获得二等奖。11月，省公安厅办公室下发《关于开展预防未成年人犯罪问题调研活动的通知》。

1999年8月底，省警察学会承办中国青少年犯罪研究会十一届年会暨全国预防青少年犯罪研讨会，140余人参会。省警察学会邀请港澳地区3名青少年犯罪研究专家在会上作学术报告，介绍港澳青少年犯罪等有关情况。1999年，省警察学会与省公安厅刑警总队联合征文，编辑出版《追逃论文集》，并对论文进行了评奖。

2000年5月，全省预防青少年犯罪研讨会在合肥召开。会议收到论文80多篇。研讨会围绕青少年犯罪的现状、趋势、原因及其预防、治理方略进行了探讨。12月12日，省警察学会与省法学会、法官协会等学（协）会联合在合肥召开诉讼法律研讨会。省警察学会组织40多篇论文参评，15名作者出席会议并在大会上交流发言，5篇论文获一、二等奖。

2002年年初，省警察学会报送15篇论文参与中国警察学会组织的“我国加入WTO后公安工作面临的机遇与挑战”理论研讨活动。5月，全省青少年犯罪研讨会召开。省警察学会对会议论文进行筛选，编辑出版了《预防未成年人犯罪的理论与实践》（安徽大学出版社出版发行）。在中国青少年犯罪研究会20周年庆典大会暨13届理论研讨会上，《预防未成年人犯罪的理论与实践》荣获中国青少年犯罪研究会优秀论著二等奖，4篇论文获二、三等奖。7月，省警察学会有3篇论文在中国警察学会理事年会暨理论研讨会获二、三等奖。

2003年，省警察学会选送20篇论文参与公安部在全国组织开展“贯彻十六大、全面建小康、公安怎么办”大讨论活动。其中1篇论文获二等奖，3篇论文获三等奖，省警察学会荣获组织奖。同时，省警察学会经过筛选，结集出版了46余万字的《源于实践的理性探索——贯彻十六大全面建小康公安怎么办论文集》。

2005年，省警察学会参与省法学会、省法官协会、省检察官协会、省律师协会、省公证协会联合举办全省“深化司法改革，构建和谐社会”论坛征文评奖活动。全省有120篇论文参与交流和评奖，共评出一等奖3篇，二等奖10篇，三等奖20篇。其中，省警察学会精选的10篇论文获一、二等奖各1篇，三等奖3篇，优秀奖5篇。当年，省警察学会组织全省公安机关开展“开门大接访”论文征文及评选活动，收到参选论文117篇，学会进行遴选、编辑、校对，并组织有关专家对论文进行了评选，先后召开“大接访”座谈会和专题研讨会，并出版了《安徽省公安机关“开门大接访”论文集》和《安徽公安大接访纪实》画册。同年，省警察学会秘书处召开“社会人”管理专题研讨会。

第五节 公安史志研究

1982年5月6日，省公安厅设立安徽省公安史资料征集研究领导小组，领导全省公安史资料征集研究工作。8月，抽调专职人员从事公安史资料征集研究工作。1983年11月，省公安厅正式设立公安史办公室，工作人员正式列编，具体负责省公安厅公安史资料征集研究工作，并指导、督促、协调全省地、市、县公安史工作。年底，全省15个行署、市，50个县公安机关设立相应的工作机构，调配史志编研人员140余人。1988年，省公安厅党组决定将原“省公安史工作领导小组”改为“省公安史志工作领导小组”。年底，全省16个行署、市，74个县公安机关均建立正式或临时的公安史志研究机构，人员达220人。

按照公安部的要求，安徽公安史研究工作首先是从征集闽浙赣根据地安徽部分的公安史资料开始的，并于1982年7月将资料整理上报公安部。8月20日，省公安厅印发《关于公安历史资料征集工作的意见》，要求各地建立机构，明确研究目标，搞好分工协作，并对搜集资料的范围、来源、工作步骤和计划提出具体要求。1984年年初，省公安厅召开第一次全省公安史工作会议，要求各行署、市、县公安机关加强对公安史工作的领导，提高认识，落实人员。此后至1989年，每年召开一次全省公安史志工作会议或行署、市公安处局办公室主任、史志办主任、主笔会议，交流工作经验，研究部署公安史志工作。其间，省公安厅曾先后主持召开淮南、淮北、皖江三块抗日根据地公安史工作协作会，老公安干部座谈会，徐州协作会，巢湖片会，六安片会，阜阳片会，四城市（合肥、蚌埠、芜湖、安庆）接管专题研讨会和专题改稿评稿会等10余次，解决了资料征集研究工作中遇到的问题。截至1986年上半年，全省共征集公安史资料2.1余万份，其中历史文献资料1.2余万份，口碑资料8000余份，图片文物资料

300余件；整理编写《公安史资料长编》《公安史资料汇编》《公安史大事记》及其他专题172部500余万字。公安部下达的第二次国内革命战争时期皖西苏区和抗日战争时期皖江、淮南、淮北等根据地公安史资料长编、大事记及有关专题的研究编写任务，如期完成上报。其中皖西苏区公安史长编、淮南抗日根据地公安史长编、“皖西肃反”、合肥和芜湖市接管专题等，被公安部《公安史资料》刊载，受到好评。全省16个行署、市，74个县（市）亦如期完成新中国成立前几个革命历史时期的公安史资料征编任务。

1986年9月16日，省公安厅召开全省公安史工作电话会议，总结前期公安史工作，布置编写新中国成立后公安史的任务。至1989年年底，全省有3个行署、7个市、49个县完成新中国成立后公安大事记初稿的编写任务，6个市、3个行署、20个县完成公安组织史初稿编写任务。

1986年，省公安厅开始《安徽省志•公安志》的资料征集和编纂工作。至1993年审定付印，前后历时8年。8年间，编纂人员广征博采，征集2100余万字的资料，篇目修订20余次，志稿6易，最终锤炼出上自清末下至1989年的110余万字的《安徽省志•公安志》。

各行署、市、县公安志的编纂工作在当地政府修志办公室的统一部署和省公安厅的业务指导下，逐级负责志书质量审查。至1988年年底，全省编修公安志30本（部），其中《金寨县公安志》于1988年10月出版，并在全省公安系统内部交流，发行全国10余个省市公安机关。

为汇集、交流全省公安史志研究成果，1987年省公安厅决定编辑出版《公安史志》丛书。1988年年底编辑第一辑，12万字，印发2000册，为全省各级公安机关的领导和广大民警、保卫干部提供一块了解公安历史、借鉴历史经验的园地，为公安工作优良传统教育提供资料。此后，通过不定期出版，前后共出版4辑。

截至2005年年底，全省各级公安机关史志编纂人员广征博采，编研的成果有：征集了安徽在第二次国内革命战争、抗日战争和解放战争时期，中国共产党领导的根据地（解放区）的公安保卫工作历史资料千余卷之多；编研出90余部、5600余万字的新中国成立前的公安史资料和史稿；编写出社会主义时期的公安大事记和组织史资料150余部和一批专题资料；为各地的地方志编写提供了一大批公安志资料，有的还编纂出版了公安部门志；按质按量地完成了地方党委党史部门交办的党史资料的征编任务；省公安厅史志办在指导全省公安史志工作的同时，查阅清末至1989年的数千卷档案，征集了2000余万字的资料，编纂出版了安徽省有史以来的第一部公安志——《安徽省志•公安志》；为庆祝新中国成立50周年，编纂出版了《安徽公安工作五十年》画册和《金盾之光——改革开放大潮中的安徽公安》以及后期编辑出版的《金盾利剑》

《1999—2005年安徽公安工作》画册等资料；通过编纂公安史志资料，配合有关部门纠正平反了一些久查不清、久议不决的冤假错案；为领导决策提供了大量准确、系统的资料和数据，为教育公安民警继承和发扬公安工作的优良传统提供了丰富生动的教材；通过征集编纂公安史志，锻炼培养了一批人才。

第十六章　后勤保障与综合管理

第一节　后勤保障

机构职责　1983年7月，行政科和财务科从办公室划出，成立省公安厅行政财务管理处。内设计划装备科、行政科、房屋管理科、财务科、生产科、内勤科，另有医务所和幼儿园。1984年8月，增设基建办公室，成立机关劳动服务公司。1990年3月，办公室管理的厅机关居民委员会划归行政财务管理处管理。1990年6月，内勤科改称秘书科。行政财务处主要职责：负责全省公安业务经费、专项经费和厅机关行政经费的使用管理；负责厅机关基本建设、房产、生活服务等后勤保障工作；负责厅机关大院卫生、绿化等管理工作。

1985年2月，行政财务管理处管理的计划装备科划出，成立计划装备处。1987年3月，经省编委正式批复同意，计划装备处内设内勤科、被装科、器材科，另有直属仓库。1990年6月，内勤科改称秘书科。计划装备处主要职责：负责全省公安装备建设的长远规划和公安民警（含企事业公安、两劳系统、经济民警）的器材装备，被装年度计划的制订、采购、保管、发放；负责非军用武器弹药的订购、价拨和保管等。

2000年5月，行政财务管理处和计划装备处合并，成立装备财务处。装备财务处内设秘书科、计划科、行政财务科、业务财务科、装备科、被装科、国资科。装备财务处主要职责：负责掌握全省公安经费、装备和基础设施建设工作等情况，组织起草全省公安机关警务保障中长期发展规划，并组织实施；负责全省公安机关警用装备、被装配备计划编制、采购、发放与管理；负责中央转移支付资金和基建投资分配、指导、监督和管理；负责厅机关财务经费的预、决算，合理安排各项经费，制定财务管理、国有资产管理、物资设备和大宗物资采购管理等制度，并负责监督实施；负责厅机关基础建设与管理；负责厅机关保留企业监督管理；负责厅机关动力设备维护保养、供水供电、房屋修缮、大院安全、卫生保洁、环境绿化、美化等工作；负责厅机关食堂、幼儿园、文印室管理。

经费保障

厅机关经费保障　1986年，全省各级财政对公安局均实行了预算包干，除个人经费外，公用经费的包干指标每人每年350至400元不等，建立区、乡级财政的区、乡派出所，每人每年的公用经费的包干定额240元。

1990年，公安部专项补助全省公安装备经费276万元。

1992年，省公安厅行政经费开支560万元，比预算341万元，超支219万元。

1993年，省财政核定省公安厅行政经费支出预算384万元。

1995年，公安部、财政部补助全省公安安全业务费150万元，划转公安信息系统建设资金45万元。

1996年，财政部、公安部补助全省"打拐"专项经费50万元。

1997年，全省公安机关经费65203万元（其中：行政经费39360万元，公安业务费21871万元，看守所经费1759万元，拘留所经费1181万元，收审所463万元，干部训练费15万元，中等学校经费198万元，其他经费356万元）。全年人均行政经费1.2万元，人均公安业务费0.7万元。财政部、公安部补助全省公安机关"打拐"专项经费40万元（其中30万用于厅刑警总队"打拐"专用），打击卖淫嫖娼活动经费25万元（其中15万元用于厅治安总队打击卖淫嫖娼活动专用）。

1998年，全省公安机关经费104194.18万元（其中：行政经费32303.51万元，公安业务费15788.77万元，公安特费352万元，拘押收教场所经费2770万元，交警经费27573万元，干部训练费35.1万元，中等学校经费247万元，其他经费6878万元，财政专户经费17305万元，基建投资941.8万元）。全年人均行政经费1.02万元，人均公安业务费0.54万元。全年全省公安经费缺口23991.7万元（其中：公安机关行政经费缺口7058.5万元，公安业务费缺口12283.2万元，公安特费缺口644万元，拘押收教场所经费缺口1965万元，干部训练费缺口455万元，职工理疗费缺口1153万元，其他经费缺口433万元）。全年全厅机关公安经费缺口1717.5万元（其中：公安机关行政经费缺口320.3万元，公安业务费缺口1142.2万元，公安特费缺口120万元，拘押收教场所经费缺口10万元，干部训练费缺口15万元，职工理疗费缺口80万元，其他经费缺口30万元）。财政部、公安部补助全省公安机关专项经费260万元（其中：打拐经费50万元、禁毒经费40万元、打击卖淫嫖娼活动经费20万元、装备建设经费150万元）。

1999年，省财政安排全省公安经费1450万元（其中：特别业务费250万元，公安专线租金90万元，公安警服费380万元，看守所、拘留所经费180万元，补地、县装备经费550万元）。

2000年5月，根据财政部、公安部《关于下达公安机关中央补助专款的通知》精神，中央补助安徽省公安装备专款1120万元。11月，为进一步加强厅机关经费保障和财务管理，省公安厅印发《安徽省公安厅机关财务管理暂行办法》。

2001年，省财政核定省公安厅综合预算为6824.4万元，比上年增长11%。

2005年，省财政拨款14494万元，其他收入3903万元，全厅共计18397万元。

地、市公安局经费保障　1990年，公安部、财政部下达补助专款53万元，用于合肥市公安局防暴支队装备购置。

1993年，公安部补助肥东县公安局业务费10万元，用于肥东县公安局“7•22”案件装备损失补助。

1995年，公安部、财政部补助全省公安安全业务费150万元（其中105万元下拨给市、县公安局）、划转公安信息系统建设资金45万元（其中40万元分别均等下划合肥、芜湖、马鞍山、蚌埠市公安局）。

1996年，公安部、财政部下拨全省公安人口信息系统建设补助金40万元，违法犯罪信息系统建设补助金30万元，并于1997年8月全额下发给市、县公安局。公安部补助10万元，用于安庆市公安局水上分局购置水上船艇专用。

1997年，全省17个中央级贫困县县财政拨款6493.72万元，人均1.28万元/年。凤台、绩溪、泾县、郎溪、歙县等5个省级贫困县县财政拨款911.81万元，人均0.90万元/年。贫困县级公安机关经费支出总额10274万元，比上年增长22%，其中：行政经费5325万元，业务经费4118万元，基建投资831万元。人均行政经费1.06万元/年，人均公用经费0.2万元，人均业务费0.82万元。财政部、公安部补助全省公安机关“打拐”专项经费40万元（其中10万用于市、县公安局刑侦部门“打拐”专用），打击卖淫嫖娼活动经费25万元（其中10万元用于芜湖市、蚌埠市、阜南县、临泉县、安庆市公安局打击卖淫嫖娼活动专用）。

1998年，财政部、公安部下拨安徽省治安拘留所修缮经费20万元（其中：濉溪县、黄山市徽州区、岳西县、金寨县、涡阳县、宿州埇桥区治安拘留所各3万元，东至县公安局治安拘留所2万元）。全省16个地（市）级公安机关经费缺口8645.2万元（其中：公安机关行政经费缺口2406.2万元，公安业务费缺口4320万元，公安特费缺口255万元，拘押收教场所经费缺口611万元，干部训练费缺口99万元，职工理疗费缺口784万元，其他经费缺口170万元）。全省76个县级公安机关（含17个国家级贫困县、5个省级贫困县）经费缺口13629万元（其中：公安机关行政经费缺口4332万元，公安业务费缺口6821万元，公安特费缺口269万元，拘押收教场所经费缺口1344万元，干部训练费缺口341万元，职工理疗费缺口289万元，其他经费缺口233万元）。全省17个国家级贫困县公安机关经费缺口4099万元（其中：公安机关行政经费缺口1084万元，公安业务费缺口2206万元，公安特费缺口151万元，拘押收教场所经费缺口280万元，干部训练费缺口76万元，职工理疗费缺口203万元，其他经费缺口99万元）。公安部补助50万元，地方政府补助250万元，用于芜湖市、贵池市（县级）、当涂县、池州市、巢湖市、铜陵市公安局水上装备购置。

1999年，财政部、公安部下拨1120万元，其中690万元用于补助17个国家级贫困县公安刑事技术和计算机装备建设，430万元用于补助全省43个一般贫困县和当时经费筹集较困难的县公安局。省公安厅分别给芜湖、马鞍山、巢湖市公安局补助15万元，用于建造公安巡逻艇。

基础设施建设 1985年，省财政拨款28万元翻修三层框架结构被装仓库房2幢，计421.80平方米。12月，经省计委批准新建1659平方米厅机关职工宿舍（投资30万元）、1667平方米反暴力小分队集体宿舍和值班用房（投资20万元）竣工并交付使用。

1985年至1986年，省公安厅机关汽车库开始新建。1986年11月，省公安厅转发三部一委《关于解决城镇公安基层单位用房有关问题的通知》。

1985年3月至1987年，新建警犬训练基地，累计投资12万元。1987年，建筑面积4182平方米、2幢各3层、预算127.40万元的装备仓库相继交付使用。11月，投资25万元包干使用、建筑面积1000平方米的九华山据点获批开建。12月，省公安厅警卫处宿舍楼获批开建。

截至1989年年底，全省公安派出所1131个，有办公用房派出所689个（其中，危房所数210个）、借房派出所319个、租房派出所123个。

20世纪90年代初，省公安厅机关第三十八、三十九、四十栋职工宿舍楼建成。

1990年9月，省警察学校职工宿舍开始新建，核定总投资89.67万元，建筑面积2880平方米。

1986年6月至1991年年底，总支出1101万元、建筑面积12000平方米的省公安厅侦破技术楼正式建成启用。

1992年，经省行管局批准，省公安厅机关核定建筑面积2159平方米的36套职工宿舍开始兴建。1992年8月至1995年10月，公安部交通管理局在黄山市兴建的交通警察培训基地竣工并投入使用，建筑面积9200平方米。

1993年，由省政府投资80万元装修机房、公安部下发主机设备的省公安厅信息中心建立。

1997年11月，省公安厅机关多功能老干部活动中心开始新建，建筑面积2100平方米。

1998年，省公安厅指挥中心开始扩建。

2005年，中央政法补助全省147个派出所维修专款619.6万元。按照公安部和省公安厅关于公安派出所统一建筑外观形象工作的部署和要求，9月，省公安厅印发《安徽省公安派出所统一建筑外观形象实施方案》。11月，省公安厅装备财务处下发《关于进一步加强公安派出所统一建筑外观形象的通知》。

警务装备　1986年至1994年，安徽省公安警务装备建设以交通装备和技术装备为重点。技术设备包括刑事技术器材、警卫器材、政保器材、通信器材。交通工具包括汽车、摩托车、公安船艇等，汽车配备的车型有桑塔纳轿车、海马轿车、仪征囚车、通工囚车、金杯囚车及“幸福”“山东”“洪都”等二轮、三轮摩托车。刑事侦查、现场取证、检验鉴定等装备主要包括显微镜、现场勘查箱、收录机、传真机、车载台、手持台等。

技术装备　1985年，全省开展无线电通信组网工作。至1988年，全省各行署（市）公安处（局），城市公安分局和省公安厅机关全部开通使用了无线通信网，94%的县（市）公安局组建了无线移动网。1985年至1988年，投入技术装备建设资金580万元，无线通信设备有：中心控制台7台，分控制台110台，双工基地台130部，单基地台（含固定台）137部，车台373部，手台1886部，初步形成了全省统一的公安无线通信网络，在打击犯罪、维护社会治安、抢险救灾、警卫大型群众集会的安全保卫工作中发挥了重要作用。

1989年年底，全省共有一级刑事鉴定技术点1个、二级刑事鉴定技术点12个、三级刑事鉴定技术点72个、警卫技术点1个、无线组网建设点94个。

1990年，公安部补助合肥市公安局指挥中心购置设备经费27万元；向合肥市公安局刑侦部门免费增拨摄录像器材1台，向内保部门免费增拨摄录像机2台。

1991年，公安部补助全省公安机关装备款214万元，救灾装备专用款100万元。

1992年，公安部补助全省公安机关装备器材经费168万元，补助合肥市公安局防暴支队装备器材经费53万元，补助黄山市公安交通通讯装备10万元，补助金寨县通讯器材经费5万元。

1993年，公安部补助100万元，用于建立省公安厅二级刑事技术中心。

1994年，省公安厅初步建成公安要情系统，为全省公安机关配备公安器材40套（件）。

1997年年初，省公安厅着手建设全省公安指纹自动识别系统。

2000年年初，省财政厅安排省公安厅侦察设备经费120万元，用于DNA系列仪器设备购置。

2001年，省公安厅利用中央政法专款和配套资金1294.6万元，为31个贫困县和库区县看守所配备依维柯囚车31辆；为25个贫困县和库区县公安民警配备个人防护、防暴器材4325件；为24个财政较困难的县级公安局配备160万元的计算机三级网设备；为30个县公安局装备刑事技术器材402万元。全年全省利用中央政法补助专款为基层公安机关购置交通工具、信息化装备、刑事技术装备、监管场所装备及民警个人防护器材3083套（其中交通工具22辆、信息化装备483套、刑事技术装备882套、监管场所装备

29套、民警个人防护器材1667件）。全年投资1230.76万元建设GSM工程、指纹识别系统、重点信访信息系统、程控电话二级网改造等7项工程，占总预算经费的18%。

2001年至2003年，是中央政法补助专款第一个三年规划期。全省公安机关装备经费为5170.9万元，重点项目规划的重点是基层公安机关购置办案急需的交通工具、信息化装备、刑事技术装备、监管场所装备、民警个人防护器材。

2002年，全省利用中央政法补助专款为61个县、区公安局发放各类装备器材1.1万套（台、件），器材种类170个，涉及总金额1704.88万元。全年全省利用中央政法补助专款为基层公安机关购置车辆37辆、信息化装备689套、刑事技术装备554套、监管场所装备60套、民警个人防护器材1537件。全省公安机关有警用车辆6348辆，摩托车3298辆，船艇48艘，信息通信装备5836套，计算机9375台，警械武器29920只，防护器材4720件，技术设备219套。

2003年，中央专项补助安徽省装备经费600万元，通过省级政府采购集中为全省72个县（市）、区公安机关、3个市（共建项目）公安机关配发民警个人防护器材，扭转了装备经费严重不足的局面。

2003年，中央补助专款装备项目有170多个，涉及资金2083.7万元。全省利用中央政法补助专款为基层公安机关购置车辆85辆、信息化装备564套、刑事技术装备962套、监管场所装备43套、民警个人防护器材18306件。至年底，全省公安机关利用中央政法补助专款公安装备项目建设彻底解决了“零装备”（没有装备）和“三无”派出所的装备问题。全年全省公安机关有警用车辆7447辆，摩托车3314辆，船艇22艘，信息通信装备6459套，计算机13389台，警械武器33789只，防护器材10555件，技术设备253套。

2004年，全省利用中央政法补助专款为基层公安机关购置车辆127辆、信息化装备740套、刑事技术装备75套、监管场所装备36套、民警个人防护器材4324件。全年全省公安机关有警用车辆9024辆，摩托车3264辆，船艇11艘，警械武器49179只，防护器材20447件，技术设备3816套。

2004年，中央政法补助专款第二个三年规划期开始。全省公安机关装备经费为10470万元，项目规划的重点主要是交通工具、信息化设备、刑事技术装备、监管场所装备、民警个人防护器材等。其间，中央政法补助专款新增5850万元，主要用于购置交通工具，提高了全省公安机关快速反应能力。全省公安机关基础基本装备建设得到了极大的发展：解决公安四级网络建设，力争公安网络通向全省所有的派出所或者通向社区；解决110指挥系统建设，实现“三台合一”；解决民警个人防护装备，彻底扭转一线民警个人防护装备不足的局面；解决刑事技术设备系统建设问题，提高刑事技术设备的科技含量；加强看守所设备建设，逐步提高其安全系数；解决基层公安机关的交通工具，改善其快速反应能力；解决基层公安机关的办公设备，实现办公自动化。

2005年，全省利用中央政法补助专款为基层公安机关购置车辆425辆、信息化装备1755套、刑事技术装备222套、监管场所装备39套、民警个人防护器材3456件。

运输工具 1986年，全省公安机关汽车有300多辆。1987年年底，省公安厅机关有公用自行车525辆。1989年年底，全省城镇派出所有汽车1191辆（其中：小轿车196辆、吉普车530辆、旅行车50辆、勘查车174辆、囚车169辆、大轿车6辆、载重车33辆、其他车33辆）、摩托车1469辆（其中：二轮摩托车769辆、三轮摩托车700辆）。截至1990年9月，全省公安机关有各种公安业务用车1822辆、摩托车1824辆、公安船艇19艘。

1990年，全省公安机关购置各类汽车350辆，摩托车217辆，补助基层公安队、所三轮摩托车86辆（每辆补助经费3000元，总计补助经费26.15万元）。

1994年，全省公安机关配备各类公安专用车辆582辆（其中摩托车46辆）。全省公安机关有汽车3122辆（其中，小汽车377辆、吉普车733辆、公安囚车1561辆、其他车辆451辆），摩托车1687辆，中小船艇33艘（其中，中型5艘、小型28艘）。

1995年，全省公安机关配备汽车4814辆（其中，小汽车738辆、吉普车1561辆、公安囚车2437辆、其他车辆81辆），摩托车728辆，船艇33艘（其中，中型5艘、小型28艘）。

1995年至1999年，省公安厅为沿江、沿淮、巢湖、太平湖等地15个水上公安机关配备了中型公安指挥巡逻艇。

1998年，公安部补助50万元、地方政府补助250万元，用于为芜湖、贵池、当涂、池州、巢湖、铜陵6个地、市、县公安局建造水上公安巡逻艇。

2000年，全省公安机关配备汽车6644辆（其中，小汽车1725辆、吉普车1394辆、公安囚车2927辆、其他车辆698辆）、摩托车909辆、船艇21艘（其中，大型艇1艘、中型船艇17艘、小型船艇3艘）。9月，省财政厅安排给省公安厅车辆更新经费60万元。

2001年，全省公安机关增配车辆250辆。全省公安机关有汽车6630辆（其中，小汽车1836辆、吉普车1280辆、公安囚车2945辆，其他车辆569辆），摩托车893辆，船艇21艘（其中，大型艇1艘、中型船艇17艘、小型船艇3艘）。

2002年，全省公安机关购置专用车辆274辆，无偿调拨给基层公安机关抗洪抢险器材玻璃钢冲锋舟4艘。

2003年，全省公安机关配备各种警用车辆288辆。

2005年，全省公安机关有汽车10396辆、摩托车2567辆、船艇40艘、警械武器54837件、防护器材24144件。

枪支弹药　1989年年底，全省城镇派出所有手枪18383支（其中民警携带16685支）、冲锋枪342支（其中民警携带170支），“五一”式手枪弹746010发（其中民警携带544520发）、“五九”式手枪弹14189发（其中民警携带7689发）、“六四”式手枪弹584916发（其中民警携带377690发）；“五六”式步机枪弹81132发（其中民警携带23682发）。

2001年，全省新建144平方米的武器弹药库。

2002年，全省公安机关临时价拨各类枪支22支，子弹194660发；无偿调拨各类枪支932支。

2003年，省公安厅支拨、价拨全省公安机关各类枪支13支、子弹62433发。

2004年和2005年，中央补助全省公安各类枪支222支，子弹165700发，合计金额237.75万元。

警服　1950年年初，经政务院批准，全国统一人民警察服装制式（“50”式），并统一了领章和帽徽。公安机关服装制式分干部和民警服装。着装与解放军相同，其区别是胸章标有“人民公安部队”字样，臂章为盾形，上方横写着“公安”二字，下方缀军徽。此制服一直使用至1956年。

1953年，公安部设计人民警察制服（“55”式）、装备及帽徽图案。经政务院批准，1954年开始在中苏运客车上的乘务民警中试行。公安部会同中央军委总后勤部对新式服装作了修改后，于1955年首先在北京、天津、上海、广州、武汉、重庆、西安、沈阳、旅大等9个城市的户籍、交通、消防、刑事侦查、外事、经济民警和全国铁路民警中施行。1956年夏季在全国各城市中普遍施行。

1958年，公安民警服装颜色由藏青色改为藏蓝色，增加中间缀铜质盾牌，盾牌浮雕1大4小5个五角星，各警种一律佩戴领章。

1966年7月2日，新式民警服装制式、技术规格和质量均与解放军干部相同。

1972年1月，人民警察服装颜色由草绿色改为藏蓝色。消防民警实行义务兵役制，服装仍保持上绿下蓝不变。

1985年年底，安徽省人民警察全部换发“83”式警服。

1990年年底，全省人民警察换发“89”式警服，发放服装121745套件，鞋子13623双，帽子29994顶，各类小件210348件，调号服装等合计约7万套件。

1994年，全省发放警用被装151700多（套）件，鞋帽50271双（顶），各类小件259300多副（只）。

1997年6月，省公安厅下发《关于一九九七年度被装发放工作的通知》，明确发放范围为：全省属人民警察建制、在授衔范围内、在编在职并执行警察职务的人民警察。

2000年9月，省公安厅下发《关于做好“99”式警服首次换发工作的通知》，发放范围为：全省属人民警察建制、在授衔范围内、在编在职并执行警察职务的人民警察。10月开始，全省公安机关陆续换着“99”式警服。

2001年，全省累计发放“99”式春秋警服4余万套，冬常服5余万套，夹克服3余万套，裙裤5余万件，制式衬衣14万件，多功能服2万套，各种警号、服饰30万枚。

2003年，全省发放警服149862套（件），各类装具56893件（枚），抗洪应急物资380套（件）。

2004年2月，省公安厅装备财务处下发《关于变更量体套号问题的通知》，推出6个号6个型加上特体共计37个号型。

财务行政管理　1987年4月，为节减行政经费支出，严格控制会议费增长，省公安厅行政财务管理处下发《关于试行会议费综合定额包干办法的通知》，规定处（局）长会议每人每天综合定额15元，其他业务会议每人每天综合定额10元。为切实压缩和合理使用差旅费，省公安厅行政财务管理处下发《关于试行差旅费包干办法的通知》，规定参加包干人员按人年均250元差旅费计算分配。6月，为减少医药费用开支，省公安厅行政财务管理处下发《关于厅机关公费、统筹医疗管理暂行规定》，废止1984年的《厅机关公费和统筹医疗管理若干规定》。9月，省公安厅行政财务管理处下发《安徽省公安厅关于石油液化气槽车的管理及驾驶员、押运员等补助标准的暂行规定》。12月，为进一步杜绝浪费，减少开支，鼓励节约，重新修订下发《关于公费医疗管理的暂行规定》。为合理使用办公用品和节约办公费用，省公安厅行政财务管理处下发《关于办公费用包干使用暂行规定》，规定办公经费以处室为核算单位，以处室人数每人每月2.5元为包干基数，在此数额内按规定领发办公用品。为进一步做好房屋维修工作，使维修工作制度化、规范化，省公安厅行政财务管理处下发《安徽省公安厅住房小型维修暂行规定》。

1988年12月，为探索开源节流的新路子，省公安厅行政财务管理处下发《关于部分调整经费包干标准的通知》，规定会议费综合定额包干不再分等级，每人每天综合定额包干20元；办公费用每人每月由原2.5元提高到3.5元。

1989年，省公安厅行政财务管理处印发《关于行政办公用具配备标准和管理的暂行规定》《关于公费医疗经费管理的规定（试行）》。

1990年12月，省公安厅下发《关于认真做好厅机关临时工使用管理工作的通知》。

1991年，省公安厅行政财务管理处印发《关于厅机关工作人员出差乘坐飞机的规定》《厅机关零星安置人员工劳管理暂行办法》《省公安厅单身宿舍家具管理细则》《职工宿舍调整后配发煤气、液化气灶具的规定（暂行）》。

1992年，省公安厅行政财务管理处印发《关于加强厅机关水电管理的规定》《关于部分实行住房维修有偿服务的试行办法》《关于临时工管理的规定》。

1993年11月，省公安厅行政财务管理处下发《关于来厅联系工作干警工作餐实行定额定点管理的通知》。

1994年12月，省公安厅行政财务管理处下发《关于厅机关办公区电器使用管理规定的通知》。

1995年10月，省公安厅批转行财处《关于贯彻实施省直房改部署深化机关房改工作的报告》。

1996年1月，省公安厅行政财务管理处印发《厅机关公费医疗管理暂行规定》。3月，省公安厅行政财务管理处印发《厅机关驾驶员补贴暂行规定》，规定各处室驾驶员每月固定补贴60元，车队驾驶员每月固定补贴30元（并按行使公里数每公里0.05元补助），卡车和小车驾驶员补贴标准相同，垃圾车驾驶员另按每车次1元加补卫生费。4月，省公安厅下发《关于厅机关宿舍区安全用电、用气管理规定的通知》。5月，省公安厅下发《关于厅机关公用车辆管理有关问题的通知》。12月，省公安厅印发《厅机关公用车辆管理规定》。

1997年，省公安厅行政财务管理处印发《厅机关临时搭建和住房装修管理暂行规定》《厅机关枪支弹药管理暂行规定》《厅机关大院住户煤气、液化气使用管理规定》。

1998年，省公安厅行政财务管理处印发《厅机关公费医疗管理规定》《厅机关经费管理暂行规定》《厅机关住房装修和临时搭建管理规定》。12月，根据安徽省政法机关不再从事经商活动领导小组批复，省公安厅下发《关于撤销厅机关所办企业的通知》。

1999年8月，省公安厅行政财务管理处下发《关于加强办公区安全保卫工作的通知》《关于公安厅机关经费实行统一归口管理的通知》。

2000年11月，省公安厅装备财务处下发《关于固定资产核对清理的通知》。省公安厅印发《安徽省公安厅机关公安装备管理暂行规定》《安徽省公安厅机关财务管理暂行办法》。12月，省公安厅印发《安徽省公安厅机关物资集中采购暂行规定》《安徽省公安厅机关固定资产管理办法》。

2001年2月，省公安厅装备财务处印发《安徽省公安厅机关物资集中采购暂行规定》。

2002年1月，省公安厅装备财务处印发《关于厅直单位经费支出报账归口管理的通知》。

2003年4月，省公安厅印发《复印纸定点采购管理办法（试行）》。7月，省公安厅与省财政厅联合印发《安徽省公安机关人民警察制式服装及其标志供应暂行办法》。8月，省公安厅印发《安徽省公安厅机关招待费管理实施意见》。11月，省公安厅装备财务处印发《安徽省公安装备财务工作信息报送暂行规定》。

2005年2月，省公安厅与省财政厅联合印发《关于制定县级公安机关公用经费保障标准的指导意见》。

第二节　审计工作

1985年10月，省公安厅设立审计室。1987年3月，省编委正式同意审计室建制，实有民警3人。1994年至2000年，省公安厅审计室同时成为省审计厅驻省公安厅审计处。2000年6月，省公安厅机构改革，未定编厅审计机构，但保留审计职能，审计室独立运行，审计业务工作继续开展。至2005年年底，审计室实有民警6人。

省公安厅审计室设立后，部分市、县公安机关也陆续成立审计机构或配备专职审计人员。1991年4月，芜湖市公安局配备专职审计员1人，黄山市公安局配备兼职审计员1人。1997年，淮北市公安局设立审计科。至1997年年底，地市公安机关设立审计机构4个、审计工作领导小组3个；县级公安机关设立审计机构3个。至2005年年底，合肥、阜阳、淮北、宿州、马鞍山、铜陵、安庆等6个市公安局设立审计机构；亳州、滁州、六安、芜湖等4个市公安局配备了专职审计人员。界首、临泉、萧县、灵璧等4个县公安局设立审计机构；阜南、太和、颍上、砀山、泗县等5个县公安局配备了专职审计人员。全省市县公安机关配备专职审计人员35人，其中，市级公安机关配备24人，县级公安机关配备11人。

1986年后，公安审计由单一的财政财务收支审计扩展至领导干部经济责任审计、基建工程项目审计、执法环节涉及财物和保证金审计、公安业务费审计等诸多审计领域。主要职责是：按照法律、法规的有关规定，起草、制定全省公安审计工作规章制度，编制公安审计业务指南和操作规则；部署全省公安审计工作；负责对省公安厅机关和所属单位财政财务收支审计；负责厅机关所属社团和基金资金审计；负责厅机关掩护性企业和保障性企业审计监督；负责厅机关基本建设项目审计监督；对重大建设项目开展全程监督和跟踪审计；开展全局性的专项审计和审计调查；协助省公安厅有关部门查处经济案件、违纪案件；负责对全省公安审计工作的业务指导和监督，开展执法环节涉及财物和保证金审计；协助基层公安机构做好重大、复杂项目的审计工作；组织培训全省公安审计人员，交流工作经验，组织开展全省公安审计机构和审计人员的评选表彰工作；完成公安部审计局和厅领导交办的审计任务。

审计制度　2002年，省公安厅制定下发《安徽省公安厅机关审计工作暂行规定》《安徽省公安厅机关财务审计暂行办法》《安徽省公安厅机关基建维修工程竣工决算审计暂行办法》《安徽省公安厅机关领导干部经济责任审计暂行办法》和《安徽省公安厅经济责任审计工作联席会议制度》。

1994年7月，宿州行署公安处印发《关于加强公安内部审计工作的通知》。1995年10月，合肥市公安局出台《合肥市公安局内部审计工作实施办法》。1996年，淮南市公安局印发《淮南市公安局审计工作意见》；池州行署公安处印发《池州行署公安处内部审计工作实施办法》。1997年5月，淮北市公安局印发《淮北市公安内部审计工作（暂行）规定》；7月，合肥市公安局印发《合肥市公安局各级领导干部离任审计暂行规定》。1999年，安庆市公安局制定出台《安庆市公安局审计工作暂行办法》《安庆市公安局领导干部经济责任审计暂行办法》《安庆市公安局基建装修竣工决算审计暂行办法》。2000年7月，芜湖市公安局印发《芜湖市公安局内部审计工作暂行办法》。2003年4月，宿州市公安局出台《宿州市公安局机关审计工作暂行规定》《宿州市公安局机关领导干部经济责任审计暂行办法》和《宿州市公安局基建装修工程竣工决算审计暂行办法》。2004年5月，淮北市公安局出台《淮北市公安局审计工作暂行规定》《淮北市公安局领导干部经济责任审计暂行办法》和《淮北市公安局财务审计暂行办法》。

审计培训　1996年11月，全省首次公安审计工作会议在合肥召开。

1997年10月，全省首次公安内审人员培训班在池州市举行。全省公安机关专兼职审计人员100余人参加了业务培训。

2002年5月，全省各市公安局纪委书记暨全省公安审计工作会议在合肥召开。

2004年8月，全省公安审计大练兵业务培训班在合肥举行。全省公安机关近40名审计人员参加培训，系统学习了经济责任审计实务、基建审计实务、内部审计基本准则、内部审计具体准则和公安应用文写作等。

2005年8月，省公安厅审计室与省内部审计师协会联合在黄山举办全省公安审计部门负责人及业务骨干培训班。省委党校和安徽财经大学2名教授分别讲授内部审计相关法规、公安审计实务等课程；组织参训人员集中观看了执法环节涉案财物审计和“金盾工程”审计实务等影像资料，并进行座谈讨论和经验交流。

财政财务收支审计　为贯彻执行中央关于政法机关不再从事经商办企业的决定和省公安厅党委关于清理整顿公司的要求，1999年至2000年，省公安厅审计室开展企业资产、负债及损益的审计或审计调查项目14个，审计资金7819.70万元，查出违规违纪资金828.26万元，提出整改意见43条。通过全面开展对公安厅机关所属企业资产、负债和损益的审计，摸清了企业家底，促进了企业资产的保值增值，为领导决策提供了依据。

1999年，省公安厅审计室对安徽省赛福社会公共安全技术开发公司1993年至1997年度财务收支和经营管理情况开展清理整顿审计，审计资金2087.45万元，查出违规资金1146.95万元，提出有关意见和建议6条。

1999年，省公安厅审计室对安徽省安达实业公司1993年至1997年度财务收支和经营管理情况开展审计，并在2000年对安达实业公司开展清理整顿审计，审计资金247.45万元，查出违规资金41.36万元，提出有关意见和建议14条。

2001年4月至5月，省公安厅审计室配合厅“12•23”专案组开展专案审计。该专案审计项目业务量大，要求高。厅审计室派出全体人员，并从公安厅装财处、交警总队、消防总队、安庆市公安局和蚌埠市公安局抽调专门人员组成专案审计组。专案审计组对蚌埠市公安局交警支队及车管所1994年至2000年经费收支及管理情况开展审计，审计经费12937万元，查出违纪违规经费1325万元，提出意见和建议5条；对五河县公安局交警大队及机动车驾驶员协会1994年至2000年的财务收支和管理情况开展审计，审计经费6833万元，查处违纪违规经费1718万元，提出意见和建议6条。专案审计结束后，专案审计组将有关问题分别移交省公安厅“12•23”专案组、蚌埠市公安局进一步核查、处理。省公安厅对专案审计工作予以充分肯定，对参战的审计人员给予通报表彰。

1998年至2005年，省公安厅审计室先后对省人民警察学校（安徽公安职业学院）、厅身份证制作中心、厅计算机安全技术研究所、《警探》杂志社、《安徽警方》编辑部、厅机关招待所、九华山钟楼饭店、黄山双溪宾馆、黄山丽园大酒店、芜湖湖湾大酒店、消防工程技术中心、皖安标牌厂、皖安经销部、新光服装厂及厅装备供应站等单位开展审计。开展企事业财务收支审计项目28个，送审资金17523万元，查出违规违纪资金2609万元，提出审计意见及建议96条。针对少数单位存在的内控制度不健全、财务管理混乱和亏损严重等问题，提出整改意见和建议。

基建维修项目审计　1996年年底，省公安厅审计室正式启动基建工程竣工决算审计工作。

1999年，省公安厅审计室对厅机关21号和22号宿舍楼工程竣工决算开展审计，送审资金872.75万元，审减金额260.84万元，核减率近30%。

2000年，省公安厅审计室与宿州市公安局审计室联合对灵璧县交警办公大楼工程决算开展审计，工程送审金额883万元，审减金额258万元，核减率近30%。

2000年，省公安厅审计室组织对厅边防局黄山培训中心工程竣工决算开展审计，送审金额1022.75万元，核减金额353.37万元，审计核减率近35%。组织对厅机关19栋和20栋宿舍楼工程竣工决算开展审计，审计金额1194.27万元，核减金额319.67万元，审计核减率近27%。

2002年，省公安厅审计室组织对厅机关新建30—31号宿舍楼及弹药库工程竣工决算开展审计，审计金额1237.19万元，核减金额142.31万元，审计核减率12%。

2004年，省公安厅审计室组织对厅交警总队培训楼工程竣工决算开展审计，送审金额7352.16万元，核减金额1381.08万元，审计核减率19%。

2005年，省公安厅审计室按照厅领导批示，组织对厅机关民警高层住宅楼东区工程实施跟踪审计。该项目跟踪审计资金5730.66万元，核减金额1942.55万元，审计核减率近34%，取得明显工作成效。3月，省公安厅审计处对六安市公安局办公大楼竣工决算进行审计。

2005年，省公安厅审计室组织对厅交警总队提交的澳瑞特酒店开办费及装饰费情况开展专项审计。审计澳瑞特酒店总投资款3228.12万元，其中，酒店开办费1606.99万元；酒店内部装饰工程决算1621.13万元。经审定，澳瑞特酒店投资款为2371.24万元，其中：酒店开办费用1080.34万元；酒店内部装饰安装工程决算审定为1290.90万元。核减开办费及工程款856.88万元，核减率为27%。

1997年至2005年，省公安厅审计室审计项目194个，工程决算送审资金30269.49万元，审计核减金额5934.06万元，平均核减率19.6%，为公安机关节约了基建经费，提高了基本建设经费的使用效益，促进了公安队伍的廉政建设。

领导干部经济责任审计　按照省公安厅机关制度规定，厅审计室会同有关部门先后对3名离任领导干部的经济责任情况开展审计，审计资金502万元，提出审计意见和建议6条。

2000年，省公安厅审计室对合肥市公安局警卫处原处长张大友离任经济责任情况开展审计，提出相应的整改意见和建议。

2001年，省公安厅审计室对黄山市公安局警卫处原处长王健1994年至1999年任职期间的经济责任情况开展审计。针对该单位在现金和固定资产管理方面存在的不足，厅审计室提出审计意见和建议。

2003年，省公安厅审计室对黄山市公安局警卫处原处长董建平2000年至2002年任职期间经济责任情况开展审计，审计资金256余万元，出具了审计报告和审计意见。

其他审计

公安业务费审计　1986年至2000年，省公安厅审计室每3年对16个地市公安处、局公安业务经费开展一次审计，累计审计金额10976.57万元，查出违纪违规资金902.67万元。针对部分单位存在的会计基础工作相对薄弱、支出多头审批和超标准、超范围支出等问题，提出审计意见和建议。1989年至1995年，省公安厅审计室先后开展厅装备处被装管理费专项审计，审计经费42万元；开展省财政居民身份证专项拨款专项审计，审计经费1950万元；开展厅交警总队道路管理规费专项审计，审计经费2907万元；开展厅五处预审及监控技术经费专项审计，审计经费808万元。在充分肯定专项拨款和专项经费使用效益的同时，针对存在的违规问题，省公安厅审计室提出加强管理、积极整改的意见和建议。2003年，省公安厅审计室根据公安部审计局《关于开展

公安机关禁毒专项经费和技侦装备专项补助经费审计调查的通知》要求，与厅装财处、禁毒处、行动技术处组成厅机关审计调查小组，并牵头开展专项调查工作，先后印发《关于做好禁毒、技侦专项经费审计准备工作的通知》和《关于开展禁毒专项经费和技侦装备专项补助经费审计调查的通知》，制定详细的审计调查实施方案，确立“党委领导、审计牵头、部门协作、分级实施”的工作机制，规定实施步骤和时间安排。经过厅机关审计调查小组及合肥、淮北、宿州、阜阳、马鞍山、芜湖、安庆市公安局审计调查小组历时5个月的共同努力，专项审计调查全面完成，调查单位12个，审计调查经费653.33万元，挽回经济损失24.52万元。

掩护性和保障性企业审计　1990年至2000年，省公安厅审计室会同有关业务部门，对全省公安掩护性企业开展审计调查和重要据点的审计工作。先后对厅一处、二处、七处等部门和合肥、蚌埠、芜湖、铜陵、淮南、马鞍山、黄山及固镇、怀远、当涂、铜陵（县）等市、县公安局所属近50个掩护性企业的经营管理和财务收支情况进行了审计或审计调查。全省公安掩护性企业的设立基本符合有关规定，部分掩护性企业实现了服务业务和弥补经费不足的目标。

执法环节涉及财物和保证金审计　2004年，按照公安部审计局《关于在全国公安机关开展办案扣押财物和保证金专项审计的工作方案》要求，省公安厅党委要求审计部门牵头，有关部门协作配合，围绕“两个违规”（违规扣押财物、违规收缴保证金）专项治理，把安徽办案扣押财物和保证金专项审计工作落到实处。省公安厅党委确定芜湖市公安局新芜分局、安庆市公安局大观分局为试点单位。芜湖、安庆市公安局专项审计组按照省公安厅实施方案和指导意见，认真实施专项审计，审计单位21个，审计覆盖面达到100%，审计金额381.72万元，发现违规违纪金额50.04万元，查处办案扣押财物和保证金管理方面存在的8个问题，提出意见和建议6条，专项审计工作取得明显成效。

1986年至2005年，全省各级公安审计部门审计项目1112个，审计总金额226503.24万元，查出违纪违规金额9453.06万元，促进增收节支11821.86万元，提出审计意见建议561条。其中，省公安厅审计室审计项目316个，审计总金额115764.37万元，查出违纪违规金额6932.44万元，促进增收节支7473.05万元，提出审计意见和建议319条，为维护国家财经法纪、改进和规范全省公安机关财务管理、提高资金使用效益、促进公安队伍廉政建设、保障公安事业健康发展做出了贡献。

第三节　公安统计

机构职能　1992年6月，省公安厅办公室设立统计科，编制4人。随后，各行署、市公安局办公室配备1至2名专职综合统计员；各县（区）公安（分）局办公室（指挥室）配备1至2名专职或兼职统计员。省、市、县（区）公安机关刑侦、治安等主要警种部门以及派出所、刑警队等基层单位均设立兼职统计员。省公安厅统计科及统计人员接受公安部办公厅统计处的指导、检查和监督，同时也接收省统计局指导、检查和监督。全省公安机关统计机构和统计人员在业务上接受上级公安机关和同级人民政府统计部门的指导。截至2005年年底，全省公安机关综合统计部门有专（兼）职统计人员183人。

省公安厅综合统计部门的主要职责：执行国家和公安部制定的统计标准和统计制度，组织完成公安部下达的公安统计调查任务；制定全省公安统计调查计划和调查方案，审定省公安厅各业务部门的统计调查计划和调查方案，管理厅机关制发的统计调查表；负责厅机关的综合统计管理，组织协调厅机关各项统计数据汇总工作，进行统计分析，提供咨询意见；负责提供或审核厅内部使用和对外公布的公安统计资料，定期编辑厅机关统计资料；协同有关部门落实公安部关于公安统计工作现代化建设规划，组织统计软件的推广使用工作；协同有关部门组织对本省公安统计人员的培训工作，参与公安统计人员专业技术职务的评定工作；组织开展统计科研工作和学术交流活动；协同有关部门开展对各地公安统计工作的考核、评比、奖励，监督检查统计法规和统计制度的执行情况，依法处理违反统计法律法规的行为。

各市（县）公安局统计人员具体负责组织和管理本辖区的公安统计工作，执行上级公安机关规定的各项统计制度，完成上级公安机关下达的各项统计任务。

派出所等基层单位的统计人员在县级公安机关的指导下，加强统计基础工作，建立和健全原始记录和统计台账制度，完成上级公安机关下达的各项统计任务。

统计内容、制度　1949年11月5日，公安部正式成立初期，公安统计有36张统计报表，其中，有9张是关于军队保卫工作的。之后，9张关于军队保卫工作的报表移交部队。随着监狱和劳改、劳教场所的管理以及国家安全工作分别移交司法部门和国家安全部门，有关上述数据统计亦一并移交。劳动教养、少年收容教养的审批由公安机关主管，公安统计新增劳动教养、少年收容教养统计报表。

1983年12月，《中华人民共和国统计法》颁布施行，全省公安机关认真学习、宣传，并在工作中贯彻执行。

1988年3月5日，省公安厅转发公安部《公安统计工作规则》。

1992年以前，公安统计由各个业务部门及厅办公室根据公安部及省委、省政府、省委政法委及省统计局等要求分别进行统计调查并汇总报送。

1992年以后，全省公安统计工作实行的是统一规划、分级负责，并逐步建立集中规范的综合统计管理制度。3月，省公安厅转发公安部《关于修改盗窃案件立案统计办法的通知》，决定自1992年4月1日起，全省盗窃案件刑事案件立案数额起点标准是：

农村地区300元，城市地区500元。

1993年9月，省公安厅转发公安部《关于报警案件统计中几个问题的解答通知》。

1996年，安徽全省万人刑事案件立案数仅为4件，全国排名倒数第一，平均每个民警每年办理不足1件刑事案件。1997年以前，安徽省年刑事案件立案数一直在2.5万件左右徘徊，仅占全国立案总数的1.5%左右。

1997年，省公安厅对全省264个派出所立案情况进行普查。普查显示，全省公安机关立案“水分”平均在56%，沿淮淮北地区高达70%至80%，立案不实情况相当严重。立案统计不实不仅误导了对社会治安状况的认识，影响了各级领导的正确决策，而且不利于惩罚犯罪，维护社会稳定工作。产生立案不实的原因很多，除群众不报案外，主要有：公安机关内部存在不切实际的“破案率”指标，导致基层公安机关怕立案多不能及时破案，影响政绩，因此人为地压低立案数，不破不立，报喜不报忧。同时，受经济利益驱使，执法不严，把刑事案件作治安案件处理，以罚代刑。一些地方党委、政府把发案多少作为衡量社会治安状况好坏的唯一标准，为了社会治安综合治理、农村奔小康等评比的需要，干预公安机关如实上报立案数。特别是1997年以前，安徽省农村奔小康社会治安指标的验收标准为年刑事案件万人立案数不能超过万分之五，为了不影响达标验收，一些地方对统计数据进行“截留”，上报的立案数在指标以内。1996年年底，省公安厅专门向省委、省政府作了汇报，决定开展纠正立案统计不实工作。1997年3月，省政府下发《转发省公安厅关于开展纠正公安机关立案统计不实工作请示的通知》，要求全省各级公安机关充分认识立案统计不实的严重危害性，本着对党、对人民高度负责的精神，坚持实事求是，杜绝弄虚作假，严格依法行政，切实扭转立案统计不实的状况。要求各级政府大力支持公安机关如实立案，坚决克服以发案数量多少来衡量社会治安好坏的模糊认识，做到不干预、不护短；加强监督、检查，确保立案统计的真实性，为惩罚犯罪、维护社会稳定提供准确可靠的决策依据。同时，将“农村奔小康”万人发案控制指标万分之五修改为万分之二十。经全省公安机关的共同努力，1997年，全省刑事立案统计数为3.5余万件，较1996年上升42.5%。7月，省公安厅下发《安徽省公安厅统计工作考核评比试行办法》。考核评比的对象是各行署、市公安局和省公安厅有关处室，考核内容为统计报表工作、统计基础工作、统计调查工作、统计分析工作、统计综合管理工作、治安评估工作等方面，采用记分制。

1998年3月，省公安厅下发《安徽省公安机关立案统计工作制度及奖惩办法（试行）》，要求全省公安机关全面实行报警案件制度、立案审批制度、报警案件投诉制度、每月数字汇总制度等4个方面的立案统计制度；建立每月立案反查制度、定期检查制度和定期通报制度等3个方面的立案统计检查制度。同时，对公安统计立案工作实行奖惩，规定省公安厅发现市（行署）公安局立案统计不实，虚报率在20%以上的，取消该单位在公安机关的各项评优或表彰奖励资格。全年全省立刑事案件5.26余万件，比1997年上升50.3%。

1999年7月，省公安厅对人民法院、人民检察院审判、起诉的标准与公安机关立案统计标准进行了解释，再次重申了1992年起执行的盗窃案件立案统计标准。之后，省公安厅印发《关于彻底纠正立案统计不实工作的意见》，要求全省公安机关进一步加强如实立案工作，如实统计刑事案件、治安案件、交通事故和火灾事故，有一立一，并将立案统计工作纳入目标管理考核内容中，坚决纠正立案统计不实的情况。8月，省公安厅下发《关于加强报警情况登记工作的通知》，对接报警登记制度和基础台账进行了全面的修订，规范了全省接报警原始记录形式，要求严格执行登记制度，并在全省公安机关推广使用新设计的《报警情况登记簿》。9月6日，省公安厅转发省社会治安综合治理委员会《关于配合公安机关进一步开展纠正刑事案件立案统计不实工作的通知》，要求各地公安机关深入推进纠正立案统计不实工作。10月，省公安厅办公室编印《公安统计工作法规文件知识汇编》，下发各级公安机关从事公安统计工作的民警学习使用。12月，省公安厅转发《公安部关于2000年实行新的刑事案件统计报表制度等有关问题的通知》，规定自2000年1月1日起，报警情况及收缴罚没情况、刑事案件及其作案成员、治安案件及拘留人员、抓获处理违法犯罪人员、逮捕人员、集会游行示威和监所管理等39种报表数据的统计、汇总工作全部集中到各级公安机关办公室综合统计部门进行，数据填写、汇总、上报均要实现计算机信息化。

2000年3月，省公安厅印发《厅机关实行违法犯罪统计工作综合管理办法》，规定全省违法犯罪数据的统计、上报工作由厅办公室负责，厅机关刑侦、治安、监管等部门不再承担统计任务。全省违法犯罪统计信息统一由厅办公室对外发布，厅直有关单位不得随意向外提供统计信息。4月，省公安厅转发公安部《关于采取有力措施从根本上纠正统计不实问题的通知》。9月，省公安厅转发中央综治委《关于支持配合公安机关认真做好纠正刑事案件立案不实工作的通知》，要求各地“不要把刑事案件立案数作为考核综合治理工作的主要指标，更不要把它与领导干部政绩和有关部门工作成绩挂钩”。10月，省公安厅组成督查小组，分片对全省17个市公安局进行督查。督查组深入34个县（区）公安（分）局实地了解情况，翻阅204个基层接警单位原始接报警记录和统计台账，对刑事案件、治安案件、交通事故、火灾事故的立案统计及其基本工作情况进行了全面督查，并于11月下发《安徽省公安厅关于对全省公安机关纠正立案统计不实工作督查的情况通报》。

2001年，省公安厅部署开展登记、清理、整顿部门统计报表工作，并将重新审定的报表名录进行了公布。名录中公布了公安部颁发的统计报表105张（其中公安业务类统计报表81张，公安政工类统计报表13张，公安后勤保障类统计报表2张，公安部颁发的其他报表9张），公安机关以及其他部门制发的报表2张，省公安厅制发的报表14张。

全省公安机关开展的全省性抽样调查统计主要有：群众安全感调查和万名民警访平安。2001年至2005年，省公安厅联合省统计局在全省开展群众安全感调查活动。此项活动由省统计局组织实施，每年对全省17个市的每个县、区抽样100份左右，访问调查1.6万户。2002年7月，省公安厅制订下发《关于零星贩毒案件立案统计标准暂行规定》，对毒品案件立案统计标准进行了明确。

2002年起，省公安厅组织全省公安机关每年集中一段时间在全省范围内开展一次“万名民警访平安”活动，组织全省超过25%的民警，深入群众开展调查走访、为民服务活动。同时，对调查结果进行分析研究，作为公安决策的重要依据；对活动中访察到的突出治安问题、群众反映的意见和要求、举报的案件等情况进行认真梳理，分类落实解决。

2004年8月，省公安厅制订下发《安徽省经济犯罪案件统计标准暂行规定》，对经济案件立案统计标准进行明确。11月，省公安厅转发《公安部关于对发现受理和查处治安案件统计指标如何理解的批复》，对治安案件的发现受理和查处指标进行解释。省公安厅下发《关于进一步加强和规范立案统计工作的意见》，就进一步加强和规范刑事案件、治安案件、交通事故、火灾的立案统计工作和立案统计工作中存在的突出问题作出强调和明确。

第四节　公安档案

机构职能　1970年，省公安厅恢复设立办公室档案科，编制9人。负责管理厅机关档案，并对全省公安系统档案工作进行业务指导和监督管理工作。

1986年底，全省县级以上公安机关建立档案室、馆138个，配备专职档案员61人，兼职档案员126人。

1988年，全省16个行署、市公安处、局均建立档案馆（科、室），配备专职档案员27人。

1990年12月，省公安厅机关档案管理晋升为档案管理省二级先进单位。至1991年，全省有26个公安处（局）机关档案管理达到省级档案管理标准。

1996年，全省公安机关共有档案科3个，档案馆1个，档案室127个。各县（市）公安局、城市公安分局设有综合档案室。有公安档案干部208人，其中专职103人，兼职105人。

2000年，省公安厅被授予省直机关第一家档案目标管理特级单位。

2005年12月26日，郎溪县公安局档案工作目标管理晋升省级先进标准。至此，全省17个市、65个县公安机关档案目标管理工作全部达标升级。

档案管理　1983年，省公安厅向省档案馆移交历史档案10.23万卷（其中民国时期档案7万多卷，报刊、资料3万多卷册，明清时期档案200多卷册），同时移交档案柜300套1500只，资料卡片400万张，卡片柜38套76只。省劳改部门划归司法厅后，省公安厅清理和接收省劳改局移交的劳教档案377卷，释放安置原国民党县团以上人员档案635卷、文书档案63卷。

1986年6月，省公安厅对新中国成立以来的业务档案进行重新整理、立卷、归档，实行集中统一管理。10月至12月，省公安厅办公室对全省部分地市县公安机关档案工作进行了检查，重点检查了公安业务档案的集中统一管理情况。全省档案库房总面积为5670平方米，档案装具3285套。

1986年至1987年年初，省公安厅档案科对新中国成立以来的1717卷册会计档案进行清理、归档。按会计凭证、会计账簿、会计报表分类设目，按年度小流水编案卷号，完成了会计档案归档任务。

1987年，为提高档案利用工作效率，省公安厅档案科将受过打击处理案犯的公安业务档案和案件材料全部制作成20万张卡片；劳教、特赦档案1000多卷，制作2万多张卡片；文书档案制作“案卷目录索引”“重要文件索引”“资料目录索引”等检索工具。对省公安厅机关“文化大革命”前归档的1.2万多卷文书档案进行鉴定，剔除失去保管价值的案卷近千卷，在保持原有案卷的基础上，进行调整，提高案卷质量，方便查找。同时，针对厅直各单位按年度归档不齐全，造成各处室归档案卷在年度排列上混乱的情况，省公安厅档案科对各处室档案进行重新调整，并结合鉴定工作，重新制作案卷目录，使档案分类遵循组织机构、年代排列。建立机关文书立卷归档制度，做到当年文件第二年清理、立卷、归档，防止文件遗漏归档；制定归档范围、保管期限表和案卷质量验收8条标准，使文件收集齐全完整，保证了案卷质量；制定档案利用制度、查阅档案范围、查阅档案须知和借阅手续等规定；制定库房管理制度，安全保密制度。1987年，省公安厅有档案库房20间、320平方米；各类档案资料3.15万卷，装具229套，卡片柜10只。10月16日，省公安厅、省档案局要求全省保卫组织做好档案材料清理、归档、管理工作。马鞍山市保卫组织立卷归档3430卷，配备档案柜27件，建立各项制度。淮北市矿务局矿建公司清理文件材料17361份，立卷1473卷，其中文书卷433卷，业务卷883卷，资料157卷。

1988年1月15日，省公安厅召开专门会议，印制2000余份《中华人民共和国档案法》（以下简称《档案法》），供各地学习、宣传、贯彻。结合《档案法》的实施，针对全省公安档案实际情况，6月，省公安厅制定《公安机关档案工作业务建设规范》《安徽省公安声像档案管理暂行规定》，并对《关于公安机关文书档案保管期限的规定》《公安机关文书档案保管期限表》《公安机关文件材料归档和不归档的范围》作出修改，对促进全省公安档案管理工作的标准化、规范化起到了较大的推动作用。当年，全省公安档案库房面积1427平方米，铁皮档案柜605套（5只一套）、木质档案柜145只。巢湖、六安、安庆、芜湖等地市公安处、局档案库房搬迁至新办公楼，扩大了库房面积。

1988年以前，省公安厅机关采取保管期限—组织机构—年代（案卷号大流水）立卷归档。1989年，厅机关开始实行立卷改革，采取保管期限—年代—组织机构（组织机构大排行，案卷号年度小流水）立卷归档，文书立卷推行“一事一卷”的立卷方法。省公安厅修订《安徽省公安派出所档案管理实施细则》，先后制定分管档案工作领导职责，档案科职责范围，档案科工作人员岗位责任制度，档案保密制度，档案保管制度，档案鉴定销毁制度，档案移交制度，档案利用制度，档案工作统计制度，档案借阅制度，文书立卷归档制度，声像、会计档案立卷暂行规定，公安机关档案工作业务建设规范，档案类、目划分与档号编写办法，安徽省公安厅机关文书档案归档范围和文书档案保管期限规定等20多项档案管理制度。1988年度，全省共收集保管文书、业务、会计、科技等多门类档案27.38万卷，较上年增加4.20万卷。

1989年5月22日，省公安厅转发公安部《关于武警部队档案管理问题的通知》，明确武警部队档案是公安机关档案的组成部分。按照“统一领导，分级管理”的原则，武警部队的档案工作接受各级公安机关档案部门的监督和指导。武警部队支队以上单位的永久性和长期性档案，在保存20年后，向公安机关档案部门移交；属其他保管期限的档案，一律自行保管和处理。对已移交给公安机关档案部门的武警部队档案，由公安机关档案部门与当地武警部队协商解决。属武警部队编制序列的边防、消防、警卫机构的档案，每年仍向主管公安机关的档案部门归档。

1991年8月24日，省公安厅转发公安部《公安业务档案管理办法》《公安机关档案类别划分与档号编写办法》《公安部机关文书材料立卷归档工作细则》，为基层公安机关更好地做好档案管理工作提供了依据。

1996年，全省部分公安机关对档案库房进行了装修、改造，库房面积有所增加（其中桐城县公安局新增120平方米，砀山县公安局增加140平方米，芜湖市公安机关增加164.48平方米，阜阳地区公安机关增加187平方米，马鞍山市公安局两个分局增加72平方米，合肥市公安局增加75平方米，蚌埠市公安局增加32平方米，宣城行署公安处和滁州市公安局分别增加20平方米），做到库房、办公室、调阅室“三分开”，防盗、防光、防高温、防火、防潮、防尘、防鼠、防虫等“八防”设施齐全，档案管理的条件得到极大改善，基本做到档案安全保管的要求。

1997年6月，全省各级公安机关认真学习贯彻公安部《公安派出所档案管理办法》，以档案管理达标升级为契机，有计划地抓好公安派出所档案管理达标升级工作，促进公安派出所档案规范化、制度化、现代化建设。

2000年，省公安厅档案科完成对保存的各门类档案按照升级标准进行重新整理。同时，开发安装公安档案管理软件，对现存的档案进行计算机输目工作，实行档案计算机管理。

2002年度，省公安厅机关档案库房有文书档案24104卷，资料6968卷，会计档案4054卷，业务档案15168卷。

2005年，省公安厅机关实现办公自动化。为更好地管理厅机关0A系统中产生的大量电子文件和电子档案，在有关部门的配合下，顺利完成2个系统的对接工作，实现网上归档。同时，省公安厅档案科制定电子文件与电子档案管理办法，根据电子文件归档管理规范的要求，对电子文件实行随办结、随归档的三级管理模式，即由厅机关各处室内勤和厅办公室档案科共同负责归档管理电子文件与电子档案，保证电子文件与电子档案的归档质量和安全。

档案利用　新中国成立之初，为保卫新生的人民政权，巩固社会主义制度，肃反部门利用公安机关保存的民国时期档案开展肃反工作，为安徽省顺利完成这一任务提供了珍贵的资料。

1984年至1986年，全省公安档案部门共接待查阅档案9.3万人次，调阅档案资料28.48万卷册。

1986年至1987年年初，省公安厅档案科共接待查阅档案2556人次，调阅档案资料1.16万卷册（其中文书档案5314卷，业务档案5748卷，资料548卷册）。为落实统战政策及开展冤假错案平反工作，各级法院调阅档案3418卷；省劳改局及白湖农场等劳改单位为编史修志调阅1651卷；厅机关编写公安史志调阅档案3016卷；厅机关各项业务活动利用档案2612卷。此外，其他单位为编史修志、复查案件、人口统计、工龄问题等调档913卷。

20世纪七八十年代，省复查平反办公室直接利用公安档案复查的冤假错案就有4.92余万件，复查“四类分子”29.7余万人，为安徽省拨乱反正、平反冤假错案工作顺利开展提供了重要保障。

1995年12月，省公安厅档案科提供档案资料，配合省电视台录制交通事故录像，供电视台播放，教育驾驶员和行人遵守交通规则。

1999年，芜湖市公安局档案部门利用档案网上管理的优势，及时快捷地将档案信息提供给有关部门使用，仅3个月，全市利用档案1950人次，调阅案卷2000余卷。同年，芜湖市公安机关在“追逃”工作中获得较好成绩。

2000年，为做好机构改革工作，省公安厅有关部门调阅了大量的档案，对各部门工作职能及人员编制性质进行清查、论证，确保了厅机关机构改革顺利进行。

2000年至2005年，全省公安机关档案部门为公安史志编纂部门提供了组织史、大事记、全宗指南、政策法律汇编、重大案例汇集、基础数据汇编等100多种6300多万字、图片180余幅，公安档案在利用的广度、深度上有新的突破。

安徽省公安厅档案库藏数量统计表

表16-1　单位：卷

年度	文书档案	永久	长期	短期	资料	业务档案	会计档案
1980	339	100	221	18	—	—	—
1981	273	128	117	17	—	11	—
1982	277	104	151	22	—	—	—
1983	315	180	111	24	152	—	—
1984	439	114	288	37	73	—	—
1985	561	320	192	49	75	11	—
1986	387	166	189	32	15	4	1717（491盒）
1987	346	75	122	149	17	17	360（120盒）
1988	417	74	182	161	33	89	146（54盒）
1989	1714	134	941	639	12	58	146（54盒）
1990	1109	113	611	385	350	20	60（26盒）
1991	909	141	433	335	50	27	168（74盒）
1992	997	142	498	357	37	164	52
1993	861	114	477	270	37	32	62
1994	861	—	—	—	24	32	62
1995	736	—	—	—	—	1357	436
1997	1152	130	544	478	38	87	94

续表16-1

年度	文书档案	永久	长期	短期	资料	业务档案	会计档案
1999	1291	149	696	446	20	55	189
2000	1328	142	745	441	44	1123	353
2002	1518	—	—	—	515	81	38
2004	4056	234	1867	1955	245	—	114
2005	4862	—	—	—	—	709	—

第五节　历次全省公安局（处）长会议

1.1986年11月12日，全省地市公安处局长会议在合肥市召开。会议传达公安部在南京召开的片会精神，介绍了江苏省常州市和无锡县华庄镇的工作经验，通报1986年全省社会治安状况。会议认真学习《中共中央关于社会主义精神文明建设指导方针的决议》；会议部署打好“严打”第三战役第三仗，加强公安法制建设，加强情报信息的搜集上报工作，加强对武警部队的指导。会议还就道路交通管理工作、居民身份证颁发以及学习《中华人民共和国治安管理处罚条例》等作出部署。

2.1987年3月5日，全省地市公安局处局长会议在合肥市召开。会议总结全省公安保卫工作，分析社会治安形势。会议根据党中央、国务院抓好2件大事（在经济工作中，广泛开展增产节约、增收节支活动；在政治思想领域内，旗帜鲜明地反对资产阶级自由化，把政治方向端正过来）的精神，结合安徽省实际情况，按照突出重点的原则，抓好以下几项主要工作：大力加强侦查破案、继续依法从重从快地打击严重刑事犯罪分子；加强隐蔽战线斗争；加强情报信息工作，密切注意社会治安动态；依法严密治安管理，搞好安全防范工作；继续抓紧队伍建设（抓好思想政治教育和法制教育；加强教育训练，从严治警；抓好纪律作风整顿）。

3.1988年7月27日，全省公安工作会议在合肥市召开。会议传达全国公安厅局长会议精神，对1988年下半年全省公安工作提出意见和要求：切实做好应付各种突发事件的准备；继续严厉打击严重刑事犯罪活动；加强隐蔽战线斗争；公安机关要为群众维护社会治安撑腰壮胆，大力鼓舞群众同犯罪作斗争的勇气和积极性；继续加快公安改革步伐，不断深化改革内容；大力加强公安队伍建设。

4.1989年3月25日，全省地市公安处局长会议召开。会议传达全国、全省政法会议精神。就治理全省社会治安状况提出六条措施：抓好集中打击和集中整顿；积极预防、妥善处置突发事件；切实加强秘密侦查工作，掌握隐蔽斗争主动权；强化社会治安管理，大力加强基层工作；努力促进安全保卫工作社会化；进一步加强公安队伍建设。

5.1989年7月18日，全省地市公安处局长会议在合肥市召开。会议传达全国公安厅局长会议和中共十三届四中全会精神。会议部署1989年下半年工作任务，抓好夏季社会治安工作，加强隐蔽战线斗争，认真做好“清案”工作，做好国庆40周年安全保卫工作，加强机动力量建设，加强公安法制建设，加强公安队伍建设。

6.1990年8月3日，全省地市公安处局长会议在合肥市召开。会议传达贯彻全国公安厅、局长会议精神，回顾和总结全省1990年上半年公安工作，分析社会治安形势，研究部署下半年公安工作任务。会议强调下半年要着重抓好的几项工作：确保“亚运会”安全；继续深入开展“严打”斗争；进一步抓好安全防范，切实加强基层基础工作；认真实施《中华人民共和国行政诉讼法》，努力提高公安机关执法水平；加强队伍建设，突出“三个整顿”（整顿乱着警服、乱用警械，整顿道路交通检查乱设卡、乱收费情况，整顿治安联防队），继续抓好各项管理。

7.1991年9月16日，全省公安处局长会议在合肥市召开。会议传达贯彻全国公安系统党风和廉政建设座谈会精神，总结全省公安机关抗洪救灾工作，分析隐蔽战线斗争形势。会议要求，各级公安机关进一步加强反对“和平演变”斗争，切实加强情报信息工作；加强侦查工作，主动进攻，先发制敌，及时粉碎各种敌对分子的阴谋破坏活动。会议强调，竭力抓好治安工作，确保全省特别是灾区的社会稳定，为生产救灾创造良好社会环境；在斗争中抓好队伍建设（切实加强反和平演变的教育；弘扬抗洪精神，密切警民关系；下决心抓基层，关键是抓班子，抓党组织建设）。

8.1992年3月25日，全省公安处局长会议在合肥市召开。会议主要任务：学习贯彻执行《中共中央关于加强公安工作的决定》、第十八次全国公安会议和全省公安工作会议情况；分析研究加快改革、扩大开放和撤区并乡新形势下公安工作面临的新情况、新问题及对策。会议要求全省公安机关抓好以下工作：坚持“严打”方针，狠狠打击严重刑事犯罪活动，确保社会的安定；高度重视大中型企业的治安问题；继续加强隐蔽战线的斗争，严防敌对势力和敌对分子趁机破坏和捣乱；加强和改善各项公安管理工作，更好地为经济建设服务。

9.1993年8月14日，全省地市公安处局长会议在合肥市召开。会议传达学习全国公安厅局长座谈会精神，回顾1992年、1993年全省公安队伍建设情况，分析队伍现状，研究新形势下加强全省公安队伍建设等工作。针对存在的问题，会议提出5点要求：在抓治安工作的同时，不能忽视隐蔽斗争；严格整顿文化市场；在宣传公安队伍整顿工作上要注意方式方法；继续抓好打击车匪路霸和打拐禁娼工作；大力加强消防工作，避免重大火灾事故发生。

10.1994年1月20日，全省公安工作会议在合肥市召开。会议传达中央领导对政法公安工作的重要指示和公安部领导在全国公安厅局长会议上的讲话精神。会议要求全省公安机关认真贯彻落实公安部党委在全国公安厅局长会议上提出的1994年公安工作主要任务。会议强调将维护全省政治稳定、社会安定始终摆在首位。会议提出：下大力气继续抓好队伍的反腐败和廉政建设；认真把好进人关；在提高民警素质上下功夫，提高政治素质、业务素质、法律素质；加强各级公安机关领导班子建设。

11.1995年3月4日，全省公安工作会议在合肥市召开。会议传达学习全国公安厅局长会议和省第六次党代会以及全省政法会议精神。会议对1995年全省公安工作作出安排，要求抓好以下工作：继续把维护稳定放在首要位置抓紧抓好；坚持严打斗争，始终保持高压态势，更加有力地打击刑事犯罪活动；依法严格治安管理；完善防范机制，严密社会面的控制；大力加强基层基础工作；增强法制观念，提高执法水平；大力加强公安队伍建设，提高队伍的战斗力。

12.1996年10月24日，全省公安处局长会议在合肥市召开。会议传达公安部“全国公安机关学习济南交警总结表彰大会”精神，表彰了全省公安机关学习济南交警的先进集体、先进个人，研究部署全省城市110报警服务台建设工作。会议总结了1996年全省公安工作：维护社会稳定工作扎实细致，富有成效；严打斗争取得丰硕成果；农村公安派出所规范化建设工作健康发展，城市巡警和110报警服务台建设工作初见成效；认真贯彻全省公安队伍建设工作会议精神，队伍的整体素质有所提高。

13.1997年1月10日，全省公安处局长会议在黄山市召开。会议回顾总结了1996年全省公安工作，研究部署1997年公安工作。会议要求全省公安机关努力促进公安工作和队伍建设，为改革开放和经济建设创造良好的治安环境，保障、促进社会主义“两个文明”建设协调发展，以实际行动迎接香港回归祖国和中共十五大召开。1997年全省公安工作重点：进一步加强刑侦工作体制和破案运行机制改革；加快企事业公安机构体制改革步伐；出入境管理部门进一步简化手续，下放审批权，切实保障公民出国出境权利；进一步推进小城镇户籍管理制度改革；交警部门严把条件审查和考试发证关，确保驾驶员具有较高的素质。

14.1998年6月11日，全省公安处局长会议在合肥市召开。会议通报了1993年至1998年全省公安民警违法违纪情况，深刻剖析了全省公安队伍中存在问题的根本原因，要求以自查自纠为契机，推动全省公安队伍教育整顿工作深入开展。会议决定1998年6月至7月在全省开展一场“夏季治安整治斗争”。会议要求，各级公安机关切实加强组织领导，从本地实际出发，广泛发动群众，将“夏季治安整治斗争”开展好、落实好。

15.1999年1月25日，全省公安工作会议在合肥市召开。会议传达学习了全国公安厅局长会议、全省政法工作会议和公安部国内安全保卫工作会议、公安宣传思想工作会议、公安保密密码工作会议精神，重点研究分析了1999年全省社会政治稳定工作面临的形势，部署了各项公安工作任务。首要任务是全力做好建国50周年大庆和澳门回归庆典活动期间的安全保卫工作，特殊任务是认真维护敏感期的社会政治稳定，突出任务是妥善处置各种群体性事件，重要任务是保持农村地区的社会稳定。

16.2000年1月15日，全省公安工作会议在合肥市召开。会议的主要任务是：高举邓小平理论伟大旗帜，认真学习贯彻中央和省委一系列重要会议精神，特别是全国公安厅局长会议精神和全省政法工作会议精神，总结工作，分析形势，研究部署2000年全省公安工作。

17.2001年1月10日，全省公安工作会议在芜湖市召开。会议以"三个代表"重要思想为指导，深入贯彻中央和省委、省政府、公安部一系列重要会议精神，回顾总结了"九五"期间的全省公安工作，分析了面临的形势，研究部署了2001年全省公安工作任务。会议强调，2001年全省公安机关必须重视和把握以下几个问题：高度重视群体性事件，提高处置群体性事件的能力和水平；全面推进派出所、刑警中队、交警中队规范化、正规化建设；努力解决公安机关的经费保障问题，牢固树立"过紧日子"的思想；进一步增强公安民警的法制意识，提高执法办案水平；以"金盾工程"建设为龙头，实施"科技强警"战略。

18.2002年1月7日，全省公安工作会议在合肥市召开。会议以"三个代表"重要思想为指导，深入学习贯彻中共十五届六中全会和省第七次党代会精神，传达贯彻全国公安厅局长会议和全省政法工作会议精神，回顾总结2001年全省公安工作，研究部署2002年全省公安机关工作任务：全力做好维护社会政治稳定的各项工作。继续深入开展"严打"整治斗争。加强公安基层基础教育，促进公安工作可持续发展。进一步加强公安执法监督力度，努力提高公安机关的执法水平。继续实施"科技强警"战略，积极推进"金盾工程"的实施，努力提高公安工作的科技含量。转变思想观念，强化服务意识，进一步改革和加强公安行政管理工作。以作风建设为突破口，巩固和深化"三项教育"成果，努力实现公安队伍建设的奋斗目标。

19.2003年1月10日，全省公安工作会议在合肥市召开。会议强调，全省公安机关要以邓小平理论和"三个代表"重要思想为指导，认真学习贯彻中共十六大精神，继续坚持以经济建设为中心，全力维护社会政治稳定，严厉打击各种刑事犯罪活动，大力加强治安管理和防范工作，加快实施"科技强警""金盾工程"步伐，努力改进公安行政管理工作，深入推进公安工作体制和运行机制，切实加强公安队伍建设，为实现加快发展、富民强省、全面建设小康社会的战略目标，为广大人民群众安居乐业，创造良好的治安环境。

20.2003年11月27日，全省公安局处长会议在合肥市召开。会议传达学习了胡锦涛总书记在与参加第二十次全国公安会议部分代表座谈时的重要讲话、《中共中央关于进一步加强和改进公安工作的决定》和第二十次全国公安会议（简称“二十公”）精神。会议指出，要充分认识“二十公”会议的重大历史意义，切实增强学习贯彻会议精神的自觉性。会议全面回顾和总结了公安工作的发展历程和基本经验，明确了2004年后一段时间内公安工作的指导思想、奋斗目标和主要任务，特别是在事关公安工作和队伍建设的一系列重大问题上，提出了明确意见，解决了长期困扰公安工作发展的一些突出问题。

21.2004年12月17日，全省公安会议在合肥市召开。会议传达学习《中共中央关于进一步加强和改进公安工作的决定》、胡锦涛总书记等中央领导人在“二十公”会议上的重要讲话精神。会议以“三个代表”重要思想和中共十六大、十六届三中全会精神为指导，深入贯彻“二十公”、省委七届五次全会、全国全省政法会议精神以及《中共安徽省委关于贯彻〈中共中央关于进一步加强和改进公安工作的决定〉的意见》，总结工作，分析形势，明确目标和任务，研究部署加强和改进公安工作的具体措施，全面推进全省公安工作的进步和发展，为实现“加快发展、富民强省，全面建设小康社会”的宏伟目标创造和谐稳定的社会环境。会议要求全省公安机关围绕工作目标，突出抓好以下工作：牢固树立稳定意识、忧患意识，充分发挥职能作用，全力维护社会稳定；坚持“严打”方针，严厉打击各种违法犯罪活动；强化治安管理，建立治安防控体系，增强人民群众的安全感；端正执法思想，坚持执法为民，严格公正文明执法；进一步改革和加强公安行政管理工作，为经济建设和社会发展提供优质服务；加强基层所队规范化建设，深入实施社区警务战略，夯实公安基层基础工作；深入实施科技强警战略，推进公安工作现代化；以正规化建设为核心，全面加强公安队伍建设。

22.2005年1月16日，全省公安局处长会议在合肥市召开。会议传达学习全国公安厅局长会议的主要精神，回顾总结了2004年全省公安工作，深入分析了公安工作面临的形势，表彰了先进，对2005年全省公安工作进行了具体部署。会议强调，2005年是公安工作的全面推进年。继续深入贯彻“二十公”和全省公安会议精神，加大对敌斗争力度，着力措施和手段建设，提高维护国家安全和社会稳定的能力。加大措施落实力度，着力机制建设，提高预防和处置群体性事件的能力。加大打击和防范力度，着力打防一体化建设，提高驾驭社会治安局势的能力。加大改革创新力度，着力优化服务措施，提高为经济社会发展服务的能力。加大“金盾工程”建设力度，着力推动公安工作信息化，切实提高全省公安科技建设水平。加大情报信息工作力度，着力综合平台建设，为公安工作全面发展与进步提供强有力的信息支撑。加大法制工作力度，着力规范执法行为，切实提高全省公安队伍的执法水平。加大队伍管理力度，着力强化民警教育培训，切实提高全省公安队伍的正规化建设水平。

23.2005年11月2日，全省公安局处长会议在合肥市召开。会议学习传达全国公安厅局长会议精神，全面总结全省公安机关“开门大接访”工作，深入分析全省公安工作面临的形势，重点部署全省公安工作任务。会议分析了2005年全省公安工作面临的严峻形势：维护社会政治稳定形势更加复杂；群体性事件出现新特征，突出表现在突发性、非理智性、暴力袭警几个方面；社会治安形势不容乐观；治安管理工作还存在一些问题，社会治安防控体系有待进一步完善，对社会面的控制需要进一步加强；公安工作和公安队伍自身还不能完全适应社会发展的需要。会议要求：切实加强同境内外敌对势力插手“维权”问题的斗争，切实加强网上斗争，切实加强反恐怖斗争，切实加强情报信息体系建设，切实加强处置群体性事件工作，切实加强打击刑事犯罪工作，切实加强打击经济犯罪工作，切实加强治安管理和防范工作，切实加强对“社会人”的管理，切实加强公安行政管理工作，切实加强农村社会治安管理，切实加强“平安安徽”建设。

附录：重要文献辑存

安徽省禁止赌博条例

（1986年3月1日安徽省第六届人民代表大会常务委员会第二十次会议通过　1989年1月28日安徽省第七届人民代表大会常务委员会第八次会议修正　2010年8月21日安徽省第十一届人民代表大会常务委员会第二十次会议决定予以废止）

第一条　为严禁赌博活动，维护城乡社会秩序，促进社会主义精神文明建设，根据《中华人民共和国宪法》《中华人民共和国刑法》《中华人民共和国治安管理处罚条例》的规定精神，结合本省情况，制定本条例。

第二条　凡以获利为目的，以财物作赌注比输赢的活动，都是赌博行为。赌博是危害社会的违法行为，应予禁止。

第三条　查处赌博应贯彻教育与处罚相结合的原则，教育为主，处罚为辅，教育多数，惩办少数。

第四条　赌场上的赌资、赌具和赢得的财物，一律没收。赌场上输欠、借欠的赌债，一律废除。

第五条　初次赌博或赌博财物数额较少的，应予批评教育，责令具结悔过。

第六条　参加赌博活动，为赌博活动提供条件、巡风放哨，或者在查禁赌博活动中为参赌人通风报信的，处警告或者二百元以下罚款；经批评教育不改的，处二百元以上六百元以下罚款。

第七条　有下列行为之一的，处十五日以下拘留，可以单处或者并处六百元以上三千元以下罚款，或者依照规定实行劳动教养：

（一）多次赌博，赌资数额较大的；

（二）在公共场所赌博的；

（三）流窜赌博、赌资数额大，尚不够刑事处罚的；

（四）窝赌抽头或者在赌场上以各种方式为参赌人提供较大赌资的；

（五）利用赌博进行诈骗，尚不够刑事处罚的；

（六）抗拒、阻碍国家工作人员或治安管理人员依法查禁赌博活动，尚未采用暴力、威胁手段的。

第八条 参与赌博有下列情形之一的，应从重处罚：

（一）经常赌博，屡教不改的；

（二）国家工作人员、企业事业单位干部和乡村、街道干部参与赌博的；

（三）胁迫、诱骗未成年人进行赌博活动的；

（四）对检举人、证人打击报复的。

第九条 参与赌博有下列情形之一的，可以从轻或者免予处罚：

（一）主动交待赌博行为，有悔改表现的；

（二）检举、揭发他人，协助禁赌，有立功表现的；

（三）由于他人胁迫或者诱骗的。

第十条 有下列行为之一的，依法追究刑事责任：

（一）以营利为目的，聚众赌博或者以赌博为业的；

（二）以暴力、威胁方法抗拒国家工作人员或治安管理人员依法执行查禁赌博公务的。

第十一条 国家机关、团体、企业事业单位和乡村、街道基层组织应采取有力措施，加强宣传教育，组织正当文娱活动，防止、禁止赌博。

国家机关、团体、企业事业单位和乡村、街道基层组织的领导干部和主管人员对本单位、本辖区赌博活动放任不管的，应予批评或行政处分。

第十二条 违反本条例受到治安处罚者，所在单位或主管部门应同时给予行政处分。

第十三条 利用执行禁赌公务之机，敲诈勒索，谋取私利，侵吞赌资、赌具的，依法从严惩处。

第十四条 对依法执行禁赌公务，成绩显著的，以及积极检举、揭发或制止赌博活动的人员，由当地人民政府、公安机关或所在单位予以表扬、奖励。

第十五条 对违反本条例，应受到治安处罚的，依照《中华人民共和国治安管理处罚条例》规定的程序裁决、执行；科处罚款、没收财物的，应由公安机关发给罚没凭证，罚没的款物按规定全部上缴财政。

第十六条 本条例由公安机关组织实施。

第十七条 本条例具体应用的问题，由安徽省公安厅解释。

第十八条 本条例自公布之日起施行。过去我省有关禁止赌博的规定同时废止。

安徽省实施《中华人民共和国集会游行示威法》办法

（1990年4月13日安徽省第七届人民代表大会常务委员会第十六次会议通过 2010年8月21日安徽省第十一届人民代表大会常务委员会第二十次会议修正）

第一条 为了实施《中华人民共和国集会游行示威法》，保障公民依法行使集会、游行、示威的权利，维护社会安定和公共秩序，结合本省实际情况，制定本办法。

第二条 在本省行政区域内举行的集会、游行、示威，必须遵守《中华人民共和国集会游行示威法》和本办法。

第三条 公民行使集会、游行、示威的权利，各级人民政府依法予以保障。

公民行使集会、游行、示威的权利，必须遵守宪法、法律和法规，不得违反宪法所确定的基本原则，不得损害国家、社会、集体利益和其他公民合法的自由和权利。

第四条 集会、游行、示威的主管机关，是集会、游行、示威举行地的市、县公安局、城市公安分局；游行、示威路线经过两个以上县（市、区）或行署、省辖市的，主管机关为所经过区域的共同上一级公安机关或由省公安厅指定的行署、省辖市公安机关。

第五条 举行集会、游行、示威，必须向主管机关提出申请并获得许可，《中华人民共和国集会游行示威法》另有规定的除外。

第六条 申请集会、游行、示威，其负责人必须持本人居民身份证和其他合法的身份证件，在申请举行日期的五日前向主管机关递交申请书。

集会、游行、示威的申请书应当写明：

（一）目的、方式；

（二）开始和结束的时间，集合和解散的地点，途经路线；

（三）使用的标语、口号及其他宣传品的内容、名称、数量；

（四）参加的人数，使用车辆、船舶、音响设备的种类、名称、数量；

（五）负责人的姓名、职业、住址，如负责人有两个以上的，应在其中确定一个主要负责人。

申请集会、游行、示威的负责人必须同时填写申请登记表。

第七条 以国家机关、社会团体、企业事业组织的名义组织或者参加集会、游行、示威的，必须经本单位负责人批准；申请书必须加盖该组织的公章。

第八条 主管机关接到集会、游行、示威申请书和申请登记表后，应当在申请举行日期的二日前，将许可或者不许可的书面决定送达其负责人。不许可的，应当说明理由。逾期不通知的，视为许可。由于申请集会、游行、示威的负责人的原因，致使主管机关无法送达的，视为撤回申请。

因突然发生的事件，临时要求举行集会、游行、示威的，必须立即书面报告主管机关并填写申请登记表。主管机关接到报告和申请登记表后，应立即审查，作出许可或不许可的决定。

第九条 因要求解决具体问题而申请集会、游行、示威的，主管机关可以通知有关机关或单位，同申请集会、游行、示威的负责人协商解决问题，并可以将申请举行的时间推迟五日。

有关机关、单位和申请人必须在推迟举行日期的三日前将协商结果通报主管机关。

第十条 主管机关在决定许可集会、游行、示威后，遇有特殊情况可能影响集会、游行、示威顺利进行或严重影响交通和社会秩序的，可以变更集会、游行、示威的起止时间、地点、行进路线、参加的人数，并及时通知其负责人。

第十一条 申请举行的集会、游行、示威，有下列情形之一的，不予许可：

（一）反对宪法所确定的基本原则的；

（二）危害国家统一、主权和领土完整的；

（三）煽动民族分裂、破坏民族团结的；

（四）将直接危害公共安全或者严重破坏社会秩序的。

第十二条 集会、游行、示威的负责人在提出申请后接到主管机关通知前，可以撤回申请；在接到许可通知后，决定不举行的，应及时书面报告主管机关；参加人已经集合的，应负责解散。

第十三条 集会、游行、示威的负责人对主管机关不许可的决定不服的，可以自接到决定通知书之日起三日内，向同级人民政府申请复议，人民政府应当自接到申请复议书之日起三日内作出决定。

第十四条 公民不得在其居住地以外的市、县发动、组织、参加集会、游行、示威。

第十五条 国家机关工作人员不得组织或者参加违背有关法律、法规规定的国家机关工作人员职责、义务的集会、游行、示威。

第十六条 集会、游行、示威必须按照主管机关许可的事项和平地进行。集会、游行、示威的负责人必须负责维持集会、游行、示威的秩序，并严格防止其他人加入；必要时应当指定专人协助人民警察维持秩序。

集会、游行、示威的负责人和维持秩序的人员应分别佩带明显标志。标志样品应当在申请时一并送主管机关备案。

第十七条 对依法举行的集会、游行、示威，主管机关应派出人民警察负责维持秩序，保障集会、游行、示威的顺利进行。

主管机关应依法采取有效措施制止下列行为：

（一）以暴力、胁迫等手段扰乱集会、游行、示威的；

（二）聚众冲击集会、游行、示威的；

（三）其他人员加入集会、游行、示威队伍的；

（四）以其他手段破坏集会、游行、示威正常进行的。

第十八条 举行集会、游行、示威时，严格禁止下列行为：

（一）使用暴力或煽动使用暴力；

（二）拦阻车辆、阻塞交通、破坏交通工具或交通设施；

（三）携带武器、弹药、管制刀具、易燃易爆物及其他足以危害人身、财产安全的物品；

（四）沿途刻画、涂写或者张贴宣传品，侵占、损毁绿地、园林、公共设施、公私财物；

（五）投掷妨碍公共秩序或危害人身安全的物品；

（六）诽谤、侮辱他人或者制造、传播谣言、扰乱公共秩序；

（七）在桥梁、铁路道口停留或集会，或以静坐方式举行示威活动；

（八）进行其他违法犯罪活动或者煽动他人进行违法犯罪活动。

第十九条 举行集会、游行、示威的时间限于早六时至晚十时，经当地人民政府决定或批准的除外。

举行集会、游行、示威，严禁使用高音喇叭。

第二十条 集会、游行、示威在党政领导机关、司法机关、军事机关、广播电台、电视台及其他要害单位所在地举行或者经过的，主管机关为了维持秩序，可以在附近设置临时警戒线，未经人民警察许可，任何人不得逾越。

临时警戒线为有金黄色标志的警戒柱、警戒带、警戒栏或者警戒标志线。

第二十一条 在下列场所周边距离十米至三百米内，不得举行集会、游行、示威，经省人民政府批准的除外：

（一）国宾下榻处；

（二）重要军事设施；

（三）航空港、火车站、港口；

前款所列场所的具体周边距离，由省、省辖市人民政府、行政公署规定。

第二十二条 游行、示威队伍遇有下列情形之一，不能按照许可的路线行进时，人民警察现场负责人有权临时改变游行、示威队伍的行进路线：

（一）发生重大交通事故或交通严重堵塞的；

（二）发生火灾事故的；

（三）发生重大刑事案件、严重治安案件的；

（四）遇有其他不可预料情况的。

第二十三条　举行集会、游行、示威，有下列情形之一的，人民警察应当予以制止：

（一）未依法申请或者申请未获许可的；

（二）未按照主管机关许可的目的、方式、标语、口号、起止时间、地点、路线、参加人数进行的；

（三）在进行中出现危害公共安全或者严重破坏社会秩序的；

（四）违反本办法第十五条、第十六条、第十八条、第十九条、第二十条、第二十一条规定的。

有前款所列情形之一，不听制止的，人民警察现场负责人有权命令解散；拒不解散的，人民警察现场负责人有权依照国家有关规定采取必要的手段强行驱散，并对拒不服从的人员强行带离现场或者立即予以拘留。

第二十四条　公民在其居住地以外的市、县发动、组织集会、游行、示威的，公安机关有权予以拘留或者强行遣回原居住地。

第二十五条　违反《中华人民共和国集会游行示威法》和本办法的，依法追究集会、游行、示威的负责人和直接责任人员的法律责任。

第二十六条　外国人在本省行政区域内举行集会、游行、示威，适用《中华人民共和国集会游行示威法》和本办法规定。

外国人在本省行政区域内未经主管机关批准，不得参加中国公民举行的集会、游行、示威。

第二十七条　本办法具体应用中的问题，由省人民政府负责解释。

第二十八条　本办法自公布之日起施行。1987年1月13日安徽省第六届人民代表大会常务委员会第二十七次会议批准的《合肥市关于游行、示威的暂行规定》同时废止。

安徽省劳动教养实施条例

（1995年4月24日安徽省第八届人民代表大会常务委员会第十六次会议通过　1995年6月22日安徽省第八届人民代表大会常务委员会第十七次会议修正　2013年12月27日安徽省第十二届人民代表大会常务委员会第八次会议予以废止）

第一章　总　则

第一条　为维护社会治安，保障社会主义现代化建设的顺利进行，根据《国务院关于劳动教养问题的决定》、《国务院关于劳动教养的补充规定》，以及其他法律、法规的有关规定，结合我省实际，制定本条例。

第二条　对劳动教养人员，实行“教育、感化、挽救”的方针，促使劳动教养人员成为遵纪守法的公民、自食其力的劳动者。

第三条　劳动教养人员的合法权利，依法受到保护。

第四条　劳动教养期限，根据被劳动教养的人的违法犯罪事实、性质、情节、动机、危害程度，分别确定为：一年、一年零六个月、两年、两年零六个月、三年。必要时得延长一年。

第五条　省人民政府根据需要规范劳动教养场所的设置。

劳动教养场所使用的土地、矿产资源和其他自然资源以及劳动教养场所的财产，受国家法律保护，任何组织或个人均不得侵占、破坏。

第六条　省、省辖市人民政府、行署的劳动教养管理委员会领导劳动教养的审批和管理工作。其审批机构设在公安部门，其管理机构设在司法行政部门，各自负责处理审批、管理的日常工作。

第七条　劳动教养工作所需经费，列入地方财政预算。

第八条　劳动教养审批和管理机构的执法活动，受人民检察院和行政监察部门的监督。

第二章　对象和范围

第九条　年满十六周岁以上（含十六周岁）的人，有下列情形之一的，应当收容劳动教养：

（一）符合国家法律、法规规定劳动教养条件的；

（二）违反治安管理，受到两次治安拘留后，三年内又有应予治安拘留的新的违法行为的；

（三）违法行为已构成犯罪，但情节轻微，尚不够刑事处罚或依法不追究刑事责任的；

（四）人民检察院免予起诉、人民法院免除刑事处罚并且符合劳动教养条件的。

第十条 符合本章规定的劳动教养条件，在下列区域、场所作案的人，应当收容劳动教养：

（一）国家法律、法规规定的区域；

（二）家居农村而流窜到城市、铁路及与铁路交接的水陆交通要道沿线、大型厂矿作案的。

第十一条 下列人员不予收容劳动教养：

（一）又聋又哑的人、盲人、呆傻人；

（二）严重疾病患者；

（三）精神病患者，但是法律、法规另有规定的除外；

（四）怀孕或哺乳自己未满一周岁婴儿的妇女；

（五）其他丧失劳动能力的人。

第三章 审 批

第十二条 省辖市公安分局、县（市）公安局的业务部门和公安派出所，是基层办案单位，负责劳动教养案件的调查取证工作。

省辖市公安分局、县（市）公安局是呈报单位，负责劳动教养案件的呈报工作。

第十三条 对需要劳动教养的人，办案单位必须查明违法犯罪事实，取得确实充分的证据，经省辖市公安分局、县（市）公安局审核后，报省辖市、行署劳动教养管理委员会审批。

第十四条 劳动教养管理委员会自收到劳动教养案卷材料之日起二十日内，应根据不同情况，分别作出以下决定：

（一）对事实清楚，证据确凿，符合劳动教养条件的，应当批准劳动教养；

（二）对事实不清或证据不足的，可以退回呈报单位补充调查，必要时也可以自行补充调查。补充调查，应在一个月内进行完毕。特殊情况需要延长的，补充调查单位应报请上一级公安部门批准。延长期限不得超过一个月；

（三）对应当追究刑事责任或者应当予以其他处罚的，应退回呈报单位，依法按相应程序办理；

（四）对不符合劳动教养条件的，作出不予批准的决定。

第十五条 劳动教养管理委员会作出劳动教养决定，应制作《劳动教养决定书》和《劳动教养通知书》。《劳动教养决定书》和《劳动教养通知书》由办案单位送达劳动教养人员及其家属，并应当在十五日内将送达回执交劳动教养管理委员会审批机构。

第十六条 劳动教养的执行期限，从收容之日起计算；先行羁押一日折抵一日。逃跑时间不计入劳动教养期限。

第十七条 应予劳动教养的违法犯罪行为，自行为终了之日起三年内未被司法机关立案的，不予追究。但已被司法机关立案的，不受追究期限的限制。

第十八条 对省辖市、行署劳动教养管理委员会审批（包括批准所外执行）的劳动教养案件，省劳动教养管理委员会认为审批不当的，应当予以纠正。

第四章 复议和诉讼

第十九条 省辖市、行署劳动教养管理委员会的审批机构，应告诉或委托办案单位在送达《劳动教养决定书》时告诉被劳动教养的人有申请复议的权利。《劳动教养决定书》的送达人或受送达人在押场所的看管人员应及时将受送达人的书面或口头复议申请（应作记录）转达给劳动教养案件复议机关。

第二十条 被劳动教养的人对劳动教养决定不服的，可在收到《劳动教养决定书》之日起十五日内，向本级人民政府、行署或者向作出劳动教养决定的劳动教养管理委员会的上一级劳动教养管理委员会申请复议。

复议机关应在收到复议申请之日起两个月内，作出复议决定。

申请人对复议决定不服的，可在收到复议决定书之日起十五日内，向有管辖权的人民法院提起诉讼。未经复议的，人民法院不予受理。但对复议机关逾期不作复议决定的，申请人在复议期满之日起十五日内向人民法院所提起的诉讼，人民法院应予受理。

第二十一条 劳动教养决定自作出决定之日起生效，复议、诉讼期间不停止执行。法律、法规另有规定的除外。

第五章 执 行

第二十二条 劳动教养决定生效后，呈报单位应当在一个月内将被劳动教养的人连同《劳动教养决定书》《劳动教养通知书》，一并交付劳动教养场所执行。劳动教养场所应予接收。对没有上述文书或文书所载与实际不符的，劳动教养场所不予接收。

第二十三条 劳动教养场所应当按照案情性质、劳动教养人员的性别、年龄等不同情况，分别编队，分别管理，分类教育。

对女劳动教养人员，由女性人民警察管理教育。

第二十四条 劳动教养场所应当贯彻依法管理、严格管理、文明管理、科学管理的原则，对劳动教养人员进行法制教育，道德教育，文化教育，技术教育。

第六章 劳动教养人员的权利和义务

第二十五条 劳动教养人员在劳动教养期间享有公民的权利，履行公民的义务。但不能履行的义务和依法被限制的权利除外。

第二十六条 劳动教养人员的人身权利，财产权利，申诉、控告、检举、批评和建议的权利依法受到保护。

第二十七条 劳动教养人员来往信件不受检查。但法律、法规另有规定的除外。

第二十八条 劳动教养人员可与亲属会见。

第二十九条 劳动教养人员可与来会见的配偶同居。

第三十条 劳动教养人员的医疗保健、劳动保护、节假日休息和必要的物质生活待遇依法受到保障。

第三十一条 劳动教养人员的合法权益因国家机关及其工作人员违法行使职权受到损害的，依法获得国家赔偿。

第三十二条 劳动教养人员解教后入学、就业不受歧视。对劳动教养人员的家属、子女不得歧视。

第三十三条 劳动教养人员必须严格遵守法律、法规和有关规定，遵守社会公德，讲究文明礼貌，学习政治、法律、文化和技术，悔罪认错，服从管教，参加生产劳动。

第七章 奖励和处罚

第三十四条 劳动教养场所对劳动教养人员应当定期考核，进行奖惩。

第三十五条 对劳动教养人员的奖励分为表扬、记功、物质奖、减少劳动教养期限、提前解除劳动教养五种。减少劳动教养期限和提前解除劳动教养所减少的劳动教养期限，累计不得超过原决定的劳动教养期限的二分之一。

第三十六条 对劳动教养人员的处罚分为警告、记过、延长劳动教养期限三种。延长劳动教养期限累计不得超过一年。

第三十七条 对劳动教养人员表扬、记功、物质奖、警告、记过，由劳动教养场所批准；提前解除劳动教养、减少或延长劳动教养期限，由劳动教养场所申报，省劳动教养管理委员会管理机构审批。

对所外执行劳动教养人员的奖惩，须经原批准所外执行的机关批准。

第三十八条 对逃跑的劳动教养人员，劳动教养场所应组织力量立即追回，有关公安部门、基层组织应当予以协助。

第三十九条 劳动教养人员在劳动教养场所作案的，劳动教养场所应当依法移送当地公安、安全部门或人民检察院处理。

前款劳动教养人员，经人民检察院决定免予起诉、不起诉或者经人民法院判决宣告无罪，免除刑事处罚的，应当继续执行剩余的劳动教养期限。

第八章 所外执行和所外就医

第四十条 有下列情形之一的，可以批准所外执行：

（一）患有严重疾病，短期内难以治愈的；

（二）在读学生，悔罪认错较好的；

（三）确为本单位业务、技术所必需，本人悔罪认错较好，所在单位提出申请的；

（四）家庭成员患有严重疾病，生活不能自理或没有生活来源，确需本人照料或抚养的；

（五）具有其他特殊情况。

所外执行，应由劳动教养人员亲属、原所在单位或基层组织提出书面申请，经原住地公安部门审核，由省辖市、行署劳动教养管理委员会批准，报省劳动教养管理委员会备案。有前款第（三）、（五）项情形的，须报省劳动教养管理委员会审批。

在劳动教养场所执行的劳动教养人员，已经执行劳动教养期限二分之一以上，且改造表现较好，所外执行不致危害社会的，如需所外执行，由劳动教养场所征求原住地公安部门的意见，报省劳动教养管理委员会管理机构批准。

第四十一条 劳动教养人员所外执行期间的管理、帮教、考查工作，由原住地公安部门会同其所在单位、监护人及基层组织负责。

第四十二条 所外执行的劳动教养人员，又有违法行为的，应收回所内执行。

第四十三条 有下列情形之一的，不得批准所外执行：

（一）执行劳动教养期间受到延长劳动教养期限处罚的；

（二）有重新违法犯罪危险的；

（三）患有性病未经治愈的；

（四）因吸毒被劳动教养未戒除毒瘾的；

（五）多次流窜作案被劳动教养的。

第四十四条 劳动教养人员在劳动教养场所患有严重疾病，因工或其他原因造成身体严重损伤，劳动教养场所的医疗单位不具备医疗条件或短期内无法治愈的，可以所外就医。所外就医的医疗费自理；工伤的，按有关规定办理。

第四十五条 劳动教养人员所外就医，由劳动教养场所医院或指定的地方县级以上医院出具诊断证明，亲属或者原单位提出书面申请并同意担保，经劳动教养场所审核，报省劳动教养管理委员会管理机构批准。

第四十六条 劳动教养场所应当定期检查所外就医人员的治疗情况和表现，对疾病痊愈或者重新违法的，应收回所内执行，报原批准机关备案。

第四十七条 所外执行和所外就医，应由劳动教养场所通知原住地公安部门。

第九章 解教和安置

第四十八条 劳动教养场所对执行劳动教养期满的人，应当按期解除劳动教养，发给《解除劳动教养证明书》。原住地公安部门应当凭《解除劳动教养证明书》办理户籍登记。

所外执行、所外就医人员劳动教养期满后，应到原审批的劳动教养管理委员会或原劳动教养场所办理解除劳动教养手续。

第四十九条 各级人民政府应当加强解除劳动教养人员安置工作的领导，公安、司法、劳动、人事、教育、民政、工商行政管理等部门按照各自的职责共同做好安置工作。

第五十条 保留职工身份的解除劳动教养人员，原则上由原单位安排就业。

解除劳动教养的无业人员，由当地劳动部门和街道办事处负责待业登记。

解除劳动教养人员回农村落户的，由落户地的乡镇人民政府负责接收和安置。

鼓励解除劳动教养人员自谋职业。

第五十一条 解除劳动教养人员可以按照国家招生规定报考学校。符合录取条件的，学校应予录取。原系高中、中等专业学校、高等学校保留学籍的，原学校应当准其继续入学接受教育。

第十章 劳动教养审批、管理机关的人民警察

第五十二条 劳动教养审批、管理机关的人民警察应当严格遵守法律、法规和本条例，忠于职守，秉公执法，严守纪律，清正廉洁。

第五十三条 劳动教养审批、管理机关的人民警察有下列行为之一，构成犯罪的，依法追究刑事责任；尚未构成犯罪的，应当予以行政处分：

（一）索要、收受、侵占劳动教养人员及其家属的财物；

（二）私放劳动教养人员或玩忽职守造成劳动教养人员脱逃；

（三）侮辱、体罚、虐待劳动教养人员；

（四）殴打或纵容、唆使他人殴打劳动教养人员；

（五）为谋取私利，利用劳动教养人员提供劳务；

（六）违反规定，私自为劳动教养人员传递信件或物品；

（七）非法将管理劳动教养人员的职责交予他人行使；

（八）其他违法乱纪行为。

第五十四条 劳动教养审批、管理机关人民警察的执法活动，本条例未作规定的，适用《中华人民共和国人民警察法》的规定。

第十一章　附　则

第五十五条　劳动教养场所的管教、生产等工作，按照国家有关法律、法规执行。

第五十六条　本条例不适用于外国人、华侨及港、澳、台同胞。

第五十七条　本条例具体应用中的问题，由省劳动教养管理委员会负责解释。

第五十八条　本条例自1995年9月1日起施行。

安徽省乡镇治安联防队管理条例

（1996年5月31日安徽省第八届人民代表大会常务委员会第二十四条次会议通过）

第一条 为加强农村社会治安综合治理，加强乡镇治安联防队的规范化管理，根据《全国人民代表大会常务委员会关于加强社会治安综合治理的决定》精神，结合我省实际，制定本条例。

第二条 以乡镇为单位建立的治安联防队是群众性维护社会治安组织。

乡镇治安联防队由县（市、区）、乡、镇人民政府领导，县级公安部门和当地公安派出所负责管理使用和业务指导。

任何单位、组织和个人不得指使或调动治安联防队从事维护社会治安以外的工作。

第三条 乡镇人民政府根据辖区人口数、社会治安综合治理需要、经济状况，确定治安联防队的设置及治安联防队员的人数。不需要设置的，可以不设，需要设置的，最少3人，辖区人口多、区域面积大的最多不得超过10人。

第四条 治安联防队员须具备下列条件：

（一）遵纪守法，作风正派，责任心强，无违法犯罪劣迹；

（二）法制观念强，热爱治安联防工作，有一定的的工作能力，敢于同违法犯罪行为作斗争；

（三）身体健康；

（四）具有初中以上文化程度；

（五）年龄一般在20周岁以上40周岁以下。

第五条 治安联防队员由村（居）民委员会推荐，当地公安派出所考核，乡镇人民政府审查同意，报县级公安部门批准后聘用。

第六条 治安联防队的职责是：在公安干警的组织、带领下开展巡逻执勤、堵卡、守候等预防和制止违法犯罪活动，维护社会治安的工作。

治安联防队没有侦查权、审讯权、处罚权，没有限制人身自由权，不设队部，队长由公安干警兼任。

第七条 公安部门应定期对治安联防队员进行政治思想教育、法制教育和政策、法律知识、业务技能的培训，提高其政治、业务素质。

第八条 治安联防队必须建立下列工作制度：

（一）岗位责任和考勤考绩制度；

（二）交接班登记和检查制度；

（三）政策、法律与业务知识学习制度；

（四）工作报告制度；

（五）奖惩制度。

第九条　治安联防队员在执勤中必须严格遵守以下工作纪律：

（一）服从命令，听从指挥，忠于职守，依法办事；

（二）文明执勤，严禁打人、骂人和实施体罚；

（三）佩戴统一执勤标志，不得着警服，不得使用警械。

（四）尊重群众，保护群众，维护群众利益，接受群众监督。

第十条　治安联防队经费由乡镇人民政府从当地财政适当拨款及按照自愿、受益、适度、资金定向使用的原则筹集解决。

公安部门和治安联防队不得自行筹集治安联防队经费。

第十一条　治安联防队经费必须专款专用，由乡镇财政统一管理，其开支范围包括：

（一）治安联防队员的生活补贴；

（二）治安联防队员的人身保险费；

（三）培训、执勤所需费用。

第十二条　治安联防队经费按预算外资金进行管理，实行财政专户储存。

治安联防队应建立健全会计核算制度，并按规定向财政部门报送收支计划和预决算报表。财政、审计部门应加强对资金的管理和监督，确保专款专用。

第十三条　在维护社会治安、预防和打击违法犯罪活动中做出显著成绩的治安联防队及其队员，人民政府应予以表彰和奖励。

第十四条　对治安联防队员半年考核一次，一年总评一次，合格者，续聘；不合格者，由当地公安派出所提出意见，经乡镇人民政府审查同意，报县级公安部门批准后解聘。

第十五条　指使或调动治安联防队从事维护社会治安以外的工作，并造成不良后果的，主要负责人和直接责任人应当承担法律责任。触犯刑律的，依法追究其刑事责任。

第十六条　挪用治安联防队经费，责令限期退回，对直接责任人给予行政处分；触犯刑律的，依法追究其刑事责任。

第十七条　城市治安联防队参照本条例执行。

第十八条　本条例具体应用中的问题，由省公安厅负责解释。

第十九条　本条例自1997年1月1日起施行。

安徽省实施《中华人民共和国消防法》办法

（1999年8月1日安徽省第九届人民代表大会常务委员会第十一次会议通过　2004年6月26日安徽省第十届人民代表大会常务委员会第十次会议修正　2010年8月21日安徽省第十一届人民代表大会常务委员会第二十次会议决定废止）

第一章　总　则

第一条　为了预防火灾和减少火灾危害，保护公民人身、公共财产和公民财产的安全，维护公共安全，保障社会主义现代化建设的顺利进行，根据《中华人民共和国消防法》等有关法律、法规，结合本省实际，制定本办法。

第二条　本省行政区域内的机关、团体、企业、事业单位和其他组织以及个人，均应遵守本办法。

第三条　消防工作贯彻预防为主、防消结合的方针，坚持专门机关与群众相结合的原则，实行防火安全责任制。

第四条　消防工作由各级人民政府负责。各级人民政府应当将消防工作纳入国民经济和社会发展计划，逐步增加消防经费的财政投入，有计划、多渠道地筹集资金，加强公共消防设施建设，提高消防装备水平，保证预防火灾和灭火救援的实际需要。

第五条　县级以上人民政府公安机关对本行政区域内的消防工作实施监督管理，公安消防机构具体负责实施。军事设施、矿井地下部分的消防工作，由其主管单位监督管理。

第六条　对在消防工作中有特殊贡献或者成绩显著的单位和个人，人民政府或有关单位应当予以奖励。

第七条　预防和扑救火灾，是全社会的共同责任。

新闻、出版、广播、电影、电视等宣传部门应当采取多种形式，做好消防宣传工作，提高公民消防安全意识。

教育、劳动等行政主管部门应当将消防知识纳入教学、培训内容。

任何单位和个人都有维护消防安全、保护消防设施的义务，有权检举、控告和制止危害公共消防安全的行为。

第八条　每年11月9日为本省消防日。

第二章 火灾预防

第九条 各级人民政府应当建立防火安全责任制，与所属的有关部门和下一级人民政府签订消防安全责任书，对消防安全工作定期进行考核。

第十条 机关、团体、企业、事业单位和其他组织应当履行消防安全职责，其法定代表人或主要负责人是本单位的消防安全第一责任人，负责本单位的消防安全工作。

第十一条 城市人民政府应当将包括消防安全布局、消防站、消防供水、消防通信、消防车通道、消防装备等内容的消防规划纳入城市总体规划，并负责组织有关主管部门实施。

消防规划由城市人民政府组织公安消防机构、城市规划行政主管部门和其他有关部门编制。

第十二条 城市消防规划确定的公共消防设施用地，任何单位和个人不得占用。如政府决定确需调整的，由当地城市规划行政主管部门和公安消防机构按照规划另行确定适当地点。

第十三条 公共消防设施和消防装备应当与城市其他基础设施同步建设。公共消防设施、消防装备不足或者不适应实际需要的，应当增建、改建、配置或者进行技术改造。

公共消防设施由城建、公用等单位负责建设和维护。公共消防设施建成后，由公安消防机构验收、使用。

第十四条 旧城改造、重要易燃易爆设施以及居住区、开发区、工矿区等的建设，必须同步建设消防设施。审查规划、设计方案时，应当有公安消防机构参加。

第十五条 新建、改建、扩建、建筑内部装修和建筑用途变更的工程，按照国家工程建筑消防技术标准需要进行消防设计的，建设单位应当将消防设计图纸及有关资料报送公安消防机构审核。未经审核或者经审核不合格的，建设行政主管部门不得发给施工许可证，建设单位不得施工。

公安消防机构自接到建设单位报送的消防设计图纸及有关资料之日起，对一般工程在10日内，对国家、省级重点工程和设置自动消防设施的工程在20日内，出具审核意见书。需要组织专家论证的工程，可以延长至30日。

第十六条 按照国家工程建筑消防技术标准进行消防设计的建筑工程竣工时，建设单位应当向公安消防机构提交消防验收书面申请和竣工资料。公安消防机构应当自接到申请之日起10日内进行验收，并在验收后 7 日内出具验收意见书。未经验收或者验收不合格的，不得投入使用。

第十七条 建筑工程施工现场的消防安全，由施工单位负责，建设单位协助。施工单位应当建立健全消防安全制度，指定专人负责施工现场的消防安全工作，配备必要的消防设施和器材。

施工单位应当按照消防技术标准和消防安全操作规程进行施工。

第十八条 歌舞厅、影剧院、体育馆、宾馆、饭店、商场、集贸市场等公众聚集的场所，应当设置符合国家消防技术标准的安全出口、疏散走道和疏散指示标志，配备相应的消防设施和器材。

前款所列场所须经公安消防机构安全检查合格后，方可开业或使用。

第十九条 大型集会、焰火晚会、灯会等群众性活动的地点选择、亭棚搭建、电气线路架设、明火使用以及消防设施配置等，应当符合消防安全规定。活动的主办单位应当制定灭火和应急疏散预案。

前款所列活动举办6日前，主办单位应向公安消防机构申报。公安消防机构应当自接到申报之日起 3 日内，对活动现场进行消防安全检查。未经检查或检查不合格的，不得举办。

第二十条 两个以上单位共用的建筑物，由产权单位履行消防安全职责；产权为两个以上单位的，由建筑物的管理单位履行消防安全职责，没有管理单位的，必须确定管理单位。

第二十一条 古建筑、寺观教堂、重点文物的管理或使用单位以及图书馆、博物馆、档案馆必须加强用火、用电管理，配备必要的消防器材和报警设备，设置足够的消防用水。

第二十二条 城市人民防空地下工程和其他地下工程，不得用于生产、储存或者经营易燃易爆化学物品。

利用城市人民防空地下工程和其他地下工程开设旅馆、商场、饭店、歌舞厅等，必须遵守地下工程的消防安全规定。

第二十三条 商场、公共娱乐场所不得设置员工宿舍；设有车间或者仓库的建筑物内，严禁设置员工集体宿舍。

第二十四条 研制易燃易爆的新材料、新产品和有火灾危险的新设备、新工艺的单位，应当对研制的每一项目提出预防火灾的具体办法。

使用易燃易爆的新材料、新产品或者有火灾危险的新设备，采用有火灾危险性的新工艺的单位，应当按照研制单位提供的预防火灾的具体办法，采取消防安全措施。

第二十五条 有火灾或者爆炸危险的场所必须采取相应的防火、防爆、防雷、防静电、防泄漏等消防技术措施。

第二十六条 严禁在燃气管道、输油管道及其配套设施上修筑建筑物、构筑物和堆放影响消防安全的物品。确需在燃气管道、输油管道附近修筑建筑物、构筑物等作业和堆放物品的，必须符合国家消防技术标准。

第二十七条 消防安全重点单位、易燃易爆化学物品场所、公众聚集场所，应当按照国家有关规定参加企业火灾险和公众责任险。

第二十八条 居民应当维护住宅的消防安全，遵守用火、用电等消防安全管理规定，不得占用防火间距，不得堵塞消防通道。

第二十九条 农业收获季节，乡镇人民政府应当及时开展有针对性的消防宣传教育和安全检查，督促落实消防安全措施。

粮棉加工、储存场所和使用农机具作业的麦谷场等，必须采取防火安全措施，做好灭火应急准备。

打晒、堆放粮食、棉花等作物的，应当与火源和电力架空线保持消防安全距离。

第三十条 安装火灾自动报警装置、自动灭火装置的建筑物的管理和使用单位，应当落实装置的日常检查、维修保养和值班制度，不具备维修保养能力的，应当委托有建筑消防设施维修保养资格的专业组织每年至少进行一次维修保养，保证装置正常运行。

第三十一条 从事消防设施、器材维修、保管、检测和消防咨询服务的组织，在提供服务时应当严格执行国家有关规定，并接受公安消防机构的监督管理。

第三十二条 消防产品的质量必须符合国家标准或行业标准。

生产、销售消防产品的，应当报省公安消防机构备案。

第三十三条 下列人员应当接受消防安全知识的培训：

（一）消防安全重点单位及生产、储存、运输、销售或者使用、销毁易燃易爆化学物品的单位和公众聚集场所的消防安全第一责任人；

（二）消防设施的施工、维修、保养、检测和操作人员；

（三）专职消防队员、单位负责消防管理的工作人员；

（四）其他应当接受培训的人员。

有关部门对电焊、气焊及电气设备、线路的安装、维护等具有火灾危险工作的特种作业人员进行上岗培训时，应当将消防安全知识列入培训内容。

第三章 消防组织

第三十四条 各级人民政府应当根据经济和社会发展的需要，建立和加强公安消防队、专职消防队、义务消防队等多种形式的消防组织，增强预防和扑救火灾的能力。

第三十五条 省级以上风景名胜区和列为省级以上重点文物保护单位的古建筑群的管理单位，应当根据需要建立专职消防队或义务消防队。

第三十六条 经济技术开发区、高新技术产业开发区，应当根据需要建立专职消防队；也可以由开发区建站，公安消防队进驻执勤。

第三十七条 专职消防队的建立，应当符合国家有关规定，并报省公安消防机构验收。专职消防队的撤销或者合并，应当报省公安消防机构备案。

专职消防队可以由一个单位建立，也可以由几个单位联合建立。

第三十八条 专职消防队应当建立教育训练和执勤备战制度，承担本单位的防火和灭火工作，并服从公安消防机构的调动，参加外单位的火灾扑救。

第三十九条 专职消防队的经费由组建单位按有关规定列支；几个单位联合组建的专职消防队，经费由几个单位共同解决。

专职消防队员实行本单位工资和奖金制度，享受本单位生产职工同等社会保险福利待遇。

第四十条 公安消防队、专职消防队应当对责任区内的消防安全重点单位、部位制订灭火作战计划，经常进行灭火作战演练。与作战计划和作战演练有关的单位应当予以协助，提供有关资料。

第四章 灭火救援

第四十一条 任何人发现火灾，都应当立即报警。任何单位、个人都应当无偿为报警提供便利，不得阻拦报警。严禁谎报火警。

消防队到达火灾现场前，发生火灾的单位必须立即疏散人员，扑救火灾，抢救物资，并派人接引消防车。邻近单位应当给予支援。

消防队接到火警后，必须立即赶赴火场，救助遇险人员，排除险情，扑灭火灾。

禁止组织未成年人参加火灾扑救。

第四十二条 赶赴火场、执行抢险救援或者消防演练任务的消防车、消防艇等免交过路、过桥、过隧道、泊岸费，需要火车、轮船运输的，铁路和航运单位应当优先抢运。

第四十三条 消防车、消防艇以及消防器材、装备和设施，不得用于与消防和抢险救援工作无关的事项。

第四十四条 火灾扑救的现场，由公安消防机构统一组织和指挥。火场总指挥员有权根据扑救火灾的需要，决定下列事项：

（一）就近使用各种水源和通讯、运输工具及其他设备；

（二）截断电力、可燃气体和液体的输送，限制用火用电；

（三）命令人员转移，划定警戒范围，对火场周围实行局部交通管制；

（四）利用邻近建筑物和有关设施；

（五）为防止火灾蔓延，拆除或者破损毗邻火场的建筑物、构筑物；

（六）调动供水、供电、医疗救护、交通运输等有关单位协助灭火救助。

扑救特大或者社会影响重大的火灾时，人民政府应当组织有关人员、调集所需物资支援灭火。

第四十五条　公安消防队扑救火灾，不得向发生火灾的单位和个人收取任何费用。

专职消防队、义务消防队参加扑救外单位火灾损耗的燃料、灭火剂和损坏的器材、装备等费用，以及火灾原因技术鉴定所需的费用，经当地公安消防机构核定属实后，按下列规定补偿：

（一）参加保险的，从保险公司偿付的施救费中支付；

（二）未参加保险的，由火灾肇事单位或者肇事个人支付，火因不清的，由发生火灾的单位支付；

（三）保险施救费补偿不足和火灾肇事单位、肇事个人或者发生火灾的单位确实无力支付的部分，由当地人民政府按照国家有关规定补偿。

第四十六条　对扑救火灾中受伤、致残或者死亡的人员，当地人民政府应当按照国家有关规定给予医疗、抚恤；应追认为烈士的，由有关部门办理。

第四十七条　火灾扑灭后，公安消防机构有权根据需要封闭火灾现场。未经公安消防机构同意，任何单位和个人不得进入火灾现场，移动、毁损火灾现场的遗留物品和残骸。

第四十八条　发生火灾的单位或者个人有义务保护火灾现场，如实提供火灾情况，协助公安消防机构进行火灾调查。任何单位和个人不得干扰、阻挠火灾调查工作。

公安消防机构在查处火灾隐患、调查火灾原因和查处违法行为时，可以根据需要依法传唤有关人员。

第四十九条　当事人对火灾原因认定、火灾事故责任认定不服的，可以在接到火灾原因认定书、火灾事故责任认定书之日起15日内，向火灾发生地主管公安机关或者上一级公安消防机构申请重新认定；对省公安消防机构作出的火灾原因认定、火灾事故责任认定不服的，向省公安厅申请重新认定。

火灾原因、火灾事故责任的重新认定决定为最终决定。

第五章　法律责任

第五十条　依照《消防法》第四十条、第四十一条、第四十二条、第四十六条的规定，给予罚款处罚的，罚款数额为4000元以上2万元以下；情节严重的，罚款数额为2万元以上10万元以下。对直接负责的主管人员和其他直接责任人员处罚款的，罚款数额为600元以上3000元以下。

第五十一条 依照《消防法》第四十三条第二款、第四十四条第二款的规定，给予罚款处罚的，罚款数额为3000元以上1万元以下；情节严重的，罚款数额为1万元以上5万元以下。对直接负责的主管人员和其他直接责任人员处罚款的，罚款数额为600元以上3000元以下。

第五十二条 依照《消防法》第四十七条的规定，给予罚款处罚的，罚款数额为500元以上2000元以下。

单位违反消防法律、法规引起火灾或者导致火灾损失扩大的，可以处警告或者1万元以上5万元以下罚款；情节严重的，可以处5万元以上10万元以下罚款，并对直接负责的主管人员和其他直接责任人员处警告或者600元以上3000元以下罚款。

第五十三条 依照《消防法》第四十八条的规定，给予罚款处罚的，罚款数额为800元以上4000元以下；情节严重的，罚款数额为4000元以上2万元以下。对直接负责的主管人员和其他直接责任人员处罚款的，罚款数额为600元以上3000元以下。

第五十四条 依照《消防法》第五十条的规定，给予罚款处罚的，罚款数额为2000元以上 1 万元以下。对直接负责的主管人员和其他直接责任人员处罚款的，罚款数额为500元以上2000元以下。

第五十五条 违反本办法第二十四条规定的，责令限期改正；逾期不改正的，责令停产停业，可以并处5000元以上2万元以下的罚款，并对其直接负责的主管人员和其他直接责任人员处以600元以上3000元以下的罚款。

第五十六条 公安消防机构对违反消防法律、法规，严重不符合消防安全的场所或违法生产、销售、运输消防产品、易燃易爆化学物品的，情况紧急时，可以暂时予以查封、扣押，并及时通知有关主管部门处理。

第五十七条 对违反本办法规定行为的处罚，由县级以上公安消防机构裁决。对给予拘留的处罚，由公安机关裁决。

依照《消防法》的规定，对供水、供气、供电等重要企业，重要的建设工程，交通、通信枢纽，以及其他重要单位、场所的责令停产停业，由公安消防机构报请当地人民政府依法决定，由公安消防机构执行。

第五十八条 公安消防机构的工作人员在消防工作中滥用职权、玩忽职守、徇私舞弊，有下列行为之一，给国家和人民利益造成损失，尚不构成犯罪的，依法给予行政处分：

（一）对不符合国家建筑工程消防技术标准的消防设计、建筑工程通过审核、验收的；

（二）对应当依法审核、验收的消防设计、建筑工程，故意拖延，不予审核、验收的；

（三）发现火灾隐患不及时通知有关单位或者个人改正的；

（四）利用职务为用户指定消防产品的销售单位、品牌或者指定建筑消防设施施工单位的；

（五）其他滥用职权、玩忽职守、徇私舞弊的行为。

第五十九条　有违反本办法行为，构成犯罪的，依法追究刑事责任。

第六章　附　则

第六十条　本条例自1999年9月1日起施行。

安徽省禁毒条例

（2003年8月23日安徽省第十届人民代表大会常务委员会第四次会议通过）

第一章 总 则

第一条 为了预防和打击毒品违法犯罪活动，保护公民身心健康，维护社会治安秩序，根据《全国人民代表大会常务委员会关于禁毒的决定》和有关法律、行政法规，结合本省实际，制定本条例。

第二条 本条例所称毒品，是指鸦片、海洛因、甲基苯丙胺（冰毒）、吗啡、大麻、可卡因、二亚甲基双氧安非他明（摇头丸）、氯胺酮（K粉）以及国家规定管制的其他能够使人形成瘾癖的麻醉药品和精神药品。

第三条 禁毒工作遵循预防为主、综合治理的原则，坚持禁吸、禁贩、禁种、禁制并举和堵源截流、严格执法、标本兼治的方针。

第四条 禁毒是全社会的共同责任。

各级人民政府负责本行政区域内的禁毒工作，实行禁毒工作责任制。

各级人民政府应当将禁毒经费列入财政预算，保证必要的经费支出。禁毒经费专款专用。

国家机关、社会团体、企业事业组织、村（居）民委员会应当做好本单位的禁毒工作。

第五条 公安机关是查禁毒品工作的行政主管部门，依法打击毒品违法犯罪，开展强制戒毒工作。

检察机关、审判机关、司法行政机关应当履行职责，依法惩治毒品犯罪。

卫生、工商、海关、交通、民航、铁路、食品药品监督、出入境检验检疫、金融、信息产业、农业等部门，依照各自职责开展禁毒工作。

第六条 新闻出版、广播电视、文化等部门应当开展禁毒宣传。

工会、共青团、妇联等群众团体，应当按各自职能组织开展禁毒宣传教育。

教育行政部门和学校应当将禁毒教育列入法制教育内容，对学生进行禁毒教育。

未成年人的监护人应当加强对未成年人的禁毒教育。

第七条 鼓励单位或者个人检举、揭发毒品违法犯罪活动。对检举、揭发毒品违法犯罪有功的，应当给予表彰和奖励。

第二章 禁吸戒毒

第八条 禁止吸食、注射毒品。

禁止强迫、引诱、欺骗、教唆或者容留他人吸食、注射毒品。

禁止以任何方式为他人吸食、注射毒品提供资金、场所、器具或者其他便利。

从事文化娱乐、饮食服务、旅馆、房屋租赁、交通运输等行业经营活动的单位或者个人，应当遵守国家有关禁毒的法律规定，发现他人在其经营场所内吸食、注射毒品或者从事其他毒品违法犯罪活动的，应当及时报告公安机关，并协助公安机关开展调查取证工作。

第九条 未成年人吸食、注射毒品的，其监护人应当制止。学校发生学生吸食、注射毒品的，应当制止并及时报告公安机关。对吸食、注射毒品成瘾的，其监护人、所在学校应当配合公安机关监督其戒毒。对戒除毒瘾后返校的学生，学校应当加强监督教育，防止其再次吸食、注射毒品。

禁止强迫、引诱、欺骗、教唆或者容留未成年人吸食、注射毒品。

第十条 在下列岗位工作的人员有吸毒行为的，其所在单位应当调整其工作岗位：

（一）火车、机动车、飞机、船舶的驾驶、指挥；

（二）高空作业；

（三）重要生产设备、精密仪器仪表的操作；

（四）剧毒物品，电力、煤气、石油等易燃易爆物品的生产、经营、管理和使用；

（五）精神药品、麻醉药品的研制、生产、经营、管理和使用；

（六）从事涉及国家机密工作；

（七）其他对公共安全、人身安全和社会有重大影响的工作。

第十一条 公安机关对吸食、注射毒品成瘾人员依法实行强制戒毒或者责令限期戒毒。

对经强制戒毒或者责令限期戒毒后又吸食、注射毒品的，可以依法决定劳动教养，送劳动教养场所强制戒毒。

家庭应当督促吸食、注射毒品成瘾的人员，到戒毒脱瘾治疗机构、强制戒毒所戒毒。

第十二条 戒毒人员在强制戒毒期间的生活费和治疗费由其本人或者其家属承担。

有下列情形之一的，强制戒毒人员的生活费和治疗费由戒毒所编制预算报当地人民政府财政部门根据具体情况给予补助；

（一）戒毒人员为城市居民，家庭人均收入低于所在地城市居民最低生活保障标准，取得最低生活保障金领取凭证的；

（二）戒毒人员为农村居民，家庭经济困难，取得住所地乡（镇）人民政府出具的证明的。经济困难的标准，参照县级以上人民政府规定的当地最低生活标准确定。

第十三条 吸食、注射毒品成瘾人员有下列情形之一的，由县级以上公安机关责令限期在强制戒毒所外戒毒：

（一）患有急性传染病或者其他严重疾病的；

（二）怀孕或者正在哺乳自己未满一周岁婴儿的；

（三）十四周岁以下或者七十周岁以上的；

（四）其他不宜在强制戒毒所戒毒的。

对前款所列人员，公安机关应当向其本人或其家属或其监护人发出限期戒毒通知书，并由其住所地的公安派出所负责监督。

第十四条 戒毒人员被解除强制戒毒、劳动教养或者限期戒毒期满后，应当每半年到公安机关指定的单位进行尿样检测。连续3年尿样检测正常的，停止尿样检测。

第十五条 戒毒出所或者限期戒毒期满的人员所在单位、亲属以及村（居）民委员会和住所地公安派出所应当做好帮助、教育和监督工作，防止其再次吸食、注射毒品。

第十六条 戒毒场所对戒毒人员因毒瘾发作可能发生的自伤、自残、自杀或者实施其他危害行为的，应当采取必要的保护措施。

第十七条 省人民政府所在地的市，登记在册吸毒人员较多的市、县应当建立强制戒毒所。强制戒毒所的设立和管理，按照国家《强制戒毒办法》以及《强制戒毒所管理办法》等有关规定执行。强制戒毒所可以接收自愿戒毒人员，但应当同强制戒毒人员分开管理。

医疗机构开办戒毒脱瘾治疗业务，戒毒康复治疗机构的设立和管理，按照国家有关规定执行。

第十八条 广播、电视、报刊等大众传播媒体不得对戒毒药品和治疗方法进行广告宣传。

第三章 禁贩禁种

第十九条 禁止走私、贩卖、运输、制造毒品。

禁止非法持有毒品。

禁止非法买卖、运输、携带、持有罂粟等毒品原植物（含籽、壳、叶脂、苗）。

第二十条 依法从事生产、运输、管理、使用国家管制的麻醉药品、精神药品的人员不得违反国家规定，向吸食、注射毒品的人提供国家规定管制的能够使人形成瘾癖的麻醉药品、精神药品。

禁止威胁、欺骗、强迫前款所列有关人员提供国家规定管制的能够使人形成瘾癖的麻醉药品、精神药品。

第二十一条 禁止非法种植罂粟、大麻等毒品原植物。

对非法种植的毒品原植物，县（市、区）、乡（镇）人民政府应当组织铲除，公安机关应当依法查处。

村（居）民委员会发现非法种植毒品原植物的，应当及时报告当地人民政府或者公安机关。

第二十二条 禁止在食品、饮料中掺加罂粟壳（籽、叶脂、苗）、大麻籽（苗）等毒品原植物或者其他毒品。

第四章 易制毒化学品管理

第二十三条 禁止利用易制毒化学品以及其他可能用于制造毒品的原材料制造毒品。

第二十四条 经批准生产、经营、进出口和使用易制毒化学品的单位，应当在每年4月30日前将上一年度易制毒化学品的生产、经营和使用情况（品种、数量、流向等）向当地县级以上公安机关报告，并接受查验。

第二十五条 新设立生产、经营国家规定属于一类易制毒化学品的企业，应当在取得有关主管部门批准，申请领取营业执照后，向当地县级以上公安机关备案，并领取生产经营备案证明。已经取得营业执照的生产、经营一类易制毒化学品的企业，必须按国家规定向当地县级以上公安机关备案，并领取生产经营备案证明。

第二十六条 购买使用一类易制毒化学品的，应当向当地县级以上公安机关申请领取购用证明。购买后不得擅自出售和转让；确需调剂的，应当报当地县级以上公安机关同意并出具证明。

第二十七条 仓储、运输一类易制毒化学品的，应查验委托单位的生产经营备案证明或者购用证明。委托单位不能提供生产经营备案证明或者购用证明的，仓储单位不得承储，运输单位不得承运。

第二十八条 生产、经营、购买使用、仓储、运输国家规定的其他易制毒化学品的，依照国家有关规定管理。

第二十九条 进出口易制毒化学品的，应当如实向海关申报品名、数量、包装、运输工具等。

第五章 法律责任

第三十条 违反本条例第八条第一款规定的，由县级以上公安机关依法处15日以下拘留，可以单处或者并处2000元以下罚款。

国家工作人员违反本条例第八条第一款规定的，除依照前款处罚外，其所在单位或者上级主管部门应当依法给予行政处分。

违反本条例第八条第三款规定的，由县级以上公安机关给予警告，并可以对个人处2000元以上5000元以下罚款，对单位处5000元以上20000元以下罚款。

违反本条例第八条第四款规定的，由县级以上公安机关给予警告，并可以对个人处1000元以上5000元以下罚款，对单位处2000元以上10000元以下罚款。

第三十一条 违反本条例第十六条规定，造成严重后果的，对直接负责的主管人员和其他直接责任人员依法给予行政处分；构成犯罪的，依法追究刑事责任。

第三十二条 违反本条例第十九条第二款规定，非法持有鸦片不满200克、海洛因不满10克或者其他少量毒品的，由县级以上公安机关处15日以下拘留，可以单处或者并处2000元以下罚款；非法持有鸦片200克以上、海洛因10克以上或者其他毒品数量较大的，依法追究刑事责任。

违反本条例第十九条第三款规定，数量较小，尚不构成犯罪的，由县级以上公安机关给予警告，可以单处或者并处3000元以下罚款；数量较大，构成犯罪的，依法追究刑事责任。

第三十三条 违反本条例第二十条第二款规定，尚不构成犯罪的，由公安机关处3000元以下罚款；构成犯罪的，依法追究刑事责任。

第三十四条 违反本条例第二十一条第一款规定，非法种植罂粟不满500株或者其他毒品原植物数量较小的，由县级以上公安机关依法处15日以下拘留，可以并处3000元以下罚款。非法种植罂粟500株以上或者其他毒品原植物数量较大的，依法追究刑事责任。

非法种植罂粟或者其他毒品原植物，在收获前自动铲除的，可以免除处罚。

违反本条例第二十一条第二款规定，不履行职责的，对直接负责的主管人员和其他直接责任人员依法给予行政处分。

第三十五条 违反本条例第二十二条规定的，由县级以上公安机关依法处15日以下拘留，可以单处或者并处3000元以下罚款；构成犯罪的，依法追究刑事责任。

第三十六条 违反本条例第二十五条、第二十六条、第二十七条规定的，由县级以上公安机关责令停止违法行为或者限期整改，并没收易制毒化学品及其非法所得，对直接负责的主管人员和其他责任人员处以2000元以上10000元以下罚款，对单位处以10000元以上50000元以下罚款；构成犯罪的，依法追究刑事责任。

第三十七条 违反本条例第二十九条规定，尚不构成犯罪的，由海关处以货物、物品等值以下或者应缴税款两倍以下的罚款。

第三十八条 违反本条例第八条第二款、第九条第二款、第十九条第一款、第二十条第一款、第二十三条规定，构成犯罪的，依法追究刑事责任。

第三十九条 国家机关工作人员在禁毒工作中徇私舞弊、玩忽职守、滥用职权，尚不构成犯罪的，由其所在单位或者上级主管部门依法给予行政处分；构成犯罪的，依法追究刑事责任。

第四十条 对查获的毒品、从事毒品违法犯罪活动使用的财物及非法所得，一律没收。没收的毒品和吸食、注射毒品的器具，依照国家规定销毁或者作其他处理。罚没收入一律上缴国库。

第六章　附　则

第四十一条　本条例自2003年10月1日起施行。

安徽省实施《中华人民共和国道路交通安全法》办法

（2005年10月21日安徽省第十届人民代表大会常务委员会第十九次会议通过　2012年10月19日安徽省第十一届人民代表大会常务委员会第三十六次会议修正）

第一章　总　则

第一条　根据《中华人民共和国道路交通安全法》《中华人民共和国道路交通安全法实施条例》，结合本省实际，制定本办法。

第二条　本办法适用于本省行政区域内的车辆驾驶人、行人、乘车人以及与道路交通活动有关的单位和个人。

第三条　县级以上人民政府应当加强道路交通安全工作，制定道路交通安全规划，表彰和奖励在道路交通安全工作中作出突出贡献的单位和个人。

各级人民政府应当经常进行道路交通安全教育，提高公民的道路交通安全意识。

第四条　县级以上人民政府公安机关交通管理部门负责本行政区域内的道路交通安全管理工作。安全生产监督、交通、建设（城市规划、市容）、农业（农业机械）、卫生、新闻、出版、广播、电视等部门应当按照各自职责，做好道路交通安全的有关工作。

第五条　公安机关交通管理部门及其交通警察应当依法履行职责，严格、公正、文明执法。

公安机关交通管理部门及其交通警察应当模范遵守道路交通安全法律、法规。

第二章　交通安全管理责任

第六条　县级以上人民政府应当建立并落实道路交通安全管理责任制，将道路交通安全管理工作列入安全生产考核，定期组织评价交通安全状况。

乡（镇）人民政府、街道办事处应当督促辖区内单位落实道路交通安全管理责任制，及时消除安全隐患。

第七条　县级以上人民政府应当制定应对重特大交通事故以及自然灾害、恶劣气象条件等可能影响道路交通安全的突发事件的应急预案。

公安、安全生产监督、交通、卫生以及其他有关部门，应当根据相关应急预案制定本部门的具体实施方案。

第八条　公安机关交通管理部门应当依法实施车辆登记，考核机动车驾驶人，管理道路交通秩序，处理道路交通事故，查处道路交通违法行为。

安全生产监督管理部门应当依法实施道路交通安全监督，协调各部门加强道路交通安全工作，检查道路交通安全责任制落实情况，督促、协调相关部门对危险路段进行整改，组织重特大交通事故的调查处理工作。

交通主管部门应当依法实施对道路客运和货运企业、机动车维修经营企业、驾驶人培训单位的资格管理，负责公路（桥梁）交通安全设施的设置、维护和管理。

建设（城市规划、市容）主管部门应当依法实施城市道路、桥梁、停车场和道路配套设施的规划、设计、建设，负责城市道路交通安全设施的设置、维护和管理，加强对城市道路占用、挖掘等行为的管理，合理规划城市公交线路、站点及停车场；根据交通需求，制定城市综合交通规划；加强市容市貌管理，清理违法占道、违法设置广告和违反规定搭盖建筑。

农业（农业机械）主管部门应当依法实施对拖拉机的登记、检验，加强对拖拉机驾驶人培训学校的资格管理和拖拉机驾驶人的安全教育，建立健全教练员和考试员考核制度，负责拖拉机驾驶人考试、发证和审验工作。

卫生主管部门应当加强交通事故医疗救治工作的组织管理，建立完善交通事故医疗救治快速反应机制。

第九条　国家机关、社会团体、企业事业单位和其他社会组织，应当做好本单位人员的交通安全教育和车辆管理工作，建立健全内部交通安全责任制，履行下列道路交通安全防范义务：

（一）建立本单位所属机动车的使用、保养、维修、检验制度，制定机动车报废具体办法，依法办理机动车第三者责任强制保险；

（二）教育本单位人员遵守道路交通安全法律、法规，建立对本单位专职机动车驾驶人行车安全的考核制度；

（三）雇用驾驶人驾驶机动车的，应当对驾驶人进行资格审查和道路交通安全考核，建立档案。

第十条　报刊、广播、电视等新闻媒体应当加强对社会公众的交通安全教育，定期发布交通安全公益广告，宣传交通安全知识，及时报道道路交通安全信息和公安机关交通管理部门采取的交通管制措施。

第十一条　机动车安全技术检验机构应当遵守下列规定：

（一）执行机动车国家安全技术标准；

（二）按照规定项目和方法检验机动车；

（三）使用经法定机构检测、鉴定合格的检测装置（仪器）；

（四）建立检验车辆的安全技术档案。

第十二条 机动车回收企业在回收报废机动车时，应当登记报废车辆所有人身份证明和车辆号牌、发动机号码、车架号码等信息，并向当事人提供车辆报废证明。

机动车回收企业应当在公安机关交通管理部门的监督下，对报废的大型客车、货车及其他营运车辆进行解体。

第十三条 机动车维修单位承修外观损坏的车辆时，应当登记送修人身份证明及车辆号牌、发动机号码、车架号码，记录外观损坏部位和损坏程度。保存登记资料不少于6个月。发现有交通事故逃逸嫌疑的车辆，应当立即报告公安机关交通管理部门。

第十四条 设区的市、县（市）人民政府公安机关交通管理部门根据道路交通安全管理工作的需要，可以聘用道路交通安全协管员，协助交通警察维护道路交通秩序，疏导交通。

道路交通安全协管员不得实施行政处罚和行政强制措施。

第三章 车辆和驾驶人

第十五条 电动自行车、残疾人机动轮椅车等非机动车的登记种类，由省人民政府规定。

第十六条 设区的市人民政府可根据本地经济发展和环境、道路交通安全状况，发展公共交通，控制摩托车、低速载货汽车、三轮汽车和出租车的发展。具体控制办法在制定前，应当公开听取社会意见。

第十七条 机动车号牌可以采取计算机选号的方式发放。

第十八条 上道路行驶的机动车，不得有下列情形：

（一）号牌未安装在机动车前后的规定位置或者倒置、折叠、重叠；

（二）大型、中型客车，载货汽车及挂车车厢后部未喷涂或者未悬挂本车号牌放大3倍以上的反光号码；

（三）总质量在3.5吨以上的货车、挂车未按照国家标准安装侧面及后下部防护装置；

（四）用于公路营运的载客汽车、重型载货汽车、半挂牵引车未按规定安装使用符合国家标准的行驶记录仪；

（五）安装、使用妨碍交通安全的光电设备、高音喇叭、大功率音响。

第十九条 专门用于接送幼儿园儿童、中小学生的客车，经县级以上人民政府教育行政主管部门和公安机关交通管理部门确认，在车身喷涂省公安机关交通管理部门设计的校车标志。

校车应当保持安全技术状况良好，专车专用，不得从事营业性运输。

校车驾驶人应当具有3年以上与准驾车型相符的安全驾驶经历。

第二十条 教练车应当符合安全技术标准，领取公安机关交通管理部门核发的教练车号牌和行驶证。在道路上学习驾驶，应当按县级以上公安机关交通管理部门指定的路线、时间进行。

第二十一条　实行机动车驾驶人交通安全信息记录制度。具体办法由省人民政府制定。

第四章　道路通行条件

第二十二条　道路经营管理者应当保障道路完好，根据道路等级、交通流量、安全状况以及交通管理的需要，按照国家标准在道路上设置和完善相应的交通安全设施。

新建、改建、扩建道路，应当按照国家标准同步规划、设计、建设交通安全设施，并按照国家有关规定进行验收。交通安全设施未经验收或验收不合格的，道路不得交付使用。

第二十三条　城市道路、公共停车场（库）及道路配套设施的规划、设计、建设和竣工验收，应当征求公安机关交通管理部门的意见。

公共停车场（库）应当在便利位置设置供残疾人机动轮椅车停放的泊位。

公共停车场（库）不得擅自停止使用或者改作他用。

第二十四条　新建、改建、扩建文化、体育场（馆）、学校、商业街区、居住区以及其他重大建设项目，城市规划行政主管部门在审批时应当征求公安机关交通管理等部门的意见，不符合道路交通安全、畅通要求的，应当进行调整。

第二十五条　公安机关交通管理部门可以根据交通状况在城市中心城区的道路范围内合理设置出租车临时停靠站（位），方便出租车上下客。设置出租车临时停靠站（位），应当征求出租车管理部门的意见。

在设有出租车临时停靠站（位）的道路上，出租车不得在站点外等客或上下客，也不得在临时停靠站（位）内滞留。

第二十六条　在不影响城市交通、景观、土地使用等情况下，经城市规划行政主管部门同意，公安机关交通管理部门可以在城市道路范围内施划停车泊位。城市交通、景观、土地使用等情况发生变化时，公安机关交通管理部门应当在征求城市规划行政主管部门意见后及时撤除停车泊位。

因紧急情况或者举行大型活动，公安机关交通管理部门可以在道路范围内确定临时停车区。

第二十七条　高速公路交通安全设施、服务区以及公安机关交通管理部门高速公路安全管理机构的办公用房应当与高速公路同时规划、设计、施工、验收与投入使用。

公安机关交通管理部门高速公路安全管理机构办公用房，可按照所有权与使用权分离的原则安排使用，具体由省人民政府确定。

第二十八条　高速公路经营者、管理者应当保证高速公路交通安全设施齐全有效。公安机关交通管理部门可以通过高速公路的技术监控设施了解过往车辆的情况。

第二十九条　因道路改建、养护施工需要中断高速公路、国道、省道交通的，应当征求省公安机关交通管理部门的意见；需要半幅封闭的，应当征求设区的市公安机关交通管理部门的意见。公安机关交通管理部门应当及时采取措施，疏导交通，维护道路交通秩序。

遇有交通堵塞或者其他紧急情况时，公安机关交通管理部门可以要求暂时停止道路施工、作业，临时恢复通行。

第三十条　公路、城市道路的交叉路口，未设置交通信号灯的，应当规范设置让行交通标志或交通标线。

学校、幼儿园、医院、养老院门前的道路，没有行人过街设施的，应当施画人行横道线，设置指示标志。

第三十一条　乡村、集镇、居住区以及其他组织和个人自建的道路，应当按照国家有关标准设置交通安全设施。

在单位管辖范围内，限制社会车辆通行的路段，管理单位设置交通安全设施应当符合国家有关标准。设置时，可以要求公安机关交通管理部门进行指导。

第五章　道路通行规定

第三十二条　在没有划分机动车道、非机动车道、人行道的道路上，机动车在道路中间通行，非机动车靠右侧通行，行人应当靠边通行。从道路边缘线算起，行人通行路面宽度不超过1米，自行车不超过1.5米，其他非机动车不超过2.2米。

第三十三条　在同方向划有三条机动车道的道路上，机动车道可以划分为快速车道、常速车道、慢速车道。左侧为快速车道，右侧为慢速车道，中间为常速车道。同方向有三条以上机动车道的，可以增设快速车道或者常速车道。

第三十四条　机动车按下列规定分道行驶：

（一）小型客车在快速车道或常速车道行驶；

（二）摩托车、低速载货汽车、三轮汽车、拖拉机、轮式自行机械车在慢速车道行驶；

（三）其他机动车在慢速车道或常速车道行驶；

（四）常速车道的机动车，在不妨碍小型客车正常行驶时，可以借道超车。

在道路划设的公交专用车道内，在规定的时间内，除公共汽车和校车外，其他机动车不得在公交专用车道内行驶；遇交通管制等特殊情况时，按照交通警察指挥或者交通标志指示，可以借用公交专用车道行驶。公交专用车道前方有障碍时，公共汽车、校车可以临时借用相邻车道。

借道通行的车辆，应当让在其本道内行驶的车辆或者行人优先通行。借道前，须停车或者减速观望，确认安全后，方可通行。通行时应当迅速通过，不得滞留。

机动车变更车道，不得一次连续变更两条以上机动车道。变更车道时，应当提前50米开启转向灯，在高速公路上应当提前150米开启转向灯。

第三十五条 机动车通过没有交通信号的交叉路口，除遵守《中华人民共和国道路交通安全法实施条例》第五十二条的规定外，还应当遵守下列规定：

（一）机动车让已经进入路口的非机动车、行人先行；

（二）货运机动车让客车先行；

（三）同类车辆，大型车让小型车先行；

（四）低速汽车、三轮汽车、摩托车、拖拉机、轮式自行机械车让其他机动车先行。

第三十六条 低速载货汽车、三轮汽车、拖拉机不得在下列道路上通行：

（一）大中城市中心城区道路；

（二）高速公路；

（三）县级以上人民政府公安机关明令禁止通行的道路。

低速载货汽车、三轮汽车运输农副产品，需要进入大中城市中心城区道路通行，应当按照公安机关交通管理部门指定的线路、时间通行。

第三十七条 机动车在道路上临时停放时，应当遵守下列规定：

（一）在路面宽度不足9米的道路上，不得并列双向停车；

（二）在划有停车泊位的路段，应当在停车泊位内停放；

（三）车身右边缘距离道路边缘不超过0.5米，沿行驶方向停放。

夜间或者在风、雪、雨、雾等低能见度气象条件下，机动车临时停车的，除遵守前款规定外，还应当开启危险报警闪光灯、示廓灯、后尾灯。

第三十八条 机动车上道路行驶不得超过限速标志、标线标明的速度；没有限速标志、标线的，应当遵守下列规定：

（一）同方向划有二条以上机动车道的道路，城市道路最高时速为60公里，公路最高时速为80公里；

（二）同方向只有一条机动车道的，铰接式客车和附载作业人员的货车、全挂拖斗车、低速载货汽车、三轮摩托车在城市道路上的最高时速为30公里，公路上的最高时速为50公里；

（三）两轮摩托车在有道路中心线的道路上，城市道路最高时速为40公里，公路为60公里；在没有道路中心线的道路上，城市道路最高时速为30公里，公路为40公里；

（四）三轮汽车、轻便摩托车的最高时速为30公里，拖拉机的最高时速为20公里。

第三十九条 公共汽车进出停靠站应当遵守下列规定：

（一）有停车区域的，停靠在停车区域内；未划设停车区域的，应当在停靠站距离道路边缘0.5米以内单列停车；

（二）暂时不能进入停靠站的，在最右侧机动车道等候进站，不得开门上下客；

（三）驶离停靠站时，依次单列行驶。

第四十条 机动车在行驶中发生交通事故或故障的，应当立即停车，按照规定开启危险报警闪光灯，设置警告标志；除抢救伤员、灭火等紧急情况外，驾驶人、乘车人应当迅速离开车辆和车行道，转移至附近安全地带等候。

第四十一条 驾驶非机动车应当遵守下列规定：

（一）不得在机动车辆之间穿行；

（二）不得在车行道上停车滞留；

（三）有转向灯的，转弯时应提前开启转向；

（四）自行车在城市道路上行驶时，可以搭载1名12周岁以下的未成年人；搭载学龄前儿童的，应当使用安全座椅；

（五）驾驶自行车、三轮车必须年满12周岁，驾驶电动自行车、残疾人机动轮椅车必须年满16周岁。

第四十二条 乘车人应当遵守下列规定：

（一）乘坐公共汽车和公路客运汽车，在停靠站或者指定地点依次候车，待车停稳后，先下后上；

（二）不得有强迫驾驶人违法驾驶、与驾驶人闲谈嬉闹等影响安全驾驶的行为；

（三）不得在车行道上等候、搭乘车辆或者堆放物品；

（四）乘坐附载作业人员的货车时，不得站立或者坐在车厢栏板上；

（五）乘坐两轮摩托车时，应当在驾驶人座后正向骑坐。

第四十三条 高速公路经营管理者发现行人、非机动车、拖拉机、轮式专用机械车、铰接式客车、全挂拖斗车以及其他设计最高时速低于70公里的机动车从收费站或者服务区进入高速公路的，应当配合公安机关交通管理部门予以阻止。

第四十四条 在高速公路上行驶的车辆，除因车辆出现故障、发生交通事故等紧急情况必须停车外，不得停车、停车上下人员或者装卸货物。

第六章 交通事故处理

第四十五条 发生重特大交通事故，当地人民政府应当立即实施应急预案，开展紧急救援。

第四十六条 机动车驾驶人发生交通事故后逃逸的，乘车人、车辆所有人和其他事故现场目击人员、知情人员应当向公安机关交通管理部门或者交通警察举报。

因调查交通事故的需要，公安机关交通管理部门可以查阅道路收费站、渡口以及其他有关单位记载过往车辆信息的资料，有关单位应当及时无偿提供。

第四十七条　交通事故现场勘查完毕后，当事人应当按照公安机关交通管理部门的要求，及时将车辆移至不妨碍交通的地方。当事人无力实施或拒不服从的，公安机关交通管理部门可以指定有关施救单位将车辆移至不妨碍交通的地方，所需费用由当事人承担。

第四十八条　对交通事故车辆及其行驶速度、痕迹、物品以及现场的道路状况等需要进行一般性检验的，公安机关交通管理部门可以指派本部门专业人员进行；情况复杂的，应当委托具备资质的专业鉴定机构进行检验、鉴定。

第四十九条　公安机关交通管理部门经过调查后，应当根据当事人的行为对发生交通事故所起的作用以及过错的严重程度，确定当事人的责任。交通事故当事人的责任分为全部责任、主要责任、同等责任、次要责任和无责任。

交通事故责任的具体确定标准由省公安机关制定，并向社会公布。

第五十条　未造成人员伤亡的交通事故，有下列情形之一的，当事人直接向保险公司报告，保险公司应当依法理赔：

（一）当事人依法自行协商处理的交通事故；

（二）仅造成自身车辆物品损失的单方交通事故。

第五十一条　机动车之间发生交通事故的，由机动车各方所投保的保险公司在第三者责任强制保险责任限额内赔偿损失；机动车一方或各方未投保第三者责任强制保险的，应在其应当投保的责任限额内承担赔偿责任。

机动车之间发生交通事故的损失超出第三者责任强制保险责任限额的部分，由有事故责任的一方承担赔偿责任；双方都有事故责任的，按照各自事故责任的比例分担赔偿责任。

第五十二条　机动车与非机动车驾驶人、行人之间发生交通事故的，由机动车一方所投保的保险公司在第三者责任强制保险责任限额内赔偿损失；机动车一方未投保第三者责任强制保险的，应在其应当投保的责任限额内承担赔偿责任。

第五十三条　机动车与非机动车驾驶人、行人之间发生交通事故的损失超出第三者责任强制保险责任限额的部分，机动车一方有事故责任的，由机动车一方按照下列规定承担赔偿责任：

（一）机动车一方在交通事故中负全部责任的，承担100%的赔偿责任；

（二）机动车一方在交通事故中负主要责任的，承担80%的赔偿责任；

（三）机动车一方在交通事故中负同等责任的，承担60%的赔偿责任；

（四）机动车一方在交通事故中负次要责任的，承担40%的赔偿责任。

第五十四条 机动车与非机动车驾驶人、行人之间发生交通事故的损失超出第三者责任强制保险责任限额的部分，有证据证明交通事故是由非机动车驾驶人、行人违反道路交通安全法律、法规造成，机动车驾驶人无事故责任，且已经采取必要处置措施的，按照下列规定承担赔偿责任：

（一）在高速公路、高架道路以及其他封闭道路上发生交通事故的，机动车一方承担5%的赔偿责任；

（二）在其他道路上发生交通事故的，机动车一方承担10%的赔偿责任。

第五十五条 交通事故的损失是由非机动车驾驶人、行人故意造成的，机动车一方不承担赔偿责任。

第七章 法律责任

第五十六条 公安机关交通管理部门及其交通警察对道路交通安全违法行为，应当及时纠正。对于情节轻微，未影响道路通行的，指出违法行为，给予口头警告后放行。

第五十七条 公安机关交通管理部门对于道路交通安全违法行为，给予暂扣或者吊销机动车驾驶证、拘留处罚，采取扣留车辆、强制拆除、强制报废等措施的，依照《中华人民共和国道路交通安全法》《中华人民共和国道路交通安全法实施条例》的规定执行。

第五十八条 行人有下列行为之一的，处警告或者20元罚款：

（一）违反交通信号的；

（二）跨越、倚坐道路隔离设施的；

（三）追车、扒车、强行拦车的。

行人抛物击车、进入高速公路的，处警告或者50元罚款。

第五十九条 乘车人有下列行为之一的，处警告或者20元罚款：

（一）未按规定使用安全带的；

（二）机动车行驶中，影响驾驶人安全驾驶的；

（三）乘坐两轮摩托车未按规定系戴头盔或者非正向骑坐的；

（四）携带危险物品的。

第六十条 非机动车驾驶人有下列行为之一的，处警告或者30元罚款：

（一）醉酒驾驶非机动车的；

（二）非下肢残疾的人驾驶残疾人机动轮椅车的；

（三）三轮车、自行车加装动力装置的；

（四）进入高速公路的；

（五）违反规定载人的；

（六）违反交通信号规定的；

（七）逆向行驶的。

有前款第（一）至（三）项情形之一的，公安机关交通管理部门应当扣留非机动车，待违法状态消除或当事人补办相应手续后予以放行。

驾驶非机动车违反交通管制的规定强行通行，不听劝阻的，处200元罚款。

非机动车驾驶人有违反道路交通安全法律、法规关于道路通行规定其他行为，情节严重的，处警告或者10元罚款。

第六十一条　机动车驾驶人有下列行为之一的，处警告或者50元罚款：

（一）故意遮挡、污损或者未按规定安装机动车号牌的；

（二）大型、中型客车、载货汽车及挂车车厢后部未按规定喷涂本车号牌放大号码的；

（三）重型、中型载货汽车及其挂车后部未按规定粘贴或喷涂反光标志的；

（四）总质量在3.5吨以上的货车、挂车，未按照国家标准安装侧面及后下部防护装置的；

（五）校车驾驶人不具有3年以上准驾车型的安全驾驶经历的；

（六）在实习期内驾驶机动车不按规定粘贴或者悬挂统一式样的实习标志的；

（七）驾驶机动车拨打、接听手持电话的；

（八）在机动车驾驶室的前后窗范围内悬挂、放置妨碍驾驶人视线的物品的；

（九）驾驶机动车向道路上抛撒物品的；

（十）驾驶摩托车手离车把或者在车把上悬挂物品的；

（十一）驾驶摩托车未按规定系戴安全头盔的；

（十二）驾驶拖拉机违反交通信号规定的；

（十三）驾驶低速载货汽车、三轮汽车、拖拉机违反规定驶入大中城市中心城区内道路的。

第六十二条　机动车驾驶人有下列行为之一的，处100元罚款：

（一）未随车携带行驶证、驾驶证的；

（二）不按规定车道行驶的；

（三）不按规定让行、掉头、转弯的；

（四）违反学习驾驶规定的；

（五）驶入禁止通行道路的；

（六）下陡坡时熄火或者空挡滑行的；

（七）不按规定使用灯光的；

（八）特种车辆违反规定使用警报器或标志灯具的；

（九）非特种车辆喷涂特种车辆标志的；

（十）违反规定载货的；

（十一）驾驶安全设施不全或者机件不符合技术标准等具有安全隐患的机动车的；

（十二）违反规定使用专用车道的；

（十三）在道路上车辆发生故障、交通事故停车后，不按规定使用警示灯光或设置警告标志的；

（十四）未按规定使用安全带的；

（十五）违反规定停放、临时停车且驾驶人不在现场或驾驶人虽在现场拒绝立即驶离，妨碍其他车辆、行人通行的；

（十六）在设置出租车临时停靠站（位）的路段，出租车在站（位）外等客、上下客或在站（位）内滞留等客的；

（十七）除本人无法移动外，未及时将故障车移至不妨碍交通的地方停放的。

第六十三条 机动车驾驶人有下列行为之一的，处200元罚款：

（一）未放置机动车检验合格标志、保险标志的；

（二）逆向行驶的；

（三）违反交通信号规定的；

（四）违反规定超车、会车、倒车的；

（五）连续驾驶机动车超过4小时未停车休息或者停车休息时间少于20分钟的；

（六）驾驶证丢失、损毁、超过有效期或者被依法扣留、暂扣期间以及道路交通安全违法行为累积记分分值达到12分，仍驾驶机动车的；

（七）服用国家管制的精神药品、麻醉药品或者患有妨碍安全驾驶的疾病仍继续驾驶的；

（八）未经有关部门确认使用校车专用标志的；

（九）未按规定安装、使用行驶记录仪的；

（十）违反规定运载危险物品的；

（十一）未取得机动车号牌或者临时通行牌证逾期仍上道路行驶的。

第六十四条 机动车驾驶人驾车在高速公路上有下列行为之一的，处200元罚款：

（一）违反规定停车的；

（二）倒车、逆行、穿越中央分隔带掉头的；

（三）试车或者学习驾驶机动车的；

（四）正常情况下低于规定最低时速行驶的；

（五）在隧道内超车的；

（六）禁止进入高速公路的机动车驶入高速公路的；

（七）载货汽车车厢或者两轮摩托车载人的；

（八）停车上下人员或者装卸货物的；

（九）不按规定分道行驶的。

机动车驾驶人在高速公路上有违反道路交通安全法律、法规关于道路通行规定其他行为的，处警告或者100元罚款。

第六十五条　有下列行为的，按以下规定处罚：

（一）未取得机动车驾驶证或者机动车驾驶证被吊销仍然驾驶摩托车、拖拉机的，处300元罚款；

（二）未取得机动车驾驶证或者机动车驾驶证被吊销仍然驾驶低速载货汽车、三轮汽车的，处500元罚款；

（三）未取得机动车驾驶证或者机动车驾驶证被吊销仍然驾驶其他机动车的，处1000元罚款；

（四）机动车驾驶人未取得机动车驾驶证、机动车驾驶证被吊销、暂扣期间驾驶机动车从事营运的，处2000元罚款。

将机动车交由未取得机动车驾驶证或者机动车驾驶证被吊销、暂扣的人驾驶的，处500元罚款。

驾驶与驾驶证载明的准驾车型不相符合的车辆的，按未取得机动车驾驶证给予罚款。

第六十六条　有下列行为的，按以下规定处罚：

（一）驾驶拼装或者已达到报废标准的摩托车、拖拉机在道路上行驶的，对驾驶人处300元罚款；

（二）驾驶拼装或者已达到报废标准的低速载货汽车、三轮汽车上道路行驶的，对驾驶人处500元罚款；

（三）驾驶拼装或者已达到报废标准的其他机动车上道路行驶的，对驾驶人处1000元罚款；

（四）驾驶拼装或者已达到报废标准的机动车在道路上从事客运的，对驾驶人处2000元罚款。

第六十七条　有下列行为之一的，处1000元罚款：

（一）伪造、变造或者使用伪造、变造的机动车登记证书、号牌、行驶证、检验合格标志、保险标志、驾驶证的；

（二）使用其他车辆的机动车登记证书、号牌、行驶证、检验合格标志、保险标志的。

第六十八条　饮酒后驾驶机动车的，处300元罚款；饮酒后驾驶营运机动车的，处500元罚款；醉酒后驾驶机动车的，由公安机关交通管理部门约束至酒醒，处1000元罚款；醉酒后驾驶营运机动车的，由公安机关交通管理部门约束至酒醒，处2000元罚款，并将机动车移至就近的停车场。

第六十九条 驾驶机动车超过规定时速的，按以下规定处罚：

（一）超过规定时速10%以上不到20%的，处50元罚款；在高速公路上的处100元罚款；

（二）超过规定时速20%以上不到50%的，处100元罚款；在高速公路上的处200元罚款；

（三）超过规定时速50%以上不到100%的，处500元罚款；在高速公路上的处1000元罚款；

（四）超过规定时速100%以上的，处2000元罚款。

第七十条 公路客运车辆有下列情形的，按下列规定处罚：

（一）超过额定乘员不足20%的，处200元罚款；

（二）超过额定乘员20%以上不足50%或者违反规定载货的，处500元罚款；

（三）超过额定乘员50%以上不足100%的，处1000元罚款；

（四）超过额定乘员100%以上的，处2000元罚款。

货运车辆有下列情形的，按下列规定处罚：

（一）超过核定载质量不足30%的，处200元罚款；

（二）超过核定载质量30%以上不足100%或者违反规定载人的，处500元罚款；

（三）超过核定载质量100%以上的，处1000元罚款；

（四）以营利为目的违反规定载人的，处2000元罚款。

运输单位的车辆有本条第一款、第二款规定的情形，经处罚不改的，对直接负责的主管人员处3000元罚款；情节严重的，处5000元罚款。

第七十一条 机动车驾驶人违反交通管制的规定强行通行，不听劝阻的，处500元以上1000元以下罚款；情节严重的，处1000元以上2000元以下罚款。

第七十二条 强迫机动车驾驶人违反道路交通安全法律、法规和机动车安全驾驶要求驾驶机动车，造成交通事故，尚不构成犯罪的，处1000元以上2000元以下罚款。

第七十三条 驾驶非机动车造成交通事故后逃逸，尚不构成犯罪的，处500元罚款。

驾驶机动车造成交通事故后逃逸，尚不构成犯罪的，按照以下规定处罚：

（一）仅造成财产损失的，处1000元罚款；

（二）造成人员伤害的，处2000元罚款。

第七十四条 非法拦截、扣留机动车辆，不听劝阻，造成交通严重阻塞或者较大财产损失的，处500元以上1000元以下罚款；情节严重的，处1000元以上2000元以下罚款。

第七十五条 故意损毁、移动、涂改交通设施，造成危害后果的，处500元以上1000元以下罚款；情节严重，尚不构成犯罪的，处1000元以上2000元以下罚款。

第七十六条 在道路两侧及隔离带上种植树木、其他植物或者设置广告牌、管线等，遮挡路灯、交通信号灯、交通标志，妨碍安全视距的，由公安机关交通管理部门责令行为人排除妨碍。拒不执行的，处500元以上1000元以下罚款；情节严重的，处1000元以上2000元以下罚款，并强制排除妨碍，所需费用由行为人负担。

第七十七条 机动车安全技术检验机构不按照机动车国家安全技术标准进行检验，出具虚假检验结果的，处所收检验费用的八倍罚款。

第七十八条 机动车所有人、管理人未按照国家规定投保机动车第三者责任强制保险的，由公安机关交通管理部门扣留车辆至依照规定投保后，并处依照规定投保最低责任限额应缴纳的保险费的二倍罚款。

第七十九条 出售已达到报废标准的机动车的，没收违法所得，处销售金额等额的罚款。

第八十条 非法安装警报器、标志灯具的，处500元罚款；情节严重的，处1000元以上2000元以下罚款。

第八十一条 无机动车驾驶证的人驾驶机动车发生交通事故逃逸，构成犯罪的，终生不得取得机动车驾驶证。

第八十二条 当事人对行政处罚决定不服的，可以依法申请复议或者提起诉讼；逾期不履行处罚决定的，作出处罚决定的机关可以依法申请人民法院强制执行。

第八十三条 公安机关交通管理部门以及安全生产监督、交通、建设（城市规划、市容）、农业（农业机械）、卫生等部门及其工作人员，在道路交通安全管理工作中，滥用职权、徇私舞弊、玩忽职守，由所在单位或者上级主管部门依法给予直接负责的主管人员和直接责任人员行政处分；构成犯罪的，依法追究刑事责任。

第八章 附 则

第八十四条 本办法所称交通安全设施，是指交通信号灯、交通标志、交通标线、交通监控、护栏等设施。

第八十五条 本办法所称借道通行，是指行人在没有划设人行横道的道路上通过车行道，车辆在转弯、会车、超车、掉头、停车时驶入其他道路，包括机动车变更车道、驶入非机动车道或人行道，非机动车驶入机动车道或人行道。

第八十六条 本办法自2006年1月1日起施行。

安徽省暂住人口治安管理办法

（1996年12月30日省人民政府第118次常务会议通过）

第一条 为加强暂住人口管理，保障暂住人口的合法权益，维护社会秩序，根据《中华人民共和国户口登记条例》《安徽省社会治安综合治理条例》等法律、法规的规定，结合本省实际，制定本办法。

第二条 本办法所称暂住人口，是指离开常住户口所在地的乡（镇）或者城市市区，到其他地区暂时居住的人员。

第三条 本办法适用于本省行政区域内暂住人口的治安管理。

外国人、无国籍人、华侨和台、港、澳居民的暂住管理，按有关规定执行。

第四条 暂住人口管理实行谁主管谁负责、谁用工谁负责、谁留宿谁负责的原则。

第五条 公安机关是暂住人口治安管理的主管机关。公安派出所负责辖区内暂住人口的登记、发证等日常管理工作。

招用、留宿暂住人口的单位、公民（以下统称留人者）和居（村）民委员会，应主动协助公安机关做好暂住人口的治安管理工作。

第六条 拟暂住3日以上的人员，应在到达暂住地3日内，按下列规定申报暂住登记：

（一）暂住在居（村）民家中的，由户主或暂住人持户主的户口簿和暂住人的居民身份证或其他身份证明到暂住地公安派出所办理；

（二）暂住在国家机关、社会团体、部队、企业、事业单位的，由留人者持暂住人的居民身份证或其他身份证明到暂住地公安派出所办理；

（三）暂住在出租房屋的，由房屋出租人或房屋代管人持房屋租赁合同和暂住人的居民身份证或其他身份证明到暂住地公安派出所办理；

（四）暂住在宾馆、饭店、招待所等旅馆的，按照旅馆业治安管理有关规定办理旅客住宿登记。

暂住在其直系亲属家中的，由其亲属告知暂住地居民（村）民委员会或本单位保卫部门，不办理暂住登记。

第七条 正在服刑的罪犯和劳动教养人员经监狱、劳动教养机关批准回家探亲的，由本人持批准证明，在到达暂住地24小时内，到当地公安派出所申报暂住登记。

第八条　城市流浪乞讨人员，由民政部门按有关规定收容遣送。

第九条　拟暂住1个月以上、在暂住地从事劳务和生产经营活动、年满16周岁的人员，在申报暂住的同时，还应申领暂住证。

第十条　公安派出所在签发暂住证前，应当查看育龄人员计划生育证明以及依照国家和省有关规定暂住人应当持有的其他证明；对证件齐全，符合暂住规定的，应于申报当日登记，签发暂住证。

第十一条　暂住证为一人一证，有效期限不超过12个月。有效期满需要继续暂住的，应在期满前3日按照本办法第六条、第十条的规定申请延期，延期不超过12个月，延期期满后继续暂住的，应重新申领暂住证。

暂住证在同一城市市区、县（市）范围内有效。暂住人在城市市区或者县（市）范围内变更暂住地的，应持暂住证到现居住地公安派出所办理变更登记手续。

暂住证遗失、损毁的，暂住人应向公安派出所报告，补领暂住证。

暂住证由省公安机关统一印制。

第十二条　领取暂住证须交纳证件工本费和暂住人口治安管理费。证件工本费和暂住人口治安管理费的收费标准，由省物价、财政部门核定。

暂住人口治安管理费、证件工本费属行政性收费，纳入同级预算管理，专款专用。

第十三条　暂住人应遵守下列规定：（一）遵守国家法律、法规、规章和其他有关规定；（二）接受公安机关的查验，服从当地的治安管理；（三）协助公安机关做好治安防范和案件查处工作；（四）离开暂住地时，应当到当地公安派出所办理注销暂住手续，交回暂住证。

第十四条　暂住人的合法权益受法律保护，除公安机关依照规定可以收缴暂住证以外，任何单位和个人不得扣押暂住人的暂住证和其他身份证件。

第十五条　劳动、卫生、工商、税务等部门为暂住人办理有关证照或登记手续时，应当查看其暂住证。

第十六条　暂住人在暂住地死亡，留人者或有关人员应当及时报告暂住地公安派出所。暂住地公安派出所注销死者暂住登记，并通知其常住户口所在地公安机关。

第十七条　公安机关应当履行下列职责：

（一）制定暂住人口管理制度，培训暂住人口管理人员，对暂住人口开展法制教育；

（二）检查督促有关单位和责任人落实管理责任和措施；

（三）依法查处涉及暂住人口的刑事案件、治安案件和违反暂住人口管理规定以及侵害暂住人口合法权益的行为；

（四）依据有关规定做好暂住人口统计工作，向有关部门提供有关情况；

（五）依照有关法律法规的规定，配合做好暂住人口计划生育等方面的管理工作。

第十八条　暂住人口管理人员应当遵纪守法，清正廉洁，秉公办事，热情服务。

第十九条　对暂住人口管理工作成绩显著的单位和个人，当地人民政府或公安机关应当给予表彰、奖励。

第二十条　违反本办法的，由公安机关对直接责任人或暂住人按下列规定予以处罚：

（一）不按规定申报暂住登记的，处以警告或者50元以下罚款；

（二）不按规定申领暂住证或不按规定办理暂住证变更、延期、补领手续的，责令限期补办，逾期不办的，处以警告或者200元以下罚款；

（三）转借、转让、买卖、骗取、冒领、伪造、涂改暂住证的，收缴暂住证，处以警告或者200元以上500元以下罚款。

第二十一条　非法扣押暂住人暂住证和其他身份证件的，对单位主要负责人或者直接责任人处以警告或者1000元以下罚款。

第二十二条　罚款按行政处罚法及有关规定执行。

第二十三条　当事人对行政处罚决定不服的，可以依法申请复议或者提起行政诉讼。

第二十四条　暂住人口管理人员玩忽职守、徇私舞弊、索贿受贿或故意刁难暂住人、留人者的，由其所在单位或上级机关给予行政处分；触犯刑律的，依法追究刑事责任。

第二十五条　本办法应用中的具体问题由省公安机关负责解释。

第二十六条　本办法自1997年4月1日起施行。

安徽省计算机信息系统安全保护办法

（1998年12月15日省人民政府第19次常务会议通过）

第一章 总 则

第一条 为了保护计算机信息系统安全，促进计算机应用和发展，维护社会稳定，保障社会主义建设事业顺利进行，根据《中华人民共和国计算机信息系统安全保护条例》及其他有关法律、法规，结合本省实际，制定本办法。

第二条 本办法所称计算机信息系统，是指由计算机及其相关的和配套的设备、设施（含网络，下同）构成的，按照一定的应用目标和规则对信息进行采集、加工、存储、传输、检索等处理的人机系统。

第三条 计算机信息系统的安全保护，应当保障计算机及其相关和配套的设备、设施和运行环境的安全，确保计算机功能的正常发挥，维护计算机信息系统的安全运行，保障信息的安全，预防和打击危害计算机信息系统安全的违法犯罪活动。

第四条 计算机信息系统安全保护工作，重点维护涉及国家事务、经济建设、国防建设、尖端科学技术等重要领域以及国际联网的计算机信息系统的安全。

第五条 本省行政区域内的计算机信息系统安全保护，适用本办法。

军队计算机信息系统的安全保护，按照国家有关规定执行。

第六条 公安机关主管计算机信息系统安全保护工作。

国家安全、国家保密部门和其他有关部门，在其职责范围内做好计算机信息系统保护的有关工作。

第七条 任何单位和个人，不得危害计算机信息系统的安全，不得利用计算机信息系统从事危害公共利益和公民、法人及其他组织合法权益的活动，不得利用计算机信息系统危害国家安全、泄露国家秘密。

第二章 安全保护

第八条 计算机信息系统使用单位应当建立健全计算机信息系统安全管理制度，负责本单位计算机信息的安全保护工作。

第九条 公安机关对计算机信息系统安全保护工作实行指导、监督，其具体职责：

（一）宣传计算机信息系统安全保护法律、法规和规章；

（二）检查计算机信息系统安全保护工作；

（三）管理计算机病毒和其他有害数据的防治工作；

（四）监督、检查计算机信息系统安全专用产品销售活动；

（五）查处危害计算机信息系统安全的违法犯罪案件；

（六）依法应当履行的其他职责。

第十条　公安机关在对计算机信息系统安全保护工作进行指导、监督中，发现计算机信息系统存在安全隐患，应当在3日内书面通知使用单位和个人限期采取安全保护措施。

第十一条　计算机信息系统实行安全等级保护。

计算机信息系统的安全等级，由公安机关根据计算机信息系统处理信息的等级和国家有关规定划定。

计算机信息系统使用单位应当根据划定的安全等级，采取相应的安全保护措施。

第十二条　根据信息的种类和性质，计算机信息系统处理的信息分为以下四个等级：

（一）A级，即密级信息，含绝密信息、机密信息、秘密信息三个次等级；

（二）B级，即敏感信息；

（三）C级，即内部管理信息；

（四）D级，即公共信息。

信息等级的具体标准，由省公安厅会同有关部门依照国家法律、法规和其他有关规定制定。

第十三条　计算机信息系统使用单位应当将计算机信息系统处理的信息的种类和性质，向当地公安机关报告。公安机关应当自接到报告之日起15日内划定安全等级，通知使用单位采取相应的安全保护措施。

计算机信息系统处理的信息的种类和性质变化的，使用单位应当在30日内报告公安机关，重新划定安全等级。

第十四条　利用计算机信息系统处理C级以上信息的单位，或者计算机信息系统国际联网的单位，应当指定专人负责计算机信息系统安全保护工作，确定计算机信息系统安全管理员。

第十五条　利用计算机信息系统处理B级以上信息的单位或者计算机信息系统国际联网的单位的计算机信息系统安全管理员，应当参加公安机关组织的计算机信息系统安全知识培训，取得《安徽省计算机信息系统安全管理员证》。

第十六条　利用计算机系统处理B级以上信息的单位，应当对机信息系统应用的软件和处理的数据异地备份；系统操作人员应当填写操作日志，记录计算机信息系统运行情况。

第十七条　计算机机房建设应当符合国家标准和国家有关规定。

处理A级信息的计算机机房，应有相应的保密技术防范设备。

在计算机机房附近施工或者进行其他活动，不得危害计算机信息系统的安全。

第十八条 任何单位和个人不得从事下列活动：

（一）制作、故意传播计算机病毒等破坏性程序和其他有害数据；

（二）未经使用单位允许，进入计算机信息系统或者使用计算机信息系统资源；

（三）未经使用单位允许，对计算机信息功能行进行删除、修改或者增加；

（四）未经使用单位允许，对计算机信息系统中存储、处理或者传输的数据和应用程度进行删除、修改或者增加。

第十九条 未经省公安厅或者公安部计算机安全监察机构批准，任何单位和个人不得从事下列活动：

（一）收集、保存计算机病毒；

（二）公开发布计算机病毒疫情消息。

第二十条 计算机信息系统使用单位和个人发现危害计算机信息系统违法犯罪活动的，应当在24小时内报告当地公安机关，并保护现场和相关资料。

第二十一条 计算机信息系统国际联网实行备案制定。

计算机信息系统使用单位和个人在接入单位办理入网手续时，应当填写由公安部监制的用户备案表。

互联单位、接人单位、使用计算机信息网络国际联网的法人和其他组织（包括跨省、自治区、直辖市联网的单位和所属的分支机构，下同），应当自网络正式联通之日起30日内，到省公安厅指定的受理机关办理备案手续。

互联单位、接人单位、使用计算机信息网络国际联网的法人和其他组织，负责将接入本网络的接入单位、用户情况报当地公安机关备案，并报告本网络中接入单位、用户的变更情况。

第二十二条 计算机信息系统安全专用产品进入市场销售，实行许可证制度。

计算机信息系统安全专用产品生产者在其产品进入市场销售之前，应当依照国家有关规定，向公安部计算机安全监察机构申领《计算机信息系统安全专用产品销售许可证》。

从事计算机信息系统安全专用产品经营的，应当向地级以上公安机关办理登记手续。

第二十三条 从事计算机硬件、软件制造、销售、出租、维修等经营活动的单位和个人，发现计算机病毒等破坏性程序和其他有害数据的，应当在24小时内报告当地公安机关。

第二十四条 计算机知识教育和计算机知识考核，应当有计算机信息系统安全保护法律、法规和安全保护基础知识的内容。

第二十五条　运输、携带、邮寄计算机信息媒体进出境的，必须如实向海关申报。必要时，公安机关可协助海关对进出境的计算信息媒体进行安全检测。

第三章　法律责任

第二十六条　有下列行为之一的，处以警告或者2个月以内的停机整顿：

（一）接到公安机关要求改进安全状况的通知后，在限期内拒不改进的；

（二）未将计算机信息系统处理的信息的种类和性质向公安机关报告，或者未按确定的安全等采取相应的安全保护措施的；

（三）发现危害计算机信息系统违法犯罪活动，或者发现经营的计算机硬件、软件含计算机病毒等破坏性程序和其他有害数据，未按规定的时间报告的；

（四）违反计算机信息系统国际联网备案制度的。

第二十七条　违反第十七条规定的，由公安机关会同有关单位处理。

第二十八条　违反本办法第十八条规定的，处以警告，有违法所得的，没收违法所得，对个人处以1000元至5000元的罚款，对单位处以3000元至15000元的罚款。

第二十九条　违反本办法第二十二条规定，处以500元以下的罚款。

第三十条　违反本办法第二十二条规定的，处以警告，或者对个人处以1000元至5000元的罚款，对单位处以3000元至15000元的罚款；有违法所得的，没收违法所得，可并处违法所得 1 至 3 倍的罚款。

第三十一条　运输、携带、邮寄计算机信息媒体进出境，不如实向海关申报的，由海关依照《中华人民共和国海关法》和有关法律、法规的规定进行处理。

第三十二条　违反本办法，触犯其他有关法律、法规的，依照有关法律、法规和规定处理；构成犯罪的，依法追究刑事责任。

第三十三条　当事人对依照本办法作出的行政处罚不服的，可以依法申请行政复议或者提起行政诉讼。

第三十四条　国家工作人员在指导、监督计算机信息系统安全保护工作中滥用职权、徇私舞弊、玩忽职守的，依法给予行政处分；构成犯罪的，依法追究刑事责任。

第四章　附　则

第三十五条　本办法下列用语的含义为：

计算机病毒，是指编制的或者在计算机程序中插入的，破坏计算机功能或者毁坏数据，影响计算机使用，并能自我复制的一组计算机指令或者程序代码。

有害数据，是指与计算机信息系统相关的，含有危害计算机信息系统安全运行的程序，或者对国家安全和社会公共安全构成危害或潜在威胁的数据。

计算机信息媒体，是指可存储、携带计算机程序、数据和信息的计算机硬磁盘、软磁盘、光盘、磁带、磁卡、纸带、卡片、打印纸、芯片等。

计算机信息系统安全专用产品，是指用于保护计算机信息系统安全的专用硬件和软件产品。

第三十六条 本办法自1999年1月1日起施行。

安徽省公共安全技术防范管理规定

（2001年11月1日省人民政府第93次常务会议通过）

第一章 总 则

第一条 为加强公共安全技术防范管理，保障国家、集体财产和公民生命财产的安全，维护社会稳定，根据有关法律、法规，结合本省实际，制定本规定。

第二条 本规定所称公共安全技术防范，是指运用技术产品、设施等科学技术手段预防和制止违法行为，维护公共安全的活动。

第三条 本省行政区域内公共安全技术防范产品（以下简称“技防产品”）的生产、销售、安装、使用，公共安全技术防范设施（以下简称“技防设施”）的设计、安装、使用、维修，适用本规定。

第四条 县级以上人民政府应当加强对公共安全技术防范工作的领导，将公共安全技术防范工作纳入社会治安综合治理目标管理内容。

第五条 公安机关是公共安全技术防范工作的主管部门。

质量技术监督、建设、工商行政管理、信息产业等相关部门应在各自职责范围内做好公共安全技术防范管理的有关工作。

第六条 鼓励、支持公共安全技术防范科学研究，发展公共安全技术防范产业，推广使用先进的技防产品、技防设施，提高全民的公共安全防范意识。

第七条 技防产品、技防设施的使用单位，应当建立健全公共安全技术防范的各项制度，落实各项防范措施，将技术防范与人员防范相结合，提高安全防范能力。

第二章 公共安全技术防范范围

第八条 下列场所、部位，所在单位必须采取公共安全技术防范措施：

（一）经省公安机关认定的重要的政治活动场所、机关；

（二）存放涉及国家秘密的文件、资料、计算机软件及高科技成果等的室、馆（库）；

（三）存放易燃、易爆、剧毒物品、致病毒菌、国家管制药品、放射性物质等危险物品的场所；

（四）武器、弹药库（柜）；

（五）广播电视、通信枢纽、供水、供电、供气、供热、科研、军工等单位的要害部位；

（六）金融机构所属金库、营业场所、计算机信息中心、运钞车，销售金、银、珠宝等物品的场所（专柜）；

（七）博物馆和陈列、收藏重要文物的场所；

（八）机场、火车站等需要采取公共安全技术防范措施的公共场所；

（九）涉外宾馆、三星级以上宾馆；

（十）国家和省规定的其他必须采取公共安全技术防范措施的场所和部位。

第九条 集中存放现金、票据、证券、贵重物品的部位，存放高档商品、重要物资的仓库、场所，其主管单位应在公安机关的指导下，根据实际需要采取公共安全技术防范措施。

第十条 城市居民住宅公共安全技术防范设施的建设，应当纳入住宅建设的规划，并与住宅工程同时设计、同时施工、同时验收、同时投入使用。

城市居民住宅公共安全技术防范设施的管理，由具体管理住宅的单位负责。公安机关负责城市居民住宅公共安全技术防范设施管理的监督检查。

第三章 技防产品

第十一条 本规定所称技防产品，是指列入《安全技术防范产品目录》，用于防抢劫、防盗窃、防爆炸等防止财产和人身安全受到侵害的专用产品。

第十二条 对技防产品的管理，按国家有关规定，分别实行工业产品生产许可证制度、安全认证制度；对未能纳入工业产品生产许可证制度、安全认证制度管理的技防产品，实行生产登记制度。

第十三条 禁止生产、销售无质量检验合格证明、无工业产品生产许可证证书或者安全认证证书或者生产登记批准书的技防产品。

第十四条 技防产品质量检验机构必须经省以上质量技术监督部门会同同级公安机关审查认可并考核合格，在授权的检验范围内从事技防产品质量检验活动。

第四章 技防设施

第十五条 本规定所称技防设施，是指以维护社会公共安全为目的，综合运用技防产品和科学技术手段组成的安全防范系统，包括报警、电视监控、通讯、出入口控制、防爆、安全检查等设施、设备。

第十六条 技防设施的建设按照中华人民共和国公共安全行业标准《安全防范工程程序与要求》和其他有关公共安全技术防范的国家、行业标准的规定执行。

第十七条 从事技防设施设计、安装、维修的单位，应取得相应的资格证书。

第十八条 本规定第八条所列场所和部位，建设单位应将其技防设施的设计方案报县以上公安机关备案。

第十九条　技防设施竣工后，应经省以上技术监督部门和同级公安机关审查认可的检验机构按照国家标准、行业标准和省制定的规范进行检测；未经检测或检测不合格的，不得投入使用。检验机构应当自接到申请检测之日起15日内完成检测，出具检测报告。

本规定第八条所列场所和部位，其技防设施竣工，应有县级以上公安机关参与验收。

第二十条　从事技防设施设计、安装、维修、检测的人员，应经过专门培训，方可上岗，并应保守技防设施秘密。

第二十一条　技防设施的使用单位应当确定专人管理，使技防设施处于良好运行状态。

县级以上公安机关应定期对技防设施的使用情况进行检查，督促使用单位保证技防设施正常运行。

第二十二条　统一规划、逐步建立以报警中心为主的社会联动信息网络系统，形成跨地区、跨部门、跨警种的紧急救助信息网络和指挥协调服务系统。

第五章　奖惩

第二十三条　单位或个人有下列行为之一的，由公安机关或者其主管部门予以表彰、奖励：

（一）宣传、执行公共安全技术防范法规、规章，成绩显著的；

（二）从事公共安全技术防范科学研究、产品开发，取得重大成果的；

（三）从事技防产品、技防设施的管理工作，成绩显著的；

（四）运用公共安全技术防范措施，制止重大违法行为或为侦破刑事案件提供重要线索、证据的。

第二十四条　违反本规定第八条、第十六条、第十七条、第十八条、第十九条、第二十条规定的，由县级以上公安机关责令其限期改正；拒不改正的，对责任单位给予警告，并可酌情处以10000元以下罚款，并建议有关部门对其直接负责的主管人员给予行政处分。

第二十五条　违反本规定，擅自生产、销售应经批准生产登记的技防产品的，由县级以上公安机关责令其改正；拒不改正的，视情节轻重给予警告或者处以10000元以下罚款；有违法所得的，处以违法所得1倍以上3倍以下，但最高不超过30000元罚款。

第二十六条　对技防产品生产、销售、检验活动中的质量违法行为的行政处罚，由县级以上质量技术监督部门依据有关法律、法规、规章的规定执行。

第二十七条　公安、质量技术监督、建设等部门及其工作人员，在公共安全技术防范管理工作中有下列行为之一的，由所在单位给予行政处分；构成犯罪的，由司法机关依法追究刑事责任：

（一）对符合条件应颁发有关证、照或者进行批准生产登记的技防产品，不予颁发或者批准登记的；

（二）利用职权谋取私利或者不正当利益的；

（三）对违反本规定的行为不查处的；

（四）滥用职权的。

第六章　附　则

第二十八条　本规定应用中的具体问题，由省公安机关负责解释。

第二十九条　本规定自2002年2月1日起施行。

安徽省企业事业单位内部治安保卫办法

（2005年11月9日省人民政府第28次常务会议讨论通过）

第一条 为了规范企业、事业单位（以下简称“单位”）内部治安保卫工作，保护公民人身、财产安全和公共财产安全，维护单位的工作、生产、经营、教学和科研秩序，依据国务院《企业事业单位内部治安保卫条例》（以下简称《条例》），结合本省实际，制定本办法。

第二条 本办法适用于本省行政区域内单位的内部治安保卫工作。

第三条 单位内部治安保卫工作实行单位负责、政府监管的机制。

第四条 各级人民政府应当加强对本行政区域内单位内部治安保卫工作的领导，支持、督促公安机关和有关部门依法履行职责，将单位内部治安保卫工作纳入社会治安综合治理责任制考核，将重点单位治安保卫工作纳入单位领导任期责任制考核，并及时协调解决单位内部治安保卫工作中的重大问题。

第五条 公安机关负责指导、监督本行政区域内的单位内部治安保卫工作。

对行业、系统有监管职责的政府有关部门（以下简称“有关部门”）负责指导、检查本行业、本系统的单位内部治安保卫工作，及时协调解决单位内部治安保卫工作中的突出问题。

第六条 单位的主要负责人是本单位内部治安保卫工作的第一责任人。单位内部治安保卫工作由单位依法组织开展，并纳入管理目标，与生产、经营、教学和科研等任务同布置、同检查、同考核、同奖惩。

第七条 单位内部治安保卫工作的第一责任人应当履行以下职责：

（一）贯彻执行有关治安保卫工作的法律、法规和规章；

（二）建立健全单位治安保卫工作责任制；

（三）组织制定治安保卫工作的制度和措施；

（四）依照《条例》规定组建保卫机构，配备专职或兼职保卫人员；

（五）保障单位治安保卫工作所需的经费和装备；

（六）处理其他涉及治安保卫工作的重大问题。

第八条 治安保卫重点单位应当设置与治安保卫任务相适应的治安保卫机构。非重点单位应当根据内部治安保卫工作需要设置治安保卫机构，或配备专职、兼职治安保卫人员。

单位应当将治安保卫机构的设置、保卫机构负责人和保卫人员的配备情况报公安机关备案。

单位可以聘用保安人员和符合条件的其他人员从事内部治安保卫工作。

第九条 单位内部治安保卫机构、治安保卫人员应当履行下列职责：

（一）制定单位内部治安保卫工作制度，落实单位内部治安防范措施；

（二）组织开展单位内部的法制和治安防范宣传教育；

（三）负责单位内部重要部位、公共场所、消防、交通、计算机信息网络、贵重物品、危险物品的安全保卫和依法配备的枪支弹药的安全管理；

（四）负责门卫、守护、押运工作；

（五）在单位范围内进行治安防范巡逻和检查，建立巡逻检查和治安隐患整改记录；

（六）负责组织物防、技防设施建设及其维护工作；

（七）协助单位有关部门对重要部位工作人员进行审查；

（八）调解单位内部治安纠纷；

（九）向公安机关报告本单位的重大不安定因素，并积极采取化解措施；

（十）维护单位内部治安秩序，制止发生在本单位的违法行为，对难以制止的违法行为以及发生的治安案件、涉嫌刑事犯罪案件应当立即报警，并采取措施保护现场，配合公安机关的侦查、处置工作；

（十一）执行其他治安保卫工作任务。

第十条 单位应当建立健全单位内部治安保卫工作检查制度，定期开展治安保卫工作检查，及时消除治安隐患。

第十一条 单位发生涉嫌刑事犯罪案件、治安案件、治安灾害事故或存在重大不安定因素、治安隐患，单位内部治安保卫机构或治安保卫人员应当在及时报告公安机关和有关部门的同时，依法采取相应的救援、控制和处置措施。

第十二条 关系国计民生、国家安全和公共安全的单位是治安保卫重点单位。治安保卫重点单位由市、县公安机关按照《条例》第十三条规定范围提出，报本级人民政府确定。

治安保卫重点单位应当在公安机关指导下制定应对单位内部突发事件的处置预案，定期组织应急演练。

第十三条 治安保卫重点单位应当按照下列范围确定本单位的治安保卫重要部位，并将重要部位的有关情况报公安机关备案：

（一）生产、使用和保管危险物品的部位；

（二）发电、供电、供水、供气、供热单位的关键部位；

（三）保管、使用稀有、贵重金属、贵重器材、贵重设备的部位；

（四）存放大宗现金、重要凭据的部位；

（五）存放重要物资的部位；

（六）存放枪支、弹药的部位；

（七）存放和展示珍贵文物、珠宝、贵重饰品的部位；

（八）存放重要档案、资料和信息的部位；

（九）其他应当列为治安保卫重要部位的。

非重点单位参照前款规定确定本单位的治安保卫重要部位。

单位应当按照国家有关标准对治安保卫重要部位设置必要的技术防范设施，并实施重点保护。

第十四条 单位不得任用下列人员在治安保卫重要部位工作：

（一）被判处管制、剥夺政治权利，以及宣告缓刑、假释、监外执行的罪犯；

（二）正在被监视居住、取保候审的犯罪嫌疑人或劳动教养所外执行人员；

（三）精神病患者；

（四）依照国家有关规定，不适宜在重要部位工作的其他人员。

第十五条 公安机关对本行政区域内的单位治安保卫工作履行以下职责：

（一）指导、监督单位制定、完善内部治安保卫工作制度，落实治安防范措施；

（二）指导、监督单位的治安保卫机构建设和治安保卫队伍建设；

（三）指导、监督单位的安全技术防范工作；

（四）开展治安保卫监督、检查，督促、指导单位妥善化解重大不安定因素，及时消除治安隐患；

（五）对单位发生的涉嫌刑事犯罪案件、治安案件和治安灾害事故在接到报告后立即出动警力，及时开展侦查、调查和处置工作；

（六）整治单位周边治安秩序，创造良好治安环境。

第十六条 公安机关和有关部门应当建立健全对单位内部治安保卫工作检查制度。实施检查时，检查人员应当即时准确记录检查情况，被检查单位负责人应当在检查记录上签字。检查中发现单位有违反《条例》的行为或存在治安隐患，应当提出整改意见。

第十七条 公安机关或有关部门对单位内部存在的治安隐患，应当向单位发出治安隐患整改通知书，明确整改期限，并督促整改；整改期限届满后15日内，应当对治安隐患整改情况进行复查。

第十八条 对认真落实单位治安防范措施，严格执行治安保卫工作制度，在单位内部治安保卫工作中取得显著成绩的单位和个人，有关人民政府、公安机关或有关部门应当给予表彰、奖励。

第十九条　单位应当依法为治安保卫人员办理社会保险和意外伤害保险。

治安保卫人员因履行治安保卫职责受到伤害的，单位应当承担其医疗等费用；致残或死亡的，依照国家有关工伤保险、伤残评定、革命烈士褒扬的规定，给予相应的待遇。

第二十条　单位违反《条例》和本办法的规定，有下列情形之一，产生治安隐患的，公安机关应当责令限期整改，并处警告；单位逾期不整改，造成公民人身伤害、公私财产损失，或严重威胁公民人身安全、公私财产安全或公共安全的，对单位处1万元以上10万元以下的罚款，对单位主要负责人和其他直接责任人员处500元以上5000元以下的罚款，并可以建议有关组织对单位主要负责人和其他直接责任人员依法给予处分；情节严重，构成犯罪的，依法追究刑事责任：

（一）未依照本办法设置治安保卫机构或配备治安保卫人员的；

（二）未制定或未落实内部治安保卫制度的；

（三）未按照国家标准对重要部位设置必要的技术防范设施的；

（四）任用不符合条件的人员从事重要部位工作的；

（五）法律、法规、规章规定的其他情形。

第二十一条　单位治安保卫人员在履行职责时侵害他人合法权益的，单位和侵权人应当按照《条例》规定承担相应的法律责任。

第二十二条　公安机关不依法履行职责，致使公民人身受到伤害、公私财产遭受损失，或有其他玩忽职守、滥用职权行为的，对直接负责的主管人员和其他直接责任人员依法给予行政处分；情节严重，构成犯罪的，依法追究刑事责任。

有关部门在指导、检查本行业、本系统的单位内部治安保卫工作过程中有玩忽职守、滥用职权行为的，参照前款规定处罚。

第二十三条　机关、团体的内部治安保卫工作参照《条例》和本办法的有关规定执行。

高等学校治安保卫工作按照国家有关规定执行。

第二十四条　本办法自2006年1月1日起施行。

安徽省高级人民法院、省人民检察院、省公安厅关于办理故意伤害案（轻伤）若干问题的意见

（2005年6月15日印发　皖公通〔2005〕73号）

为正确适用法律，及时打击犯罪，有效化解社会矛盾，保证诉讼活动经济高效，规范执法司法行为，促进执法司法公正，构建社会主义和谐社会，根据《中华人民共和国刑事诉讼法》和国家六部委《关于刑事诉讼法实施中若干问题的规定》，现就办理故意伤害案（轻伤）的若干问题，提出如下意见：

一、本意见所称故意伤害案（轻伤）是指伤害程度达到《人体轻伤鉴定标准》的案件。

二、对于伤害后果较重，又不能及时做伤情鉴定的案件，公安机关认为需要立案侦查的，应当及时立案侦查。

三、故意伤害案（轻伤）被害人直接向人民法院起诉，符合自诉案件受理条件的，人民法院应当受理。

对于因缺乏罪证或被告人下落不明，人民法院说服被害人撤回自诉，或者裁定驳回自诉的故意伤害案（轻伤），被害人可以要求公安机关处理，公安机关应当依法受理。

四、公安机关接到故意伤害案（轻伤）的报案后，应依法受理，并及时出警，做好证据的收集和固定工作。公安机关经过审查，对于被害人有证据证明的案件，应当告知被害人向人民法院起诉。被害人要求做伤情鉴定的，公安机关应当及时做出伤情鉴定，以保证被害人自诉的顺利进行。

被害人坚持要求公安机关依法查处，符合立案条件的，公安机关应当立案侦查。

五、正在侦查、审查起诉的故意伤害案（轻伤），被害人要求自行直接向人民法院起诉，经公安、检察机关审查，作出不予追究刑事责任的书面决定后，被害人可以向人民法院提起自诉。

人民法院受理案件后，可以向公安、检察机关调取有关证据，公安、检察机关应当予以配合。

六、故意伤害案（轻伤）在侦查、审查起诉过程中，同时具备下列条件的，公安机关可以撤销案件，检察机关可以将案卷退回公安机关处理或作出不起诉决定：

（一）案件系因民间纠纷直接引起的；

（二）当事人双方和解，自愿就民事赔偿形成书面协议并已执行，被害人书面要求或者同意不追究犯罪嫌疑人刑事责任的；

（三）犯罪嫌疑人确有悔罪表现，社会危险性已经消除的。

当事人不得因同一事实向人民法院提起自诉。

七、公安机关对受理立案的故意伤害案（轻伤），经审查符合第六条规定的条件，双方当事人自行调解处理的，应予准许，但被害人必须提交书面请求和双方自愿达成的书面协议。犯罪嫌疑人属于未成年人、在校学生或者对方有明显过错的，可以适当放宽条件和要求。

被逮捕犯罪嫌疑人的法定代理人、近亲属与被害人双方达成书面协议后，被害人要求免除对方刑事责任并提交书面请求和赔偿协议的，公安机关在释放被逮捕人和撤销案件前，应当通知原批准的人民检察院。

八、被害人事后反悔，对公安机关撤销案件、检察机关不起诉决定不服的，一般不再立案查处。但被害人可以依法向公安机关、检察机关提出申诉。

九、对故意伤害案（轻伤），犯罪嫌疑人的社会危险性已经消除、没有逮捕必要的，公安机关可以取保候审，直接移送审查起诉。

十、犯罪嫌疑人、被告人具有犯罪情节较重、拒不悔罪、故意逃避侦查、审判、拒不履行赔偿责任引起被害人强烈不满，危害社会治安稳定，在当地造成恶劣影响等情形，符合逮捕条件的，应当适用逮捕措施。

十一、有多人参与的故意伤害案（轻伤），确实不能查明具体哪个行为致伤，但确有证据证明行为人都实施了伤害行为的，构成共同犯罪，按行为人在共同伤害中的地位、作用确定罪责。

十二、聚众斗殴、寻衅滋事、涉黑涉恶及雇凶伤人等其他恶性犯罪致人轻伤害的，不适用本意见。

编纂始末

《安徽省志•公安志（1986—2005）》自2007年10月正式启动编纂工作至2016年10月审定付印，前后历时9年。9年来，在省地方志办公室的具体指导下，在省公安厅党委的高度重视和全体编纂人员的共同努力下，编纂人员广征博采，征集3000余万字的文字资料、300余幅图片资料，修订篇目15次，志稿六易，最终形成现在和读者见面的上自1986年（部分内容适当上溯）下至2005年（部分内容适当下延）的80余万字的《安徽省志•公安志（1986—2005）》。

2007年10月，接受编修本志任务后，省公安厅迅速成立《安徽省志•公安志（1986—2005）》编纂委员会。省委常委、政法委书记，省公安厅党委书记、厅长徐立全任编纂委员会主任；其他厅领导任编纂委员会副主任；厅直各单位主要领导和办公室分管领导任编纂委员会成员。编纂委员会下设编纂办，具体编纂工作由办公室组织实施，厅直各单位承担相应的编纂工作任务。2013年6月、2015年2月和2016年9月分别重新调整了本志编纂委员会。

《安徽省志•公安志（1986—2005）》主要记述了1986至2005年20年间安徽省公安保卫工作及取得的成就。志书由总凡例、凡例、概述、本志、附录、编纂始末6个部分组成，其中本志16章、97节，共计80余万字。总凡例由省政府地方志办公室负责，凡例、概述、编纂始末及附录部分由省公安厅公安志编纂办负责编纂收集，本志由全厅28个部门参与编纂。志书篇目设计先后参照研究了外省市的公安志篇目，借鉴并吸收了其经验，后经过多次讨论修改，最终形成涵盖面较广、层次较为清晰，且具有安徽公安工作特色的志书篇目。2007年10月，省公安厅召开《安徽省志•公安志（1986—2005）》编纂工作会议，会上印发编纂工作方案和目录。省公安厅主要领导和厅直各承编单位负责人签订承编责任状。厅直各承编单位均成立编辑室，负责本部门、警种的编纂工作，并确定责任人及编纂人员，厅办公室作为牵头单位除了承担省公安志的部分编纂任务外，还统筹兼顾、精心组织，协调各单位编纂工作。在编纂过程中，厅领导、厅办公室负责人多次过问编纂进展情况，并对编纂和审稿工作提出要求。2012年2月，志稿各章节目先后进行编纂。2012年6月，完成110余万字的省公安志初稿编纂工作任务。年底，进行总纂和清稿工作。2013年2月，完成初稿的修改和总纂任务。3月至6月，进行第三次修改补充。7月，省公安厅公安志编纂办将志书修改稿印制成书分送省地方志办公室、省公安厅历届领导和厅直各单位、各市公安局进行内部审查评议。审查评议中，先后召开8次不同形式、不同规模的志稿内部评议会，着重就志书的政治观点、历史史实、文字表述、统计数字、史料归类、人名地名等方面进行审查评议，提出比较集中和比较重要的修改补充意见500余条。2013年8月至2014年5月，编纂办对志稿进行第四次修改补充。其间，办公室调研员高先木、副主编李汉平、编辑王刚实行“流水线”式作业，逐字逐句对修改稿进行修改校对，查缺补漏，为评议稿的最终形成做了大量细致工作。2014年8月，志稿进入评议阶段。省公安厅公安志编纂办将省公安志评议稿印制分发安徽省方志界、史学界专家学者，安徽省公安系统的老领导、老干部，省人大、省军区、省法院、省检察院、省司法厅、省档案局等部门的领导和史志工作人员，省公安厅厅直各单位主要负责人等。2014年11月，省公安厅召开《安徽省志•公安志（1986—2005）》评议会，邀请安徽省方志界、史学界专家学者，省人大、省军区、省法院、省检察院、省司法厅、省档案局等部门的领导和史志工作人员共20余人参加评议。与会人员指出，评议稿总体内容丰富全面，专业性较强，资料翔实、体例严谨、特色鲜明、表述得当，是一部较为成熟的志稿。同时，评议稿在总体架构、纲目体系、文字内容和图片使用等方面仍需作进一步修改完善，并就篇目调整、结构分类、表格使用、规范表述等问题，提出了建设性的意见和建议。2014年12月至2015年6月，编纂办张青、李汉平、李培宣、王刚根据与会人员提出的意见和建议，分工负责，对志稿进行认真细致修改，形成送审稿报省地方志办公室审查。经过初审、复审，于2016年11月终审完毕，并报出版社审查后送印刷厂付印。在印制过程中，省地方志办公室和省公安厅联合召开会审会，对志稿进行了修改完善。

本志在编纂过程中得到省地方志办公室的精心指导，以及厅直各有关业务部门的大力支持。省地方志办公室主任朱文根、副主任吴静、省志处处长吴良琴、责任编辑周小平、省志处原处长王晖；省公安厅原副厅长宓建毅、陈小平、王静、祁述志，政治部原主任陈文明等先后多次对本志的编纂工作进行指导。安徽大学外语学院傅悦对目录进行了英文翻译。历任公安厅领导和有关业务处室负责人为本志的编纂工作给予亲切关怀和大力支持。厅直各单位以及办公室档案科、《安徽公安》编辑部、长航芜湖公安分局、长航安庆公安分局等单位和部门也给予了大力支持。还有很多单位和个人提供了一些宝贵资料。由于人数众多，恕不一一提名，在此一并致谢！

本志的体例、史料和文字表述等，虽经过反复修改、考证和推敲，但由于编纂人员的水平所限，不妥及错漏之处在所难免，敬请广大读者批评指正，以便续修和再版时修订。

《安徽省志•公安志（1986—2005）》编纂办公室

2016年11月